मास्टरिंग द डेटा पैराडॉक्स

पुस्तक की अग्रिम प्रशंसा

'हेज फ़ंड मैनेजर और निवेशक के रूप में जानकारी मेरे पूरे करियर की धड़कन रही है। हर तरह की स्थिति में डेटा से मूल्य निकालना ही बाज़ार को मात देने की असली कला है। नितिन सेठ की पुस्तक *मास्टरिंग द डेटा पैराडॉक्स* समझदारी, अनुभव और हर पहलू पर गहरी जानकारी से भरपूर है। जैसे ही हम आर्टिफ़िशियल इंटेलिजेंस के युग में प्रवेश कर रहे हैं, हर पेशेवर को इस विषय को समझना ज़रूरी हो जाता है।'

– डेविड कोहेन, फ़ाउंडर ऐंड ओनर, सिमकाह मैनेजमेंट

'अपनी पहली पुस्तक *विनिंग इन द डिजिटल एज* में नितिन ने व्यापार जगत को आकार देने वाली तकनीकी प्रवृत्तियों के बारे में समझाया था। अब वे उस ईंधन पर एक व्यापक नज़रिया पेश करते हैं जो डिजिटल युग को चलाता है और साथ ही उसके नतीजे यानी डेटा के बारे में भी समझाते हैं। यह हर आकार और रूप में आता है। ख़ासकर जब बात जनरेटिव एआई की हो तो इसका निर्माण और उपयोग कई तरह की ज़रूरतों और असर के साथ जुड़ा होता है। *मास्टरिंग द डेटा पैराडॉक्स* में इन पहलुओं के बारे में गहराई से और सरल भाषा में समझाया गया है। नितिन ने कंसल्टेंट और व्यावसायिक अनुभव के मेल से यह शैली विकसित की है। बेल्डन के डेटा इंजीनियरिंग पर फ़ोकस को देखते हुए, मुझे यह पुस्तक ग्राहकों की बदलती ज़रूरतों को समझने में मददगार लगी।'

– आशीष चंद, अध्यक्ष और सीईओ, बेल्डन इंक

'आज डेटा डिजिटल रूपांतरण का पर्याय बन चुका है। कॉरपोरेट रणनीति से लेकर निजी जीवन तक, यह हर जगह है। हालांकि यह हमेशा अपने वादे पर ख़रा नहीं उतरा कि सब कुछ ज़्यादा हो तो यह उत्पादक और बेहतर बना ही देगा। यह पुस्तक सीधे उस विशाल अवसर को संबोधित करती है जो डेटा में छिपा है। इसमें बताया गया है कि कैसे एक ठोस तरीक़ा अपनाकर हर स्तर पर नतीजे हासिल किए जा सकते हैं। नितिन सेठ इस क्षेत्र में गहरा अनुभव रखते हैं। वे अमूर्त विचारों को व्यावहारिक उदाहरणों के रूप में पेश करते हैं और उनके पूरे लेखन में एक तार्किक और निष्पक्ष दृष्टिकोण बना रहता है। इस पुस्तक में हर पृष्ठभूमि के पाठकों के लिए जानकारी है और उन्हें अपने लिए सबसे ज़रूरी हिस्से निकालने में मदद करती है। इसमें दिए गए फ्रेमवर्क दिखाते हैं कि लोग, प्रक्रियाएं और संस्कृति आपस में कैसे जुड़े होते हैं। यही जुड़ाव डेटा की संभावनाओं को असली नतीजों में बदलने की कुंजी है। ख़ासकर एआई के दौर में, तेज़ी से बदलती दुनिया में, यह पुस्तक समयानुकूल भी है और गहराई से भरी हुई गाइड भी है। यह सिर्फ़ डेटा को समझने में नहीं, बल्कि उसे अपने लक्ष्य हासिल करने में इस्तेमाल करने में भी मदद करती है।'

– ध्रुपद त्रिवेदी, सीईओ, ए10 नेटवर्क्स

‘डेटा का विस्फोट और एआई की तेज़ प्रगति आज के व्यापार जगत की सबसे बड़ी चुनौती और सबसे बड़ा मौक़ा है। आप चाहें तो इस लहर पर सवार हो सकते हैं या फिर इसे अपने ऊपर बहने दे सकते हैं। *मास्टरिंग द डेटा पैराडॉक्स* में नितिन इस बदलाव को समझने और इससे नया मूल्य पैदा करने का एक समझदारी भरा तरीक़ा पेश करते हैं।’

– माइकल जे रैगनस, मुख्य तकनीकी अधिकारी, सेटेरा फ़ाइनेंशियल ग्रुप

‘किसी भी संगठन के लिए डेटा की समझ उसकी जीवनरेखा होती है। यह बात हर उद्योग पर लागू होती है। विडंबना यह है कि अगर इसे संभालने का कोई तरीक़ा ना हो तो यही सबसे बड़ा ख़तरा भी बन सकता है। नितिन सेठ की पहली पुस्तक *विनिंग इन द डिजिटल एज* अब और समृद्ध हो गई है। इसमें उनके निजी जुनून और व्यावसायिक अनुभवों का मेल शामिल है। इस पुस्तक में बताया गया है कि डेटा की रणनीतिक जटिलता को कैसे समझा जाए और एक ठोस नज़रिया अपनाकर डिजिटल दुनिया में सफलता कैसे पाई जाए। कई बार समय ही सब कुछ होता है। आज जब उन्नत डेटा टूल्स और एआई आधारित बदलाव तेज़ी से फैल रहे हैं, तो यह किताब हमें डेटा विस्फोट के ऐतिहासिक संदर्भ को समझने की बुनियाद देती है। नितिन बताते हैं कि इस 'डेटा का अंधा पक्ष' कैसे संभाला जाए ताकि असली मूल्य हासिल किया जा सके। एक तकनीकीविद और गणित के छात्र के रूप में, मुझे इस पुस्तक में तकनीकी इतिहास की झलक मिली और नितिन के अनुभवों से बहुत कुछ सीखने को मिला। यह पुस्तक तो उस सच्चाई को समझने की गाइड है कि 'बिग डेटा तभी काम का है, जब वह बड़े फ़ैसलों की ओर ले जाए'। चाहे वह कामकाज को बेहतर बनाने के लिए हो या निजी जीवन में डिजिटल डिटॉक्स को आगे बढ़ाने के लिए।’

– मुकेश मेहता, ईवीपी और सीआईओ, एसेटमार्क

‘यह पुस्तक अच्छी तरह से संरचित है और पढ़ने में आसान है। यह अनुभव और शोध का निचोड़ है। यह हमारे समय की एक अहम समस्या को संबोधित करती है। नितिन सेठ ने बड़ी मात्रा में उपलब्ध डेटा को समझने की चुनौती को बख़ूबी पहचाना है। उन्होंने बताया है कि जब एआई व्यापार और समाज का हिस्सा बनता जा रहा है तो इसे कैसे संभालना है। सही सवालों को आकार देने के लिए तर्क पर उनका ज़ोर ख़ासतौर पर मददगार है। पेशेवरों, उद्यमियों और प्रशासकों को ये सबक़ बेहद उपयोगी लगेंगे।’

– लियो पुरी, वरिष्ठ वित्तीय सेवा विशेषज्ञ, सलाहकार और निवेशक

‘जो लोग डेटा की उलझनों को समझना चाहते हैं, उनके लिए यह पुस्तक बेहद ज़रूरी है। नितिन ने इस विषय को विस्तार से समझाया है। उन्होंने बताया है कि यह कैसे व्यक्तियों, कंपनियों और यहां तक कि देशों को भी प्रभावित करता है। इस पुस्तक में एक बेहद जटिल विषय को आसान और समझने लायक़ भाषा में पेश किया गया है। इससे वह द्वंद्व ख़त्म होता है, जो अक्सर डेटा की दुनिया में महसूस होता है।’

– दिनेश खन्ना, मैनेजिंग डायरेक्टर और सीनियर पार्टनर, बोस्टन कन्सल्टिंग ग्रुप

'नितिन सेठ अपनी पहली पुस्तक *विनिंग इन द डिजिटल एज* से आगे बढ़ते हुए अब एक ऐसी प्लेबुक लेकर आए हैं जिसमें बताया गया है कि डेटा के बारे में कैसे सोचा जाए। डेटा इस डिजिटल युग का ईंधन है। कंपनियों को चलाने में उनका व्यावहारिक अनुभव और एआई क्रांति के पीछे काम कर रहे नए डेटा सिस्टम की उनकी गहरी समझ ने इस पुस्तक को बेहद उपयोगी बना दिया है। बिग डेटा का जो विरोधाभास है - कि ज़्यादा डेटा हमेशा बेहतर नहीं होता - उसे उन्होंने बहुत स्पष्ट तरीक़े से सुलझाया है। यह उन लोगों के लिए मददगार है जो डेटा की भूलभुलैया में रास्ता ढूंढ़ रहे हैं।'

– अनुराग अग्रवाल, डीन, बायोसाइंसेज और हेल्थ रिसर्च, अशोका यूनिवर्सिटी

'नवंबर 2022 में चैटजीपीटी की लॉन्चिंग ने एक नई तकनीकी लहर को जन्म दिया। यह लहर इंटरनेट से भी बड़ी साबित हो सकती है। तब से कॉरपोरेट लीडर इस दौड़ में हैं कि जनरेटिव एआई से उनके व्यापार पर तुरंत और लंबे समय में क्या असर पड़ेगा। आज डेटा इस बदलाव का केंद्र बन गया है। नितिन की इस पुस्तक में इस अहम विषय पर गहराई से बात की गई है। इसमें बताया गया है कि कंपनियों को डेटा से जुड़ी कौन-कौन सी संभावनाओं और चुनौतियों का सामना करना पड़ता है। अपनी पिछली पुस्तक की तरह, इस बार भी नितिन ने एआई की यात्रा पर निकलने वाले संस्थानों के लिए एक स्पष्ट और व्यावहारिक डेटा फ्रेमवर्क पेश किया है। ख़ास तौर पर डेटा सिक्योरिटी और लोकतंत्रीकरण पर लिखे अध्याय बेहद अहम हैं। जब कोई कंपनी एआई अपनाती है तो उसकी सबसे बड़ी चिंता यही होती है कि कहीं बड़े भाषा मॉडल उसके निजी डेटा से सीखकर उसे बाहर ना फैला दें, और उसे सार्वज़निक ना कर दें या उसके किसी प्रतिस्पर्धी तक ना पहुंचा दें।'

– अनुराग राणा, वरिष्ठ तकनीकी विश्लेषक, ब्लूमबर्ग इंटेलिजेंस

'एआई और डिजिटल रूपांतरण के पीछे असली ताक़त डेटा है। तकनीक में बहुत कुछ अच्छा हो रहा है, लेकिन जब तक डेटा को सही तरीक़े से संरचित, कैप्चर और मैनेज ना किया जाए, तब तक ये बदलाव पूरी तरह लागू नहीं हो सकते। यह पुस्तक सिर्फ़ सामान्य बातों तक सीमित नहीं है, बल्कि इसमें डेटा की बारीक़ियों और विरोधाभासों को खोलकर रख दिया गया है। इसमें एक नया नज़रिया है और उन पहलुओं को भी समझाया गया है, जो अक्सर नज़रअंदाज़ हो जाते हैं। यह पुस्तक हर तरह के पाठकों और पेशेवरों को पसंद आएगी। ख़ासकर उन लोगों को तो बहुत ही पसंद आएगी, जो डेटा की जटिलता को समझना चाहते हैं। नितिन की विशेषज्ञता और उनका अनोखा दृष्टिकोण इस बिग डेटा और एआई की दुनिया में रास्ता दिखाने वाला साबित होता है। *विनिंग इन द डिजिटल एज* की सफलता के बाद नितिन ने एक बार फिर शानदार काम किया है।'

– सोम मित्तल, पूर्व अध्यक्ष और चेयरमैन, नैसकॉम

मास्टरिंग द डेटा पैराडॉक्स

एआई के युग में जीत का मंत्र

नितिन सेठ

अनुवाद : महेंद्र नारायण सिंह यादव

MANJUL
मंजुल पब्लिशिंग हाउस

MANJUL

मंजुल पब्लिशिंग हाउस

कॉरपोरेट एवं संपादकीय कार्यालय

• द्वितीय तल, उषा प्रीत कॉम्प्लेक्स, 42 मालवीय नगर, भोपाल-462 003

विक्रय एवं विपणन कार्यालय

• सी-16, सेक्टर 3, नोएडा, उत्तर प्रदेश, 201301

वेबसाइट : www.manjulindia.com

वितरण केन्द्र

अहमदाबाद, बेंगलुरू, कोच्चि, कोलकाता, चेन्नई,
हैदराबाद, मुम्बई, नई दिल्ली, पुणे

नितिन सेठ द्वारा लिखित मूल पुस्तक *मास्टरिंग द डेटा पैराडॉक्स* का हिन्दी अनुवाद

Mastering The Data Paradox by Nitin Seth - Hindi Edition

यह हिन्दी संस्करण 2026 में पहली बार प्रकाशित

ISBN 978-93-7317-180-7

Cover images by Adobe Stock
Cover design by Sparsh Raj Singh

अनुवाद : महेंद्र नारायण सिंह यादव

मुद्रण व जिल्दसाज़ी : न्यूटेक प्रिंट सर्विसेज प्रा. लि.

मेरी प्रिय पत्नी अर्पणा और मेरे बच्चों कर्मिष्ठा, देविशी और प्रगुण को समर्पित, जो मेरे जीवन के स्तंभ हैं। इन लोगों ने हमेशा मुझ पर विश्वास किया और मुझे हर दिन बेहतर करने की प्रेरणा दी।

मेरे प्यारे और शानदार जर्मन शेफ़र्ड चैंप को भी धन्यवाद, जो इस पुस्तक पर काम करने के दौरान सैकड़ों रातों को निस्वार्थ भाव से मेरे साथ बैठा रहा!

अनुक्रम

खंड III
व्यक्ति और उससे परे डेटा

प्रस्तावना

एआई युग और डेटा-फ़र्स्ट दुनिया

"एआई उन सबसे महत्त्वपूर्ण चीज़ों में से एक है, जिन पर मानवता काम कर रही है। यह बिजली या आग से भी कहीं ज़्यादा असर डालने वाला हो सकता है, मैं कह नहीं सकता।"

~ सुंदर पिचाई,
सीईओ, अल्फ़ाबेट और गूगल

एआई युग का आगमन

मैंने अपनी पिछली किताब *विनिंग इन द डिजिटल एज* में डिजिटल युग को तकनीक से जुड़े उन बड़े बदलावों के रूप में समझाया था, जिन्हें विकसित होने में कई साल लगे और जो अब हमारे जीवन और व्यापार के हर हिस्से को प्रभावित कर रहे हैं। मेरे लिए डिजिटल युग कोई एक पल नहीं, बल्कि कई घटनाओं की एक लंबी श्रंखला है। यह सिलसिला डिजिटलीकरण से शुरू हुआ, फिर इंटरनेट आया, डॉट-कॉम बूम हुआ, उसके बाद सोशल मीडिया, मोबाइल, डेटा एनालिटिक्स और क्लाउड टेक्नोलॉजी (एसएसएसी) का दौर आया। इसके बाद डिजिटल इकोसिस्टम बना और अब हम आर्टिफ़िशियल इंटेलिजेंस (एआई), ब्लॉकचेन, इंटरनेट ऑफ़ थिंग्स (आईओटी), और क्वांटम कंप्यूटिंग जैसी नई तकनीकों के युग में हैं। इनमें से कई तकनीकें हाल के वर्षों में तेज़ी से बढ़ी हैं, लेकिन एआई ने सबसे तेज़ और ख़ास तरक्की दिखाई है।

जब आप नीचे दिए गए इन्फोग्राफ़िक को देखते हैं तो यह साफ़ हो जाता है कि डिजिटल युग के अलग-अलग क्षेत्रों में प्रगति, डिजिटलीकरण से नई तकनीकों के युग तक, डेटा की तेज़ी से बढ़ोतरी के बिना संभव नहीं थी। इसलिए इस डिजिटल युग का एक अहम हिस्सा डेटा है, जिसने हमें डेटा-फ़र्स्ट दुनिया तक पहुंचाया है, जहां संगठन डेटा के बहुत बड़े मूल्य को समझते हैं और इसे मुख्य संपत्ति मानते हैं। अब डेटा-फ़र्स्ट दुनिया ने एआई युग के लिए मजबूत नींव रखी है, क्योंकि इसने बहुत सारा और विविध डेटा उपलब्ध कराया है, जिसे जनरेटिव एआई (जेन एआई) के आने से और बढ़ावा मिला है और जिसने सचमुच दुनिया के

डेटा को खोल दिया है। इसलिए डिजिटल युग में डेटा-फ़र्स्ट दुनिया और एआई युग काफ़ी जुड़े हुए हैं, डेटा-फ़र्स्ट दुनिया एआई युग को ज़रूरी डेटा संसाधन देकर सक्षम बनाती है, जबकि एआई युग प्रगति में डेटा की अहमियत को प्रदर्शित करता है।

AI has exploded in the last few years to become one of the key drivers of the Digital Age

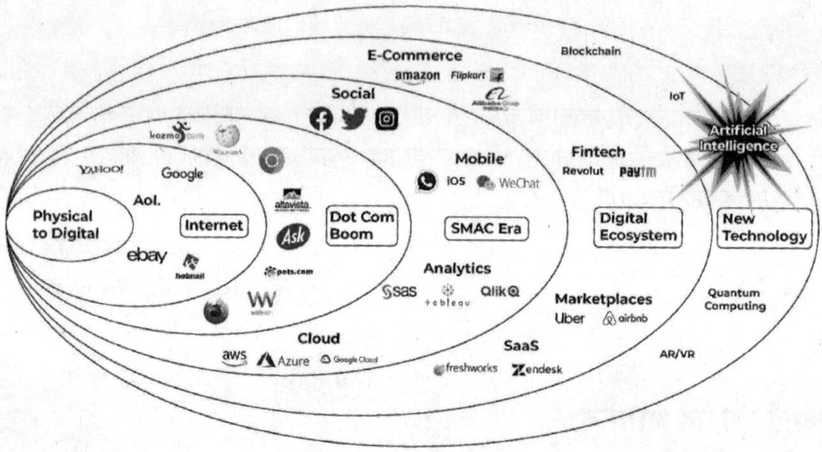

इसमें कोई शक नहीं कि आर्टिफ़िशियल इंटेलिजेंस कोई नया विचार नहीं है। यह सत्तर साल से भी ज़्यादा समय से मौजूद है, और इसका विचार 1950 के दशक में सामने आया था। और इतने सालों में इस क्षेत्र में काफ़ी प्रगति हुई है। हालांकि अपनी सारी संभावनाओं और वादों के बावजूद, एआई को बड़े पैमाने पर लागू करना हमेशा एक बड़ी चुनौती रहा है। इसकी वजह यह है कि एआई की सफलता के लिए तीन चीज़ें बेहद ज़रूरी हैं : डेटा, कंप्यूटिंग पावर और एल्गोरिदम। एल्गोरिदम और कंप्यूटिंग पावर की समस्या तो किसी हद तक हल हो भी सकती है, लेकिन डेटा सबसे अहम और लगातार जटिल होती चुनौती बना रहा है। कोई भी एआई मॉडल उतना ही अच्छा होता है, जितना अच्छा उसे चलाने वाला डेटा होता है। कारोबारी संदर्भ में, बड़े डेटा के उपलब्ध होने के बावजूद, संगठनों को अक्सर पर्याप्त और प्रासंगिक डेटा तक पहुंचने में दिक्क़त आती है। बिग डेटा का विचार चाहे बहुतायत में डेटा संसाधनों की ओर इशारा करता हो, लेकिन किसी ख़ास कारोबारी ज़रूरत के मुताबिक़ सही डेटा तक पहुंचना काफ़ी पेचीदा काम है। एमेज़ॉन और नेटफ़्लिक्स जैसे डिजिटल नेटिव कंपनियों को ग्राहकों के व्यवहार से जुड़ा भारी मात्रा में डेटा होने की वजह से बढ़त हासिल है, लेकिन ज़्यादातर कंपनियों के लिए ज़रूरी डेटा जुटाना, उसे साफ़ करना और उस पर एआई मॉडल बनाना आसान नहीं है। यही वजह है कि ज़्यादातर मामलों में एआई पर्सनालाइजेशन जैसे कुछ ख़ास उपयोगों को छोड़कर प्रूफ़-ऑफ़-कॉन्सेप्ट या प्रयोग के स्तर से आगे नहीं बढ़ पाया है।

हालांकि नवंबर 2022 में जीपीटी-3 के लॉन्च होने के बाद से कहानी बदल गई। जेन एआई ने एआई की क्षमताओं में ज़बरदस्त उछाल ला दिया है। कैसे? सितंबर 2021 में इंटरनेट पर मौजूद सारा डेटा डाउनलोड कर लिया गया। और इस विशाल डेटा सेट तक पहुंच बनाकर और उस पर एडवांस्ड न्यूरल नेटवर्क मॉडल के साथ काम करके, जेन एआई ने और ऊंची स्तर की बुद्धिमत्ता और जनरेटिव क्षमता खोल दी। और चूंकि अब हमारे पास सचमुच दुनिया के डेटा के इस्तेमाल करने का तरीक़ा है, तो डेटा की उपलब्धता को लेकर जो चुनौती थी, वह भी काफ़ी हद तक हल हो गई है। इससे एआई की क्षमताओं में बड़ी छलांग लगी है, जो पैटर्न पहचानना, कंटेंट श्रेणीकरण जैसी पारंपरिक व्याख्यात्मक क्षमताओं से आगे बढ़कर जेन एआई की नया और मौलिक कंटेंट बनाने जैसी जनरेटिव क्षमताओं तक पहुंच गई है। इसी के साथ 'एआई युग' अब पूरी तरह से हक़ीक़त बन चुका है, और यह अभी बनता रहा है। जिन्न बोतल से बाहर तो आ चुका है।

मैल्कम ग्लैडवेल ने सही ही कहा है, "टिपिंग पॉइंट वह जादुई पल होता है, जब कोई विचार, रुझान या सामाजिक व्यवहार एक सीमा पार करता है, मोड़ लेता है और जंगल की आग की तरह फैल जाता है।" जेन एआई का आगमन वही टिपिंग पॉइंट है। इसने भीड़ की सामूहिक समझ का फ़ायदा उठाने और डेटा की असीम संभावनाओं तक पहुंचने के नए मौक़े खोल दिए हैं। जेन एआई डेटा स्रोतों के विस्तार में भी योगदान देता है, क्योंकि यह विश्लेषण और नवाचार के लिए उपलब्ध डेटा के भंडार में नया कंटेंट जोड़ता है। इसके अलावा, जेन एआई का एक और स्पष्ट फ़ायदा है, यह समस्या-समाधान के लिए एक शुरुआती बिंदु उपलब्ध कराता है, जिससे यह अनिश्चितता ख़त्म हो जाती है कि शुरुआत कहां से करना है।

इसी वजह से, एआई युग की पूरी दिशा डेटा पर निर्भर करती है, क्योंकि डेटा वह बुनियादी तत्व है, जो एआई की संभावनाओं को संदर्भ में समझने और उन्हें अधिकतम करने में मदद करता है। जेन एआई मॉडलों को किसी संगठन में मौजूद विशाल मात्रा के डेटा के साथ मिलाने से ऐसे ख़ास और मूल्यवान अंतर्दृष्टियां तैयार की जा सकती हैं, जो व्यवसाय के संदर्भ में प्रासंगिक हों। यह एकीकरण संगठन के भीतर दक्षता और नवाचार, दोनों को आगे बढ़ाने में मदद करेगा।

जेन एआई को व्यक्तिगत डेटा के साथ जोड़ने से उपयोगकर्ता अनुभव बेहतर होगा, जिससे यह हर व्यक्ति के लिए अधिक प्रासंगिक बन जाएगा, चाहे वह व्यक्तिगत उत्पाद सिफ़ारिशें हों, कस्टमाइज्ड न्यूज फ़ीड्स हों या व्यक्तिगत मार्केटिंग संदेश। हर व्यक्ति के बारे में मौजूद डेटा, जैसे उसकी पसंद, व्यवहार और पहले की बातचीत आदि का विश्लेषण करके, एआई उसके लिए ख़ासतौर पर तैयार किया गया कंटेंट और सुझाव दे सकता है। इसलिए, केवल जेन एआई मॉडल पर्याप्त नहीं हो सकते, लेकिन जब इसे एंटरप्राइज और व्यक्तिगत डेटा, साथ ही मौजूदा मॉडल और सिस्टम के साथ मिलाकर संदर्भ में इस्तेमाल किया जाए, तो यह बेहतर तालमेल पैदा कर सकता है और अधिक व्यापक तथा असरदार एआई-प्रेरित समाधान बनाने में मदद कर सकता है।

मुझे आने वाले महीनों और सालों में ज़बरदस्त प्रयोग और विकास की उम्मीद है, जो सिर्फ़ जेन एआई में ही नहीं, बल्कि एआई के अन्य पहलुओं में भी अहम प्रगति लाएगा। उद्योग या कार्यक्षेत्र-विशिष्ट जेन एआई मॉडल सामने आएंगे, जो एंटरप्राइज और व्यक्तिगत डेटा के साथ मिलकर संगठनों को एआई की असली क्षमता का इस्तेमाल करने में सक्षम बनाएंगे।

इसके अलावा, डेटा ही वह ईंधन है, जो एआई मॉडलों के प्रशिक्षण और सुधार को आगे बढ़ाता है। जेन एआई की बदौलत अब हमारे पास मौजूद विशाल मात्रा का डेटा और अधिक सटीक मॉडलिंग की नींव बन सकता है, जिससे प्रदर्शन बेहतर होगा और तैयार किए गए आउटपुट की गुणवत्ता में सुधार आएगा।

इसीलिए, इस किताब में डेटा के हर पहलू की गहराई से पड़ताल की गई है और एंटरप्राइज, व्यक्तिगत तथा व्यापक स्तर पर मौजूद अवसरों, चुनौतियों और समाधानों को उजागर करती है। मेरा मानना है कि यह अध्ययन बेहद ज़रूरी है, क्योंकि इससे डेटा की वह अहम भूमिका स्पष्ट होती है, जो डेटा-फ़र्स्ट युग में संगठनों की प्रगति और एआई युग में उनकी सफलता की बुनियाद है।

डेटा-फ़र्स्ट दुनिया की मेरी यात्रा

पिछले पच्चीस सालों का मेरा पेशेवर और व्यक्तिगत जीवन डेटा के साथ किए गए प्रयोगों की एक दिलचस्प यात्रा रहा है। अक्सर मैं ऐसे हालात में रहा जहां व्यवसाय की सफलता में डेटा की अहम भूमिका थी, और मैंने डेटा के जरिए असरदार बदलाव लाने के लिए कुछ बेहद नवाचारी और साहसिक तरीक़ों का नेतृव किया। इन अनुभवों ने मुझे यह ठोस विश्वास दिलाया कि जिस एआई युग और डेटा-फ़र्स्ट दुनिया में हम हैं, उसमें डेटा सबसे बड़े अवसरों में से एक है, लेकिन साथ ही यह कुछ बेहद कठिन चुनौतियां भी पेश करता है। और डेटा की इस निर्विवाद महत्त्वपूर्ण भूमिका के बावजूद, यह ऐसा विषय है, जिसे अभी तक अच्छी तरह समझा नहीं गया है।

इस किताब में डेटा के साथ किए गए मेरे प्रयोगों और अनुभवों का निचोड़ दिया गया है, जिसमें मैंने एक व्यावहारिक मार्गदर्शिका तैयार करने की कोशिश की है, जो अनुभवी अधिकारियों के साथ-साथ युवा पेशेवरों और छात्रों के लिए भी मददगार हो सकती है, ताकि वे डेटा-फ़र्स्ट दुनिया में सफलता पा सकें। इन अनुभवों में शामिल हैं : दुनिया की अग्रणी मैनेजमेंट कंसल्टिंग फ़र्म मैकिंजी के लिए दुनिया के शायद सबसे अनोखे और नवाचारी नॉलेज सेंटर का निर्माण; दुनिया के सबसे बड़े सक्रिय एसेट मैनेजरों में से एक फ़िडेलिटी इंटरनैशनल में वैश्विक ऑफ़शोर संचालन का नेतृत्व और रणनीति, योजना एवं एनालिटिक्स कार्यों की स्थापना; भारत के सबसे बड़े स्टार्टअप और प्रमुख ई-कॉमर्स कंपनी फ़्लिपकार्ट में उसके सबसे उथल-पुथल भरे समय में, मुख्य परिचालन अधिकारी (सीओओ) के रूप में

नेतृत्व; और अमेरिकी कंसल्टिंग, डेटा साइंस और टेक्नोलॉजी सर्विसेज कंपनी इन्सीडो इंक के सीईओ के रूप में, पच्चीस साल से भी अधिक समय में, कई फ़ॉर्च्यून 500 कंपनियों के लिए डिजिटल पहलों को आगे बढ़ाना। हालांकि अपनी इस यात्रा में गहराई से उतरने से पहले, मैं यह संदर्भ देना चाहूंगा कि मैंने इस विषय यानी डेटा पर पूरी एक किताब समर्पित करने का निश्चय क्यों किया।

डिजिटल क्रांति के मौजूदा दौर की शुरुआत 20वीं सदी के उत्तरार्ध में हुई, जिसे जुड़ी हुई डिजिटल तकनीकों के व्यापक अपनाने से पहचाना जाता है, जिसने हमारे जीवन और व्यवसाय के कई पहलुओं को गहराई से बदल दिया है। डिजिटल अर्थव्यवस्था का अब वैश्विक सकल घरेलू उत्पाद (जीडीपी) में योगदान 15 प्रतिशत से अधिक का है, और पिछले एक दशक में औसतन कुल जीडीपी से 2.5 गुना तेज़ी से बढ़ी है। जब मैं यह लिख रहा हूं, तो दुनिया की सबसे बड़ी पांच सूचीबद्ध कंपनियों में से चार कंपनियां टेक्नोलॉजी कंपनियां हैं, जिनमें से हर एक का बाज़ार पूंजीकरण 1 ट्रिलियन अमेरिकी डॉलर से अधिक है।

आज हम अपने चारों ओर घटित हो रही डिजिटल क्रांति के एक अहम मोड़ पर खड़े हैं। दशकों की तकनीकी प्रगति ने डिजिटल तकनीकों तक पहुंच को लोकतांत्रिक बना दिया है। मोबाइल फ़ोन और कंप्यूटर ने डिजिटल को हमारे रोज़मर्रा के जीवन का हिस्सा बना दिया है, जो चाहे हमें पसंद हो या ना हो, लेकिन वह हमारे जीवन के हर पहलू को प्रभावित कर रहा है। इतिहास में, मानव प्रयास के हर दौर में ऐसे अहम क्षण आए हैं, जिन्होंने प्रगति को परिभाषित किया है। इनमें पहली बार आग जलाने से लेकर स्पेसएक्स के फिर से प्रयोग किए जा सकने वाले रॉकेट तक शामिल हैं। हालांकि हममें से ज़्यादातर लोग इन अहम क्षणों को आम तौर पर अपनी तत्काल चिंताओं और कामों में उलझकर नज़रअंदाज़ कर देते हैं, और केवल समय बीतने के बाद ही उनकी अहमियत समझ पाते हैं।

अपनी पिछली किताब *विनिंग इन द डिजिटल एज* में, मैंने पिछले पच्चीस सालों के अनुभव साझा किए थे, जिनमें मैंने सलाहकार के रूप में दूसरे संगठनों को सेवाएं दीं और वरिष्ठ कार्यकारी के रूप में विभिन्न संगठनों में व्यापार और डिजिटल रूपांतरण का नेतृत्व किया। यह एक कोशिश थी डिजिटल जैसे जटिल और व्यापक विषय को स्पष्ट करने की, जिसमें डिजिटल रूपांतरण के विभिन्न पहलुओं पर व्यावहारिक जानकारी और सर्वोत्तम तरीक़े साझा किए गए थे।

इस यात्रा के दौरान, डिजिटल क्रांति का जो सबसे प्रमुख पहलू मेरे सामने आया, वह था- डेटा। मैं डेटा की अद्भुत वृद्धि और इसके साथ आई अभूतपूर्व संभावनाओं का प्रत्यक्ष गवाह रहा हूं। मैंने देखा है, और वास्तव में शुरुआती आवाज़ों में से एक रहा भी हूं, जो यह प्रचारित करती थीं कि डेटा और एनालिटिक्स किसी संगठन के लिए कितने बड़े अवसर ला सकते हैं। मैंने देखा है कि डेटा और एनालिटिक्स ने कंसल्टेंसी की दुनिया और उससे आगे को कैसे बदल दिया, और मैं इस बात से चकित रहा हूं कि आज डेटा कितनी बड़ी ताक़त बन चुका है।

हालांकि जिस तरह से हर कहानी के दो पहलू होते हैं, वैसे ही मैं इस बात का भी गवाह रहा हूं कि डेटा को सही तरीक़े से प्रबंधित ना कर पाने से संगठन में कैसी तबाही मच सकती है। जैसे-जैसे डेटा आकार, रूप और प्रकार में बढ़ता गया, यह अपने आप में एक निरंतर और अडिग ताक़त बनता गया। एक ऐसी ताक़त बन गया, जिसे हर दिन संभालना और मुश्किल होता जा रहा है। यह मानो नंगे हाथों से सुनामी को रोकने की कोशिश करने जैसा था। इतनी हद तक कि इसमें पूरे संगठन को डुबो देने और तबाह कर देने की क्षमता थी।

तभी मुझे अहसास हुआ कि डेटा आसानी से एक कैच-22 जैसी स्थिति पैदा कर सकता है, जो ऐसा पेचीदा विरोधाभास है, जिसमें से निकलने का कोई साफ़ रास्ता ना दिखे। अगर किसी को यह ना पता हो कि डेटा को सही तरीक़े से कैसे संभालना है, तो हालात आसानी से बिगड़ सकते हैं और इंसान ऐसी परिस्थितियों में फंस सकता है, जिन्हें संभाल पाना लगभग असंभव हो। क्या यह ज़्यादा नाटकीय लग रहा है? चलिए, आपको अपनी सालों लंबी यात्रा पर ले चलता हूं, फिर आप ख़ुद ही तय कीजिए।

मैकिंजी में डेटा और विश्लेषण की शक्ति को पहचानना

मेरी डेटा-यात्रा की शुरुआत 1996 में मैकिंजी में एक कंसल्टेंट के रूप में हुई। उस समय ईमेल अकाउंट आम नहीं थे, ना ही आसानी से मिलते थे, और मोबाइल फ़ोन तो विलासिता माने ही जाते थे। हां, मुझे पता है कि शायद अपने माता-पिता के मोबाइल पर यूट्यूब पर कार्टून देखकर बड़ी हुई आज की पीढ़ी के लिए यह मानना मुश्किल है कि बिना फ़ोन के भी जीवन होता था। मेरा बेटा भी इसी पीढ़ी का है। एक बार हैरान होकर मुझसे पूछ बैठा, "अगर इमरजेंसी में किसी से संपर्क करना होता था, तो कैसे करते थे?" खैर, हम करते थे, और ठीक-ठाक कर लेते थे। मुझे यक़ीन है कि ज़्यादातर मिलेनियल्स और सभी बेबी बूमर्स इससे जुड़ाव महसूस करेंगे। खैर, मैं विषय से भटक रहा हूं।

मैकिंजी में कंसल्टेंट के रूप में मेरा असली काम डेटा को खंगालना था। 1996 में दुनिया डेटा-की-घाटी थी, और मैकिंजी स्ट्रेटजी कंसल्टेंसी में इसलिए अग्रणी थी, क्योंकि वह कहीं से भी डेटा निकालने, उसे समझने और ग्राहकों के लिए सही तरीक़े से प्रस्तुत करने में माहिर थी। और यही काम मेरे जैसे देश के बेहतरीन बिज़नेस स्कूलों से निकले लोगों के लिए था।

मसलन, अगर हमें ब्राजील में ट्रैक्टर बाज़ार का आकार निकालना होता, तो यक़ीन मानिए, यह तीन महीने का प्रोजेक्ट बन जाता था, क्योंकि इंटरनेट-पूर्व युग में ऐसा डेटा कहीं आसानी से उपलब्ध नहीं था। और यह वाकई दिमाग़ी कसरत का काम था। हम कई दिनों तक अलग-अलग वैश्विक स्थानों से जानकारी इकट्ठा करते, अक्सर कई देशों की यात्रा करते, फिर उन्हें जोड़कर और अलग-अलग तरीक़ों से विश्लेषण करके बाज़ार का आकार तय करते। एनालिटिक्स में भरोसा बढ़ाने के लिए हम ट्राएंग्युलेशन जैसी तकनीक इस्तेमाल करते,

तीन अलग-अलग तरीक़ों से अनुमान लगाकर फिर उसे संकुचित करते हुए एक ऐसा नंबर तय करते जो सबसे तार्किक लगे। हालांकि मुश्किल यह थी कि चाहे वह कितना भी तार्किक क्यों ना हो, अंततः वह एक शिक्षित अनुमान भर ही होता। और दुनिया के कुछ बेहतरीन दिमाग़ केवल यही काम करने में लगे रहते थे। यही थी डेटा-की-घाटी वाली दुनिया की हक़ीक़त।

मैकिंजी में मेरी विशेषज्ञता थी, ऑपरेशंस डायग्नॉस्टिक्स और बेंचमार्किंग, जिसमें मैं दुनिया भर में यात्रा कर, किसी कंपनी के आंतरिक डेटा की तुलना बाहरी श्रेष्ठ तरीक़ों से करता, और फिर कंपनी में सुधार के अवसर दिखाने के लिए जानकारी निकालता। यानी मैं रोज़ाना डेटा और एनालिटिक्स के साथ जीता था। चार साल ऐसा करने के बाद, मैंने कंपनी छोड़ दी और अगले दो साल अपना स्टार्टअप खड़ा करने में लगाए। हालांकि क़िस्मत को कुछ और ही मंजूर था और मुझे कामयाबी नहीं मिली। मुझे फिर से मैकिंजी में लौटने का ऑफ़र मिला। इस बार ये ऑफ़र मैकिंजी नॉलेज सेंटर (एमसीकेसी) का नेतृत्व करने के लिए था, जिसे 1998 में शुरू किया गया था। उस समय यह बिलकुल शुरुआती अवस्था में था। कुछ लोग थे, जो इससे कुछ बनाने की कोशिश कर रहे थे। मेरा काम था, इस प्रयास का नेतृत्व करना और इसे एक साधारण बैक-ऑफ़िस जैसी व्यवस्था को एक असली नॉलेज सेंटर बनाना, जो तब केवल उत्तरी अमेरिका की कुछ टीमों को रातों-रात रिसर्च सपोर्ट देती थी। हालांकि उस समय इस फ़र्म के पास इसे हासिल करने की कोई ठोस योजना नहीं थी।

जब मैं वापस मैकिंजी में आया, तो मैंने पाया कि महज दो साल यानी 2000 से 2002 के अंतराल में, जब मैं वहां नहीं था, उस दौरान एक सूचना क्रांति हो चुकी थी। मैं यह जानकर सचमुच दंग रह गया कि डेटा के बनने और इस्तेमाल होने का तरीक़ा कितना बदल चुका है। इस बदलाव के पीछे सबसे बड़ा कारण था; इंटरनेट का विस्फोटक विस्तार। सिर्फ़ 2–3 साल में, दुनिया की सूचना-व्यवस्था पूरी तरह बदल चुकी थी। जो जानकारी पहले 3–4 महीने की मेहनत, और अत्यंत कुशल और महंगे पेशेवरों की टीम से ही जुटाई जा सकती थी, वह अब बटन क्लिक करते ही किसी के भी हाथ में थी, बस इंटरनेट कनेक्शन और बुनियादी गूगल सर्च की समझ चाहिए थी।

यह मेरे लिए एक झटका भी था और एक खुलासा भी। अब तक मैकिंजी नॉलेज सेंटर (एमसीकेसी), जिसे कंसल्टेंसी टीम का 'ग़रीब रिश्तेदार' समझा जाता था, अचानक 'ख़ज़ाने की चाबी' पकड़े खड़ा था। यह कंसल्टिंग इंजन का ईंधन बन चुका था और इसमें इतनी ताक़त थी कि या तो यह कंसल्टिंग टीम को बेहद शक्तिशाली बना दे, या फिर उसके बीच से ही भूमिका ख़त्म कर दे। हम पलक झपकते ही डेटा-की-घाटी से डेटा-की-बाढ़ वाली दुनिया में पहुंच चुके थे। मैंने देखा कि डेटा की प्रचुरता के साथ नए अवसर खुल गए थे। डेटा अब सिर्फ़ सूचना नहीं था, यह जल्दी और असरदार तरीक़े से समझ में बदला जा सकता था। और यहीं मुझे मिला एमसीकेसी को दुनिया का बेहतरीन नॉलेज सेंटर बनाने का गुप्त सूत्र।

वहीं ट्रैक्टर मार्केट साइजिंग का उदाहरण लीजिए। अब सिर्फ़ मार्केट साइज ही नहीं, बल्कि कितने खिलाड़ी हैं, किसका कितना मार्केट शेयर है, जैसी बारीक़ जानकारी भी माउस क्लिक पर मिल जाती थी। इतना ही नहीं, यह डेटा हर साल और हर खिलाड़ी के हिसाब से इकट्ठा करके लोंगिट्यूडिनल (समय के साथ) और क्रॉस-सेक्शनल (कंपनियों के बीच) दोनों तरह से इस्तेमाल किया जा सकता था। विश्लेषकों का काम अब डेटा ढूंढ़ने से बदलकर डेटा को एकत्र करना, जोड़ना और गहराई से विश्लेषण कर जानकारी निकालना हो गया। नॉलेज सेंटर अब सिर्फ़ जानकारी बांटने का केंद्र नहीं रहा था। यह असली रिसर्च ऐंड इन्फ़ॉर्मेशन सेंटर बन गया था। हमारे पास इतना डेटा था कि हम उसके ऊपर गंभीर रिसर्च कर सकते थे। जैसे-जैसे शोध क्षमता बढ़ी, हमने इसका नाम बदलकर नॉलेज नेटवर्क रख दिया। फिर, अलग-अलग इंडस्ट्री और फ़ंक्शन से डेटा को व्यवस्थित तरीक़े से जोड़कर प्रॉप्राइटरी नॉलेज और मैकिंजी के प्रॉप्राइटरी डेटाबेस की नींव रखी। इसका असर यह हुआ कि जो विशेषज्ञता पहले कुछ लोगों के दिमाग़ तक सीमित थी, वह अब संस्थागत रूप से दर्ज हो गई। उदाहरण के लिए, अब हम ऐसे डायग्नॉस्टिक्स विकसित कर सकते थे, जो हर इंडस्ट्री वर्टिकल का बेंचमार्किंग डेटा व्यवस्थित रूप से पेश करते, और यही आज भी मैकिंजी के कई प्रोजेक्ट का शुरुआती बिंदु है। इस तरह हम डेटा से विश्लेषण, विश्लेषण से अंतर्दृष्टि, और अंतर्दृष्टि से वास्तविक मूल्य-निर्माण तक पहुंच गए।

और यहीं से एक और दिलचस्प कहानी शुरू हुई, एमसीकेसी में एनालिटिक्स क्षमता बनाने की। डेटा-की-घाटी में समस्या-समाधान ज़्यादातर डिडक्टिव लॉजिक यानी हाइपोथीसिस आधारित होता था, लेकिन अब हमारे पास ग्राहकों का इतना बारीक़ डेटा था कि हम सटीक सेगमेंटेशन कर सकते थे और यह डेटा मिनट दर मिनट बढ़ रहा था। अब हम 10 नहीं, बल्कि 10,000 डेटा पॉइंट्स से जूझ रहे थे। इतनी बड़ी मात्रा के विश्लेषण के लिए एक्सेल से आगे की तकनीक की ज़रूरत थी, और तभी हमारे पास एसएएस (स्टैटिस्टिकल एनालिसिस सिस्टम) और एसपीएसएस (स्टैटिस्टिकल पैकेज फ़ॉर द सोशल साइंसेज) जैसे टूल आ गए, जो एक समय में 2 बिलियन रो तक संभाल सकते थे। यह मेरे लिए एक और यूरेका मोमेंट था। अब हम बड़े पैमाने पर डेटा का तेज़, कम जनशक्ति में, ज़्यादा सटीकता से विश्लेषण कर सकते थे। हमने ऐसे-ऐसे विश्लेषण करने शुरू किए, जिनकी पहले कल्पना भी नहीं की जा सकती थी। मुझे यह भी अहसास हुआ कि जैसे-जैसे डेटा बढ़ेगा, हमें और उन्नत एनालिटिकल टूल्स अपनाने होंगे, वरना हमारे सामने कंसल्टिंग जगत में पीछे छूटने का ख़तरा रहेगा।

किसी भी बड़े ट्रेंड के साथ अक्सर ऐसा होता है कि सबसे समझदार और अनुभवी लोग भी किसी आइडिया की ताक़त को तब तक नहीं पहचान पाते जब तक वह कोई बड़ा बदलाव ना बन जाए। और फिर सालों से काम आ रही किसी आजमाई हुई रणनीति को छोड़कर कोई नया और हटकर रास्ता अपनाना हर किसी के लिए आसान नहीं होता। उस वक़्त मैकिंजी जैसी बड़ी और जानी-मानी फ़र्म के लिए भी यही हाल था, लेकिन मुझे पूरा

यक़ीन था कि अगर मैकिंजी में बड़े स्तर पर एक ख़ास एनालिटिक्स क्षमता बनाई जाए, तो यह कंपनी के लिए एक अहम मोड़ हो सकता है। इसलिए मैंने कई बार मैकिंजी के अलग-अलग स्टेकहोल्डर्स के सामने यह बात रखी, यहां तक कि मैकिंजी के अंदर सबसे बड़ा निर्णय लेने वाले मंच शेयरहोल्डर्स काउंसिल भी गया। मैंने वहां डिटेल स्टडी और ढेरों सबूतों के साथ अपना प्रस्ताव रखा। फिर भी मैकिंजी के टॉप लीडरों के लिए यह समझना मुश्किल था कि भारत में बैठे इन नए एनालिस्ट्स की टीम वह कर सकती है, या शायद बेहतर कर सकती है, जो हार्वर्ड जैसे संस्थानों के बेहतरीन दिमाग़ नहीं कर पाए, लेकिन मैं भी हार मानने वाला नहीं था। यहां तक कि मैकिंजी प्रैक्टिस ओलिंपिक्स में भी, जो 2005-2006 के दौरान फ़र्म की एक पहल थी, जहां सहयोगी नए ज्ञान और नवाचार प्रस्ताव जमा करते थे, मैंने अपना नज़रिया रखा कि एनालिटिक्स कैसे भविष्य में कंसल्टिंग की तसवीर बदल देगा। लेकिन अफ़सोस, वहां भी प्रतिक्रिया ठंडी ही रही। फिर भी अपने विश्वास पर अडिग रहते हुए, मैंने इस आइडिया को आगे बढ़ाना जारी रखा। ऊपर से समर्थन ना मिलने की स्थिति में, हमने नीचे से प्रयोग शुरू किए, और यह रास्ता मैकिंजी जैसी विकेंद्रीकृत ग्लोबल फ़र्म में मुमकिन था। थोड़ा वक़्त लगा, लेकिन हम एक के बाद एक ख़ास एनालिटिक्स क्षमताएं खड़ी करने में सफल रहे, जो ज़्यादातर मैकिंजी के लिए बिलकुल नई थीं, और जिन्होंने कंपनी को अपने क्लाइंट्स के साथ काम करने के नए तरीक़े विकसित करने में मदद की, उनके लिए भी नई थीं। एनालिटिक्स और दूसरी डेटा-प्रेरित क्षमताएं जिनका मैंने पहले जिक्र किया, सिर्फ़ उस समय का सबसे इनोवेटिव नॉलेज सेंटर नहीं बनीं, बल्कि एक महान कंसल्टिंग फ़र्म जैसे मैकिंजी के क्लाइंट्स की सेवा के तरीक़े को ही जड़ से बदल दिया। आज डिजिटल और एनालिटिक्स, जो प्रोप्राइटरी नॉलेज और प्लेटफ़ॉर्म्स का मेल है, मैकिंजी की ग्लोबल आमदनी का एक बड़ा हिस्सा बन चुका है।

यह कहानी है कि कैसे डेटा और एनालिटिक्स ने सिर्फ़ 20–25 सालों में कंसल्टिंग की दुनिया को पूरी तरह से बदल दिया, और इतना गहरा असर डाला। मैकिंजी जैसी फ़र्म ने इसकी शुरुआत में कोई योजना नहीं बनाई थी, लेकिन डेटा के चलते आए ज़बरदस्त बदलावों के कारण ऐसे कई संगठनों को अपने बिज़नेस मॉडल पूरी तरह से बदलने पड़े, ताकि वे टिक सकें, अनुकूल हो सकें या दौड़ में सबसे आगे रह सकें।

फ़्लिपकार्ट में डेटा के स्याह पहलू से निपटना

अब जब मैंने डेटा की अच्छी तसवीर दिखाई है, तो चलिए अब डेटा के एक स्याह पहलू की भी बात करता हूं। यह कहानी शुरू हुई जब मैंने 2016 की शुरुआत में फ़्लिपकार्ट जॉइन किया, जो भारत की सबसे बड़ी ई-कॉमर्स कंपनियों में से एक है। उस वक़्त भी इसे भारतीय स्टार्टअप क्रांति का पोस्टर बॉय माना जाता था। और फ़्लिपकार्ट की संस्कृति उस माहौल से बिलकुल अलग थी, जिससे मैं आया था। जहां मैकिंजी में सोच पर आधारित निर्णय होते

थे, वहीं फ़्लिपकार्ट में डेटा को लेकर एक तरह की दीवानगी थी। हर चीज़ डेटा से तय होती थी, हर कर्मचारी हर दिन हज़ारों डेटा पॉइंट के साथ काम करता था। हमारी डेली स्टैंड-अप बैठकों में क़रीब 200 लोग जुड़ते थे, और हर कोई नंबरों में बात करता था। और मैं, एक आईआईटीयन, आईआईएम ग्रेजुएट, पूर्व मैकिंजी कंसल्टेंट, एक CXO, जिसे लगता था कि मैं डेटा एनालिटिक्स में अच्छा हूं, वही इस अंतहीन आंकड़ों के समुद्र में ख़ुद को जूझता हुआ पा रहा था।

हमारा उस वक़्त का सबसे बड़ा प्रोज़ेक्ट था- फ़्लिपकार्ट डेटा प्लेटफ़ॉर्म (एफ़डीपी), जिसका मक़सद था; फ़्लिपकार्ट के सारे डेटा को एक प्लेटफ़ॉर्म पर लाना, एक सिंगल सोर्स ऑफ़ ट्रुथ बनाना और ग्राहकों की एक ही तसवीर तैयार करना। फ़्लिपकार्ट पूरी तरह से डेटा-प्रेरित बनने के इस सपने में जुटा था, जहां सारी जानकारी एक ही जगह हो और हर कर्मचारी को बराबरी से दिखे। हमें यक़ीन था कि यहीं से अनोखे और नए इनसाइट्स निकलेंगे। अब, 2014 से 2016 के बीच फ़्लिपकार्ट ने मिंत्रा और जैबॉन्ग जैसी दो ई-कॉमर्स कंपनियां ख़रीदीं, ताकि फ़ैशन और लाइफ़स्टाइल सेगमेंट मजबूत किया जा सके, और डिलीवरी को बेहतर बनाने के लिए मैप माय इंडिया में हिस्सेदारी ली। साल 2016 फ़्लिपकार्ट के लिए ख़ास इसलिए भी था, क्योंकि उसी साल कंपनी ने 100 मिलियन ग्राहकों का आंकड़ा पार किया। इतने बड़े ग्राहक आधार और ऑपरेशंस के फैलाव के चलते जो डेटा बनने लगा था, उसकी कल्पना कीजिए। नतीजा यह हुआ कि हालात जल्द ही क़ाबू से बाहर हो गए। 2016 के अंत तक फ़्लिपकार्ट अपनी शुरुआत से लेकर अब तक के सबसे बड़े संकट से जूझ रहा था। इस वजह से कंपनी के टॉप मैनेजमेंट में बड़ा फेरबदल हुआ, एमेज़ॉन धीरे-धीरे ई-कॉमर्स स्पेस में घुसपैठ कर रहा था, कंपनी हर साल एक अरब डॉलर से ज़्यादा का घाटा झेल रही थी और लगभग धन की किल्लत के कगार पर थी। कुल मिलाकर, 7 अरब डॉलर की यह कंपनी अपने अस्तित्व को बचाने की लड़ाई लड़ रही थी। हालांकि उस वक़्त मैनेजमेंट टीम के लिए सबसे बड़ा मुद्दा यह नहीं था कि हम धन खो रहे थे, या एमेज़ॉन हमें मात दे रहा था, या निवेशक नहीं मिल रहे थे। सबसे बड़ी दिक़्क़त यह थी कि हमारा डेटा प्लेटफ़ॉर्म बहुत बड़ी रुकावट बन चुका था, जिसने कंपनी में निर्णय लेने और कामकाज करने की प्रक्रिया को बुरी तरह प्रभावित किया था।

एक सिंगल सोर्स ऑफ़ ट्रुथ और ग्राहक की एकल तसवीर जिसे हमने रफ़्तार बढ़ाने वाला इंजन समझा था, वही अब हमारी रफ़्तार को थामने लगा था। जो चीज़ हमें ई-कॉमर्स की दौड़ में आगे ले जाने वाली थी, वही अब फ़ैसले और परिचालन में सबसे बड़ी रुकावट बन गई थी, और सब कुछ अचानक रुक गया था।

यह है कड़वी सच्चाई। ज़्यादातर संगठन और उनके डेटा और टेक्नोलॉजी एक्सपर्ट जो सबसे बड़ी ग़लती कर रहे हैं, वह यह है कि वे इस बात को कम आंक रहे हैं कि डेटा कितनी तेज़ी से बढ़ रहा है और भविष्य में भी बढ़ता रहेगा। जिसे कि मैं अध्याय 2 में आगे विस्तार से समझाऊंगा कि, डेटा गुणोत्तर गति से बढ़ रहा है, जबकि जो टेक्नोलॉजी हम इस डेटा से

निपटने के लिए बना रहे हैं, वह केवल समानांतर गति से बढ़ रही हैं। तो यह फ़ासला लगातार बढ़ता जाएगा, और टेक्नोलॉजी हमेशा पीछे ही रह जाएगी।

इसीलिए, कड़वा सबक़ सीखने के बाद, अब मैंने 'सिंगल सोर्स ऑफ़ ट्रुथ' या 'ग्राहक की एकल तसवीर' की धारणा पर विश्वास करना बंद कर दिया है। यह हासिल करना बहुत मुश्किल काम है।

फ़्लिपकार्ट में हमने यह बात भी कठिन तरीक़े से सीखी। उस दौर में फ़्लिपकार्ट टॉप टैलेंट ही हायर करता था, और दुनिया के सबसे बेहतरीन इंजीनियर, इस समस्या को हल करने में जुटे। लेकिन अफ़सोस, 'राजा के सारे घोड़े और सारे आदमी भी हंप्टी को फिर से जोड़ नहीं पाए'। हमें समझ में आ गया कि इस नामुमकिन से लक्ष्य को छोड़ देना चाहिए और डेटा की समस्या को बिलकुल अलग तरीक़े से देखना चाहिए। सौभाग्य से, हमारी टीम में कुछ व्यावहारिक सोच वाले लोग थे, जो उस अंतहीन टेक्नोलॉजी पहेली से बाहर निकल पाए, जिसमें हम फंसे हुए थे। तभी हमें समझ आया कि इस डेटा की समस्या को सिर्फ़ एक इंजीनियरिंग समस्या के रूप में नहीं सुलझाया जा सकता। इसके लिए एक बिलकुल अलग सोच की ज़रूरत थी। डेटा बहुत ज़्यादा और बहुत विविध था, इसलिए गुणवत्ता की हमेशा समस्या बनी रहती थी। और फ़्लिपकार्ट का बिज़नेस रियल-टाइम डेटा पर आधारित रियल-टाइम एक्शन पर निर्भर था। चुनौती यह थी कि हर बार सही और सटीक डेटा कैसे मिले। और यहीं पर बिग डेटा से जुड़ी एक और मान्यता मेरे लिए भी टूट गई कि 'लॉ ऑफ़ लार्ज नंबर्स' ख़ुद ही गुणवत्ता सुनिश्चित कर देगा। असल ज़िंदगी में यह काम नहीं करता था। हर दिन आने वाले ट्रक-भर डेटा की गुणवत्ता को संभालना नामुमकिन सा काम था।

इसका समाधान था- छोटी शुरुआत करना। हमने समस्या को सीमित किया ताकि वह संभालने लायक़ बने। हमने तय किया कि पहले सिर्फ़ चार अहम फ़ैसलों पर काम करेंगे। इन्हें हमने 'यूज केस' या 'उपयोग मामले' कहा, जिन्हें हम डेटा से चलाना चाहते थे। इन फ़ैसलों को लेने के लिए जितनी डेटा पाइपलाइनों की ज़रूरत थी, हमने सिर्फ़ उन्हीं पर ध्यान दिया, जो कि क़रीब 100 थीं, जबकि पहले हम 7000 डेटा पाइपलाइनों से निपट रहे थे। इन पाइपलाइनों को फिर उन उपयोग मामलों के लिए साफ़ किया गया और व्यवस्थित किया गया, और चूंकि यह अब एक संभालने लायक़ काम था, हम इसमें सफल हो पाए। इसके बाद हमने यही तरीक़ा दूसरे उपयोग मामले पर भी दोहराया और धीरे-धीरे, हम उस बहुत बड़ी 'डेटा' समस्या से बाहर निकल पाए।

डेटा यात्रा आगे भी जारी रही

मेरी डेटा यात्रा आगे भी तब भी जारी रही, जब मैंने 2017 के अंत में इंसीडो इंक में सीईओ के रूप में जॉइन किया। और यक़ीन मानिए, मुझे यह देखकर झटका लगा कि हमारा एक सबसे बड़ा क्लाइंट, जो एक ग्लोबल फ़ाइनेंशियल इंस्टीट्यूशन था, वही ग़लती कर रहा था, और

एक सिंगल सोर्स ऑफ़ टुथ बनाने की कोशिश में जुटा था, जिसमें वह सारे डेटा को एक साथ समेटना चाहता था। ख़ासकर, उसे अपने काम से जुड़े ख़तरे और नियम-क़ायदों का पालन दिखाने के लिए ऐसा करना था। इस प्रोजेक्ट पर सालों से सैकड़ों मिलियन डॉलर ख़र्च हो चुके थे, लेकिन आख़िरकार इसे बंद करना पड़ा, क्योंकि वे एक असंभव लक्ष्य के पीछे भाग रहे थे। जब तक मैं परिदृश्य में आया, तब तक बहुत देर हो चुकी थी और नुक़सान हो चुका था। हालांकि यह मेरे लिए एक और सबूत था कि ऐसे बड़े और भारी-भरक़म अप्रोच शायद ही कभी काम करते हैं, और यही वजह है कि बड़ी डेटा पहले अक्सर अपना अपेक्षित असर नहीं दिखा पाती, जबकि उन पर भारी रक़म ख़र्च होती है।

इसके उलट, इंसीडो की एक और क्लाइंट, जो कि एक टेलीकॉम कंपनी थी, अपने ग्राहक डेटा को जोड़कर 'डेटा लेक ऑफ़ ऑल डेटा लेक्स' बनाने की कोशिश कर रही थी। और मैं साफ़ देख पा रहा था कि वे बहुत तेज़ी से एक ख़तरनाक भंवर की तरफ़ बढ़ रहे थे, जहां वे डेटा इंफ़्रास्ट्रक्चर पर अंतहीन ख़र्च में फंस सकते थे। हालांकि यहां मैं स्थिति को सुधारने में सफल रहा और नुक़सान को कम कर पाया, क्योंकि मैंने उनके सीआईओ (चीफ़ इंफ़ॉर्मेशन ऑफ़िसर) को प्रभावित किया। हमने बहुत तैयारी की और एक मजबूत केस तैयार किया, जिससे यह साबित किया जा सके कि ज़्यादा बेहतर होगा कि वे एक फ़ोकस्ड, बिज़नेस यूज केस आधारित अप्रोच अपनाएं। और आख़िरकार उन्हें भी यह बात समझ में आई और उन्होंने उस विशाल इंफ़्रा स्ट्रक्चर निर्माण की योजना को सीमित करने का फ़ैसला किया।

इस किताब में शामिल मुख्य विषय

डेटा पर आधारित यह किताब मेरे उन अनुभवों और प्रयोगों का नतीजा है, जिनसे मैंने सीखा है, और यह कोशिश है कि इन अनुभवों से निकली कुछ व्यावहारिक रणनीतियां आपके सामने रख सकूं, ताकि हम सभी डेटा की पूरी ताक़त का सही इस्तेमाल कर सकें, ख़ासतौर पर जब हम आर्टिफ़िशियल इंटेलिजेंस के दौर में प्रवेश कर रहे हैं। मैं यह दावा नहीं करता कि मैंने इस क्षेत्र का 'परम सत्य' खोज लिया है, क्योंकि डेटा एक बेहद विशाल और जटिल विषय है, जो लगातार और भी पेचीदा होता जा रहा है, और अब तक पूरी तरह से समझा नहीं जा सका है, लेकिन पिछले कई सालों में, मैंने लगातार यह जानने की कोशिश की है कि डेटा असल में कैसे काम करता है, और मुझे लगता है कि इसमें मैंने कुछ अहम सूत्र ज़रूर खोजे हैं, जो डेटा की शक्ति को खोलने में मदद कर सकते हैं। इस खोज और समझ के सफ़र के जरिए, मेरा इरादा है कि मैं कुछ ज़रूरी जानकारियां और एक सुव्यवस्थित सोच उन लोगों को दे सकूं, चाहे वो संगठन हों, उद्यमी हों या युवा प्रोफ़ेशनल। और यह किताब सिर्फ़ उन्हीं के लिए नहीं है, जो रोज़ डेटा के साथ काम करते हैं। इसमें हर किसी के लिए कुछ न कुछ है। चाहे वो आम इंसान हो, जो रोज़ इंटरनेट पर डेटा से जुड़ा रहता है, या डिजिटल ट्रांसफ़ॉर्मेशन के दौर से गुज़र रही कोई करोड़ों डॉलर वाली कंपनी हो, या फिर देश या दुनिया की जटिल

समस्याओं का हल तलाश रहा कोई राजनेता हो। डेटा आज हर किसी के लिए एक क़ीमती संसाधन है, और इसके साथ सही तरीक़े से काम करना अब एक ज़रूरी स्किल बन गया है, अगर इस डेटा-फ़र्स्ट दुनिया में जीत हासिल करनी है।

इस किताब को तीन हिस्सों में बांटा गया है। **पहला हिस्सा** समर्पित है, **डेटा-फ़र्स्ट वर्ल्ड को समझने के लिए।** जिस तरह दूसरी औद्योगिक क्रांति में बिजली ने इंजन को चलाया था, ठीक उसी तरह इस चौथी औद्योगिक क्रांति यानी डिजिटल युग और अब आने वाले एआई युग को चलाने वाला ईंधन है, डेटा। अगर इसका सही इस्तेमाल किया जाए, तो यह एक बड़ी ताक़त और अवसर का स्रोत बन सकता है, जैसा कि गूगल और एमेज़ॉन जैसी डिजिटल नेटिव कंपनियों ने साबित किया है। इस हिस्से में बताया गया है कि डेटा के तेज़ी से बढ़ने से कैसे व्यक्ति और संगठन दोनों के लिए नए अवसर पैदा हुए हैं, और साथ ही यह भी कि इस डेटा की भरमार से निपटना अब कितनी बड़ी चुनौती बन चुका है, जबकि टेक्नोलॉजी उस रफ़्तार से आगे नहीं बढ़ पा रही है।

इस हिस्से में कुल पांच अध्याय हैं। मैंने शुरुआत की है, डिजिटल युग में **डेटा विस्फोट** से **(अध्याय 1)**। जैसे ही इंटरनेट आया, डेटा का ज़बरदस्त विस्तार हुआ और 'बिग डेटा' की अवधारणा सामने आई। यह वृद्धि तीन प्रमुख आयामों में हुई : मात्रा, विविधता और गति, यानी डेटा का आकार, प्रकार और बनने की रफ़्तार तीनों में ज़बरदस्त उछाल आया। इसके बाद मैंने रोशनी डाली, **डेटा : डिजिटल युग का ईंधन** पर, जो जीवन और कारोबार के हर पहलू को ताक़त देता है, अनुभवों को बदलता है और इंडस्ट्री की सीमाओं को आगे धकेलता है (अध्याय 2)। जैसे-जैसे संगठनों को अपने ग्राहकों के डेटा तक पहुंच मिलती है, वे अनगिनत नए अवसरों का ताला खोल सकते हैं और अपने बिज़नेस मॉडल की फिर से कल्पना कर सकते हैं।

इसके बाद मैंने बताया है, मूल्यों की पुनर्कल्पना। यानी **वैल्यू रीइमेजिंड** की संभावना के बारे में, जो संभव होती है डेटा-इनसाइट्स-एक्शन्स-इम्पैक्ट (DIAI) फ्रेमवर्क के जरिए (अध्याय 3)। इस फ्रेमवर्क की मदद से संगठन डेटा से असली रूपांतरणकारी मूल्य निकाल सकते हैं। जब वे सही समझ पैदा करते हैं और उन पर असरदार एक्शन लेते हैं, तो वे ना सिर्फ़ अपने ग्राहकों के लिए बल्कि अपने लिए भी ठोस और सकारात्मक नतीजे हासिल कर सकते हैं।

यह एक महत्त्वपूर्ण सवाल खड़ा करता है - डेटा की सर्वव्यापक प्रकृति और उपलब्ध अभूतपूर्व अवसरों के बावजूद, ज़्यादातर संगठन डेटा से अधिकतम मूल्य क्यों नहीं निकाल पा रहे हैं? मेरे अध्ययन से यह विरोधाभासी चुनौती सामने आई है, जिसका सामना आज ज़्यादातर संगठन कर रहे हैं : **डेटा पैराडॉक्स** (अध्याय 4)। एक ओर वे डेटा के 3V (वॉल्यूम, वेरायटी, वेलोसिटी) के विस्फोट से निपटने में असमर्थ हैं। दूसरी ओर, वे प्रासंगिक जानकारियां हासिल करने के लिए जूझ रहे हैं, जो डेटा-प्रेरित निर्णय लेने में मदद कर सकें। और यह सब तब हो रहा है, जब लगातार इनोवेटिव टेक्नोलॉजी लागू करने की कोशिशें की

जा रही हैं, फिर भी समस्याएं बनी हुई हैं। गहराई से जांच करने पर, मैंने पाया कि इसका **मूल कारण** तकनीक और इंफ्रास्ट्रक्चर के जरिये डेटा समस्या को हल करने पर असंतुलित ध्यान देना है, जो मेरे अनुभव से पर्याप्त नहीं है (अध्याय 5)। ज़्यादातर समय, डेटा पैराडॉक्स का मूल कारण तकनीकी (टेक्नोलॉजी इंफ्रास्ट्रक्चर) की बजाय तार्किक (हल किए जाने वाले मुद्दे को सीमित करने) होता है। और अगर यह अनसुलझा रह जाए, तो इसका संगठन पर व्यापक प्रभाव पड़ सकता है।

इसलिए, डेटा क्रांति के इस उथल-पुथल भरे दौर में आगे बढ़ने के लिए, संगठनों को समस्या के मूल कारण को समझना होगा, ताकि मुद्दों को सीमित किया जा सके और उन्हें एक संरचित और व्यापक दृष्टिकोण से हल करने की कोशिश की जा सके।

द्वितीय खंड, डेटा-फ़र्स्ट दुनिया में मूल्य को अधिकतम करना में, मैंने डेटा के विस्फोटक विस्तार से पैदा हुए अव्यवस्था को समझने और डेटा से अधिकतम मूल्य प्राप्त करने के लिए एक नवाचारी और व्यावहारिक तरीक़ा प्रस्तावित किया है। मैंने एक तेरह-घटकों का समाधान ढांचा प्रस्तावित किया है, जिसे मैं **यूनिफ़ाइड सॉल्यूशन फ्रेमवर्क या एकीकृत समाधान रूपरेखा (यूएसएफ़)** कहता हूं। यह तेरह घटक, संगठनों के लिए डेटा-फ़र्स्ट दुनिया और एआई युग में सफलता पाने के तेरह मंत्र हो सकते हैं।

ये तेरह घटक पांच स्तरों में विभाजित हैं। पहला स्तर है- **व्यावसायिक उद्देश्यों** का, जो किसी भी संगठन के लिए शुरुआती बिंदु होता है। यहां मैं इस बात पर ज़ोर देता हूं कि **व्यावसायिक समस्याओं को स्पष्ट रूप से परिभाषित करना** बेहद ज़रूरी है (अध्याय 7)। मेरे अनुभव में, व्यावसायिक समस्याओं को तार्किक हिस्सों में तोड़ना, उन्हें प्राथमिकता देना और उसी के अनुसार डेटा आवश्यकताओं को मैप करना, यानी जिस डेटा समस्या को हल करना है उसे सीमित करना, यही एकमात्र तरीक़ा है, जिससे डेटा प्रक्रिया को अधिक केंद्रित और प्रबंधनीय बनाया जा सकता है।

दूसरा स्तर है **डेटा इकोसिस्टम** को पहचानना और समझना, जो आज 3V (वॉल्यूम, वेराइटी, वेलोसिटी) के विस्फोट के कारण संगठनों के लिए उपलब्ध है। यहां मैंने तीन प्रमुख प्रकार के डेटा को उजागर किया है - मल्टी-सोर्स डेटा, रियल-टाइम डेटा और प्रोप्राइटरी डेटा (अध्याय 8-10) - जो मेरी राय में संगठनों के लिए असमान रूप से अधिक मूल्य पैदा करते हैं। **मल्टी-सोर्स डेटा** व्यापक और अधिक सार्थक समझ पैदा करने के लिए महत्त्वपूर्ण है। **रियल-टाइम डेटा** तेज़ी से कार्रवाई करने के लिए आवश्यक है और **प्रोप्राइटरी डेटा** संगठनों को स्थायी प्रतिस्पर्धात्मक लाभ बनाने में सक्षम बनाता है।

जैसा कि मैंने पहले बताया, आज डेटा की प्रचुरता के बावजूद, संगठन बढ़ती जटिलता और पैमाने के कारण इसे प्रभावी रूप से इस्तेमाल करने में कठिनाई का सामना करते हैं। डेटा के वॉल्यूम, वेराइटी और वेलोसिटी (3V) के साथ तालमेल बिठाने और इसे सार्थक जानकारी या एक्शन में बदलने के लिए एक सुविचारित डेटा आर्किटेक्चर की ज़रूरत होती

है। इसलिए, तीसरा स्तर है **टेक्नोलॉजी इंफ्रास्ट्रक्चर,** जो डेटा के 3V को सही तरीक़े से एक साथ लाने पर ज़ोर देता है, ताकि इसे कई बिज़नेस समस्याओं को हल करने के लिए संयोजन में इस्तेमाल किया जा सके। यहां मैं एक कस्टमाइज्ड डेटा स्टैक बनाने के महत्त्व पर ज़ोर देता हूं, जो स्केलेबिलिटी को सक्षम बनाता है और डेटा प्रबंधन वैल्यू चेन की विभिन्न परतों के एंड-टु-एंड एकीकरण को सुगम बनाता है, जो **आधुनिक डेटा स्टैक** (अध्याय 11) बनाए बिना संभव नहीं है।

एक बार जब डेटा इकोसिस्टम और टेक्नोलॉजी इंफ्रास्ट्रक्चर स्थापित हो जाते हैं, तो संगठनों को **कोर प्रोसेसेज** बनाने चाहिए, जो चौथा स्तर होते हैं, ताकि डेटा पहलों से वांछित लाभ हासिल किया जा सके। इन कोर प्रोसेसेज को स्थापित करना और संस्थागत बनाना किसी भी डेटा पहल पर सफल अमल के लिए महत्त्वपूर्ण है। यहां मैं वूका-VUCA (वोलेटिलिटी, अनसर्टेनिटी, कॉम्प्लेक्सिटी और एंबिग्यूटी) दुनिया में विकसित होती समस्याओं के स्वभाव के अनुसार सफलतापूर्वक अनुकूलन के लिए **अनुकूलन क्षमता** के महत्त्व को उजागर करता हूं (अध्याय 14)। मैं 'टू-स्पीड अप्रोच' की सिफ़ारिश करता हूं, यानी पहले स्पीड वन पहलों के जरिए अल्पकालिक व्यावसायिक मूल्य मुहैया कराना, और फिर स्पीड टू में स्पीड वन पहलों को जोड़कर दीर्घकालिक क्षमताओं का निर्माण करना। इसके अलावा, मैंने **डेटा लोकतंत्रीकरण** (अध्याय 15) के महत्त्व पर भी चर्चा की है। डेटा को सभी कर्मचारियों के लिए उपयुक्त तरीक़े से उपलब्ध कराना, उन्हें कभी भी और कहीं भी सहज पहुंच देना, और इसे प्रभावी ढंग से इस्तेमाल करने के लिए उचित स्तर का ज्ञान और कौशल मुहैया कराना, बेहतर, अधिक सूचित निर्णय लेने और संगठन भर में तेज़ी से कार्रवाई करने में महत्त्वपूर्ण है।

और जबकि डेटा को सुलभ और सभी के लिए उपलब्ध कराना बेहद आवश्यक है। अगर उचित **डेटा सुरक्षा** उपाय नहीं अपनाए जाते तो डेटा-प्रेरित संगठन बनाने के सभी प्रयास आसानी से ख़तरे में पड़ सकते हैं (अध्याय 16)। डेटा ख़तरों की विकसित होती जटिलता और लगातार बढ़ते डेटा और टेक्नोलॉजी इकोसिस्टम से पैदा कमज़ोरियों के साथ, मैं संदर्भ को ध्यान में रखते हुए ज़ीरो-ट्रस्ट आर्किटेक्चर लागू करने की सिफ़ारिश करता हूं।

अंत में, **संगठन और संस्कृति,** जो यूनिफ़ाइड सॉल्यूशन फ्रेमवर्क का पांचवां स्तर बनाते हैं, लोगों की मानसिकता और व्यवहार को इस तरह संबोधित करते हैं, जो संगठन के डीएनए को मौलिक रूप से बदल देता है, और इस प्रकार डेटा से रूपांतरकारी मूल्य हासिल करने की इसकी समग्र क्षमता को प्रभावित करता है। यहां मैं **संगठनात्मक संरचनाओं,** निर्णय लेने की प्रक्रियाओं और डेटा पहलों को लागू करने के लिए सबसे प्रभावी संगठन डिज़ाइन पर पुनर्विचार करने की आवश्यकता के बारे में बात करता हूं, ताकि प्रभावी संगठनात्मक संरेखण बनाया जा सके (अध्याय 17)। मैं एक तीन-आयामी दृष्टिकोण अपनाने के महत्त्व पर भी ज़ोर देता हूं, ताकि आंतरिक भावना पर आधारित निर्णय लेने से बचा जा सके, जहां निर्णय सबसे अधिक वेतन पाने वाले व्यक्ति की राय (हाइएस्ट पेड पर्सन्स ओपीनियन HiPPO) पर आधारित होते हैं, और एक मजबूत **डेटा संस्कृति** बनाई जा सके (अध्याय 18)। और अंत

में, जैसे-जैसे बिग डेटा दुनिया अधिक जटिल होती जाती है, तकनीक तेज़ी से विकसित होती है और एआई मुख्यधारा में आता है, वैसे-वैसे मैं देखता हूं कि विशेष डेटा प्रतिभा की भूमिका भी काफ़ी विकसित हो रही है (अध्याय 19)। डेटा प्रतिभा को मुख्य डेटा कौशल से आगे बढ़कर गहन समस्या-समाधान, आलोचनात्मक सोच, रचनात्मकता, स्टोरीटेलिंग और गहरे डोमेन ज्ञान जैसे पहलुओं को शामिल करना चाहिए, क्योंकि ध्यान बिज़नेस नतीजा हासिल करने और प्रभाव पैदा करने पर केंद्रित हो जाता है।

वे पांच परतें, जो एक डेटा-प्रेरित संगठन बनाने के लिए एक साथ आनी चाहिए, उन्हें एक साथ जोड़े रखने के लिए किसी तत्व की आवश्यकता होती है। यूनिफ़ाइड सॉल्यूशन फ्रेमवर्क की प्रत्येक परत के प्रयासों को एकजुट करने वाली जो "गोंद" है, वह दो महत्त्वपूर्ण तत्व हैं, जिन्हें मैं **इंटीग्रेटर** कहता हूं। पहला, **डेटा गुणवत्ता**, मेरे लिए बिग डेटा जगत की सबसे बड़ी चिंता है, क्योंकि डेटा लगातार और जटिल होता जा रहा है, विशाल और विविध डेटा सेट लगातार उत्पन्न हो रहे हैं और नए उपयोग मामलों की ज़रूरतें सामने आ रही हैं (अध्याय 12)। मैं गुणवत्ता से जुड़ी चुनौतियों से निपटने के लिए संदर्भ-प्रथम दृष्टिकोण का सुझाव देता हूं। दूसरा इंटीग्रेटर, मेरी नज़र में, डेटा से अधिकतम मूल्य प्राप्त करने का सबसे प्रभावी समाधान बनने की क्षमता रखता है। **डेटा प्रोडक्ट** कहलाने वाले ये डिजिटल व्यावसायिक समाधान डेटा स्टैक के विभिन्न तत्वों को एकीकृत करके बनाए गए एक वर्टिकल स्लाइस के रूप में होते हैं, जो एक व्यावसायिक नतीजा मुहैया कराते हैं, और संगठनों को तेज़ी से तथा दोहराए जा सकने वाले तरीक़े से प्रभाव डालने में मदद कर सकते हैं (अध्याय 13)।

तीसरे खंड, व्यक्ति और व्यापक संदर्भ में डेटा में, उद्धरण 'जैसा सूक्ष्म जगत वैसा ही विशाल जगत, जैसा विशाल जगत वैसा ही सूक्ष्म जगत' से शुरुआत करते हुए, मैं रफ़्तार बदलता हूं और एक ओर व्यक्तिगत स्तर पर ज़ूम इन करता हूं और दूसरी ओर समाज और राष्ट्रों के व्यापक स्तर पर ज़ूम आउट करता हूं। मैं अध्याय 4 में उजागर किए गए डेटा पैराडॉक्स की सार्वभौमिक प्रकृति की पड़ताल करता हूं, जो आज संगठनों को परेशान कर रहा है। मैं यह बात ख़ास तौर पर कहता हूं कि डेटा का जो विरोधाभास (डेटा पैराडॉक्स) कंपनियों और संस्थाओं के स्तर पर दिखाई देता है, वही स्थिति व्यक्ति, समाज और पूरे विश्व स्तर पर भी मौजूद है (अध्याय 20)। इस हिस्से की शुरुआत मैं इस तरह करता हूं कि कैसे बिग डेटा ने **दुनिया में बेहद निजीकरण** (हाइपर-पर्सनलाइजेशन) को जन्म दिया है। अब हालात यह हैं कि हर व्यक्ति को एक अलग पहचान, एक 'सेगमेंट ऑफ़ वन' के रूप में देखा जाने लगा है, जिसमें हर व्यक्ति अद्वितीय है। नतीजा यह है कि उत्पाद और सेवाएं पहले की तरह बड़े पैमाने पर एक जैसी ना रहकर, अब बढ़ते हुए व्यक्तिगत स्तर पर ढालकर दी जा रही हैं (अध्याय 21)। हालांकि ऐसा प्रभावी ढंग से होने के लिए, व्यक्तियों को डिजिटल दुनिया के साथ अधिक जुड़ना होगा, जिससे संगठन अपने ग्राहकों को बेहतर समझ सकें और निजीकरण के माध्यम से अधिक मूल्य पैदा कर सकें।

फिर मैंने बताया है कि कैसे इतना सारा डेटा उपलब्ध होने के बावजूद, हममें से ज़्यादातर लोग अब भी असल ज़िंदगी में, बड़े-छोटे, निर्णय लेने के लिए आंतरिक अनुभूति पर निर्भर रहते हैं। जिस डीआईएआई फ्रेमवर्क का मैंने अध्याय 3 में ज़िक्र किया है, वह मुझे व्यक्तिगत स्तर पर भी उपयोगी लगता है ताकि **बेहतर निर्णय लेने के लिए डेटा का प्रभावी इस्तेमाल** किया जा सके (अध्याय 22)। इसके अलावा, जबकि डेटा तक पहुंच मूल्यवान है, यह व्यक्ति के लिए सूचना-अधिभार पैदा कर सकता है और निर्णय लेने के लिए सार्थक जानकारी निकालना मुश्किल बना सकता है। इसकी कुंजी है **सूचना बनाम बुद्धि** के बीच संतुलन बनाना, और बुद्धि का निर्माण करना, जो व्यक्ति के लिए विशिष्ट होती है, ताकि सबसे महत्त्वपूर्ण पैटर्न पहचानकर शोर को अलग किया जा सके (अध्याय 23)।

आगे बढ़ते हुए मैंने **डिजिटल एंगेजमेंट** बनाम **मानसिक स्वास्थ्य** के पैराडॉक्स की बात की है (अध्याय 24)। सूचना-अधिभार उस स्तर का शोर पैदा करता है, जो व्यक्ति की क्षमता से अधिक होता है, और मानसिक उथल-पुथल पैदा करता है। इसका समाधान है, अपने आप से गहरे स्तर पर मजबूत जुड़ाव बनाना, ताकि सही संतुलन प्राप्त हो सके, जो मेरे लिए आध्यात्मिकता है। इसके बाद मैं डेटा जगत के एक और पैराडॉक्स, **डेटा शेयरिंग बनाम डेटा प्राइवेसी,** को संबोधित करता हूं, जो एक बड़ी चिंता बनती जा रही है, क्योंकि हम लगातार डिजिटल दुनिया से जुड़ते हैं, हर दिन के हर मिनट अपने बारे में डेटा पैदा करते हैं और साझा करते हैं (अध्याय 25)। हालांकि यह ट्रैक करना कठिन है कि कौन सा डेटा किस उद्देश्य के लिए एक्सेस किया जा रहा है, लेकिन हमें कुछ महत्त्वपूर्ण डेटा बिंदुओं की सुरक्षा में तो सतर्क रहना ही चाहिए, जो दुरुपयोग के लिए सबसे अधिक संवेदनशील हैं।

अब व्यक्तियों से आगे बढ़ते हुए, मैं एक **बेहतर दुनिया के लिए डेटा सहयोग** के महत्त्व में विश्वास करता हूं (अध्याय 26)। वैश्विक डेटा सहयोग जटिल समस्याओं जैसे जलवायु परिवर्तन और स्वास्थ्य देखभाल का समाधान कर सकता है और एक अधिक न्यायसंगत और स्थायी दुनिया बना सकता है। और अंत में, मुझे कोई संदेह नहीं है कि जैसे-जैसे एआई युग आगे बढ़ेगा, एक नया विश्व क्रम उभरेगा और जो राष्ट्र **डेटा को राष्ट्रीय प्रतिस्पर्धात्मक लाभ** के स्रोत के रूप में इस्तेमाल करेंगे, वे नए महाशक्ति के रूप में उभरेंगे (अध्याय 27)। इसलिए, डेटा केवल एंटरप्राइज और व्यक्तियों के लिए नहीं, बल्कि राष्ट्रीय नेताओं और नीति निर्माताओं के लिए भी एक विषय है।

आगे के पृष्ठ मेरे डेटा के साथ समय-समय पर हुए कई गहरे अनुभवों का नतीजा हैं। जितना मैंने डेटा के काम करने के तरीक़े को अनुभव किया और इन पर शोध किया, उतना ही मैं इसके असाधारण मूल्य पैदा करने की असीम क्षमता के प्रति आश्वस्त हुआ और अब यह सिर्फ़ शुरुआत है। इस किताब के जरिए मैं आपको डेटा की इस अद्भुत दुनिया में ले जाता हूं ताकि आप इसकी पूरी क्षमता को देख सकें, वास्तव में इसे वह धुरी बना सकें जो संगठनों को एआई युग में जीतने में मदद कर सकती है। हालांकि जैसे-जैसे डेटा हर दिशा में

विस्फोट करता जा रहा है, वैसे-वैसे डेटा पैराडॉक्स ज़्यादातर संगठनों को ओवरलोड कर रहा है, जिससे मूल्य निर्माण में निराशा और चुनौतियां पैदा हो रही हैं। इसलिए, अपने यूनिफ़ाइड सॉल्यूशन फ्रेमवर्क के जरिए, मेरा उद्देश्य हर व्यक्ति, पेशेवर और संगठन को इस डेटा-फ़र्स्ट दुनिया में सफल होने के लिए एक प्लेबुक मुहैया कराना है।

मैंने सॉल्यूशन फ्रेमवर्क के प्रत्येक घटक की गहराई में जाने का प्रयास किया है, प्रत्येक अवधारणा को विस्तार से स्पष्ट करने और डेटा-फ़र्स्ट दुनिया में इसके महत्त्व और एआई युग के सामने आने के साथ इसके बढ़ते महत्त्व को उजागर करने का प्रयास किया है। जैसा कि मैंने पहले बताया है, डेटा और एआई का एक आवर्ती संबंध है, इसलिए एआई इन प्रत्येक घटकों को हल करने में अहम भूमिका निभाएगा, और साथ ही इन घटकों को हल करना एआई की पूरी क्षमता को खोलने के लिए महत्त्वपूर्ण होगा। सरल शब्दों में, संगठन जितने बेहतर तरीक़े से डेटा से निपटने में सक्षम होंगे, उतना ही अधिक मूल्य वे अपने एआई प्रयासों से पैदा कर पाएंगे और एआई डेटा से जुड़े कुछ प्रमुख मुद्दों को हल करने में अहम भूमिका निभाएगा। मैंने यह बताने के लिए एक संरचित और व्यावहारिक दृष्टिकोण उपलब्ध कराने का प्रयास किया है कि इन प्रत्येक घटकों को संगठन के डीएनए में कैसे शामिल किया जाए ताकि डेटा-फ़र्स्ट दुनिया में डेटा से अधिकतम मूल्य हासिल किया जा सके। यह एक ऐसा दृष्टिकोण है, जो उद्योग या कार्य से मुक्त है। मैंने आपका ध्यान इस तथ्य की ओर भी आकर्षित किया है कि यह डेटा पैराडॉक्स व्यक्तिगत और व्यापक दोनों स्तरों पर मौजूद है, और सॉल्यूशन फ्रेमवर्क के तमाम घटक उन स्तरों पर पैराडॉक्स को हल करने के लिए एक मार्गदर्शक के रूप में कार्य कर सकते हैं।

यह वास्तव में रोमांचक है कि हम ख़ुद को ना केवल एक बल्कि दो असाधारण घटनाओं के अग्रिम मोर्चे पर पाते हैं, जो लगभग एक साथ सामने आ रही हैं। पहला है, डेटा-फ़र्स्ट दुनिया का उदय, जहां डेटा एक केंद्रीय प्रेरक शक्ति बन गया है, जो उद्योगों को आकार दे रहा है और नवाचार को बढ़ावा दे रहा है। दूसरा है, एआई युग का आगमन, जो जेनरेटिव एआई के आगमन से प्रेरित है, जिसने पहली बार दुनिया के डेटा का उपयोग करने की संभावना पैदा की है। जब इन दोनों का मिलना होता है, और डेटा दोनों के बीच एक साझा कड़ी का काम करता है, तो इससे बहुत बड़ी संभावनाएं पैदा होती हैं और अवसर असीम हो जाते हैं।

और इस किताब के साथ मेरा इरादा आपको डेटा-फ़र्स्ट दुनिया की चुनौतियों से निपटने और एआई युग के लिए तैयार होने के लिए सिद्धांतों और व्यावहारिक फ्रेमवर्क दोनों से लैस करना है।

इसी विचार के साथ, आइए इस आकर्षक डेटा यात्रा की शुरुआत साथ में करें!

इस किताब के जरिए मैं निम्नलिखित प्रमुख प्रश्नों का उत्तर देने का प्रयास करूंगा :

1. डेटा से प्रेरित आर्टिफ़िशियल इंटेलिजेंस (एआई) क्यों और किस तरह कंपनियों और व्यक्तियों के लिए बदलाव लाने वाली अपार मूल्य-शक्ति पैदा कर सकती है?
2. दुनिया विरोधाभासों से भरी है, और डेटा की दुनिया भी ऐसी ही है। इन विरोधाभासों से निपटकर व्यक्ति और कंपनियां डेटा तथा एआई की रूपांतरकारी ताक़त को कैसे अनलॉक कर सकते हैं?
3. क्या हम जीवन से ऐसे सिद्धांत सीख सकते हैं, जिन्हें डेटा पर लागू किया जाए, और डेटा से ऐसे सिद्धांत अपनाए जा सकते हैं, जो जीवन में काम आएं, ताकि हम डेटा-समृद्ध इस नई दुनिया में समझदारी और संतुलन के साथ आगे बढ़ सकें?

खंड I

डेटा फ़र्स्ट दुनिया की समझ

'हर जगह पानी-पानी, लेकिन पीने को नहीं एक बूंद।'

~सैमुअल टेलर कोलरिज

1

डेटा विस्फोट

अप्रत्याशित परिघटना

'कभी-कभी आप किसी पल का मूल्य तब तक नहीं जान पाते, जब तक वह स्मृति ना बन जाए।'

~ थियोडोर सीस गीसेल (डॉ. सीस),
अमेरिकी लेखक और कार्टूनिस्ट,

डेटा मानव विकास का अभिन्न हिस्सा रहा है और तेज़ी से विकसित हो रही तकनीक ने डेटा के सृजन और संग्रह में अभूतपूर्व वृद्धि को संभव बनाया है। डेटा इतनी तेज़ी से और इतने बड़े पैमाने पर बढ़ा और विकसित हुआ है कि इसकी कल्पना ना तो कोई व्यक्ति कर सकता है और ना ही कोई संस्था। और यूं ही, कुछ ही सालों में, हम एक नए युग में प्रवेश कर चुके हैं, जो डेटा का युग है, यानी डेटा-फ़र्स्ट दुनिया है। जब हमारे सामने डेटा की पूरी क्षमता का लाभ उठाने के अनगिनत अवसर मौजूद हैं, तो हमें देर होने से पहले ही, इस लहर पर सवार होना ही होगा। हमें अभी और आने वाले सालों में डेटा से रूपांतरकारी मूल्य निकालने के रास्ते खोजने होंगे।

डेटा-फ़र्स्ट दुनिया का उदय

हम जिस दौर में रह रहे हैं, उसे सही मायनों में डिजिटल युग कहा जाता है। हमारे जीने, काम करने और मनोरंजन के तरीक़े में नाटकीय बदलाव आ चुका है। और यह सब महज पच्चीस साल यानी सिर्फ़ एक चौथाई सदी में हुआ है। डिजिटल ने हमारे जीवन को ऐसे-ऐसे तरीक़ों से प्रभावित किया है, जिनकी कल्पना भी मुश्किल है, और आने वाले सालों में भी यह प्रभाव जारी रहेगा।

मेरा मानना है कि यह डिजिटल युग अद्वितीय है, इतना क्रांतिकारी, प्रभावशाली और सर्वव्यापी है कि इसे नज़रअंदाज़ करना नामुमकिन है। हम सभी इसका हिस्सा हैं, इसे जी रहे हैं, इसके प्रति जागरूक हैं और सीधे तौर पर इससे लाभान्वित हो रहे हैं।

डिजिटल युग की छह मुख्य विशेषताएं हैं, जिनका मैं अक्सर जिक्र करता हूं। आइए, मैं इन्हें आपके लिए संक्षेप में दोहराता हूं :

1. **नई पीढ़ी के ग्राहक :** ये अपेक्षाकृत कम उम्र के होते हैं। इनकी अपेक्षाएं अधिक होती हैं, और इनकी अधिक मांग रखते हैं, क्योंकि इनके पास चुनने के लिए ज़्यादा विकल्प उपलब्ध होते हैं। ये तकनीकी रूप से निपुण होते हैं, सोशल मीडिया पर बेहद सक्रिय रहते हैं, जो उनके निर्णय लेने की प्रक्रिया में प्रमुख प्रभाव डालने वाला कारक है।

2. **केंद्र में तकनीक :** तकनीक अब हर व्यवसाय का केंद्र बन रही है। पहले यह एक सहायक कार्य के रूप में शुरू हुई, फिर एक सक्षमकर्ता बनी, और आज यह मुख्य भूमिका में है, और हर संगठन को अपने आप को नए सिरे से ढालने और तकनीकी डीएनए बनाने के लिए मजबूर कर रही है।

3. **बदलाव की गति :** बदलाव की गति हर क्षेत्र में तेज़ हो रही है। क्लाउड और मोबाइल जैसी तकनीकें अब आम हो चुकी हैं, और उनकी जगह आज एआई, आईओटी और ब्लॉकचेन जैसी नई तकनीकें चर्चा में हैं।

4. **आवृत्तिपूर्ण दृष्टिकोण :** लगातार बदलती ग्राहक आवश्यकताएं, डेटा का विस्फोट, और तेज़ी से परिपक्व होती डिजिटल तकनीकें हमें रैखिक तरीक़ों से हटाकर आवृत्तिपूर्ण दृष्टिकोण या निरंतर प्रयोग की ओर ले जा रही हैं, जिनमें तेज़ी से क़दम उठाना, नतीजे का आकलन करना, सीखना और सुधार करना, और फिर दोबारा अमल में लाना शामिल हैं।

5. **अंतःविषयक मुद्दे :** डिजिटल समस्याएं बहु-कार्यात्मक होती हैं, जिनके लिए वित्त, मानव संसाधन, विपणन, बिक्री, संचालन, इंजीनियरिंग जैसे कई कार्यक्षेत्रों के बीच निर्बाध सहयोग की ज़रूरत होती है, ताकि तेज़ी से समाधान विकसित किए जा सकें।

6. **डेटा का विस्फोट :** आज पैदा हो रहे डेटा की मात्रा, गति और विविधता अभूतपूर्व है और यह आने वाले समय में भी गुणात्मक रूप से बढ़ती जाएगी। यह अद्भुत वृद्धि व्यक्तिगत जीवन और व्यवसायों को नाटकीय तरीक़ों से प्रभावित कर रही है, और हर व्यवसाय के लिए इसे नए और नवाचारी तरीक़ों से इस्तेमाल करने का अवसर प्रस्तुत कर रही है।

इन छह प्रमुख बदलावों में से, *मेरे अनुसार सबसे रूपांतरकारी बदलाव है- डेटा क्रांति।* केवल एक चौथाई सदी में हुए डिजिटल रूपांतरण ने डेटा में विस्फोटक वृद्धि को जन्म दिया और हमें एक **डेटा-फ़र्स्ट दुनिया** तक पहुंचा दिया। डिजिटल तकनीकों की तीव्र वृद्धि और अपनाए जाने के साथ, पैदा होने वाले डेटा की मात्रा ने घातांकीय गति से वृद्धि की है। दुनिया के ज़्यादातर डेटा का निर्माण पिछले 3–4 सालों में ही हुआ है और अनुमान है कि 2025 तक यह दोगुना हो जाएगा। *ज़रा इस तथ्य को समझने के लिए एक पल ठहरिए। दुनिया का ज़्यादातर डेटा केवल 3–4 साल पुराना है और अगले तीन सालों में इसका आकार दोगुना हो जाएगा।* यह दरअसल "हॉकी स्टिक" वृद्धि दर वक्र का वास्तविक उदाहरण है, जिसे पूरी दुनिया के वेंचर कैपिटलिस्ट और शीर्ष अधिकारी बेहद पसंद करते हैं, जिसमें एक लंबा दौर अपेक्षाकृत स्थिर होता है, न्यूनतम वृद्धि का होता है और उसके बाद अचानक तथा निरंतर तेज़ ऊर्ध्वमुखी रफ़्तार से बढ़त होती है।

आज डिजिटल युग में, इंसान से लेकर मशीन तक सब कुछ एक "**डेटा फ़ैक्ट्री**" है। हर बार जब कोई व्यक्ति डिजिटल या कनेक्टेड डिवाइस का इस्तेमाल करता है या इंटरनेट पर आता है, तो वह डेटा पॉइंट पैदा करता है; और हर मशीन जो आईटी सिस्टम से जुड़ी होती है, वह भी डेटा पैदा करती है। और इस असाधारण वृद्धि के साथ, डेटा की संभावनाएं और क्षमताएं असीमित हो गई हैं। यह एक अद्भुत और शक्तिशाली शक्ति बन गई है, जो लगातार हमारे जीवन और कारोबार को छू रही है और बदल रही है।

ख़ुशख़बरी : यह अभी हो रहा है, और यह तो बस शुरुआत है!

मेरा मानना है कि हम अभी डेटा क्रांति के शुरुआती दौर में ही हैं। हमने अभी-अभी डेटा-फ़र्स्ट दुनिया में क़दम रखा है। डेटा की पूरी क्षमता को समझने और उसका उपयोग करने की दिशा में हमने सतह को भी नहीं खुरचा है। भविष्य बनाने वाले लीडर, दूरदर्शी, कंपनियां और संगठन अभी मुख्य मंच पर आए ही नहीं हैं, इसलिए आपके पास इस डेटा-फ़र्स्ट दुनिया में नेतृत्व करने, बदलाव लाने और दुनिया को बेहतर बनाने का अवसर अब भी खुला हुआ है।

मुझे यह कैसे पता? मानव इतिहास के पिछले 5000 सालों के लिखित रिकॉर्ड में, ज़्यादातर डेटा पिछले 3-4 सालों में ही बना है। और इस छोटे से समय में इसने बेमिसाल वृद्धि देखी है। हालांकि यह अब भी इतना नया है कि कोई भी इसे पूरी तरह नहीं समझ पाया है। यह बात निश्चित है कि यह पहले से ही अपार मूल्य पैदा कर रहा है, और इसका सबसे बड़ा सबूत यह है कि दुनिया की पांच सबसे मूल्यवान कंपनियों (एपल, एमेज़ॉन, गूगल, माइक्रोसफ़्ट और वॉलमार्ट) में से चार मूल रूप से डेटा कंपनियां ही हैं, जिन्होंने अपने व्यापार मॉडल को डेटा के इर्द-गिर्द बनाकर वहां मूल्य पैदा किया है, जहां पहले इसकी कल्पना भी नहीं की जा सकती थी। हालांकि ज़्यादातर संगठनों के लिए डेटा अब भी एक बड़ी चुनौती है और ऐसा रहस्य है, जिसे वे सुलझा नहीं पाए हैं। जो सामने दिख रहा है, वह तो बस शुरुआत भर है।

असली यात्रा अभी शुरू हुई है और आगे संभावनाओं का दायरा असीमित है। और जहां डेटा ने हमारे आसपास कुछ क्रांतिकारी बदलाव किए हैं, वहीं इसमें अब भी व्यापक असर डालने और दुनिया में सार्वभौमिक रूपांतरण लाने की क्षमता है। जब तक ऐसा नहीं होता, तब तक इसे वास्तव में क्रांति नहीं कहा जा सकता।

इतिहास यह भी बताता है कि हर क्रांति का युग हर स्तर पर, क्षेत्रों, देशों, कंपनियों, समूहों से लेकर व्यक्तियों तक, सत्ता में बदलाव लाता है। इसलिए डेटा क्रांति से प्रेरित वैश्विक शक्ति संतुलन में बदलाव के लिए तैयार रहिए। जैसे भाप-शक्ति युग में ग्रेट ब्रिटेन के प्रभुत्व से लेकर परमाणु युग की शुरुआत में अमेरिका के उभार तक, बड़े बदलाव हमेशा नई विश्व व्यवस्था लेकर आए हैं। डेटा-फ़र्स्ट दुनिया में भी यही होगा, जहां जो पहले क़दम उठाएगा, वही बाजी मारेगा। नई विश्व व्यवस्था के लीडर वही होंगे, जो बाक़ी लोगों के आने से पहले डेटा की क्षमता को समय रहते पहचानेंगे और उसका प्रभावी तरीक़े से इस्तेमाल करेंगे।

इसीलिए मेरा मानना है कि हम पहले ही डेटा-फ़र्स्ट दुनिया में प्रवेश कर चुके हैं। यह ऐसी क्रांति है, जहां डेटा केवल सहायक नहीं है, बल्कि हर मोर्चे पर बदलाव की ऊर्जा है। अब सफलता इस बात पर निर्भर करती है कि आप डेटा से प्राप्त मूल्य को अधिकतम करके किस तरह अलग पहचान बनाते हैं, ख़ासकर जब एआई युग का आगाज हो चुका है। यह ऐतिहासिक बदलाव एक ही शक्तिशाली तत्व पर टिका है, और वह है- **डेटा।**

अद्भुत विकास गाथा

जी हां, मैं बार-बार कह रहा हूं कि पिछले कुछ सालों में डेटा में अभूतपूर्व वृद्धि हुई है। तो क्या? तर्क तो यह भी दिया जा सकता है कि इंटरनेट उपयोगकर्ताओं की संख्या भी काफ़ी बढ़ी है और मोबाइल उपयोगकर्ताओं की भी। तो फिर डेटा की वृद्धि विशेष रूप से 'अद्भुत' क्यों है? तो आइए, इसे सही परिप्रेक्ष्य में समझते हैं, ठीक है ना?

1999 और 2023 के बीच, हमारे ग्रह की कुल मानव आबादी 1.3 गुना बढ़ी, 6.07 अरब से 8.05 अरब हो गई। विश्व की जीडीपी तीन गुना हो गई, 32.9 ट्रिलियन अमेरिकी डॉलर से बढ़कर 105.510 ट्रिलियन डॉलर तक पहुंच गई, जिसका श्रेय वैश्वीकरण, तकनीकी प्रगति, उभरते बाज़ारों की तेज़ी से वृद्धि, बुनियादी ढांचे में निवेश और कई अन्य कारकों को जाता है।

उसी अवधि में आभासी दुनिया में कहीं अधिक तेज़ी से वृद्धि हुई। 1999 से 2023 की अवधि ने वैश्विक स्तर पर मोबाइल ग्राहकों की संख्या में महत्त्वपूर्ण और तेज़ी से विस्तार को चिह्नित किया। तकनीकी प्रगति, सस्ती दरें और बेहतर नेटवर्क ढांचे से प्रेरित होकर, मोबाइल सदस्यता 0.5 अरब ग्राहकों से बढ़कर 2023 में 8.3 अरब हो गईं, जो सत्रह गुना वृद्धि है।

इसी अवधि में, इंटरनेट के आगमन के साथ, दुनिया में इस बात में गहरा बदलाव दिखा कि दुनिया भर के लोग कैसे जुड़ते हैं, संवाद करते हैं और कैसे जानकारी तक पहुंचते हैं।

Data has exploded at an unprecedented rate over the past two decades and is the most defining trend of Digital Age

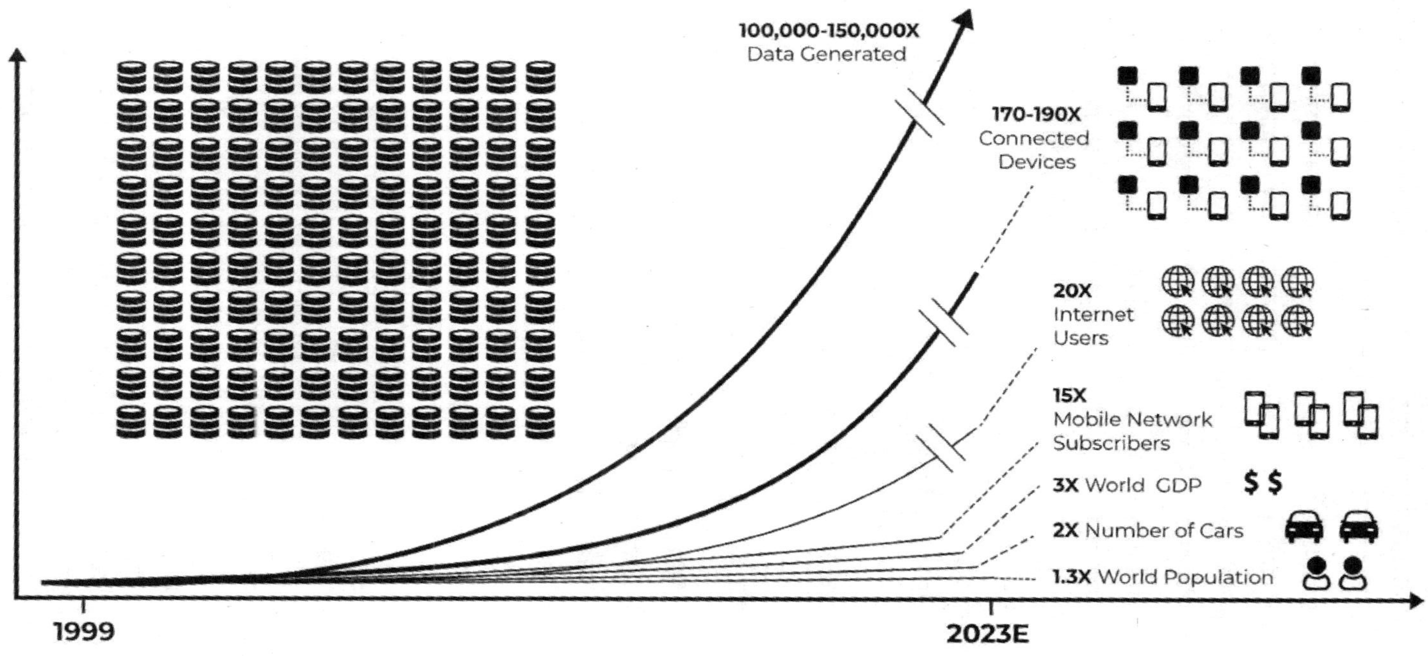

इसके नतीजतन इंटरनेट उपयोगकर्ताओं की संख्या में 24.8 करोड़ से बढ़कर 5.3 अरब तक की हैरान कर देने वाली इक्कीस गुना वृद्धि हुई।

इस अवधि में आईओटी क्रांति और तकनीक का लघुकरण भी दिखा, जिसने स्मार्ट डिवाइस, स्मार्ट होम, शहर और उद्योगों के जरिए हमारे जीवन में कनेक्टेड डिवाइस का सहज एकीकरण संभव बनाया। यह नेटवर्क लगभग **170-190 गुना** बड़ा हो गया, महज 9 करोड़ डिवाइस से बढ़कर 15 अरब से अधिक कनेक्टेड डिवाइस के नेटवर्क तक पहुंच गया।

हालांकि ये आंकड़े बहुत बड़े हैं, लेकिन एक ऐसी घटना है, जो इन सभी प्रगतियों के केंद्र में रही, और वो है- डेटा। और जैसे-जैसे विभिन्न तकनीकें सामने आईं और उनका इस्तेमाल तेज़ी से बढ़ा, वैसे-वैसे इन सबको ऊर्जा देने वाला डेटा चुपचाप और बिना ध्यान खींचे बढ़ता रहा। जब हम इंटरनेट उपयोगकर्ताओं और मोबाइल फ़ोन ग्राहकों की उल्लेखनीय वृद्धि पर तालियां बजा रहे थे, तब डेटा चुपके से ना 30 गुना, ना 100 गुना, ना यहां तक कि 1,000 गुना, बल्कि हैरान कर देने वाले तक़रीबन **1,00,000 से 1,50,000** गुना तक बढ़ गया! अब, क्या यह वाकई असाधारण नहीं है?*

अब आइए, इस परिघटना के इतिहास पर नज़र डालते हैं।

डेटा का विकास

वेबस्टर डिक्शनरी, या कहें कि डिजिटल युग में *www.merriam-webster.com,* में डेटा की परिभाषा इस तरह दी गई है : "तथ्यों पर आधारित जानकारी (जैसे माप या आंकड़े), जिसका इस्तेमाल सोच-विचार, चर्चा या गणना के लिए किया जाता है।" यह सही भी है, लेकिन मैं इस संदर्भ में एक और बात जोड़ना चाहूंगा। डेटा और उसका विश्लेषण आपको सिर्फ़ जानकारी ही नहीं देता, बल्कि यह तय करने में भी मदद करता है कि कोई काम करना है या जानबूझकर नहीं करना है।

---

* डेटा में विस्फोट के अनुमान : वर्षों में डेटा की मात्रा में वास्तविक वृद्धि को मापना आसान नहीं है, ख़ासकर तब जब आईडीसी ने डेटा को व्यवस्थित रूप से ट्रैक करना शुरू किया। उससे पहले इस पर बहुत कम अध्ययन हुए थे। इसलिए, मैंने समय के साथ डेटा वृद्धि की तुलना करने के लिए कई अनुमानों का उपयोग किया है। *2000* में, यूसी बर्कले के शोधकर्ताओं हाल आर वैरियन और पीटर लाइमैन ने दुनिया में डिजिटल जानकारी की मात्रा को मापने का पहला प्रयास किया। उनके अध्ययन "हाउ मच इन्फ़ॉर्मेशन" में उन्होंने दो तरह के अनुमान प्रस्तुत किए। अगर हम निचले अनुमान को देखें, जिसमें डेटा को डुप्लीकेशन और कंप्रेशन के अनुसार समायोजित किया गया है, तो डेटा *1999* में *0.00058 ZB* से बढ़कर *2023* में *120 ZB* हो गया, जो पिछले 24 वर्षों में लगभग 2,00,000 गुना वृद्धि है। अगर हम ऊपरी अनुमान देखें, जिसमें सभी कच्चे डिजिटल डेटा शामिल हैं, तो डेटा *0.0017 ZB* से बढ़कर *120 ZB* हो गया, जो *1999* से लगभग *70,000* गुना वृद्धि है। इस पुस्तक में, हमने लगभग *1,00,000* से *1,50,000* के बीच का अनुमानित रेंज इस्तेमाल किया है, क्योंकि सटीक संख्या बताना संभव नहीं है। सारांश यह है कि वर्षों में डेटा का विस्तार असाधारण और किसी भी अन्य विकास की तुलना में बेमिसाल रहा है।

डेटा का सबसे प्राचीन प्रमाण लगभग 18,000 ईसा पूर्व का मिलता है। तब पुरापाषाण युग में जनजातियों के लोग यह अंदाज़ा लगाने के लिए लकड़ियों और हड्डियों पर कटाव या चिह्न बनाते थे कि उनका भोजन कितना समय तक के लिए पर्याप्त रहेगा। डेटा के इतिहास में एक और महत्त्वपूर्ण मील का पत्थर रोमन लोगों का डेटा का इस्तेमाल है। 300 ईसा पूर्व का एलेक्ज़ेंड्रिया का पुस्तकालय शायद प्राचीन मिस्रियों का सबसे पहला प्रयास था, जिसमें उन्होंने अपने साम्राज्य से संबंधित सभी डेटा एकत्र करने की कोशिश की। रोमन, टैक्स के लिए सटीक जनगणना डेटा हासिल करने के उद्देश्य से, 'जनगणना करने वालों' को नियुक्त करते थे, जो विभिन्न क्षेत्रों से जानकारी रिकॉर्ड करके केंद्रीकृत करते थे। रोमन लोगों ने युद्ध रणनीतियों के लिए सांख्यिकीय विश्लेषण में भी अग्रणी भूमिका निभाई। संभावित विद्रोही सीमाओं की भविष्यवाणी करने और अपने विशाल 5,00,000 सैनिकों की सेना को 50,00,000 वर्ग किलोमीटर में फैले साम्राज्य में सबसे कुशल तरीक़े से तैनात करने के लिए इसका इस्तेमाल किया।

17वीं सदी तक आते-आते, 1662 में, जॉन ग्रान्ट ने प्लेग (ब्लैक डेथ) की त्रासदी का अध्ययन करते समय **सांख्यिकीय डेटा विश्लेषण** प्रस्तुत किया। लंदन के हबरडैशर (जिसे आज हम पुरुषों के कपड़े बेचने वाले रिटेलर के रूप में समझ सकते हैं) ने सार्वज़निक स्वास्थ्य रिकॉर्ड का पहला संग्रह प्रकाशित किया। इंग्लैंड में प्लेग के दौरान उन्होंने चर्च के रिकॉर्ड की गई मृत्यु दर और उसके उतार-चढ़ाव का संकलन और विश्लेषण किया।

1884 में, हरमन हॉलेरिथ ने पंच कार्ड टेबलिंग मशीन का आविष्कार किया, जो **डेटा प्रोसेसिंग** का पहला प्रयास माना जाता है। 1880 के दशक में, अमेरिकी जनगणना ब्यूरो ने इस मशीन का इस्तेमाल जनसंख्या वृद्धि को मापने और रिकॉर्ड करने के लिए किया, जिससे सरकार को 50 लाख अमेरिकी डॉलर की बचत हुई। बाद में, हॉलेरिथ ने 1896 में टेबलिंग मशीन कंपनी की स्थापना की, जिसे आज आईबीएम के नाम से जाना जाता है।

आधुनिक डेटा संग्रहण यानी **डेटा सेंटर** की शुरुआत 1940 के दशक में हुई थी। तब दुनिया का पहला प्रोग्रामेबल कंप्यूटर ईएनआईएसी - ENIAC (इलेक्ट्रॉनिक न्यूमेरिकल इंटीग्रेटर और कंप्यूटर) बनाया गया था। इसे शुरू में द्वितीय विश्व युद्ध के दौरान जटिल तोपखानों की गणनाओं के लिए डिज़ाइन किया गया था। ईएनआईएसी पहला प्रोग्रामेबल सामान्य-उद्देश्य वाला इलेक्ट्रॉनिक डिजिटल कंप्यूटर था, जो विभिन्न निर्देशों का पालन कर सकता था या डेटा मूल्यों के आधार पर उनके क्रम को बदल सकता था, लेकिन इसकी सीमित 20-वर्ड मेमोरी के कारण एक समानांतर डेटा संग्रहण प्रणाली विकसित करनी पड़ी, जो आज के 'हाइपरस्केल डेटा सेंटर' की दिशा में एक झलक दिखाती है, जिसे प्रमुख वैश्विक तकनीकी कंपनियों ने स्थापित किया।

20वीं सदी तक, तकनीक के विकास के साथ बदलाव की गति तेज़ हो गई। जैसे-जैसे तकनीक विकसित हुई, डेटा प्रबंधन की जटिलता काफ़ी बढ़ गई। उदाहरण के लिए, संस्थाएं केवल आंतरिक रूप से उत्पन्न लेनदेन डेटा तक ही सीमित नहीं थीं, बल्कि उन्हें तेज़ी

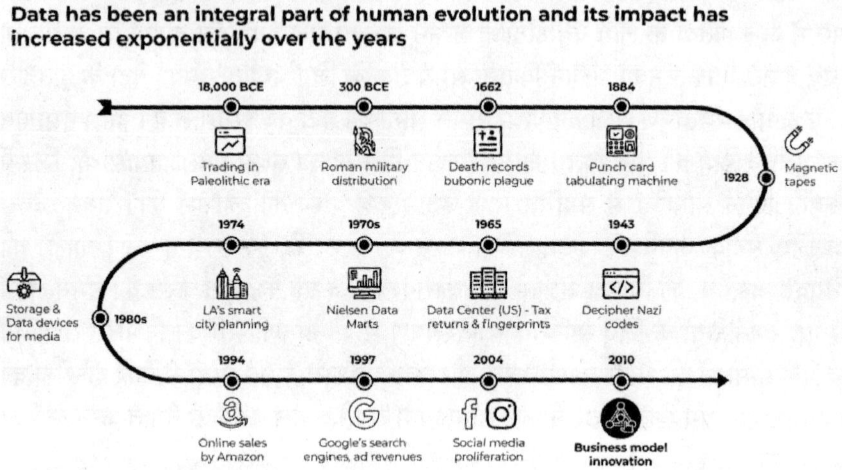

से बढ़ते बाहरी डेटाबेस और एप्लिकेशन को भी एकीकृत करना था। नतीजतन, डेटा ख़राबी से एकीकृत और असंगत था। ऐसे विविध डेटा स्रोतों को प्रभावी ढंग से एकीकृत करने के लिए एक अधिक स्केलेबल सॉल्यूशंस की आवश्यकता महसूस हुई ताकि निर्णय लेने में सुविधा हो। डेटा वेयरहाउसिंग, कई विभिन्न स्रोतों से डेटा को एक स्थान पर लाने और उसे ऐसे प्रारूप में परिवर्तित करने का तरीक़ा है, जो प्रोसेस और स्टोर करना आसान हो। यह भी एक समाधान के रूप में उभरा। 1970 के दशक की शुरुआत में, एसी नील्सन ने ग्राहकों को 'डेटा मार्ट' मुहैया कराया, जहां अंतिम उपयोगकर्ता यानी रिटेलर अपने डेटा तक सीधे पहुंच और नियंत्रण रखते थे। यह **डेटा वेयरहाउस** का संक्षिप्त और अधिक केंद्रित संस्करण था, जिसने 1980 के दशक में आईबीएम ने व्यावसायिक डेटा वेयरहाउसिंग पेशकश के जरिए डेटा वेयरहाउसिंग की नींव रखी।

नगरीय प्रशासन भी पीछे नहीं रहा। 1960 के दशक में ही शहरों ने नागरिक डेटा एकत्रित करना और उसका उपयोग करना शुरू कर दिया था। लॉस एंजिलिस का कम्युनिटी एनालिसिस ब्यूरो कंप्यूटर डेटाबेस का उपयोग कर क्लस्टर एनालिसिस कर रहा था, जो कि विभिन्न वस्तुओं के समान समूहों को खोजने की प्रक्रिया होती है। इसे कंप्यूटर डेटाबेस और इंफ्रारेड एरियल फ़ोटोग्राफ़ी के साथ जोड़कर, उन्होंने पड़ोस के जनसांख्यिकी और आवास की गुणवत्ता पर रिपोर्ट तैयार की, ताकि संसाधनों का सही दिशा में इस्तेमाल कर बीमारियों और ग़रीबी से निपटा जा सके।

1971 में, आईबीएम ने फ़्लॉपी डिस्क पेश की, जिसका व्यापक उपयोग 1970 के मध्य से 1990 के अंत तक हुआ। शुरुआत में केवल-पढ़ने वाले संस्करण की भंडारण क्षमता 79.9 KB मात्र थी। 1982 में, सोनी और फ़िलिप्स के सीडी प्लेयर ने 60 मिनट का ऑडियो/वीडियो रिकॉर्ड किया। 1999 तक, पैनासोनिक, तोशीबा और सैंडिस्क के SD कार्ड

में 8 MB डेटा स्टोर किया जाने लगा। वर्षों में, भौतिक संग्रहण छोटा हुआ, जबकि क्षमता बढ़ती गई। आज एक नैनो मेमोरी कार्ड 256 GB डेटा स्टोर कर सकता है। हम असीमित वर्चुअल डेटा संग्रहण की ओर बढ़ रहे हैं।

अगला महत्त्वपूर्ण विकास एमेज़ॉन का ई-कॉमर्स में प्रवेश था, जो एक ऑनलाइन बुकस्टोर के रूप में शुरू हुआ था। 1998 तक, एमेज़ॉन का पुस्तकों के अलावा विस्तार एक मोड़ साबित हुआ। अपने व्यवसाय, ग्राहकों और पारिस्थितिकी साझेदारों पर डेटा संग्रह, भंडारण और विश्लेषण में अग्रणी, उन्होंने वन-क्लिक ऑर्डरिंग, प्राइम सब्सक्रिप्शन, 360-डिग्री ग्राहक प्रोफ़ाइल जैसे नवाचारी फ़ीचर पेश किए। 2006 में, एमेज़ॉन की क्लाउड सेवाओं (एडब्ल्यूएस) ने कंप्यूटिंग इंफ्रास्ट्रक्चर में क्रांति ला दी, जिससे दूरस्थ डेटा प्रोसेसिंग संभव हुई। वर्तमान में, एडब्ल्यूएस वैश्विक क्लाउड सेवाओं के बाज़ार में लगभग एक-तिहाई हिस्सेदारी के साथ हावी है।

इसी समय, 1996 में, बेहद प्रभावशाली इंटरनेट सर्च इंजन गूगल की स्थापना लैरी पेज और सर्जी ब्रिन ने स्टैनफ़ोर्ड विश्वविद्यालय के नेटवर्क पर की। इसे प्रारंभ में बैकरब कहा गया और यह एक शोध परियोजना के रूप में शुरू हुआ था। इसे इस तरह से डिज़ाइन किया गया कि यह इंटरनेट पर यह पता लगाए कि कौन-से पृष्ठ अन्य पृष्ठों से लिंक कर रहे हैं। यह दुनिया के सबसे बड़े सर्च इंजन की बुनियाद बन गया, जो दुनिया के हर हिस्से के डेटा एक सामान्य मंच पर लाया, जिसे कोई भी उपयोगकर्ता सर्च बार में कीवर्ड टाइप कर खोज सकता था। आजकल इसकी मज़ाक़ में अक्सर सर्वज्ञानी ईश्वर से तुलना कर दी जाती है। गूगल सब कुछ जानता है!

इंटरनेट ने लोगों को एक-दूसरे से जोड़ने के लिए "विंडो" (शाब्दिक अर्थ भी) खोल दी, चाहे वे भौगोलिक रूप से कितनी भी दूर हों। इससे एक नया नाम प्रकट हुआ, जो था- सोशल मीडिया। सोशल मीडिया प्लेटफ़ॉर्म जैसे कि ऑर्कुट (नई पीढ़ी के बहुत कम लोग इसे जानते होंगे), फ़ेसबुक, मायस्पेस, ट्विटर (अब एक्स), यूट्यूब, ये सभी लगभग एक ही समय, 2003 से 2006 के बीच स्थापित हुए। और कुछ ही सालों में, सोशल इंटरैक्शन और नेटवर्किंग का अर्थ हमेशा के लिए बदल गया। इसने यह भी बदल दिया कि व्यक्ति डेटा के साथ कैसे जुड़ता है। अब हर व्यक्ति सिर्फ़ डेटा का उपभोग नहीं कर रहा है, बल्कि उसे बना भी रहा है। हर दिन लाखों पोस्ट, लाइक, फ़ोटो और वीडियो अपलोड होते हैं, जिससे सोशल मीडिया आज के असंरचित डेटा का महत्त्वपूर्ण स्रोत बन गया है।

2010 के बाद, डेटा के नवीन और उभरती हुई तकनीकों के उपयोग पर आधारित नए और नवाचारी व्यावसायिक मॉडल उभरे, जो लंबे फ़ासलों पर और बड़े पैमाने पर व्यवसाय कर सकते थे। कई व्यवसाय मॉडल उभरे जिन्होंने डेटा का उपयोग करके ग्राहक की समस्या हल की या ग्राहकों को अद्वितीय, पहले कभी ना देखी गई सेवाएं मुहैया कराईं, विभिन्न स्रोतों से एक ग्राहक से संबंधित डेटा को इकट्ठा करके उसका विश्लेषण किया। नए व्यवसाय मॉडल जैसे ई-कॉमर्स आधारित मॉडल, B2B (बिज़नेस टु बिज़नेस) मॉडल एक व्यवसाय दूसरे

व्यवसाय को उत्पाद या सेवाएं बेचता है, B2C (बिज़नेस टु कंज्यूमर) मॉडल में व्यवसाय ग्राहक को उत्पाद बेचता है, और C2C (कंज्यूमर टु कंज्यूमर) मॉडल में एक उपभोक्ता दूसरे उपभोक्ता को बेचता है।

ऑनलाइन वित्तीय सेवाओं ने ग्राहक की सभी वित्तीय आवश्यकताओं का समाधान वर्चुअली मुहैया कराया, कई प्लेटफ़ॉर्म से डेटा को समेकित करके और ग्राहक की ख़रीदारी और लेन-देन पैटर्न के आधार पर अनुकूलित वित्तीय समाधान उपलब्ध कराए। अन्य नवाचारी व्यवसाय मॉडल जैसे भोजन वितरण सेवाएं, ऑनलाइन यात्रा बुकिंग प्लेटफ़ॉर्म, कैब हैलिंग सेवाएं और कई अन्य व्यवसाय मॉडल उभरे, जो उभरती तकनीकों के माध्यम से डेटा का इस्तेमाल करके उपभोक्ताओं को मूल्य मुहैया कराते हैं।

तकनीक के विकास और स्टोरेज समाधानों में सुधार ने डेटा के विस्तार को सभी दिशाओं और रूपों में बढ़ावा दिया, जो हर दिन और भी बड़ा और व्यापक होता जा रहा है।

जब डेटा 'बिग' हुआ

डिजिटल युग के आगमन ने डेटा की परिभाषा को भी बदल दिया। अब डेटा डिजिटल भी हो गया है। डिजिटल डेटा को इस प्रकार परिभाषित किया जा सकता है : "इस रूप में परिवर्तित की गई सूचना कि उसे आसानी से स्थानांतरित या संसाधित किया जा सके।" सरल शब्दों में, डेटा वह सूचना है, जिसे बाइनरी रूप में बदला गया हो।

परंपरागत रूप से, जिसे हम 'डेटा' मानते थे, वह बहुत सीमित था। उस समय उपलब्ध तकनीकों की संख्या भी सीमित थी, इसलिए डेटा एकत्र करने की संभावनाएं भी सीमित थीं। पारंपरिक दृष्टिकोण के अनुसार, डेटा की विशेषताएं निम्नलिखित थीं :

- डेटा केवल पृथक तथ्यों, आंकड़ों या ऐसी जानकारी तक सीमित था, जो अक्सर संख्यात्मक होती थी। इसलिए इसे प्रबंधित करना, संग्रहीत करना और उपयोग करना आसान था।
- ज़्यादातर डेटा संरचित रूप में ही एकत्र किया जाता था, ख़ासकर इसलिए क्योंकि यह सब संख्यात्मक था, और इसे पारंपरिक डेटा-प्रोसेसिंग सॉफ़्टवेयर से आसानी से संसाधित किया जा सकता था।
- डेटा पैदा करने वाले स्रोतों की संख्या भी सीमित थी।
- डेटा रिकॉर्ड करने और रिपोर्ट करने के मानक स्रोत थे, जिनकी क्षमता सीमित थी और विभिन्न प्रकार की डेटा सीमाओं के कारण गहन विश्लेषण करने में सक्षम नहीं थे।

हालांकि आज स्थिति पूरी तरह बदल गई है, क्योंकि डेटा पैदा करने वाले स्रोतों की संख्या में असाधारण वृद्धि हुई है और इसे कैप्चर, संग्रहीत और इस्तेमाल करने वाली तकनीकों में भी ज़बरदस्त विकास हुआ है। इसे कहते हैं... **बिग डेटा!**

'बिग डेटा' शब्द 1990 के दशक के मध्य में सामने आया। हालांकि इस शब्द को सबसे पहले किसने इस्तेमाल किया, इस पर विवाद है, लेकिन ज़्यादातर लोग इसे 1996 में सिलिकॉन ग्राफ़िक्स के जॉन आर. मेशे का लोकप्रिय योगदान मानते हैं। अपने असली अर्थ में, बिग डेटा कोई नई चीज़ नहीं है और ना ही यह पिछले दो दशकों में पैदा हुई है। विशाल डेटा सेट और बड़े पैमाने पर डेटा संचय को प्रबंधित करने के लिए विकसित सिस्टम और सॉल्यूशन डिजिटल युग से पहले भी मौजूद थे। हालांकि इसका असली प्रभाव तब तक आम जनता पर नहीं पड़ा जब तक यह फ़ेसबुक, एमेज़ॉन, एपल, नेटफ़्लिक्स, गूगल यानी FAANG कंपनियों के जरिए हमारे दैनिक जीवन में नहीं आया।

विशेषकर 21वीं सदी की शुरुआत से, उत्पन्न होने वाले डेटा का आकार, गति और विविधता मानव समझ से परे हो चुकी है। आज एक विशाल और विविध प्रकार की जानकारी लगातार बढ़ती दर से उत्पन्न हो रही है।

संरचित डेटा को आमतौर पर मात्रात्मक डेटा के रूप में देखा जाता है, जो उच्च व्यवस्थित होता है और मशीन लर्निंग एल्गोरिदम से आसानी से समझा जा सकता है। इसके अलावा हम अत्यधिक मात्रा में असंरचित डेटा से भी अभिभूत हैं। असंरचित डेटा मुख्यतः गुणात्मक होता है, मुक्त रूप में उपलब्ध होता है, कम मात्रात्मक होता है और पारंपरिक डेटा उपकरणों और तरीक़ों से विश्लेषण करना कठिन होता है।

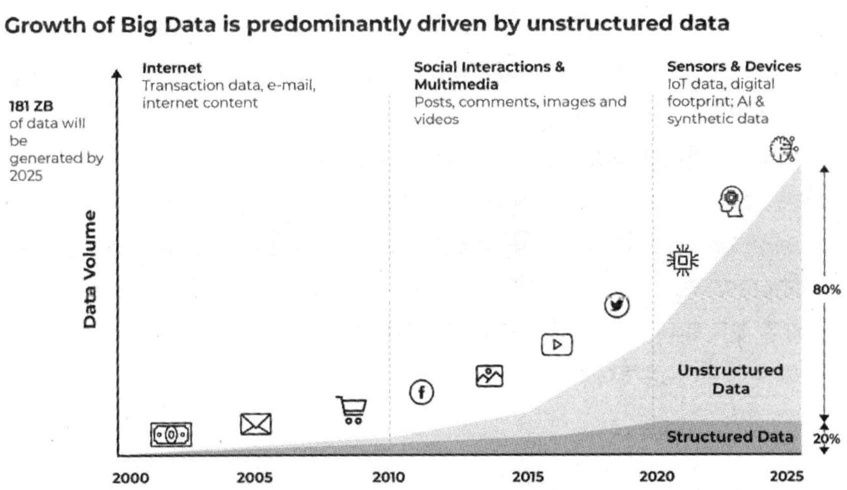

अनुमान है कि 2025 तक लगभग 181 ZB डेटा उत्पन्न होगा, जो 3.6 अरब ब्लू-रे डिस्क (प्रत्येक की क्षमता 50GB) के बराबर है। इस डेटा का 80 प्रतिशत से अधिक असंरचित होगा। यह बदलाव इंटरनेट के विकास के कारण हुआ है, जिसने ना केवल संरचित डेटा की वृद्धि में योगदान दिया, बल्कि असंरचित डेटा के विस्तार को भी महत्त्वपूर्ण रूप से प्रभावित किया। सोशल मीडिया के उदय ने इस वृद्धि को और तेज़ कर दिया, जिससे असंरचित डेटा कई गुना बढ़ गया। इसके साथ ही, हालिया तकनीकी प्रगति ने इस बदलाव को तेज़ी से बढ़ाया, जिसके नतीजतन संरचित डेटा की तुलना में असंरचित डेटा की बहुत बड़ी मात्रा उत्पन्न और संग्रहीत हो रही है।

इंटरनेट और आईओटी डिवाइस जैसे जटिल बिग डेटा स्रोत डेटा सृजन की दर को तेज़ी से बढ़ा रहे हैं, जिसे कनेक्टिविटी और क्लाउड-आधारित कंप्यूटिंग और स्टोरेज और भी तेज़ कर रहे हैं। इसके नतीजतन, पारंपरिक डेटा-प्रोसेसिंग एप्लिकेशन इतने जटिल और असंरचित डेटा को समझने में जूझते रहते हैं। और ऐसी अद्भुत वृद्धि रैखिक रूप से संभव नहीं है। जैसा कि मैंने कहा, डेटा हर दिशा में और हर रूप में बढ़ता है, लेकिन इसे तीन मुख्य आयामों के तहत कैप्चर किया जा सकता है, जो व्यापक रूप से डेटा विस्फोट की प्रकृति को समेटते हैं।

डेटा इतना बिग कैसे हो गया – 3V : मूल आयाम

इतने सालों के दौरान डेटा जिस पैमाने और आकार तक बढ़ा है, उसे पूरी तरह समझने के लिए इस विस्फोटक वृद्धि के पीछे के पैटर्न को समझना ज़रूरी है। इतने विविध और अनेक रूपों में मौजूद डेटा को ध्यान में रखते हुए, गार्टनर के विश्लेषक डग लेनी ने 2001 में एक महत्त्वपूर्ण मॉडल प्रस्तुत किया, जो समय की कसौटी पर खरा उतरा। उनके अनुसार, बिग डेटा ने तीन आयामों - 3V - में वृद्धि देखी है : मात्रा (वॉल्यूम), विविधता (वैराइटी) और गति (वेलोसिटी)।

हालांकि तीनों आयामों को समझने की यात्रा पर निकलने से पहले, यह जानना ज़रूरी है कि ज़्यादातर उद्योग डेटा को कैसे मापते हैं। *डेटा का माप उस डेटा को संग्रहीत करने के लिए आवश्यक स्थान की मात्रा से किया जाता है।* इसे आमतौर पर डिजिटल मापन इकाइयों के जरिए मापा जाता है। *सबसे छोटी इकाई बिट (b)* है, जो एक बाइनरी अंक (0 या 1) को दर्शाती है, और सबसे बड़ी इकाई योटाबाइट (YB) है, जो हमें डेटा के पैमाने को मापने और संप्रेषित करने में मदद करती है।

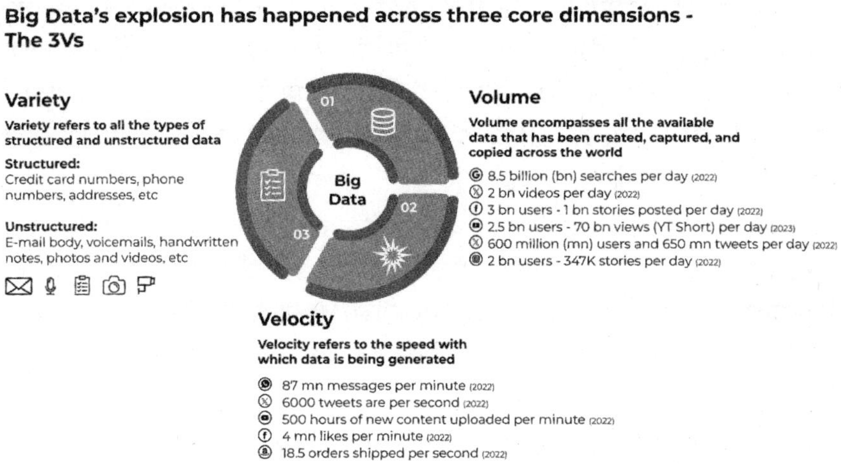

यह देखना दिलचस्प है कि कंप्यूटिंग उपकरणों की संग्रहण क्षमता समय के साथ कैसे विकसित हुई।

1950 और 1960 के दशक में, कंप्यूटर पूरे कमरे की जगह घेर लेते थे लेकिन उनकी संग्रहण क्षमता सीमित थी। UNIVAC I, सबसे प्रारंभिक कॉमर्शियली उत्पादित कंप्यूटरों में से एक था और आकार में लगभग एक छोटे शिपिंग कंटेनर के बराबर था। उसकी मेमोरी क्षमता केवल 1,000 शब्दों (लगभग 12KB के बराबर) की थी।

बाइट के आकार

1 बाइट = 0.001 किलोबाइट
1 किलोबाइट = 1024 बाइट
1 मेगाबाइट = 1024 किलोबाइट
1 गीगाबाइट = 1024 मेगाबाइट
1 टेराबाइट = 1024 गीगाबाइट
1 पेटाबाइट = 1024 टेराबाइट
1 एग्जाबाइट = 1024 पेटाबाइट
1 ज़ेटाबाइट = 1 ट्रिलियन गीगाबाइट
1 योटाबाइट = 1,204 ज़ेटाबाइट

इसके बाद 1970 के दशक तक, डेटा संग्रहण के लिए कमरे जितने बड़े हार्ड डिस्क का उपयोग किया जाता था, जिनकी अधिकतम क्षमता 250MB थी। 1980 में, IBM ने एक अधिक उन्नत हार्ड डिस्क पेश की, जो 2.52GB डेटा संग्रहीत कर सकती थी, जो पहले की किसी भी IBM हार्ड डिस्क से लगभग चार गुना अधिक थी। यह डिस्क आकार में काफ़ी छोटी थी, लेकिन फिर भी फ्रिज जितनी बड़ी थी और इसका वज़न 550 पाउंड (250 किलोग्राम) था।

आज की तुलना में, एक औसत स्मार्टफ़ोन इतना छोटा है कि हाथ की हथेली में रखा जा सके और आमतौर पर 150–200 ग्राम (5.3–7.1 औंस) का होता है। यह भी 64GB से 256GB डेटा तक संग्रहीत कर सकता है, जो 1980 के किसी भी कंप्यूटर की संग्रहण क्षमता से **100 गुना** अधिक है!

अब, क्लाउड स्टोरेज ने व्यावहारिक रूप से असीम और स्केलेबल संग्रहण समाधान मुहैया कराए हैं, जिसके लिए भौतिक सर्वर किसी डेटा सेंटर या सर्वर फार्म में उपयोगकर्ता की जगह से दूर स्थित होते हैं। उदाहरण के लिए, अनुमानों के अनुसार, एडब्ल्यूएस में संग्रहीत कुल डेटा लगभग 1.4ZB है, जो **5.5 अरब** स्मार्टफ़ोनों (प्रत्येक की संग्रहण क्षमता 256GB) के संग्रहण क्षमता के बराबर है।

कम स्थान में अधिक डेटा संग्रहीत करने में मदद करने वाला एक महत्त्वपूर्ण कारक वे डेटा संपीडन तकनीकें हैं, जो दशकों से लगातार विकसित होती रही हैं, साथ ही कंप्यूटिंग और डेटा संग्रहण में प्रगति के साथ। वर्षों में विभिन्न कोडिंग तकनीकों के इस्तेमाल से लेकर आज एआई और मशीन लर्निंग तक, नवाचारी संपीडन तकनीकों ने बढ़ते डिजिटल डेटा के प्रबंधन में अहम भूमिका निभाई है।

इस प्रकार, जहां संग्रहण क्षमता में भारी विस्तार हुआ है, वहीं डेटा संग्रहण का भौतिक आकार काफ़ी कम हो गया है। अब आइए विस्तार से देखें कि यह अद्भुत डेटा वृद्धि प्रत्येक 3V आयाम में कैसे हुई।

वॉल्यूम (मात्रा)

डेटा की मात्रा को उन सभी उपलब्ध डेटा के रूप में परिभाषित किया जा सकता है, जिसे प्रासंगिकता के लिए आंका जाना आवश्यक है, या जैसा कि आईडीसी ने इसे ग्लोबल डेटास्फीयर के तौर पर परिभाषित किया है, यानी दुनिया भर में निर्मित, कैप्चर और प्रतिकृति किए गए डेटा की मात्रा का मापन। सीधे शब्दों में, यह दुनिया में मौजूद सारा डेटा है। इस किताब में मैं जो भी शब्द लिख रहा हूं, आप जो भी टेक्स्ट अपने दोस्त या परिवार को भेजते हैं, आप जो भी ऑनलाइन इमेज, वीडियो या पोस्ट बनाते हैं, आप जो भी ऑनलाइन लेन-देन करते हैं, ये सब ग्लोबल डेटास्फीयर का हिस्सा बन जाते हैं। और जैसे-जैसे अधिक से अधिक लोग जुड़ते जाते हैं, ये आपसी कनेक्शन और अधिक डेटा पैदा करते हैं।

जैसा कि मैंने इस अध्याय में पहले चर्चा की थी, ज़्यादातर डेटा हाल के वर्षों में ही पैदा हुआ है। 2020 की शुरुआत में, ग्लोबल डेटास्फीयर का अनुमान 44 ज़ेटाबाइट था। हालांकि सिर्फ़ 2020 में ही, सभी अनुमानों को धता बताते हुए 64.2 ज़ेटाबाइट डेटा का निर्माण या प्रतिकृति हुई, जबकि कोविड-19 महामारी ने हमारे जीवन और व्यवसाय के कई पहलुओं पर नकारात्मक दबाव भी डाला था। 2021 में यह संख्या और बढ़कर 79 ज़ेटाबाइट हो गई और सिर्फ़ अगले तीन वर्षों में, 2025 तक इसके 181 ज़ेटाबाइट तक पहुंचने की उम्मीद है। ध्यान देने वाली बात यह है कि उत्पन्न होने वाले डेटा की मात्रा रैखिक तरीक़े से नहीं, बल्कि घातीय तरीक़े से बढ़ रही है। रोचक तथ्य यह है कि अगर कोई अकेला व्यक्ति आज इंटरनेट से सारा डेटा डाउनलोड करने की कोशिश करे, तो उसे लगभग 30 लाख साल लग जाएंगे।

इस वृद्धि का सबसे बड़ा कारण इंटरनेट है। जनवरी 2022 तक, प्रति सेकंड लगभग 99,000 गूगल सर्च हो रहे थे, यानी रोज़ाना क़रीब 8.5 अरब सर्च। लोग हर दिन X (पहले ट्विटर) पर 2 अरब वीडियो देखते थे। इसके अलावा, अनुमान है कि नेटफ़्लिक्स उपयोगकर्ता दुनिया भर में रोज़ाना 700 मिलियन घंटे से अधिक वीडियो देखते हैं। हालांकि डेटा उत्पादन में सबसे बड़ा बदलाव यह है कि लोग अब सिर्फ़ सामग्री का उपभोग नहीं कर रहे हैं, बल्कि उसे बना भी रहे हैं। ज़रा सोचिए, फ़ेसबुक के लगभग 3 अरब उपयोगकर्ता, यूट्यूब के 2.5 अरब, इंस्टाग्राम के 2 अरब और X के 50 करोड़ से अधिक उपयोगकर्ता हैं। हर दिन, ये उपयोगकर्ता अरबों तसवीरें, पोस्ट, वीडियो, ट्वीट आदि जोड़ते हैं। 2023 के आंकड़ों के अनुसार, हर दिन लगभग 1 अरब स्टोरीज़ पोस्ट की जाती हैं और फ़ेसबुक पर अब तक 350 अरब फ़ोटो अपलोड हो चुकी हैं। साल 2022 में, इंस्टाग्राम उपयोगकर्ता रोज़ाना लगभग 3,47,222 स्टोरीज़ पोस्ट कर रहे थे और प्रतिदिन क़रीब 500 मिलियन ट्वीट हो रहे थे।

वॉल्यूम बढ़ाने में आईओटी की भूमिका

इंसानों द्वारा उत्पन्न डेटा के अलावा, मशीनों से भी भारी मात्रा में डेटा बनाया जाता है। 2020 में इंटरनेट पर मौजूद कुल डेटा का लगभग 40% हिस्सा मशीन-जनित था। आईओटी (इंटरनेट ऑफ़ थिंग्स) से उत्पन्न होने वाला डेटा तेज़ी से बढ़ रहा है और भविष्य में इसके धीमा पड़ने के कोई संकेत नहीं हैं। 2019 में आईओटी उपकरणों ने लगभग 13.6 ज़ेटाबाइट डेटा बनाया था। यह संख्या 2025 तक लगभग छह गुना बढ़कर 79.4 ज़ेटाबाइट तक पहुंचने का अनुमान है।

2003 में लगभग आधे अरब आईओटी डिवाइसेज से लेकर 2023 में क़रीब 53 अरब डिवाइसेज तक, आईओटी डिवाइसेज में 100 गुना वृद्धि हुई है। स्वास्थ्य क्षेत्र ने आईओटी को सबसे तेज़ी से अपनाया है। ब्लड ग्लूकोज और हार्ट रेट की निगरानी, पेसमेकर, फाल डिटेक्शन, जियोफेंसिंग और लोकेशन ट्रैकिंग जैसे मेडिकल आईओटी समाधान तेज़ी से बढ़ रहे हैं। इस क्षेत्र को इंटरनेट ऑफ़ मेडिकल थिंग्स (आईओएमटी) कहा जाता है, जिसकी कीमत 2026 तक 176 अरब डॉलर तक पहुंचने की उम्मीद है।

जैसे-जैसे डिजिटलीकरण बढ़ रहा है, वैसे-वैसे डेटा बनने की मात्रा भी बहुत तेज़ी से बढ़ रही है। महामारी ने इस गति को और भी बढ़ाया है, क्योंकि दुनियाभर की अर्थव्यवस्थाओं को अपने डिजिटलीकरण प्रयासों को तेज़ करना पड़ा है। डिजिटल अर्थव्यवस्था पहले से ही वैश्विक जीडीपी का 15 प्रतिशत हिस्सा है, और पिछले दस सालों में यह भौतिक अर्थव्यवस्था की तुलना में 2.5 गुना तेज़ी से बढ़ी है। और 2030 तक, इसके दोगुना होकर वैश्विक जीडीपी का 30 प्रतिशत हिस्सा बनने की संभावना है। तमाम संगठन भी अपने डिजिटलीकरण प्रयासों को तेज़ कर रहे हैं ताकि वे बदलते हुए माहौल में ज़्यादा फुर्तीले और मजबूत बन सकें।

वेग (वेलोसिटी)

डेटा का वेग उस गति को दर्शाता है, जिससे डेटा बन रहा है। 2003 में हर दिन वैश्विक रूप से 18,000 टीबी डेटा बनाया जाता था, लेकिन 2023 में यह संख्या बढ़कर हर दिन 32.877 करोड़ टीबी हो गई है, यानी बीस सालों में 18,000 गुना वृद्धि हुई है। अगर हम इंटरनेट और सोशल मीडिया के उदाहरण को लगातार देखें तो 2022 के आंकड़ों के अनुसार, हर मिनट वाट्सएप पर 8.7 करोड़ मैसेज भेजे गए हैं। वहीं यूट्यूब पर हर मिनट 500 घंटे से ज़्यादा का नवीन कंटेंट अपलोड किया गया है, और औसतन हर सेकंड छह हज़ार ट्वीट भेजे गए। इसी तरह फ़ेसबुक पर हर मिनट लगभग 4 मिलियन बार किसी न किसी पोस्ट को लाइक किया है। इसके अलावा, अब बिज़नेस ना सिर्फ़ इतनी तेज़ी से डेटा प्राप्त कर रहे हैं कि उसका अर्थ निकालना मुश्किल हो रहा है, बल्कि ख़ुद भी बेहद तेज़ गति से डेटा बना रहे हैं। न्यू यॉर्क स्टॉक एक्सचेंज हर ट्रेडिंग सेशन में 1 टीबी का ट्रेड डेटा रिकॉर्ड करता है। एक कंपनी औसतन हर सेकंड 23.14 टीबी (यानी हर दिन 2000 पीबी) डेटा बनाती है। एमेज़ॉन हर दिन लगभग 1.6 मिलियन पैकेज भेजता है, जो हर घंटे 66,000 से ज़्यादा ऑर्डर और हर सेकंड 18.5 ऑर्डर के बराबर है।

डेटा बनने का 'रियल टाइम'

2003 में मुश्किल से कोई डेटा रियल टाइम में रिकॉर्ड होता था, लेकिन 2025 तक, कुल डेटा का लगभग 30 प्रतिशत रियल टाइम में रिकॉर्ड होने की उम्मीद है। एक हालिया सर्वे में 500 से ज़्यादा टेक्नोलॉजी लीडरों में से 71 प्रतिशत ने माना कि उनकी कंपनियों में रियल टाइम डेटा के इस्तेमाल से सीधा राजस्व बढ़ा है। मास्टरकार्ड अपने नेटवर्क पर रोज़ होने वाले लाखों ट्रांजेक्शन में से किस ट्रांजेक्शन में धोखाधड़ी की संभावना है, यह पता लगाने के लिए रियल टाइम डेटा का इस्तेमाल करता है। कई ई-कॉमर्स वेबसाइट रियल टाइम डेटा की मदद से

Big Data has brought dramatic changes in Volume, Velocity and Variety of data

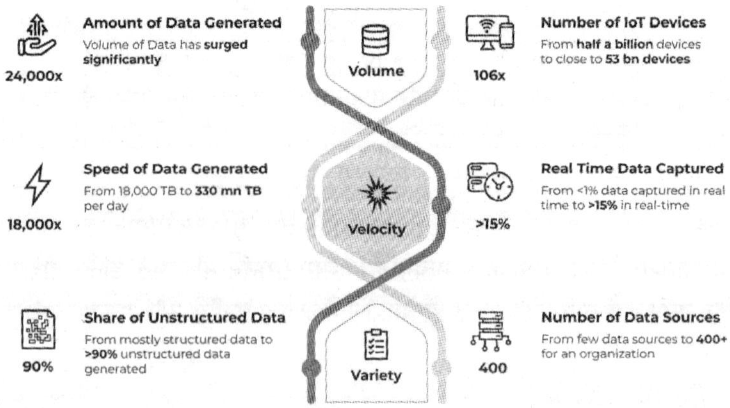

ग्राहकों को प्रोडक्ट सुझाव देती हैं और पूरी ग्राहक यात्रा में सहायता करती हैं। वित्तीय सेवाएं हों, उपभोक्ता वस्तुएं हों या वाहन उद्योग, कई सेक्टरों में कंपनियां अपने ग्राहकों का डेटा रियल टाइम में इस्तेमाल करके उन्हें व्यक्तिगत अनुभव और सेवाएं दे रही हैं।

इसलिए, जैसे-जैसे और कंपनियां रियल टाइम डेटा पर आधारित फ़ैसले लेने लगेंगी, वैसे-वैसे भविष्य में डेटा बनने और रिकॉर्ड होने की गति और तेज़ी से बढ़ेगी।

विविधता

डेटा जिस तीसरे और उतने ही महत्त्वपूर्ण आयाम में तेज़ी से बढ़ा है, वह है- 'विविधता'। डेटा की विविधता का मतलब है, अलग-अलग प्रकार के डेटा का बनना, चाहे वह संरचित हो या असंरचित, जो आज उपलब्ध कई तरह के स्रोतों से बन रहा है। सबसे बड़ा हिस्सा, यानी 80 प्रतिशत से भी ज़्यादा डेटा असंरचित रूप में बनता है, जैसे ईमेल, वॉइसमेल, हाथ से लिखे नोट्स, फ़ोटो, वीडियो, ट्वीट्स, सेंसर डेटा आदि। यह साफ़ है कि डेटा की विविधता में जो ज़बरदस्त बढ़ोतरी हुई है, उसका मुख्य कारण असंरचित डेटा ही है, और भविष्य में भी दुनिया का अधिकांश डेटा असंरचित ही रहेगा। इसके अलावा, डेटा में सूक्ष्मता भी बढ़ गई है, क्योंकि अब हर डेटा पॉइंट के लिए जो विशेषताएं रिकॉर्ड की जाती हैं, उनकी संख्या भी बहुत बढ़ गई है। उदाहरण के तौर पर, पहले मौसम पूर्वानुमान कंपनियां केवल कुछ ही मापदंड जैसे तापमान, आर्द्रता, हवा और वर्षा को रिकॉर्ड करती थीं, लेकिन अब तकनीकी प्रगति के चलते वे और भी विस्तृत जानकारियां इकट्ठा कर रही हैं, जैसे अलग-अलग ऊंचाइयों पर तापमान, विभिन्न स्तरों पर आर्द्रता, वर्षा के प्रकार जैसे बर्फ़, ओले, बारिश, कई स्तरों पर वायुदाब, और वायुमंडलीय संरचना जैसे ऑक्सीजन, नाइट्रोजन आदि। भले ही इससे डेटा की मात्रा बढ़ती है, लेकिन उससे भी ज़्यादा यह अलग-अलग चरों की संख्या को बढ़ाता है। इसी वजह से डेटा को प्रभावी रूप से समझने और उपयोग में लाने की चुनौती भी बढ़ जाती है। संरचित डेटा के कुछ उदाहरण हैं, क्रेडिट कार्ड नंबर, फ़ोन नंबर, पते, जनगणना डेटा आदि, जो मापने योग्य होते हैं। हालांकि ये केवल कुल डेटा का क़रीब 20 प्रतिशत ही होता है, फिर भी, क्योंकि अब इनमें भी ज़्यादा विशेषताएं रिकॉर्ड की जा रही हैं, इसलिए विविधता की जटिलता यहां भी मौजूद है। और असली बात यह है कि जितना अधिक विविध डेटा होगा, उसे उपयोग के लिए एक समान बनाने (जैसे जानकारी निकालने) में उतने ही ज़्यादा प्रयास की ज़रूरत होती है। उदाहरण के लिए, किसी क्रेडिट कार्ड ग्राहक के मामले में, कोई कंपनी कई प्रकार की विशेषताएँ एकत्र करती है, जैसे– व्यक्तिगत जानकारी, जैसे नाम, पता, फ़ोन नंबर आदि; पहचान से संबंधित जानकारी, जैसे सोशल सिक्योरिटी नंबर (या समकक्ष पहचान संख्या) और जन्म-तिथि तथा वित्तीय जानकारी, जैसे क्रेडिट कार्ड नंबर, क्रेडिट लिमिट, वर्तमान बैलेंस, लेन-देन का इतिहास, भुगतान का इतिहास आदि। और डेटा जितना अधिक विविध होता है, उसे उपयोग (जैसे कि इनसाइट्स तैयार करने) के लिए समन्वित करने में उतना ही अधिक प्रयास करना पड़ता है।

और डेटा जितना अधिक विविध होता है, उसे उपयोग (जैसे कि इनसाइट्स तैयार करने) के लिए समन्वित करने में उतना ही अधिक प्रयास करना पड़ता है।

डेटा स्रोत शून्य से सैकड़ों तक पहुंच गए हैं

आज के समय में डेटा स्रोतों की कोई सीमा नहीं है। आज लगभग कुछ भी डेटा का स्रोत बन सकता है : स्मार्टफ़ोन, कंप्यूटर, वेबसाइट्स, सोशल मीडिया नेटवर्क, ई-कॉमर्स प्लेटफ़ॉर्म, आईओटी सेंसर, पहनने वाले डिवाइस... और ये सूची लगातार बढ़ती जा रही है। उत्तरी अमेरिका की 1000 से ज़्यादा कर्मचारियों वाली कंपनियों के 200 से अधिक अधिकारियों के एक सर्वेक्षण से पता चला है कि आज हर संगठन के पास औसतन 400 से ज़्यादा डेटा स्रोत उपलब्ध हैं, और लगभग 20 प्रतिशत संगठन ऐसे हैं जो 1000 से ज़्यादा अलग-अलग डेटा स्रोतों का इस्तेमाल एनालिटिक्स और जानकारी निकालने के लिए कर रहे हैं। अब सोचिए, 1000 अलग-अलग प्रकार के डेटा सेट का इस्तेमाल करना, जिनका फ़ॉर्मेट अलग हो, गति अलग हो, और जटिलता का स्तर भी अलग-अलग हो। ऐसे में पारंपरिक डेटा प्रोसेसिंग टूल्स इतने विविध और जटिल डेटा को प्रभावी तरीक़े से विश्लेषण करने में असफल हो जाते हैं। इसलिए, इस तरह के डेटा को एक समान और तुलना योग्य रूप में बदलने के लिए ज़्यादा उन्नत टूल्स और विशेष ज्ञान की ज़रूरत होती है।

बिग डेटा के तीन अतिरिक्त आयाम : +3V

इन सालों में, इस 3V मॉडल को और बेहतर बनाने के लिए कई प्रयास किए गए हैं, और इसमें कुछ अतिरिक्त आयाम जोड़े गए हैं।

2011 में, आईबीएम ने बिग डेटा में चौथा आयाम जोड़ा - विश्वसनीयता (Veracity)। इसका मतलब है उस डेटा की विश्वसनीयता, स्थिरता, सटीकता और भरोसे का स्तर जो संगठनों द्वारा एकत्र किया जा रहा है। यह डेटा अलग-अलग स्रोतों से, अलग-अलग समय पर और अलग-अलग गति से आता है। इसलिए इस बात की काफ़ी संभावना होती है कि यह डेटा अधूरा, ग़लत, अप्रासंगिक या इतना पर्याप्त ना हो कि इससे सटीक, वास्तविक या मूल्यवान जानकारी निकल सके। वेरासिटी इस बात का स्तर है कि जो डेटा एकत्र किया गया है उस पर कितना भरोसा किया जा सकता है।

फिर, जैसे-जैसे वर्षों के दौरान डेटा की प्रकृति और जटिलता विकसित होती गई, जिससे यह और अधिक गतिशील हो गया, एक नया आयाम जोड़ा गया - **'परिवर्तनशीलता'** (Variability)। परिवर्तनशीलता का अर्थ है, उस डेटा की बदलती प्रकृति जिसे संग्रहीत, प्रबंधित और विश्लेषित किया जाना है। आज के गतिशील परिवेश में यह मान लेना एक सरल सोच ही होगी कि डेटा का अर्थ स्थिर बना रहेगा। साथ ही, हर दिन नए आयाम जुड़ते जा

रहे हैं, जबकि कुछ पुराने आयाम समय के साथ अप्रासंगिक हो जाते हैं। अतः यदि डेटा का अर्थ और महत्त्व लगातार बदलता रहता है, तो उस डेटा की पवित्रता संकट में पड़ सकती है।

और एक अन्य आयाम जो इस विकास यात्रा के दौरान जुड़ा, वह था - 'मूल्य' (Value)। मूल्य अंतिम उद्देश्य, नतीजा या प्रभाव है। यह इस बात का प्रत्यक्ष माप है कि संगठन उस डेटा का इस्तेमाल करके क्या हासिल कर सकते हैं, जिसे इकट्ठा और संसाधित किया गया है। यह प्रक्रिया है, सभी संरचित और असंरचित डेटा से ज्ञान और जानकारियां निकालने की, वह भी बिना उस डेटा के वास्तविक अर्थ को खोए या विकृत किए। बिग डेटा वैज्ञानिक इसे एक महत्त्वपूर्ण पहलू मानते हैं, क्योंकि मूल्यवान जानकारियां उसी डेटा में कहीं छिपी होती हैं, जिन्हें सही समय पर और सही कारणों से निकालना आवश्यक होता है।

इतने सालों के दौरान, डेटा की विशेषताओं को परिभाषित करने के लिए ऐसे कई आयाम जोड़े गए हैं। आज हमारे पास डेटा के 4Vs, 5Vs और यहां तक कि 7Vs भी हैं। हालांकि मैं मानता हूं कि डग लेनी के शुरुआत में सुझाए गए मूल 3Vs ही डेटा क्रांति को समझने के लिए मुख्य आयाम बने हुए हैं। इसलिए, इस पुस्तक के उद्देश्य के लिए, मैं इन्हीं तीन आयामों - वॉल्यूम (मात्रा), वेलोसिटी (वेग), और वेरायटी (विविधता), पर ही केंद्रित रहूंगा।

While the definition of Big Data has expanded; Volume, Velocity and Variety still remain the core dimensions

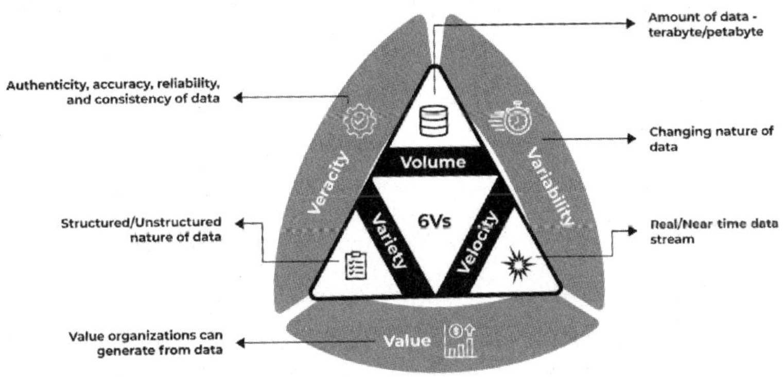

मेरे विचार में, 'विश्वसनीयता' (Veracity) और 'परिवर्तनशीलता' (Variability) डेटा की गुणवत्ता के पहलू हैं, जिन पर मैं अध्याय 12 में विस्तार से चर्चा करूंगा, और 'मूल्य' (Value), जो कि नतीजा या प्रभाव है, उस पर मैं अगले अध्याय में गहराई से चर्चा करूंगा।

मुख्य निष्कर्ष

- पिछले चौबीस सालों में डेटा जिस स्तर पर बढ़ा है, वह मानव इतिहास की एक अभूतपूर्व घटना है।
- डिजिटल तकनीकों के तीव्र विकास और उनके व्यापक उपयोग ने डेटा उत्पन्न करने, एकत्र करने और संग्रहीत करने की क्षमता में अत्यधिक वृद्धि की है, जिससे 'बिग डेटा' नामक परिघटना का जन्म हुआ है।
- जहां संरचित डेटा में भी उल्लेखनीय वृद्धि हुई है, लेकिन बिग डेटा का मुख्य कारण असंरचित डेटा की अत्यधिक वृद्धि है।
- डेटा विस्फोट तीन मूल आयामों में देखा जाता है - 3Vs : वॉल्यूम (मात्रा) : किसी भी क्षण उपलब्ध संपूर्ण डेटा की मात्रा, वैरायटी (विविधता) : उत्पन्न हो रहे डेटा की भिन्नता और प्रकार, वेलोसिटी (वेग) : वह तीव्र वेग जिससे डेटा उत्पन्न और प्रवाहित हो रहा है।

2

डेटा - डिजिटल युग का ईंधन

हर क्षेत्र में जीवन और व्यवसाय पर प्रभाव

"डेटा वास्तव में वह शक्ति है, जो हमारे काम को संचालित करती है।"

~ जेफ़ वीनर,
एक्जीक्यूटिव, चेयरमैन, लिंक्डइन

डेटा सर्वव्यापी हो चुका है। हर बार जब हम डिजिटल दुनिया के साथ संपर्क करते हैं, हम ना केवल डेटा का उपभोग करते हैं, बल्कि उसे उत्पन्न भी करते हैं। डेटा की अद्भुत वृद्धि ने इसे हर दिशा में फैला दिया है; यह अब हमारे हर कार्य और उसकी प्रक्रिया का अभिन्न हिस्सा बन चुका है। इस अध्याय में, मैं इस बात पर प्रकाश डालना चाहता हूं कि डेटा ने मानव जीवन के प्रत्येक पहलू में कितनी बड़ी और गहन परिवर्तनशीलता लाई है, और किस प्रकार इसने व्यवसायों के लिए पहले से कहीं अधिक मूल्य सृजन के अवसर उत्पन्न किए हैं।

डेटा के साथ परिवर्तन के पहिए तेज़ी से घूम रहे हैं

वास्तव में, आज का बिग डेटा हमारे जीवन में इतनी महत्त्वपूर्ण भूमिका निभा रहा है कि यह बताना मुश्किल है कि यह कितने तरीक़ों से दुनिया को संचालित कर रहा है। यह एक शक्तिशाली शक्ति बन चुका है, जो हमारे चारों ओर की दुनिया को आकार दे रही है। डेटा अब डिजिटल तकनीकों की जीवन रेखा बन चुका है, जो उन्हें अकल्पनीय कार्यों को संभव बनाने की शक्ति देता है। वहीं, ये डिजिटल तकनीकें और अधिक डेटा उत्पन्न कर रही हैं, जो निरंतर डेटा-संग्रह को समृद्ध कर रही हैं। इसके अलावा, डेटा और आर्टिफ़िशियल इंटेलिजेंस (एआई) के बीच एक परस्पर क्रियाशील संबंध है, जिसकी चर्चा मैंने प्रस्तावना में भी की है। यह संबंध डेटा की विस्फोटक वृद्धि को और भी गति देता है, और यही डेटा एआई को बड़े पैमाने पर सक्षम बना रहा है।

ज़्यादातर डेटा तो हाल के वर्षों में ही पैदा हुआ है और हर दिन इकट्ठा होने वाले डेटा की मात्रा दिमाग़ चकरा देने वाली है। यह अपने साथ अपार संभावनाएं और क्षमताएं लेकर आया है, जिन तक मानवता पहली बार इतिहास में पहुंच पाई है, लेकिन अब भी पूरी तरह समझने के लिए जूझ रही है। दुनियाभर के विशेषज्ञ, डेटा वैज्ञानिक और डेटा गुरु लगातार इस बात पर काम कर रहे हैं कि डेटा से प्राप्त अंतर्दृष्टियों को अलग-अलग तरीक़ों से कैसे लागू किया जाए। दरअसल, आज जो डेटा खुलकर और प्रचुर मात्रा में उपलब्ध है, उसने आम इंसान से लेकर उद्यमी तक को यह अवसर दिया है कि वे अपने व्यवसायों की कल्पना डेटा का बेहद अनोखे ढंग से इस्तेमाल करके एक नए तरीक़े से कर सकें। और बहुत ही कम समय में, चुपचाप, डेटा ने हमारे जीने, जुड़ने और व्यापार करने के हर पहलू को बदल डाला है।

The virtuous cycle of 'Data + AI + Digital' propels an explosive transformation, with each element seamlessly feeding into and enhancing the others

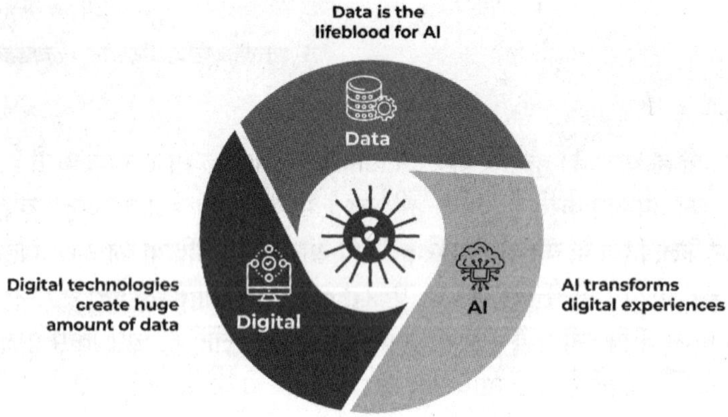

महामारी ने इस बदलाव की रफ़्तार और तेज़ कर दी, क्योंकि संगठनों और व्यक्तियों को विश्वभर में जीवित रहने और कामकाज जारी रखने के लिए डिजिटल उपकरणों को तुरंत अपनाना पड़ा। यह बदलाव विकल्प नहीं, बल्कि मजबूरी बन गया, क्योंकि जीवन और उद्योगों के अनगिनत पहलुओं में अचानक आमने-सामने की बातचीत की जगह वर्चुअल इंटरैक्शन ने ले ली। दुनिया की यह कोई पहली महामारी नहीं थी, लेकिन इस बार डिजिटल तकनीकों के व्यापक उपयोग ने डेटा को अभूतपूर्व रूप से उपलब्ध कराया और बड़े व्यवधानों के बावजूद वर्चुअल बिज़नेस मॉडल को अपनाना आसान बना दिया। नतीजतन, हाइब्रिड कार्य, ऑनलाइन शिक्षा, वर्चुअल स्वास्थ्य सेवाएं और मानसिक स्वास्थ्य संसाधन अब "नई सामान्य स्थिति" बन गए हैं। कहना ना होगा, यह बदलाव वैश्विक डेटा क्षेत्र को और अधिक समृद्ध और व्यापक बनाता जा रहा है।

डेटा की दुनिया हमारे चारों ओर बदलाव के पहियों को शक्ति प्रदान कर रही है। व्यक्तिगत जीवन डेटा से इस कदर बदल चुका है कि पारंपरिक तरीक़े अब दूर की कौड़ी लगते हैं। डेटा हमारी रोज़मर्रा की आदतों को आकार दे रहा है। सुबह एआई सहायकों द्वारा सेट किए गए अलार्म से लेकर समाचार और मौसम अपडेट पाने तक, और ई-रीडर पर सोने से पहले पढ़ाई तक सब पर डेटा का असर है। और जैसे ही उपभोक्ता डेटा के साथ गहराई से जुड़ रहे हैं, संगठन नए अवसरों को पकड़ रहे हैं ताकि वे अनूठी पेशकशें कर सकें। उनके पास उपलब्ध डेटा को उन्नत डिजिटल तकनीकों के माध्यम से इस्तेमाल करके ग्राहक-केंद्रित उत्पादों का नवाचार करने, संचालन को बेहतर बनाने और क्षमताओं का विस्तार करने के अनगिनत अवसर हैं। इसके साथ ही, यह युग कई नवाचारी स्टार्ट-अप और विघटनकारी बिज़नेस मॉडलों के उभरने का गवाह भी है, जो डेटा का पहले कभी नहीं देखे गए तरीक़े से लाभ उठा रहे हैं। उन्होंने ग्राहक अपेक्षाओं के स्तर को ना केवल फिर से परिभाषित किया है, बल्कि लगातार उसे आगे बढ़ा रहे हैं। कई बार तो वे खेल के नियम पूरी तरह बदल देते हैं, बल्कि कभी-कभी खेल ही नया बना देते हैं।

व्यक्तियों और संगठनों के बीच यह अंतःक्रिया डेटा द्वारा सक्षम बदलाव के अनंत चक्र का निर्माण कर रही है, डेटा-फ़र्स्ट दुनिया में और तेज़ होती जा रही है और हर ओर बदलाव के पहियों को और गति दे रही है।

जैसा कि मैंने पहले बताया, डेटा ने दुनिया को नए सिरे से गढ़ने में जितनी मदद की है, उसे पूरी तरह गिनाना असंभव है, लेकिन मैं आपको इसकी कुछ झलक ज़रूर दिखाना चाहता हूं। आइए शुरुआत करें इस बात से कि डेटा ने हमारे जीने के तरीक़े को कैसे बदला है।

Big Data has transformed the interplay between individuals and industries

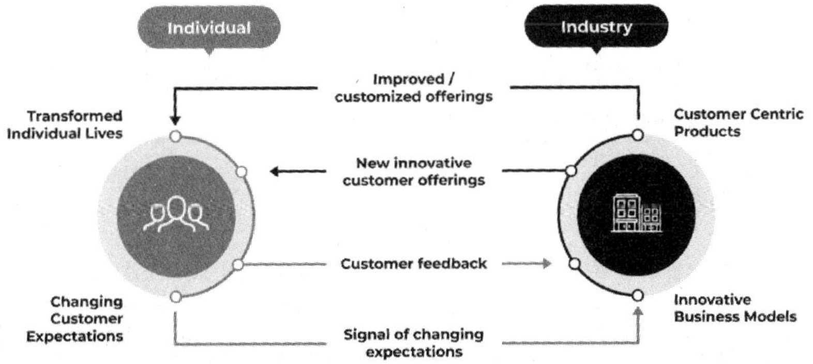

हमारे जीने के तरीक़े में क्रांतिकारी बदलाव

हमारे चारों ओर मौजूद डेटा ने हमारे जीवन के हर पहलू को बदल दिया है। यह कहा जा सकता है कि ऐसा ज़रूरी नहीं है कि यह बदलाव हमेशा बेहतर ही हो, और इस बहस पर हम आगे चलकर इस किताब में चर्चा करेंगे। हालांकि हक़ीक़त यह है कि अब हम डेटा से प्रेरित डिजिटल तकनीकों के बिना जीवन की कल्पना भी नहीं कर सकते। कोविड-19 महामारी से आई चुनौतियों और प्रतिबंधों ने इस रुझान को और भी तेज़ कर दिया। आइए, अब कुछ चुनिंदा क्षेत्रों में इन बदलावों पर नज़र डालते हैं।

व्यक्तिगत मार्गदर्शक हमें राह दिखाते हुए

अब वह दौर ख़त्म हो गया, जब हमें रास्ता पूछना पड़ता था; जीपीएस ने हमारे यात्रा करने के तरीक़े को पूरी तरह बदल दिया है। आज बस गंतव्य दर्ज कीजिए और बाक़ी काम जीपीएस संभाल लेता है। यह आपकी यात्रा से जुड़ा सारा डेटा संग्रहीत करता है, जैसे अक्सर उपयोग किए जाने वाले रास्ते, पसंदीदा जगहें और महत्त्वपूर्ण पते हमारी सुविधा के अनुसार उपलब्ध रहते हैं। किसी भी यात्रा से पहले आप पूरी योजना बना सकते हैं, 'कहां जाना है', कौन-सा रास्ता लेना है, कितनी देर लगेगी और पहुंचने के बाद की गतिविधियां, सब कुछ आपकी अंगुलियों पर रहता है। गूगल और एपल मैप जैसे प्लेटफ़ॉर्म मार्गदर्शन को बेहद आसान बना देते हैं, जो क़दम-दर-क़दम दिशा-निर्देश और वास्तविक समय में ट्रैफ़िक की जानकारी उपलब्ध कराते हैं। यह निर्भरता लगातार बढ़ती जाती है, यहां तक कि दुनिया में लगभग हर दो में से एक व्यक्ति मानता है कि वह जीपीएस के बिना अपनी मंज़िल तक नहीं पहुंच पाएगा। महामारी के दौरान जीपीएस ने नेविगेशन से भी आगे काम किया, और कोविड-19 के प्रसार पर नज़र रखने में मदद की। उदाहरण के लिए, इज़राइल ने मोबाइल फ़ोन का इस्तेमाल कॉन्टैक्ट ट्रेसिंग के लिए किया, ताकि किसी संक्रमित व्यक्ति के संपर्क में आने वालों की पहचान 15 मिनट में की जा सके। भारत का आरोग्य सेतु एप भी इसी तरह रोज़मर्रा की गतिविधियों में जीपीएस की मदद से संपर्कों को ट्रैक करता था, ताकि संक्रमण की स्थिति में उनका पता लगाया जा सके।

एंटरटेनमेंट ऑन डिमांड

मनोरंजन भी आश्चर्यजनक रूप से बदल गया है। कभी अपने पसंदीदा धारावाहिक का नया एपिसोड आने के लिए कई दिनों तक इंतज़ार करना पड़ता था या फिर पसंदीदा फ़िल्म देखने के लिए लंबी कतारों में खड़ा होना पड़ता था। अब हम ऐसे दौर में हैं, जहां स्ट्रीमिंग सेवाओं की बदौलत कहीं भी, कभी भी, ऑन-डिमांड मनोरंजन उपलब्ध है। इसने हमारी अपेक्षाओं और कंटेंट देखने-समझने के तरीक़े को पूरी तरह बदल दिया है। अब हम इस बात के आदी हो गए

हैं कि हमें ऐसा कंटेंट, प्रमोशन और सेवाएं मिलें जो हमारी व्यक्तिगत पसंद और ज़रूरतों के और क़रीब हों, और वो भी वास्तविक समय में और डिमांड पर। और जैसे-जैसे हम ऑन-डिमांड मनोरंजन के आदी होते जा रहे हैं, वैसे-वैसे हमारी अपेक्षा भी बढ़ रही है कि हमें और अधिक सामग्री तुरंत उपलब्ध हो। उदाहरण के लिए, आज हर हफ़्ते एक-एक एपिसोड जारी करने की अवधारणा लगभग ख़त्म हो चुकी है। अब हम किसी भी सीरीज़ का पूरा सीज़न एक ही बार में या अपनी सुविधानुसार देख सकते हैं। दरअसल, 2020 के एक अमेरिकी सर्वेक्षण के अनुसार, 18 से 44 वर्ष की आयु के लगभग 70 प्रतिशत दर्शक नियमित रूप से टीवी शो और फ़िल्में 'बिंज-वॉच' करते हैं। लॉकडाउन के दौरान जब सार्वजनिक मनोरंजन पूरी तरह ठप हो गया था, तब ओवर-द-टॉप (ओटीटी) प्लेटफ़ॉर्म्स ने हमें मनोरंजन उपलब्ध कराया। वैश्विक ओटीटी बाज़ार से 2019 से 2026 के बीच 19 प्रतिशत वार्षिक चक्रवृद्धि वृद्धि दर की उम्मीद है। यह वृद्धि महामारी के दौरान ओटीटी सेवाओं और गेमिंग की बढ़ती मांग से प्रेरित है, जो ऐसा रुझान है, जो अब स्थायी होने जा रहा है।

इलाज से बेहतर बचाव

स्वास्थ्य सेवा एक और ऐसा क्षेत्र है, जिसे डेटा और डिजिटल ने बड़े पैमाने पर बदलकर रख दिया है। इस क्षेत्र ने ऐतिहासिक रूप से डिजिटल तकनीकों को अपनाने में अग्रणी भूमिका निभाई है, लेकिन हाल का एक बड़ा बदलाव यह है कि अब इलाज से ज़्यादा ध्यान रोकथाम पर दिया जा रहा है। उपभोक्ता, स्वास्थ्य के प्रति अब पहले से कहीं ज़्यादा जागरूक हैं, और अच्छी तरह से जानकारी जुटा रहे हैं तथा सक्रिय रूप से अपने स्वास्थ्य का ध्यान रख रहे हैं। वे अपनी सेहत को पहले से ही ट्रैक करते हैं और सबसे अच्छा इलाज ढूंढ़ने की कोशिश करते हैं। इसके लिए वे डिजिटल उपकरणों और ऑनलाइन स्रोतों की मदद लेते हैं। इसमें वियरेबल डिवाइस (पहनने योग्य उपकरण) अहम भूमिका निभाते हैं। ये रियल टाइम स्वास्थ्य डेटा को रिकॉर्ड करते हैं और लोगों को अपनी सेहत पर क़रीब से नज़र रखने की शक्ति देते हैं। वियरेबल डिवाइस की संख्या पांच साल में लगभग दोगुनी हो गई है। 2018 में 593 मिलियन से बढ़कर 2022 में 1.1 बिलियन तक ये संख्या पहुंच चुकी है। महामारी ने इस बदलाव को और तेज़ कर दिया है। मरीज अब परामर्श और इलाज के लिए टेलीमेडिसिन पर निर्भर हो गए हैं। महामारी के दौरान टेली हेल्थ का इस्तेमाल फ़रवरी 2020 के स्तर से बढ़कर अप्रैल 2020 में 78 गुना तक पहुंच गया। हालांकि महामारी के बाद 2021 में यह 38 गुना स्तर पर स्थिर हो गया, लेकिन ऑनलाइन परामर्श की स्थायी मौजूदगी अब साफ़ नज़र आती है।

सामाजिक जीवन हुआ डिजिटल

सोशल मीडिया भी डिजिटल से पैदा हुआ एक पहलू है और जिसका जिक्र पहले अध्याय में किया गया है। सोशल मीडिया ने हमारे मिलने-जुलने, जुड़ने और संवाद करने के तरीक़े को

गहराई से बदल दिया है। इसने भौतिक सीमाओं को मिटा दिया और लोगों को ऐसे तरीक़ों से जोड़ दिया जो पहले कभी नहीं देखे गए थे। डॉट कॉम युग में पूरी दुनिया एक बिंदु में सिमट गई। फ़ेसबुक गणराज्य अब जनसंख्या के हिसाब से दुनिया का सबसे बड़ा देश है, जिसमें 2.99 अरब वर्चुअल निवासी हैं, जो दुनिया के सबसे अधिक जनसंख्या वाले देश भारत (जुलाई 2023 तक 1.43 अरब) से दोगुने से भी ज़्यादा हैं। इतनी बड़ी वर्चुअल आबादी को समेटे हुए, सोशल मीडिया कंटेंट का सबसे बड़ा स्रोत बन गया है, जो लगातार यूजर डेटा कैप्चर करता है और हमारी जीवन शैली और दृष्टिकोण को स्वरूप देता है। सीखने और साझा करने का स्रोत होने से आगे बढ़कर इसमें जागरूकता पैदा करने, आवाज़ों को बढ़ाने और वैश्विक स्तर पर एकता को बढ़ावा देने की शक्ति है। उदाहरण के लिए, #blacklivesmatter आंदोलन सोशल मीडिया से तुरंत आगे बढ़ा और इसने अमेरिका के 23 प्रतिशत उपयोगकर्ताओं की राय को बदल दिया। महामारी के दौरान, जब लोग घरों में क़ैद थे, तब सोशल मीडिया जीवन रेखा बन गया था। इसने निरंतर बातचीत, साझा करने और जुड़ाव को संभव बनाया। यह प्रासंगिक बने रहने, प्रियजनों से जुड़े रहने और जानकारी तथा मदद पाने का प्रमुख साधन बना। अपनी चरम स्थिति में, सोशल मीडिया ने अलगाव और ऊब का मुक़ाबला किया और अकेलेपन का इलाज दिया। वैश्विक स्तर पर जुलाई 2020 में सोशल मीडिया के उपयोग में जुलाई 2019 की तुलना में 10.5 प्रतिशत की बढ़ोतरी दर्ज हुई।

शॉपिंग का वर्चुअलाइजेशन

घर पर आराम से, सोफ़े पर बैठे-बैठे उत्पाद ख़रीद पाने से बेहतर और क्या हो सकता है। दुकानों पर चक्कर लगाने, मोलभाव करने और सही सामान पाने के लिए एक दुकान से दूसरी दुकान तक जाने के दिन अब लद चुके हैं और ऑनलाइन ख़रीदारी का युग आ चुका है। आज हमारे पास एक ही प्लेटफ़ॉर्म पर अनेक ब्रांडों के अनेक उत्पाद उपलब्ध हैं, और ये केवल कुछ बटन दबाने से ही हमारे दरवाज़े पर डिलीवर किए जा सकते हैं। बिल्ली के बच्चे से लेकर कार तक, सचमुच सब कुछ ऑनलाइन बिक्री के लिए उपलब्ध है। 2022 में ख़ुदरा ई-कॉमर्स बिक्री का अनुमान 5.7 ट्रिलियन अमेरिकी डॉलर से अधिक का लगाया गया और 2025 तक यह कुल ख़ुदरा बिक्री का 23 प्रतिशत होने की उम्मीद है।

ई-कॉमर्स ने भौगोलिक बाधाओं को तोड़ दिया है, जिससे ग्राहक दुनिया भर से उत्पादों और सेवाओं तक पहुंच सकते हैं। ग्राहक विविध पेशकशों का पता लगा सकते हैं, जो शायद स्थानीय स्तर पर उपलब्ध ना हों। उनकी व्यक्तिगत पसंद, ख़रीद इतिहास और ब्राउजिंग व्यवहार के आधार पर दी जाने वाली अनुकूलित उत्पाद सिफ़ारिशें, अधिक व्यक्तिगत ख़रीद अनुभव सुनिश्चित करती हैं। इसके अलावा, ऑनलाइन प्लेटफ़ॉर्म अलग-अलग ब्रांडों और रिटेलरों के बीच क़ीमतों और फ़ीचर्स की आसान तुलना का मौक़ा देते हैं, जो ग्राहकों को सबसे अच्छे सौदे और धन का अधिक मूल्य पाने में मदद करता है। इसके अतिरिक्त, वर्चुअल ट्राई-ऑन, इंटरैक्टिव उत्पाद प्रदर्शन और ऑगमेंटेड रियलिटी जैसी सुविधाओं के

साथ विविधतापूर्ण शॉपिंग अनुभव ने ख़रीदारों को ऑनलाइन भी इन-स्टोर ख़रीदारी का आनंद लेने में सक्षम बनाया है।

अब तो लचीले डिलीवरी विकल्प भी उपलब्ध हैं, जैसे कि उसी दिन डिलीवरी, अगले दिन की डिलीवरी और यहां तक कि सब्सक्रिप्शन-आधारित सेवाएं - जो विभिन्न डिलीवरी प्राथमिकताओं और तात्कालिकता के स्तरों को पूरा करती हैं। महामारी ने इस रुझान को और क्रांतिकारी बना दिया है, क्योंकि ग्राहक अपने स्टोर में व्यक्तिगत रूप से नहीं जाते हैं। उन्होंने आवश्यक वस्तुओं से लेकर लग्ज़री सामान तक सब कुछ पाने के लिए ऑनलाइन प्लेटफ़ॉर्म पर भरोसा किया। महामारी ने 2020 में अनुमानित बिक्री वृद्धि दर में 19 प्रतिशत और 2021 में 22 प्रतिशत अतिरिक्त जोड़ दिया।

फ़ेसलेस, कैशलेस लेन–देन

हालांकि यह अब एक अलग युग जैसा लगता है, लेकिन ज़्यादा समय नहीं हुआ जब बैंक खाता खोलने के लिए ब्रांच की थकाऊ यात्रा करनी पड़ती थी। यह किसी अधिकतम सुरक्षा वाले जेल की तरह था, जहां हर क़दम बैंक के सुरक्षा गार्ड की निगरानी में रहता था। इस प्रक्रिया में लंबे इंतज़ार, उबाऊ फ़ॉर्म भरना, प्रबंधकीय जांच और पृष्ठभूमि की जांच शामिल थी, जो कई दिनों तक, कभी-कभी हफ़्तों तक चलती थी। मूलभूत लेन-देन जैसे नक़द निकासी के लिए भी अपने समय को बैंक के कामकाजी घंटों के अनुसार ढालना पड़ता था और फिर और इंतज़ार करना पड़ता था। आज, बैंकिंग बड़े पैमाने पर ग्राहक अनुभव पर आधारित है। तकनीक-समझ ग्राहक अब सहज डिजिटल चैनलों को चुन रहे हैं। बिल भुगतान, फ़ंड ट्रांसफ़र, निवेश और कई अन्य बैंकिंग और वित्तीय गतिविधियां सिर्फ़ एक क्लिक पर पूरी हो रही हैं। हमें अधिक कस्टमाइज्ड और व्यापक वित्तीय समाधान उपलब्ध कराए जा रहे हैं, जो हमारी वित्तीय ज़रूरतों और आकांक्षाओं के मुताबिक़ हैं। जीपीएस-आधारित सत्यापन के साथ ई-केवाईसी जैसी सरल प्रक्रियाओं के कारण ऋण स्वीकृत होने का काम दिनों के बजाय कुछ घंटों में होने लगा है। मोबाइल वॉलेट, डिजिटल-ओनली बैंक और पर्सनलाइज्ड सेवाएं स्पष्ट रूप से बदलते बैंकिंग व्यवहार और बिग डेटा से आकार लेती ग्राहक अपेक्षाओं को दर्शाती हैं।

महामारी ने हम सभी को डिजिटल-फ़र्स्ट उपयोगकर्ता बना दिया। वित्तीय लेन-देन ऑनलाइन शिफ़्ट हुए और दुनिया भर में हर तीन में से दो वयस्क ऑनलाइन भुगतान करने लगे। वास्तव में, जून 2020 के एक सर्वेक्षण ने दिखाया कि 18 से 34 वर्ष की आयु के 44 प्रतिशत लोगों ने कोविड-19 संकट के दौरान पहली बार ऑनलाइन/मोबाइल बैंकिंग अपनाई।

उपभोक्ता व्यवहार और ग्राहक अपेक्षाओं में इस महत्त्वपूर्ण बदलाव के नतीजतन, संगठनों को अपने बिज़नेस मॉडल बदलने पड़े ताकि वे ग्राहकों को मूल्य मुहैया करा सकें।

इतना ही नहीं, नए और नवाचारी ग्राहक-उन्मुख ऑफ़र भी लॉन्च किए गए हैं, ताकि तकनीक-समझ और तेज़ी से बदलते ग्राहक आधार की ज़रूरतों को पूरा किया जा सके।

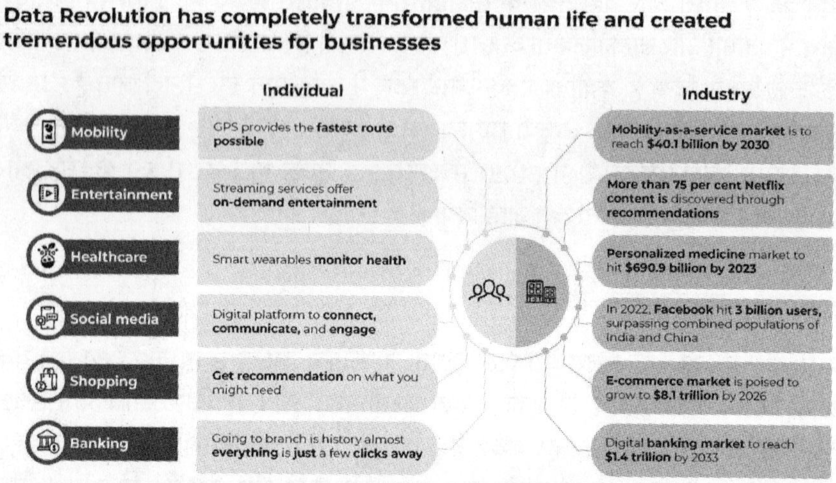

उद्योगों के लिए अभूतपूर्व मूल्य सृजन का अवसर

जैसे-जैसे जीवन जीने का तरीक़ा डेटा-फ़र्स्ट दुनिया में बदल रहा है, वैसे-वैसे व्यवसायों के लिए मूल्य जोड़ने के नए अवसर सामने आ रहे हैं। पूरी वैल्यू चेन में उपलब्ध प्रचुर डेटा कंपनियों को अपने उत्पादों और सेवाओं को बेहतर बनाने में सक्षम बनाता है। हर कंपनी, चाहे वह किसी भी व्यवसाय में हो, अब एक प्रौद्योगिकी कंपनी बन चुकी है, जो डेटा का उपयोग करके अप्रत्याशित स्रोतों से छिपे हुए मूल्य को खोल रही है और कहीं अधिक तेज़ी और स्वतंत्रता से नवाचार कर रही है।

नतीजतन, पिछले कुछ सालों में सभी उद्योगों ने ग्राहक और व्यावसायिक गतिशीलता में नाटकीय बदलाव देखे हैं, जिससे व्यावसायिक मॉडल और प्रतिस्पर्धी परिदृश्य में भूकंपीय बदलाव आया है। जैसा कि मैंने अपनी पिछली किताब *विनिंग इन द डिजिटल एज* में भी उल्लेख किया है, डिजिटल विघटन ने कुछ सामान्य बदलावों को जन्म दिया है, जिसने हर व्यवसाय को उपभोक्ता-केंद्रित बना दिया है। ग्राहकों तक सीधे पहुंचने के लिए मध्यस्थों को हटाना तमाम उद्योगों में वैल्यू चेन को फिर से परिभाषित कर रहा है, और अधिक नवाचारी व्यावसायिक मॉडलों वाले नए प्रतियोगी उद्योगों को और भी परिभाषित कर रहे हैं। उपभोक्ताओं के पास अधिक विकल्प हैं, क्योंकि हर दूसरे दिन बाज़ार में नए उत्पाद पेश किए जा रहे हैं। इससे क़ीमतों पर दबाव बढ़ रहा है, और ग्राहक तथा नियामक दोनों ही अधिक पारदर्शिता की मांग कर रहे हैं। ये सभी बदलाव डेटा से सक्षम हैं, जो कंपनियों को अपनी मूल

क्षमताओं से आगे जाकर नवाचार करने और अपने ग्राहकों तथा हितधारकों को अधिक मूल्य प्रदान करने में समर्थ बनाता है।

आइए देखते हैं कि डेटा ने कुछ प्रमुख उद्योगों के लिए खेल के नियमों को कैसे बदल दिया है।

बैंकिंग : एक क्लिक से निपटते बैंक के काम

कुछ साल पहले तक हर वित्तीय लेन-देन सख़्त नियंत्रण और जटिल प्रक्रियाओं से भरा होता था। हालांकि ऑनलाइन बैंकिंग के आगमन ने आसान लेन-देन, कम लागत, सेवाओं के बेहतर एकीकरण और लक्षित मार्केटिंग की सुविधा उपलब्ध करा दी। शुरुआती 2000 के दशक में मोबाइल बैंकिंग ने लगभग हर जगह और कभी भी वित्तीय प्रबंधन को संभव बनाया। 2022 में लगभग 2.2 अरब लोगों ने डिजिटल बैंकिंग सेवाओं का इस्तेमाल किया।

डिजिटलीकरण का यह रुझान तब शुरू हुआ, जब वित्तीय संस्थानों ने महसूस किया कि उनके अधिकतर ग्राहक डिजिटल चैनलों पर मौजूद हैं। जब ज़्यादातर लेन-देन मोबाइल और वेबसाइट के माध्यम से होने लगे, तो ओमनीचैनल मॉडल अपनाया गया। ग्राहकों के लेन-देन और गतिविधि संबंधी डेटा ने उनके व्यवहार और वित्तीय यात्रा को बेहतर समझने के अवसर खोले। फ़िनटेक कंपनियों और डिजिटल-ओनली बैंकों ने इस डेटा का लाभ उठाकर अपने ग्राहकों को अनोखी और व्यापक सेवाएं दीं, जिससे वित्तीय सेवाएं पहले से कहीं अधिक आसानी और कम लागत पर उपलब्ध हुईं। आज मोबाइल बैंकिंग, UPI, ऑनलाइन बिल पेमेंट, पीयर-टु-पीयर लेंडिंग और ऑनलाइन क्रेडिट आम हो चुके हैं।

पारंपरिक बैंकों और वित्तीय संस्थानों की बाज़ार पूंजी में हिस्सेदारी 2010 में 96% से घटकर सिर्फ़ एक दशक में लगभग 72% रह गई। फ़िनटेक कंपनियां जैसे पेपल और वीसा जैसी नॉन-बैंक पेमेंट कंपनियां उनका हिस्सा धीरे-धीरे कम कर रही हैं। वित्तीय दिग्गज गोल्डमैन सैशे ने डिजिटल बदलाव की संभावनाओं को समय रहते पहचान लिया। 2019 में उसने एमेज़ॉन के वर्षों के अनुभव वाला एक चीफ़ इन्फ़ॉर्मेशन ऑफ़िसर नियुक्त किया, जिसने ग्राहक डेटा से मिले इनसाइट के आधार पर सॉफ़्टवेयर बनाने के लिए ग्राहक-केंद्रित दृष्टिकोण पर ज़ोर दिया। डेटा को हर रणनीति की जीवन रेखा मानते हुए, उसने डेटा क्वालिटी, डेटा स्रोतों और प्लेटफ़ॉर्म में बड़े पैमाने पर निवेश किया ताकि मजबूत नींव स्थापित हो सके।

बिग डेटा की मदद से डेटा और एनालिटिक्स से सक्षम नए डिजिटल रुझान इस उद्योग को बदल रहे हैं और ग्राहकों की अपेक्षाओं को नए स्तर पर ले जा रहे हैं। अब लोन की स्वीकृति कुछ ही मिनटों में हो जाती है, क्योंकि समेकित क्रेडिट हिस्ट्री और ई-केवाईसी उपलब्ध है। फ़िनटेक लेंडिंग मार्केट 27.4% की सीएजीआर दर से बढ़ते हुए 2030 तक 4.96 ट्रिलियन डॉलर तक पहुंचने का अनुमान है। मशीन लर्निंग मॉडलों से संभव हुआ रियल-टाइम फ्रॉड डिटेक्शन मनी-लॉन्ड्रिंग पर सक्रिय रूप से रोक लगा रहा है, और इसके

22.6% सीएजीआर से बढ़कर 2029 तक 182 बिलियन डॉलर तक पहुंचने का अनुमान है। डिजिटल पेमेंट में ज़बरदस्त उछाल आया है, जो कई टचपॉइंट से पैदा डेटा के विश्लेषण से प्रेरित है। यह बाज़ार 2021 में 88.1 बिलियन डॉलर से 20.5% सीएजीआर की दर से बढ़कर 2030 तक 361.30 बिलियन डॉलर तक पहुंचने की संभावना है।

यात्रा : स्वामित्व से उपयोग तक

2009 में पेरिस की सड़कों पर बर्फ़ीले तूफ़ान के दौरान एक सोच जन्मी कि मोबाइल फ़ोन से भी टैक्सी बुलाई जा सकती है। इस सोच ने कार के स्वामित्व की अवधारणा को हमेशा के लिए बदल दिया। शुरू में ऊबर कैब कहलाने वाली ऊबर ने भौगोलिक स्थान (जीपीएस) और भुगतान संबंधी डेटा का इस्तेमाल करके मोबाइल फ़ोन पर कुछ बटन क्लिक करते ही सस्ती सवारी उपलब्ध कराना संभव कर दिया। और इसी के साथ साझा गतिशीलता की अवधारणा जन्मी। 2023 में साझा गतिशीलता से होने वाली आमदनी का अनुमान 1.53 ट्रिलियन डॉलर लगाया गया है, जो 2027 तक बढ़कर 1.79 ट्रिलियन डॉलर हो जाएगी। साझा वाहनों की संख्या 2027 तक 5.1 बिलियन तक पहुंचने की संभावना है।

ई-हेलिंग एक ऐसी सेवा है, जिसके जरिए इलेक्ट्रॉनिक एप्लिकेशनों से सार्वज़निक परिवहन सेवाओं की बुकिंग की जाती है। जैसे दरवाज़े से दरवाज़े तक घूमकर लेकिन नजदीकी स्टॉप को जोड़कर सेवा देने वाली डायनामिक शटल पूलिंग, निजी स्वामित्व वाली गाड़ियों को दूसरों के साथ साझा करने की पीयर-टु-पीयर कार शेयरिंग, कार रेंटल्स, और साझा ई-स्कूटर या साइकिल जैसी साझा माइक्रोमोबिलिटी, ये सब तेज़ी से लोकप्रिय हो रहे हैं, क्योंकि ज़्यादा से ज़्यादा उपभोक्ता संपत्ति, भार हल्का और पर्यावरण के प्रति जागरूक बनना चाहते हैं। और यह सब बिग डेटा और एनालिटिक्स की मदद से संभव हुआ है। यह नेविगेशन डेटा और वास्तविक समय में अंतर्दृष्टि पैदा करके, मांग का अनुमान लगाने और मूल्य निर्धारण को अनुकूल बनाने के जरिए मुमकिन हुआ। उद्योग धीरे-धीरे लेकिन स्पष्ट रूप से स्वामित्व से इस्तेमाल की ओर बढ़ रहा है, चाहे वह विकसित अर्थव्यवस्थाएं हों या विकासशील अर्थव्यवस्थाएं हों।

इस बिज़नेस मॉडल में निवेश करने से हिचकने वाले मूल उपकरण निर्माता (ओईएम) या ऑटोमोबाइल निर्माताओं को वाहन बिक्री पर असर पड़ने का डर है होता है, जिन्हें अपनी सोच में बदलाव लाने की ज़रूरत है, और ये वाहन बेचने से लेकर गतिशीलता सेवाएं उपलब्ध कराने तक होना चाहिए। हालांकि जैसे-जैसे वैश्विक कार बिक्री धीमी वृद्धि दिखा रही है, वैसे वैसे मूल उपकरण निर्माता भी इस बाज़ार में अपनी हिस्सेदारी लेने के नए तरीक़े खोज रहे हैं। जूम कार्स जैसे उदाहरणों से सीख लेते हुए, बीएमडब्ल्यू, पॉर्श, लेक्सस, ऑडी, लैंड रोवर और मर्सिडीज-बेंज जैसी प्रमुख लग्ज़री कार कंपनियों ने सब्सक्रिप्शन प्रोग्राम्स की शुरुआत की है। ये ऐसे प्रोग्राम हैं, जिनमें चालक मासिक शुल्क या किराया देकर वाहन का इस्तेमाल

कर सकते हैं। वैश्विक "मोबिलिटी-एज-ए-सर्विस" बाज़ार का मूल्य 2023 में लगभग 5.7 बिलियन अमेरिकी डॉलर आंका गया था, जो 2030 तक बढ़कर 40.1 बिलियन अमेरिकी डॉलर तक पहुंचने की उम्मीद है। इस दौरान अनुमानित चक्रवृद्धि वार्षिक वृद्धि दर यानी सीएजीआर 32.2 प्रतिशत रहेगी।

शॉपिंग : एमेज़ॉनीकरण

हां, अब 'एमेज़ॉनीकरण' शब्द को व्यापक रूप से स्वीकार कर लिया गया है! डायल-अप मोडेम के जरिए ग्राहकों को किताबें बेचने से शुरुआत करके, एमेज़ॉन आज दुनिया की सबसे मूल्यवान कंपनियों में से एक बन चुकी है। और इसने हमेशा के लिए हमारी ख़रीदारी करने के तरीक़े को बदल दिया है। वास्तव में, इसने ग्राहक की अपेक्षाओं को इस हद तक बदल दिया कि समय के साथ ग्राहकों ने अन्य उद्योगों से भी इसी तरह के अनुभवों की उम्मीद करना शुरू कर दिया। यह उपलब्धि वाकई उल्लेखनीय है।

एमेज़ॉन ने ख़ुद को 'एवरीथिंग स्टोर' बनाने का लक्ष्य रखते हुए ग्राहक डेटा का सबसे नवाचारी तरीक़ों से इस्तेमाल किया, जिससे ग्राहक सेवाओं में कई बड़े बदलाव आए और ख़ुदरा व्यापार परिदृश्य ऑफ़लाइन, स्टोर-आधारित ख़रीदारी से बदलकर ऑनलाइन, घर-घर डिलीवरी के कारोबार में बदल गया।

एमेज़ॉन के पास अमेरिका के रिटेल ई-कॉमर्स बाज़ार का लगभग आधा हिस्सा है और वैश्विक स्तर पर सबसे बड़ा ई-कॉमर्स खिलाड़ी है। एमेज़ॉन ने ग्राहक डेटा का इस्तेमाल करने और एआई तथा एनालिटिक्स के जरिए उनके ख़रीद व्यवहार और शॉपिंग यात्रा को बेहतर समझने और अनुमान लगाने की कला में महारत हासिल कर ली है, और ख़रीदारी को आसान, निर्बाध और किफ़ायती बनाने की दिशा में काम किया है। उसने कई नवाचारी ग्राहक अनुभवों की शुरुआत की, जिनमें व्यक्तिगत अनुशंसा इंजन, वन-क्लिक ऑर्डरिंग, एमेज़ॉन हब और लॉकर से पैकेज पिकअप, रियल टाइम में ट्रैकिंग और ट्रेसिंग, आसान रिटर्न और रिप्लेसमेंट, एमेज़ॉन डैश के जरिए एक टच से प्रोडक्ट मंगवाना और एमेज़ॉन के द्वारा घर के अंदर डिलीवरी शामिल हैं।

एमेज़ॉन का बिज़नेस मॉडल ब्रिक-ऐंड-मोर्टार रिटेल के लिए कई मायनों में ख़तरा बन गया। वास्तव में, जैसे-जैसे ई-कॉमर्स बढ़ा, वैसे-वैसे ब्रिक-ऐंड-मोर्टार स्टोरों और स्थानीय दुकानों के भविष्य पर सवाल उठने लगे। इसका एक प्रमुख उदाहरण तब देखने को मिला जब उन्होंने लोकप्रिय ब्लैक फ़्राइडे योजनाओं से ख़ुदरा विक्रेताओं की उम्मीदों को काफ़ी हद तक ख़त्म कर दिया। एमेज़ॉन के ऑनलाइन ब्लैक फ़्राइडे वर्जन ने ख़रीदारों को लंबी कतारों, बेतहाशा खोज और मनचाहे सामान खो देने की चिंता से मुक्त कर दिया। इस एमेज़ॉनीकरण के चलते हाई/मेन स्ट्रीट ख़ुदरा विक्रेताओं को अपने बिज़नेस मॉडल में बड़ा बदलाव करना पड़ा और आपस में जुड़ी वैल्यू चेन बनानी पड़ी ताकि वे ओमनी चैनल अनुभव मुहैया करा

सकें। वॉलमार्ट जैसे ख़ुदरा दिग्गजों ने अपनी रणनीति पर पुनर्विचार कर वर्ष 2000 में ऑनलाइन जाने का फ़ैसला लिया। आज, सभी ख़ुदरा स्टोर कहीं भी, कभी भी और कई चैनलों तथा उपकरणों के माध्यम से ग्राहकों तक पहुंचने की कोशिश करते हैं। यहां तक कि छोटी स्थानीय दुकानें भी विकसित हो गई हैं और मिनटों में घर-घर डिलीवरी की सुविधा देने लगी हैं। हर पांच में से एक ख़रीद ऑनलाइन होने के साथ, वैश्विक ई-कॉमर्स बाज़ार जनवरी 2023 तक अनुमानित 6.3 ट्रिलियन डॉलर की बिक्री तक पहुंच गया, और 2026 तक 8.1 ट्रिलियन डॉलर तक बढ़ने की ओर अग्रसर है।

मनोरंजन : नेटफ़्लिक्सी करण प्रभाव

नेटफ़्लिक्स ने अपनी यात्रा एक साधारण डीवीडी वितरक के रूप में शुरू की थी, लेकिन आज यह टेलीविज़न और फ़िल्म इंडस्ट्री में विघटनकारी ताक़त बन चुका है। इसकी सफलता का आधार इंटरनेट के जरिए ऑन-डिमांड स्ट्रीमिंग सर्विस थी, जिसने दर्शकों तक सीधे कंटेंट पहुंचाने और ओटीटी यानी डायरेक्ट-टु-कंज्यूमर वीडियो कंटेंट प्लेटफ़ॉर्म की अवधारणा को लोकप्रिय बनाने में बड़ी भूमिका निभाई। इस रूपांतरकारी बिज़नेस मॉडल और भारी दर्शक वर्ग को आकर्षित करने का राज डेटा और एनालिटिक्स का इस्तेमाल था। नेटफ़्लिक्स ने हर ग्राहक के डेटा का इस्तेमाल करते हुए एक विस्तृत व्यूअर प्रोफ़ाइल तैयार किया। इसका सबसे प्रमुख उपयोग फ़िल्मों और टीवी शो की पर्सनलाइज्ड रिकमेंडेशन में हुआ, जो सब्सक्राइबर की पसंद पर आधारित थीं। नेटफ़्लिक्स के अनुसार, उसके प्लेटफ़ॉर्म पर देखे गए लगभग 80% कंटेंट पर्सनलाइज्ड रिकमेंडेशन के आधार पर चुने जाते हैं। इसके अलावा नेटफ़्लिक्स ने दर्शकों की देखने की आदतों से जुड़ा डेटा भी जुटाया, जैसे शो कितनी देर तक देखा गया, कहां-कहां पॉज किया गया, दोबारा देखा गया या छोड़ दिया गया, किस डिवाइस पर देखा गया इत्यादि। इन सब डेटा पॉइंट रिकमेंडेशन एल्गोरिदम को और स्मार्ट बनाने में इस्तेमाल किया गया।

नेटफ़्लिक्स ने इन अंतर्दृष्टियों का इस्तेमाल केवल सुझाव देने तक ही सीमित नहीं रखा, बल्कि इससे कंटेंट क्यूरेशन और प्रोडक्शन भी किया। उसने अलग-अलग क्षेत्रों, समुदायों और डेमोग्राफ़िक्स की पसंद को ध्यान में रखते हुए ओरिजिनल कंटेंट बनाया। इसी रणनीति के तहत नेटफ़्लिक्स ने उपेक्षित दर्शक समूहों पर ध्यान दिया, जैसे 14–34 आयु वर्ग की युवा महिलाएं। इसके अलावा नेटफ़्लिक्स ने डेटा और एनालिटिक्स की मदद से टार्गेटेड मार्केटिंग भी की। उदाहरण के लिए, एक ही टीवी शो का ट्रेलर अलग-अलग दर्शक समूहों के लिए उनकी देखने की पसंद के हिसाब से कस्टमाइज किया।

इस क्रांतिकारी स्ट्रीमिंग बदलाव ने पारंपरिक केबल नेटवर्क्स की दर्शक संख्या में भारी गिरावट ला दी। अमेरिका के केबल नेटवर्क मार्केट में 2011 से 2021 के बीच डिज़्नी चैनल की व्यूअरशिप 90% तक घट गई, एबीसी फ़ैमिली की 71%, फ़ॉक्स केबल की 67% और

एएमसी नेटवर्क की 57% घट गई। जल्द ही एनबीसी, एचबीओ, एबीसी और सीबीएस जैसे दिग्गज टीवी और केबल नेटवर्क्स को अपने पारंपरिक मॉडल से आगे बढ़कर ऑनलाइन स्ट्रीमिंग प्लेटफ़ॉर्म अपनाने पड़े। आज इनमें से ज़्यादातर ने अपनी स्ट्रीमिंग सेवाएं शुरू कर दी हैं, रिकमेंडेशन इंजन अपना लिया है और ओरिजिनल कंटेंट भी तैयार कर रहे हैं ताकि नेटफ़्लिक्स और प्राइम जैसे प्लेटफ़ॉर्म से मुक़ाबला कर सकें और ज़्यादा दर्शकों को आकर्षित कर सकें।

विज्ञापन : सोशल मीडिया की ओर शिफ़्टिंग

अख़बार उद्योग को विज्ञापन राजस्व में बड़ी गिरावट का सामना करना पड़ा, क्योंकि विज्ञापन डिजिटल मीडिया की ओर शिफ़्ट हो गए थे। नतीजतन, 2023 तक के छह सालों में वैश्विक प्रिंट विज्ञापन बाज़ार में भारी कमी आई है और अनुमान है कि यह घटकर इस साल आधा रह जाएगा और 47.2 अरब डॉलर तक पहुंच जाएगा। इसके अलावा, ओटीटी प्लेटफ़ॉर्म्स ने मनोरंजन तक विज्ञापन-मुक्त पहुंच उपलब्ध कराने का दावा किया, जिससे उन ब्रांडों को बड़ा झटका लगा, जो अपने लक्षित दर्शकों तक व्यापक पैमाने पर पहुंचने के लिए टीवी विज्ञापनों पर करोड़ों डॉलर ख़र्च कर रहे थे।

डिजिटल पर विज्ञापन ख़र्च का अनुमान 2022 में कुल वैश्विक विज्ञापन ख़र्च का 55.5 प्रतिशत था, जो टीवी विज्ञापन ख़र्च से दोगुना था। उसी साल टीवी विज्ञापन का हिस्सा अनुमानित 26.1 प्रतिशत था। आने वाले सालों में टीवी विज्ञापन हिस्सेदारी के और धीरे-धीरे कम होने की उम्मीद है, जबकि डिजिटल ख़र्च लगातार बढ़ता रहेगा। अब जब ओटीटी (ओवर-द-टॉप) प्लेटफ़ॉर्म वित्तीय स्थिरता के लिए तेज़ी से विज्ञापन-समर्थित और सब्सक्रिप्शन-आधारित हाइब्रिड मॉडल लागू करने पर विचार कर रहे हैं, तो टीवी पर विज्ञापन ख़र्च और भी ज़्यादा घट जाएगा।

तो, टेलीविज़न के अलावा, 2021 में 4.6 अरब से अधिक उपयोगकर्ताओं वाले सोशल मीडिया के उपयोगकर्ता 2027 तक 6 अरब तक पहुंचने की संभावना है। यह आज विज्ञापनदाताओं का सबसे पसंदीदा माध्यम बन गया है। विविध डेटा स्रोतों का इस्तेमाल करके विज्ञापनदाता जनसांख्यिकीय और उपयोगकर्ता व्यवहार के आधार पर व्यक्तिगत सामग्री के साथ दर्शकों को बेहद सटीक तरीक़े से लक्षित कर सकते हैं। सोशल मीडिया विज्ञापनदाताओं को आकर्षित करता है, क्योंकि यह बेहतर उपयोगकर्ता सहभागिता और रूपांतरण को संभव बनाता है, व्यापक दर्शकों तक पहुंचने में लागत-प्रभावी भी है और ब्रांड जागरूकता में तेज़ी से वृद्धि करता है। सोशल मीडिया पर सामग्री साझा करने और दोबारा साझा करने की क्षमता पहुंच को इस स्तर तक बढ़ा देती है, जिसे कोई भी पारंपरिक विज्ञापन तरीक़ा पार नहीं कर सकता।

सोशल इंटेलिजेंस उपकरण तमाम ऑनलाइन प्लेटफ़ॉर्मों से अंतर्दृष्टियां जुटाकर उपभोक्ता प्रोफ़ाइलिंग, रुझान विश्लेषण और व्यवहार समझने में मदद करते हैं, जिससे अत्यधिक लक्षित अभियान बनाए जा सकते हैं। इसके अलावा, ब्रांड लगातार सोशल मीडिया पर होने वाली बातचीत, भावनाओं और प्रतिक्रियाओं का विश्लेषण करके उत्पादों और सेवाओं को परिष्कृत कर सकते हैं, जिससे यह लागत और प्रभाव दोनों के लिहाज से सबसे प्रभावी माध्यम बन जाता है। संगठन अपने ग्राहकों तक तेज़ी से और बड़े पैमाने पर पहुंच सकते हैं, जिससे ग्राहक आसानी से ब्रांड के साथ संवाद कर पाते हैं और ब्रांड समुदाय का हिस्सा बन जाते हैं।

स्वास्थ्य सेवा : व्यक्तिगत उपचार और देखभाल

स्वास्थ्य सेवा उद्योग, जिसमें अस्पताल, डॉक्टर, दवा कंपनियां, बीमा प्रदाता और मरीज शामिल होते हैं। यह अपने जटिल ढांचे के कारण ऐतिहासिक रूप से डिजिटलीकरण में पीछे रहा है। इसलिए, चिकित्सा उपचार परंपरागत रूप से मानकीकृत देखभाल पर केंद्रित रहे हैं। हालांकि हाल के सालों में इस बात के लगातार सबूत मिले हैं कि मरीजों पर एक ही उपचार का अलग-अलग तरह से असर होता है, जिसके पीछे कई कारण होते हैं, जिनमें सबसे महत्त्वपूर्ण उनकी जैविक संरचना होती है। इसलिए आज, व्यक्तिगत चिकित्सा का उद्देश्य प्रत्येक मरीज या मरीज समूह की विशिष्ट रोग विशेषताओं के आधार पर उपचार को अनुकूलित करना है। व्यक्तिगत चिकित्सा के बाज़ार की क़ीमत 2022 में 326.7 अरब डॉलर थी, और इसके 2023 से 2033 तक 7.8 प्रतिशत की वार्षिक औसत वृद्धि दर से बढ़कर 690.9 अरब डॉलर तक पहुंचने का अनुमान है।

उदाहरण के लिए, कैंसर उपचार में जीनोमिक्स की भूमिका पर ज़ोर दिया जाता है ताकि व्यक्तिगत आनुवंशिक जानकारी के आधार पर विशिष्ट उपचार तैयार किए जा सके। प्रत्येक मरीज की अद्वितीय आनुवंशिक संरचना, पर्यावरणीय कारकों के साथ मिलकर, यह निर्धारित करती है कि कैंसर किस तरह विकसित होता है। इन तत्वों का विश्लेषण करने के लिए विशाल डेटा का अध्ययन करना आवश्यक है, जिसमें किसी व्यक्ति के अनुमानित 19,000–22,000 जीन, पर्यावरणीय प्रभाव और सामाजिक-आर्थिक स्थितियां शामिल होती हैं। यह बेहद जटिल प्रक्रिया है, जिसके लिए विशाल डेटासेट का एकीकरण और उनका विश्लेषण प्राकृतिक भाषा प्रसंस्करण, उन्नत एआई और मशीन लर्निंग के जरिए करना पड़ता है, ताकि उपयोगी निष्कर्ष निकाले जा सकें। इस दृष्टिकोण के बल पर चिकित्सकों और वैज्ञानिकों को प्रत्येक मरीज के लिए व्यक्तिगत उपचार रणनीतियां बनाने में मदद मिलती है।

डेटा, व्यक्तिगत उपचारों से आगे बढ़कर, स्वास्थ्य सेवाओं की डिलीवरी में भी क्रांति ला रहा है। पहले जहां मरीज का संपूर्ण चिकित्सा इतिहास और प्रगति दर्ज करना कठिन था, वहीं आज कई तकनीकों तक पहुंच व्यापक डेटा संग्रहण को संभव बना रही है। इलेक्ट्रॉनिक

स्वास्थ्य रिकॉर्ड (ईएचआर), दूरस्थ मरीज निगरानी उपकरण, वियरेबल्स और हेल्थ एप्स सूचनाओं का विशाल भंडार उपलब्ध कराते हैं। बार-बार निगरानी शुरुआती रोग पहचान और सतत देखभाल में सहायक होती है, जो अस्पताल की दीवारों से बाहर तक विस्तारित है। अस्पताल से बाहर सतत देखभाल की ओर यह बदलाव स्वास्थ्य सेवाओं की डिलीवरी को काफ़ी हद तक बदल चुका है, जिससे मरीजों के नतीजे बेहतर हुए हैं।

इसके अतिरिक्त, आज उपलब्ध इन सभी तकनीकों के चलते, प्रतिदिन उत्पन्न और संग्रहीत किए जा रहे डेटा की मात्रा और विविधता लगातार बढ़ रही है। यह बढ़ता हुआ व्यक्तिगत डेटा, जनसंख्या-स्तरीय डेटा के भंडार को भी विस्तारित कर रहा है, जिससे परीक्षण नमूनों में समावेशी और संतुलित प्रतिनिधित्व संभव हो रहा है। इसके नतीजतन अधिक प्रभावी उपचार और इलाज विकल्प विकसित किए जा रहे हैं, जो आख़िरकार रोगियों को बेहतर नतीजों की ओर ले जाते हैं।

सीमाओं और अपेक्षाओं का धुंधलापन

लगातार बदलती ग्राहक अपेक्षाओं और व्यवसाय तथा प्रतिस्पर्धा के परिदृश्य के नतीजतन संगठन अब अधिक लचीला रवैया अपनाते जा रहे हैं और ग्राहक आवश्यकताओं के लिए एकमात्र समाधान बनने की ओर बढ़ रहे हैं। डेटा और तकनीकों का इस्तेमाल करके वे अपनी विशेषज्ञता के क्षेत्र से आगे बढ़कर अनेक समाधानों को एक ही छत के नीचे समाहित कर सकते हैं। आज एक मोबाइल सेवा प्रदाता केवल कनेक्टिविटी समाधान ही नहीं दे रहा है, बल्कि भुगतान, ख़रीदारी, गेमिंग, मनोरंजन और अनेक अन्य समाधान भी उपलब्ध करा रहा है।

सेवाओं का एमेज़ॉनीकरण और अनुभवों का नेटफ़्लिक्सीकरण केवल अपने-अपने उद्योगों तक सीमित नहीं रहा, बल्कि इसने क्रॉस-इंडस्ट्री अपेक्षाओं को भी बदल डाला है। आज व्यक्तिगत अनुभव केवल रिटेल उद्योग तक ही सीमित नहीं हैं। डेटा की पहुंच से लैस, बिज़नेस-टु-बिज़नेस (बी2बी) ग्राहक भी केमिकल निर्माताओं से इसी प्रकार के पर्सनलाइजेशन की अपेक्षा करने लगे हैं। उदाहरण के लिए, बीएएसएफ़ का 'लैब असिस्टेंट' वेब-आधारित एप्लिकेशन है, जो पूर्ण उत्पाद डेटा और विशिष्ट फ़ॉर्म्यूलेशन तक पहुंच मुहैया कराता है। इससे ग्राहक सही कच्चा माल और फ़ॉर्म्यूलेशन विचार चुनकर कस्टमाइज्ड उत्पाद फ़ॉर्म्यूलेशन बना सकते हैं। इसी प्रकार, आज केवल एंटरटेनमेंट प्रदाताओं से ही नहीं, बल्कि बीमा प्रदाताओं से भी ओमनी चैनल अनुभव की उम्मीद की जाती है। अब बीमा ऑनलाइन, फ़ोन पर या स्टोर में ख़रीदा जा सकता है। ग्राहक ना केवल ऑनलाइन ख़रीदारी की सुविधा चाहते हैं, बल्कि उतनी ही दक्षता और सुविधा भी, जितनी शीर्ष स्तरीय ई-कॉमर्स साइट पर मिलती है। और चूंकि बीमा ख़रीदना बेहद व्यक्तिगत और जटिल विचारों से जुड़ा होता है, इसलिए ग्राहक अंतिम निर्णय लेने से पहले कई टचप्वाइंट्स की अपेक्षा करते हैं।

इसके अतिरिक्त, हम धीरे-धीरे एमेज़ॉन जैसे बिज़नेस मॉडलों से उत्पन्न वन-स्टॉप शॉप समाधान की अपेक्षा करने लगे हैं। इसलिए हम अपने वित्तीय सेवा प्रदाता से भी उम्मीद करते हैं कि वह हमें एक ही छत के नीचे सेवाओं की विस्तृत श्रंखला दे। आज, जब ग्राहकों के पास चुनने के लिए कई विकल्प हैं, वे सुविधा और सरलता के लिए अतिरिक्त भुगतान करने को तैयार हैं। वे ऐसे एकल सेवा प्रदाता के साथ बातचीत करना पसंद करेंगे जो उनकी बचत, निवेश, बीमा, बिल भुगतान, ऋण या यहां तक कि ख़रीदारी जैसी तमाम आवश्यकताओं को पूरा कर सके और वांछित ग्राहक अनुभव प्रदान कर सके। हम अपने वित्तीय साझेदार से अपेक्षा करते हैं कि वह इन सभी सेवाओं में जुड़ी हुई और सहज सेवाएं मुहैया कराए, जो न्यूनतम क्लिकों के साथ, सबसे कम दस्तावेज़ीकरण के साथ और सबसे कम समय में एक ही एप या वेबसाइट के माध्यम से उपलब्ध हों। आज कार लोन या होम लोन पहले से ही आपके वित्तीय सेवा प्रदाता से प्री-अप्रूव्ड होता है, जिसे बैंक वेबसाइट या मोबाइल एप के माध्यम से केवल कुछ क्लिकों में लिया जा सकता है और पैसे कुछ घंटों या एक-दो दिनों में ट्रांसफ़र हो जाते हैं।

यह वह अद्भुत उपलब्धि है, जिसे डेटा ने व्यक्तियों और संगठनों को हासिल करने में सक्षम बनाया है। और जैसा कि मैंने कहा, यह तो बस शुरुआत है। यह तो बर्फ़ीली चट्टान का केवल सतही हिस्सा है। सोचिए, अगर हम और गहराई में जाए और डेटा की पूरी क्षमता को मुक्त कर दें, तो हम क्या-क्या हासिल कर सकते हैं।

मुख्य निष्कर्ष

- डेटा डिजिटल तकनीकों को ऊर्जा देता है, जिससे अभूतपूर्व अनुप्रयोग संभव हो रहे हैं। डिजिटल तकनीकें बदले में और अधिक डेटा पैदा करती हैं, जिससे डेटा विस्फोट लगातार बढ़ रहा है। ख़ासतौर पर, डेटा और एआई के बीच की पारस्परिक प्रक्रिया विस्फोटक डेटा वृद्धि को बढ़ावा दे रही है और व्यापक एआई उपयोग को सक्षम बना रही है।
- डेटा की सर्वव्यापकता ने हमारे जीवन के हर पहलू में व्यापक परिवर्तन को उत्प्रेरित किया है, इतना कि अब हम अपने जीवन की कल्पना डिजिटल तकनीकों के बिना नहीं कर सकते, जिन्हें डेटा ऊर्जा मुहैया कराता है।
- बदलती जीवन शैली ने सभी उद्योगों में व्यवसायों के लिए विशाल अवसर खोल दिए हैं। ग्राहक डेटा की प्रचुरता ने कंपनियों को एमेज़ॉन जैसी सेवाएं और नेटफ़्लिक्स जैसे अनुभव उपलब्ध कराने में सक्षम बनाया है। संगठन अब छिपी हुई संभावनाओं को निकाल पा रहे हैं और पहले से कहीं अधिक नवाचार कर पा रहे हैं।
- व्यक्तियों और उद्योगों के बीच की परस्पर क्रिया उद्योग परिदृश्य को पुनर्परिभाषित कर रही है, उद्योग सीमाओं को धुंधला कर रही है और अंतर-उद्योग अपेक्षाओं को बदल रही है।

3

मूल्य की पुनर्कल्पना

रूपांतरकारी मूल्य को साकार करने की रूपरेखा

"हम क्या देखते हैं, यह मुख्य रूप से इस पर निर्भर करता है कि हम क्या खोज रहे हैं।"

~ सर जॉन लुबकॉक,
प्रमुख गणितज्ञ, वैज्ञानिक और लेखक

डेटा हमारे पास बहुत ज़्यादा मात्रा में उपलब्ध कच्चा माल है। इस डेटा को डेटा-फ़र्स्ट दुनिया में एक शक्तिशाली उपकरण बनाने के रूप में ढालना, अपने आप में कला भी है और विज्ञान भी। इसलिए असली हुनर तो इसी में है कि अपेक्षित नतीजे को स्पष्ट रूप से पहचाना जाए, ताकि डेटा से अधिकतम मूल्य हासिल किया जा सके। हां, डेटा ने वास्तव में हमारे जीवन को बदल दिया है और संगठनों के लिए अनूठे मूल्य सृजन के अवसरों के द्वार खोल दिए हैं। हालांकि डेटा ऐसा मूल्य कैसे पैदा करता है, और एआई किस प्रकार इस रूपांतरकारी मूल्य को साकार करने में मदद कर सकता है? आज इस प्रश्न का संतोषजनक उत्तर उपलब्ध नहीं है। सीएक्सओ से मेरी बातचीत में, पता चलता है कि ज़्यादातर के पास अपने व्यवसायों के लिए डेटा से मूल्य सृजन करने की ठोस सोच या योजना नहीं होती, जबकि वे सामान्य तौर पर डेटा के मूल्य को लेकर उत्साहित होते हैं। तो आइए मूल्य निर्माण की इस प्रक्रिया को समझने के लिए डेटा प्रबंधन के जीवन-चक्र में गहराई से उतरते हैं।

समुद्र की गहराई

पृथ्वी के लगभग 97 प्रतिशत हिस्से पर समुद्र का पानी है। सुनने में तो लगता है कि इतना पानी तो सभी इंसानों के लिए पर्याप्त होना चाहिए, लेकिन सच्चाई यह है कि इतने विशाल जल भंडार से घिरे होने के बावजूद दुनिया में 1.1 अरब लोगों के पास पीने का साफ़ पानी

नहीं है और क़रीब 2.7 अरब लोग हर साल कम से कम एक महीने पानी की कमी झेलते हैं। क्यों? इसलिए कि समुद्री पानी अपनी मूल अवस्था में इस्तेमाल लायक़ नहीं है और सिर्फ़ 3 प्रतिशत मीठा पानी पूरी दुनिया के लिए नाकाफ़ी होता है। यही वजह है कि इस हालात को इस मशहूर पंक्ति से बख़ूबी बयान किया गया है, "पानी ही पानी हर तरफ़, पर पीने को एक बूंद नहीं।"

क्या आपने कभी समुद्र का पानी पीकर देखा है? अगर आप समुद्र का पानी पिएंगे तो आपका ख़ून खारा हो जाएगा। उसे साफ़ करने के लिए आपकी किडनी को बहुत ज़्यादा मेहनत करनी पड़ेगी और ऐसा करने के लिए और ज़्यादा पानी चाहिए होगा। नतीजा यह होगा कि प्यास बुझने के बजाय और ज़्यादा प्यास लगने लगेगी। हां, कुछ समुद्री जीव ऐसे हैं, जो खारे पानी में ज़िंदा रह सकते हैं, क्योंकि उनके शरीर में इसे छानने की बेहद सक्षम व्यवस्था होती है। यहां तक कि कुछ समुद्री पक्षियों के शरीर में भी नमक अलग करने की ख़ास ग्रंथियां होती हैं।

डेटा का हाल भी कुछ ऐसा ही तो है।

हम सब जानते हैं कि डेटा का महासागर अनगिनत संभावनाओं से भरा है, लेकिन जैसे समुद्र का पानी सीधे काम का नहीं होता, वैसे ही कच्चा डेटा भी बेकार है। उससे असली मूल्य निकालना दिन-ब-दिन और मुश्किल और महंगा होता जा रहा है। इसलिए इसे व्यवस्थित तरीक़े से साधना ज़रूरी है, वरना यह हमारे काम की उम्मीदों पर खरा नहीं उतरेगा। दरअसल, यह स्थिति सुनामी जैसी भी हो सकती है, जिसमें आप आसानी से बहकर बहाव में खो सकते हैं। ऐसे में हमें एक कंपास की ज़रूरत है, जो हमें बिग डेटा के इन उथल-पुथल भरे समुद्र से सही दिशा दिखाते हुए पार कराए और एक ठोस रास्ता दे।

किसी भी संस्था के लिए डेटा से अधिकतम लाभ हासिल करने के लिए एक व्यवस्थित तरीक़ा या ढांचा बेहद ज़रूरी है। इसके बिना संगठन ख़ुद को 'खरगोश के बिल' जैसी स्थिति में पा सकते हैं, जिसमें किसी समस्या का हल निकालते-निकालते नई मुश्किलों का सिलसिला शुरू हो जाता है।

हालांकि यह समझने से पहले कि डेटा से व्यवस्थित तरीक़े से मूल्य कैसे निकाला जा सकता है, यह जानना ज़रूरी है कि डेटा प्रबंधन वैल्यू चेन क्या है, उसके अलग-अलग चरण और प्रक्रियाएं क्या होती हैं, जो किसी संगठन के अंदर डेटा को प्रभावी ढंग से प्रबंधित करने में मदद करती हैं। डेटा प्रबंधन वैल्यू चेन डेटा की शुरुआत से लेकर अंतिम उपयोग तक की पूरी यात्रा को दर्शाती है। इसमें कई आपस में जुड़ी गतिविधियां शामिल होती हैं, जो मिलकर डेटा के मूल्य को अधिकतम बनाने में योगदान देती हैं।

डेटा प्रबंधन वैल्यू चेन

अनुमान है कि डेटा प्रोफ़ेशनल्स को अपनी कंपनियों में हर महीने औसतन 63% डेटा वॉल्यूम की वृद्धि का सामना करना पड़ता है। ज़रा सोचिए, मौजूदा संसाधनों पर यह कितना भारी दबाव डालता होगा। और डेटा के महत्त्व को पहचानने के बावजूद, ज़्यादातर लोग इसकी पूरी क्षमता का इस्तेमाल करने में दिक़्क़त महसूस करते हैं, और केवल 25 प्रतिशत एक्जीक्यूटिव ही लगातार इससे मूल्य पैदा कर पाते हैं। बढ़ती हुई इस जटिलता के बीच, यह संगठनों के लिए बेहद अहम हो जाता है कि वे डेटा प्रबंधन वैल्यू चेन और प्रत्येक चरण पर डेटा से मूल्य पैदा करने की प्रक्रिया को समझें।

चूंकि डेटा को 21वीं सदी का ईंधन कहा जाता है, इसलिए मूल्य सृजन को बेहतर ढंग से समझने के लिए आइए हम तेल-शोधन प्रक्रिया का उदाहरण लें। कच्चा तेल (क्रूड ऑयल) अपनी मूल अवस्था में किसी काम का नहीं होता। वह तो बस एक काला और गाढ़ा तरल पदार्थ होता है, जिसके अंदर अपार मूल्य छिपा हुआ है। इसकी असली उपयोगिता तभी सामने आती है, जब इसे एक व्यवस्थित सफ़ाई और परिष्करण प्रक्रिया से गुजारा जाता है। तभी यह विभिन्न स्तरों की प्रक्रिया, सही क्रम और सटीक परिस्थितियों से गुज़रकर इच्छित रूपों में बदलता है, जो वास्तविक इस्तेमाल के लिए उपयुक्त होते हैं। शोधन प्रक्रिया का हर चरण इनपुट सामग्री के मूल्य को बढ़ाता है और पूरे क्रम के लिए अनिवार्य होता है। और जैसे-जैसे मध्यवर्ती उत्पाद परिष्करण की श्रृंखला में आगे बढ़ते हैं, वे क्रमशः और अधिक परिष्कृत होते जाते हैं।सबसे पहले, कुओं से तेल निकाला जाता है और आगे की प्रक्रिया के लिए रिफ़ाइनरी तक पहुंचाया जाता है। रिफ़ाइनरी पहुंचने के बाद इसे आसवन टावरों में डाला जाता है, जहां कच्चे तेल को गर्म किया जाता है, जिससे वह वाष्पित हो जाता है। ठंडा होने और अलग-अलग ऊंचाइयों पर नीचे उतरने के दौरान यह विभिन्न घटकों में बंट जाता है, जिन्हें फ़्रैक्शन कहा जाता है। गैस, पेट्रोल और केरोसीन जैसे हल्के फ़्रैक्शन ऊपर की ओर उठते हैं, जबकि डीजल और अवशिष्ट ईंधन जैसे भारी फ़्रैक्शन नीचे जम जाते हैं। इन सभी फ़्रैक्शंस को आगे क्रैकिंग या रिफ़ॉर्मिंग जैसी अलग-अलग प्रक्रियाओं से गुजारा जाता है, ताकि भारी या कम मूल्य वाले फ़्रैक्शंस को हल्के और अधिक मूल्यवान उत्पादों में बदला जा सके। इसके बाद विभिन्न घटकों की धाराओं को ब्लेंडिंग स्टेज पर मिलाकर पेट्रोल के विभिन्न ग्रेड तैयार किए जाते हैं, जिन्हें फिर टैंकों में संग्रहीत किया जाता है और वहां से अन्य भंडारण सुविधाओं या वितरण केंद्रों तक पहुंचाया जाता है।

अब आप समझ सकते हैं कि इस पूरी प्रक्रिया के दौरान हर क़दम कितना अहम है, क्योंकि हर क़दम कच्चे माल को इच्छित अंतिम उत्पाद के और क़रीब ले आता है। इसी तरह, डेटा से मूल्य पैदा करने के लिए हमें पहले यह समझना होगा कि डेटा प्रबंधन वैल्यू चेन के हर चरण पर डेटा कैसे परिष्कृत और समृद्ध होता है।

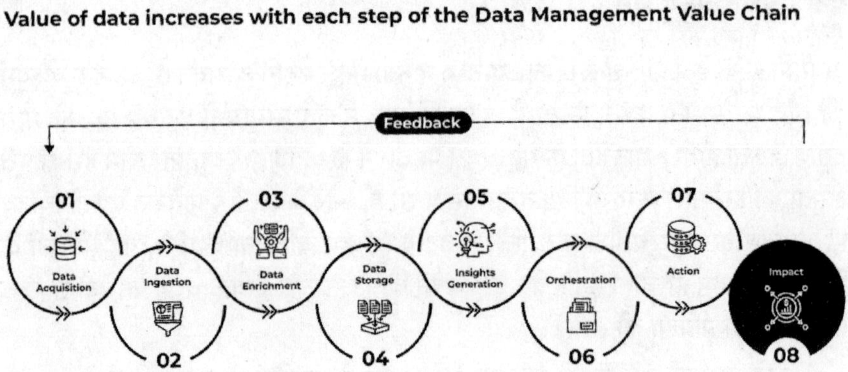

पहला चरण है, **डेटा अधिग्रहण (Data Acquisition)**। इस चरण में संगठन अपनी व्यावसायिक ज़रूरतों के अनुसार सही या सबसे उपयोगी डेटा स्रोतों की पहचान करता है और विभिन्न प्रकार के डेटा को सही संरचना और प्रारूप में कैप्चर करने के लिए उपयुक्त प्रक्रियाएं स्थापित करता है। इस स्तर पर डेटा की आवश्यकताओं को ठीक से परिभाषित किया जाता है, जिससे अनावश्यक डेटा ट्रैफ़िक कम होता है और स्टोरेज तथा कंप्यूटिंग पावर का फालतू उपयोग रुक जाता है। यह उसी तरह है, जैसे कच्चे तेल के कुओं की पहचान करना और तेल निकालने तथा उसे रिफ़ाइनरी तक पहुंचाने की प्रक्रिया स्थापित करना होता है।

अगला चरण है, **डेटा अंतर्ग्रहण (Data Ingestion)**। यह वह प्रक्रिया है, जिसमें डेटा को सिस्टम या डेटा स्टोरेज इंफ़्रा स्ट्रक्चर में आगे की प्रोसेसिंग और विश्लेषण के लिए आयात या लोड किया जाता है। डेटा विभिन्न स्वरूपों में, जैसे एपीआई (एप्लिकेशन प्रोग्रामिंग इंटरफ़ेस), स्ट्रीमिंग डेटा, सोशल मीडिया फ़ीड आदि से आयात किया जा सकता है और इसे बैच, माइक्रो-बैच या स्ट्रीम के रूप में एकत्र किया जा सकता है। इसी चरण में डेटा को प्रोसेस और ट्रांसफ़ॉर्म किया जाता है ताकि उसे उपयुक्त स्वरूप में लाकर वांछित सिस्टम में संग्रहीत किया जा सके। यह उसी तरह है, जैसे तेल को आसवन प्रक्रिया में गरम करके वाष्पित किया जाता है और फिर ठंडा होने पर आसवन टॉवर में विभिन्न फ्रैक्शंस यानी हिस्सों में अलग हो जाता है।

इसके बाद आता है, **डेटा संवर्धन (Data Enrichment)**। इसमें मौजूदा डेटा को अतिरिक्त जानकारी या विशेषताओं से समृद्ध किया जाता है ताकि अधिक व्यापक और मूल्यवान डेटा-सेट बनाए जा सकें। यह प्रक्रिया डेटा की गुणवत्ता को बेहतर बनाती है, जिससे विश्लेषण और अंतर्दृष्टियां हासिल करने की गहराई और संपूर्णता बढ़ती है। यह उसी तरह है जैसे तेल पर आगे की कन्वर्जन प्रक्रियाएं लागू की जाती हैं, जैसे क्रैकिंग, कोकिंग या रिफ़ॉर्मिंग, जहां बड़े हाइड्रोकार्बन अणुओं को तोड़ा जाता है, आणविक संरचना को पुनर्गठित

किया जाता है और अशुद्धियों को हटाया जाता है ताकि प्राप्त उत्पादों की गुणवत्ता और विशेषताएं बेहतर हो सकें।

इसके बाद आता है, **डेटा संग्रहण (Data Storage)**। इस चरण में डेटा को गुणवत्ता के लिए प्रोसेस किया जा चुका होता है और विभिन्न स्रोतों से आए अलग-अलग प्रकार के डेटा के सम्मिश्रण के जरिए उपयोगी डेटा-सेट में बदला जा चुका होता है। उसे बड़े पैमाने के स्टोरेज स्पेस जैसे डेटा वेयरहाउस, डेटा लेक या डेटा लेक हाउस में भेजा या अपलोड किया जाता है। इस स्तर पर डेटा को क्यूरेट किया जाता है और विभिन्न टीमों के विश्लेषण और अंतर्दृष्टियां पैदा करने के लिए तैयार किया जाता है। अब कल्पना कीजिए बड़े टैंक फार्म्स की, जो विशेष रूप से इसी उद्देश्य से बनाए जाते हैं कि वहां पेट्रोलियम उत्पाद, रसायन, द्रवीकृत गैसें और अन्य औद्योगिक तरल पदार्थ बड़ी मात्रा में सुरक्षित रखे जा सकें, और फिर जहाजों, बजरों, पाइपलाइनों, ट्रकों आदि के जरिए आगे ले जाए जा सकें।

अगला चरण है, **अंतर्दृष्टि या इनसाइट पैदा करना**। इस चरण में विभिन्न सांख्यिकीय मॉडलिंग और मशीन लर्निंग तकनीकों का प्रयोग कर अंतर्दृष्टियां तैयार की जाती हैं और फिर इन्हें बिज़नेस इंटेलिजेंस (बीआई) टूल्स या स्व-सेवा टूल्स के जरिए उपलब्ध कराया जाता है, ताकि निर्णय लेने वाले लोग उनका इस्तेमाल कर सकें। इस स्तर पर डेटा व्यापारिक समस्याओं की गहरी और बेहतर समझ उपलब्ध कराता है और इन अंतर्दृष्टियों के आधार पर कार्रवाई की सिफ़ारिश करता है। यह कुछ वैसा ही है, जैसा मिश्रण प्रक्रिया में होता है, जहां विभिन्न घटकों को मिलाकर, यानी 'ब्लेंड' करके, सही संयोजन हासिल किया जाता है, जिसे हम अंतर्दृष्टि कहते हैं। हालांकि तेल शोधन या रिफ़ाइनरी प्रक्रिया में मिश्रण का ज़्यादातर कार्य भंडारण से पहले होता है (जबकि हमारे डेटा प्रबंधन चक्र में भंडारण अंतर्दृष्टि पैदा करने से पहले होता है), अक्सर टैंक फार्म्स में भी तरल पदार्थों को मिलाने और मिश्रण की सुविधाएं होती हैं।

अगला चरण है, **ऑर्केस्ट्रेशन** का। यह चरण अंतर्दृष्टियों को क्रियाओं में बदलने की प्रक्रिया के लिए बेहद अहम है। इसमें विभिन्न कार्यों और वर्कफ़्लो का समन्वय और स्वचालन शामिल होता है, जिसका उद्देश्य उन कार्यों को लागू करना होता है, जो अंतर्दृष्टियों से निकले हैं। डेटा अंतर्दृष्टियों की डिलीवरी में ऑर्केस्ट्रेशन चरण की तुलना तेल उत्पादों को पहुंचाने वाली पाइपलाइनों से की जा सकती है। जिस तरह पाइपलाइन अलग-अलग प्रकार के तेल उत्पादों को कुशलतापूर्वक उनके गंतव्य तक पहुंचाती हैं, उसी तरह ऑर्केस्ट्रेशन परत उत्पन्न हुई अंतर्दृष्टियों को आंतरिक और बाहरी उपयोगकर्ता प्रणालियों तक सहजता से पहुंचाने का काम करती है।

इसके बाद आता है, **कार्रवाई या उपभोग का चरण**। इस चरण में अंतर्दृष्टियों को उन प्रणालियों में भेजा जाता है, जिनके आधार पर वास्तविक कार्य होते हैं, जो व्यवसाय के लिए अपेक्षित प्रभाव पैदा करते हैं। जैसे तेल शोधन में उपयुक्त उत्पादों का उपयोग अन्य उत्पाद बनाने या गाड़ियों, इंजनों जैसी मशीनों को चलाने के लिए कच्चे माल के रूप में किया जाता है।

और अंत में डेटा प्रबंधन वैल्यू चेन का नतीजा है, **प्रभाव या इंपैक्ट।** यह वह ठोस नतीजा है, जो पूरे प्रयास से हासिल होता है। यह आंतरिक व्यावसायिक नतीजा भी हो सकता है या ग्राहक पर प्रभाव भी। हम इसके बारे में इस अध्याय में आगे विस्तार से चर्चा करेंगे, लेकिन डेटा का प्रभाव भी तेल के नतीजों से तुलना किया जा सकता है। यह परिवहन को सुगम बनाता है, मशीनों को शक्ति मुहैया कराता है और नए उत्पाद जैसे प्लास्टिक, रसायन आदि बनाने में मदद करता है।

अब जब आप समझ चुके हैं कि डेटा को डेटा प्रबंधन वैल्यू चेन में कैसे संवर्धित और प्रबंधित किया जाता है, तो एक और सवाल पूछते हैं, इससे उत्पन्न मूल्य क्या है? इसका उत्तर देने में डीआईएआई फ्रेमवर्क मदद करेगा।

डेटा-इनसाइट-एक्शन-इंपैक्ट (DIAI) : डेटा से मूल्य पैदा करने का ढांचा

मैंने जिस पूरी वैल्यू चेन की चर्चा की, उसमें आपने देखा कि किस प्रकार हर चरण में डेटा को संसाधित करके उसे और बेहतर बनाया जाता है। अब इसी डेटा मैनेजमेंट वैल्यू चेन में अलग-अलग स्तरों पर मूल्य पैदा होता है। सबसे पहले, स्वयं डेटा ही अत्यधिक मूल्य का स्रोत होता है, जो इच्छित प्रभाव को आगे बढ़ाने में बुनियाद का काम करता है। इसके बाद आता है अंतर्दृष्टि से प्राप्त मूल्य, जिसमें आप किसी समस्या की समझ के रूप में ठोस नतीजा देख सकते हैं। अगला चरण है एक्शन, जिसमें अंतर्दृष्टियों के आधार पर लिए गए फ़ैसलों से मूल्य पैदा होता है। और अंत में इंपैक्ट के रूप में मूल्य सामने आता है, यानी लिए गए फ़ैसलों या कार्यों का वास्तविक नतीजा या प्रभाव। यहां कृत्रिम बुद्धिमत्ता (एआई) पूरे डीआईएआई ढांचे में संयोजक की महती भूमिका निभाती है।

DIAI framework: Maximizing value realization from Big Data

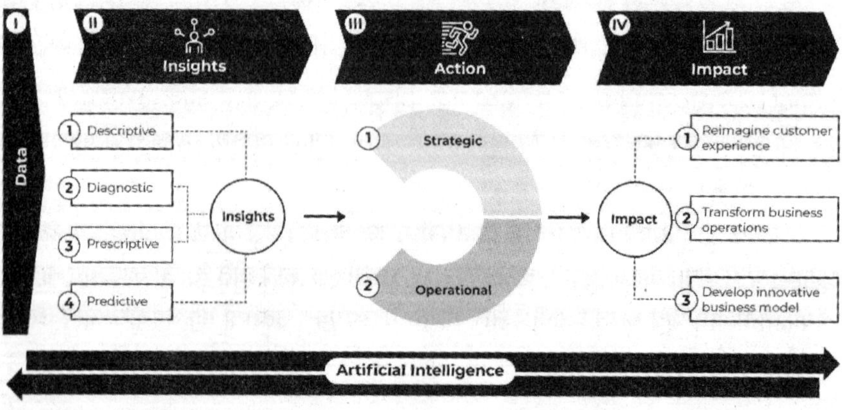

यह कई स्तरों पर डेटा प्रबंधन जीवन चक्र की प्रक्रियाओं को स्वचालित करने और उनकी दक्षता बढ़ाने में सहायता करता है, जिससे सहज समन्वय संभव होता है और पूरी प्रक्रिया की प्रभावशीलता में वृद्धि होती है।

अब इन प्रत्येक चरणों में पैदा होने वाले मूल्य को बेहतर ढंग से समझने के लिए आइए हम डीआईएआई ढांचे को विस्तार से देखते हैं।

I. 'डेटा' अपने आप में मूल्य का स्रोत होता है

डेटा बिज़नेस वैल्यू के वितरण में बुनियाद का काम करता है। डेटा में पैटर्न सामने लाने, रुझान उजागर करने और ग्राहक व्यवहार, मार्केट डायनामिक्स, संचालन क्षमता जैसी कई अंतर्दृष्टियों की गहन जानकारी मुहैया कराने की क्षमता होती है। डेटा को प्रभावी तरीक़े से संग्रहीत करने, प्रबंधित करने और विश्लेषण करने से संगठन सूचित निर्णय ले सकते हैं, रणनीतिक पहलें शुरू कर सकते हैं, और प्रतिस्पर्धी लाभ हासिल कर सकते हैं।

1. **कई स्रोतों के डेटा का इस्तेमाल करना :** बिग डेटा की दुनिया में संगठनों के पास अलग-अलग प्रकार के डेटा तक पहुंच होती है, जिन्हें अगर सही ढंग से मिलाकर इस्तेमाल किया जाए तो यह संगठनों को और गहरी तथा व्यापक समझ मुहैया करा सकता है। उदाहरण के लिए, कई स्रोतों से प्राप्त डेटा, जिन पर मैं विस्तार से अध्याय 8 मल्टी सोर्स डेटा में चर्चा करूंगा, संगठनों को उनके कामकाज, ग्राहकों और बाज़ार परिदृश्य का अधिक संपूर्ण और समग्र दृष्टिकोण मुहैया कराते हैं, जिससे एक व्यापक तसवीर बनती है। रियल-टाइम डेटा एक और काफ़ी मूल्यवान स्रोत हैं। इस प्रकार के डेटा सेंसर, सोशल मीडिया फ़ीड या आईओटी उपकरणों से हासिल होते हैं, और संगठनों को घटनाओं, रुझानों और ग्राहकों के व्यवहार की वास्तविक समय में निगरानी करने की सुविधा देते हैं। यह संगठनों को प्रतिक्रियात्मक निगरानी से सक्रिय निगरानी और व्यावसायिक आवश्यकताओं पर तुरंत प्रतिक्रिया देने की ओर ले जाता है, जहां निर्णय लेने या कार्यवाही को स्वत: संचालित किया जा सकता है। इस पर मैंने अध्याय 9 रियल टाइम डेटा में विस्तार से लिखा है। इसके अलावा, एक और महत्त्वपूर्ण प्रकार के आंकड़े हैं प्रोप्राइटरी डेटा, जो संगठनों को दीर्घकाल में विशिष्टता मुहैया कराते हैं। यह दरअसल, सालों से अर्जित निहित अनुभवजन्य ज्ञान का व्यवस्थित रूपांतरण होता है, जिसे विशेष परिसंपत्तियों में बदल दिया जाता है और यह संगठनों के लिए दीर्घकाल में भेदभावक तत्व यानी सोर्स ऑफ़ डिफ़रेंशिएशन बन सकता है। इस पर मैंने अध्याय 10 प्रोप्राइटरी डेटा में विस्तार से चर्चा की है।
2. **डेटा एकीकरण का महत्त्व :** अलग-अलग स्रोतों से आने वाले डेटा को एकसाथ जोड़ना आसान काम नहीं है, लेकिन जब इन्हें समेकित और संतुलित किया जाता है तो यह संगठनों के लिए बड़ी क़ीमत रखता है। विभिन्न स्रोतों और बिखरे हुए सिस्टम से डेटा

को जोड़कर संगठन डेटा के अलग-थलग ढेर (साइलो) ख़त्म कर सकते हैं और अपने कामकाज, ग्राहकों तथा बाज़ार की गतिशीलता को समग्र रूप से समझ सकते हैं। इस तरह बढ़ी हुई डेटा दृश्यता और उपलब्धता सही और समय पर फ़ैसले लेने तथा क़दम उठाने में मदद करती है। डेटा एकीकरण उन्नत विश्लेषण, पूर्वानुमान मॉडलिंग और मशीन लर्निंग को भी संभव बनाता है, क्योंकि यह प्रशिक्षण और विश्लेषण के लिए एक व्यापक डेटासेट उपलब्ध कराता है, जो एआई को बड़े स्तर पर ले जाने के लिए अनिवार्य होता है।

3. **डेटा संवर्धन का मूल्य :** डेटा संवर्धन मौजूदा डेटा को बेहतर बनाने और एआई/एमएल मॉडलों के लिए अधिक उपयुक्त और मूल्यवान बनाने का तरीक़ा है। इसमें डेटा परिवर्तित और विस्तारित करने वाली कई तरह की विधियां शामिल होती हैं, जैसे कि ग़ायब मानों को जोड़ना, मौजूदा डेटा को रूपांतरित करना, और कृत्रिम रूप से नया डेटा पैदा करना। डेटा संवर्धन ग़ायब मानों को पूरा करने के लिए मानपूर्ति या इंप्यूटेशन तकनीक अपनाता है, जिसमें सांख्यिकीय तरीक़ों या पूर्वानुमानों के आधार पर ख़ाली स्थान भरे जाते हैं। यह मौजूदा डेटासेट को परिवर्तित करता है ताकि उसमें अधिक विविधता आए और वह विभिन्न परिदृश्यों, पैटर्न और विशेषताओं का प्रतिनिधि बन सके। इसके लिए स्केलिंग, और सामान्यीकरण या नॉर्मलाइजेशन जैसी तकनीकों का इस्तेमाल होता है। इसके अलावा, डेटा संश्लेषण के जरिए यह डेटासेट को कृत्रिम रूप से बढ़ाता है, जिसमें मौजूदा डेटा वितरण के आधार पर नए डेटा बिंदु बनाए जाते हैं, और इससे एआई मॉडलों की सटीकता और भविष्यवाणी क्षमता बेहतर होती है।

II. डेटा का 'अंतर्दृष्टियुक्त' मूल्य

अगला स्तर है अंतर्दृष्टि से मूल्य सृजन। किसी संगठन में लगातार पैदा और संकलित किए गए डेटा की जांच और विश्लेषण करने से ऐसे प्रश्नों के उत्तर मिल सकते हैं, जो प्रबंधन के लिए अहम हों। यह प्रक्रिया महत्त्वपूर्ण प्रवृत्तियों, पैटर्नों और ऐसे निष्कर्षों की पहचान करने में मदद करती है, जो दैनिक स्तर से लेकर दीर्घकालिक रणनीतिक फ़ैसलों तक के लिए ज़रूरी होते हैं। इसके लिए अलग-अलग टूल, सॉफ़्टवेयर और फ्रेमवर्क का इस्तेमाल किया जाता है, जिनकी मदद से डेटा का कई कोणों से विश्लेषण कर विज़ुअलाइजेशन तैयार किया जा सकता है, जिससे कच्चे और बिखरे हुए डेटा से अर्थपूर्ण निष्कर्ष निकाले जा सकें। किसी भी व्यवसायी या निर्णयकर्ता के लिए डेटा एनालिटिक्स काफ़ी आवश्यक है, क्योंकि यह उन्हें सूझबूझ से और तथ्यों पर आधारित निर्णय लेने में सक्षम बनाता है।

हालांकि, अंतर्दृष्टियां केवल एक प्रकार की नहीं होतीं। डेटा एनालिटिक्स के जरिए चार तरह की अंतर्दृष्टियां पैदा होती हैं, जिनके आधार पर लिए जाने वाले फ़ैसलों का स्वरूप अलग-अलग हो सकता है।

1. **वर्णनात्मक अंतर्दृष्टियां :** जैसा कि नाम से पता चलता है, यह बुनियादी प्रकार का एनालिटिक्स है, जो किसी व्यावसायिक स्थिति का वर्णन करता है और अन्य प्रकार की अंतर्दृष्टियों की नींव तैयार करता है। इस तरह के एनालिटिक्स में 'क्या हुआ या क्या हो रहा है' जैसे प्रश्न का उत्तर मिलता है। किसी ई-कॉमर्स कंपनी का उदाहरण लीजिए। और मैं इसी उदाहरण को आगे भी बनाए रखूंगा ताकि तमाम तरह की अंतर्दृष्टियों के बीच का फ़र्क़ स्पष्ट हो सके। वह कंपनी ग्राहकों की ख़रीदारी की आदतें, सबसे लोकप्रिय उत्पाद, ख़रीद की आवृत्ति, या अधिक रिटर्न रेट वाले उत्पाद, वगैरह का विश्लेषण कर सकती है। इनमें से अगर हम केवल रिटर्न के मामले को लें, तो कंपनी यह समझना चाहती है कि इसका पैटर्न क्या है और इसका प्रभावी समाधान कैसे निकाला जाए। रिटर्न डेटा के विश्लेषण से दो बातें सामने आती हैं। पहली, त्यौहारों के मौसम में रिटर्न ज़्यादा होते हैं, और दूसरी, कुछ ख़ास उत्पादों पर रिटर्न रेट ज़्यादा होती है। प्रबंधन को मिलने वाली ज़्यादातर रिपोर्टें ऐसी ही वर्णनात्मक अंतर्दृष्टियों पर आधारित होती हैं, जो बताती हैं कि 'क्या हुआ', और इन्हें अक्सर मानक रिपोर्टों के रूप में पेश किया जाता है।

2. **निदानात्मक अंतर्दृष्टियां :** अगला स्तर निदान है, जिसमें डेटा पैटर्न के पीछे छिपे 'क्यों' को समझने की कोशिश की जाती है। इसमें सहसंबंध, कारण–परिणाम संबंध और साथ-साथ चलने वाले रुझानों को उजागर किया जाता है ताकि जड़ों तक पहुंचा जा सके। उदाहरण के लिए, जिस ई-कॉमर्स कंपनी की चर्चा चल रही है, उसके ऊंचे रिटर्न रेट की समस्या को ग्राहक शिकायतें, उत्पादों के प्रकार और ब्रांडों का अध्ययन करके और गहराई से देखा जा सकता है। इस विश्लेषण में यह पाया गया कि कपड़ों की श्रेणी के कुछ ब्रांडों में, ख़ासकर त्योहारों के मौसम में, गुणवत्ता की समस्या के कारण अधिक रिटर्न आ रहे हैं। इस तरह के निदान संबंधी निष्कर्ष किसी ख़ास समस्या की केंद्रित समझ देते हैं और ठोस सुधारात्मक क़दम उठाने का आधार तैयार करते हैं।

3. **पूर्वानुमानात्मक एनालिटिक्स :** पूर्वानुमानात्मक एनालिटिक्स का आशय ऐतिहासिक पैटर्न के आधार पर भविष्य के रुझानों या घटनाओं का अनुमान लगाने से है। इसमें मुख्य प्रश्न होता है, 'भविष्य में क्या हो सकता है?' उदाहरण के लिए, अगर ई-कॉमर्स कंपनी रिटर्न पैटर्न, हाल की बिक्री से जुड़े डेटा और ग्राहकों की जनसांख्यिकीय जानकारी और ख़रीदी इतिहास जैसे कारकों का अध्ययन करे, तो वह संभावित रिटर्न रेट का ज़्यादा सटीक पूर्वानुमान लगा सकती है। यह समझ, कंपनी को उन ब्रांडों के बारे में सूचित फ़ैसले लेने में मदद करती है जिनमें ज़्यादा रिटर्न आ रहे हैं। पूर्वानुमानात्मक एनालिटिक्स में अक्सर ऐसे मॉडल बनाए जाते हैं जो इनपुट वेरिएबल्स को पूर्वानुमान में बदल देते हैं। इसमें सांख्यिकीय विश्लेषण और पैटर्न पहचान तकनीकों का इस्तेमाल होता है। यह डेटा साइंस का एक अहम हिस्सा है, जिसने पिछले कुछ दशकों में तेज़ी से प्रगति की है।

4. **निर्देशात्मक अंतर्दृष्टियां :** और अंत में, निर्देशात्मक अंतर्दृष्टि इस सवाल का जवाब देती है कि 'अब आगे क्या किया जाना चाहिए?' यह सभी संभावित स्थितियों और नतीजों को देखती है और सबसे अच्छा क़दम सुझाती है। ग्राहक शिकायतों और लौटाए गए सामान के डेटा का विश्लेषण करके ई-कॉमर्स कंपनी सुधार के क्षेत्रों को पहचान सकती है। उत्पाद विवरण को बेहतर बनाने, साइज गाइड देने, मुफ़्त रिटर्न की सुविधा देने, या 'ख़रीदने से पहले आजमाने' के विकल्प देने जैसे समाधानों पर विचार किया जा सकता है ताकि पीक सीजन में रिटर्न की समस्या कम हो सके। इसी तरह, जिन ब्रांडों की रिटर्न रेट ज़्यादा है, उनकी शिकायतों और वापसी के कारणों का विश्लेषण करने से यह समझने में मदद मिलती है कि किन जगहों पर उत्पाद में सुधार किया जाए, किन्हें बंद किया जाए, या समान उत्पाद देने वाले दूसरे ब्रांड से बदला जाए।

अंतर्दृष्टि के विकास की यात्रा : एनालिटिक्स से एआई तक

इतने सालों के दौरान एनालिटिक्स का दायरा और पैमाना काफ़ी बढ़ गया है और यह अंतर्दृष्टि हासिल करने का बहुत ही शक्तिशाली साधन बन गया है। इसे संगठनों में लगातार बेहतर प्रदर्शन के लिए इस्तेमाल किया जा रहा है। वहीं दूसरी ओर, डेटा की बढ़ती जटिलता संगठनों के लिए सार्थक अंतर्दृष्टि निकालने की बड़ी चुनौती भी बन रही है।

इस बदलती ज़रूरत को पूरा करने के लिए, एनालिटिक्स की दुनिया ने चार प्रमुख बदलाव देखे हैं, जिनके बारे में मैंने अपनी पिछली किताब *विनिंग इन द डिजिटल एज* में भी बताया है। एनालिटिक्स अब विवरणात्मक से निर्देशात्मक की ओर बढ़ रहा है, और मशीन लर्निंग इस बदलाव को अंतर्दृष्टि से कार्रवाई तक ले जाने में मदद कर रही है। नतीजतन, एनालिटिक्स किसी सहायक की बजाय अग्रिम पंक्ति की क्षमता बन चुका है। एनालिटिक्स तो अब सतत प्रक्रिया भी बन गया है। जहां पहले ऑफ़लाइन बैच प्रोसेसिंग होती थी, वहीं अब रियल टाइम डेटा पर आधारित ऑनलाइन और निरंतर एनालिटिक्स और अंतर्दृष्टि पैदा की जा रही है। एनालिटिक्स को एआई और मशीन लर्निंग से भी सशक्त किया जा रहा है, जिससे वे काम स्वतः हो पा रहे हैं, जिन्हें पहले डेटा वैज्ञानिक किया करते थे। और अंत में, क्लाउड-आधारित विश्लेषण अब एक स्केलेबल ढांचा मुहैया कराता है, जो बिग डेटा और रियल टाइम एनालिटिक्स को समर्थन देने में सक्षम है।

तो, डेटा से निष्कर्ष निकालने की प्रक्रिया में बड़ा बदलाव आया है। पहले जहां ऑफ़लाइन बैच प्रोसेसिंग के जरिए देरी से अंतर्दृष्टियां मिलती थीं, अब रियल-टाइम यानी उसी क्षण पर ऑनलाइन इनसाइट मिल रही है। इसी तरह, फ़ैसले लेने की प्रक्रिया भी अब पहले की तरह अलग-अलग समय (असिंक्रोनस) पर नहीं, बल्कि उसी समय (सिंक्रोनस) पर होने लगी है। और भले ही अंतर्दृष्टियों की प्रकृति वही रहती हो, यानी पहले बताए गए चार प्रकार ही रहते हों, लेकिन अंतर्दृष्टि निकालने की प्रक्रिया इंसानों से मशीनों की ओर शिफ़्ट हो गई है। इसका मुख्य कारण यह है कि डेटा भी बैच में बनने से रियल-टाइम में बनने की ओर बदल गया है। और जैसे-जैसे यह बदलाव हो रहा है, हम एनालिटिक्स के ढांचे से एआई के ढांचे की ओर बढ़ रहे हैं। उदाहरण के तौर पर, हमारी इंसीडो की डेटा और एनालिटिक्स टीम का नाम अब बदलकर 'डेटा और एआई' टीम कर दिया गया है। इसका कारण यह है कि मेरा मानना है कि अंतर्दृष्टियां पैदा करने में एनालिटिक्स से एआई की ओर एक निर्णायक बदलाव हो रहा है।

एआई – स्वचालित डेटा से अंतर्दृष्टियों तक

एआई कच्चे डेटा को व्यवहार में ली जा सकने वाली अंतर्दृष्टियों में बदलने की प्रक्रिया को स्वचालित बनाने में अहम भूमिका निभाता है। परंपरागत रूप से, डेटा से अंतर्दृष्टि निकालने के लिए मैनुअल डेटा प्रोसेसिंग, विश्लेषण और व्याख्या करनी पड़ती थी, जिसमें काफ़ी समय लगता था और मानवीय त्रुटियों की आशंका भरी रहती थी, लेकिन एआई के साथ इस प्रक्रिया में क्रांतिकारी बदलाव हो सकता है।

- **विस्तार की क्षमता :** एआई-प्रेरित उपकरण भारी मात्रा में डेटा को तेज़ी और सटीकता से विश्लेषित कर सकते हैं, जिससे ग्राहकों के व्यवहार और पसंद के बारे में मूल्यवान समझ मिलती है। इसमें संगठन के आंतरिक डेटा, उद्योग से जुड़ा डेटा, सोशल मीडिया डेटा, ग्राहक समीक्षाएं जैसे कई स्रोतों से डेटा का विश्लेषण शामिल है। उदाहरण के लिए, इंस्टाग्राम जैसे सोशल मीडिया प्लेटफ़ॉर्म उपयोगकर्ताओं के बनाए गए कंटेंट पर बड़े पैमाने पर एआई का इस्तेमाल करके जानकारी हासिल करते हैं।
- **उच्च सटीकता** : एआई उपकरणों का इस्तेमाल करके अंतर्दृष्टि पैदा करने की प्रक्रिया को स्वचालित करने से व्यवसायों को इंसानी कर्मचारियों द्वारा डेटा का मैन्युअल विश्लेषण कराने की ज़रूरत घट जाती है, जिससे मानवीय त्रुटियों से बचा जा सकता है। इसके अलावा, एआई में डेटा में छिपे पैटर्न

खोजने की क्षमता होती है, जिन्हें अन्यथा संगठन नहीं पहचान पाते। उदाहरण के लिए, मरीजों और डॉक्टरों से संबंधित डेटा का विश्लेषण कर, इसे इलेक्ट्रॉनिक मेडिकल रिकॉर्ड और जनसांख्यिकीय जानकारी से मिलाकर, एआई एल्गोरिदम बिक्री प्रतिनिधियों को विशिष्ट स्वास्थ्यकर्मियों के लिए अपना संदेश अधिक सटीक रूप से अनुकूलित करने में मदद करते हैं।

- **रियल टाइम में अंतर्दृष्टि पैदा करना :** रियल टाइम में अंतर्दृष्टियां पैदा करने से व्यवसायों को तुरंत फ़ैसले लेने और कार्रवाई करने में मदद मिलती है। एआई उपकरण संगठनों को रियल टाइम में आने वाले डेटा स्ट्रीम से स्वतः अंतर्दृष्टियां पैदा करने की सुविधा देते हैं। बैंक रियल टाइम में ग्राहकों के लेनदेन डेटा का विश्लेषण करने और उनमें असामान्यताओं की पहचान करने के लिए एआई एल्गोरिदम का इस्तेमाल करते हैं।
- **अंतर्दृष्टियां पैदा करने की प्रक्रिया का लोकतंत्रीकरण :** आमतौर पर डेटा से अंतर्दृष्टियां निकालने का कार्य केवल केंद्रीकृत एनालिटिक्स टीम या विशेष विशेषज्ञों तक सीमित रहा है। हालांकि एआई-प्रेरित (विशेषकर जेनरेटिव एआई) डिजिटल प्लेटफ़ॉर्म और उपकरण संगठनों को अंतर्दृष्टियां पैदा करने की प्रक्रिया का लोकतंत्रीकरण करने में सक्षम बना सकते हैं। चैट जीपीटी इसका सही उदाहरण है, जिसने पूरी दुनिया के डेटा को सबके लिए सुलभ बना दिया है ताकि लोग अपनी ज़रूरतों के मुताबिक़ अंतर्दृष्टियां पैदा कर सकें।

III. डेटा से 'कार्रवाई योग्य' मूल्य

डीआईएआई फ्रेमवर्क के पिछले चरण में निकली हुई अंतर्दृष्टियां ऐसी होनी चाहिए, जो आगे चलकर काम आने वाले सुझाव दें। इन सुझावों पर अमल करने के लिए कुछ फ़ैसले लेने होंगे और फिर कार्रवाई करनी होगी। कोई भी व्यवसाय अलग-अलग लोगों की कार्रवाइयों से चलता है। ये कार्रवाइयां दो स्तर की होती हैं - एक तरफ़ रणनीतिक कार्रवाइयां, यानी बड़े फ़ैसले जो व्यवसाय की दिशा तय करते हैं, और दूसरी तरफ़ परिचालन कार्रवाइयां, यानी रोज़मर्रा के कामकाज से जुड़े फ़ैसले और क़दम।

1. **रणनीतिक कार्रवाइयां :** रणनीतिक कार्रवाइयां वे बड़े और संगठन-स्तर की कार्रवाइयां होती हैं, जिनका संगठन पर दीर्घकालिक असर पड़ता है। ये कार्रवाइयां ऐसे कार्यक्रमों या परियोजनाओं के रूप में होती हैं जो संगठन को अपने दीर्घकालिक लक्ष्यों या उद्देश्यों को हासिल करने में मदद करती हैं। ये फ़ैसले आमतौर पर लंबे समय के लिए जाते हैं,

इसलिए इनमें अनिश्चितता का स्तर ज़्यादा होता है और जोख़िम भी ज़्यादा होता है। यही कारण है कि ऐसे फ़ैसले लेने में स्वाभाविक रूप से समय भी ज़्यादा लगता है। उदाहरण के लिए, अगर किसी संगठन का लक्ष्य 2030 तक कार्बन-न्यूट्रल बनना है, तो उसे इसे हासिल करने के लिए कुछ रणनीतिक फ़ैसले लेने होंगे। जैसे, संगठन को उत्सर्जन कम करने के कुछ लक्ष्य तय करने होंगे। डेटा की मदद से संगठन की मौजूदा कार्बन-उत्सर्जन की स्थिति समझी जा सकती है और व्यावहारिक कमी के लक्ष्य तय किए जा सकते हैं। आपूर्ति श्रंखला या सप्लाई-चेन का अनुकूलन इस तरह किया जा सकता है कि आपूर्तिकर्ताओं और लॉजिस्टिक्स के कार्बन-फुटप्रिंट का विश्लेषण करके उत्सर्जन कम करने के अवसर पहचाने जाएं। संगठन को नवीकरणीय ऊर्जा में निवेश तय करना होगा। इसके अलावा उन्हें कार्बन-ऑफ़सेटिंग की रणनीतियां भी अपनानी होंगी, जिसे पुनर्नवीकरण या स्वच्छ ऊर्जा पहलों में निवेश जैसी उचित कार्बन-ऑफ़सेटिंग परियोजनाओं की पहचान से संभव है।

2. **परिचालनीय कार्रवाई :** परिचालनात्मक निर्णय या कार्य वे रोज़मर्रा या अल्पकालिक फ़ैसले होते हैं जो रणनीतिक फ़ैसलों को लागू करने में मदद करते हैं। इन फ़ैसलों में आमतौर पर कम अस्पष्टता होती है और इन्हें कम समय में, कई बार रियल टाइम में ही लेना पड़ता है। लेकिन यदि ये परिचालनात्मक फ़ैसले लगातार और सही तरीक़े से ना लिए जाएं तो संगठनों को अपने रणनीतिक लक्ष्यों को हासिल करना असंभव हो जाता है। उदाहरण के लिए, अगर लक्ष्य कार्बन-न्यूट्रल बनने का है तो संगठन को कई परिचालनात्मक फ़ैसले भी लेने पड़ेंगे। जैसे, ऊर्जा प्रबंधन, जिसमें खपत के पैटर्न पर आधारित जानकारी ऊर्जा उपयोग को बेहतर बनाने, अपव्यय कम करने और ऊर्जा-बचत उपाय लागू करने के अवसरों की पहचान में मदद करती है। या फिर परिवहन योजना से जुड़े फ़ैसले, जिनमें मार्गों का अनुकूलन, ईंधन की खपत घटाना और इलेक्ट्रिक या हाइब्रिड वाहनों के उपयोग को प्रोत्साहित करना शामिल है। संगठन को कार्बन उत्सर्जन की निगरानी और रिकॉर्ड भी करना होगा, जहां डेटा एनालिटिक्स कार्बन उत्सर्जन को सही ढंग से मापने और रिपोर्ट करने में मदद करता है। कार्बन-न्यूट्रल लक्ष्य हासिल करने का एक और अहम पहलू है, निरंतर निगरानी और फ़ीडबैक। रियल टाइम डेटा के जरिए निगरानी, कार्बन-घटाने की प्रक्रिया पर लगातार फ़ीडबैक देती है, जो रणनीतिक फ़ैसलों को सही दिशा में बनाए रखने या उनमें आवश्यक बदलाव करने के लिए बेहद अहम है।

एआई – स्वचालित अंतर्दृष्टियों से कार्रवाई तक

जहां रणनीतिक फ़ैसलों का स्वचालन एआई के लिए कठिन हो सकता है, वहीं परिचालन निर्णयों का स्वचालन करने में यह बेहद प्रभावी है। एक बार जब एआई प्रणालियां सार्थक अंतर्दृष्टियां पैदा कर लेती हैं, तो उन्हें परिचालन प्रक्रियाओं और प्रणालियों से जोड़ा जा सकता है ताकि कार्रवाई को आगे बढ़ाया जा सके। एआई एल्गोरिदम रियल टाइम में अंतर्दृष्टियों का विश्लेषण और व्याख्या कर सकते हैं, जिससे त्वरित प्रतिक्रिया और स्वचालित फ़ैसला लेना संभव हो जाता है। एआई अंतर्दृष्टियों को स्वतः कार्यों में बदल सकने वाले कुछ तरीक़े इस प्रकार हैं :

- **बुद्धिमत्तापूर्ण स्वचालन :** एआई प्रणालियां स्वतः ही डेटा अंतर्दृष्टियों का विश्लेषण और व्याख्या कर सकती हैं, पैटर्न और रुझानों की पहचान कर सकती हैं और यह तय कर सकती हैं कि कौन-से क़दम सबसे प्रभावी होंगे। तमाम प्रणालियों और प्रक्रियाओं के साथ एकीकृत होकर, एआई स्वतः ही कार्यों की शुरुआत और अमल कर सकता है, जिससे मैनुअल हस्तक्षेप की ज़रूरत समाप्त हो जाती है। उदाहरण के लिए, एक ग्राहक सेवा चैटबॉट जो प्राकृतिक भाषा प्रसंस्करण (एनएलपी) और मशीन लर्निंग का उपयोग करके ग्राहकों के तमाम प्रश्नों को समझता और उनका उत्तर देता है, उपयुक्त जानकारी मुहैया कराता है, सामान्य समस्याओं का समाधान करता है और ज़रूरत पड़ने पर अधिक जटिल मामलों को इंसानी प्रतिनिधियों तक पहुंचा देता है।
- **कार्यप्रवाह का स्वचालन :** एआई बिना मानव हस्तक्षेप के ही व्यावसायिक कार्यप्रवाहों को स्वचालित कर सकता है। यह कार्यों को मार्ग निर्देशित कर सकता है, संसाधनों का आवंटन कर सकता है और प्रक्रियाओं को बेहतर बना सकता है। एआई आने वाले अनुरोधों का विश्लेषण करके काम को उचित टीम सदस्यों तक पहुंचा सकता है और आगे की कार्रवाइयों या सूचनाओं को भी स्वतः संचालित कर सकता है। उदाहरण के तौर पर, एक स्वचालित गोदाम में एआई सामान चुनने और पैक करने की प्रक्रिया को बेहतर बना सकता है। डेटा एनालिटिक्स के जरिए यह तय करता है कि शेल्फ़ से सामान उठाने का सबसे तेज़ और आसान रास्ता कौन-सा होगा और गोदाम के रोबोट को ऑर्डर जल्दी पूरा करने में मार्गदर्शन करता है। अगर पैकिंग के दौरान

कोई गड़बड़ी या अंतर पाया जाता है, तो एआई प्रणाली स्वतः ही उसे चिह्नित कर सुधार कर देती है, जिससे शिपमेंट की सटीकता सुनिश्चित होती है।

- **रियल टाइम निर्णय लेना और कार्रवाई करना :** डेटा उत्पन्न होने, इकट्ठा होने या उपयोग होने के स्थान के पास स्थित एक छोटा कंप्यूटिंग उपकरण एआई-संचालित एज डिवाइस रियल टाइम में फ़ैसला/कार्रवाई करता है, और इसमें किसी दूरस्थ सर्वर से लगातार संपर्क की ज़रूरत नहीं पड़ती। एज डिवाइस पर एआई एल्गोरिदम लागू करके संगठन स्थानीय स्तर पर डेटा का विश्लेषण और व्याख्या कर सकते हैं, जिससे प्रतिक्रिया का समय तेज़ होता है, विलंब कम होता है और गोपनीयता तथा सुरक्षा बढ़ती है। इसका एक अच्छा उदाहरण एक स्वचालित कार है, जिसमें सेंसर, कैमरों और नक़्शों से डेटा का विश्लेषण करने के लिए एआई का इस्तेमाल किया जाता है ताकि सुरक्षित और कुशलतापूर्वक नेविगेट किया जा सके। एआई सिस्टम रियल टाइम डेटा को संसाधित करके बाधाओं की पहचान करता है, और बिना किसी मानवीय दख़ल के, यातायात संकेतों को पहचानता है और त्वरित निर्णय लेकर एक्सीलिरेट, ब्रेक और स्टीयरिंग को नियंत्रित करता है। मैंने इसके बारे में अध्याय 9, रियल टाइम डेटा में विस्तार से बात की है।

अंतर्दृष्टि पर आधारित कार्यों का स्वचालन करके, एआई परिचालन दक्षता को अनुकूलित करता है, मानवीय त्रुटियों को कम करता है और संगठनों को व्यावसायिक आवश्यकताओं का जवाब देने में सक्षम बनाता है।

IV. डेटा से प्रभावी या इंपैक्टफुल वैल्यू

इंपैक्ट वह अंतिम चरण है, जहां डेटा का वास्तविक मूल्य सामने आता है। देखने में साधारण लगने वाले डेटा सेट भी व्यवसाय के लिए रूपांतरकारी प्रभाव डालने की क्षमता रखते हैं। एआई भी पूर्ण प्रक्रियाओं को स्वचालित करके और अंतिम ग्राहकों के लिए नई क्षमताएं उपलब्ध कराकर इस रूपांतरकारी प्रभाव को बढ़ाने में अहम भूमिका निभाता है। डेटा में मुख्य रूप से तीन बड़े तरीक़ों से व्यवसायों को बदलने की क्षमता होती है।

1. ग्राहक अनुभव की पुनर्कल्पना

कंटेंट के 'नेटफ़्लिक्सीकरण' और सेवाओं के 'एमेज़ॉनीकरण' चाहने वाले टेक-सेवी ग्राहकों की दुनिया में, कंपनियों को अपने ग्राहकों की सेवा करने के तरीक़ों की

Data can help organizations reimagine the impact that can be generated

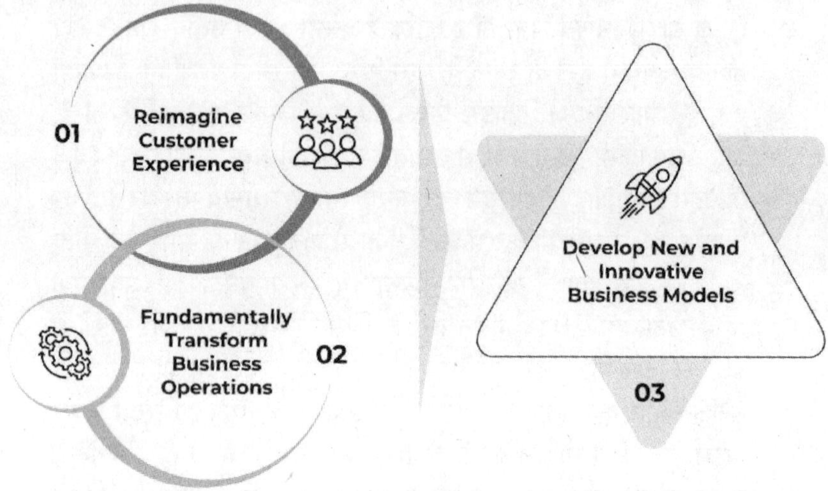

पुनर्कल्पना करनी होगी। और इसे प्रभावी ढंग से करने के लिए, संगठनों को अपने ग्राहकों को उनकी ज़रूरतों और इच्छाओं के संदर्भ में समझना होगा। साथ ही उस संदर्भ और वातावरण के संदर्भ में भी समझना होगा, जिसमें वे काम करते हैं। एआई से सशक्त होकर, बिग डेटा और एनालिटिक्स, कंपनियों को पहले से कहीं अधिक व्यक्तिगत और अत्यधिक-व्यक्तिगत अनुभव बनाने में सक्षम बना चुके हैं।

कई रुझान एक साथ आए हैं, जिन्होंने ग्राहकों को उच्च-गुणवत्ता वाले व्यक्तिगत अनुभव देने में मदद की है। संगठन ऑनलाइन, ऑफ़लाइन और हाइब्रिड जैसे कई चैनलों को सहजता से एकीकृत करके **ओमनी चैनल जुड़ाव** मुहैया करा सकते हैं। वे प्रत्येक ग्राहक पर उपलब्ध सूक्ष्म डेटा का इस्तेमाल करके **अति-व्यक्तिगत अनुशंसाओं** के जरिए अपने ग्राहकों को लक्षित कर सकते हैं। संगठन ग्राहकों की यात्रा की निगरानी और विश्लेषण करके बाधाओं को दूर करते हुए **निर्बाध ग्राहक अनुभव** भी मुहैया करा सकते हैं। बी2बी कंपनियों से अब बी2सी कंपनियों के बराबर ग्राहक अनुभव देने की अपेक्षा की जाती है। ऐसे में बी2बी कंपनियां भी अपने ग्राहकों के लिए नए और **अधिक नवाचारी अनुभव मानक** स्थापित करने में सक्षम हो रही हैं।

एमेज़ॉन का उदाहरण तो सबको पता है। हम सभी जानते हैं कि डेटा बी2सी ग्राहक अनुभवों को कैसे नया रूप देता है। हालांकि, एक कम चर्चित लेकिन महत्त्वपूर्ण रुझान बी2बी ग्राहक संवादों पर डेटा के बढ़ते प्रभाव का है। इस संदर्भ में, बी2बी उद्यम अपने क्लाइंट्स को कस्टमर मानते हैं। उदाहरण के लिए, कोई विमान निर्माता कंपनी

है, जिसकी कस्टमर एयरलाइंस हैं। उत्कृष्ट ग्राहक अनुभव सुनिश्चित करने में बिक्री-उपरांत निगरानी और रख-रखाव शामिल है। लागत, डाउनटाइम और परिचालन बाधाओं को कम करने के लिए रियल-टाइम, सक्रिय समाधानों की पेशकश करने हेतु पूर्वानुमानित रख-रखाव को प्राथमिकता देना आवश्यक है।

बोइंग का उदाहरण लें। यह डिजिटल ट्विन तकनीक का इस्तेमाल करने में अग्रणी है। इस तकनीक में किसी भौतिक वस्तु, प्रणाली या प्रक्रिया का आभासी प्रतिनिधित्व होता है, जिसे भौतिक समकक्ष से रियल-टाइम डेटा एकत्र करके और उस डेटा का इस्तेमाल करके गतिशील डिजिटल मॉडल बनाने से तैयार किया जाता है। यह उन्हें विमान के तमाम पुर्जों के प्रदर्शन की निरंतर निगरानी करने में सक्षम बनाता है, और इसके लिए उनका भौतिक सत्यापन करना ज़रूरी नहीं रहता। भौतिक पुर्जों या प्रणालियों पर लगाए गए सेंसर से एकत्र डेटा को आभासी मॉडल में उनके डिजिटल प्रतिनिधित्व के साथ एकीकृत करना कंपनी को रख-रखाव आवश्यकताओं का सक्रिय रूप से पूर्वानुमान लगाने और समय पर सुधारात्मक क़दम उठाने में सक्षम बनाता है। इसका नतीजा है सुरक्षित परिचालन और कम रख-रखाव लागत, और ये दोनों ही नतीजे एयरलाइंस के लिए बेहद अहम हैं।

2. व्यवसाय परिचालन का रूपांतरण

पारंपरिक रूप से व्यावसायिक परिचालन को मूल्य-सृजनकारी तब माना जाता था जब वे चार आयामों पर खरे उतरते थे - **गुणवत्तापूर्ण** उत्पाद उपलब्ध कराना, उचित **समय** पर डिलीवरी करना, न्यूनतम संभव लागत में काम करना और आंतरिक तथा बाहरी दोनों प्रकार के **जोख़िमों** का प्रबंधन करना। हालांकि आज के वूका (वॉलेटाइल, अनसर्टेन, कॉम्प्लेक्स, एंबिगस) परिवेश में काम करने वाले व्यवसायों को और अधिक चुस्त होना पड़ता है ताकि वे व्यवधानों को संभाल सकें और अपनी वैल्यू चेन में मौजूद अनेक क्षमताओं का एक साथ लाभ उठाकर ग्राहकों तक निर्बाध रूप से मूल्य पहुंचा सकें। नतीजतन, तीन अतिरिक्त आयाम लगातार महत्त्व हासिल करते जा रहे हैं - क्षमता यानी कैपेबिलिटी, अनुकूलनशीलता यानी अडेप्टेबिलिटी और लचीलापन यानी **रेज़ीलिएंस**। अब कंपनियों को ऐसे परिचालन खड़े करने पड़ते हैं जो किसी भी आंतरिक या बाहरी प्रतिकूल घटना का सामना करने, उसे अपनाने, झेलने, उससे उबरने और उसके अनुसार ढलने में सक्षम हों। साथ ही, परिचालन को बदलते हालात और व्यावसायिक गतिशीलता के अनुरूप तुरंत **अनुकूलित** किया जा सके क्योंकि व्यापारिक समस्याएं बहुत तेज़ी से बदल रही हैं। आख़िरकार, परिचालन **क्षमताएं** ऐसी होनी चाहिए, जो कंपनी को नई दक्षताएं विकसित करने और ग्राहकों को उन्नत या विशिष्ट अनुभव मुहैया कराने में समर्थ बनाएं। बिग डेटा कंपनियों को यह सब प्रभावी ढंग से करने में सक्षम बनाता है।

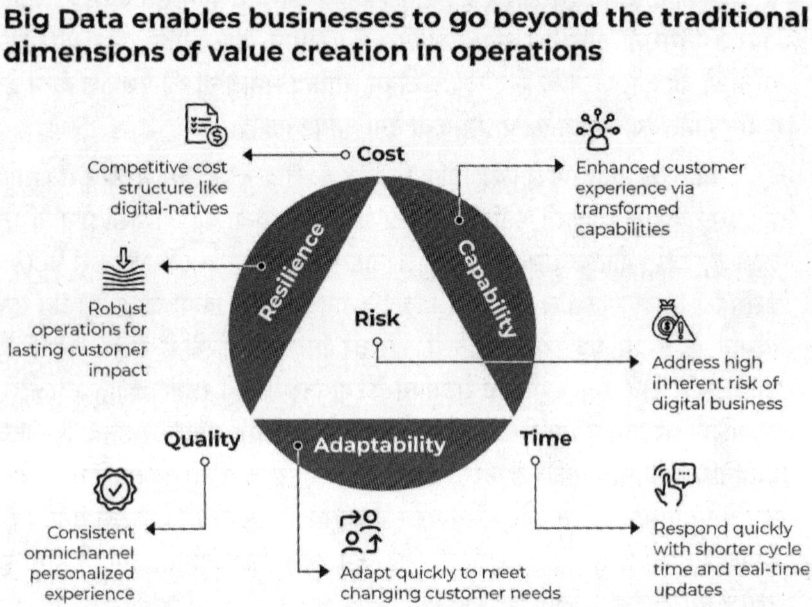

उदाहरण के लिए अमेरिकी बहुराष्ट्रीय पार्सल डिलीवरी और सप्लाई चेन मैनेजमेंट कंपनी यूपीएस की बात करते हैं। 2019 तक, ये कंपनी लगभग 11 मिलियन ग्राहकों के 5.5 बिलियन पार्सल संभाल रही थे। उसकी डिलीवरी फ़्लीट लगभग 1,25,000 पैकेज कारों या वैन और उन्नत तकनीकी वाहनों तक बढ़ चुकी थी, साथ ही लगभग 500 स्वामित्व और लीज पर लिए गए जेट भी थे। परिचालन में लचीलापन और दक्षता बेहद अहम हो चुके थे। उसका स्वामित्व वाला रूट ऑप्टिमाइजेशन सॉफ़्टवेयर, ऑन-रोड इंटीग्रेटेड ऑप्टिमाइजेशन ऐंड नेविगेशन (ऑरिओन), फ़्लीट टेलीमैटिक्स का इस्तेमाल कर रियल टाइम डेटा एकत्र करके रूट ऑप्टिमाइजेशन से जुड़ी उसकी सबसे बड़ी चुनौती का समाधान करता था। वाहन की लोकेशन, इंजन डायग्नॉस्टिक्स, वाहन की गतिविधियां, ड्राइवर का व्यवहार, भू-स्थानिक डेटा और मौसम की स्थिति जैसे डेटा को उन्नत एल्गोरिदम के जरिए विश्लेषित किया जाता था, जिससे प्रति मिनट हज़ारों रूट ऑप्टिमाइजेशन मुहैया कराए जाते और प्रतिकूल मौसम की स्थिति में रियल टाइम में रूट परिवर्तन का सुझाव दिया जाता था। पैकेजों के प्रवाह को अनुकूलित करने के लिए नेटवर्क प्लानिंग टूल्स (एनपीटी) और परिचालन को बेहतर बनाने के लिए इनहैंस्ड डायनामिक ग्लोबल एग्जीक्यूशन (ईडीजीई), रियल टाइम डेटा, एआई और एनालिटिक्स का इस्तेमाल करते हुए प्रक्रियाओं को और अधिक सुव्यवस्थित करते थे।

3. नवाचारी बिज़नेस मॉडलों का विकास

बिग डेटा ने, कृत्रिम बुद्धिमत्ता (एआई), मशीन लर्निंग (एमएल) और इंटरनेट ऑफ़ थिंग्स (आईओटी) जैसी नई तकनीकों के साथ मिलकर पारंपरिक बिज़नेस मॉडलों में बड़े बदलाव और पुनर्गठन किए हैं। जिन्हें हम 'डिसरप्टर्स' कहते हैं, उन्होंने डेटा की प्रचुरता का लाभ उठाकर ऐसे रूपांतरकारी बिज़नेस मॉडल बनाए हैं, जो ग्राहक अनुभव को पूरी तरह से परिभाषित करते हैं और अक्सर व्यवसाय परिचालन के लिए एक नवाचारी दृष्टिकोण अपनाते हैं। 'क्या' और 'कैसे', दोनों को बदलकर, उन्होंने नवाचारी बिज़नेस मॉडल बनाने में सफलता पाई है। गूगल, एमेज़ॉन, फ़्लिपकार्ट, नेटफ़्लिक्स, उबर, एयरबीएनबी जैसी कई डिजिटल नेटिव कंपनियां भले ही अलग-अलग उद्योग क्षेत्रों में काम करती हों, लेकिन सभी ने डेटा-प्रेरित नए और अद्भुत बिज़नेस मॉडल खड़े किए हैं। यह कहना अतिशयोक्ति नहीं होगी कि ये टेक दिग्गज असल में मूल रूप से डेटा कंपनियां हैं!

असल में, वे डेटा को अलग-अलग तरीक़ों से इस्तेमाल और मुद्रीकरण करने की कोशिश कर रहे हैं। इसमें कच्चे डेटा को बेचने से लेकर उसे इंटेलिजेंस (सूझबूझ/विश्लेषणात्मक जानकारी) में बदलना, डेटा का इस्तेमाल करके अलग-अलग तरह के प्रस्ताव तैयार करना, या ऐसे नेटवर्क बनाना शामिल है जो डेटा को जैसे, जब और जहां ज़रूरत हो उपलब्ध करा सकें। इन व्यवसायों ने नई अंतर्दृष्टि विकसित की है, अनछुए ग्राहक वर्गों तक पहुंचे हैं, और ऐसे नवाचारपूर्ण उत्पाद बनाए हैं, जिन्होंने पूरे खेल को ही बदल दिया है। इन सालों में कई बिज़नेस मॉडल उभरे हैं, लेकिन इन्हें मोटे तौर पर पांच श्रेणियों में बांटा जा सकता है।

- **डेटा एज ए सर्विस (डीएएएस) :** डीएएएस एक बिज़नेस मॉडल है, जिसमें अलग-अलग स्रोतों से डेटा को एकत्र, व्यवस्थित और मिलाकर ग्राहकों को मूल्यवर्धित जानकारी या इंटेलिजेंस मुहैया कराई जाती है। एसऐंडपी ग्लोबल ऐसी ही एक कंपनी है, जो कंटेंट और एनालिटिक्स सेवाएं देती हैं, और ख़ासकर वित्तीय जानकारी और विश्लेषण में विशेषज्ञ मानी जाती है। एसऐंडपी की कुल आय का 39% (3.25 अरब डॉलर) उनके डेटा सब्सक्रिप्शन बिज़नेस से आता है।
- **विज्ञापन-आधारित मॉडल :** इस मॉडल में डिजिटल कंपनियां विज्ञापन से कमाई करती हैं, जिसमें विज्ञापनदाता प्लेटफ़ॉर्म प्रदाता को दर्शकों तक पहुंचने के लिए शुल्क अदा करते हैं। जैसा कि पिछले अध्याय में चर्चा की गई, ज़्यादातर सोशल मीडिया प्लेटफ़ॉर्म जैसे फ़ेसबुक, ट्विटर आदि ने यही मॉडल अपनाया है। गूगल एड्स प्लेटफ़ॉर्म विज्ञापनदाताओं को गूगल के विशाल विज्ञापन नेटवर्क (प्रॉपर्टीज, पार्टनर साइट्स और एप्स) पर विज्ञापन, प्रोडक्ट लिस्टिंग और सेवाओं की

पेशकश दिखाने की सुविधा देता है। 2022 में गूगल एड्स ने 224.47 अरब डॉलर की कमाई की।

- **मार्केट प्लेस :** यह एक ऐसा डिजिटल प्लेटफ़ॉर्म है, जो ख़रीदारों और विक्रेताओं को जोड़ता है, जिसमें प्लेटफ़ॉर्म ख़ुद अपने प्रोडक्ट या सेवाएं बेचने के बजाय मुख्य तौर पर दूसरों के उत्पाद उपलब्ध कराता है। अधिकतर ई-कॉमर्स कंपनियां यही मॉडल अपनाती हैं। उदाहरण के लिए, एमेज़ॉन का थर्ड-पार्टी सेलर सर्विसेज जो व्यक्तियों और कंपनियों को अपने प्रोडक्ट बेचने का प्लेटफ़ॉर्म देता है। 2022 में एमेज़ॉन की मार्केटप्लेस सेवाओं से 118 अरब डॉलर की आय हुई, जो कुल बिक्री का 23% थी और पिछले साल के 21% से दहाई अंकों की वृद्धि दर्शाती थी।
- **एग्रीगेटर :** यह एक एकीकृत प्लेटफ़ॉर्म होता है, जो अलग-अलग और अक्सर असंगठित सेवा प्रदाताओं को अपने ब्रांड के तहत एक जगह लाता है और उत्पाद और सेवाओं की गुणवत्ता की ज़िम्मेदारी लेता है। जैसे ड्राइवरों और यात्रियों को जोड़ने वाला ऊबर, एक तकनीकी प्लेटफ़ॉर्म है, जो ग्राहकों को सस्ती और आसान यात्रा सुविधा मुहैया कराता है, साथ ही ड्राइवरों को आय का स्रोत देता है। 2022 में ऊबर ने राइड-हेलिंग सेवाओं से 14 अरब डॉलर की कमाई की। एग्रीगेटर बिज़नेस मॉडल पिछले दशक के सबसे सफल नवाचारों में से शामिल है, जिसमें ऊबर दुनिया की सबसे बड़ी कार-राइड सेवा कंपनी है, जबकि उसके पास एक भी कार नहीं है। इसी तरह से एयरबीएनबी बिना एक भी होटल रूम के मालिक हुए, दुनिया की सबसे मूल्यवान होटल कंपनियों में से एक है!
- **डायरेक्ट टु कस्टमर (डी2सी) :** मैंने अध्याय 1 में और अपनी पिछली किताब में भी एक बड़े बदलाव की बात की है, वह बदलाव है, डिसइंटरमीडिएशन। इसका मतलब है, ऐसा बिज़नेस मॉडल जिसमें निर्माता/उत्पादक अपने उत्पाद सीधे उपभोक्ताओं को ऑनलाइन बेचते हैं और सप्लाई चेन से बिचौलियों/डिस्ट्रिब्यूटर्स को हटा देते हैं। लगभग हर उद्योग इस बदलाव को अपनाने के लिए डेटा का इस्तेमाल कर रहा है ताकि ग्राहकों को बेहतर ढंग से समझ सके। उदाहरण के लिए टेस्ला ने कार बेचने के पारंपरिक तरीक़े को पूरी तरह बदल दिया। उसने पारंपरिक कार डिस्ट्रीब्यूटर चैनल को हटाकर सीधे ग्राहकों को कार बेचना शुरू कर दिया, ठीक वैसे ही जैसे कोई इलेक्ट्रॉनिक प्रोडक्ट ऑनलाइन उपलब्ध होता है। साल 2022 में टेस्ला की आय पिछले साल के मुकाबले 51 प्रतिशत बढ़कर 81.5 बिलियन डॉलर तक पहुंच गई। और इसकी मार्केट वैल्यू फ़ोर्ड और जीएम (जनरल मोटर्स) दोनों की संयुक्त वैल्यू से कई गुना ज़्यादा है, जबकि वह उनसे कम गाड़ियां बनाती है।

जनरेटिव एआई – रूपांतरकारी मूल्य डिलीवर करने की अगली सीमा

जैसा कि इस अध्याय में पहले चर्चा की गई है, एआई में डेटा-इनसाइट्स-एक्शन-इम्पैक्ट (डीआईएआई) के प्रत्येक चरण में अहम प्रभाव डालने की क्षमता है। हालांकि, यह जनरेटिव एआई है, जिसमें इस ढांचे के हर घटक को क्रांतिकारी रूप से बदलने की रूपांतरकारी शक्ति निहित है। आइए देखें कैसे।

डेटा : जनरेटिव एआई डेटा की उपलब्धता की कमी को पूरा करने में अहम भूमिका निभाता है। यह सिंथेटिक डेटा यानी कृत्रिम रूप से तैयार किया गया डेटा पैदा करता है, जो वास्तविक दुनिया के डेटा के पैटर्न और विशेषताओं की नक़ल करता है। इसे ऐसे एल्गोरिदम या सांख्यिकीय मॉडलों की मदद से बनाया जाता है, जो वास्तविक डेटा की सांख्यिकीय संरचना और गुणों को दोहराते हैं। यह तब विशेष रूप से उपयोगी होता है, जब वास्तविक डेटा दुर्लभ हो, उसे जुटाना महंगा हो, या फिर गोपनीयता संबंधी सीमाएं हों। एनवीडिया का ओमनीवर्स रेप्लीकेटर स्वायत्त वाहन विकसित करने वाले इंजीनियरों को भौतिक रूप से सटीक और वास्तविक जैसे सिंथेटिक डेटा का इस्तेमाल करने की सुविधा देता है, जिससे प्रशिक्षण कार्यक्रमों की गति बढ़ जाती है। यह एल्गोरिदम को पूरी तरह डिजिटल परिवेश में 24x7 लगातार अपने प्रदर्शन का आकलन करने की क्षमता मुहैया कराता है।

अंतर्दृष्टियां : जनरेटिव एआई, जो दुनिया के विशाल डेटा पर आधारित मॉडलों से निर्मित है, सीमित संगठनात्मक डेटा पर बने मॉडलों की तुलना में असाधारण भविष्यवाणी क्षमता रखता है। व्यवसाय-विशिष्ट मॉडलों को फ़ाउंडेशनल मॉडलों पर आधारित करके, संगठन एआई को अपनी आवश्यकताओं और क्षेत्रों के अनुरूप ढाल सकते हैं। इसके विपरीत, फ़ाउंडेशनल मॉडलों को गहन प्रोप्राइटरी डेटा (संगठन का निजी डेटा) पर प्रशिक्षित करने से आंतरिक ज्ञान और विशेषज्ञता का इस्तेमाल किया जा सकता है, जिससे संदर्भानुकूल और प्रतिस्पर्धात्मक बढ़त देने वाली अंतर्दृष्टियां हासिल होती हैं।

उदाहरण के लिए, एक प्रमुख निवेश अनुसंधान फ़र्म मॉर्निंगस्टार ने Mo नामक एक शोध उपकरण विकसित किया, जो जनरेटिव एआई का इस्तेमाल करता है। यह वित्तीय सलाहकारों और व्यक्तिगत निवेशकों की सहायता के लिए बनाया गया था। Mo को मॉर्निंगस्टार के 10,000 से अधिक विशेष शोध कार्यों पर प्रशिक्षित किया गया। परिचालन के पहले ही महीने में, Mo ने 25,000 प्रश्नों का उत्तर दिया और प्रति प्रश्न औसतन 0.002 अमेरिकी डॉलर की लागत आई।

कार्रवाईयां : जनरेटिव एआई उद्यम या व्यक्तिगत स्तर पर व्यक्तित्व-आधारित संदर्भ मुहैया कराने में सक्षम बनाती है, जिससे उपयोगी अंतर्दृष्टि हासिल होने की संभावना काफ़ी बढ़ जाती है। जनरेटिव एआई मॉडल टेक्स्ट प्रॉम्प्ट के आधार पर मानवीय प्रतिक्रियाओं की नक़ल कर

सकते हैं, जिससे इसका इस्तेमाल बेहद आसान हो जाता है और यह उच्च स्तर की स्वचालित कार्रवाई को संभव बनाता है। आईबीएम कंसल्टिंग के सहयोग से बोइग्स टेलिकॉम अपने कॉल सेंटर संचालन को नए सिरे से व्यवस्थित करने के लिए एंटरप्राइज-लेवल जनरेटिव एआई क्षमताओं का इस्तेमाल कर रहा है। मानवीय ऑपरेटरों को ग्राहक संवादों को पूरी तरह से दर्ज करने और रियल टाइम में कार्रवाई करने के लिए लंबे कॉल ट्रांसक्रिप्शन पढ़ने में कठिनाई हो रही थी। लेकिन अब, आईबीएम के मूलभूत मॉडलों का इस्तेमाल करके स्वचालित कॉल सारांश और विषय निष्कर्षण के साथ-साथ सटीक और त्वरित उपयोगी अंतर्दृष्टियां एजेंटों को उपलब्ध कराई जा रही हैं। इस नवाचार ने परिचालन सुधार किए हैं, जिससे 5 मिलियन डॉलर से अधिक की बचत हुई है और कॉल से पहले और बाद के कार्यों में उल्लेखनीय 30 प्रतिशत की कमी आई है।

इंपैक्ट : इंटरनेट पर उपलब्ध विशाल डेटा का इस्तेमाल करके जेनरेटिव एआई संगठनों को ऐसे जटिल और परिष्कृत एआई मॉडल तक पहुंच मुहैया कराता है, जिन्हें इन-हाउस विकसित करना, कुछ चुनिंदा डिजिटल नेटिव को छोड़कर, बेहद कठिन होता। ये मॉडल संगठनों को एक मजबूत आधार देते हैं, जिस पर वे असाधारण ग्राहक अनुभव मुहैया करा सकते हैं, व्यावसायिक परिचालन को बेहतर बना सकते हैं और विघटनकारी बिज़नेस मॉडल तैयार कर सकते हैं। मैकिंजी के एक हालिया अध्ययन के अनुसार जेनरेटिव एआई से पैदा होने वाली संभावित आर्थिक वैल्यू विभिन्न उद्योगों में 2.6 ट्रिलियन से 4.4 ट्रिलियन डॉलर के बीच हो सकती है। उदाहरण के लिए, गूगल ने अपने Med-PaLM2 (दूसरे संस्करण) मॉडल को मेडिकल नॉलेज पर केंद्रित करते हुए फ़ाइन-ट्यून ट्रेनिंग के जरिए और बेहतर बनाया। उन्होंने आधारभूत PaLM2 बड़े भाषा मॉडल (एलएलएम) से शुरुआत की और उसे सावधानीपूर्वक चुने गए तमाम सार्वज़निक मेडिकल डेटासेट पर दोबारा प्रशिक्षित किया। नतीजतन, अमेरिकी मेडिकल लाइसेंसिंग परीक्षा के प्रश्नों का उत्तर देने में इसकी सटीकता 85 प्रतिशत तक पहुंच गई, जो सिस्टम के पहले संस्करण से लगभग 20 प्रतिशत बेहतर थी।

डीआईएआई फ्रेमवर्क पर अमल – डेटा-प्रेरित व्यवसाय रूपांतरण यात्रा की शुरुआत

अब जब हमने समझ लिया है कि डेटा से मूल्य सृजन के लिए डीआईएआई फ्रेमवर्क क्या है, तो सवाल उठता है कि इसे व्यवहार में कैसे उतारा जाए और डेटा-प्रेरित व्यवसाय रूपांतरण यात्रा की शुरुआत कैसे की जाए? डीआईएआई फ्रेमवर्क की ख़ूबसूरती यही है कि इसे दोनों तरीक़ों से लागू किया जा सकता है, यानी बॉटम अप भी और टॉप डाउन भी, जो आपकी स्थिति और उस प्रभाव की प्रकृति पर निर्भर करता है जिसे आप पैदा करना चाहते हैं। मूल्य की प्राप्ति दोनों तरीक़ों से संभव है। बॉटम अप से भी जिसमें शुरुआत अंतर्दृष्टि पैदा करने की

Data led business transformation can be both bottom up or top down

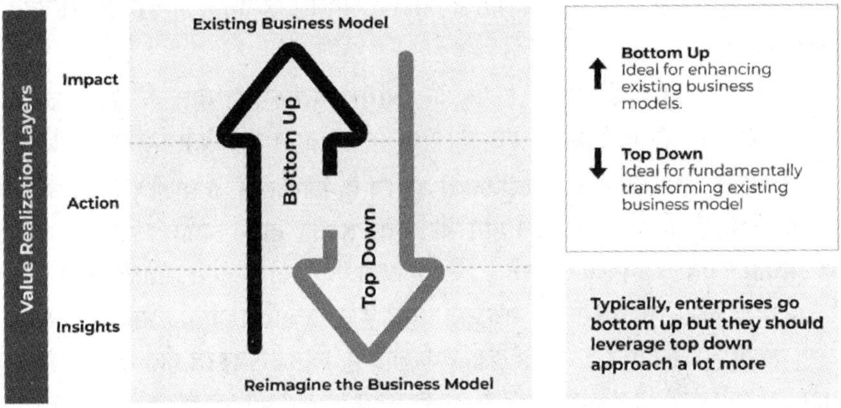

नींव से होती है, और टॉप डाउन से भी, जिसमें शुरुआत उस प्रभाव से होती है, जिसे आप पैदा करना चाहते हैं और फिर पीछे की ओर काम किया जाता है। बॉटम अप दृष्टिकोण तब आदर्श होता है, जब कोई संगठन अपने मौजूदा बिज़नेस मॉडल को सुधारना चाहता है और उसमें क्रमिक बदलाव करके उसी मौजूदा मॉडल से अधिक मूल्य हासिल करना चाहता है।

वॉलमार्ट दुनिया की सबसे सफल रिटेल चेन में से एक रही है। उन्होंने डेटा का कुशलता पूर्वक उपयोग राजस्व बढ़ाने और कार्यकुशलता को बेहतर बनाने के लिए किया है। इसके लिए उन्होंने डेटा से मूल्य निकालने के लिए बॉटम-अप (नीचे से ऊपर) दृष्टिकोण को अपनाया। 2011 में वॉलमार्ट ने वॉलमार्ट लैब्स (Walmart Labs) नाम की एक टीम बनाई, जो उनकी बिग डेटा क्षमता विकसित करने के लिए उत्तरदायी थी। उन्होंने बुनियादी ढाँचा तैयार करने पर ध्यान दिया और ग्राहकों तथा अपने संचालन से मिलने वाले विशाल डेटा के विश्लेषण के लिए 250 नोड्स वाला हैडूप क्लस्टर स्थापित किया। इसके साथ ही उन्होंने दुनिया का सबसे बड़ा निजी क्लाउड बनाने की प्रक्रिया शुरू की, जिसमें हर घंटे 2.5 पेटाबाइट (PB) डेटा को प्रोसेस करने की क्षमता थी। समय के साथ उन्होंने नए-नए टूल और क्षमताओं को शामिल किया, जिनकी मदद से डेटा को मॉडल किया जा सके, बदला जा सके, देखा जा सके और निर्णय लेने वालों तक रीयल-टाइम में जानकारी पहुँचाई जा सके।

इन सभी प्रयासों का परिणाम 'वॉलमार्ट डेटा कैफे' (Walmart Data Café) के रूप में सामने आया। यह एक सहयोगात्मक विश्लेषण केंद्र है। जहाँ वॉलमार्ट के सभी कर्मचारी आसानी से और तेज़ी से डेटा को देख व विश्लेषण कर सकते हैं। इससे वे कभी भी और कहीं से भी डेटा-आधारित निर्णय ले सकते हैं। 2000 के शुरुआती दशक में स्थापित इस डेटा कैफे ने अपने इन्वेंटरी ट्रैकिंग सिस्टम को बदलने में महत्त्वपूर्ण भूमिका निभाई। इस तरह यह

विश्वस्तरीय इन्वेंटरी मैनेजमेंट सॉल्यूशन के रूप में स्थापित हुई। डेटा कैफे से जोड़ने के बाद, वॉलमार्ट अब बिक्री डेटा, मौसम के पैटर्न और अन्य कई महत्वपूर्ण कारकों का विश्लेषण कर सकता है। इससे वे उत्पादों की मांग का सटीक अनुमान लगाते हैं और स्टॉक का बेहतर प्रबंधन करते हैं।

इस पूरी प्रक्रिया से उनकी सप्लाई चेन अधिक सुचारु हुई, माल की कमी (स्टॉक-आउट) कम हुई और कुल मिलाकर उनकी संचालन क्षमता में उल्लेखनीय सुधार हुआ।

हालांकि एक और ज़्यादा क्रांतिकारी अप्रोच है, जिसे हाल के सालों में बहुत अधिक अपनाया गया है और जो समय की मांग भी है, वह है टॉप-डाउन अप्रोच। इसमें आप डेटा पर आधारित वह विज़न लेकर चलते हैं, जिसमें आप एक नया बिज़नेस मॉडल बनाना चाहते हैं। आप बिज़नेस रिक्वायरमेंट से शुरुआत करते हैं, उन कार्रवाइयों की पहचान करते हैं, जिन्हें करना है, और फिर उन अंतर्दृष्टियों तक जाते हैं, जिनकी ज़रूरत होती है। इसके बाद आप उस सही डेटा की पहचान करते हैं, जो बिज़नेस प्रॉब्लम को हल करने में मदद करेगा। उदाहरण के लिए, ऊबर ने यह ज़रूरत पहचानी कि परिवहन उद्योग में क्रांति लानी है, जिससे यात्रियों और ड्राइवरों को जोड़ने का एक आसान और प्रभावी तरीक़ा मिले, और दोनों पक्षों के लिए एक सहज अनुभव तैयार हो। इस ज़रूरत के आधार पर ऊबर ने एक ऐसा प्लेटफ़ॉर्म बनाने पर ध्यान दिया, जो यात्रियों और ड्राइवरों के बीच एक डिजिटल सेतु का काम करे। इसमें एक मोबाइल एप विकसित करना शामिल था, जिससे यूजर्स राइड रिक्वेस्ट कर सकें और ड्राइवर उन्हें स्वीकार कर सकें। इस विज़न को पूरा करने के लिए ऊबर को ट्रांसपोर्टेशन हैबिट्स, अर्बन मोबिलिटी चैलेंजेस और यूजर प्रेफ़रेंसेज की अंतर्दृष्टियां चाहिए थीं। उन्होंने यह समझने की कोशिश की कि लोग टैक्सी का कैसे इस्तेमाल करते हैं, उन्हें किन दिक़्क़तों का सामना करना पड़ता है, और टेक्नोलॉजी उस अनुभव को कैसे बेहतर बना सकती है। ऊबर का टॉप-डाउन अप्रोच इस क्रांतिकारी राइड-हेलिंग प्लेटफ़ॉर्म के निर्माण तक ले गया। यात्रियों और ड्राइवरों को जोड़ने की मूल बिज़नेस रिक्वायरमेंट को संबोधित करके, ऊबर ने लोगों के ट्रांसपोर्टेशन एक्सेस करने का तरीक़ा पूरी तरह बदल दिया।

अगर आप ध्यान से देखें, तो पाएंगे कि पारंपरिक संगठन ज़्यादातर बॉटम-अप अप्रोच अपनाते रहे हैं, जबकि डिजिटल नेटिव और डिस्रप्टर्स ने ज़्यादा क्रांतिकारी टॉप-डाउन अप्रोच अपनाई है। और जैसा कि उनके बनाए गए प्रभाव से साफ़ दिखता है, डिजिटल नेटिव ने डेटा से ट्रांसफ़ॉर्मेशनल वैल्यू निकालने में ज़्यादा सफलता पाई है। इसलिए, ऐसे समय में जब डेटा विस्फोटक रूप से बढ़ रहा है और बिज़नेस डायनेमिक्स इतनी तेज़ी से बदल रहे हैं, सिर्फ़ बॉटम-अप अप्रोच पर्याप्त नहीं है। अब समय है कि पारंपरिक संगठन डेटा से वैल्यू निकालने के अपने अप्रोच पर पुनर्विचार करें, वरना वे डेटा-फ़र्स्ट दुनिया में पीछे रह जाने के ख़तरे में होंगे।

मुख्य निष्कर्ष

- ज़्यादातर संगठन यह तो मानते हैं कि डेटा उनके व्यवसाय के लिए मूल्य पैदा कर सकता है, लेकिन वे इससे अधिकतम लाभ उठाने के लिए किसी संरचित पद्धति की कमी महसूस करते हैं।
- डीआईएआई (डेटा–इनसाइट्स–एक्शन–इम्पैक्ट) फ्रेमवर्क को समझना, डेटा से अधिकतम मूल्य हासिल करने में सहायक मार्गदर्शक हो सकता है। डीआईएआई फ्रेमवर्क के प्रत्येक चरण पर हासिल मूल्य कई गुना बढ़ता है, और अधिकतम मूल्य इंपैक्ट चरण में साकार होता है।
- नए और नवाचारी बिज़नेस मॉडल बनाने के अपार अवसर मौजूद हैं, जिनके केंद्र में डेटा है। सफलता की कहानियों में गूगल, एमेज़ॉन , फ़्लिपकार्ट , नेटफ़्लिक्स , ऊबर, एयरबीएनबी और कई अन्य शामिल हैं, जो मूल रूप से डेटा कंपनियां ही हैं!
- एआई, डीआईएआई फ्रेमवर्क के तमाम चरणों में रूपांतरण कर रहा है और नए अवसर पैदा कर रहा है। यह कच्चे डेटा को वांछित इंपैक्ट में बदलने की प्रक्रिया को तेज़ और बेहतर बना रहा है। जनरेटिव एआई इस फ्रेमवर्क के प्रत्येक चरण को और अधिक क्रांतिकारी बना सकता है।
- कोई भी संगठन, डीआईएआई फ्रेमवर्क में या तो नीचे से ऊपर (बॉटम-अप) या ऊपर से नीचे (टॉप-डाउन) दृष्टिकोण अपनाकर अपने डेटा–प्रेरित व्यावसायिक रूपांतरण की यात्रा शुरू कर सकता है। डिजिटल नैटिव कंपनियां अक्सर टॉप-डाउन दृष्टिकोण अपनाती हैं और क्रांतिकारी नवाचार करती हैं। पारंपरिक संगठनों को प्रतिस्पर्धी बने रहने के लिए अपने क्रमिक, बॉटम-अप दृष्टिकोण पर पुनर्विचार करना होगा - ख़ासकर डेटा-फ़र्स्ट दुनिया और एआई युग में तो यह बहुत ही ज़रूरी है।

4

डेटा पैराडॉक्स

बाढ़ और सूखा

'कितना अद्भुत है कि हम एक विरोधाभास से मिले हैं। अब हमें आगे बढ़ने की कुछ उम्मीद है।'

~ नील्स बोर,
नोबेल पुरस्कार विजेता भौतिकविद

डेटा में मूल्य पैदा करने की अपार क्षमता है और यह हमें सालों से अभूतपूर्व मूल्य देता आया है। मुझे उम्मीद है कि अध्याय 2 ने इसे पूरी तरह स्पष्ट कर दिया होगा। मैंने यह भी रेखांकित किया था कि संगठनों को डेटा से मूल्य हासिल करने के लिए एक व्यवस्थित दृष्टिकोण अपनाने की ज़रूरत है। वास्तव में, एक सर्वेक्षण में बताया भी गया है कि 66 प्रतिशत व्यवसाय ख़ुद को डेटा-प्रेरित संगठन मानते हैं, लेकिन वास्तविकता यह है कि केवल 21 प्रतिशत ही डेटा को पूंजी की तरह मानते हैं।

क्या ये अजीब नहीं लगता? अपने पास इतना अधिक डेटा होने के बावजूद संगठन उसका कुशलतापूर्वक इस्तेमाल नहीं कर पा रहे हैं। क्यों? क्योंकि डेटा की 3V प्रकृति (वॉल्यूम, वेराइटी, वेलोसिटी) ऐसी स्थिति बना रही है, जिसमें एक ओर संगठन आज उपलब्ध विशाल डेटा की मात्रा से जूझ रहे हैं, और दूसरी ओर, वे पहले से मौजूद डेटा का भी अधिक इस्तेमाल नहीं कर पा रहे हैं। यही है, जिसे मैं "डेटा पैराडॉक्स" (डेटा विरोधाभास) कहता हूं।

और यही मूल रूप से उन विरोधाभासी चुनौतियों को परिभाषित करता है, जिनका सामना आज संगठन डेटा की पूरी क्षमता को साकार करने में कर रहे हैं। तो आइए मैं गहराई से समझाता हूं कि यह विरोधाभास क्यों है और क्यों मुझे लगता है कि इस चुनौती का समाधान निकालना, डेटा-फ़र्स्ट दुनिया में सफलता की कुंजी है।

बिग डेटा का पैराडॉक्स

पैराडॉक्स एक ऐसा कथन, प्रस्ताव या स्थिति होती है, जो पहली नज़र में अलौकिक, बेतुकी या आत्म-विरोधाभासी लगती है, लेकिन गहराई से देखने पर तार्किक या सत्य हो सकती है। सबसे प्रसिद्ध पैराडॉक्सिकल कथनों में से एक है – 'यह वाक्य झूठा है।' अगर यह वाक्य सत्य है, तो इसकी परिभाषा के अनुसार यह झूठा है, और अगर झूठा है, तो यह फिर से सत्य हो जाता है। यह मानो एक अंतहीन चक्र है, जिसमें कोई फंस गया हो। मेरे सबसे पसंदीदा पैराडॉक्स में से एक है मशहूर गाने 'होटल कैलिफ़ोर्निया' की पंक्तियां – 'यू केन चेक आउट एनी टाइम यू लाइक . . . बट यू केन नेवर लीव।'

डेटा के मामले में भी ठीक यही स्थिति है। बिग डेटा को हमारी ज़्यादातर समस्याओं का हल माना जाता है। इसे सार्थक अंतर्दृष्टियों का स्रोत समझा जाता है, जो संगठनों को उस वूका (वॉलेटाइल, अनसर्टेन, कॉम्प्लेक्स, एंबिगस) दुनिया में दिशा देने में मदद कर सकता है, जिसमें वे काम कर रहे हैं। हालांकि वास्तविकता कुछ और बताती है। 2021 के एक अध्ययन में, आधे से भी कम (47 प्रतिशत) डेटा रणनीति निर्णय-निर्माताओं ने माना कि बिग डेटा का इस्तेमाल करने से वे कार्यात्मक अंतर्दृष्टियों की गुणवत्ता बढ़ाने में सक्षम हो पाए हैं।

सभी उम्मीदों के विपरीत आज तो यह स्थिति बन रही है कि जैसे-जैसे डेटा बड़ा और जटिल होता जा रहा है, वैसे-वैसे अधिक से अधिक संस्थान ख़ुद को एक अजीब सी स्थिति में पा रहे हैं। एक ओर तो उनके पास डेटा की इतनी ज़्यादा भरमार है कि वे उसकी 3V प्रकृति से निपट ही नहीं पा रहे हैं। दूसरी ओर वे अपने पास पहले से मौजूद डेटा का इस्तेमाल, निर्णय लेने की प्रक्रिया को आगे बढ़ाने में करने में असमर्थ हैं। यही वह बाढ़ और सूखा वाला टकराव है जिसे डेटा पैराडॉक्स कहा जाता है।डेटा की बाढ़ उस स्थिति को कहते हैं जब इतनी विशाल मात्रा में डेटा पैदा हो रहा हो कि वह न केवल संस्थानों की तकनीकी क्षमताओं पर भारी दबाव डालता है, बल्कि उसे निर्णय लेने के लिए प्रयोग में लाना भी संस्थानों के लिए बोझिल और कठिन हो जाता है। यह संस्थान की क्षमता से कहीं अधिक हो जाता है, तो उसे समय पर सही ढंग से कैप्चर करने, सुरक्षित रखने और विश्लेषण करने की क्षमता टूटने लगती है। प्रतिदिन लगभग 2.5 क्विंटिलियन बाइट डेटा पैदा हो रहा है, तो आप कल्पना कर सकते हैं कि संस्थानों के पास कितना विशाल डेटा इकट्ठा होता चला जा रहा है। दूसरी ओर आता है, 'अंतर्दृष्टियों का सूखा'। इसका मतलब यह है कि इतनी बड़ी मात्रा में डेटा उपलब्ध होने के बावजूद एक्जीक्यूटिव उसका प्रभावी इस्तेमाल नहीं कर पा रहे हैं। इसका कारण यह है कि उनके पास डेटा को समझने और इस्तेमाल करने के लिए आवश्यक कौशल और ज्ञान का अभाव है। इसके साथ ही संस्थान में डेटा-प्रेरित संस्कृति भी तो नहीं है। नतीजा यह है कि निर्णय डेटा और एनालिटिक्स के आधार पर लेने के बजाय अधिकतर अनुभव और अंदाज़ पर आधारित होकर लिए जाते हैं। इस तरह संस्थान एक ओर तो डेटा की बाढ़ झेल रहे हैं, और दूसरी ओर

अधिकारी उस डेटा से अंतर्दृष्टि निकालने में असफल हैं। ऊपर से वे बार-बार और ज़्यादा डेटा की मांग करते रहते हैं। 'वेलकम टु द होटल कैलिफ़ोर्निया!' में यही तो कहा गया है।

एक सर्वेक्षण से यह सामने आया है कि 67 प्रतिशत संस्थान कहते हैं कि उन्हें हमेशा अपनी वर्तमान क्षमताओं से अधिक डेटा की ज़रूरत होती है, जबकि 70 प्रतिशत संस्थान कहते हैं कि वे डेटा को इतनी तेज़ी से इकट्ठा कर रहे हैं कि ये रफ़्तार डेटा के विश्लेषण और इस्तेमाल करने से भी तेज़ होती है। अब मैं समझाता हूं कि कैसे डेटा संस्थानों के लिए इतनी विडंबनापूर्ण स्थिति पैदा कर रहा है।

Most organizations struggle with the 'Data Paradox'

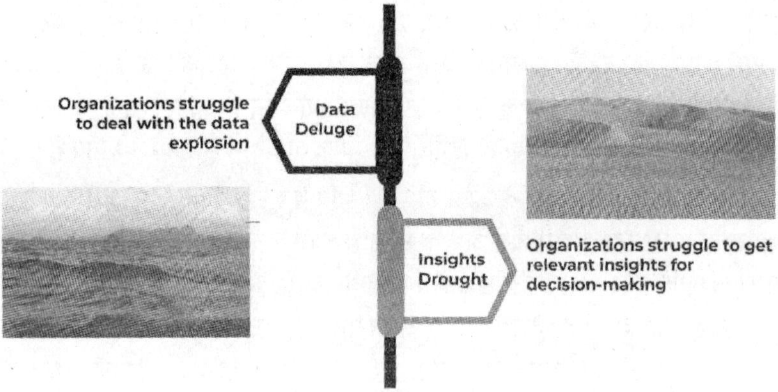

डेटा की बाढ़ : डेटा में डूबना

एक अध्ययन से पता चलता है कि डेटा की मात्रा हर अठारह महीने में दोगुनी हो रही है। सर्वे किए गए तकनीकी उद्योग के 77 प्रतिशत लीडरों ने स्वीकार किया कि लगातार बढ़ती डेटा की मात्रा से निपटना उनके लिए तीन सबसे बड़ी चुनौतियों में से एक है। और एक अन्य सर्वे में 61 प्रतिशत प्रबंधकों ने कहा कि उनकी टीमें पहले से ही उपलब्ध डेटा के बोझ से दबी हैं।

इसके अलावा, असंरचित डेटा की अधिकता के कारण पारंपरिक डेटा प्रोसेसिंग पद्धतियां भी काम की नहीं रह गई हैं। जो सिस्टम मूल रूप से स्थिर और संरचित डेटा को प्रोसेस करने के लिए बनाए गए थे, वे रियल टाइम और असंरचित डेटा को संभालने में दिक्कत का सामना करते हैं। संरचित और असंरचित दोनों तरह के डेटा में विविधता भी आंतरिक और बाहरी स्रोतों से तमाम प्रारूपों में आने के कारण तेज़ी से बढ़ी है। पुराने सिस्टम इस पैमाने और विविधता को संभालने में सक्षम नहीं हैं, जिससे डेटा का समरसकरण कठिन हो जाता

है। और यह चुनौती और बड़ी होती जाएगी क्योंकि डेटा जिस तेज़ी से बढ़ा है, उससे निपटने वाली तकनीक उतनी तेज़ी से विकसित नहीं हुई है। जैसा कि मैंने अध्याय 1 में जिक्र किया है, पिछले कुछ सालों में डेटा 1,00,000–1,50,000 गुना बढ़ा है, जो केवल गुणोत्तर वृद्धि से ही संभव है। हालांकि अगर आप तकनीकी वृद्धि देखें तो बिग डेटा का बाज़ार केवल समानांतर रूप से बढ़ा है, जो 2011 में 7.6 अरब डॉलर से बढ़कर 2023 में 77 अरब डॉलर तक बढ़ा है, यानी इसमें दस गुना वृद्धि हुई है।

डेटा की बाढ़ के बीच डेटा की गुणवत्ता बनाए रखना एक बड़ी चुनौती है, क्योंकि डेटा की प्रकृति 3V की है। जैसे-जैसे डेटा पॉइंट, डेटा के प्रकार और स्रोत तेज़ी से बढ़ते हैं, डेटा की गुणवत्ता सुनिश्चित करना और कठिन हो जाता है। 'अंदर कचरा, बाहर कचरा' कहावत बिग डेटा के दौर में और भी सही साबित होती है। और बहुत सारा डेटा स्टोर कर लेना यह गारंटी नहीं देता कि हर डेटा पॉइंट उपयोगी ही होगा या सही समय पर इस्तेमाल किया जाएगा। डेटा गुणवत्ता को मापने और सुनिश्चित करने का पारंपरिक तरीक़ा डेटा की इस बाढ़ से निपटने में नाकाफ़ी साबित होता है। इसके अलावा, जब डेटा कई स्रोतों से आता है और ज़्यादा से ज़्यादा लोग लगातार इसे पैदा करते और इस्तेमाल करते हैं, तो सुरक्षा और अनुपालन सुनिश्चित करना एक बहुत बड़ा काम हो जाता है। दरअसल, 2023 की स्टेट ऑफ़ ट्रस्ट सर्वेक्षण रिपोर्ट बताती है कि 67% उत्तरदाताओं का मानना है कि उनके व्यवसाय को बेहतर सुरक्षा और अनुपालन उपायों की ज़रूरत है। इसके अलावा, पहचान तथा एक्सेस प्रबंधन (आईएम) और डेटा प्रोसेसिंग को उनके संगठनों के दो सबसे बड़े ब्लाइंड स्पॉट के रूप में पहचाना गया है। इसी कारण मैंने पूरा एक अध्याय, अध्याय 12, डेटा-प्रेरित संगठन बनाने में डेटा गुणवत्ता के महत्त्व पर केंद्रित किया है।

तो फिर डेटा से सार्थक और व्यापक अंतर्दृष्टि निकालने की बात तो दूर, संगठन एक तरह की सुनामी से टकरा रहे हैं जो उन्हें पूरी तरह से डुबो सकती है। इसके अलावा, आवश्यक अंतर्दृष्टि पाने के लिए डेटा के इस विशाल महासागर से सही डेटा की पहचान करना भी लगातार कठिन होता जा रहा है।

अंतर्दृष्टियों का सूखा : अंतर्दृष्टि की प्यास

बहुत अधिक डेटा से निपटने की चुनौती के विपरीत, इस कहानी का दूसरा पहलू यह है कि आज संगठनों के पास जो डेटा उपलब्ध है, उसका इस्तेमाल अप्रभावी और उससे भी अधिक, अक्षम तरीक़े से हो रहा है। अनुमान है कि केवल 2022 में ही वैश्विक स्तर पर 97ZB डेटा बनाया गया, संग्रहीत किया गया, कॉपी किया गया और इस्तेमाल किया गया। यह साबित हो चुका है कि जो संगठन निर्णय लेने में डेटा का इस्तेमाल करते हैं, वे दूसरों की तुलना में 30 प्रतिशत अधिक विकास करते हैं। हालांकि इतने बड़े पैमाने पर डेटा उपलब्ध होने के बावजूद व्यवसाय इसका पूरा मूल्य निकालने में प्रभावी नहीं हैं।

जैसा कि मैंने अध्याय 3 में बताया था, भले ही बड़ी मात्रा में अंतर्दृष्टियां तैयार की जाती हैं, लेकिन उनमें से ज़्यादातर उपयोगी या लागू करने योग्य नहीं होतीं। इसका कारण यह है कि अक्सर जानकारियां तैयार करते समय व्यापार से जुड़े ज़िम्मेदार लोगों को शुरुआत में ही सही तरीक़े से शामिल नहीं किया जाता और इस वजह से तैयार की गई जानकारियां असल समस्या का समाधान नहीं देतीं। इसे समझाने के लिए मैं अपना निजी उदाहरण देता हूं। मान लीजिए मुझे किसी के घर आमंत्रित किया गया और मुझे वहां एक शानदार बार तक ले जाया गया, जहां दुनियाभर से लाई गई महंगी वाइन का बेहतरीन संग्रह रखा हो। हालांकि मैं विनम्रता से मना कर दूं और पानी मांग लूं। क्यों? क्योंकि मैं शराब नहीं पीता। यही असली डिस्कनेक्ट है। उदाहरण के लिए, हमारे एक प्रमुख ग्राहक (एक फ़ॉर्च्यून 100 कंपनी) में 500 से अधिक एनालिटिकल मॉडल तैयार किए गए, लेकिन उनमें से केवल कुछ को ही व्यवहार में इस्तेमाल किया गया। दरअसल, एक सर्वेक्षण बताता है कि लगभग 87 प्रतिशत डेटा साइंस प्रोजेक्ट कभी उत्पादन स्तर तक पहुंच ही नहीं पाते। इसका मतलब है कि हर आठ प्रोजेक्ट में से केवल एक ही प्रोजेक्ट आगे बढ़कर लागू हो पाता है।

साथ ही, संगठनों में यह समझने का कोई व्यवस्थित तरीक़ा नहीं होता कि डेटा किस प्रकार मूल्य पैदा करता है। उनके पास इतना अधिक डेटा उपलब्ध है, जिसका हर दिन विश्लेषण होता रहता है, लेकिन उससे निकली सभी अंतर्दृष्टियां ज़रूरी नहीं कि उपयोगी होती हों। और जो कुछ उपयोगी होती भी हैं, वे भी हमेशा इच्छित प्रभाव नहीं डाल पातीं। नतीजतन, अंतर्दृष्टियां निकालने की प्रक्रिया समय और धन दोनों की खपत करने वाली तथा सीमित प्रभाव वाली गतिविधि बन जाती है। वास्तव में, 2019 के एक अनुमान में भविष्यवाणी की गई थी कि 2022 तक 80 प्रतिशत एनालिटिक्स अंतर्दृष्टियां व्यावसायिक नतीजे देने में नाकाम रहेंगी।

गतिशील व्यावसायिक माहौल में बदलती चुनौतियां फुर्ती और टीमों के बीच सहयोग की मांग करती हैं। हालांकि मौजूदा ढांचागत क्षमताओं में अक्सर आवश्यक लचीलापन नहीं होता। डेटा तक पहुंच और उसके उपयोग से जुड़ी जटिल प्रक्रियाएं, साथ ही बिखरी हुई प्रणालियां, व्यवसाय, आईटी और परिचालन के बीच सहयोग में बाधा डालती हैं। क़रीब पांच में से तीन संगठन डेटा के ढेर की समस्या से जूझते हैं। नतीजतन, टीमों के पास उस डेटा का समग्र दृष्टिकोण नहीं होता जिसकी उन्हें समय पर फ़ैसले लेने के लिए ज़रूरी अंतर्दृष्टि पैदा करने में ज़रूरत होती है। डेटा इंफ्रास्ट्रक्चर में धीरे-धीरे किए गए सुधार भी डेटा से मूल्य निकालने के लिए आवश्यक क्षमताएं विकसित करने में नाकाफ़ी साबित होते हैं। एक सर्वेक्षण में पाया गया कि 67 प्रतिशत वरिष्ठ प्रबंधक एनालिटिक्स टूल्स के जरिए डेटा तक पहुंचने में सहज नहीं हैं, जो डेटा साक्षरता और उपयोगकर्ता-अनुकूल इंटरफ़ेस की ज़रूरत को रेखांकित करता है।

इसमें जोड़ने लायक़ यह भी है कि जिन अधिकारियों या निर्णयकर्ताओं से अपेक्षा की जाती है कि वे डेटा का इस्तेमाल फ़ैसला लेने में करें, वे ना तो पर्याप्त रूप से प्रशिक्षित हैं और ना ही उन्हें इस दिशा में सशक्त किया गया है। साथ ही, उनके पास ऐसी संस्कृति का भी अभाव है जो डेटा के प्रभावी इस्तेमाल को प्रोत्साहित करे या सुगम बनाए। पहला कारण यह है कि तकनीकी पृष्ठभूमि से संबंध ना रखने वाले ज़्यादातर कारोबारी मालिक डेटा की संभावनाओं और इसके साथ काम करने के तरीक़ों को सीमित रूप से ही समझते हैं। एक सर्वेक्षण के अनुसार 61 प्रतिशत संगठनों के पास इन-हाउस डेटा साइंस कौशल की कमी है और 57 प्रतिशत के पास इन-हाउस तकनीकी कौशल है ही नहीं। दूसरा कारण यह है कि बिखरा हुआ और अलग-थलग डेटा इंफ्रास्ट्रक्चर टीमों के लिए आवश्यक डेटा को ढूंढ़ने और उस तक पहुचने को कठिन बना देता है। आख़िरकार, यह अनुमान है कि औसतन 1000 से अधिक कर्मचारियों वाले संगठन 177 एसएएएस अनुप्रयोगों का इस्तेमाल करते हैं, साथ ही पहले से मौजूद लेगेसी सिस्टम भी काम में लेते हैं।

और यही है बिग डेटा की दुनिया का पैराडॉक्स।

सवाल यह है कि कोई संगठन कैसे पहचाने कि वह डेटा पैराडॉक्स में फंसा हुआ है? कई संगठनों के साथ डेटा से जुड़ी पहलों पर काम करने के अपने अनुभव में, मैंने कुछ आम लक्षण या प्रमाण पहचाने हैं, जो साफ़ संकेत देते हैं कि संगठन डेटा विरोधाभास या पैराडॉक्स का सामना कर रहा है।

डेटा पैराडॉक्स के तीन लक्षण

डेटा पैराडॉक्स से जूझने वाले संगठनों में **इन तीन में से कोई एक लक्षण या सभी तीनों लक्षण हो सकते हैं,** जिसकी वजह से वे डेटा से पूर्ण मूल्य पैदा नहीं कर पाते।

Three key symptoms of organizations struggling with the Data Paradox

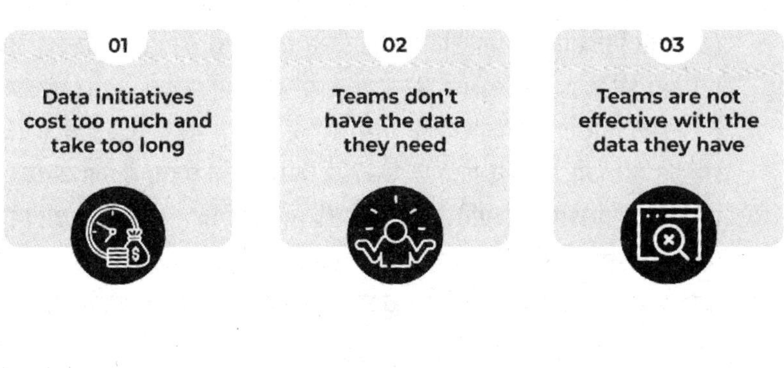

1. डेटा पहलों की लागत बहुत ज़्यादा होती है और समय भी बहुत ज़्यादा लगता है

ज़्यादातर संगठन अपने डिजिटल रूपांतरण एजेंडे पर काम कर रहे हैं और इस प्रक्रिया के हिस्से के रूप में, वे अपनी डेटा इंफ्रास्ट्रक्चर को अद्यतन या फिर से डिज़ाइन कर रहे हैं ताकि ऐसी क्षमताएं बनाई जा सकें, जो या तो उनकी व्यावसायिक प्रक्रियाओं में सुधार करें या उनके व्यावसायिक मॉडल की पूरी तरह से फिर से कल्पना करें। वैश्विक स्तर पर डेटा और एनालिटिक्स समाधानों पर निवेश सालाना 215 अरब डॉलर से अधिक है। ज़्यादातर फ़ॉर्च्यून 500 कंपनियों के लिए जिनके साथ हम काम करते हैं, उनका डेटा पर ख़र्च कम से कम दर्जनों मिलियन होता है और कई बार यह सैकड़ों मिलियन तक पहुंच जाता है, जबकि यह सारा पैसा सही इंफ्रास्ट्रक्चर बनाने में लगाया जा रहा है ताकि डेटा को सबसे प्रभावी ढंग से कैप्चर, स्टोर और प्रोसेस किया जा सके, देखा गया है कि 85 प्रतिशत से अधिक बिग डेटा प्रोजेक्ट नाकाम हो जाते हैं। इसके अतिरिक्त, अनुमान है कि लगभग 60 प्रतिशत डेटा और एआई प्रोजेक्ट गंभीर रूप से विलंबित होते हैं।

2. टीमों के पास आवश्यक डेटा होता ही नहीं

डेटा को अधिक से अधिक मात्रा में कैप्चर करने, स्टोर करने और प्रोसेस करने में बहुत मेहनत की जाती है, ताकि फ़ैसला लेने वालों या कारोबारी मालिकों को सही समय पर और तेज़ी से सही फ़ैसले लेने में मदद मिल सके। इसके बावजूद, ज़्यादातर वरिष्ठ अधिकारी महसूस करते हैं कि उनके पास डेटा-प्रेरित फ़ैसले लेने के लिए पर्याप्त डेटा शायद ही कभी होता है। इसका कारण यह है कि जो भी अंतर्दृष्टियां तैयार की जाती हैं, वे अक्सर वही नहीं होतीं जिनकी फ़ैसला लेने वालों को ज़रूरत होती है। ज़्यादातर मामलों में, ये अंतर्दृष्टियां केवल वर्णनात्मक होती हैं जो यह बताती हैं कि क्या हुआ, लेकिन यह नहीं समझातीं कि क्यों हुआ या इसके नतीजे में आगे क्या हो सकता है। यानी वे पूर्वानुमानात्मक प्रकृति की नहीं होतीं। वास्तव में, केवल 30 प्रतिशत कंपनियां ही सक्रिय रूप से पूर्वानात्मक एनालिटिक्स टूल्स का इस्तेमाल कर रही हैं और केवल 3 प्रतिशत निर्देशात्मक एनालिटिक्स का इस्तेमाल करती हैं। इसके अलावा, ज़्यादातर डेटा अब भी संगठन के अलग-अलग विभागों या टीमों में ढेरों के तौर पर फंसा हुआ है, जिसके कारण अधिकारियों के पास उसकी निर्बाध पहुंच नहीं होती। नतीजतन, उन्हें जो कुछ भी उपलब्ध होता है, उसी पर काम करना पड़ता है, जो अक्सर पर्याप्त नहीं होता। लगभग 71 प्रतिशत अधिकारी मानते हैं कि उनकी डेटा आवश्यकताएं हमेशा पूरी नहीं होतीं। एक अन्य सर्वेक्षण के अनुसार, 63 प्रतिशत कर्मचारी समय पर अंतर्दृष्टियां नहीं जुटा पाते, जिससे पूरा प्रयास बेकार हो जाता है। इसके अतिरिक्त, 87

प्रतिशत से अधिक संगठनों को कम बिज़नेस इंटेलिजेंस (बीआई) और एनालिटिक्स परिपक्वता वाले के रूप में वर्गीकृत किया गया है, जो टीमों की डेटा से जुड़ी दक्षता और प्रभावशीलता दोनों को प्रभावित करता है।

3. **टीमें अपने पास मौजूद डेटा का भी पूरा लाभ नहीं उठा रही हैं**

आख़िर में, इतनी बड़ी मात्रा में डेटा उपलब्ध होने और लगातार प्रयास किए जाने के बावजूद कि ये डेटा टीमों या व्यवसाय मालिकों तक पहुंच सके, वे इसका प्रभावी इस्तेमाल करके फ़ैसला लेने और असर पैदा करने में सक्षम नहीं हो पाते। उनका उपलब्ध कराए गए डेटा का इस्तेमाल करने में भरोसा नहीं होता। इसका प्रमुख कारण यह है कि ये अंतर्दृष्टियां प्रायः टेक टीमें या कोई विशेषीकृत टीमें तैयार करती हैं, जबकि डेटा पहलों को डिज़ाइन करने के समय व्यवसाय और परिचालन विभाग अक्सर उनसे तालमेल में नहीं होते। यही वजह है कि व्यवसाय मालिक इन तैयार की गई अंतर्दृष्टियों को लेकर आत्मविश्वास महसूस नहीं करते और कई बार उन्हें समझ भी नहीं पाते। एक और समस्या यह है कि चूंकि ये कारोबारी मालिक अधिकतर गैर-तकनीकी पृष्ठभूमि से आते हैं, इसलिए उनके पास इसे समझने और प्रभावी ढंग से इस्तेमाल करने के लिए आवश्यक कौशल और जानकारी की कमी होती है। वास्तव में, 67 प्रतिशत वरिष्ठ प्रबंधक और उससे ऊपर के पदाधिकारी अपने टूल्स और संसाधनों से डेटा तक पहुंचने या उसका इस्तेमाल करने में सहज महसूस नहीं करते। डेटा तक निर्बाध और आसान पहुंच का अभाव और डेटा-प्रेरित फ़ैसले लेने की संस्कृति का अभाव, डेटा के अपर्याप्त उपयोग का कारण बनता है। एक और बड़ी चुनौती यह है कि ऐसे उपयुक्त और विशेषज्ञ डेटा टैलेंट को खोजना कठिन है जो डेटा की बदलती प्रकृति और भूमिकाओं की विकसित होती आवश्यकताओं के अनुसार ख़ुद को ढाल सके। इसके अतिरिक्त, आज के बिग डेटा जगत में एकत्र किया जाने वाला ज़्यादातर डेटा असंरचित होता है और रियल-टाइम में पैदा होता है। नतीजतन, इसका बड़ा हिस्सा या तो बिलकुल इस्तेमाल नहीं होता या इसकी उपयोग अवधि बहुत सीमित होती है, जिससे उस पर कार्रवाई होने से पहले ही वह बेकार हो जाता है। संगठन के कुल डेटा का आधे से अधिक हिस्सा 'डार्क डेटा' कहलाता है, यानी ऐसा डेटा जिसे तो एकत्र किया जाता है लेकिन कभी इस्तेमाल नहीं किया जाता। उतना ही महत्त्वपूर्ण तथ्य यह भी है कि संगठनों के पास उपलब्ध कुल असंरचित डेटा का अब तक 1 प्रतिशत से भी कम इस्तेमाल हो रहा है।

प्रौद्योगिकी अकेले ही पर्याप्त नहीं होती है

यह तो स्पष्ट है कि डेटा से जुड़ी इन चुनौतियों को समझने वाला मैं अकेला ही नहीं हूं। पिछले कुछ सालों में कई कंपनियां ख़ुद को ऐसी स्थिति में पा चुकी हैं। और इन सालों में समाधान

खोजने के लिए कई प्रयास किए गए। कई प्रौद्योगिकी कंपनियां, बड़ी संस्थाएं, स्टार्ट-अप और हाइपरस्केलर, सभी ने डेटा पैराडॉक्स से निपटने के लिए समाधान विकसित किए हैं। आइए, मैं आपको पिछले वर्षों में हुए कुछ प्रमुख विकासों के बारे में बताता हूं।

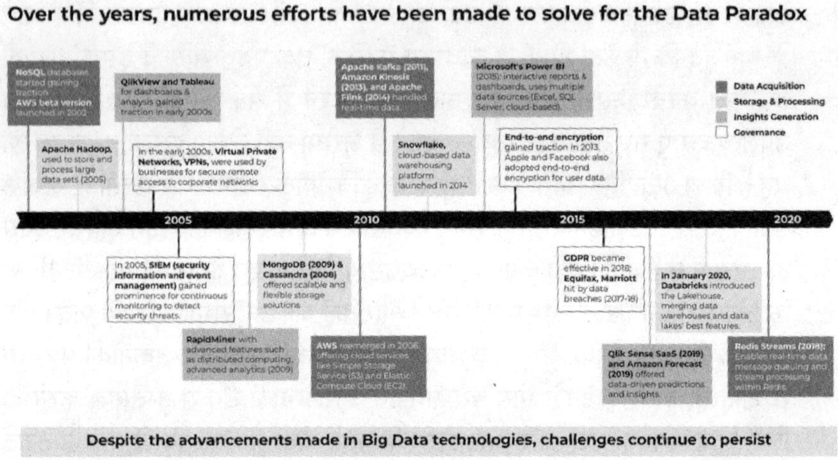

2000 के शुरुआती दशक में, वर्ल्ड वाइड वेब के तेज़ी से अपनाए जाने के जवाब में, NoSQL को इस तरह डिज़ाइन किया गया था कि यह बड़े पैमाने पर **असंरचित और अर्ध-संरचित डेटा को प्राप्त,** संसाधित और संग्रहीत कर सके। पारंपरिक डेटाबेस के विपरीत, इसमें **लचीले डेटा मॉडल** होते हैं जो डेटा संरचनाओं में होने वाले बदलावों के साथ ख़ुद को ढाल सकते हैं और बढ़ती हुई डेटा मात्रा को संभालने के लिए स्केल किए जा सकते हैं। लेकिन यह डेटा प्रबंधन की समस्याओं में केवल क्रमिक सुधार ही कर पाया।

2005 में, अपाचे हैडूप* लॉन्च किया गया, जिसने कई कंप्यूटरों पर **क्लस्टरों में बड़े डेटा सेट के वितरित प्रसंस्करण को संभव बनाया।** हालांकि बड़े डेटा सेट के लिए प्रदर्शन का प्रबंधन और अनुकूलन चुनौतीपूर्ण था। इसी अवधि में, बीआई (बिज़नेस इंटेलिजेंस) टूल्स पेश किए गए लेकिन वे कुछ हद तक जटिल और इस्तेमाल में कठिन थे।

* अपाचे हैडूप एक ओपन-सोर्स सॉफ़्टवेयर प्लेटफ़ॉर्म है जो बिग डेटा एप्लीकेशंस के लिए डेटा प्रोसेसिंग और स्टोरेज को मैनेज करता है। यह सरल प्रोग्रामिंग मॉडलों का उपयोग करके कंप्यूटर क्लस्टर्स पर बड़े डेटा सेट की वितरित प्रोसेसिंग को सक्षम बनाता है। इसे इस तरह डिज़ाइन किया गया है कि यह एकल सर्वर से लेकर अनेक मशीनों तक स्केल कर सके, जिनमें लोकल कंप्यूटेशन और स्टोरेज क्षमता मौजूद हो।

इसके बाद, 2005 में बिग डेटा का नया युग शुरू हुआ। MongoDB* जैसे प्लेटफ़ॉर्म्स ने असंरचित डेटा के लिए लचीले स्टोरेज समाधान मुहैया कराए, लेकिन यह छोटे डेटा सेट के साथ अच्छा काम नहीं करता था और इसमें डेटा सुरक्षा भी कमज़ोर थी। इसी दौरान, समानांतर कंप्यूटिंग का महत्त्व बढ़ा, जिससे गणनात्मक क्षमता में सुधार हुआ और उन्नत एनालिटिक्स संभव हुआ। इसी समय, SIEM (सिक्योरिटी, इंफ़ॉर्मेशन ऐंड ईवेंट मैनेजमेंट) के हिस्से के रूप में निरंतर निगरानी की शुरुआत के साथ डेटा सुरक्षा पर भी ज़ोर बढ़ा।

रियल-टाइम डेटा का महत्त्व भी बढ़ने लगा। **रियल-टाइम डेटा हासिल करने और अंतर्ग्रहण** करने के लिए अपाचे काफ़्का† जैसे टूल विकसित किए गए। हालांकि इन टूल्स को सेटअप, कॉन्फ़िगर और प्रबंधित करने में जटिलताएं थीं। स्नोफ़्लैक‡ का सार्वजनिक रूप से शुभारंभ 2014 में हुआ, ताकि **क्लाउड-आधारित डेटा वेयरहाउसिंग** क्षमताएं उपलब्ध कराई जा सकें। यह मल्टी-क्लाउड वातावरण को सपोर्ट करता है और एडब्ल्यूएस, अज्योर, और जीसीपी के साथ अच्छी तरह इंटीग्रेट हो सकता है। दुर्भाग्यवश, यह लगातार डेटा अपलोड करने के लिए ठीक नहीं है, और इसमें असंरचित डेटा प्रबंधन का सपोर्ट 2022 में ही शुरू हुआ।

---

* मॉन्गो डीबी एक नॉन-रिलेशनल डॉक्यूमेंट डेटाबेस है जिसे मॉन्गो डीबी इंक ने विकसित किया है। फ़रवरी 2009 में लॉन्च किया गया, मॉन्गोडीबी वेब एप्लीकेशन्स और अन्य ऐसे एप्लीकेशन्स में इस्तेमाल होता है जिन्हें बड़े पैमाने पर डेटा स्टोर और क्वेरी करना होता है। इसमें एक लचीला डेटा मॉडल है जो असंरचित डेटा को स्टोर करने की सुविधा देता है और फुल इंडेक्सिंग सपोर्ट, रेप्लिकेशन तथा सहज और समृद्ध एपीआई मुहैया कराता है।

† अपाचे काफ़्का ऐसा टूल है जो रियल-टाइम डेटा स्ट्रीमिंग और स्केलेबल डेटा इंटीग्रेशन को सक्षम बनाता है। यह विभिन्न उद्योगों में डेटा पाइपलाइन इवेंट स्ट्रीमिंग और रियल-टाइम डेटा प्रोसेसिंग एप्लीकेशन्स बनाने के लिए व्यापक रूप से इस्तेमाल होता है। अपाचे काफ़्का ओपन-सोर्स समाधान है जो डेटा संग्रहण के लिए प्रयोग किया जाता है।

‡ स्नोफ़्लैक क्लाउड-आधारित डेटा प्लेटफ़ॉर्म है जो संगठनों को बड़े पैमाने पर डेटा को कुशलतापूर्वक संग्रहीत करने, प्रबंधित करने और विश्लेषण करने में मदद करता है। यह संरचित और अर्ध-संरचित डेटा के प्रबंधन के लिए बनाया गया है और डेटा संग्रहण तथा संसाधन के लिए एक लचीला और स्केलेबल समाधान मुहैया कराता है। यह शुरुआती हार्डवेयर निवेश की ज़रूरत को ख़त्म करता है और ऑन-डिमांड स्केलेबिलिटी उपलब्ध कराता है।

डेटाब्रिक्स* का शुभारंभ 2020 में हुआ, जो लेक हाउस की अवधारणा पर आधारित है। यह डेटा लेक आर्किटेक्चर के ऊपर रिलेशनल क्षमताएं उपलब्ध कराता है और डेटा वेयरहाउसिंग, बिज़नेस इंटेलिजेंस तथा डेटा साइंस के लिए एक प्लेटफ़ॉर्म मुहैया कराता है। हालांकि इसका मक़सद एक ऑल-इन-वन सॉल्यूशन देना है, लेकिन इसमें कई डेटा पाइपलाइनों के इंटीग्रेशन और अनेक निर्भरताओं को मैनेज करने की जटिलताएं मौजूद हैं।एनालिटिक्स क्षेत्र में एआई एक निर्णायक शक्ति बनकर उभरा। हालांकि फिर भी उन एआई समाधानों को स्केल करना कठिन साबित हुआ क्योंकि पर्याप्त डेटासेट की उपलब्धता नहीं थी।

इसलिए, संगठन लगातार ऐसे नवाचारी समाधानों पर काम कर रहे हैं और आगे भी करते रहेंगे। इन समाधानों में असंरचित डेटा को हासिल करना, इकट्ठा करना, साफ़ करना और व्यवस्थित करना शामिल है। इसके अलावा, 'डेटा फ़ैब्रिक' का विकास भी किया जा रहा है। यह विभिन्न डेटा पाइपलाइनों और क्लाउड परिवेश का संपूर्ण एकीकरण करता है। साथ ही, बुद्धिमान और स्वचालित प्रणालियों के माध्यम से विश्लेषण की क्षमता मुहैया कराता है। हालांकि इन सभी तकनीकी प्रगतियों ने क्षमताओं को आगे बढ़ाया है, लेकिन इनमें से कोई भी डेटा चुनौतियों का पूर्ण समाधान नहीं कर पाया है। जिन तीन लक्षणों का मैंने जिक्र किया था, वे अब भी ज़्यादातर संगठनों में दिखते हैं। डेटा पैराडॉक्स क़ायम है और दरअसल दिन-ब-दिन और स्पष्ट होता जा रहा है। वर्षों की तकनीकी प्रगति के बावजूद, 2021 के एक सर्वेक्षण में यह उजागर हुआ कि 83 प्रतिशत अधिकारी अब भी डेटा को कैप्चर करने, प्रबंधित करने, उसका विश्लेषण करने या उससे कार्रवाई निकालने में संघर्ष कर रहे हैं।

स्पष्ट है कि ज़्यादातर संगठनों की ये डिफ़ाल्ट रणनीति पर्याप्त नहीं रही है जिसमें केवल इन तीन लक्षणों को तकनीकी सुधारों के जरिए संबोधित किया जाता है। मेरा मानना है कि डेटा चुनौतियों का प्रभावी समाधान तभी संभव है जब हम इन लक्षणों से आगे बढ़कर मूल समस्याओं तक पहुंचें। केवल इन्हीं मूल समस्याओं को संबोधित करके कोई संगठन डेटा पैराडॉक्स को जड़ से ख़त्म कर सकता है, अन्यथा ये समस्याएं बार-बार सामने आती रहेंगी और संगठन ख़ुद को "दो पाटों के बीच" फंसा पाएंगे।

अब हमें थोड़ा और गहराई में जाकर असली कारण यानी मूल वजहें खोजनी होंगी। तो अब समय आ गया है कि आप पन्ना पलटें या अपने डिवाइस पर बाईं ओर स्वाइप करें और उसका उत्तर खोजें। तो, विभिन्न असंरचित डेटा को एक साथ लाने के लिए समाधान बनाने से लेकर, इस डेटा को एकत्र करने, साफ़ करने और व्यवस्थित करने की प्रक्रिया को आसान

* डेटाब्रिक्स क्लाउड-आधारित प्लेटफ़ॉर्म है जो डेटा एनालिटिक्स और मशीन लर्निंग कामों को सरल और तेज़ बनाता है। यह डेटा प्रोफ़ेशनल को डेटा-प्रेरित प्रोज़ेक्ट पर मिलकर काम करने के लिए एक सहयोगात्मक माहौल मुहैया कराता है। डेटाब्रिक्स डेटा प्रोसेसिंग, डेटा एक्सप्लोरेशन और मशीन लर्निंग मॉडल बनाने के लिए शक्तिशाली टूल उपलब्ध कराता है। यह उपयोगकर्ताओं को बड़े पैमाने पर डेटा को कुशलतापूर्वक प्रोसेस और विश्लेषण करने में सक्षम बनाता है।

बनाने तक, और एक ऐसे डेटा फ़ैब्रिक के निर्माण तक, जो तमाम डेटा पाइपलाइनों और क्लाउड परिवेश का पूर्ण रूप से एकीकरण सक्षम करे और बुद्धिमान तथा स्वचालित प्रणालियों का इस्तेमाल करके विश्लेषण करने की क्षमता मुहैया कराए, इसके लिए संगठन लगातार ऐसे नवाचारी समाधान विकसित करने पर काम करते रहे हैं और आगे भी करते रहेंगे ताकि डेटा पैराडॉक्स से निपटा जा सके।

हालांकि इन सभी तकनीकी विकासों ने डेटा क्षमताओं को नई ऊंचाइयों तक पहुंचाया है, फिर भी इनमें से कोई भी संगठन की डेटा चुनौतियों का पूरी तरह समाधान नहीं कर पाया है। जिन तीन लक्षणों के बारे में मैंने पहले बताया था, वे आज भी ज़्यादातर संगठनों में दिखाई देते हैं। डेटा पैराडॉक्स बना हुआ है और वास्तव में दिनोंदिन और अधिक स्पष्ट होता जा रहा है। सालों की तकनीकी प्रगति के बाद भी, 2021 के एक सर्वेक्षण में यह उजागर हुआ कि भारी-भरकम 83 प्रतिशत अधिकारी अब भी महसूस करते हैं कि वे डेटा को कैप्चर करने, प्रबंधित करने, विश्लेषण करने या उससे व्यावहारिक क़दम निकालने में दिक्क़त महसूस कर रहे हैं।

स्पष्ट है कि केवल इन तीन लक्षणों को तकनीकी सुधारों से दूर करने की कोशिश पर्याप्त नही है, जो कि अब तक ज़्यादातर संगठनों की स्वाभाविक रणनीति रही है। मेरा मानना है कि डेटा संबंधी चुनौतियों का स्थायी और प्रभावी समाधान तभी संभव है, जब हम इन लक्षणों से आगे बढ़कर उनकी जड़ में छिपी मूल समस्याओं तक पहुंचें। जब तक इन मूल कारणों को संबोधित नहीं किया जाता, तब तक डेटा पैराडॉक्स पूरी तरह समाप्त नहीं होगा। अन्यथा ये चुनौतियां समय-समय पर अलग-अलग रूपों में फिर से सामने आती रहेंगी और संगठन स्वयं को बार-बार "दो पाटों के बीच" फंसा हुआ पाएंगे।

हमें वास्तविक कारणों यानी मूल वजहों को उजागर करने के लिए थोड़ी और गहराई में जाना होगा। तो आइए, पेज पलटते हैं या अपने डिवाइस पर बाएं स्वाइप करते हैं और उसका उत्तर खोजते हैं।

मुख्य निष्कर्ष

- संगठन अक्सर "डेटा पैराडॉक्स": बाढ़–सूखा के द्वंद्व में फंस जाते हैं, जो डेटा की पूरी क्षमता का लाभ उठाने में मुश्किलें पैदा करता है।
- 3V आयामों में डेटा की तेज़ी से बढ़ोतरी "डेटा बाढ़" की स्थिति बना रही है, जिससे पारंपरिक डेटा इंफ्रास्ट्रक्चर पर दबाव पड़ रहा है और उन संगठनों को कठिनाई का सामना करना पड़ रहा है जो निर्णय-निर्माण के लिए डेटा का इस्तेमाल करना चाहते हैं।
- साथ ही, संगठनों को "अंतर्दृष्टि सूखा" का भी सामना करना पड़ता है, जिसमें उनके पास प्रचुर मात्रा में डेटा तो होता है, लेकिन वे मूल्यवान और उपयोगी निष्कर्ष निकालने

के लिए जूझते रहते हैं। इसका कारण अपर्याप्त टूल, तकनीक, कौशल या डेटा-प्रेरित संस्कृति की कमी हो सकता है, जो डेटा-प्रेरित निर्णय-निर्माण को बढ़ावा दे।

- "डेटा पैराडॉक्स" में फंसे संगठनों में तीन प्रमुख लक्षण दिखाई देते हैं - पहला, उनके डेटा संबंधी प्रयास बहुत महंगे और समय लेने वाले होते हैं। दूसरा, उनकी टीमों के पास डेटा-प्रेरित निर्णय-निर्माण के लिए आवश्यक सही डेटा नहीं होता। और तीसरा, वे उस डेटा का प्रभावी ढंग से इस्तेमाल नहीं कर पाते जो पहले से उनके पास उपलब्ध है, ताकि इच्छित प्रभाव पैदा किया जा सके।
- हालांकि कई संगठन इन लक्षणों को पहचानते हैं और उन्हें तकनीकी प्रगति तथा निवेश के जरिए हल करने का प्रयास भी कर चुके हैं, लेकिन डेटा से जुड़ी चुनौतियां बनी रहती हैं। यह स्पष्ट है कि केवल तकनीकी समाधान पर्याप्त नहीं हैं, बल्कि हमें इन लक्षणों की गहराई में जाकर उनकी जड़ कारणों को समझने की आवश्यकता है।

5

मूल कारण

भौतिक से अधिक तार्किक

'हर प्रभाव के पीछे कोई मूल कारण होता है। प्रभाव को सुधारने के बजाय मूल कारण को खोजकर उसे दूर कीजिए, क्योंकि प्रभाव को तो सुधारने की कोई सीमा ही नहीं है।'

~ अज्ञात

जब कोई किसी डॉक्टर से परामर्श लेता है, तो डॉक्टर आपकी समस्याओं को ध्यान से सुनता है, गहराई से सवाल पूछता है और अपनी धारणाओं की पुष्टि करने के लिए टेस्ट कराने को भी कह सकता है। और केवल इस तरह की गहन जांच के बाद ही वह उपचार लिखता है। हम सभी कभी-कभी स्वयं ही दवा लेने की ग़लती करते हैं, लेकिन बिना सही परामर्श के दवा लेने से, अक्सर लक्षण फिर से उभर आते हैं। ख़ासकर अलग-अलग तरह के फ़्लू, वायरल, बैक्टीरिया, एलर्जिक तो फैलते ही रहते हैं। लक्षण एक जैसे होने पर भी इलाज अलग-अलग होता है। तो फिर डॉक्टर की ज़रूरत क्यों? डॉक्टर सही सवाल पूछने, लक्षणों को जोड़ने और उन छिपे हुए कारणों की पहचान करने में माहिर होते हैं, जिन्हें हम ख़ुद नहीं समझ पाते।

इसलिए, यह ज़रूरी है कि समस्या की जड़ तक पहुंचा जाए, ना कि केवल ऊपर-ऊपर से उसे हल करने की कोशिश की जाए। इस अध्याय में, मैं डेटा पैराडॉक्स के तीन लक्षणों को गहराई से समझाऊंगा ताकि असली कारणों की पहचान की जा सके और प्रभावी समाधान पाया जा सके।

प्रभाव का मूल कारण

विज्ञान का सबसे बुनियादी नियम 'कारण और प्रभाव का नियम' है। हर प्रभाव का कोई कारण होता है। हालांकि मुझे नहीं मालूम कि वो कौन लोग हैं, जो ये कहते हैं कि सब कुछ किसी न किसी वजह से होता है। इसी नियम से मूल कारणों का नियम निकलता है। हर

समस्या अपने मूल कारणों से पैदा होती है। और अगर कई कोशिशों के बावजूद कोई समस्या बनी रहती है, तो इसका मतलब है कि हम मूल कारण तक पहुंचे ही नहीं। ऐसे में एक ही रास्ता है, कारणों की कड़ी पकड़ कर नीचे तक जाना, और समस्या की जड़ पहचानना।

मूल कारण विश्लेषण (रूट कॉज एनालिसिस-आरसीए) व्यापार की ही नहीं, किसी भी समस्या को सुलझाने के लिए, सदियों से किसी न किसी रूप में अपनाया गया, और परख़ा हुआ तरीक़ा है। आरसीए का सबसे शुरुआती, और व्यवस्थित इस्तेमाल इंजीनियरिंग में देखने को तब मिला, जब टोयोटा इंडस्ट्रीज कंपनी के संस्थापक साकिची टोयोडा ने इसे शॉपफ़्लोर पर अपनाया। ***'5 व्हाई' विधि - पांच बार 'क्यों' पूछिए - का इस्तेमाल 1958 में टोयोटा प्रोडक्शन सिस्टम में विनिर्माण प्रक्रियाओं के डिज़ाइन के लिए पहली बार किया गया था। बाद में ये तरीक़े सिक्स सिग्मा, केपीआई ट्रीज आदि में विकसित हुए, लेकिन सार वही रहा। हर समस्या की जड़ कुछ ही मूल कारण होते हैं,*** जबकि ऊपर दिखती परत पर लक्षण बहुत से होते हैं। इसलिए ख़ुदाई करते रहिए, जब तक ऐसा कारण ना मिल जाए, जिसे ठीक किया जा सके और जो समस्या को उसके स्रोत पर ख़त्म कर दे।

असुंतलित ध्यान : भौतिक बनाम तार्किक

मेरे अनुभव में जब संगठन ख़ुद को डेटा की बाढ़ में घिरा हुआ पाते हैं, तो वे अक्सर इसे सुलझाने के लिए भौतिक इंफ़्रास्ट्रक्चर को बढ़ाने की कोशिश करते हैं। यह अपने आप में एक जटिल काम होता है, जिसमें पुराने इंफ़्रास्ट्रक्चर को जोड़ना और उसे आधुनिक बनाना होता है।

Root cause of Data Paradox: Organizations have disproportionate focus on solving physical issues

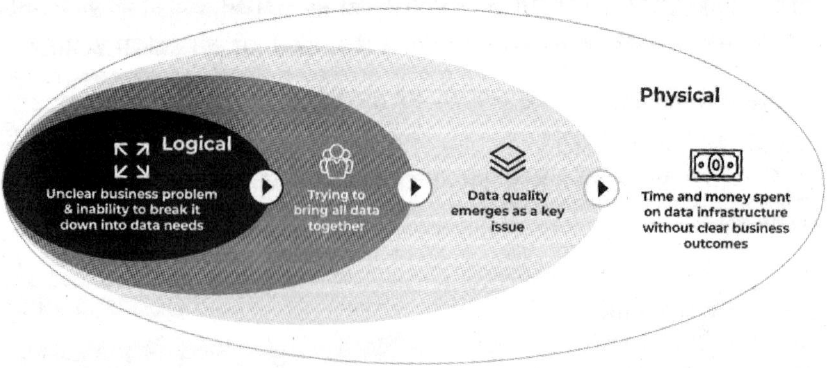

Unless organizations focus on the logical issues, investments in the physical issues will continue to result in sub-optimal impact

इस डेटा इंफ्रास्ट्रक्चर से उम्मीद की जाती है कि यह कंपनी की हर मौजूदा और भविष्य की व्यावसायिक समस्या का समाधान देगा। इसी कारण संगठन अक्सर विशाल डेटा इंफ्रास्ट्रक्चर खड़ा करते चले जाते हैं, लेकिन उन्हें यह स्पष्ट पता नहीं होता कि असल व्यावसायिक समस्या क्या है, इसलिए वे अपनी डेटा ज़रूरतों को सीमित नहीं कर पाते। जब यह स्पष्टता नहीं होती कि किस डेटा की ज़रूरत है, किसकी नहीं, तो वे बहुत ज़्यादा डेटा मांगना शुरू कर देते हैं। यह एक आम ग़लतफहमी से प्रेरित होता है कि अगर वे सारा डेटा जुटा लेंगे, उसे एक जगह जमा कर लेंगे और प्रोसेस कर लेंगे, तो उन्हें समाधान मिल ही जाएगा। दुर्भाग्य से जब और ज़्यादा डेटा एकत्र होता जाता है, जो अलग-अलग प्रकृति का होता है और जिसका वॉल्यूम और स्पीड लगातार बढ़ते रहते हैं, तो उस डेटा की सही हालत और गुणवत्ता बनाए रखना असंभव हो जाता है। नतीजतन डेटा क्वालिटी की समस्याएं उभरने लगती हैं। इनसे निपटने के लिए संगठन तकनीकी इंफ्रास्ट्रक्चर पर भारी निवेश करते हैं, जो यह वादा करता है कि शुरू से ही इन समस्याओं का हल देगा। और यह दुष्चक्र लगातार चलता रहता है, और अक्सर तब तक चलता रहता है, जब तक यह अप्रबंधनीय ना हो जाए और स्थिति ठहराव पर ना पहुंच जाए। व्यावसायिक समस्या को हल करने के लिए ***भौतिक*** निवेश पर यह असंतुलित ध्यान देना अक्सर डेटा पहलों के कमज़ोर असर का कारण बनता है। जैसे अधिक स्टोरेज और कंप्यूटिंग क्षमता पर ख़र्च करना, और ***तार्किक पहलुओं*** पर उचित ध्यान ना देना। तार्किक पहलुओं पर ध्यान देने का मतलब है, व्यावसायिक समस्या को सटीक रूप से परिभाषित करना और तमाम विभागों के सहयोग से डेटा की वास्तविक ज़रूरतों तक पहुंचना।

हमें पिछले अध्याय में पहचाने गए तीनों लक्षणों की कारण-श्रृंखला का अनुसरण करना होगा।

लक्षण 1: डेटा पहलों की लागत बहुत अधिक होती है और समय भी बहुत ज़्यादा लगता है

मैं इस किताब की शुरुआत से ही इस बात पर ज़ोर दे रहा हूं कि बिग डेटा की दुनिया में डेटा की मात्रा तेज़ी से और गुणात्मक दर से बढ़ी है। इसने डेटा ब्रह्मांड को ऐसी गति से फैलाया है, जो पहले कभी नहीं देखी गई। आज संगठनों के पास भारी मात्रा में डेटा है, जो ख़तरनाक गति से लगातार आता जा रहा है। इस उपलब्ध डेटा से अधिकतम लाभ लेने के लिए संगठन इसे अपने निर्णय लेने की प्रक्रिया में इस्तेमाल करने की कोशिश कर रहे हैं। इसका नतीजा बड़े और जटिल डेटा प्रोजेक्ट के रूप में सामने आते हैं। हालांकि यह उतना आसान नहीं है, जितना सुनाई देता है।

पहली चुनौती तो यह है कि संगठन अपने पुराने तकनीकी ***इंफ्रास्ट्रक्चर को आधुनिक बनाने और उसे नए डेटा के साथ जोड़ने में कठिनाई महसूस कर रहे हैं।*** यह पारंपरिक

तकनीकी ढांचा ना तो इतने बड़े पैमाने के डेटा को संभालने के लिए बना है और ना ही असंरचित डेटा को प्रभावी ढंग से संभाल पाता है। साथ ही, इसे नए सिस्टम और प्रक्रियाओं से जोड़ना भी कठिन होता है। मौजूद डेटा ढेर इस समस्या को और गंभीर बना देते हैं, जो डेटा को जोड़ने में भौतिक और तार्किक दोनों स्तरों पर रुकावट पैदा करते हैं। एक सर्वेक्षण के अनुसार, किसी संगठन के आईटी बजट का लगभग 15 प्रतिशत हिस्सा केवल पारंपरिक सिस्टम को बनाए रखने में ख़र्च होता है, जबकि एक अन्य अध्ययन के मुताबिक़ औसतन 40 प्रतिशत आईटी बजट आईटी आधुनिकीकरण पर ख़र्च हो रहा है।

दूसरी चुनौती यह है कि फ़ैसला लेने वाले लोग या तो आवश्यक प्रयास नहीं कर रहे, या वे डेटा की आवश्यकताओं को स्पष्ट रूप से परिभाषित नहीं कर पा रहे हैं। अक्सर डेटा/टेक टीम और व्यावसायिक उपयोगकर्ताओं के बीच यह बातचीत ही नहीं होती कि वास्तव में किस डेटा की ज़रूरत है। वास्तव में, 41 प्रतिशत व्यवसायों को अपनी आईटी आधुनिकीकरण पहलों को या तो टालना पड़ता है या छोड़ना पड़ता है, क्योंकि उनकी प्राथमिकताएं आपस में टकराती हैं या उनकी रणनीति ही स्पष्ट नहीं होती है। नतीजतन वे मान लेते हैं कि जितना अधिक डेटा इकट्ठा किया जाएगा, उत्तर उतना ही अधिक मिलेगा। इस सोच में वे बहुत ज़्यादा डेटा मांगने और उसके साथ काम करने लगते हैं। हालांकि जब संगठन यह 'बॉटम-अप' तरीक़ा अपनाते हैं, यानी उपलब्ध सभी डेटा से शुरुआत करते हैं, तो डेटा क्वालिटी की निगरानी और रख-रखाव एक बड़ी समस्या बन जाता है। क्यों? क्योंकि बिग डेटा की जो प्रकृति है, जिसे मैंने पहले अध्याय में 3V के रूप में समझाया था, वह डेटा क्वालिटी बनाए रखना बेहद कठिन बना देती है।

कमज़ोर डेटा क्वालिटी किसी संगठन को समय और धन दोनों का नुक़सान करा सकती है। अनुमान है कि यह कंपनियों को सालाना 12.9 मिलियन डॉलर तक का नुक़सान पहुंचाती है। सीधे राजस्व पर प्रभाव के अलावा, ख़राब डेटा क्वालिटी लंबे समय में लगातार जुड़ती जाती है और ग़लत निर्णयों या भ्रामक नतीजों का कारण बनती है।

समस्याएं मामूली भी हो सकती हैं, जैसे किसी ग्राहक का पिन कोड ग़लत होने पर माल ग़लत पते पर भेज दिया जाना, और गंभीर भी हो सकती हैं, जैसे अनुपालन से जुड़े जोख़िम जो बड़े डेटा उल्लंघनों का कारण बनते हैं और संगठन की साख को गहरी चोट पहुंचाते हैं।

Issue 1: Data initiatives cost too much and take too long

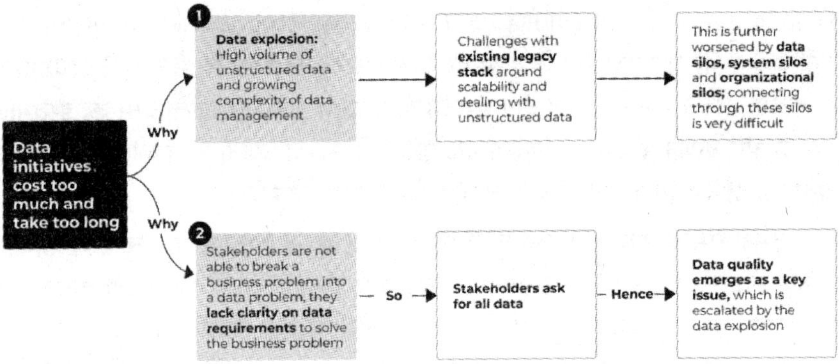

लक्षण II : टीमों के पास उनकी ज़रूरत का डेटा होता ही नहीं

शुरुआत पहली समस्या से करते हैं, जो है टीमों और निर्णय लेने वालों तक सही और प्रासंगिक अंतर्दृष्टियां पहुंच पाने की। क्यों? सबसे पहले, जो अंतर्दृष्टियां उपलब्ध कराई जाती हैं, वे अक्सर वही नहीं होती, जिनकी व्यावसायिक ज़िम्मेदारों को ज़रूरत होती है। डेटा प्रोसेसिंग और एनालिसिस करने वाले लोग हमेशा यह नहीं समझ पाते कि कारोबारी मालिक वास्तव में क्या चाहते हैं। इसका बड़ा कारण है, बिज़नेस टीम और डेटा टीम के बीच सहयोग की कमी। अब कारोबारी मालिक शुरुआत से ही अंतर्दृष्टियां तैयार करने की प्रक्रिया में शामिल नहीं होते, इसलिए व्यावसायिक समस्या को सही तरह से परिभाषित करना संभव नहीं हो पाता। नतीजा यह होता है कि ज़्यादातर अंतर्दृष्टियां या तो पूरी तरह ग़लत दिशा में निकल जाती हैं, या इतनी ज़्यादा होती हैं कि कारोबारी मालिक सही जानकारी चुन ही नहीं पाते। इसीलिए, ढेर सारी जानकारियां बनने के बावजूद, उनमें से अधिकतर या तो काम की नहीं होतीं या फिर वांछित नतीजा नहीं दिला पातीं। 2022 में केवल हर पांच में से एक डेटा एनालिटिक्स अंतर्दृष्टि से ही अपेक्षित व्यावसायिक नतीजे मिले। इसके अलावा, सही तरह का विशेष डेटा टैलेंट भी कम है। सिर्फ़ डेटा स्किल्स ही काफ़ी नहीं हैं, बल्कि आज कहानी कहने की क्षमता, समस्या सुलझाने की योग्यता और गहरी व्यावसायिक समझ भी ज़रूरी है। यह मिश्रण दुर्लभ होता है, इसलिए संगठनों को ऐसे लोगों को आकर्षित करने और बनाए रखने में दिक़्क़त आती है। नतीजतन, वे ऐसे बिज़नेस प्रासंगिक अंतर्दृष्टियां नहीं दे पाते, जिन्हें गैर-तकनीकी बिज़नेस यूजर आसानी से समझ और इस्तेमाल कर सकें।

एक और चुनौती यह है कि आज भी अधिकतर एनालिटिकल अंतर्दृष्टियां केवल वर्णनात्मक स्तर की होती हैं। उनसे पता चलता है कि क्या हुआ है, लेकिन यह नहीं पता चलता कि क्यों हुआ और उससे भी ज़्यादा ज़रूरी, ये पता नहीं चलता कि अब आगे क्या

किया जाना चाहिए। एनालिटिकल टूल्स के व्यापक इस्तेमाल के बावजूद, ज़्यादातर संगठन अब भी परिपक्वता के बहुत निचले स्तर पर हैं। 2018 में 87 प्रतिशत से ज़्यादा संगठनों को लो बिज़नेस इंटेलिजेंस (बीआई) और एनालिटिक्स मैच्योरिटी वाला बताया गया था। यानी वे अब भी बुनियादी स्तर के टूल्स पर काम कर रहे हैं। जैसा कि मैंने पहले अध्यायों में भी बताया, हर दस में से केवल तीन संगठन ही पूर्वानुमानात्मक एनालिटिक्स का इस्तेमाल करते हैं और केवल 3 प्रतिशत निर्देशात्मक एनालिटिक्स का। यानी टीमों को सही क़िस्म की जानकारी ही नहीं मिल पाती, जिनसे वे डेटा-प्रेरित फ़ैसले ले सकें।

दूसरी समस्या यह है कि जब टीमों को यह स्पष्ट हो भी जाता है कि उन्हें कौन-सा डेटा चाहिए, तब भी वे उपलब्ध डेटा तक पूरी तरह और प्रभावी ढंग से पहुंच नहीं बना पातीं। यहां संगठन के अंदर बने 'ढेर' बड़ी रुकावट पैदा करते हैं और डेटा से मिलने वाले लाभ को सीमित कर देते हैं। परंपरागत रूप से टीमें अलग-अलग काम करने की आदी रही हैं और अक्सर वे दूसरी इकाइयों के साथ जानकारी साझा करने के लिए तैयार नहीं होतीं। कभी यह जानकारी छिपाकर रखने वाली पुरानी सोच की वजह से होता है और कभी उन पुराने सिस्टम की वजह से, जो तमाम विभागों के बीच डेटा का सहज आदान-प्रदान रोकते हैं। यही मुख्य कारण है कि टीमों के पास समग्र दृष्टि नहीं होती, जो प्रभावी डेटा-प्रेरित फ़ैसले लेने के लिए ज़रूरी है। यही वजह है कि 97 प्रतिशत अधिकारी मानते हैं कि डेटा के ढेरों का व्यवसाय पर नकारात्मक असर पड़ता है।

डेटा तक सीमित पहुंच का एक और कारण है सुरक्षा को लेकर कमज़ोर सोच। ज़्यादातर संगठन एक जैसी सुरक्षा नीतियां अपनाते हैं, चाहे किसी की भूमिका कुछ भी हो या ज़रूरत अलग-अलग क्यों ना हो। यह तरीक़ा भी डेटा की उपलब्धता और उसके सही इस्तेमाल में बाधा डालता है।

Issue 2: Teams don't have the data they need

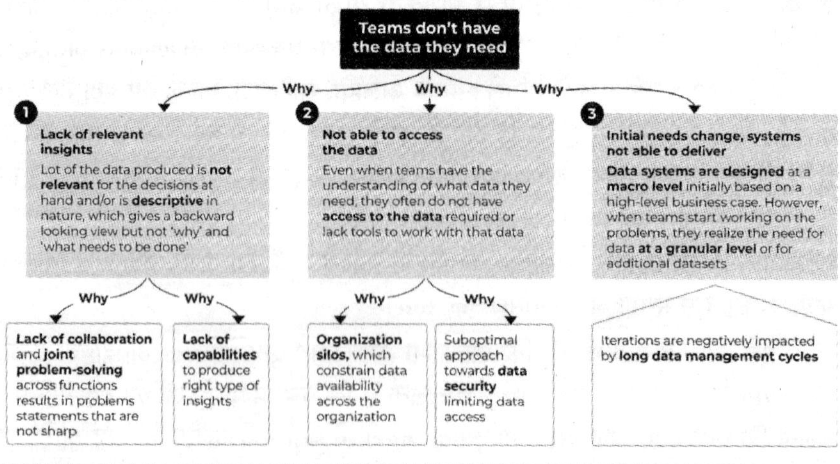

तीसरी समस्या आज की व्यावसायिक चुनौतियों की बदलती प्रकृति से जुड़ी है। जैसे-जैसे व्यावसायिक समस्याएं बदलती रहती हैं, वैसे-वैसे डेटा की ज़रूरतें भी बदलती हैं। इसका नतीजा यह होता है कि फ़ैसला लेने वालों को समय पर सही डेटा नहीं मिल पाता। इसकी वजह है लंबे डेटा प्रबंधन चक्र, जिनमें तेज़ी से बदलाव या नए दौर की ज़रूरतों को शामिल करना आसान नहीं होता। डिज़ाइन चरण में डेटा पाइपलाइन बड़े परिदृश्य को ध्यान में रखकर बनाई जाती हैं। हालांकि जब इन्हें फ़ैसला लेने के लिए इस्तेमाल किया जाता है, तो टीमों को अक्सर महसूस होता है कि उन्हें या तो और अधिक बारीक़ जानकारी चाहिए या फिर अलग तरह की जानकारी चाहिए। इन लगातार बदलती डेटा आवश्यकताओं को पूरा करना मुश्किल हो जाता है, क्योंकि डेटा प्रबंधन चक्र लंबे और जटिल होते हैं और सिस्टम डिज़ाइन की सीमाएं भी इसमें बाधा डालती हैं।

लक्षण III : टीमें अपने पास मौजूद डेटा का प्रभावी इस्तेमाल नहीं कर पातीं

टीमों के डेटा का प्रभावी इस्तेमाल न कर पाने की एक बड़ी वजह यह है कि वे डेटा का इस्तेमाल सही तरीक़े से करके फ़ैसले लेने और कार्रवाई करने में सक्षम नहीं होतीं। हालांकि जब उनके पास इतना सारा डेटा मौजूद है, तो ऐसा क्यों होता है? इसका कारण है कि ज़्यादातर लोग गैर-तकनीकी पृष्ठभूमि से आते हैं और उनके पास डेटा का इस्तेमाल करने या उसे सही तरह से समझने का ज्ञान सीमित होता है। नतीजतन, वे या तो डेटा का ग़लत तरीक़े से इस्तेमाल करते हैं या फिर इस्तेमाल करते ही नहीं और इसके बजाय अपने अनुभव या अनुमान पर भरोसा करके अहम फ़ैसले ले लेते हैं। डेटा का इस्तेमाल करने की यह कमी और उसके लिए तरीक़ों का ना होना इस बात का सबूत है कि संगठन में डेटा संस्कृति की कमी है। कई सालों से डेटा विस्फोट हो रहा है, इसके बावजूद यह समस्या आज भी कई संगठनों में गहराई से मौजूद है। दरअसल, दशकों से संगठन जिस तरह से काम करते आए हैं, वही उनकी कार्यसंस्कृति का हिस्सा बन गया है और इसमें बदलाव लाने के लिए संगठन के डीएनए में ही गहरे सुधार की ज़रूरत है। वास्तव में, डेटा संस्कृति की कमी को डेटा और एनालिटिक्स से पूरा लाभ ना उठा पाने की चुनौतियों में सबसे अहम माना गया है। इसके अलावा, जैसा मैंने लक्षण-II में भी बताया था, एक और बड़ी समस्या है सही कौशल वाले डेटा टैलेंट की कमी। केवल डेटा एक्सपर्ट होना ही काफ़ी नहीं है, बल्कि समस्या सुलझाने की क्षमता, कहानी कहने की योग्यता और गहरी व्यावसायिक समझ जैसी ख़ूबियां भी ज़रूरी हैं। इसी वजह से जो जानकारियां तैयार होती हैं, वे अक्सर या तो व्यावसायिक समस्या से मेल नहीं खातीं या इतनी प्रभावी नहीं होतीं कि उन्हें डेटा-प्रेरित फ़ैसले लेने और ठोस कार्रवाई करने में इस्तेमाल किया जा सके।

डेटा का प्रभावी उपयोग ना होने का एक और कारण यह है कि लोग डेटा पर भरोसा नहीं करते, क्योंकि वे पूरे डेटा प्रोसेस का हिस्सा नहीं होते। इसकी मुख्य वजह यह है कि

बिज़नेस, टेक्नोलॉजी और ऑपरेशंस टीमें अलग-अलग काम करती हैं और समस्या की पहचान की प्रक्रिया को मिलकर आगे नहीं बढ़ातीं। अधिकतर यह काम डेटा या टेक टीम ही करती है, जिनके पास बिज़नेस का पूरा दृष्टिकोण होता ही नहीं है। इसके अलावा, आज के जटिल डेटा इकोसिस्टम में डेटा की साफ़-साफ़ ज़िम्मेदारी तय नहीं है। टचप्वाइंट बढ़ने के कारण वैल्यू चेन में कई स्टेकहोल्डर अलग-अलग गति और पैमाने पर डेटा में योगदान देते हैं। नतीजतन, कोई भी एक टीम डेटा की गुणवत्ता को पूरी तरह नियंत्रित या बनाए नहीं रख पाती। यही वजह है कि अन्य टीमें भी इसे भरोसे से इस्तेमाल करने में हिचकती हैं।

Issue 3: Teams are not effective with the data they have

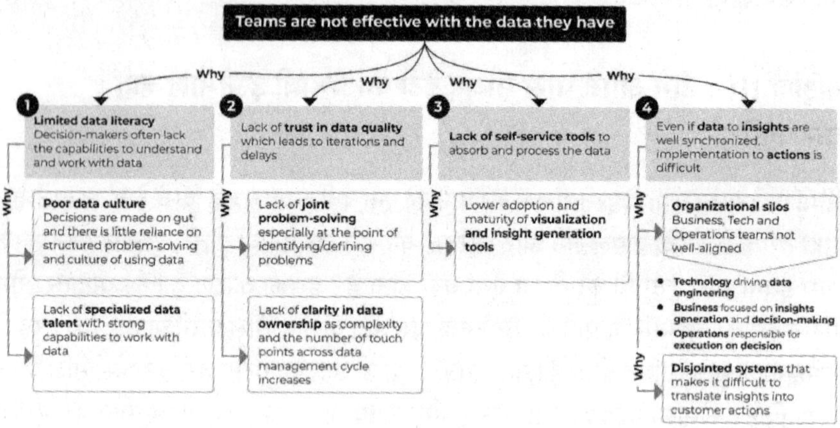

तीसरा कारण यह है कि प्रभावी सेल्फ़-सर्विस टूल्स की कमी है, जो डेटा को आसानी से समझने और इस्तेमाल करने में मदद कर सकें। ये टूल्स ऐंड यूजर को डेटा के साथ ख़ुद काम करने और अपनी ज़रूरत के हिसाब से उसे इस्तेमाल करने की सुविधा देते हैं, जो डेटा का पूरा लाभ उठाने के लिए बहुत ज़रूरी है। हालांकि संगठनों में इनसाइट जनरेशन और विज़ुअलाइजेशन टूल्स की अपनाने की दर बहुत कम है। मझोले से बड़े संगठनों में बिज़नेस इंटेलिजेंस (बीआई) टूल्स की औसत अपनाने की दर सिर्फ़ क़रीब 15 प्रतिशत है।

और आख़िर में, और उतनी ही ज़रूरी बात ये कि यह समस्या आती है कि भले ही डेटा और अंतर्दृष्टि तैयार करने की प्रक्रिया में अच्छी तरह से तालमेल हो, लेकिन उन्हें वास्तविक कार्रवाई में बदलना बेहद कठिन होता है। इसका कारण यह है कि अंतर्दृष्टि को कार्रवाई में बदलने की प्रक्रिया अलग-अलग विभागों के बीच सहयोगात्मक तरीक़े से होती ही नहीं। संगठनात्मक ढांचे में हर टीम या विभाग अपनी-अपनी ज़िम्मेदारियों में बंटा हुआ होता है और वे मिलकर काम नहीं करते। नतीजतन, किसी भी अंतर्दृष्टि को प्रभावी ढंग से कार्रवाई में बदलना मुश्किल हो जाता है। उदाहरण के लिए, टेक्नोलॉजी टीम डेटा इंफ़्रास्ट्रक्चर को

संभालती है, बिज़नेस टीम उस समय की व्यावसायिक समस्या के आधार पर अंतर्दृष्टि तैयार करती है, जबकि ऑपरेशन टीम उन निर्णयों को लागू करने की ज़िम्मेदारी निभाती है।

इसके अलावा, बिखरे और असंबद्ध सिस्टम इस चुनौती को और बढ़ा देते हैं। अधिकतर संगठनों में उपयोग हो रहे सिस्टम आपस में अच्छे से जुड़े या एकीकृत नहीं होते। इसी कारण डेटा या अंतर्दृष्टि को एक सिस्टम से दूसरे सिस्टम में ले जाकर कार्रवाई तक पहुंचाना संभव नहीं हो पाता। यह असंगति अमल को बेहद कठिन बना देती है।

कुल मिलाकर 9 मूल कारण :

अगर आप ध्यान से उन तमाम समस्याओं को देखें, जिन्हें मैंने तीन मुख्य लक्षणों के तहत गिनाया है, तो दो बातें स्पष्ट दिखती हैं। पहली यह कि इनमें से कई समस्याएं आपस में किसी न किसी रूप में एक-दूसरे से जुड़ी हुई हैं, जैसे आईटी, बिज़नेस और ऑपरेशंस के बीच तालमेल की कमी। दूसरी बात यह कि इन समस्याओं की प्रकृति में कुछ समानताएं भी हैं। उदाहरण के लिए, किसी बिज़नेस समस्या को ठीक से हिस्सों में नहीं बांट पाना पूरी तरह एक 'तार्किक' समस्या है, जबकि सेल्फ़-सर्विस टूल्स का न होना एक 'भौतिक' समस्या है। वहीं, डेटा-गुणवत्ता जैसी दिक्कत में दोनों पहलू यानी भौतिक और तार्किक शामिल होते हैं। इस तरह जब मैं इन सभी मूल कारणों को एक जगह रखकर देखता हूं तो कुछ साझा विषय-वस्तुएं या बुनियादी कारण सामने आते हैं। ये नौ मूल कारण इस प्रकार हैं :

1. **उद्देश्यों की स्पष्टता और उन्हें डेटा आवश्यकताओं में संक्षिप्त करने की क्षमता :** चूंकि हितधारक व्यावसायिक समस्या को स्पष्ट रूप से परिभाषित नहीं कर पाते और अपनी डेटा आवश्यकताओं को सीमित नहीं कर पाते, इसलिए वे अत्यधिक मात्रा में डेटा मांग बैठते हैं। इसके अलावा, उन्हें प्रासंगिक अंतर्दृष्टियां नहीं मिलतीं, क्योंकि जो डेटा मिलता है, वह उनकी वास्तविक आवश्यकता से मेल नहीं खाता। अलग-अलग कार्य करने के कारण डेटा टीमें प्रायः कारोबारी मालिकों के साथ मिलकर समस्याओं को सही ढंग से परिभाषित नहीं करतीं। नतीजतन पैदा हुईं अधिकतर अंतर्दृष्टियां केवल वर्णनात्मक प्रकृति की होती हैं, जबकि कारोबारी मालिकों को यह जानना होता है कि कार्रवाई क्यों और कैसे की जाए। इस प्रकार, संभवतः डेटा पैराडॉक्स का सबसे बड़ा मूल कारण यही है कि व्यावसायिक समस्याओं पर स्पष्टता का अभाव होता है, जिसके कारण डेटा आवश्यकताओं को परिष्कृत नहीं किया जा पाता।
2. **डेटा-गुणवत्ता से जुड़ी समस्याएं :** बहुत अधिक मात्रा में डेटा होने के कारण इतने बड़े और लगातार बदलते डेटासेट की गुणवत्ता की निगरानी और प्रबंधन करना कठिन हो ही जाता है। और टीमों को तो यह स्पष्ट होता नहीं कि निष्कर्ष किस प्रकार निकाले गए हैं और इन निष्कर्षों तक पहुंचने के लिए किस गुणवत्ता के डेटा का इस्तेमाल किया गया

Data Paradox: Bringing all the root causes together

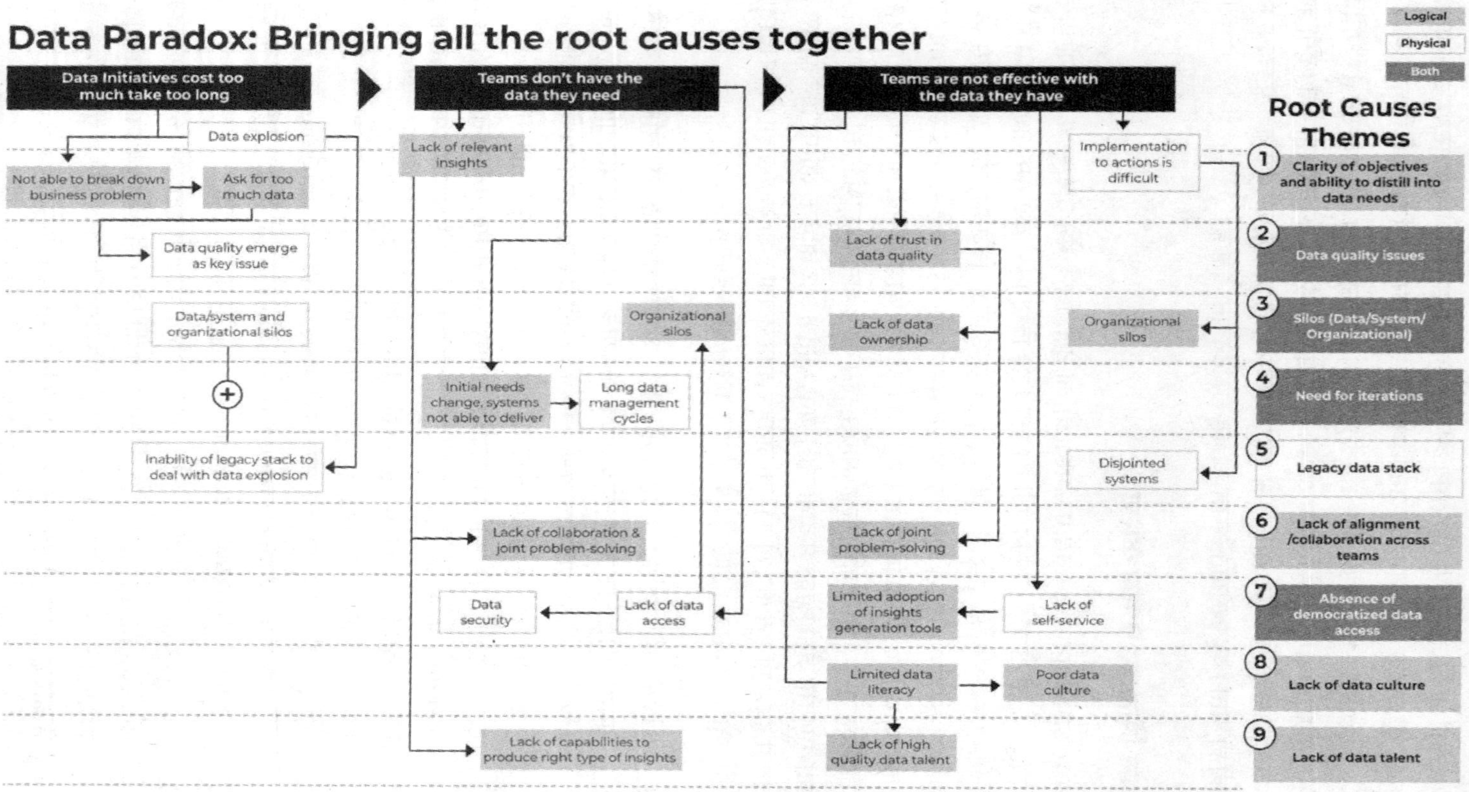

है, इसलिए वे इनका इस्तेमाल करने में हिचकिचाते हैं। इस प्रकार, दूसरा सबसे बड़ा मूल कारण है, डेटा-गुणवत्ता को लेकर चिंताएं, जो डेटा के अपर्याप्त या कम प्रभावी इस्तेमाल की ओर ले जाती हैं।

3. **साइलो (डेटा/सिस्टम/संगठन) :** चाहे वह सिस्टम हो, टीम हो या डेटा ख़ुद हो, किसी भी संगठन में कई तरह के साइलो या ढेर मौजूद होते हैं, जो डेटा से मिलने वाले मूल्य को सीमित कर देते हैं। इन साइलो की वजह से टीमों के पास वह सारा डेटा उपलब्ध नहीं हो पाता, जिसकी उन्हें आवश्यकता होती है। साथ ही, डेटा के स्वामित्व को लेकर अस्पष्टता होने के कारण वे इसका इस्तेमाल करने से भी क़तराते हैं। ये साइलो संगठन के भीतर टीमों के आपसी सहयोग में भी रुकावटें पैदा करते हैं, जिससे डेटा का प्रभावी इस्तेमाल और ख़ासकर अंतर्दृष्टियों को ठोस कार्यों में बदलना कठिन हो जाता है।

4. **दोहराव की आवश्यकता :** आज व्यवसायों का माहौल लगातार बदल रहा है, जहां डेटा बहुत बड़े पैमाने पर, अलग-अलग रूपों और तेज़ गति से आता है। इसी कारण व्यावसायिक समस्याओं का स्वरूप भी बदलता रहता है और साथ ही डेटा की ज़रूरतें भी लगातार बदलती रहती हैं। ऐसे में डेटा को बार-बार दोहराकर इस्तेमाल करने की ज़रूरत होती है। हालांकि लंबे डेटा प्रबंधन चक्रों के कारण यह संभव नहीं हो पाता। इसकी सबसे बड़ी वजह यह है कि पुराने सिस्टम बड़े पैमाने पर डेटा को संभालने और उसे तेज़ी से, रियल टाइम में, समझ में आने वाली अंतर्दृष्टियों में बदलने में सक्षम नहीं हैं। इसके ऊपर, और भी बड़ी समस्या यह है कि जटिल पुरानी प्रक्रियाएं इस सोच पर चलती हैं कि "पहली बार में ही सब सही करना है।" इसका मतलब है, ज़्यादा समय लगाना, बार-बार परीक्षण और विश्लेषण करना ताकि पहली बार में ही पूरी तरह सही हो। यह सोच लचीलेपन और प्रयोगधर्मी प्रक्रियाओं को अपनाने में कठिनाई पैदा करती है।

5. **पारंपरिक डेटा ढांचा :** एक और मुख्य कारण है, पुराने इंफ्रास्ट्रक्चर से जुड़ी सीमाएं, जिन्हें अपग्रेड या नए सिस्टम और प्रक्रियाओं के साथ जोड़ने में ज़्यादातर संगठन दिक़्क़त महसूस कर रहे हैं। इसका नतीजे में अधिक ख़र्च होता है और प्रबंधन तथा एकीकरण में अधिक समय लगता है। यह पारंपरिक ढांचा समय के साथ अलग-अलग सिस्टम को जोड़कर बना है, जिनमें से कई अलग-अलग संगठनों से लिए गए थे। इसकी सबसे बड़ी कमी है- बिग डेटा, ख़ासकर असंरचित डेटा, का सही इस्तेमाल करके अंतर्दृष्टियां निकालने की क्षमता का ना होना। इस पारंपरिक ढांचे में स्केलेबिलिटी, लचीलापन और बारीक़ी से काम करने की क्षमता की कमी होती है। यह समस्या अक्सर संगठनों को अच्छी तरह समझ आती है और वे इसे ही सबसे पहले हल करने की कोशिश भी करते हैं, लेकिन व्यवस्थित तरीक़े की कमी के कारण इसे प्रभावी ढंग से हल कर नहीं पाते।

6. **टीमों के बीच तालमेल/सहयोग की कमी :** व्यवसाय, आईटी और परिचालन टीमों के बीच सहयोग की कमी के कारण डेटा रणनीतियां स्पष्ट रूप से परिभाषित नहीं हो पातीं। जब तीनों टीमें मिलकर काम नहीं करतीं, तो इस सहयोग की कमी का असर पूरे डेटा चक्र पर पड़ता है, यानी समस्या पहचान से लेकर अंतर्दृष्टियां बनाने और फिर उन पर अमल करने तक इसका असर होता है। अक्सर टीमें निकाली गई अंतर्दृष्टियों पर सहमत नहीं हो पातीं, और सहमत हो भी जाएं, तो संगठन के अलग-अलग हिस्सों में विभाजित कार्यप्रणालियां उन्हें मिलकर लागू करने में मुश्किल पैदा करती हैं। यह कारण, पहले कारण के साथ मिलकर, संगठनों के डेटा पैराडॉक्स में फंसे रहने की सबसे अहम वजहों में से एक होता है।

7. **लोकतांत्रिक ढंग से डेटा उपलब्ध ना होना :** परंपरागत रूप से संगठन अलग-अलग हिस्सों में काम करते हैं और टीमें एक-दूसरे से डेटा साझा करने के लिए खुली नहीं होतीं। इस कारण टीमों के पास पूरे डेटा को समझने की क्षमता नहीं होती, जिससे फ़ैसले लेने की प्रक्रिया पर नकारात्मक असर पड़ता है। इसके अलावा, बड़े डेटा की दुनिया में डेटा सुरक्षा भले ही एक अहम मुद्दा है, लेकिन संतुलित तरीक़ा ना अपनाने पर यह आसानी से एक बाधा बन जाता है और मूल्य श्रृंखला के अलग-अलग स्तरों पर काम करने वाले निर्णयकर्ताओं को डेटा तक सुगम पहुंच नहीं मिल पाती। और अगर किसी तरह व्यवसाय से जुड़े लोगों को डेटा उपलब्ध भी करा दिया जाए, तो सीमित स्तर पर अपनाए गए सेल्फ़-सर्विस टूल्स की वजह से उसे उनकी ज़रूरत के अनुसार समझना और अंतर्दृष्टि में बदलना आसान नहीं होता। ये चुनौतियां इस ओर इशारा करती हैं कि डेटा का लोकतंत्रीकरण यानी सही समय पर सही व्यक्ति तक सही डेटा पहुंचना अब भी बड़ी समस्या है।

8. **डेटा संस्कृति का अभाव :** भले ही डेटा प्रचुर मात्रा में उपलब्ध हो और संगठन लगातार ऐसे टूल और सिस्टम लागू कर रहे हों जो उपयोगी जानकारियां निकाल सकें, फिर भी टीमें इसका इस्तेमाल करने में सक्षम नहीं हो पातीं। डेटा साक्षरता की कमी के कारण, ज़्यादातर व्यवसाय मालिक जो तकनीकी पृष्ठभूमि से नहीं आते, वे डेटा विश्लेषण और उसकी व्याख्या करने की क्षमता से वंचित रहते हैं, इसलिए वे डेटा का सही ढंग से इस्तेमाल नहीं कर पाते। ज़्यादातर संगठनों ने अब तक पूरे संगठन स्तर पर संरचित, डेटा-प्रेरित निर्णय लेने की पद्धति लागू नहीं की है। वे अब भी समस्याओं को सुलझाने के लिए अधिकतर अपने अनुमान और सहज अनुभव पर निर्भर रहते हैं। यह स्थिति डेटा-प्रेरित संस्कृति की कमी को दर्शाती है।

9. **उच्च गुणवत्ता वाले डेटा टैलेंट की कमी :** आख़िर में, टीमों के पास सही डेटा ना होने या उनके द्वारा उसका प्रभावी इस्तेमाल ना कर पाने का एक और प्रमुख कारण यह है कि किसी व्यावसायिक समस्या को शुरू से अंत तक हल करने के लिए जिस तरह के डेटा टैलेंट की आवश्यकता होती है, वह दुर्लभ है। कई डेटा विशेषज्ञ अच्छे डेटा प्रबंधन

और विश्लेषण कौशल रखते हैं, लेकिन उनमें समस्या-समाधान, प्रभावी प्रस्तुतीकरण (स्टोरीटेलिंग) और गहन व्यावसायिक समझ की कमी होती है। नतीजा यह होता है कि डेटा, व्यापार और आईटी के बीच एक दूरी बनी रहती है, क्योंकि डेटा विशेषज्ञ समस्या को पूरी तरह हल करने में योगदान नहीं कर पाते, जबकि यह अपेक्षित प्रभाव डालने के लिए बेहद ज़रूरी होता है। इस वजह से व्यापार, आईटी और परिचालन के बीच सहयोगात्मक प्रयास बुरी तरह प्रभावित होते हैं। यही कारण है कि पैदा की गई अंतर्दृष्टियां या तो अपेक्षा के अनुरूप नहीं होतीं या पूरी तरह वास्तविक व्यापारिक समस्या से कटी हुई रहती हैं।

अब अगर आप इन सभी समस्याओं को तार्किक, भौतिक या दोनों श्रेणियों में देखें, तो एक अहम तथ्य सामने आता है, जिसका जिक्र मैंने इस अध्याय की शुरुआत में ही किया था, कि संगठनों के सामने आने वाली समस्याएं ज़्यादातर तार्किक हैं, भौतिक नहीं। जिन मूल कारणों के विषय सामने आए हैं, उनमें से ज़्यादातर या तो पूरी तरह तार्किक हैं या उनमें तार्किक पहलू शामिल हैं। भौतिक समस्याएं तुलना में काफ़ी कम हैं। अब सोचिए, अगर आप अपना सारा समय और प्रयास केवल भौतिक समस्याएं हल करने में लगाएंगे, और बाक़ी समस्याएं आकार और जटिलता में बढ़ती जाएंगी, तो असली सवाल यह नहीं है कि आप एक विरोधाभासी स्थिति में फंसेंगे या नहीं, बल्कि यह है कि कब फंसेंगे।

मुख्य निष्कर्ष

- संगठन डेटा पैराडॉक्स से निपटने के लिए 'भौतिक' समस्याओं को सुलझाने में असमान रूप से ज़्यादा समय और धन ख़र्च करते हैं, लेकिन असल कारोबारी समस्याओं को हल किए बिना केवल डेटा और तकनीकी ढांचे को बढ़ाते जाने के दुष्चक्र में फंस जाते हैं।
- जब इन लक्षणों की गहराई से पड़ताल की जाती है, तो नौ मूल कारण सामने आते हैं, जिनमें से ज़्यादातर तार्किक प्रकृति के होते हैं या उनमें 'तार्किक' पहलू शामिल होता है। इन तार्किक समस्याओं का मतलब है, व्यावसायिक समस्याओं का स्पष्ट ना होना और उन्हें डेटा की आवश्यकताओं में विभाजित ना कर पाना।
- संगठनों को अपने दृष्टिकोण को दोबारा संतुलित करना होगा और 'तार्किक' समस्याओं के समाधान पर कहीं अधिक ध्यान केंद्रित करना होगा, वरना वे कभी भी डेटा पैराडॉक्स पर विजय नहीं पा सकेंगे और ना ही डेटा-फ़र्स्ट दुनिया में सफल हो पाएंगे।

खंड II

डेटा-फ़र्स्ट दुनिया में मूल्य को अधिकतम करना

"भले ही यह पागलपन लगे, पर इसमें भी एक तरीक़ा तो है"

~ 'हैमलेट' (अंक 2, दृश्य 2), विलियम शेक्सपियर

6

एकीकृत समाधान रूपरेखा (यूएसएफ़)

डेटा सफलता के तेरह मंत्र

'अगर समाधान की बात नहीं की जाए, तो समस्या के बारे में बात करने का कोई मतलब नहीं'

~ बेटी विलियम्स,
शांति कार्यकर्ता और नोबेल पुरस्कार सह-प्राप्तकर्ता

परिचय

पिछले खंड में, मैंने पिछले कुछ सालों में डेटा की असाधारण वृद्धि पर चर्चा की है। मैंने चर्चा की कि यह कैसे मानव जीवन के हर पहलू को बदल चुका है और संगठनों के लिए अपार अवसर पैदा किए हैं, जिससे वे मूल्य पैदा कर सकें। हालांकि यह अस्वीकार्य नहीं किया जा सकता कि उद्यमों के डेटा से प्राप्त वास्तविक मूल्य और उसकी संभावनाओं के बीच एक बड़ा अंतर मौजूद है। इसका कारण यह है कि वे डेटा पैराडॉक्स में फंसे हुए हैं, जिसमें एक ओर वे डेटा की बाढ़ का सामना कर रहे हैं, जिसे संभालना उनके लिए कठिन है, वहीं दूसरी ओर वे अंतर्दृष्टि और निर्णयों के सूखे से जूझ रहे हैं। और यही स्थिति उस प्रसिद्ध कहावत से सबसे अच्छी तरह समझाई जा सकती है, 'पानी ही पानी हर ओर, पर पीने को एक बूंद नहीं।' यानी डेटा के महासागर से घिरे होने के बावजूद हमेशा अंतर्दृष्टियों के लिए प्यासे रहते हैं।

जब हमने इन समस्याओं को और गहराई से समझने की कोशिश की तो हमें एक बेहद अहम पैटर्न मिला, एक जाल मिला जिसमें संगठन फंसते चले जा रहे हैं। ज़्यादातर संगठन जब डेटा से जुड़ी पहल करते हैं, तो वे अपना ज़्यादा समय और पैसा भौतिक समस्याओं को हल करने में लगाते हैं, जैसे कि ढेर सारा डेटा इकट्ठा करने के लिए तकनीकी ढांचा जोड़ने लगते हैं। वे संगठन तार्किक समस्याओं पर कम ध्यान देते हैं, जैसे कि व्यावसायिक

समस्याओं को स्पष्ट रूप से परिभाषित करना ताकि डेटा की ज़रूरतें सीमित और सटीक हों। यही असंतुलित ध्यान एक दलदल जैसी स्थिति में बदलता जा रहा है। जितना संगठन इससे बाहर निकलने की कोशिश करते हैं, उतना ही गहरे इसमें धंसते चले जाते हैं। डेटा की बाढ़ लगातार बढ़ती जाती है, क्योंकि और अधिक डेटा लगातार आता रहता है, जबकि संगठन में अंतर्दृष्टि के मामले में सूखे की स्थिति बनी रहती है।

तो, संगठन इस पैटर्न को कैसे तोड़ सकते हैं ताकि डेटा पैराडॉक्स से प्रभावी ढंग से निपट सकें और डेटा से अधिकतम मूल्य हासिल करके डेटा-फ़र्स्ट दुनिया में सफल हो सकें?

'रूपरेखा' से समाधान

जब आप डेटा पैराडॉक्स को देखते हैं, तो पहली नज़र में यह एक जटिल समस्या लगती है, जिसे हल करना लगभग नामुमकिन सा लगता है। हां, डेटा लगातार बढ़ता रहेगा, और इतनी तेज़ गति से बढ़ेगा कि उसे संभाल पाना असंभव-सा लगेगा। जो संगठन अपनी पुरानी कार्यप्रणालियों में जमे हुए हैं, वे बदलाव के प्रति प्रतिरोध दिखाते रहेंगे। और जब आप इसकी जड़ों पर नज़र डालते हैं, तो पाते हैं कि कुछ कारण ऐसे हैं, जिनके लिए संगठनों के सालों पुराने काम करने के तरीक़ों में बड़ा बदलाव लाना ज़रूरी है। यह एक कठिन कार्य प्रतीत होता है, और कोई भी सोच सकता है कि, क्या यह सच में संभव भी है या नहीं?

अच्छा, इसके जवाब में मेरा जवाब है, हां! बिलकुल। हालांकि हम किसी ऐसे अभूतपूर्व मुद्दे को हल करने के लिए वही पुराने, पारंपरिक और घिसे-पिटे तरीक़े नहीं अपना सकते। नई समस्याओं के लिए नए समाधान ज़रूरी होते ही हैं। हमें एक नवाचारी और व्यावहारिक दृष्टिकोण चाहिए। मेरे अनुभव में, जब भी कोई जटिल समस्या सामने आती है, जिसका कोई स्पष्ट या सीधा समाधान दिखाई नहीं देता, तो सबसे अच्छा तरीक़ा जो मैं अपनाता हूं, उसे छोटे-छोटे हिस्सों में बांट देने का। 'रूपरेखा' एक बेहतरीन तरीक़ा है, जिससे किसी समस्या को तार्किक ढंग से विभाजित किया जा सकता है। इसमें हर घटक किसी विशेष समस्या या समस्याओं के समूह का समाधान पेश करता है। और जब सभी घटक मिल जाते हैं, तो वे मिलकर एक संपूर्ण मार्गदर्शन बन जाते हैं, जो सामने मौजूद समस्या का हल मुहैया कराता है।

इसी के साथ, मैं अपना तेरह-घटकीय समाधान रूपरेखा पेश करता हूं। यह कंपनियों को डेटा से अधिकतम मूल्य हासिल करने में सक्षम बनाएगा। यह एक समग्र दृष्टि देता है कि कोई भी संगठन डेटा-फ़र्स्ट दुनिया में कैसे जीत सकता है और एआई युग के लिए ख़ुद को कैसे तैयार कर सकता है।

एकीकृत समाधान रूपरेखा (यूएसएफ़)

बिग डेटा दुनिया में, जिसमें डेटा प्रचुर मात्रा में उपलब्ध होता है, यह समझना अहम है कि क्या इस्तेमाल करना है, बल्कि यह भी समझना अहम है कि कैसे इस्तेमाल करना है ताकि अधिकतम लाभ हासिल हो सके। डेटा के प्रभावी इस्तेमाल करने में अहम भूमिका निभाने वाले सभी घटकों को तार्किक रूप से एक साथ रखने का मेरा तरीक़ा यूएसएफ़ का है। यह रूपरेखा प्रत्येक घटक के महत्त्व और भूमिका को उजागर करती है, जो डेटा सफलता को सक्षम बनाने में मदद करती है। साथ ही, यह अन्य घटकों के साथ उसके संबंध को भी दिखाती है, जो यह स्पष्ट करता है कि डेटा पहल की कुल प्रभावशीलता में इसका हिस्सा क्या है।

किसी संगठन के लिए डेटा पहलों की शुरुआत या तो किसी व्यावसायिक समस्या से हो सकती है या डेटा इंफ्रास्ट्रक्चर के निर्माण से, लेकिन चाहे शुरुआत कोई भी हो, यह रूपरेखा बहुत ही प्रभावी ब्लूप्रिंट साबित हो सकती है, जो उन्हें अपनी डेटा पहलों को अधिक प्रभावी ढंग से बढ़ाने में मदद करती है। इन सभी घटकों में से प्रत्येक एक आवश्यक निर्माण खंड है, जो डेटा-फ़र्स्ट दुनिया और एआई युग में सफल होने के लिए एक डेटा-प्रेरित संगठन बनाने में मदद करता है।

तो, आइए, मैं अपनी कहानी के तेरह किरदारों यानी घटकों का परिचय कराता हूं। दूसरे खंड के बाक़ी अध्याय इन्हीं को समर्पित हैं।

चाहे यह किसी डेटा पहल की शुरुआत करने या डेटा-प्रेरित संगठन बनाने के बारे में, लेकिन किसी भी संगठन की शुरुआत उसके व्यावसायिक उद्देश्यों को परिभाषित करने से होना चाहिए। व्यावसायिक उद्देश्यों को परिभाषित करना इस तरह से है, जैसे यह पूछना होता है कि 'क्यों'। हम यह क्यों कर रहे हैं? यह 'क्यों' पूछना तो शुरुआत है और उस समस्या को स्पष्ट रूप से परिभाषित करने के लिए अहम भी है, जिसे हम हल करने की कोशिश कर रहे हैं। यही मुझे रूपरेखा के पहले घटक की ओर ले जाता है, जहां से सब कुछ शुरू होता है और इसी से यह रूपरेखा का सबसे अहम घटक बनता है, जो है - 'व्यावसायिक समस्या को परिभाषित करना'।

1. व्यावसायिक समस्याओं को परिभाषित करना : *वृक्ष, वृक्ष, वृक्ष*

किसी ने ठीक ही कहा है, 'अगर आप डेटा को लंबे समय तक टॉर्चर करेंगे, तो यह किसी भी बात को स्वीकार कर लेगा'। लेकिन यह काम नहीं आएगा, क्योंकि इससे ग़लत निष्कर्ष निकलेंगे, निर्णय में त्रुटियां होंगी और गंभीर व्यावसायिक नतीजे सामने आ सकते हैं। इसलिए यह ज़रूरी है कि संगठन डेटा की ओर देखने से पहले, शुरुआत में ही समय और प्रयास लगाएं ताकि व्यावसायिक समस्या को बेहतर तरीक़े से परिभाषित किया जा सके और उसे सीमित किया जा सके। एक बार जब व्यावसायिक समस्या को सीमित कर लिया जाता है, तो अगला क़दम होता है उस डेटा की पहचान करने

The Unified Solution Framework (USF) - 13 key components

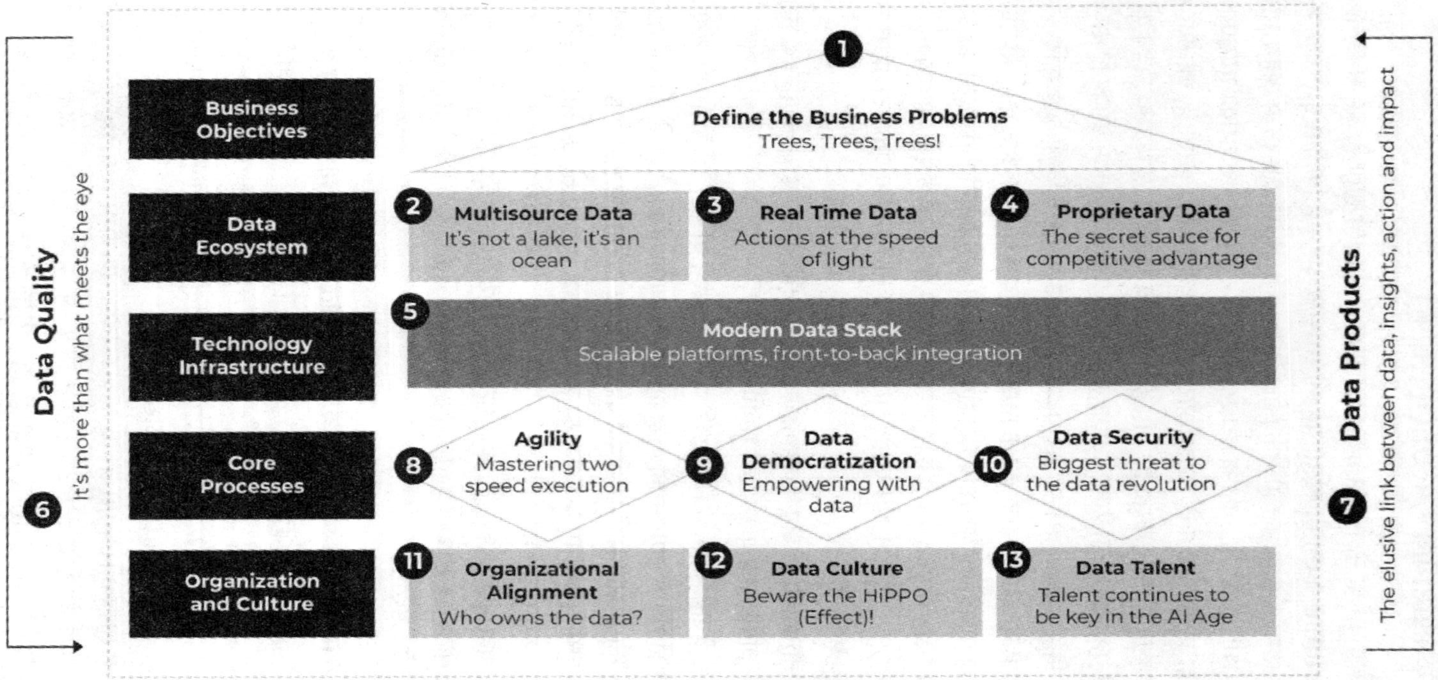

का, जिसकी समस्या को हल करने के लिए ज़रूरत होती है। डेटा आवश्यकताओं को सही तरीक़े से परिभाषित करने से डेटा की मात्रा काफ़ी कम हो सकती है और डेटा पाइपलाइन को अधिक प्रबंधनीय बनाया जा सकता है, जिससे बिग डेटा के साथ काम करने की जटिलता अपने आप घट जाती है।

'वृक्ष' बनाना, ख़ासकर केपीआई (मुख्य प्रदर्शन संकेतक) ट्री, व्यावसायिक समस्याओं को सीमित करने और डेटा आवश्यकताओं को परिभाषित करने का सबसे प्रभावी तरीक़ा हैं। केपीआई ट्रीज़ के जरिए, व्यावसायिक समस्या को कई लेकिन प्रबंधनीय हिस्सों में तोड़ा जा सकता है ताकि उन मुख्य कारकों की पहचान की जा सके जो नतीजों को प्रभावित करने की संभावना रखते हैं। इन कारकों के लिए विशिष्ट डेटा आवश्यकताओं की पहचान की जा सकती है और उसके अनुसार डेटा पाइपलाइन बनाई जा सकती है, ताकि प्रभावी समस्या समाधान संभव हो सके।

एक बार व्यावसायिक समस्या स्पष्ट रूप से परिभाषित हो जाए और डेटा आवश्यकताओं की पहचान हो जाए, तो हम सवाल पूछते हैं, 'क्या?' यह क्या हमें इन व्यवसायिक उद्देश्यों को हासिल करने में मदद करेगा? इसका उत्तर उस व्यापक डेटा इकोसिस्टम में छिपा है, जो पिछले कुछ वर्षों में डेटा की 3V आयामों में विस्फोटक वृद्धि के कारण हमें उपलब्ध है। इस डेटा इकोसिस्टम को बहुत सावधानी से छाना जाना चाहिए ताकि सबसे प्रभावी डेटा सेट का संयोजन पहचाना जा सके, जो बिना लंबे समय में इसके बोझ तले दबे, हमें व्यावसायिक समस्या से संबंधित गहरी और अधिक सार्थक अंतर्दृष्टियां पैदा करने में सक्षम बनाए।

डेटा इकोसिस्टम में बाहरी और आंतरिक दोनों प्रकार के डेटा सेट शामिल हैं, जो संरचित या असंरचित हो सकते हैं, और हमें बैच में या रियल टाइम में स्ट्रीमिंग के जरिए उपलब्ध कराए जाते हैं। डिजिटल दुनिया में हमारे लिए उपलब्ध, इस विशाल डेटा इकोसिस्टम से मैंने तीन मुख्य प्रकार के डेटा सेट उजागर किए हैं, जो मेरे अनुभव में संगठनों के लिए असमान मूल्य सृजन करते हैं। आइए मैं आपको ये तीनों घटक बताता हूं, जो यूएसएफ़ के अगले तीन घटक बनते हैं।

2. बहुस्रोतीय–डेटा : *यह झील नहीं, समुद्र है*

बिग डेटा दुनिया में, आज ज़्यादातर डेटा संगठन के बाहर उपलब्ध है। और जैसे-जैसे डेटा नए टचपॉइंट के जरिए एकत्र किया जा रहा है, इसके स्रोत भी विविधता में बढ़ते जा रहे हैं। इसके अलावा, जैसे-जैसे संगठन बड़े इकोसिस्टम का हिस्सा बनते जा रहे हैं, केवल आंतरिक डेटा पर निर्भर रहना पर्याप्त नहीं रह गया है। इसलिए, फ़ैसला लेने के लिए आंतरिक डेटा के साथ बाहरी डेटा का इस्तेमाल करना भी अत्यंत अहम होता जा रहा है।

दो या अधिक बाहरी या आंतरिक या दोनों तरह के डेटा स्रोतों को एकीकृत करना, संगठनों को डेटा से अधिक मूल्य हासिल करने में सक्षम बनाता है और उत्पन्न अंतर्दृष्टियों की गहराई और गुणवत्ता को काफ़ी बढ़ा देता है। ऐसा कहने के बाद भी, कई स्रोतों से प्राप्त डेटा को एकीकृत करना अब काफ़ी जटिल हो गया है, क्योंकि डेटा की विविधता और जटिलता बढ़ गई है। ऑपरेशनल डेटा स्टोर स्थापित करने जैसे पारंपरिक तरीक़े, बिग डेटा दुनिया में काम नहीं करते। इसलिए संगठनों को डेटा जाल और डेटा फ़ैब्रिक जैसे नए दृष्टिकोणों की ओर बढ़ना चाहिए।

3. रियल–टाइम डेटा : *प्रकाश की गति से कार्रवाई*

डिजिटल युग में, रियल टाइम या निकट रियल टाइम में तेज़ी से प्रतिक्रिया देने की क्षमता व्यवसाय के लिए जीत हासिल करने में अहम होती है। डिजिटल के आने से सबसे बड़ा बदलाव यह आया है कि डेटा अब रियल टाइम में उपलब्ध होता है, जो संगठनों को तेज़ी से प्रतिक्रिया देने में सक्षम बनाता है। डिजिटल दुनिया सिर्फ़ अधिक मात्रा में डेटा नहीं पैदा करती, बल्कि उच्च गति से भी पैदा करती है। रियल टाइम का डेटा लगातार बह रहा है, जिसे संभालना कठिन हो रहा है, क्योंकि डेटा प्रबंधन चक्र के हर चरण में इसे तुरंत संसाधित करना आवश्यक होता है। आज उपलब्ध नई और अधिक कुशल तकनीकों ने संगठनों को इस उच्च-गति डेटा प्रबंधन श्रृंखला का समर्थन करने के लिए सही तकनीकी इंफ्रास्ट्रक्चर तैयार करने में मदद की है।

हालांकि हर व्यावसायिक समस्या या इस्तेमाल के लिए रियल टाइम के डेटा का इस्तेमाल आवश्यक नहीं होता। रियल टाइम डेटा को समय पर संग्रहीत और विश्लेषित करना कठिन और महंगा काम होता है। इसलिए, संगठनों को सही इस्तेमाल के मामलों की पहचान करनी चाहिए, जो रियल टाइम के डेटा के इस्तेमाल के लिए उचित हों। इसके लिए उन्हें प्रभाव और प्रयास का विश्लेषण करके सबसे उपयुक्त मामलों का चयन करना चाहिए।

4. प्रोप्राइटरी डेटा : *प्रतिस्पर्धी लाभ का रहस्य*

जैसा कि मैंने पहले ही बताया, ज़्यादातर डेटा तो संगठन के बाहर उपलब्ध होता है और सभी के लिए इस्तेमाल करने के लिए खुला होता है। वास्तव में जो अंतर पैदा कर सकता है, वह है संगठन के अंदर के व्यक्तियों, टीमों या कार्यात्मक स्तर पर मौजूद निहित ज्ञान। इस निहित ज्ञान को कोडित करके प्रोप्राइटरी नॉलेज बनाया जाता है। अनुभवों, संचित ज्ञान और सालों में एकत्र किए गए साक्ष्यों के जरिए पैदा और संग्रहीत यह ज्ञान संगठन के लिए अद्वितीय होता है। इस निहित ज्ञान को कैप्चर करना और उसे कोडित करना अहम होता है। इससे संगठन इसे बार-बार इस्तेमाल कर सके। यह डेटा-फ़र्स्ट दुनिया में प्रतिस्पर्धात्मक लाभ बनाने की कुंजी है। यह उस एक चुटकी नमक के

समान है। जैसे नमक तुरंत भोजन के स्वाद को बढ़ा देता है और उसे पूरी तरह स्वादिष्ट बना देता है। प्रोप्राइटरी डेटा को विकसित और इस्तेमाल करने के लिए, संगठनों को एक 'ज्ञान चक्र' बनाना चाहिए। इसमें दो घटक हों - ज्ञान निर्माता जो निहित ज्ञान के स्रोत हों, और ज्ञान खोजी जो कोडित निहित ज्ञान से सीखते हों।

हालांकि ये सभी डेटा स्रोतों की पूरी सूची नहीं बनाते, फिर भी मेरी राय में ये तीन मुख्य स्रोत हैं। इनका इस्तेमाल बिग डेटा की दुनिया में संगठन को डेटा से अधिकतम मूल्य हासिल करने के लिए करना चाहिए।

तो आपने व्यावसायिक समस्या की पहचान कर ली, और अब ये कई प्रकार के डेटा आपके पास आ रहे हैं। अब क्या करना है? अब आपको एक तरीक़ा चाहिए जिससे इस सभी डेटा को कैप्चर किया जा सके, संग्रहीत किया जा सके और ऐसे रूप में बदला जा सके जिसे आसानी से एक्सेस किया जा सके, समझा जा सके और इस्तेमाल किया जा सके। इसे कैसे करेंगे? इसके लिए आपको एक आधार और एक मजबूत नींव चाहिए। यह नींव संगठन को स्थिर आधार प्रदान करने वाली होनी चाहिए।

तकनीकी इंफ्रास्ट्रक्चर, और विशेष रूप से **आधुनिक डेटा स्टैक,** इस नींव की आवश्यकता है। यह ऐतिहासिक रूप से किसी भी डेटा पहल का सबसे महत्त्वपूर्ण पहलू रहा है। यही यूएसएफ़ का पांचवां घटक है।

5. आधुनिक डेटा स्टैक : *स्केलेबल प्लेटफ़ॉर्म, फ्रंट–टु–बैक इंटीग्रेशन*

जैसा कि मैंने पहले खंड I में बताया था, पारंपरिक संगठनों के पास जो पुराने डेटा स्टैक हैं, वे लगातार जटिल और तेज़ी से बढ़ते डेटा को प्रभावी ढंग से इस्तेमाल, एकीकृत या प्रोसेस नहीं कर पाते। इसका नतीजा महंगे और समय लेने वाले डेटा प्रोजेक्ट्स के रूप में निकलता है। आधुनिक डेटा स्टैक ढीले-ढाले जुड़े लेकिन गहराई से कनेक्टेड परतों से बना होता है, जो क्लाउड पर होस्ट किया जाता है। इसका मक़सद है तेज़ स्केलेबिलिटी, एक्सेसिबिलिटी और एडाप्टेबिलिटी को सक्षम बनाना।

आधुनिक डेटा स्टैक बनाने के लिए सात अहम तकनीकी बदलावों को अपनाना होगा। सबसे बड़ा बदलाव है ऑन-प्रिमाइसेस (ऑन-प्रेम) इंफ्रास्ट्रक्चर से क्लाउड की ओर शिफ़्ट होना। यह बदलाव हाइपरस्केलरों के जरिए संभव हुआ है, जो लचीलापन और इलास्टिसिटी की ज़रूरतों को पूरा करते हुए डिमांड के हिसाब से स्केल करने की सुविधा देता है। संगठनों को बैच प्रोसेसिंग से आगे बढ़कर रियल-टाइम इंफ्रास्ट्रक्चर का इस्तेमाल करते हुए स्ट्रीम-प्रोसेसिंग पर जाना होगा। यह उन्हें तेज़ी से बदलती कारोबारी ज़रूरतों के हिसाब से तुरंत प्रतिक्रिया देने की क्षमता देता है। इसके अलावा, मोनोलिथिक आर्किटेक्चर की जगह माइक्रोसर्विसेस आधारित आर्किटेक्चर लेना होगा, जो लचीला लेकिन आपस में जुड़ा हुआ होता है। इसमें छोटी, स्वतंत्र सेवाओं का समूह

शामिल होता है, जिन्हें अलग-अलग डेवलप, डिप्लॉय और स्केल किया जा सकता है। डेटा वेयरहाउस और डेटा लेक दोनों की क्षमताओं को जोड़ने वाला हाइब्रिड तरीक़ा बिग डेटा जगत में व्यवसाय की ज़रूरतों को पूरा करने में मददगार होता है। डेटा वेयरहाउस डेटा को संरचित रूप में स्टोर करने की सुविधा देता है, ख़ासकर बीआई और रिपोर्टिंग के लिए यह काफ़ी काम का होता है। वहीं, डेटा लेक को हर तरह के संरचित या असंरचित डेटा को बड़े पैमाने पर संग्रह करने के लिए डिज़ाइन किया गया है।

साथ ही, संगठनों को सभी डेटा को एक साथ लाने के तकनीक-प्रेरित दृष्टिकोण से आगे बढ़ना होगा और ऐसा तार्किक दृष्टिकोण अपनाना होगा, जो विशेष उपयोग के मामलों या व्यावसायिक आवश्यकताओं पर आधारित हो। संगठनों को एआई प्रयोगों से आगे बढ़कर एआई-फ़र्स्ट बनना होगा। इसके लिए उन्हें जेन एआई के रूपांतरकारी मूल्य का लाभ उठाना होगा, जो किसी ऐसे डेटा स्टैक के जरिए संभव है, जिसमें डेटा प्रबंधन चक्र के हर चरण में उन्नत क्षमताएं मौजूद हों। आख़िरकार, डेटा स्टैक की खपत परत को भी आधुनिक बनाना आवश्यक है। इसके लिए सेल्फ़-सर्व एनालिटिक्स की ज़रूरत है, जिससे कारोबारी मालिक और उपयोगकर्ता जब चाहें, डेटा के साथ इंटरैक्ट कर सकें और अपनी आवश्यकता के अनुसार जानकारी हासिल कर सकें।

अगली लेयर पर जाने से पहले, मैं उन दो **एकीकरण** कारकों के बारे में बात करना चाहूंगा, जो यूएसएफ़ की सभी परतों को ऊर्ध्वाधर रूप से जोड़ते हैं और एक कड़ी के रूप में काम करते हैं, जो इस फ्रेमवर्क की सभी परतों को आपस में जोड़ते हैं।

6. डेटा गुणवत्ता : *जितनी दिखती है उससे कहीं ज़्यादा*

डेटा गुणवत्ता किसी भी डेटा पहल का एक अनिवार्य हिस्सा है, जो यूएसएफ़ की सभी परतों पर लागू होते हैं और हर अन्य घटक को प्रभावित करता है। शुरुआत से ही हर स्तर पर इसे सही बनाए रखना डेटा की सफलता के लिए बेहद अहम होता है। यह धारणा कि बिग डेटा गुणवत्ता की कमियों की भरपाई कर देता है, वास्तव में सही नहीं है - ख़ासतौर पर तब, जब फ़ैसला या कार्रवाई व्यक्तिगत स्तर पर करना हो। इसके लिए डेटा को बेहद सटीक और त्रुटि रहित होना चाहिए, वह भी सूक्ष्म स्तर पर।

यहीं पर बिग डेटा गुणवत्ता प्रबंधन की जटिलता बढ़ा देता है, क्योंकि स्रोतों की संख्या और डेटा पाइपलाइनों की विविधता बढ़ने से गुणवत्ता संबंधी समस्याएं कई रूपों में सामने आ सकती हैं। इसके अलावा, वे पारंपरिक आयाम अब पर्याप्त नहीं रह गए हैं, जिनका उपयोग डेटा गुणवत्ता मापने और सुनिश्चित करने के लिए किया जाता रहा है। डेटा गुणवत्ता का दायरा लगातार फैल रहा है और अधिक गतिशील हो रहा है। डेटा गुणवत्ता के लिए अब संदर्भ-प्रथम दृष्टिकोण की आवश्यकता है, जिसे उसके इस्तेमाल और वर्तमान व्यावसायिक समस्या की महत्ता के आधार पर तय किया जाना चाहिए।

7. **डेटा प्रोडक्ट : *डेटा, कार्रवाई और प्रभाव के बीच की मायावी कड़ी***

डेटा पैराडॉक्स को हल करने का सबसे प्रभावी तरीक़ा है, डेटा का 'उत्पादीकरण'। डेटा प्रोडक्ट दरअसल डिजिटल असेट होते हैं, जो डेटा स्टैक की विभिन्न परतों को एकीकृत करके तैयार किए जाते हैं ताकि बार-बार उपयोग में आने वाली व्यावसायिक ज़रूरतों को पूरा किया जा सके। इन समाधानों को इस तरह डिज़ाइन किया जाता है कि वे डेटा प्रबंधन चक्र को तेज़ बना दें, क्योंकि इन्हें व्यवसायिक उपयोगकर्ता ज़रूरत पड़ते ही आसानी से इस्तेमाल कर सकते हैं।

डेटा प्रोडक्ट डीआईएआई फ्रेमवर्क के हर चरण में मूल्य के रिसाव को कम करने का सबसे प्रभावी साधन हैं। ये संगठनों को डेटा से अधिकतम मूल्य निकालने में सक्षम बनाते हैं। इनकी जटिलता और क्षमताएं नतीजों की प्रकृति पर निर्भर करती हैं। इन्हें उन दोहराए जाने योग्य और अक्सर इस्तेमाल होने वाले डेटा असेट की पहचान करके बनाया जाता है, जिन्हें तमाम परियोजनाओं में बार-बार इस्तेमाल किया जाता है। बाद में इन्हें लेगो ब्लॉक्स की तरह प्रोडक्ट में बदला जाता है, जिन्हें ज़रूरत के अनुसार बार-बार इस्तेमाल किया जा सके। इन डेटा प्रोडक्ट का निरंतर विकास और परिष्करण होता रहता है। उन्हें व्यवसायिक उपयोगकर्ताओं की प्रतिक्रिया और बढ़ते डेटा इनपुट से लगातार बेहतर बनाया जाता है। तकनीक में तेज़ी से हो रही प्रगति और व्यवसायों की बदलती ज़रूरतों को देखते हुए, भविष्य में और भी उन्नत डेटा प्रोडक्ट अपनाए जाने की संभावना है, जैसे एआई-सक्षम, रियल-टाइम और उद्योग-विशेष के लिए तैयार किए गए समाधान।

अब यूएसएफ़ की क्षैतिज परतों पर लौटते हुए, जब एक बार आधुनिक डेटा स्टैक के साथ डेटा का सबसे प्रभावी ढंग से इस्तेमाल करने की आधारशिला तैयार हो जाती है, तो हमें मुख्य प्रक्रियाओं की आवश्यकता होती है। इन प्रक्रियाओं का उद्देश्य इस डेटा स्टैक को व्यावहारिक रूप से लागू करना है ताकि निर्णयकर्ताओं के लिए यह सुगम, उपलब्ध और उपयोग में आसान बने और इसका व्यापक अंगीकरण हो सके।

मुख्य प्रक्रियाएं तीन घटकों से मिलकर बनी हैं :

8. **फुर्ती : *दोहरी गति वाले क्रियान्वयन में महारत हासिल करें***

इतना अधिक डेटा है कि संगठनों को मुश्किल आ रही है। ज़्यादातर डेटा पहलें बहुत बड़ी हो जाती हैं और उन्हें पूरा करने में काफ़ी समय लग जाता है। हालांकि व्यवसाय एक गतिशील माहौल में चल रहे हैं, इसलिए जब संगठन किसी व्यावसायिक समस्या को हल करने की कोशिश कर रहे होते हैं, तो अक्सर ख़ुद व्यावसायिक आवश्यकता ही बदल जाती है और उसके साथ-साथ उस आधारभूत डेटा का स्वरूप भी बदल जाता है, जिसकी ज़रूरत होती है। इस कारण संगठन एक जोख़िम का सामना करते हैं कि

जितना ज़्यादा समय किसी डेटा पहल को पूरा करने में लगता है, उतनी ही ज़्यादा संभावना होती है कि वह कम प्रासंगिक हो जाए।

ऐसी स्थिति से बचने के लिए व्यवसायों को डेटा पहलों को इस तरह से अपनाना होगा कि वे बदलती व्यावसायिक ज़रूरतों का तेज़ी से जवाब दे सकें और साथ ही साथ दीर्घकालिक क्षमताओं का निर्माण भी कर सकें। पारंपरिक बिग बैंग तरीक़े से की जाने वाली डेटा पहलें इस उद्देश्य को पूरा नहीं कर पाएंगी। इस तरह की गति और लचीलापन पाने के लिए संगठनों को दोहरी गति वाला दृष्टिकोण अपनाना होगा। पहली गति वह है, जिसमें किसी उच्च-प्रभाव वाले ऐसे उपयोग केस की पहचान की जाती है, जो किसी विशेष व्यावसायिक समस्या का समाधान कर रहा हो, और उसे सबसे पहले हल किया जाता है। और चूंकि वह किसी ख़ास समस्या को हल कर रहा होता है, तो इसे पूरा करने में आमतौर पर कम ही समय लगता है और यह संगठनों को सीखने में सक्षम बनाता है। दूसरी गति वह है, जिसमें पहली गति के उपयोग केसों को एक साथ जोड़ा जाता है और दीर्घकालिक क्षमताओं का निर्माण किया जाता है। जैसे-जैसे आप पहली गति के उपयोग केसों को जोड़ते जाते हैं, मूलभूत डेटा अवसंरचना का विस्तार होता है और एक ऐसे मोड़ पर पहुंचा जा सकता है, जहां यह नई अंतर्दृष्टियों को उजागर करने का स्रोत बन जाती है।

9. डेटा लोकतंत्रीकरण : *डेटा से सशक्तिकरण*

इतिहास में डेटा को शक्ति का स्रोत माना गया है और इसी कारण लोग इसे साझा करने से हिचकते रहे हैं। हालांकि बिग डेटा के युग में तो डेटा प्रचुर मात्रा में और अक्सर मु फ़्त ही उपलब्ध है, तो किसी एक व्यक्ति के लिए इसे रोककर रखना असंभव है। ऐसे में संगठनों के पास यह सुनहरा अवसर है कि वे डेटा तक चयनात्मक या सीमित पहुंच के पारंपरिक ढांचे से बाहर निकलें और इसे पूरी वैल्यू चेन में फ़ैसला लेने वालों के लिए स्वतंत्र और आसानी से सुलभ बनाएं - ताकि वे डेटा-प्रेरित फ़ैसले ले सकें।

इसे सफलतापूर्वक करने के लिए संगठनों को सबसे पहले डेटा परिदृश्य को समझना होगा और यह पहचानना होगा कि डेटा साइलो या ढेर कहां और कैसे बने हैं - चाहे वे सहयोगी सोच की कमी के कारण हों या पुराने प्रक्रियाओं और प्रणालियों की वजह से। इन डेटा साइलो को तोड़ना, डेटा को एक साथ लाना और सभी व्यावसायिक उपयोगकर्ताओं के लिए सरलता से उपलब्ध कराना डेटा लोकतंत्रीकरण की दिशा में पहला क़दम है। इसके साथ ही, उन्हें ऐसे सेल्फ़-सर्व टूल्स लागू करने होंगे, जो डेटा-प्रेरित फ़ैसले लेने की प्रवृत्ति को बढ़ावा दें। ये टूल्स अधिकारियों को डेटा तक आसानी से पहुंचने, उस पर कुछ बुनियादी विश्लेषण करने और अपनी व्यावसायिक आवश्यकताओं के अनुरूप डेटा विज़ुअलाइज़ेशन, डैशबोर्ड और रिपोर्ट तैयार करने में

सक्षम बनाते हैं। पूरी प्रक्रिया आवर्ती है, जिसे बदलती व्यावसायिक आवश्यकताओं और समय-समय पर विकसित होते निर्णयकर्ताओं की अपेक्षाओं के अनुसार लगातार मॉनीटर, मूल्यांकन और अपग्रेड करते रहना ज़रूरी होता है।

10. डेटा सुरक्षा : *डेटा क्रांति के लिए सबसे बड़ा ख़तरा*

बिग डेटा के युग में, और ख़ासकर जब एआई का युग हमारे सामने है, तब सुरक्षा ख़तरों का आकार और भी बड़ा होता जा रहा है, उनकी आवृत्ति अधिक और प्रकृति कहीं अधिक जटिल होती जा रही है। डेटा सुरक्षा से जुड़े जोख़िम और लागत भी तेज़ी से बढ़े हैं। ऐसे में संगठनों के लिए यह आवश्यक हो गया है कि वे लगातार मजबूत डेटा सुरक्षा उपायों में निवेश करते रहें।

आज डेटा हर दिशा से लगातार आ रहा है और किसी भी संगठन में टचपॉइंट या ऐंडपॉइंट की संख्या बहुत अधिक और बिखरी हुई है, क्योंकि उपयोगकर्ता, डेटा और संसाधन पूरी दुनिया में फैले हुए हैं। कैसल ऐंड मोट (किले और खाई) वाला पारंपरिक सुरक्षा दृष्टिकोण अब काम नहीं करता, इसलिए संगठनों को ज़ीरो-ट्रस्ट फ्रेमवर्क अपनाना होगा, जिसमें हर व्यक्ति, डिवाइस या एप्लीकेशन को नेटवर्क संसाधनों तक पहुंचने से पहले कड़ी पहचान प्रमाणीकरण से गुज़रना पड़ता है। हालांकि ऐसी ज़ीरो-ट्रस्ट नीति डेटा सुरक्षा और लोकतंत्रीकरण के बीच एक अंतर्निहित तनाव पैदा करती है। इसलिए, ज़ीरो-ट्रस्ट आर्किटेक्चर बनाने के लिए एक संदर्भ-आधारित दृष्टिकोण की ज़रूरत होती है, क्योंकि वन साइज फ़िट्स ऑल का तरीक़ा आम तौर पर अधूरी या कमतर पहुंच की स्थिति पैदा कर देता है। इस संदर्भ को तीन प्रमुख विचारों के आधार पर बनाया जाना चाहिए। पहला, डेटा का महत्त्व और संवेदनशीलता। दूसरा, डेटा एक्सेस को यूजर प्रोफ़ाइल यानी उनकी भूमिकाओं, स्तरों या ज़िम्मेदारियों आदि के अनुसार अनुकूलित किया जाए। और आख़िर में, गतिविधि के पैटर्न पर, जहां व्यवहार-आधारित सुरक्षा सभी गतिविधियों को लगातार असामान्यताओं और असंगतियों के ख़िलाफ़ निगरानी करके मुहैया कराई जाती है। एआई डेटा सुरक्षा मूल्य श्रृंखला को स्वचालित करने में एक अहम भूमिका निभाना शुरू कर रहा है, जिससे संगठन सुरक्षा ख़तरों से सुरक्षा, पहचान, जांच और प्रतिक्रिया को अधिक गति और सटीकता के साथ कर सकें।

और यह मुझे मेरे यूएसएफ़ की अंतिम परत पर ले आता है, जो है- **संगठन और संस्कृति**। ये भले ही समाधान फ्रेमवर्क की 'नर्म' परत हो, लेकिन पूरे संगठन पर गहरा असर डालती है। सकारात्मक डेटा संस्कृति का विकास करना, डेटा-प्रेरित संगठनात्मक संरेखण को बढ़ावा देना और विशेष डेटा प्रतिभा को पोषित करना, संगठन के डीएनए में दीर्घकालिक बदलाव शुरू करने की कुंजी है :

11. संगठनात्मक सामंजस्य : *डेटा का मालिक कौन है?*

पारंपरिक रूप से, संगठनों ने डेटा स्वामित्व के लिए एक कार्यात्मक दृष्टिकोण अपनाया है, जिसमें प्रत्येक विभाग अपने निर्णय लेने और अपने-अपने कार्यों से जुड़े डेटा के लिए ज़िम्मेदार होता था। हालांकि बिग डेटा की दुनिया में तो अनेक हितधारक डेटा का उपभोग भी करते हैं और उसमें योगदान भी देते हैं, तो ऐसे में किसी एक व्यक्ति या टीम को डेटा का स्पष्ट स्वामित्व या जवाबदेही सौंपना आसान नहीं है, जिससे डेटा गवर्नेंस चुनौतीपूर्ण हो जाता है। डेटा स्वामित्व पर इस अस्पष्टता के कारण हर तरफ़ से लगातार आते डेटा की गुणवत्ता सुनिश्चित करना कठिन हो जाता है।

इसके अतिरिक्त, पारंपरिक संगठनात्मक संरचनाएं व्यावसायिक मुद्दों को सामूहिक रूप से ढालने में प्रभावी सहयोग को रोकती हैं, जिसके नतीजतन समय और प्रयास की बर्बादी होती है और अक्सर अप्रभावी या अप्रासंगिक जानकारी हासिल होती है। किसी भी डेटा पहल की सफलता तीन प्रमुख विचारों पर निर्भर करती है : संगठनात्मक संरचना, निर्णय-निर्धारण, और क्रियान्वयन भूमिकाएं। संगठनों को क्षैतिज और ऊर्ध्वाधर संरेखण के बीच तथा अपने निर्णय-निर्धारण में विकेंद्रीकरण के स्तर के बीच रणनीतिक चुनाव करना होता है। इसके अलावा, उन्हें बिग डेटा जगत में स्वामित्व और सहयोग के बीच अंतर्निहित तनाव से भी निपटना होता है। किसी डेटा-प्रोडक्ट-केंद्रित दृष्टिकोण को अपनाना उन संगठनों के लिए संभावित समाधान बन सकता है, जो टीमों को स्पष्ट ऐंड-टु-ऐंड प्रोडक्ट और उससे जुड़े डेटा के स्वामित्व के साथ प्रभावी ढंग से संरेखित करना चाहते हैं, और विभिन्न विशेषज्ञताओं वाली टीमों को सहयोगात्मक रूप से मिलकर लक्षित नतीजा हासिल करने में सक्षम बनाना चाहते हैं।

12. डेटा संस्कृति : *हिप्पो (प्रभाव) से सावधान!*

सभी डेटा इंफ्रास्ट्रक्चर में किए गए निवेशों के बावजूद, डेटा-प्रेरित संगठन का निर्माण तब तक असंभव है, जब तक कि संगठन के हर स्तर पर लोग भी डेटा-प्रेरित ना हों। परंपरागत रूप से, संगठन और उन्हें चलाने वाले अधिकारी अपने अनुभव और हिप्पो - हाइएस्ट पेड पर्सन्स ओपिनियन (सबसे अधिक वेतन पाने वाले व्यक्ति की राय) पर निर्भर रहते आए हैं। बिग डेटा की दुनिया में, जहां हर दिन डेटा विस्फोट की तरह बढ़ रहा है, केवल अपनी सहज प्रवृत्ति पर निर्भर रहना अब पर्याप्त नहीं रह गया है। यह ना केवल निर्णयों में त्रुटियों के उच्च जोख़िम को जन्म देता है, बल्कि सामूहिक जवाबदेही को भी प्रोत्साहित नहीं करता है और ना ही उपलब्ध विशाल डेटा से लाभ उठाता है।

संगठनों को सचेत रूप से हिप्पो संस्कृति से हटकर डेटा-प्रेरित निर्णय प्रक्रिया अपनानी होगी। इसे हासिल करने के तीन प्रमुख उपाय हैं। पहला, संगठनों को सभी स्तरों पर डेटा साक्षरता बढ़ाने में निवेश करना चाहिए, जिसमें डेटा विश्लेषण, व्याख्या

और स्टोरीटेलिंग की क्षमताओं का विकास शामिल है। दूसरा, सभी निर्णयकर्ताओं को डेटा उपलब्ध कराना और प्रभावी इस्तेमाल को बढ़ावा देने के लिए सही प्रक्रियाएं स्थापित करना चाहिए। और आख़िरकार, इसके लिए ख़ुद हिप्पो से प्रेरणा की आवश्यकता है, जिसमें लीडर उदाहरण प्रस्तुत करके और अपने निर्णयों में डेटा को प्राथमिकता देकर कर्मचारियों को भी सभी स्तरों पर ऐसा करने के लिए प्रेरित और प्रभावित करें।

13. **डेटा टैलेंट : *एआई युग में टैलेंट कुंजी बना रहेगा!***

जैसे-जैसे डेटा परिदृश्य और अधिक जटिल होता जा रहा है और एआई युग सामने आता जा रहा है, वैसे-वैसे सही डेटा टैलेंट का निर्माण करना डेटा से पूर्ण क्षमता हासिल करने के लिए और भी अधिक अहम हो गया है। कई विशेषीकृत डेटा भूमिकाओं को डेटा पहलों को पूरा करने के लिए साथ आना आवश्यक है, जिनमें डेटा वैज्ञानिक, डेटा इंजीनियर, व्यवसाय विश्लेषक, डेटा आर्किटेक्ट और अन्य शामिल हैं। हालांकि, मैं इस डेटा टैलेंट परिदृश्य को तेज़ी से विकसित होते हुए देख रहा हूं। मुख्य डेटा कौशल के अलावा, डेटा पेशेवरों को व्यवसाय डोमेन की गहन समझ की भी ज़रूरत होगी ताकि वे किसी व्यावसायिक समस्या को शुरू से अंत तक हल कर सकें। जैसे-जैसे संगठनों में बड़े पैमाने पर एआई तकनीकों को अपनाया जाएगा, डेटा-साइंस भूमिकाएं संभवतः कम हो जाएंगी, क्योंकि मॉडल बनाने का ज़्यादातर काम मशीनों से किया जाएगा। ऐसे में समस्या-समाधान कौशल अहम होता जाएगा, और उसके अंदर समस्या-पहचान भी अहम होगी, जिसमें डोमेन ज्ञान भी अहम होगा। एक और महत्त्वपूर्ण कौशल उनकी स्टोरीटेलिंग की रचनात्मकता होगी। दूसरी ओर, डेटा इंजीनियरों की भूमिका और जटिल हो जाएगी, क्योंकि उन्हें भारी मात्रा में डेटा प्रबंधित करना होगा, जो एआई की नींव है। इसी प्रकार, डेटा आर्किटेक्ट संगठनों की डेटा-प्रेरित रणनीतियों और एआई पहलों का समर्थन करने के लिए डेटा संरचनाओं को आकार देने और अनुकूलित करने में और भी अधिक अहम भूमिका निभाएंगे।

यूएसएफ़ : डेटा पैराडॉक्स के मूल कारणों को दूर करने की मार्गदर्शिका

अध्याय 5 में बताए गए डेटा पैराडॉक्स के सभी नौ मूल कारण उन तेरह घटकों का इस्तेमाल करके हल किए जा सकते हैं, जिन्हें मैंने अभी प्रस्तुत किया है। मूल कारणों और समाधान घटकों के बीच 'मैनी-टु-मैनी' संबंध है। आइए जल्दी से देखते हैं कि यह कैसे काम करता है :

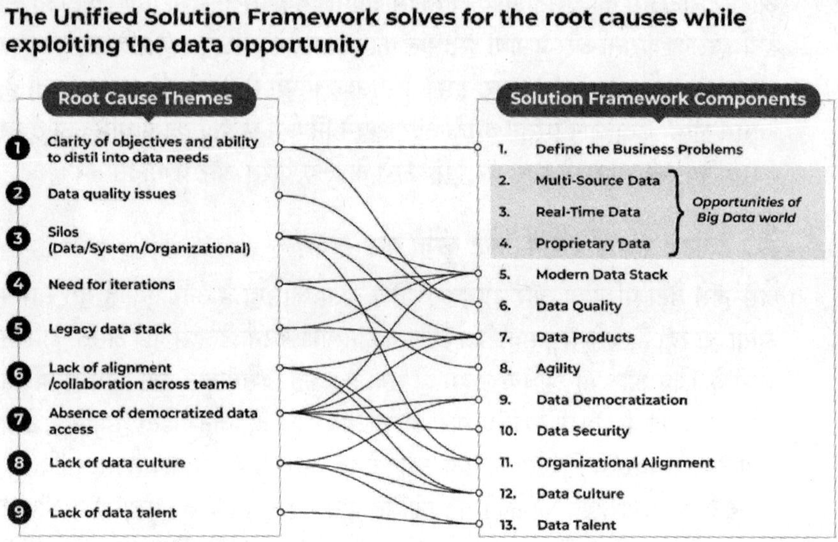

इस पुस्तक का विषय डेटा, हमें बिग डेटा दुनिया के जरिए उपलब्ध कराए गए अवसर का प्रतिनिधित्व करता है। और बहु-स्रोत डेटा, रियल-टाइम डेटा और स्वामित्व वाला डेटा (घटक 2, 3 और 4) डेटा इकोसिस्टम के सबसे अहम पहलू हैं। ये घटक ढांचे में इसलिए शामिल नहीं किए गए हैं कि वे किसी समस्या का समाधान करते हैं, बल्कि इसलिए कि इनमें संगठनों के लिए असमान रूप से अधिक मूल्य जोड़ने की क्षमता है। यूएसएफ के बाक़ी घटक उन एक या अनेक मूल कारणों को दूर करने के लिए हैं, जिनका सामना संगठन डेटा पैराडॉक्स में करते हैं।

हमने जिस पहले मूल कारण की पहचान की, वह है- **व्यावसायिक उद्देश्यों की स्पष्टता की कमी और डेटा की ज़रूरतों का परिशोधन।** इसे यूएसएफ़ के पहले घटक से संबोधित किया जा सकता है : व्यावसायिक समस्या को परिभाषित करना। व्यावसायिक समस्या को प्रबंधनीय हिस्सों में तोड़ना और डेटा ज़रूरतों को सीमित करना, समस्या को हल करना आसान बनाता है और यह भंडारण तथा कम्प्यूटिंग शक्ति की बर्बादी को रोकने में मदद करता है।

दूसरा मूल कारण है, डेटा गुणवत्ता से जुड़ी समस्याएं, जिन्हें छठे घटक यानी **डेटा गुणवत्ता** के जरिए से सुलझाया जा सकता है। यूएसएफ़ की हर परत पर डेटा गुणवत्ता को संबोधित करना और उसे उस संदर्भ में परखना, जिसमें उसका इस्तेमाल किया जा रहा है, संगठनों को बिग डेटा जगत में डेटा गुणवत्ता की समस्याओं को प्रभावी ढंग से हल करने में मदद करेगा।

तीसरा मूल कारण है, विभिन्न प्रकार के **साइलो या ढेर** (चाहे वे डेटा, सिस्टम या संगठनों से संबंधित हों), जो डेटा से पूर्ण क्षमता हासिल करने में बाधाएं पैदा करते हैं। इसे ऐसा आधुनिक डेटा स्टैक बनाकर संबोधित किया जा सकता है, जो संगठन के सभी डेटा को एक स्थान पर उपभोग योग्य प्रारूप में लाता है। इसके साथ ही ऐसे डेटा उत्पाद बनाना, जिन्हें कई

टीमें बार-बार इस्तेमाल कर सकें, और संगठन में डेटा उत्पादों के इर्द-गिर्द नवाचारी संरेखण अपनाना ताकि स्वामित्व और सहयोग के बीच संतुलन बनाया जा सके।

चौथा कारण, यानी **दोहराव की आवश्यकता,** को आधुनिक डेटा स्टैक और फुर्तीली कार्यप्रणाली के जरिए हल किया जा सकता है, जो संगठनों को जल्दी-जल्दी बदलाव लाने और बदलती डेटा ज़रूरतों का तेज़ी से जवाब देने में सक्षम बनाती है।

पांचवां कारण, यानी पारंपरिक **डेटा स्टैक की कमियों** को भी अधिक स्केलेबल, अनुकूलनशील और फुर्तीले डेटा स्टैक के निर्माण से दूर किया जा सकता है, साथ ही ऐसे व्यावसायिक समाधान बनाए जा सकते हैं, जिन्हें अलग-अलग टीमों और उपयोग के मामलों में दोहराए जाने योग्य तरीक़े से इस्तेमाल किया जा सके।

छठवां कारण, यानी **टीमों के बीच तालमेल/सहयोग की कमी,** को डेटा प्रोडक्ट और डेटा प्रोडक्ट-केंद्रित दृष्टिकोण से टीमों को संरेखित करके हल किया जा सकता है, जिससे स्वामित्व और सहयोग के बीच तनाव कम हो सके।

सातवां कारण, यानी **लोकतांत्रिक डेटा एक्सेस का अभाव,** को संगठन में हर स्तर पर डेटा तक पहुंच और उपयोग को लोकतांत्रिक बनाकर सक्रिय रूप से दूर किया जा सकता है। इसके साथ सही स्तर की डेटा सुरक्षा बनाए रखते हुए लोकतंत्रीकरण को ध्यान में रखना होगा और डेटा-प्रेरित संस्कृति विकसित करनी होगी, जो डेटा साझेदारी को प्रोत्साहित और सुगम बनाए।

आठवां कारण, यानी डेटा संस्कृति का अभाव, को **डेटा के लोकतांत्रिक** उपयोग को बढ़ावा देकर, डेटा साक्षरता को प्रोत्साहित और सुगम बनाकर, और हर स्तर पर डेटा-प्रेरित निर्णय लेने की प्रक्रिया का उदाहरण प्रस्तुत करके और उसे पुरस्कृत करके दूर किया जा सकता है।

नौवां कारण, यानी डेटा प्रतिभा के अभाव, को **सही डेटा संस्कृति** स्थापित करके और विशेष डेटा टैलेंट की भर्ती करते समय समस्या-समाधान और व्यावसायिक क्षेत्र के ज्ञान को मुख्य डेटा कौशलों के साथ प्राथमिकता देकर हल किया जा सकता है।

एकीकृत समाधान रूपरेखा यानी यूएसएफ़ नवाचारी और व्यावहारिक मार्गदर्शिका है, जो संगठनों को ना केवल डेटा के साथ काम करने में आने वाली कई चुनौतियों का अधिक प्रभावी ढंग से सामना करने में मदद करेगी, बल्कि डेटा से रूपांतरणकारी मूल्य हासिल करने में भी सक्षम बनाएगी, जो डेटा-फ़र्स्ट दुनिया में सफलता के लिए बेहद आवश्यक है। और जबकि यह रूपरेखा डेटा संबंधी समस्याओं को हल करने के लिए बहुत ज़रूरी दिशा प्रदान करती है, फिर भी यह पूरी तरह से अधिग्रहीत नहीं हुई है, इसलिए संगठनों को सीखने और रास्ते में सुधार करने के लिए भी तैयार रहना होगा।

अगले कुछ अध्यायों में, मैं इन प्रत्येक घटकों के बारे में विस्तार से बात करूंगा और यह उजागर करूंगा कि डेटा पैराडॉक्स को प्रभावी ढंग से हल करने में इनकी क्या भूमिका है।

परत 1

व्यावसायिक उद्देश्य

Layer 1 : Business Objectives

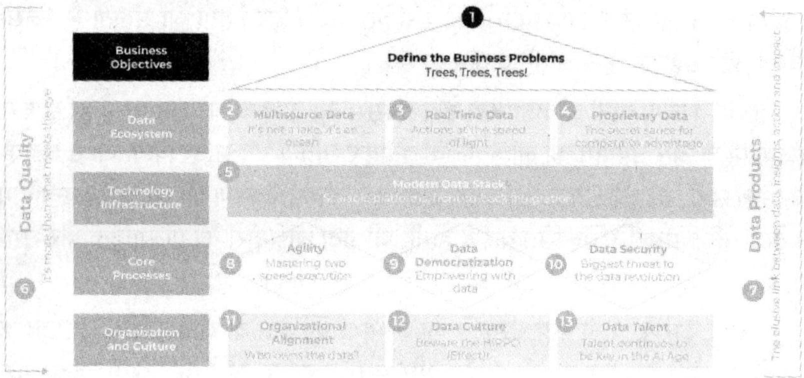

'कारण पूछना?'

7

व्यावसायिक समस्याओं को परिभाषित करना

वृक्ष, वृक्ष, वृक्ष!

"सही तरह से बयान की गई समस्या, आधी हल हो जाती है।"

~ जॉन डेवी,
दार्शनिक, मनोवैज्ञानिक और शिक्षा सुधारक

जैसा कि सेक्शन I में समझाया गया है, संगठन आमतौर पर व्यावसायिक समस्याओं को हल करने के लिए भारी मात्रा में डेटा इकट्ठा करते हैं, और यह मानते हैं कि अधिक डेटा से बेहतर समझ या जानकारी हासिल होगी। हालांकि, जैसा कि कहा गया है, 'बिना कंपास के चलने वाला जहाज समुद्र में खो ही जाता है।' बिग डेटा की दुनिया में, जहां डेटा हर दिशा में विस्फोट कर रहा है, यह तरीक़ा आमतौर पर प्रचुर और भारी डेटा के अथाह समुद्र से निपटने में बदल जाता है। नतीजतन, संगठन बड़े पैमाने पर डेटा इकट्ठा करने और उसका विश्लेषण करने में भारी धन, समय और संसाधन ख़र्च कर बैठते हैं। उन्हें उम्मीद होती है कि उन्हें उत्तर या क्रांतिकारी खोजें मिलेंगी, लेकिन ये उम्मीदें अक्सर पूरी नहीं हो पातीं। कई बार वे इस प्रक्रिया में उलझकर रह जाते हैं और भटक जाते हैं या खो जाते हैं।

इस निरंतर तकनीकी प्रगति, असाधारण प्रतिभा और प्रचुर डेटा के युग में, संगठन अक्सर बहुत उत्साह के साथ कोई डेटा पहल शुरू करते हैं, लेकिन बाद के चरण में यह महसूस करते हैं कि यह उस समस्या को हल कर ही नहीं रही है, जिसे हल करने के लिए वे निकले थे, या वे ग़लत समस्या को हल कर रहे होते हैं। ऐसा क्यों होता है? ऐसा इसलिए होता है, क्योंकि हम समस्या को समझने और परिभाषित करने में पर्याप्त समय लगाए बिना, समाधान खोजने की मानसिकता में तुरंत कूद पड़ते हैं। मेरे अनुभव में, व्यावसायिक समस्या को परिभाषित करने की यह वही कवायद है, जिस पर संगठनों को अधिकतम समय, प्रयास और संसाधन

लगाने चाहिए। जैसा कि अल्बर्ट आइंस्टीन ने एक बार कहा था, 'अगर मुझे ग्रह को बचाने के लिए एक घंटा दिया जाए, तो मैं 59 मिनट समस्या को परिभाषित करने में और 1 मिनट उसे हल करने में लगाऊंगा।'

आइए इस अध्याय में खोजते हैं कि हम यह बेहतर तरीक़े से कैसे कर सकते हैं और अपनी डेटा पहल को सही शुरुआत कैसे दे सकते हैं।

अवरोध बिंदु या 'बॉटलनेक' की पहचान

प्रभावी समस्या-समाधान इस बात पर निर्भर करता है कि आप बॉटलनेक या कमज़ोर कड़ी की पहचान करें और उसे हल करें। यह अवधारणा मेरी अब तक की पसंदीदा पुस्तकों में से एक द *गोल* (एली गोल्डरैट) का भी आधार है। यह ऐसी किताब है, जिसे मैं हर किसी को पढ़ने की सलाह देता हूं। उनकी 'थ्योरी ऑफ़ कंस्ट्रेंट्स' मेरे अपने शब्दों में है, हर प्रक्रिया (उन्होंने विनिर्माण का उदाहरण लिया है) में कुछ न कुछ बॉटलनेक, कुछ कमज़ोर कड़ियां होती हैं; जिनकी क्षमता उस पर पड़ने वाली मांग के बराबर या उससे कम होती है। दूसरे शब्दों में, यही बॉटलनेक रुकावट की असली वजह हैं और इन्हें दूर करना ज़रूरी है। चूंकि ऊपर की ओर (अपस्ट्रीम) सुधार करने से प्रणाली में अतिरिक्त भंडारण ही जुड़ जाएगा और नीचे की ओर (डाउनस्ट्रीम) सुधार करने से ख़ाली क्षमता ही पैदा होगी। प्रभावी समस्या-समाधान की कुंजी इन्हीं बॉटलनेक की पहचान करने और उन्हें सही तरीक़े से प्रबंधित करने में है ताकि पूरी प्रक्रिया की उत्पादन क्षमता में सुधार हो सके। किसी भी स्थिति में बॉटलनेक को चिह्नित कर लेना और फिर अपने समाधान प्रयासों को उस मूल समस्या पर केंद्रित करना ही किसी भी समस्या पर प्रगति करने की असली कुंजी है।

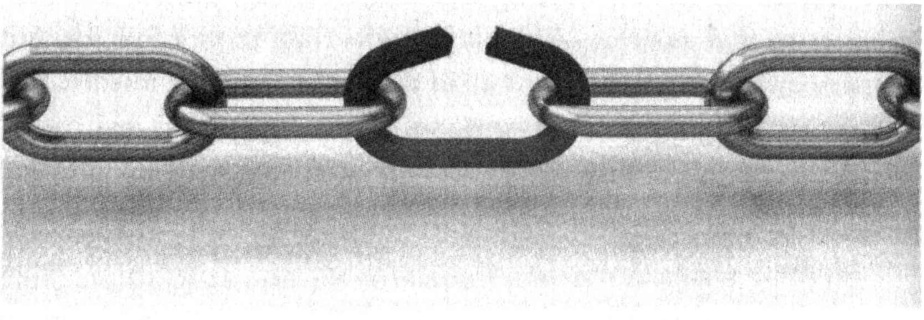

समस्या-समाधान के लिए ज़रूरी है संरचित दृष्टिकोण

इन अनुभवों से मुझे मैकिंजी में देखी गई समस्या-समाधान तकनीकों से आसानी से जुड़ने में मदद मिली। वहां हर जगह तथ्यों पर आधारित और व्यवस्थित तरीक़ा अपनाया जाता है। मैकिंजी के बाद भी, मैंने हमेशा इसी तरह के तरीक़े पर भरोसा किया है और दूसरों को भी यही

अपनाने की सलाह दी है। जब मैंने बड़े बदलावों से जुड़े कामों की ज़िम्मेदारी संभाली, चाहे वह फ़िडेलिटी में हो, फ़्लिपकार्ट में या इंसीडो के जरिए फ़ॉर्च्यून 500 कंपनियों के साथ, तब मैंने देखा कि यह व्यवस्थित तरीक़ा हर तरह के संगठन में उपयोगी साबित होता है। इससे कोई फ़र्क़ नहीं पड़ता कि कंपनी कितनी बड़ी है, कैसी है या किस क्षेत्र की है। ख़ासकर डेटा-फ़र्स्ट दुनिया में तो यह तरीक़ा और भी ज़्यादा ज़रूरी हो जाता है।

हालांकि संरचित समस्या-समाधान का मतलब अलग-अलग लोगों के लिए अलग हो सकता है, लेकिन इसका मूल दृष्टिकोण तो एक ही है, और वह है, उस समस्या पर स्पष्टता लाना, जिससे निपटना है। इसके लिए संदर्भ को समझना ज़रूरी होता है, जिसमें हितधारक, उनके उद्देश्य और वे चुनौतियां शामिल हैं, जिनका वे सामना कर रहे होते हैं। समस्या को संकीर्ण करने के बाद अगला क़दम है उसे क्रियाशील घटकों में विभाजित करना और फिर उन्हें प्राथमिकता देना। इससे समस्या की जटिलता और अस्पष्टता काफ़ी हद तक कम हो जाती है, और पूरी प्रक्रिया को अधिक प्रभावी और संचालित करना आसान हो जाता है। बिग डेटा की दुनिया में, डेटा आवश्यकताओं को अधिक प्रबंधनीय बनाने और इस प्रकार समूची पहल को अधिक सफल बनाने के लिए इसे उपयोग-केस के आधार पर संकीर्ण करना बेहद अहम है।

इस तरह से, कोई भी जटिल समस्या, सरल समस्याओं के छोटे-छोटे समूहों में बदली जा सकती है, जिन्हें अलग-अलग हल किया जा सके। ये तो सरल ही है ना? आश्चर्य की बात यह है कि लोग अक्सर इस क़दम को छोड़ देते हैं, या इस पर पर्याप्त समय नहीं लगाते। हालांकि, लोग अपनी धारणाओं और निर्णयों के पूर्वाग्रहों को साथ लिए हुए, सहज रूप से समस्या-समाधान मोड में चले जाते हैं। आइए इसे एक बहुत ही सामान्य डेटा-गहन व्यावसायिक समस्या से समझते हैं : सिंगल व्यू ऑफ़ कस्टमर!

'सिंगल व्यू ऑफ़ कस्टमर' तैयार करने की चुनौती

कंटेंट की नेटफ़्लिक्स जैसी डिमांड और सेवाओं की एमेज़ॉन जैसी उम्मीदों ने संगठनों को मजबूर किया कि वे अपने ग्राहकों और कामकाज का एक समग्र और स्पष्ट चित्र तैयार करें, ताकि ग्राहकों के साथ बेहतर जुड़ाव हो सके और उन्हें व्यक्तिगत सेवाएं और ऑफ़र दिए जा सकें। इसी वजह से संगठनों के लिए 'सिंगल व्यू ऑफ़ कस्टमर' या '360 डिग्री कस्टमर व्यू' बनाना ज़रूरी हो गया। इसका मतलब है, किसी संगठन के पास ग्राहक के बारे में जो भी जानकारी बिखरी हुई होती है, उसे एक जगह, यानी किसी एक पेज पर, समग्र और व्यवस्थित तरीक़े से पेश किया जाए।

अब सवाल था, यह काम आख़िर कैसे किया जाए?

पिछले एक दशक में गूगल, डेटा के इस्तेमाल में अग्रणी बनकर उभरा है। उसने अपने उपयोगकर्ताओं और उनकी गतिविधियों से जुड़ा डेटा एक जगह जोड़ा और उस पर विश्लेषणात्मक मॉडल बनाए। इसी से उसने नई तरह की सेवाएं और व्यक्तिगत सुझाव देने में सफलता पाई। कई बड़ी कंपनियों को लगा कि अगर वे गूगल के इस मॉडल को अपनाएंगी तो उन्हें भी वैसी ही सफलता मिलेगी। उन्होंने कोशिश की कि अपने ग्राहकों से जुड़ा सारा डेटा एक जगह लाकर वे भी ऐसी सेवाएं और ऑफ़र तैयार करें।

इस प्रयास के जरिए संगठन सिंगल सोर्स ऑफ़ ट्रुथ (एसएसओटी) की ओर बढ़े। इसका मतलब था, संगठन के अंदर का सारा डेटा एक जगह इकट्ठा कर लेना ताकि ज़रूरत पड़ने पर इसे वहीं से लिया जा सके। यह विचार डेटा साइलो की समस्या का एकदम सही हल लगता था। लगभग हर संगठन इस दिशा में बढ़ने के लिए तैयार था, लेकिन बहुत कम संगठन ही इसमें सफल हो पाए। हाल की एक सर्वेक्षण रिपोर्ट कहती है कि भारी-भरकम धन, समय और संसाधन ख़र्च करने के बावजूद अब तक केवल 14 प्रतिशत संगठन ही 360 डिग्री कस्टमर व्यू बना पाए हैं। वहीं 82 प्रतिशत अब भी इसे हासिल करने की कोशिश ही कर रहे हैं।

क्यों? क्योंकि इस सोच में एक मूलभूत कमी थी, जिसे ज़्यादातर संगठन समझ नहीं पाए। वे बिग डेटा की आंधी में फंस गए। उन्होंने इसका कम आकलन किया कि डेटा कितनी तेज़ी से बढ़ रहा है और उन्होंने यह भी नहीं समझा कि आज ज़्यादातर डेटा रियल टाइम में बनता और खपत होता है। नतीजा यह हुआ कि सारे डेटा को एक जगह लाना बेहद कठिन और अंतहीन काम बन गया। ख़ासकर विभिन्न स्रोतों से आए डेटा की गुणवत्ता सुनिश्चित करना बेहद जटिल चुनौती साबित हुआ। जब कंपनियां सारा डेटा इकट्ठा करने और उसे एक जगह लाने में लगी रहीं, तब भी मौक़े हाथ से निकलते रहे और राजस्व का नुक़सान होता रहा। इसीलिए एसएसओटी भले ही आदर्श अवधारणा लगे, लेकिन उसे पाना बेहद कठिन है।

निश्चित ही, सामान्य सोच यही कहती है कि अगर सारे डेटा पॉइंट को एक जगह लाकर एक समान रूप से रखा जाए तो निर्णय लेने वालों के लिए उस पर काम करना आसान हो जाएगा। हालांकि हर छोटे-बड़े डेटा पॉइंट को पकड़कर एसएसओटी बनाने की कोशिश व्यवहार में असंभव साबित होती है और अक्सर वांछित नतीजे नहीं देती, भले ही नीयत अच्छी हो।

यही स्थिति मुझे फ़्लिपकार्ट में झेलनी पड़ी थी, जैसा कि मैंने प्रस्तावना में बताया था। सिंगल सोर्स ऑफ़ ट्रुथ बनाने की कोशिश इतनी बड़ी और इतनी तेज़ी से बेक़ाबू हो गई कि उसने पूरे संगठन को जाम कर दिया था। करोड़ों ग्राहकों और हज़ारों कामकाज से जुड़े आंकड़ों को एक जगह लाने का सपना आख़िरकार समस्या बन गया, समाधान नहीं!

ग्राहकों का 360-डिग्री व्यू होना बेहद ज़रूरी है। इससे ग्राहकों के साथ बातचीत अधिक व्यक्तिगत और संदर्भित हो सकती है। अगर इसे सही ढंग से किया जाए तो ग्राहक सेवा

बेहतर होती है, भरोसा और निष्ठा बढ़ती है, मार्केटिंग को दिशा मिलती है और मुनाफ़े में भी सुधार होता है। हालांकि इसके लिए केंद्रित दृष्टिकोण चाहिए, वरना तो स्थिति ऐसी हो सकती है मानो कोई व्यक्ति डेटा के तूफ़ानी समुद्र में बिना कंपास के भटक रहा हो। इसके लिए सोच और तरीक़े दोनों में बड़ा बदलाव लाना होगा। ज़रूरत है इसे उपयोग-आधारित मामलों तक सीमित करने की, ताकि यह समुद्र में मछली पकड़ने जितना कठिन ना लगे, बल्कि तालाब में मछली पकड़ने जितना आसान हो जाए।

समाधान की झलक देखने के लिए प्रस्तावना में दिए गए फ़्लिपकार्ट के उदाहरण पर वापस लौटते हैं। वहां जो डेटा सिस्टम का जाम बना था, वह हमारे बेहतरीन तकनीकी विशेषज्ञों ने नहीं सुलझाया। उसे सुलझाने का रास्ता मिला समस्या को 'संकीर्ण' करने से, और सबसे अहम उपयोग मामलों तक सीमित करने से। इसी तरह हमें उन डेटा पाइपलाइनों को सीमित करना पड़ा, जिनमें डेटा की गुणवत्ता सुनिश्चित करनी थी।

डेटा पहलों के लिए समस्या-समाधान का त्रि-चरणीय दृष्टिकोण

हम डेटा पहलों में वही समस्याएं दोहराने से कैसे बच सकते हैं, जिन पर हमने अभी चर्चा की? मैं इसके लिए त्रि-चरणीय समस्या-समाधान दृष्टिकोण की सिफ़ारिश करता हूं, जो किसी भी डेटा पहल को सही शुरुआत देने में मदद करेगा। इस प्रक्रिया को समझने के लिए आइए एक काल्पनिक कंसल्टिंग फ़र्म एक्सवाईज़ेड कॉर्प का उदाहरण लेते हैं।

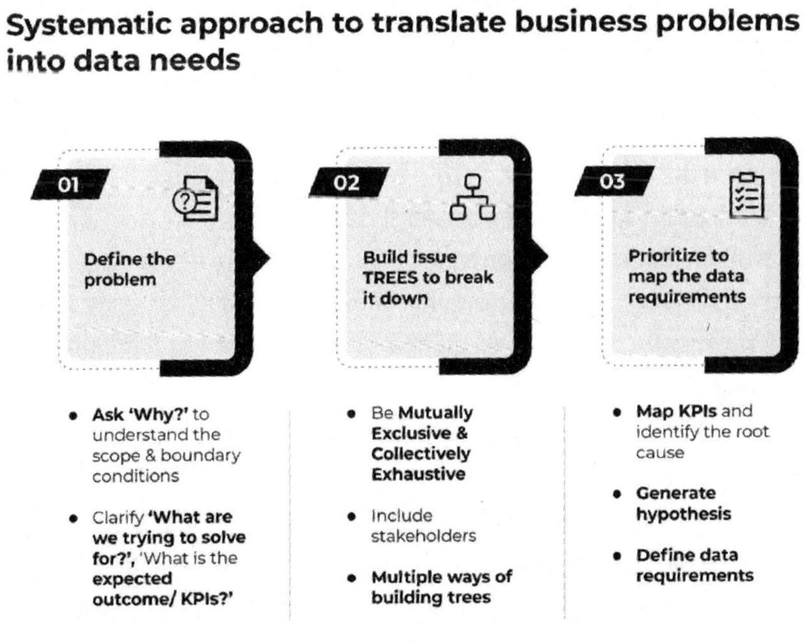

चरण 1 : समस्या कथन को परिभाषित करना

समस्याएं अक्सर हमारे सामने व्यापक रूप में आती हैं, जैसे मुनाफ़े का मार्जिन बढ़ाना, सप्लाई-चेन नेटवर्क को बेहतर बनाना, परिचालन लागत घटाना आदि। ये मुद्दे आमतौर पर संगठन के अंदर मौजूद, और अधिक जटिल गहरी समस्याओं के लक्षण या अभिव्यक्तियां होते हैं। मूल कारण अक्सर संगठन या उसकी प्रक्रियाओं की कई परतों के अंदर छिपे होते हैं। इसका मतलब है कि केवल सतही लक्षणों को दूर करने से स्थायी समाधान हासिल नहीं हो सकता।

जब भी आप किसी समस्या को परिभाषित करने बैठें, तो सबसे पहले मूल सवाल पूछिए। मक़सद को स्पष्ट तौर पर समझिए : कारण। उदाहरण के लिए, हम यह काम किसलिए कर रहे हैं? अंतिम लक्ष्य क्या है? यहां हम किस बात का हल ढूंढ़ रहे हैं? ये सवाल सरल दिखते हैं, पर ये सोच को स्पष्ट करते हैं और दृष्टि को केंद्रित तथा विशिष्ट बनाते हैं। इसलिए पहला क़दम यही है कि बार-बार पूछते रहें 'क्यों', तब तक जब तक असली वजह समझ में न आ जाए कि समस्या का मूल कारण क्या है और इसे सुलझाना किस कारण आवश्यक है।

इस स्तर पर आम तौर पर बहुत ज़्यादा डेटा की ज़रूरत नहीं होती। यह वह चरण है, जिसमें मुख्य टीम, जिसमें अलग-अलग विभागों (बिज़नेस, आईटी और परिचालन) से जुड़े हितधारक शामिल होते हैं, अपने उद्योग ज्ञान, व्यापार की समझ और मौजूदा समस्या की गहरी समझ का इस्तेमाल करके समस्या को और स्पष्ट रूप से परिभाषित करती है और उन परिणाम संकेतकों (केपीआई) पर चर्चा करती है, जिन्हें सुधारना है। मुख्य टीम को इस समस्या पर विचार करने के लिए पर्याप्त समय देना चाहिए। उदाहरण के लिए, एक्सवाईज़ेड कॉर्प. में हमसे लाभांश बढ़ाने को कहा गया। क्यों? क्योंकि वर्षों से लाभांश लगातार 25 प्रतिशत से ऊपर रहा, लेकिन पिछले छह महीनों में इसमें 10 प्रतिशत की गिरावट आई। तो अब हम समस्या कथन को स्पष्ट रूप से परिभाषित कर सकते हैं : 'एक्सवाईजेड कॉर्प. को अगले छह महीनों में अपने लाभांश में 10 प्रतिशत की वृद्धि करनी चाहिए।' क्यों? क्योंकि इससे कंपनी दोबारा सही पटरी पर लौट आएगी। ठीक है। इस स्तर पर मुख्य टीम यह भी चर्चा करेगी कि किन बाधाओं का सामना करना पड़ सकता है और यह तय करेगी कि लक्ष्य राजस्व वृद्धि से समझौता किए बिना ही हासिल किया जाना चाहिए। अब यह एक स्पष्ट और विशिष्ट समस्या कथन बन जाता है, जो कंपनी के उद्देश्यों से जुड़ा है और सभी हितधारकों ने जिसे समझा और स्वीकार किया है।

यहां मैंने जानबूझकर बार-बार 'मुख्य टीम' शब्द का इस्तेमाल किया है, क्योंकि मेरा मानना है कि यह काम किसी एक व्यक्ति या एक टीम का नहीं है। किसी भी डेटा पहल की सफलता इस बात पर निर्भर करती है कि प्रारंभिक समस्या-परिभाषा क़वायद में प्रमुख हितधारक कितने जुड़ते हैं। ऐसा इसलिए है, क्योंकि अलग-अलग विभागों या समूहों के हितधारकों की अपनी-अपनी राय होगी कि समस्या को हल करने का सबसे अच्छा तरीक़ा

क्या होगा। ज़्यादातर संगठनों में डेटा पहल का नेतृत्व एक विशेष टीम करती है, जो डेटा वैज्ञानिक, तकनीकी विशेषज्ञ या कार्यक्षेत्र विशेषज्ञ हो सकते हैं। यही टीमें समस्या कथन को परिभाषित करने की ज़िम्मेदारी भी उठाती हैं। यह अलग-थलग दृष्टिकोण समस्याएं खड़ी कर सकता है। तकनीकी और डेटा टीमें जहां अवसंरचना और विश्लेषण को आगे बढ़ाने में बेहतर स्थिति में होती हैं, वहीं बिज़नेस और परिचालन टीमें गंभीर कारोबारी समस्याओं की पहचान करने में सक्षम होती हैं क्योंकि उन्हें व्यापार की कार्यप्रणाली की प्रत्यक्ष समझ होती है।

इसलिए शुरू से ही अलग-अलग विभागों की अंतर्दृष्टि और विशेषज्ञता को शामिल करना ज़रूरी है। इससे पक्षपात या अधूरी समझ का जोख़िम कम होता है, जो पूरे डेटा कार्यक्रम को प्रभावित कर सकता है। इसीलिए उन सभी हितधारकों को शुरुआत से ही शामिल किया जाना चाहिए, जिनसे इन जानकारियों को क्रियान्वित करने की उम्मीद होगी या जो इसके नतीजों से प्रभावित होंगे।

चरण 2 : समस्या को तार्किक हिस्सों में बांटना – वृक्ष, वृक्ष, वृक्ष!

हर समस्या के साथ कुछ हद तक जटिलता और अनिश्चितता जुड़ी होती है। जब समस्या कथन को स्पष्ट रूप से परिभाषित कर लिया गया हो, तो अब ज़रूरी है कि उसे छोटे और अमल में लाए जा सकने वाले हिस्सों में बांटा जाए ताकि हम आगे बढ़ सकें। इन हिस्सों का आपस में अलग-अलग होना बेहद ज़रूरी है। हर हिस्सा स्वतंत्र और अलग होना चाहिए। साथ ही, यह भी ज़रूरी है कि मिलकर वे समस्या के हर पहलू को कवर करते हों। इसे ही एमईसीई (म्यूचली एक्सक्लूसिव, कलेक्टिवली एक्ज़ास्टिव) कहा जाता है।

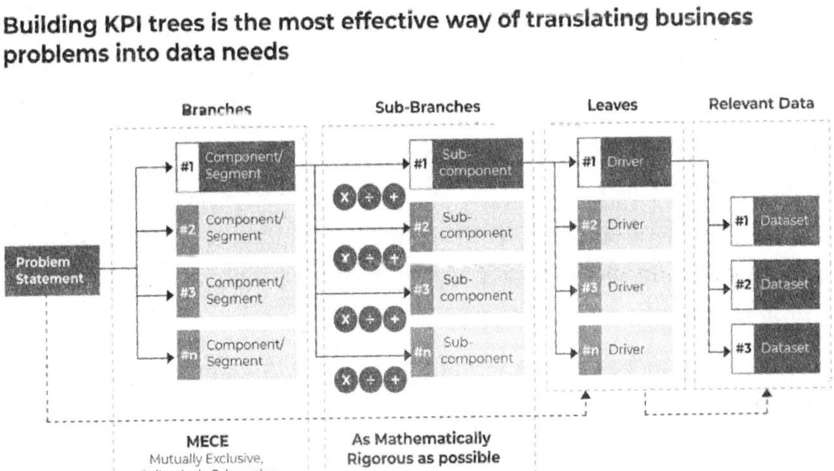

एक्सवाईज़ेड कॉर्प. के उदाहरण को आगे बढ़ाएं, तो लाभांश बढ़ाने की समस्या को एमईसीई के आधार पर दो हिस्सों में बांटा जा सकता है- 'राजस्व बढ़ाना' और 'लागत घटाना'। अब, एक्सवाईज़ेड जैसी कंसल्टिंग कंपनी के लिए राजस्व और लागत किससे बनते हैं? जिन उद्योगों को वे सेवाएं देते हैं उनसे होने वाली कमाई राजस्व है, और विभिन्न परियोजनाओं को पूरा करने पर होने वाला ख़र्च लागत है। हालांकि क्या इससे आपको आगे बढ़ने के लिए स्पष्ट दिशा मिलती है? या यह बताता है कि क्या करना चाहिए? ज़ाहिर है, हम पूरी कंपनी का राजस्व एक साथ नहीं बढ़ा सकते या सभी परियोजनाओं की लागत अचानक कम नहीं कर सकते। यह सिर्फ़ आपको शुरुआती इशारा देता है कि ख़ुदाई कहां से शुरू करनी है।

तो, इन दोनों घटकों को फिर और गहराई में जाकर मुख्य प्रेरक तत्वों तक तोड़ना होगा। तर्क वृक्ष इस चरण में स्वाभाविक रूप से केपीआई वृक्ष में विकसित होना शुरू कर देगा। कुछ मामलों में यह बड़े केपीआई से शुरू हो सकता है, जैसे विभिन्न व्यावसायिक इकाइयों के लिए लाभ मार्जिन जिन्हें समस्या के आधार पर छोटे हिस्सों में तोड़ा जा सकता है। केपीआई वृक्ष, जिसे ड्राइवर ट्री भी कहा जाता है, प्रत्येक घटक को इस तरह तोड़ने का व्यवस्थित तरीक़ा है कि उन घटकों के प्रदर्शन को प्रभावित करने वाले मुख्य प्रेरक पहचाने जा सकें। सबसे बाईं ओर आप व्यापक समस्या कथन से शुरुआत करते हैं और जैसे ही आप दाईं ओर बढ़ते हैं या ऊपर से नीचे जाते हैं, आप उसे आगे घटकों (शाखाओं) में और फिर हर घटक को विशिष्ट प्रेरकों या केपीआई (उप-शाखाओं) में विभाजित करते हैं। ये केपीआई अमल योग्य होने चाहिए, यानी प्रत्येक केपीआई किसी विशिष्ट नतीजे से जुड़ा होना चाहिए और स्पष्ट रूप से बड़े व्यावसायिक समस्या को हल करने में भूमिका निभाना चाहिए। वृक्ष के हर स्तर को संभवतः एमईसीई के अनुरूप बनाए रखना चाहिए। इसलिए इस अभ्यास में बेहद कठोर और व्यापक होना आवश्यक है और समस्या को तोड़ने के सभी संभावित तरीक़ों पर विचार करना चाहिए।

साथ ही, इसका कोई तयशुदा सूत्र भी नहीं है कि वृक्ष कैसे बनाया जाए। हर समस्या को कई तरीक़ों से विभाजित किया जा सकता है, इसलिए केवल एक वृक्ष देखना पर्याप्त नहीं होगा। मुख्य टीम को यह क़वायद कई बार करना चाहिए और अलग-अलग वृक्ष बनाने चाहिए। उदाहरण के लिए, एक्सवाईज़ेड जैसी सेवा कंपनी के लिए राजस्व को उद्योग, ग्राहक, प्रोजेक्ट या भौगोलिक क्षेत्रों आदि के आधार पर विभाजित किया जा सकता है। मुख्य बात यह है कि हर स्तर पर और हर प्रकार के वृक्ष में एकरूपता बनी रहे और तुलना सेब तथा संतरे जैसी ना हो जाए।

यह वृक्ष-निर्माण का अभ्यास आसानी से बहुत जटिल हो सकता है। यहीं से हम अगले चरण पर पहुंचते हैं।

चरण 3 : मुख्य केपीआई को प्राथमिकता देना और डेटा आवश्यकताओं की पहचान करना

जब आप एमईसीई ढंग से विशिष्ट केपीआई और मुख्य प्रेरकों को पहचान लेते हैं, तो अगला क़दम उन्हें प्राथमिकता देना होता है। इसके लिए आपको केपीआई के प्रदर्शन की तुलना करनी होती है और यह आकलन करना होता है कि उनका मूल समस्या पर कितना प्रभाव है। केपीआई स्तर पर आपको ऐसे सवाल पूछने चाहिए, 'यह केपीआई उस समग्र नतीजे के लिए कितना अहम है, जिसे हम हासिल करना चाहते हैं?' और 'वांछित नतीजे तक पहुंचने के लिए इस केपीआई पर मैं कितना असर डाल सकता हूं?' इसके अलावा, केपीआई प्रदर्शन की तुलना समय, आंतरिक मानकों और बाहरी साथियों जैसे तरीक़ों से की जाती है।

एक्सवाईज़ेड कॉर्प. के उदाहरण में मान लीजिए कि हम टेलीकॉम ब्रांच और फिर क्लाइंट स्तर के ब्रांच पर नज़र डालते हैं। यहां कोई कंपनी क्लाइंट 1 है, जो उस खंड के 60–70 प्रतिशत राजस्व का हिस्सा है, और फिर 'अन्य' श्रेणी है, जो शेष राजस्व का योगदान करती है। तो तर्कसंगत रूप से यह स्पष्ट है कि 'अन्य' में सुधार से लाभ मार्जिन पर बहुत बड़ा असर नहीं पड़ेगा, जबकि क्लाइंट 1 की आय में थोड़े से सुधार से भी बड़ा असर होगा। इसलिए 'अन्य' शाखा को छांट देना और क्लाइंट 1 पर ध्यान केंद्रित करना समझदारी होगी। एक्सवाईज़ेड के मामले में उदाहरण के लिए यह सामने आता है कि उपयोग और पिरामिड मिश्रण ऐसे क्षेत्र हैं, जिन पर ध्यान देना ज़रूरी है ताकि लाभ मार्जिन पर असर डाला जा सके (संदर्भ के लिए नीचे दिया गया चित्र देखिए)। मैं अन्य शाखाओं में भी और केपीआई पहचान सकता हूं जो मूल्यांकन योग्य हों। मुख्य विचार यह है कि उस स्तर तक पहुंचा जाए जहां सुधार के क्षेत्रों को स्पष्ट रूप से पहचाना जा सके। और जब प्राथमिकता वाले केपीआई पहचान रहे हों, तब 80/20 नियम का उपयोग करना आवश्यक है, यानी वे एक या दो केपीआई जो समस्या पर सबसे अधिक असर डाल सकते हैं।

यहीं से हम अपनी डेटा आवश्यकताओं को परिभाषित करना शुरू करते हैं ताकि यह गहराई से समझा जा सके कि उस विशेष केपीआई के साथ वास्तव में क्या हो रहा है। हां, शुरुआती चरणों में हमने डेटा का आंशिक रूप से इस्तेमाल किया है, लेकिन वह मुख्य रूप से वृक्ष निर्माण अभ्यास को दिशा देने के संकेतक के रूप में था। लेकिन अब, इस चरण में हमने समस्या को चुनिंदा केपीआई तक सीमित कर लिया है, जो मूल कारण के रूप में उभरे हैं। अब हम यह तय करना शुरू करते हैं कि गहरी जांच के लिए कौन-सा डेटा चाहिए, डेटा मॉडल तैयार करते हैं ताकि यह समझा जा सके कि ये केपीआई अपेक्षा के अनुसार प्रदर्शन क्यों नहीं कर रहे और उन्हें पटरी पर लाने के लिए क्या करना होगा।

Illustration - Improving gross margin of a business

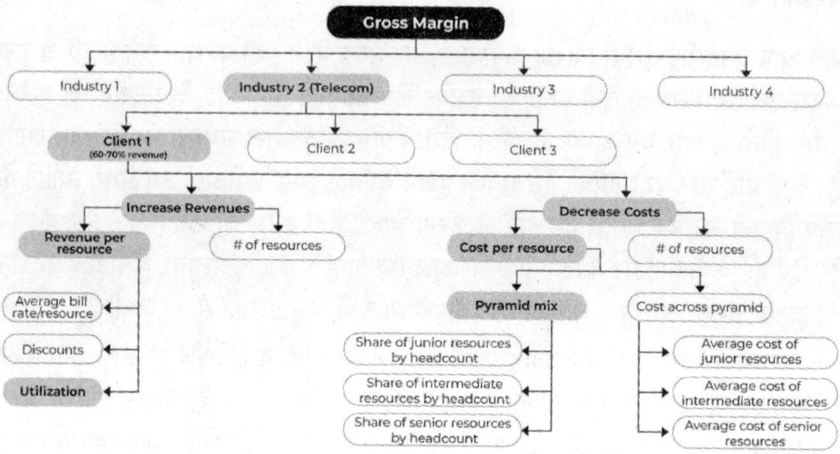

अब उस व्यापक व्यावसायिक समस्या के दायरे के बारे में सोचते हैं जिससे हमने शुरुआत की थी और अब जिन विशिष्ट केपीआई तक हम पहुंच चुके हैं। क्या यह डेटा की आवश्यकता को काफ़ी हद तक सीमित नहीं कर देता? पहले जहां आपको एक्सवाईज़ेड कॉर्पोरेशन में लाभ मार्जिन, राजस्व और लागत से जुड़ा हर संभव डेटा देखना पड़ता था, अब आप केवल कुछ अहम केपीआई से जुड़े कुछ ही मीट्रिक्स पर ध्यान दे रहे हैं। इस तरह डेटा की आवश्यकता अब काफ़ी छोटी और अधिक विशिष्ट हो गई है। तो, मेरे दोस्तों, यही वृक्ष बनाने की सुंदरता है।

डेटा की ज़रूरत तय करते समय भी वृक्ष बनाते रहना ज़रूरी है, ताकि धीरे-धीरे केवल उन्हीं ख़ास डेटा तत्वों तक पहुंचा जा सके जो चुने गए केपीआई से जुड़े हों। उदाहरण के लिए, एक्सवाईज़ेड कंपनी के मामले में, टेलीकॉम क्लाइंट 1 के लिए चुने गए केपीआई हैं : यूटिलाइजेशन और पिरामिड मिक्स। अब इनके लिए आपको डेटा तत्व तय करने होंगे, जैसे हर संसाधन का इस्तेमाल कितना हुआ, हर प्रोजेक्ट में जूनियर, इंटरमीडिएट और सीनियर संसाधनों का हिस्सा कितना है, हर सर्विस लाइन की औसत बिल दर क्या है, वगैरह। इनका विश्लेषण करने से स्पष्ट हो जाएगा कि सुधार की संभावना कहां है।

बिग डेटा की दुनिया में, तो रोज़ाना ही ढेर सारा डेटा आता है, तो फिर यह तरीक़ा ही सबसे कारगर है। इसी तरह आप व्यवस्थित रूप से दायरा छोटा करते हुए वही डेटा चुन पाते हैं जो असल समस्या को हल करने में मदद करे। इससे संगठन बेकार के डेटा प्रोजेक्ट में नहीं फंसते, जिन पर बहुत पैसा और समय ख़र्च होता है लेकिन नतीजे उम्मीद के मुताबिक़ नहीं मिलते।

मुख्य निष्कर्ष

- बिग डेटा की दुनिया में समस्या-समाधान के लिए पारंपरिक तरीक़े यानी 'सारा डेटा एक जगह इकट्ठा करने' से हटकर एक बुनियादी बदलाव की ज़रूरत है। यह बदलाव है एक संरचित तरीक़ा अपनाने का, जिसमें समस्या को 'छोटे और संभालने योग्य हिस्सों तक सीमित' किया जाता है।
- व्यापारिक समस्या को स्पष्ट रूप से परिभाषित करना और उसकी जड़ तक पहुंचना समस्या-समाधान प्रक्रिया का पहला और सबसे ज़रूरी क़दम है।
- किसी समस्या को छोटे-छोटे, काम में आने वाले हिस्सों में बांटने और सबसे अहम मुद्दों को प्राथमिकता देने का सबसे अच्छा तरीक़ा है केपीआई ट्री बनाना। इससे डेटा की ज़रूरतों को भी सीमित और स्पष्ट किया जा सकता है।
- केपीआई ट्री को (एमईसीई – म्युचुअली एक्सक्लूसिव, कलेक्टिवली एक्झास्टिव) तरीक़े से बनाना चाहिए ताकि उसके हिस्से आपस में अलग-अलग हों और सब मिलकर पूरी समस्या को कवर करें । किसी समस्या के लिए केपीआई ट्री बनाने के कई तरीक़े हो सकते हैं, और उनमें से सबसे उपयुक्त तरीक़ा पहचानना ही सबसे ज़रूरी है।

परत 2

डेटा इकोसिस्टम

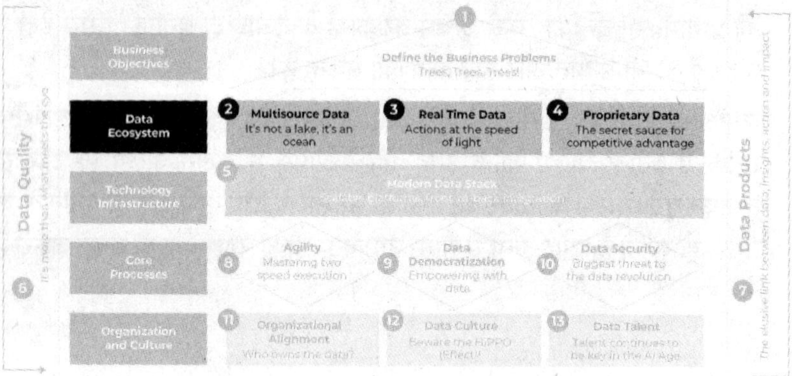

'बिग डेटा की दुनिया से मिलने वाले मौक़े'

8

मल्टी-सोर्स डेटा

झील नहीं, ये समुद्र है

"विविधता ही जीवन का असली मसाला है, जिससे उसका पूरा स्वाद मिलता है।"

~ विलियम कॉपर,
अठारहवीं सदी के प्रसिद्ध कवि

विविधता से जीवन में विस्तार और गहराई आती है। जब कोई व्यक्ति अनेक अनुभवों से गुज़रता है, तभी वह सचमुच जीवन की क़द्र करना शुरू करता है और सबको जोड़कर गहरे अर्थ और उद्देश्य तक पहुंच पाता है। सीखने और विकास करने के लिए विविधता आवश्यक बहुआयामी दृष्टिकोण मुहैया कराती है। मेरी राय में, बिग डेटा की दुनिया में, 'विविधता' डेटा का सबसे जटिल आयाम है, क्योंकि संगठनों को इसकी अनेक किस्मों, स्रोतों और प्रारूपों को संभालना पड़ता है। लेकिन यही वो 'मसाला' है, जो निकाले गए निष्कर्षों को कई 'स्वाद' देता है और उन्हें अधिक सार्थक और व्यापक बनाता है।

इस अध्याय में, मैं डेटा के अनेक स्रोतों या मल्टी सोर्सेज के महत्त्व और उन्हें प्रभावी ढंग से इस्तेमाल करने के तरीक़ों पर विस्तार से चर्चा करूंगा।

स्रोतों का विस्फोट, ख़ासकर ओपन डेटा का विस्फोट

जैसी कि अध्याय 1 में चर्चा की गई है, बिग डेटा की दुनिया में डेटा स्रोतों का विस्फोटक उछाल, मुख्य रूप से आधुनिक समाज के तेज़ डिजिटलीकरण का नतीजा है। इस बदलाव को स्मार्टफ़ोन, आईओटी उपकरणों और सोशल मीडिया प्लेटफ़ॉर्म्स की सर्वव्यापी मौजूदगी ने रफ़्तार दी है। ये सभी विशाल और विविध क़िस्म का यानी संरचित और असंरिचत डेटा पैदा भी करते हैं।

इसके अलावा, इंटरनेट के विस्तार और वर्ल्ड वाइड वेब की बढ़ती लोकप्रियता ने भी इस डेटा विस्फोट में अहम भूमिका निभाई है। ओपन डेटा आंदोलन ने इसे और तेज़ कर दिया है। इस आंदोलन की वजह से गूगल का डेटा, सार्वज़निक स्वास्थ्य के आंकड़े, जनगणना अभिलेख, मौसम का अवलोकन, भू-स्थानिक जानकारी, सोशल मीडिया सामग्री, मैसिव ओपन ऑनलाइन कोर्सेज (एमओओसी) का डेटा और कई अन्य खुले तौर पर उपलब्ध डेटा स्रोतों में विस्फोटक वृद्धि हुई है।

यहीं से हम इस अध्याय के ज़्यादा बड़े विषय, मल्टी-सोर्स डेटा पर पहुंचते हैं। संगठनों के लिए उपलब्ध विभिन्न डेटा स्रोतों को मोटे तौर पर आंतरिक और बाहरी डेटा स्रोतों में विभाजित किया जा सकता है। संगठन के सामान्य संचालन के दौरान पैदा होने वाले आंतरिक डेटा स्रोत व्यवसाय को बेहतर समझने की अहम शुरुआत है। कई आंतरिक स्रोतों को आपस में जोड़ना या इन्हें बाहरी और ओपन डेटा स्रोतों के साथ मिलाना, निकाले गए निष्कर्षों की गुणवत्ता और गहराई को काफ़ी बढ़ा सकता है।

मल्टी-सोर्स डेटा : मूल्य संवर्धक

किसी संगठन में कई विभाग और कार्यक्षेत्र मिलकर साझा लक्ष्यों और उद्देश्यों को पूरा करने की दिशा में काम करते हैं। संगठन केवल अपने अंदर ही नहीं, बल्कि एक बड़े पारिस्थितिकी तंत्र यानी इकोसिस्टम का भी हिस्सा होते हैं, जिसमें आपूर्तिकर्ता, विक्रेता, चैनल पार्टनर, नियामक संस्थाएं, ग्राहक और अन्य हितधारक शामिल होते हैं। ये सभी आंतरिक और बाहरी इकाइयां संगठन के दैनिक संचालन और उसके प्रदर्शन को प्रत्यक्ष या अप्रत्यक्ष रूप से प्रभावित करती हैं। इसके अलावा, राजनीतिक, आर्थिक और पर्यावरणीय परिस्थितियां भी संगठन पर गहरा असर डाल सकती हैं। आज के समय में, जब संगठन वूका-VUCA (Volatility - अस्थिरता, Uncertainty - अनिश्चितता, Complexity - जटिलता और Ambiguity - अस्पष्टता) की दुनिया में काम कर रहे हैं, तब इन कारकों का प्रभाव और भी बढ़ गया है। इसी कारण संगठनों के लिए यह बेहद आवश्यक हो जाता है कि वे आंतरिक और बाहरी, दोनों तरह के कारकों को ध्यान में रखते हुए एक व्यापक और संतुलित दृष्टिकोण विकसित करें, ताकि निर्णय-निर्माण अधिक सटीक, प्रभावी और दूरगामी हो सके।

डेटा साइलो से आगे बढ़कर विभिन्न आंतरिक डेटा स्रोतों का एकीकरण संगठनों को अपने व्यवसाय की बेहतर समझ बनाने में मदद करता है। इसके अलावा, आंतरिक डेटा स्रोतों को बाहरी डेटा स्रोतों के साथ जोड़ने से संगठन, प्रतिस्पर्धा, उद्योग प्रवृत्तियों और ग्राहकों की अधिक व्यापक समझ भी हासिल कर सकते हैं, जिससे गहन अंतर्दृष्टियां हासिल होती हैं। अनेक स्रोतों का इस्तेमाल करने से निष्कर्षों को सत्यापित करना आसान हो जाता है और पूर्वाग्रह का असर कम होता है। आंतरिक और बाहरी दोनों प्रकार के स्रोतों के एकीकरण से संगठन कई महत्त्वपूर्ण लक्ष्य हासिल कर सकते हैं :

बिंदुओं को जोड़ना : अनेक स्रोतों के डेटा का एकीकरण संगठनों को सूचना की ख़ामियों को भरने और अपने संचालन का बहुआयामी दृष्टिकोण बनाने में सक्षम बनाता है। यह बिखरे हुए तथ्यों को जोड़कर बेहतर निर्णय लेने, दक्षता सुधारने, जोख़िम कम करने और विकास को आगे बढ़ाने में मदद करता है। उदाहरण के लिए, फ़ेडेक्स मौसम से संबंधित बाहरी डेटा को अपने आंतरिक लॉजिस्टिक सिस्टम से जोड़कर प्रतिकूल मौसम की स्थिति में शिपमेंट्स का रूट बदल देता है।

ग्राहक की बेहतर समझ : अनेक स्रोतों की मदद से कंपनियां अपने ग्राहकों, उनकी पसंद और उनकी ज़रूरतों को गहराई से समझ पाती हैं और उन्हें अधिक अनुकूलित उत्पाद और सेवाएं दे सकती हैं। सिंगापुर का प्रमुख बैंक डीबीएस आंतरिक और बाहरी दोनों प्रकार के डेटा स्रोतों का इस्तेमाल करके अपने ग्राहकों को हाइपर-पर्सनलाइज्ड सेवाएं मुहैया करा रहा है, ताकि वे बेहतर वित्तीय निर्णय ले सकें।

बड़ी तसवीर को संबोधित करना : आज संगठनों पर यह भी ज़िम्मेदारी है कि वे समाज और पृथ्वी के बेहतर भविष्य में योगदान दें। आंतरिक और बाहरी अनेक स्रोतों का इस्तेमाल संगठनों के लिए बदलाव का वाहक बनने में अहम भूमिका निभाता है। यूनिलीवर कई सालों से बेहतर कल के निर्माण में अग्रणी रहा है। उसकी "डेटा फ़ॉर गुड" टीम सोशल मीडिया और आंतरिक सर्वे को बाहरी रिपोर्टों और केस स्टडीज के साथ मिलाकर उन चुनौतियों की पहचान करता है, जिनका सामना यूनिलीवर में दिव्यांग कर्मचारियों को करना पड़ सकता है या हो रहा है।

बिग डेटा की दुनिया में आज पहले से कहीं अधिक डेटा पैदा हो रहा है, और इसका ज़्यादातर हिस्सा संगठन के बाहर मौजूद तमाम स्रोतों के जरिए उपलब्ध है। यदि इसका सही तरीक़े से इस्तेमाल किया जाए, तो संगठन नई, गहरी और व्यापक अंतर्दृष्टियां हासिल कर सकते हैं, जो केवल एक या कुछ सीमित डेटा साइलो पर निर्भर रहने से संभव नहीं हो पातीं।

संगठन तेज़ी से इस तथ्य को समझ रहे हैं। हाल ही में किए गए एक सर्वेक्षण के अनुसार लगभग आधी कंपनियों ने बताया कि वे अपनी एनालिटिक्स गतिविधियों में बाहरी डेटा का इस्तेमाल कर रही हैं। हालांकि यह भी सच है कि केवल आंतरिक डेटा स्रोतों का एकीकरण करना अपने आप में आसान नहीं है, क्योंकि अब भी 80 प्रतिशत से अधिक संगठन अपने अंदर मौजूद अनेक डेटा साइलो के कारण दिक़्क़त महसूस कर रहे हैं। इसके अलावा, 2019 के एक सर्वेक्षण से यह भी सामने आया कि लगभग 92 प्रतिशत डेटा एनालिटिक्स पेशेवरों का मानना है कि उनकी कंपनियों को बाहरी डेटा स्रोतों का इस्तेमाल और बढ़ाना चाहिए।

बहुस्तरीय डेटा एकीकरण

मल्टी-सोर्स डेटा का इस्तेमाल करना ठीक वैसा है जैसे किसी वीडियो गेम के अलग-अलग लेवल पर आगे बढ़ना। हर नया लेवल जटिलता बढ़ा देता है, जिसके लिए और अधिक कौशल और क्षमताओं की ज़रूरत होती है, लेकिन इसके बदले में मिलने वाले फ़ायदे और इनाम भी कहीं ज़्यादा होते हैं।

आइए, अब हर लेवल के डेटा पर नज़र डालते हैं और समझते हैं कि ये कितने मूल्य का योगदान कर रहा है :

लेवल 1 : आंतरिक डेटा

किसी भी संगठन के पास सबसे पहले और सबसे आसानी से उपलब्ध होने वाला डेटा उसका आंतरिक डेटा होता है। यह वह डेटा है, जो संगठन की वैल्यू चेन के अंदर अलग-अलग स्तरों पर पैदा होता है, जैसे कॉर्पोरेट डेटा (बिक्री, लाभ आदि), परिचालन संबंधी डेटा (ग्राहकों से जुड़ी बातचीत, उत्पादन, कार्यकुशलता आदि), मानव संसाधन से जुड़ा डेटा (कर्मचारियों की उत्पादकता, संतुष्टि, नियुक्ति और कर्मचारियों के छोड़ने की दर आदि)। यह डेटा इस बात की प्राथमिक जानकारी देता है कि संगठन कैसा प्रदर्शन कर रहा है और वैल्यू चेन के अलग-अलग हिस्से उस प्रदर्शन में किस तरह योगदान कर रहे हैं।

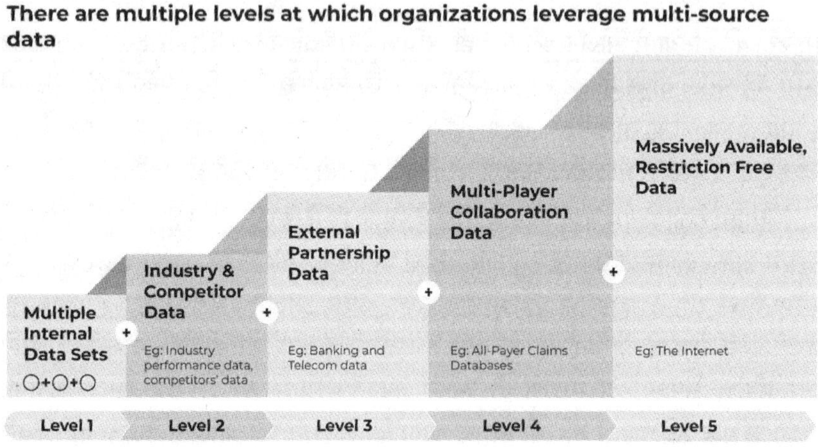

आंतरिक डेटा को इकट्ठा करना और उसका विश्लेषण करना संगठन को यह अवसर देता है कि वह अपने वर्तमान प्रदर्शन की तुलना पिछली वर्षों के प्रदर्शन से कर सके, साथ ही अपनी आंतरिक ताक़तों, कमज़ोरियों, ख़तरों और अवसरों का नियमित मूल्यांकन कर सके।

यह कंपनियों को ऐसी ठोस कार्ययोजना बनाने में मदद करता है, जिससे वे अवसरों का लाभ उठा सकें और जोख़िमों को कम कर सकें।

मेरी भूमिकाओं में, चाहे वह फ़िडेलिटी हो या फ़्लिपकार्ट, मेरी ज़िम्मेदारी रणनीति और एनालिटिक्स दोनों क्षेत्रों की थी। इन दोनों कंपनियों में (और आज भी ज़्यादातर कंपनियों में) मैंने सबसे बड़ी कमी यह देखी कि रणनीति और एनालिटिक्स की प्रक्रियाएं एक-दूसरे से जुड़ी हुई नहीं थीं। इन संगठनों की एनालिटिक्स टीमें डेटा-प्रेरित, बेहद बारीक़ स्तर पर ग्राहक विभाजन मॉडल तैयार कर रही थीं, जबकि ज़्यादातर समय रणनीतिक टीम विकास, नए बाज़ार में प्रवेश या पोर्टफ़ोलियो अनुकूलन जैसी रणनीतियां तैयार करती थी, जो मुख्य रूप से उच्च-स्तरीय ग्राहक विभाजन और बाज़ार फ़ीडबैक पर आधारित होती थीं। यह उतनी बारीक़ी और डेटा-प्रेरित नहीं होती, जितनी एनालिटिक्स टीम ने तैयार की होती।

यह एक स्पष्ट रूप से गंवाई हुई संभावना थी। अगर परिचालन डेटा, ग्राहक डेटा और अन्य आंतरिक रूप से उत्पन्न डेटा को कॉर्पोरेट रणनीति के निर्णय-निर्माण में शामिल किया जाए, तो यह गहरी और अधिक बारीक़ समझ मुहैया कराके रणनीति को बेहद मूल्यवान बना सकता है। कई आंतरिक स्रोतों को जोड़ने के महत्त्व को दर्शाने वाला एक और उदाहरण है, बहु-उत्पाद कंपनियों में ग्राहकों के निर्णय लेने की प्रक्रिया, जैसी कि हम अपने कई बैंकिंग क्लाइंट्स में देखते हैं। आमतौर पर, ग्राहक डेटा को अलग-अलग उत्पाद समूहों जैसे पर्सनल लोन, ऑटो लोन, क्रेडिट कार्ड आदि में अलग-अलग रखा जाता है। नतीजा यह होता है कि अगर कोई ग्राहक क्रेडिट कार्ड पर डिफ़ॉल्ट कर रहा है, तो भी उसे पर्सनल लोन या ऑटो लोन की पेशकश की जा सकती है, क्योंकि ग्राहक का समग्र और एकीकृत दृष्टिकोण उपलब्ध नहीं होता। इस कमी को विभिन्न उत्पाद समूहों के डेटा को एकीकृत करके दूर किया जा सकता है, जिससे उत्पाद पेशकशों पर बेहतर निर्णय लिए जा सकें और जोख़िम को कम किया जा सके।

लेवल 2 : औद्योगिक और प्रतिस्पर्धी डेटा

किसी संगठन की आंतरिक वैल्यू चेन की पूरी तसवीर पाने के लिए कई आंतरिक डेटा स्रोतों को जोड़ना ज़रूरी होता है, लेकिन बहुत कम कंपनियों ने अभी तक इसे बाहरी मार्केट डेटा या प्रतिस्पर्धियों के डेटा के साथ जोड़ने की पूरी क्षमता को समझा है। यह बेहद ज़रूरी है कि किसी कंपनी के प्रदर्शन को उस उद्योग और प्रतिस्पर्धियों के संदर्भ में देखा जाए, जिसमें वह काम कर रही है। ख़ासतौर पर आज के दौर में तो यह बहुत ज़रूरी है, क्योंकि अब संगठन एक जटिल इकोसिस्टम का हिस्सा होते हैं।

उद्योग के डेटा में पूरे उद्योग का समेकित विवरण शामिल होता है, जैसे उद्योग की वृद्धि, लाभप्रदता, उप-खंड, क्षेत्र, प्रतिस्पर्धियों की स्थिति, मार्केट शेयर, और भिन्नताएं आदि। इसमें नए नियम-क़ानून, नीतियां और उद्योग-विशेष के बदलाव भी आते हैं। उद्योग और प्रतिस्पर्धियों के प्रदर्शन की तुलना करना कंपनियों को अपने प्रदर्शन की बेंचमार्किंग करने में

मदद करता है, ताकि वे अधिक वास्तविक लक्ष्य और उद्देश्य तय कर सकें। उद्योग को आकार देने वाले प्रमुख रुझानों की पहचान करने से कंपनियां विकास-उन्मुख और लाभदायक प्रोडक्ट पोर्टफ़ोलियो तथा बेहतर पेशकशें बना सकती हैं। यह संगठनों को संभावित चुनौतियों और ख़तरों को समय रहते पहचानने और उनसे सक्रिय रूप से निपटने में भी मदद करता है। साथ ही, बाज़ार में प्रमुख प्रतिस्पर्धियों के परिचालन और प्रदर्शन से संबंधित डेटा संगठनों को उनकी पेशकशों में मौजूद कमियों को तुरंत पहचानने में मदद करता है। यह नई प्रतिस्पर्धी परिस्थितियों से निपटने की रणनीति बनाने और संभावित जोख़िमों की समय पर पहचान करने में सहायक होता है।

जब मैंने दुनिया की सबसे बड़ी इन्वेस्टमेंट मैनेजमेंट कंपनियों में से एक फ़िडेलिटी इंटरनैशनल जॉइन की, तब यह कंपनी व्यापारिक रूपांतरण के दौर से गुज़र रही थी। 2010 से 2012 के बीच कंपनी की बिक्री में भारी गिरावट आई थी और उसकी ग्रोथ मुश्किल हो गई थी। पड़ताल करने पर मैंने पाया कि फ़िडेलिटी में बिक्री प्रदर्शन को मुख्य रूप से आंतरिक डेटा के आधार पर मापा जा रहा था, यानी ऐतिहासिक बिक्री डेटा का इस्तेमाल करके फ़ंड की मूवमेंट की तुलना की जा रही थी, और प्रतिस्पर्धियों की बेंचमार्किंग बहुत सीमित थी। यह तरीक़ा कंपनी के लिए समय के साथ अपनी बिक्री ट्रैक करने के लिहाज से तो ठीक था, लेकिन इतनी प्रतिस्पर्धी मार्केट में सेगमेंट-लेवल स्ट्रैटेजी बनाने के लिए पर्याप्त नहीं था। इसलिए मैंने एक नया थ्री-डायमेंशनल इवैल्यूएशन क्राइटेरिया (त्रि-आयामी मूल्यांकन मापदंड) लागू किया ताकि बाहरी नज़रिए को भी शामिल किया जा सके। पहला, उस सेगमेंट का प्रदर्शन या ग्रोथ जिसमें हम काम कर रहे थे, ताकि मार्केट ग्रोथ को गहराई से समझा जा सके। दूसरा, हमारे हर प्रोडक्ट का मार्केट शेयर ग्रोथ, ताकि पता चल सके कि हमारे प्रोडक्ट प्रतिस्पर्धियों की तुलना में कैसा प्रदर्शन कर रहे हैं। और तीसरा, निवेश प्रदर्शन, ताकि हमारे प्रोडक्ट का मूल्यांकन अन्य समान प्रोडक्ट के मुक़ाबले किया जा सके। इस बेहतर समझ से, यानी हमारे प्रोडक्ट पोर्टफ़ोलियो को मार्केट अवसरों और प्रतियोगियों के संदर्भ में देखकर, हम सही सेगमेंट की पहचान कर पाए जिन पर ध्यान केंद्रित करना चाहिए। यही हमारी प्रोडक्ट पोर्टफ़ोलियो स्ट्रैटेजी को नए सिरे से बनाने का आधार बना, जिसके नतीजतन अगले कुछ वर्षों में अधिक ग्रोथ हासिल हुई।

लेवल 3 : बाहरी भागीदारी डेटा

कंपनी के प्रदर्शन पर उन संगठनों का डेटा भी असर डालता है, जो उस कंपनी का हिस्सा नहीं होते, जैसे- सप्लायर, क्लाइंट, वेंडर और एडजेसेंट मार्केट (यानी ऐसे उत्पाद या सेवाएं जो अपस्ट्रीम या डाउनस्ट्रीम स्थित हैं)। ऐसे डेटा को शामिल करने से कंपनियां अपनी सीमाओं से बाहर जाकर यह समझ पाती हैं कि ग्राहक उनके ब्रांडों के साथ किस तरह इंटरैक्ट कर रहे हैं। यह अवसरों की पहचान करने में मदद करता है ताकि उत्पादों और पेशकशों को बेहतर बनाया जा सके और ग्राहक अनुभव को और समृद्ध किया जा सके। उदाहरण के लिए,

कंज़्यूमर-पैकेज्ड गुड्स कंपनी के पास अपने ग्राहकों और उनकी ख़रीदारी के इतिहास का डेटा तो होगा, लेकिन उनके संपूर्ण ख़रीद व्यवहार या दूसरे सामान और सेवाओं की ख़रीदारी के पैटर्न का डेटा उनके पास नहीं होगा। इसी तरह, एडजेसेंट मार्केट का डेटा कंपनियों को नए बाज़ारों, नए उत्पादों, नए ग्राहक सेगमेंट या नए चैनलों के संदर्भ में अपनी पेशकशों का विस्तार करने में सक्षम बनाता है।

मोबाइल वॉलेट बैंकों और टेलीकॉम ऑपरेटरों के बीच सबसे नवाचारी साझेदारियों में से एक है, जिन्होंने दुनिया भर में लोगों के लेन-देन करने के तरीक़े को बदलकर रख दिया है। वर्ष 2020 तक, सैमसंग ने सेमसंग पे को छब्बीस देशों में लॉन्च कर दिया था, लेकिन जर्मनी में इसे एक बड़ी बाधा का सामना करना पड़ा। जर्मन बैंकिंग बाज़ार काफ़ी बिखरा हुआ था, जहां बहुत अधिक बैंक मौजूद थे, जिनसे अलग-अलग निपटना और सैमसंग पे के साथ एकीकृत करना मुश्किल था। इसके अलावा, क्रेडिट कार्ड पर आधारित पारंपरिक मॉडल वहां काम नहीं आया, क्योंकि जर्मनी में क्रेडिट कार्ड की पहुंच अपेक्षाकृत कम थी। इसलिए सैमसंग ने वीसा के साथ साझेदारी की और सोलरिस को जोड़ा ताकि सैमसंग ब्रांडिंग वाला वर्चुअल डेबिट कार्ड विकसित किया जा सके, जिससे जर्मनी के दर्जनों बैंकों के साथ अलग-अलग अनुबंध करने की ज़रूरत ही ख़त्म हो गई। सैमसंग ने सोलरिस की एक नवाचारी पहचान पद्धति बैंक आइडेंट को भी शामिल किया। इसमें सैमसंग यूजर्स की पहचान उनके मौजूदा बैंक अकाउंट से टेन-अप्रूव्ड (वन-टाइम पासवर्ड से सुरक्षित) माइक्रो-ट्रांजैक्शन के जरिए की जाती है और डिजिटल सिग्नेचर से उनकी रजिस्ट्रेशन कन्फ़र्म होती है। इससे सैमसंग एक साथ हज़ारों ग्राहकों को चौबीसों घंटे, सातों दिन जोड़ पाने में सक्षम हो गया। ऐसी साझेदारियों के अन्य उदाहरण भी हैं, जैसे होटल उद्योग के खिलाड़ी एयरलाइन उद्योग के साथ मिलकर लॉयल्टी रिवार्ड और वेकेशन पैकेज ऑफ़र करना, या फिर बैंक और वित्तीय संस्थानों के बीच डेटा शेयरिंग ताकि बेहतर प्रोडक्ट ऑफ़रिंग तैयार की जा सकें और डिफ़ॉल्ट का जोख़िम कम किया जा सके।

लेवल 4 : मल्टी–प्लेयर सहयोगी डेटा

मल्टीप्लेयर सहयोगी डेटा एक साझा डेटासेट होता है, जिसे केवल वही सदस्य एक्सेस कर सकते हैं जिन्होंने सहयोग करने के लिए सहमति दी हो, और जिसका इस्तेमाल किसी व्यावसायिक समस्या को मिलकर हल करने के लिए किया जाता है। उदाहरण के लिए, ओरिजिनल इक्विपमेंट मैन्युफ़ैक्चरर्स (ओईएम) आपूर्ति श्रृंखला डेटा साझा करते हैं ताकि कंपनियों के बीच कंटेनर और पार्ट इन्वेंटरी को अधिक कुशलता से स्थानांतरित, ट्रैक और प्रबंधित किया जा सके।

जब व्यावसायिक लक्ष्य या प्रभाव बहुत बड़ा हो और किसी एक संगठन उसे अकेले हासिल ना कर सके, तब वह बाज़ार में अन्य खिलाड़ियों के साथ सहयोग करता है ताकि

संसाधनों, विशेषकर उनके डेटा पूल को मिलाकर इतनी बड़ी क्षमताएं बनाई जा सकें, जो व्यावसायिक समस्या का प्रभावी ढंग से समाधान कर सकें। इस प्रकार की साझेदारी ना केवल सभी भागीदार संस्थाओं को लाभ देती है, बल्कि उद्योग में उल्लेखनीय प्रगति करने या जनहित के लक्ष्य को हासिल करने में भी मदद करती है। आज ज़्यादातर उद्योगों ने उद्योग संघ बना लिए हैं, जिनमें उद्योग की कई अलग-अलग कंपनियों के प्रतिनिधि मिलकर सामान्य उद्देश्यों को हासिल करने के लिए संसाधन और ज्ञान को साझा करते हैं।

ऑल-पेयर क्लेम्स डेटाबेस (एपीसीडी) इस प्रकार की पहल का एक बेहतरीन उदाहरण है। हम सभी अमेरिका में बढ़ती स्वास्थ्य-सेवा लागतों और उन्हें नियंत्रित करने की लगातार जारी जद्दोजहद से परिचित हैं, जो आज वहां का एक बेहद अहम मुद्दा है। अमेरिका का बेहद जटिल और खंडित स्वास्थ्य बाज़ार देखते हुए किसी एक संगठन के लिए स्वास्थ्य-सेवा लागतों को नियंत्रित करना या उसमें मौजूद असमानताओं से निपटना संभव नहीं है।

इसीलिए, निवासियों को दी जा रही स्वास्थ्य-सेवा की अधिक व्यापक तसवीर पाने के लिए आठ राज्यों ने एपीसीडी बना लिए हैं और तेरह राज्य उन्हें बनाने की प्रक्रिया में हैं। यह डेटाबेस वाणिज्यिक स्वास्थ्य बीमाकर्ताओं, स्व-बीमाकृत कर्मचारी लाभ योजनाओं, और मेडिकेड तथा मेडिकेयर कार्यक्रमों के तैयार किए गए भुगतानों का डेटा एकत्र और संकलित करता है। यह नीतिनिर्माताओं, उपभोक्ताओं, भुगतानकर्ताओं और शोधकर्ताओं सहित कई हितधारकों के लिए लाभकारी है। यह स्वास्थ्य-सेवा पर होने वाले ख़र्च को अधिक पारदर्शी बनाता है और सूचित निर्णय लेने की क्षमता मुहैया कराता है। हालांकि यह पहल अभी नई है, लेकिन एपीसी परिषद पहले ही एपीसीडी के प्रभाव पर चालीस से अधिक शोध अध्ययनों की रिपोर्ट कर चुकी है, जिनमें कई हितधारकों ने लाभ बताए हैं, जैसे अधिक सूचित दर-समीक्षा प्रक्रिया, प्रीमियम लागत का मूल्यांकन, स्वस्थ जनसंख्या में अपनाई जा रही निवारक और नियमित स्वास्थ्य-सेवा की पहचान आदि। इसी तरह, ग्लोबल क्रेडिट डेटा (जीसीडी) पचास से अधिक बैंकों का एक गैर-लाभकारी वैश्विक डेटा संघ है, जो सदस्य बैंकों का गुमनाम आंतरिक डेटा एकत्र करता है ताकि वे अपने क्रेडिट-जोख़िम मॉडल बना सकें और जोख़िम प्रबंधन बेहतर ढंग से कर सकें। या फिर इंडिपेंडेंट डेटा कंसोर्टियम फ़ॉर एविएशन (आईडीसीए), जिसमें विमानन उद्योग की अग्रणी कंपनियां विभिन्न स्तरों पर मिलकर डेटा-साझाकरण के लिए दिशा-निर्देश, नियम और मानक तैयार करती हैं, ताकि हितधारक समूहों के बीच यह प्रक्रिया गैर-प्रतिस्पर्धी तरीक़े से हो।

लेवल 5 : बड़ी मात्रा में उपलब्ध प्रतिबंध–मुक्त इंटरनेट डेटा

आज के समय में संगठनों के पास ऐसे डेटा तक पहुंच है, जिसे कोई भी देख सकता है, संशोधित कर सकता है, पुनरोपयोग कर सकता है और साझा कर सकता है। सरकारी डेटा या वर्ल्ड बैंक, यूएस ब्यूरो ऑफ़ लेबर स्टैटिस्टिक्स, ओईसीडी (ऑर्गनाइजेशन फ़ॉर इकोनॉमिक

को-ऑपरेशन ऐंड डेवलपमेंट), आईएमएफ़ (अंतरराष्ट्रीय मुद्राकोष) जैसे अंतरराष्ट्रीय संस्थानों का डेटा इसके उदाहरण हैं। इसके अलावा, आज के तकनीक-प्रेमी ग्राहक वर्चुअल दुनिया से जुड़ने के कई तरीक़े खोज लेते हैं। वे भारी मात्रा में ऑनलाइन कंटेंट भी तैयार कर रहे हैं। ऐसा ही एक उभरता हुआ स्रोत है- सोशल मीडिया, जहां जानकारी मुक्त रूप से और भरपूर मात्रा में उपलब्ध है। इस कारण यह तेज़ी से उपभोक्ता अंतर्दृष्टि जुटाने का प्रमुख स्रोत बनता जा रहा है। खुले तौर पर उपलब्ध डेटा का एक और अच्छा उदाहरण हैं, मैसिव ओपन ऑनलाइन कोर्सेज (एमओओसी), जिनका उपयोग संगठन बेहतर और गहरी व्यावसायिक अंतर्दृष्टि विकसित करने या मशीन लर्निंग, एआई, प्रोग्रामिंग जैसे विषयों पर ऑनलाइन कोर्सेज की मदद से डेटा और विश्लेषणात्मक मॉडल को सुधारने में कर सकते हैं।

लगभग 99 प्रतिशत फ़ॉर्च्यून 500 कंपनियां सोशल मीडिया पर सक्रिय रूप से मौजूद हैं। वे अपने ब्रांड का प्रचार करने, ग्राहकों से संवाद करने, अपने लक्षित बाज़ार को समझने और अपने उत्पादों को बेहतर बनाने के लिए सोशल मीडिया का इस्तेमाल कर रही हैं। ऐसे ही एक उदाहरण में कंपनियों ने खुले तौर पर उपलब्ध डेटा का इस्तेमाल करके अंतर्दृष्टियां हासिल कीं और इन्हें बेहतरीन सेवाओं और पेशकशों में बदला। नेटफ़्लिक्स ने सोशल मीडिया लिसनिंग के जरिए पाया कि दर्शकों ने जो मुद्दे उठाए, उनमें से एक यह भी था कि बिंज-वॉचिंग के दौरान वे सो जाते हैं और वीडियो रातभर चलता रहता है। इस समस्या से निपटने के लिए नेटफ़्लिक्स ने नेटफ़्लिक्स सॉक्स पेश किए। जो इनबिल्ट स्लीप-डिटेक्शन सिस्टम हैं। यदि दर्शक सोने लगते थे तो यह रेड लाइट जलाना शुरू कर देता था ताकि उन्हें पता चल सके कि शो को पॉज कर दिया जाएगा।

आश्चर्यजनक है वह हद, जिस हद तक डेटा ने संगठनों को अपने ग्राहकों को प्रसन्न करने के लिए नवाचीर समाधान मुहैया कराने में सक्षम बनाया है, वह आश्चर्यजनक है!

मल्टीपल डेटासोर्सेज का एकीकरण-विशाल कार्य

80 प्रतिशत से अधिक एंटरप्राइज व्यवसाय परिचालन लीडरों का कहना है कि डेटा एकीकरण निरंतर परिचालन के लिए बेहद आवश्यक है। साथ ही, 67 प्रतिशत एंटरप्राइज आज एनालिटिक्स और बिज़नेस इंटेलिजेंस प्लेटफ़ॉर्म को समर्थन देने के लिए डेटा एकीकरण पर निर्भर हैं, और 24 प्रतिशत अगले बारह महीनों में ऐसा करने की योजना बना रहे हैं।

एक अन्य सर्वेक्षण के मुताबिक़, कोई संगठन अपने एनालिटिक्स सिस्टम में डेटा देने के लिए औसतन 400–1000 डेटा स्रोतों से जानकारी एकत्र करता है। यह संख्या तेज़ी से बढ़ने की उम्मीद है, क्योंकि आंतरिक और बाहरी दोनों प्रकार के स्रोत लगातार बढ़ते जा रहे हैं, जिससे इन स्रोतों को एकीकृत करना और भी अधिक मुश्किल हो जाता है। जब संगठन मल्टीपल सोर्सेज को एकीकृत करने का प्रयास करते हैं, तो कुछ सामान्य चुनौतियां सामने आती हैं, जिनके बारे में नीचे बताया गया है :

डेटा विषमता की चुनौती : यह मल्टीपल सोर्स डेटा के साथ सबसे स्पष्ट और सबसे बड़ी चुनौती होती है। विभिन्न प्रकार के डेटा में डेटा प्रकार, स्वरूप और आवृत्ति के स्तर पर बहुत अधिक भिन्नता होती है। इससे सभी डेटा को एकत्र करने और उन्हें एक संगत स्वरूप में लाने की प्रक्रिया जटिल और समय लेने वाली हो जाती है। उदाहरण के लिए, आपको वेब एपीआई, सीआरएम डेटाबेस और ई-कॉमर्स वेबसाइटों से डेटा एकीकृत करना पड़ सकता है, जो सभी अलग-अलग फ़ॉर्मेट में होंगे।

डेटा एकीकरण की समस्याएं : जब डेटा कई स्रोतों से लिया जाता है, तो डुप्लिकेट डेटा भी आ सकता है या इससे भी बुरी बात ये कि दो अलग-अलग स्रोतों का डेटा आपस में विरोधी हो सकता है। इसके अलावा, जब कई स्रोतों को एकत्र कर प्रोसेस किया जाता है, त्रुटिपूर्ण डेटा, अनुपस्थित डेटा या असंगत डेटा की भी संभावना बढ़ जाती है। इस ख़राब गुणवत्ता वाले डेटा के कारण एकीकरण प्रक्रिया प्रभावित होती है, क्योंकि डेटा को साफ़ और सत्यापित करने में अधिक समय लगता है।

विस्तार की कमी : जैसे-जैसे व्यापार की समस्याएं बढ़ती हैं और डेटा स्रोतों की संख्या तथा प्रकार बढ़ते हैं, वैसे-वैसे कई स्रोतों से डेटा हासिल करना अधिक जटिल हो जाता है। वर्तमान और भविष्य की संभावनाओं को ध्यान में रखते हुए एक बार फिर से इस्तेमाल करने योग्य और स्केलेबल डेटा एकीकरण प्रणाली बनाना एक चुनौती है।

समय लेने वाली प्रक्रिया : जैसे-जैसे डेटा की मात्रा, विविधता और गति बढ़ती जाती है, सभी डेटा को एकत्र कर उसे एकीकृत करने का प्रयास कर व्यापारिक अंतर्दृष्टि हासिल करना काफ़ी विशाल काम बन जाता है। अगर शुरुआत से ही उचित योजना और यथार्थवादी अपेक्षाओं के साथ काम ना किया जाए, तो एकीकरण की प्रक्रिया बहुत अधिक समय लेने वाली और थकाऊ हो सकती है।

भौतिक दृष्टिकोण के बजाय तार्किक दृष्टिकोण की आवश्यकता

परंपरागत रूप से, किसी संगठन का मल्टीपल सोर्सेज से डेटा एकीकरण का तरीक़ा यह रहा है कि एक स्टेजिंग लेयर या ऑपरेशनल डेटा स्टोर (ओडीएस) बनाया जाए, जहां सभी प्रकार के डेटा को एक ही स्थान पर एकीकृत किया जा सके। हालांकि डेटा की मात्रा, विविधता और गति - इन तीनों पहलुओं (3Vs) के लिहाज से इसका दायरा बेहद तेज़ी से बढ़ता जा रहा है। ऐसे में पारंपरिक ओडीएस में सभी प्रकार के डेटा को एक जगह एकीकृत करने की जटिलता और भी बढ़ गई है, क्योंकि इतने भिन्न प्रकार के डेटा को एकीकृत करना बहुत कठिन कार्य है।

संगठनों को इस प्रक्रिया को अधिक प्रभावी और प्रबंधनीय बनाने के लिए एक अलग दृष्टिकोण अपनाने की ज़रूरत होती है। इसका समाधान यह है कि डेटा पाइपलाइनों की असीमित संख्या को डेटा के प्रकार और प्रकृति के आधार पर विभाजित किया जाए, और उन्हें

उन उपयोग मामलों के आधार पर तार्किक रूप से जोड़ा जाए जिनके लिए ये डेटा इस्तेमाल में आने वाले हैं। यह एक ऐसा विचार है जिस पर मैंने अध्याय 7 के इस खंड की शुरुआत में, व्यावसायिक समस्या की परिभाषा में विस्तार से चर्चा की है।

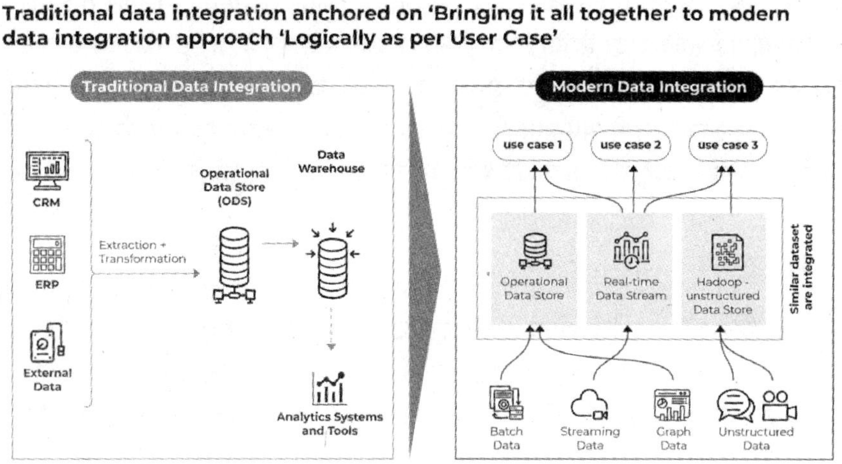

एकीकरण की प्रक्रिया को ज़्यादा कुशल और असरदार बनाने के लिए अलग-अलग प्रकार के कई डेटा स्टोर बनाने की ज़रूरत होती है। उदाहरण के लिए, रियल-टाइम डेटा जिसे माइक्रो-बैच में ख़ास प्रोसेसिंग की ज़रूरत होती है, उसे उस डेटा से अलग रखा जाता है, जिसे बड़े बैचों में प्रोसेस किया जा सकता है। इसलिए डेटा स्टोर्स को डेटा के प्रकार और बिज़नेस की ज़रूरतों के हिसाब से सोच-समझकर डिज़ाइन किया जाता है। डेटा आर्किटेक्चर का यह तरीक़ा, जिसमें डेटा स्टोर्स को बिज़नेस यूनिट या डेटा के प्रकार के आधार पर अलग-अलग बनाकर रखा जाता है, 'विकेंद्रीकृत डेटा संरचना' कहलाता है। इसी सोच से जुड़े दो नए मॉडल आजकल तेज़ी से लोकप्रिय हो रहे हैं : 'डेटा फ़ैब्रिक' और 'डेटा मेश'।

डेटा फ़ैब्रिक एक ऐसी संरचना है, जिसमें डेटा को उसके प्रकार के आधार पर अलग-अलग डेटा स्टोर्स में रखा जाता है और उसे एक मजबूत डेटा कैटलॉगिंग और गवर्नेंस परत के जरिए मैनेज किया जाता है। इसे एक बड़ी-सी चटाई की तरह सोचिए जो अलग-अलग रंगों के धागों से बनी होती है। हर धागा एक डेटा का हिस्सा होता है, जिसे हम अपनी पसंद के अनुसार दूसरे धागों के साथ जोड़कर करघे पर बुन सकते हैं और सुंदर डिज़ाइन बना सकते हैं। डेटा फ़ैब्रिक की तरह वितरित इस संरचना में, पहले स्तर का एकीकरण हर डेटा स्टोर के भीतर उसी तरह के डेटा सेट के लिए होता है। इसके बाद इन अलग-अलग डेटा स्टोर्स से डेटा का एकीकरण इस्तेमाल की ज़रूरत के अनुसार, तभी किया जाता है, जब उसकी वास्तव में ज़रूरत हो।

डेटा मेश भी एक और तेज़ी से लोकप्रिय हो रहा दृष्टिकोण है। यह ऐसी संरचना है, जिसमें डेटा को अलग-अलग व्यावसायिक इकाइयों के आधार पर संग्रहीत किया जाता है। इसमें हर टीम को अपने डेटा और डेटा प्रोडक्ट पर पूरा नियंत्रण और एक्सेस होता है। इसे एक सिंफ़नी ऑर्केस्ट्रा की तरह समझा जा सकता है, जो अलग-अलग सेक्शनों में बंटा होता है। हर सेक्शन धुन का एक ख़ास हिस्सा बजाता है, लेकिन सभी को मिलकर तालमेल में बजाना होता है ताकि सुंदर संगीत तैयार हो सके। मुख्य बात यह है कि डेटा की ज़बरदस्त और लगातार बढ़ती मात्रा को देखते हुए, संगठनों को डेटा एकत्र और एकीकृत करने की प्रक्रिया को ज़्यादा तार्किक ढंग से अपनाना होगा, बजाय इसके कि वे सारा डेटा एक ही जगह इकट्ठा करने की कोशिश करें, जो कि काफ़ी बड़ा और बोझिल काम बन सकता है।

मुख्य निष्कर्ष

- विविध और नए डेटा स्रोतों के लगातार उभरने से बिग डेटा विस्फोट का 'विविधता' आयाम तेज़ी से बढ़ रहा है। इससे संगठनों को यह अवसर मिलता है कि वे भरपूर डेटा स्रोतों का लाभ उठाकर और भी गहरी, अधिक सार्थक और व्यापक अंतर्दृष्टियां हासिल कर सकें।
- एक ऐसी दुनिया में जहां संगठन किसी व्यापक इकोसिस्टम का हिस्सा बनकर काम कर रहे हैं, उसमें विभिन्न आंतरिक स्रोतों का एकीकरण कर उन्हें बाहरी डेटा के साथ कई स्तरों पर जोड़ना, संगठनों को बहुआयामी दृष्टिकोण मुहैया करा सकता है, जो उनके परिचालन को बेहतर बनाने, ग्राहक अनुभव सुधारने और अधिक प्रभाव पैदा करने के लिए ज़रूरी है।
- चूंकि डेटा की विषमता के कारण कई डेटा स्रोतों का एकीकरण तो कठिन काम हो सकता है, इसलिए संगठनों को 'सभी डेटा को एक जगह लाने' के पारंपरिक तरीक़े से हटकर, उपयोग-आधारित एक अधिक तार्किक एकीकरण दृष्टिकोण अपनाना चाहिए। यह तरीक़ा ऐसा हो, जो डेटा मैश और डेटा फ़ैब्रिक जैसी संरचनाओं के साथ तेज़ी से लोकप्रिय हो रहा है।

9

रियल टाइम डेटा

प्रकाश की गति से कार्रवाई

'दुनिया की भव्यता में एक नई सुंदरता जुड़ गई है, और वह है गति की सुंदरता।'

~ फ़िलिपो टोमासो मारिनेटी,
एक इटेलियन कवि, संपादक, कला सिद्धांतकार
और फ़्यूचरिस्ट आंदोलन के संस्थापक

पिछले अध्याय में, मैंने मल्टीपल स्रोत डेटा पर ध्यान दिया था। उसमें मैंने इस बात पर ज़ोर दिया था कि संगठन डेटा के 'विविधता' आयाम का अपने लाभ के लिए कैसे इस्तेमाल कर सकते हैं। इस अध्याय में, आइए डेटा के एक और आयाम - 'गति' - पर चर्चा करते हैं, यानी उस गति पर जिस गति से आज डेटा पैदा हो रहा है।

दुनिया आजकल रियल टाइम में काम करती है!

इतिहास में लोगों ने तात्कालिक संचार के लिए तगाग तरीक़ों का आविष्कार किया। प्राचीन काल में चीन के लोग महान दीवार पर धुएं के संकेतों का इस्तेमाल करते थे, मूल अमेरिकी लोग संदेश भेजने के लिए धुएं का इस्तेमाल करते थे, और आज भी नया पोप चुनने के लिए धुएं के संकेत भेजे जाते हैं। 18वीं सदी में, पॉल रिवर की लालटेन के जरिए ब्रिटिश सेना के आने की चेतावनी दी जाती थी। अफ़्रीका में 'टॉकिंग ड्रम्स' भाषण की लय की नक़ल करते थे। फिर 1800 के दशक में, डाक और टेलीग्राफ़ सिस्टम के आविष्कार के बाद, मोर्स कोड के डॉट और डैश का इस्तेमाल इलेक्ट्रिकल टेलीग्राफ़ सिस्टम पर संदेश भेजने के लिए किया गया। 1876 में, जब ग्राहम बेल ने टेलीफ़ोन पर कहा, "वॉटसन, यहां आओ, मैं तुमसे मिलना चाहता हूं," तब से 'रियल टाइम' की परिभाषा ही बदल गई। इसके बाद कंप्यूटर,

वायरलेस सेलुलर नेटवर्क और इंटरनेट आए, जिन्होंने तात्कालिक संचार को 'मानव गति' से 'मशीनी गति' में बदल दिया।

आज, तकनीक के विकास के कारण, हम इंस्टेंट मैसेंजर, लाइव स्ट्रीमिंग और 10 मिनट में डिलीवरी की दुनिया में जी रहे हैं। हम किसी न किसी रूप में 24x7 इंटरनेट से जुड़े रहते हैं, चाहे वह स्मार्टफ़ोन से हों या स्मार्ट डिवाइस से। अलेक्सा और हे गूगल अब घर-घर के नाम बन गए हैं, जबकि फ़िटबिट, एपल वॉच और अन्य फ़िटनेस ट्रैकर कई लोगों की जीवन शैली का हिस्सा बन चुके हैं। रियल-टाइम जानकारी अब ख़ास परिस्थितियों में ही नहीं, बल्कि हर जगह मौजूद है।

औसत व्यक्ति आज हर सेकंड 1.7 एमबी डेटा बनाता है, यानी लगभग 17,82,579 बाइट्स प्रति सेकंड (1 एमबी = 1,048,576 बाइट्स) बनाता है। अब इसे दुनिया भर में लगभग 5.3 अरब इंटरनेट उपयोगकर्ताओं से गुणा कीजिए, तो हर सेकंड वैश्विक रूप से बन रहा डेटा लगभग 9.2 क्वाड्रिलियन बाइट्स है। क्या यह दिमाग़ चकरा देने वाला नहीं है?

इसके अलावा, आईडीसी के अनुमान के अनुसार, 2025 तक दुनिया भर में 55.9 अरब कनेक्टेड डिवाइस होंगे। इनमें स्मार्टफ़ोन, लैपटॉप, वेयरेबल्स, स्मार्ट ग्रिड्स, स्वायत्त वाहन, एसेट मॉनिटरिंग और ट्रैकिंग जैसे अन्य उपकरण शामिल होंगे। आईडीसी का अनुमान है कि इन कनेक्टेड डिवाइसेज से 2025 तक 79.4 ज़ेटाबाइट डेटा पैदा होगा। सोचिए, इन सभी कनेक्टेड डिवाइसेज से डेटा बनने की गति कितनी तेज़ होगी।

रियल टाइम डेटा क्या है?

रियल-टाइम डेटा को इस तरह परिभाषित किया जा सकता है, 'ऐसा कोई भी डेटा जिसे बनते ही और कैप्चर होते ही तुरंत प्रोसेस किया जाए और तेज़ी से उपयोगी जानकारी में बदला जाए'। दूसरे शब्दों में, रियल टाइम डेटा वह होता है जो जैसे ही बनता है और हासिल किया जाता है, तुरंत उपलब्ध हो जाता है। और इसे बाद में इस्तेमाल के लिए संग्रहीत करने की बजाय, सीधे उपयोगकर्ताओं तक पहुंचा दिया जाता है, जो तात्कालिक, लाइव निर्णय लेने या स्वचालित क्रियाएं संचालित करने के लिए बेहद अहम होता है। यह तेज़ी से बहते हुए पानी की तरह होता है, जबकि पारंपरिक डेटा जलाशय की तरह होता है।

रियल टाइम डेटा दो स्वरूपों में कैप्चर किया जाता है :

1. **स्ट्रीमिंग डेटा :** इस डेटा की कोई निश्चित शुरुआत या अंत नहीं होता, इसलिए यह किसी नदी की तरह बहता रहता है। यह डेटा हज़ारों स्रोतों से लगातार पैदा होता है, जिसे एक साथ छोटे-छोटे बैचों में डेटा रिकॉर्ड तक भेजा जाता है। उदाहरण के लिए, मोबाइल या वेब एप्लिकेशन से ग्राहकों द्वारा जनित लॉग फ़ाइलें, गेमिंग गतिविधियां, सोशल मीडिया फ़ीड, जियोस्पेशियल सेवाओं का डेटा आदि। इस डेटा को निरंतर और क्रमवार

तरीक़े से, रिकॉर्ड-दर-रिकॉर्ड प्रोसेस करना होता है। इसे विभिन्न प्रकार के विश्लेषणों के लिए इस्तेमाल किया जा सकता है, जैसे कि सह-संबंध निकालना, समेकित करना, फ़िल्टर करना और सैंपलिंग करना। कंपनियां इस जानकारी का इस्तेमाल कई उद्देश्यों के लिए कर सकती हैं, जैसे ग्राहक की उपयोग और गतिविधि की प्रवृत्तियों को समझने के लिए, व्यापारिक गतिविधियों की लगातार निगरानी करने के लिए, और किसी भी उभरती स्थिति पर तुरंत प्रतिक्रिया देने लायक़ बनने के लिए।

2. **माइक्रो-बैचिंग :** माइक्रो-बैचिंग उस डेटा को प्रोसेस करने की प्रक्रिया है, जिसका आरंभ और अंत स्पष्ट तो होता है, लेकिन बहुत ही छोटे बैच साइज के साथ (अक्सर केवल एक रिकॉर्ड) होता है। यह तरीक़ा डेटा को बार-बार लोड करके डेटा प्रबंधन की गति बढ़ाता है, चाहे वह कुछ सेकंड जैसे छोटे अंतराल में ही क्यों ना हो। इन माइक्रो-बैचों को बहुत तेज़ी से प्रोसेस किया जा सकता है, जिससे यह स्रोत पर लगभग रियल-टाइम डेटा जैसा अनुभव देता है। यह पारंपरिक डेटा प्रोसेसिंग के बहुत क़रीब होता है, बस अंतर यह है कि यह बहुत छोटे बैचों में और सेकंडों के अंदर प्रोसेस किया जाता है। माइक्रो-बैचिंग उन उपयोग मामलों में सहायक होती है, जहां सटीक रियल-टाइम डेटा ज़रूरी नहीं होता, लेकिन लगभग रियल-टाइम जानकारी की ज़रूरत होती है। उदाहरण के लिए, आईटी सिस्टम्स की निगरानी या सेंसर डेटा प्रोसेसिंग, जो वास्तविक समय में ना होकर आवश्यकता के मुताबिक़, हर कुछ मिनटों में अपडेट की जा सकती है।

बुनियादी बदलाव

आज की दुनिया में व्यवसायों के लिए क्रियाविधि की गति सबसे अहम होती है। ऐसे में संगठनों के पास यह विलासिता नहीं होती है कि वे पहले सारा डेटा इकट्ठा करें और फिर समय के साथ पैदा होने वाली अंतर्दृष्टियों के आधार पर निर्णय लें। मैकिंजी के एक सर्वेक्षण के मुताबिक़, उच्च प्रदर्शन करने वाले व्यवसाय रियल टाइम के डेटा का इस्तेमाल अपने समकक्षों की तुलना में पांच गुना ज़्यादा करते हैं।

रियल टाइम डेटा का उपयोग कई उद्योगों में सालों से किया जाता रहा है। इनमें प्रतिक्रिया ना देने या देर से प्रतिक्रिया देने के परिणाम, जोख़िम और लागत, दोनों के मामलों में काफ़ी भारी पड़ सकते हैं। उदाहरण के लिए, वित्तीय संस्थान ऐसे डेटा का इस्तेमाल धोखाधड़ी वाले लेन-देन को ट्रैक करने और उन्हें होने से पहले ही रोकने के लिए करते रहे हैं, जिससे ट्रेसिंग, कैंसिलेशन और नुक़सान की भरपाई पर होने वाले करोड़ों रुपये बचाए जा सके हैं। एयरलाइंस कंपनियां अपने संचालन के लिए रियल-टाइम डेटा पर बहुत ज़्यादा निर्भर होती हैं। फ़्लाइट के दरवाज़े बंद करने का सही समय तय करने से लेकर ग्राहकों को उनके सामान की स्थिति की जानकारी देने तक में उन्हें रियल टाइम डेटा की ज़रूरत पड़ती है। हाल के सालों

में रियल-टाइम डेटा की भूमिका काफ़ी बढ़ गई है। ग्राहकों के लिए अनुभवात्मक क्षण तैयार करना - स्टोर एसोसिएट की तरह रियल टाइम में काम करने वाले वर्चुअल शॉपिंग असिस्टेंट्स, जैसे अनुभवात्मक पल ग्राहकों के लिए तैयार करने की बात हो; या राइड-शेयरिंग एप्स, फ़ूड-डिलीवरी एप्स जैसे नए बिज़नेस मॉडल तैयार करने हों, रियल टाइम डेटा ज़रूरी हो गया है। फ़ेसबुक, ऊबर, एयरबीएनबी, एमेज़ॉन और गूगल मैप्स जैसी कंपनियां रियल-टाइम डेटा पर आधारित कई सेवाओं का मात्र एक छोटा-सा उदाहरण है, जिस पर उपभोक्ता अपने दैनिक जीवन में लगातार निर्भर रहते हैं।

इसका नतीजा यह हुआ है कि हाल के सालों में डेटा परिदृश्य में एक बुनियादी बदलाव आ गया है, क्योंकि अब अधिक से अधिक डेटा रियल टाइम में पैदा, प्रोसेस और उपयोग किया जा रहा है। और चूंकि रियल-टाइम डेटा की प्रकृति तात्कालिक होती है, इसलिए डेटा प्रबंधन चक्र भी काफ़ी संकुचित हो गए हैं। परंपरागत रूप से डेटा प्रोसेसिंग बैचों में की जाती थी, जिसमें डेटा पहले इकट्ठा किया जाता है, फिर संग्रहीत, साफ़ और विश्लेषण किया जाता है, और नतीजे केवल डेटा प्रबंधन चक्र पूरा होने के बाद ही हासिल होते थे, लेकिन रियल-टाइम डेटा को तुरंत प्रोसेस और उपयोग किया जाता है।

रियल-टाइम डेटा और संक्षिप्त डेटा-प्रबंधन चक्रों ने रियल-टाइम एनालिटिक्स के विकास को जन्म दिया है, जिसमें इनकमिंग डेटा को तुरंत प्रोसेस किया जाता है, जिससे उपयोगकर्ता डेटा के आते ही उसे विश्लेषित कर सकते हैं और समझ सकते हैं। यह तरीक़ा पारंपरिक एनालिटिक्स से अलग है, जो आने वाले समय की भविष्यवाणी के लिए ऐतिहासिक डेटा पर निर्भर करता है। रियल-टाइम टूल बड़ी मात्रा में डेटा को तेज़ी से प्रोसेस करते हैं और डेटा के दर्ज होते ही कुछ सेकंड या मिनटों में अंतर्दृष्टियां मुहैया कराते हैं। यह त्वरित फ़ीडबैक ऑन-द-फ़्लाई फ़ैसला लेने के साथ-साथ ऑटोमेशन को भी संभव बनाता है, जिससे वर्तमान व्यावसायिक आवश्यकताओं को प्रभावी रूप से संबोधित किया जा सकता है।

आज कई डेटा-प्रेरित एप्लिकेशन और समाधान हैं, जो रियल-टाइम एनालिटिक्स पर आधारित हैं। इन्हें संगठन अपने लिए और अपने ग्राहकों के लिए लागू कर चुके हैं। चाहे वह ई-कॉमर्स वेबसाइट पर ब्राउजिंग गतिविधि के आधार पर व्यक्तिगत सिफ़ारिश हो, या वित्तीय संस्थानों में रियल टाइम में धोखाधड़ी की पहचान करना हो, या स्वास्थ्य सेवाओं में मरीज की जीवन-रक्षक जानकारी की रियल टाइम निगरानी हो, ये सब वितरित कंप्यूटिंग सिस्टम, इन-मेमोरी कंप्यूटिंग, एज कंप्यूटिंग जैसे उन्नत टूल और तकनीकों को लागू कर पाने से संभव हुआ है।

प्रमुख कंपनियां रियल-टाइम डेटा का इस्तेमाल कैसे कर रही हैं?

रियल-टाइम डेटा से संगठन यह जांच समय पर कर सकते हैं कि उनका व्यवसाय कैसा प्रदर्शन कर रहा है और बाहरी कारक उनके परिचालन को रियल टाइम में कैसे प्रभावित कर

रहे हैं। संगठन इस जानकारी का इस्तेमाल अपनी वैल्यू चेन में बेहतर नतीजे हासिल करने के लिए कर सकते हैं। ऐसे मामले, जहां संगठनों को डेटा को तुरंत अंतर्दृष्टि में और अंतर्दृष्टि को तुरंत कार्रवाई में बदलने की ज़रूरत होती है, वहीं रियल-टाइम डेटा सबसे अधिक महत्त्वपूर्ण हो जाता है।

कुछ प्रमुख क्षेत्र जिनमें संगठन रियल-टाइम डेटा का इस्तेमाल कर रहे हैं, वे इस प्रकार हैं :

1. **ग्राहक अनुभव का वैयक्तिकरण :** रियल-टाइम पर्सनलाइज़ेशन हर उपभोक्ता को उस समय व्यक्तिगत रूप से अनुकूलित सामग्री या सेवा मुहैया कराता है, जब वह ब्रांड के साथ इंटरैक्ट कर रहा होता है। यह इंस्टेंट मैसेज, मोबाइल एप, वेबसाइट या अन्य मार्केटिंग चैनलों के जरिए किया जा सकता है। बेहतर ग्राहक अनुभव देने के लिए उपयुक्त डेटा को रियल-टाइम जानकारी के साथ जोड़ना काफ़ी अहम होता है। इसका एक स्पष्ट उदाहरण एमेज़ॉन का है। इसकी सिफ़ारिश प्रणाली यह देखती है कि ग्राहक अभी क्या ब्राउज कर रहा है, और उसी के आधार पर अलग-अलग श्रेणियों से संबंधित उत्पादों की सिफ़ारिश करने लगती है। यह उन उत्पादों को आपके सामने प्रस्तुत करती है और मूल्य, समीक्षाओं, रेटिंग और फ़ीचर्स के आधार पर उन्हें मिलते-जुलते उत्पादों से तुलना करने में मदद करती है। इस प्रक्रिया के माध्यम से एमेज़ॉन क्रॉस-सेलिंग और अपसेलिंग करके औसत ऑर्डर वैल्यू बढ़ाने में सक्षम होता है। एमेज़ॉन डॉटकॉम की लगभग 35 प्रतिशत आय इसकी सिफ़ारिश प्रणाली से आती है।

2. **ग्राहक सेवा में सुधार :** 10-मिनट की डिलीवरी के युग में, ग्राहक यह नहीं चाहते कि उन्हें अपने मुद्दों के समाधान या प्रश्नों के उत्तर के लिए लंबे समय तक इंतज़ार करना पड़े। एक सर्वेक्षण के अनुसार, फ़ेसबुक के लगभग 75 प्रतिशत उपयोगकर्ता और ट्विटर के लगभग 78 प्रतिशत उपयोगकर्ता अपेक्षा करते हैं कि उन्हें उनके प्रश्नों का उत्तर एक घंटे में मिल जाए। एक अन्य सर्वेक्षण बताता है कि 68 प्रतिशत उपभोक्ता कहते हैं कि वे ऐसे ब्रांड के उत्पादों और सेवाओं पर अधिक पैसा ख़र्च करने को तैयार हैं, जो बेहतर ग्राहक सेवा अनुभव देता हो। डिजिटल बैंकों में चैटबॉट्स और लाइव चैट का इस्तेमाल इसका एक अच्छा उदाहरण है। ये डिजिटल ऑनली बैंक, अपने लाइव चैट फ़ीचर को चैटबॉट्स के साथ पूरक रूप में इस्तेमाल करते हैं ताकि उपयोगकर्ता अपने खातों का प्रबंधन करने, ट्रांसफ़र करने, या अक्सर पूछे जाने वाले सवालों के उत्तर पाने जैसे बुनियादी वित्तीय कार्य कभी भी, कहीं भी कर सकें। चीन का वीबैंक इसका सफल उदाहरण है, जिसमें उपयोगकर्ता संवादों में बड़े पैमाने पर एआई को लागू किया गया है, और इसका दावा है कि ग्राहकों के लगभग 98 प्रतिशत प्रश्नों के उत्तर एआई चैटबॉट्स के जरिए ही दिए जाते हैं।

3. **तेज़ निर्णय :** डेटा को तेज़ी से एकत्रित और प्रोसेस कर, और आर्टिफ़िशियल इंटेलिजेंस, मशीन लर्निंग एल्गोरिदम और ऑटोमेशन की मदद से, संगठन तेज़ी से बदलते बाज़ार और ग्राहक मांगों के प्रति शीघ्रता से प्रतिक्रिया देने और विकल्पों का आकलन करने में सक्षम हो गए हैं। व्यापार के हर पहलू में रियल टाइम विजिबिलिटी होना संगठनों के लिए तेज़ और सूचित निर्णय लेने हेतु बहुत ज़रूरी होता जा रहा है। रियल-टाइम डेटा की अपार संभावनाएं व्यवसायों को निर्णय लेने में फुर्ती प्रदान करने के साथ-साथ उनके संचालन, संभावित जोख़िमों और सुधार की संभावनाओं में भी सक्रिय अंतर्दृष्टियां देती हैं। उदाहरण के लिए, एमेज़ॉन की हाल ही में शुरू की गई सेवा एडब्ल्यूएस सप्लाई चेन, रियल-टाइम एनालिटिक्स के जरिए संभावित सप्लाई चेन जोख़िमों जैसे कि अधिक स्टॉक या स्टॉक ख़त्म होने की स्थितियों पर स्वचालित रूप से अंतर्दृष्टियां उत्पन्न करती है। यह सेवा उत्पादन स्थल या फ़ील्ड पर लगे सेंसरों से मिले व्यापक सप्लाई चेन डेटा का इस्तेमाल करती है, जिसे एक रियल-टाइम विज़ुअल मैप डैशबोर्ड पर दर्शाया जाता है। यह निर्णय-निर्माण को तेज़ बनाता है क्योंकि यह स्वतः ही विकल्पों का मूल्यांकन, रैंकिंग और साझा करता है, ताकि इन्वेंटरी मैनेजर और प्लानर्स के लिए अनुशंसित कार्रवाइयां प्रस्तुत की जा सकें।

4. **मुद्दों की रियल-टाइम निगरानी और सुधार :** कुछ ऐसे उच्च-जोख़िम वाले उपयोग मामले होते हैं, जिनमें प्रक्रियाओं की लगातार निगरानी करना बहुत ज़रूरी होता है ताकि किसी भी तरह की बाधा या भारी नुक़सान से बचा जा सके। इन मामलों में नवीनतम और अद्यतन डेटा को निरंतर रूप से कैप्चर करना ज़रूरी होता है। इसका एक प्रमुख उदाहरण है, रियल टाइम में आईओटी सेंसर की मदद से औद्योगिक उपकरणों की निगरानी और अनुरक्षण करना, जो प्रीडिक्टिव मेंटेनेंस को संभव बनाता है। तेल और गैस जैसे उच्च जोख़िम वाले परिचालन में पाइप, वॉल्व, वेलहेड, टैंक जैसे उपकरणों और तापमान, कंपन, दबाव, प्रवाह दर, जंग, गैस रिसाव जैसे मापदंडों की चौबीसों घंटे निगरानी करनी होती है, जिसे मैन्युअल रूप से करना संभव नहीं होता। उदाहरण के लिए, अमेरिकी बहुराष्ट्रीय तेल और गैस कंपनी एक्सन मोबिल ने मोबिल सर्व रियल टाइम नामक एक तेल की स्थिति की निगरानी करने वाला उपकरण लॉन्च किया है। यह ऐसा टूल है, जो डिटेल्ड ऑयल डायग्नोस्टिक्स तक त्वरित, रिमोट एक्सेस मुहैया कराता है। यह तेल की स्थिति पर रियल-टाइम डेटा स्ट्रीम देता है और जैसे ही कोई समस्या सामने आती है, यह तुरंत अलर्ट करता है। इसके अपडेट और विश्लेषण एक लाइव डैशबोर्ड के जरिए उपलब्ध होते हैं। यह विभिन्न मापदंडों के विरुद्ध तेल की स्थिति की लगातार निगरानी की सुविधा देता है, उपकरण नाकामियों को रोकता है और संपत्ति के इस्तेमाल को अधिकतम करता है। अन्य सामान्य उदाहरणों में वित्तीय संस्थानों में धोखाधड़ी की पहचान और सोशल मीडिया कंपनियों का अपनी वेबसाइटों

से आपत्तिजनक सामग्री को पहचानकर हटाने के लिए रियल-टाइम डेटा का इस्तेमाल शामिल है।

5. **बाहरी परिवर्तनों के प्रति शीघ्र प्रतिक्रिया देने में फुर्तीला बनना :** रियल-टाइम डेटा संगठनों को बाहरी अवरोधों के प्रति तेज़ी से अनुकूलन करने में सक्षम बनाता है। और यदि हालिया इतिहास से हमें कुछ सीखने को मिला है, तो यही मिला है कि उचित समय पर यानी रियल टाइम में डेटा का उपयोग करना चाहिए। महामारी के दौरान, ज़्यादातर संगठन यह समझने के लिए जूझ रहे थे कि विश्वभर में घटनाएं वास्तविक समय में कैसे घट रही थीं। इस अस्थिरता और अनिश्चितता के समय में, कई संगठनों को जीवित रहने या जीवन बचाने के लिए रियल-टाइम डेटा पर निर्भर होना पड़ा। जेनसेन फ़ार्मास्यूटिकल्स (जॉनसन & जॉनसन) एक ऐसा ही संगठन था, जिसने अपने संभावित वैक्सीन अनुसंधान को मार्गदर्शन देने के लिए एक विशाल डेटा-विज्ञान अभियान चलाया। इसने रियल-टाइम डेटा का इस्तेमाल महामारी पर नज़र रखने और आगामी हॉटस्पॉट्स को पहचानने के लिए किया। जैननसेन ने एक वैश्विक निगरानी डैशबोर्ड तैयार किया, जो देश, राज्य और यहां तक कि काउंटी स्तर तक का डेटा इकट्ठा करता था। इससे यह तय करने में मदद मिली कि उसे अपने अनुसंधानात्मक कोविड-19 वैक्सीन उम्मीदवार का परीक्षण अगली बार कहां करना चाहिए। संक्रमण के प्रसार को ट्रैक करने से जैनसेन को महामारी की यात्रा-प्रवृत्ति को समझने में मदद मिली, ताकि वह बेहतर रणनीति बना सके।

तो, चुनौती कहां पर है?

जिस तीव्र गति से डेटा उत्पन्न हो रहा है, वह अब संगठनों के लिए भी संभालना दिनों-दिन कठिन होता जा रहा है। इसी कारण, बहुत-सी कंपनियां रियल-टाइम डेटा का पूरी तरह फ़ायदा नहीं उठा पा रही हैं। यह समस्या तब और गंभीर हो जाती है, जब इस डेटा का एक हिस्सा "समय-सीमित" होता है, यानी अगर उसका विश्लेषण तुरंत नहीं किया गया और तुरंत इस्तेमाल नहीं किया गया, तो वह अपनी प्रासंगिकता या महत्त्व खो सकता है। नतीजतन संगठन उन महत्त्वपूर्ण अंतर्दृष्टियों से चूक सकते हैं, जो तीव्र निर्णय लेने या श्रेष्ठ ग्राहक अनुभव प्रदान करने के लिए ज़रूरी होती हैं। सीजीओसी (द कंपलाइंस, गवर्नेंस ऐंड ओवरसाइट काउंसिल) के अनुसार, संगठनों ने जो कुल कॉरपोरेट डेटा एकत्र किया, उसमें से लगभग 69 प्रतिशत डेटा अपना कुछ या पूरा व्यावसायिक मूल्य खो चुका होता है, क्योंकि संगठन समय रहते उसके इस्तेमाल की पहचान नहीं कर पाते। इसलिए, जब तक डेटा मूल्यवान है, उसका त्वरित और कुशलता से इस्तेमाल करना संगठनों के लिए बेहद ज़रूरी हो जाता है। दुनिया का सबसे बड़ा रिटेलर वॉलमॉर्ट इस तथ्य को भली-भांति समझता है। उसने दुनिया का सबसे बड़ा प्राइवेट डेटा क्लाउड बनाया है, जो हर घंटे 2.5 पेटाबाइट्स डेटा खींच सकता है। हालांकि

यह डेटा केवल पिछले कुछ सप्ताहों में हुए लेन-देन को दिखाता है। अगर वॉलमॉर्ट इस डेटा से अंतर्दृष्टियां निकालने में देरी करता है, तो यह उसके लिए एक बड़े अवसर के खोने जैसा होता है।

इस प्रकार, यह संगठनों के सामने दोहरी चुनौती हो जाती है। उन्हें ना केवल उच्च गति वाले डेटा की रफ़्तार से तालमेल बैठाना होता है, बल्कि उस डेटा का मूल्य ख़त्म होने से पहले उसका इस्तेमाल कैसे किया जाए, इसका उपाय भी ढूंढ़ना होता है।

नई और उभरती तकनीकें : 'राहत के लिए तैयार'!

एक ऐसी दुनिया में जिसमें हर दिन लगभग 328.77 मिलियन टेराबाइट डेटा उत्पन्न होता है, इस बेहद तेज़ रफ़्तार वाले डेटा को लगातार संग्रहीत करना और उसका विश्लेषण करना एक भारी काम बन गया है, जिसमें पारंपरिक डेटा प्रबंधन विधियां अब प्रभावी नहीं रह गई हैं, क्योंकि वे केवल बैच डेटा को संभालने के लिए बनाई गई थीं। ऐसे में संगठनों को इस उच्च-गति वाले डेटा प्रबंधन मूल्य श्रृंखला को समर्थन देने के लिए सही तकनीकी बुनियादी ढांचे की ज़रूरत होती है। आज जो नई और अधिक कुशल तकनीकें उपलब्ध हैं, उन्होंने यह संभव बना दिया है। नीचे डेटा-प्रबंधन चक्र के प्रत्येक चरण में आने वाली चुनौतियां और उनसे निपटने में मदद करने वाले तकनीकी समाधानों का विवरण दिया गया है, जो संगठनों को रियल-टाइम डेटा के साथ अधिक प्रभावी बनने में मदद कर सकते हैं।

चरण 1 : डेटा इनजेशन या अंतर्ग्रहण

लगातार और बहुत तेज़ गति से उत्पन्न हो रहे विशाल मात्रा के डेटा से पारंपरिक बैच-प्रोसेसिंग आधारित डेटा सिस्टम ओवरलोडेड हो सकते हैं, क्योंकि वे समय के प्रति संवेदनशील और सतत प्रवाह वाले डेटा के लिए डिज़ाइन किए ही नहीं गए हैं। ऐसे परिदृश्य में *एमेज़ॉन किनेसिस** और काफ़्का जैसे समाधान अधिक उपयोगी होते हैं। ये समाधान डेटा स्ट्रीम के लगातार अंतर्ग्रहण करने या इनजेस्ट करने के लिए बनाए गए हैं, जिसमें डेटा को छोटे-छोटे रिकॉर्ड्स में तोड़कर उनके आने के समय के अनुसार क्रमबद्ध किया जाता है और सिस्टम्स में वितरित किया जाता है। जैसे-जैसे डेटा की मात्रा बढ़ती है, वैसे-वैसे टुकड़ों की संख्या भी बढ़ती है, जिससे वांछित स्केलेबिलिटी और रफ़्तार सुनिश्चित होती है।

---

* एमेज़ॉन किनेसिस एब्ल्यूएस द्वारा प्रदान की जाने वाली एक प्रबंधित सेवा है, जो वास्तविक समय में आने वाले स्ट्रीमिंग डेटा को संग्रहीत करने, संसाधित करने और विश्लेषण करने में सक्षम बनाती है। किनेसिस को विशेष रूप से इस तरह डिज़ाइन किया गया है कि वह डेटा की स्ट्रीम को वास्तविक समय में ग्रहण कर सके, उन्हें प्रोसेस कर सके और उनका विश्लेषण कर सके। चूँकि यह एक प्रबंधित सेवा है, इसलिए ग्राहक को न्यूनतम सेटअप और कॉन्फ़िगरेशन की आवश्यकता पड़ती है। यह क्लाउड-आधारित है, इसलिए अत्यधिक स्केलेबल भी है।

चरण 2 : डेटा प्रोसेसिंग

रियल-टाइम डेटा को प्रोसेस करने काफ़ी ज़्यादा संसाधन लगते हैं, क्योंकि इसमें डेटा को तुरंत और लगातार प्रोसेस करने की ज़रूरत होती है। पारंपरिक डेटा प्रबंधन विधियों में गति और स्केलेबिलिटी की कमी होती है, इसलिए वे इस आवश्यकता को पूरा नहीं कर पातीं। ऐसे में अपाचे स्पार्क* जैसे टूल उपयोगी सिद्ध होते हैं, जो वितरित कंप्यूटिंग फ्रेमवर्क पर आधारित होते हैं, जिसमें कार्यों को विभाजित कर कई कंप्यूटिंग नोड्स (सिस्टम्स) में वितरित किया जाता है, जिससे प्रोसेसिंग तेज़ और कुशलता से हो पाती है।

चरण 3 : डेटा स्टोरेज

रियल-टाइम डेटा की प्रकृति को देखते हुए स्टोरेज टेक्नोलॉजी को भी विकसित करना ज़रूरी हो जाता है। रिलेशन डेटाबेस जैसी पारंपरिक तकनीकें संबंधित डेटा पॉइंट्स को स्टोर और एक्सेस करती हैं। वे रियल-टाइम डेटा के साथ प्रभावी ढंग से काम नहीं कर पातीं, क्योंकि इनकी गति और स्केलेबिलिटी सीमित होती है। इस समस्या से निपटने के लिए अब क्लाउड-आधारित एनओएसक्यूएल रियल-टाइम डेटाबेस समाधान जैसे मॉन्गोडीबी उपलब्ध हैं। ये काफ़ी कम विलंबता यानी अल्ट्रा – लो लेटेंसी, लचीलापन और स्केलेबिलिटी मुहैया कराते हैं। एनओएसक्यूएल डेटाबेस को क्षैतिज रूप से स्केल किया जा सकता है, यानी इनकी क्षमता सर्वर जोड़कर बढ़ाई जा सकती है। साथ ही, इनका लचीला डेटा मॉडल विविध और लगातार बदलते डेटा को प्रोसेस करने के लिए उपयुक्त होता है।

चरण 4 : इनसाइट्स जेनरेशन

रियल-टाइम डेटा पर इनसाइट जेनरेट करना यानी अंतर्दृष्टियां पैदा करना एक तात्कालिक और सतत प्रक्रिया होती है। पारंपरिक तरीक़ों में आमतौर पर बैच डेटा को एक केंद्रीय वेयरहाउस में एकत्र कर उस पर अंतर्दृष्टियां तैयार की जाती हैं, जिससे इस प्रक्रिया में काफ़ी ज़्यादा समय लग जाता है। 'इन-डेटाबेस एनालिटिक्स' तकनीक आधारित टूल्स, डेटा को क्वेरी और प्रोसेस करने की क्षमता डेटाबेस के अंदर ही देते हैं, जहां विश्लेषणात्मक लॉजिक पहले से ही एकीकृत होता है। वहीं, फ़ीचर स्टोर्स† जैसी उन्नत इनसाइट्स जेनरेशन विधियां,

---

* अपाचे स्पार्क एक ओपन-सोर्स, एकीकृत ऐनालिटिक्स इंजिन है जो बड़े पैमाने पर डेटा प्रोसेसिंग के लिए बनाया गया है। यह बैच प्रोसेसिंग, स्ट्रीमिंग और मशीन लर्निंग जैसे अनुप्रयोगों को भी समर्थित करता है। स्पार्क डेटा को छोटे-छोटे हिस्सों में बाँटकर समानांतर रूप से प्रोसेस करता है, जिससे गति कहीं अधिक तेज़ हो जाती है। स्पार्क विभिन्न प्रकार के डेटा फ़ॉर्मैट्स को भी सपोर्ट करता है, इसलिए इसे अनेक स्रोतों से आने वाले डेटा के साथ उपयोग किया जा सकता है।

† मशीन लर्निंग के संदर्भ में, 'फ़ीचर्स' वे डेटा के हिस्से होते हैं जिनका उपयोग मशीन-लर्निंग मॉडलों को ट्रेन करने और उनका मूल्यांकन करने के लिए किया जाता है। 'फ़ीचर स्टोर' एक ऐसा भंडार होता है

पूर्व-निर्धारित डेटा फ़ीचरों के आधार पर रियल-टाइम डेटा स्ट्रीम्स से आवश्यक डेटा की पहचान करती हैं और उन्हें मशीन लर्निंग मॉडलों को चलाने के लिए प्रयोग में लाती हैं।

चरण 5 : रियल–टाइम एक्शन

संगठनों को रियल-टाइम डेटा का इस्तेमाल करके उसी समय या लगभग उसी समय कार्रवाई करने में सक्षम होना चाहिए। हालांकि पारंपरिक डेटा आर्किटेक्चर आमतौर पर अंतर्दृष्टियां बनाने पर केंद्रित होता है, ना कि तुरंत कार्रवाई करने पर। इसी कारण, रियल-टाइम में कोई क़दम उठाना संभव नहीं हो पाता। एज कंप्यूटिंग जैसी तकनीकें इस समस्या का समाधान करती हैं। ये डेटा को वहीं पर स्टोर, प्रोसेस और विश्लेषित करती हैं, जहां वह उत्पन्न होता है। इससे डेटा को दूर किसी सेंट्रल सर्वर पर भेजने की ज़रूरत नहीं होती और विश्लेषण बहुत तेज़ी से, लगभग रियल-टाइम में, हो जाता है, जिससे तुरंत कार्रवाई की जा सकती है। इन तकनीकों की तेज़ी से बढ़ती उपलब्धता ने संगठनों को यह क्षमता दी है कि वे रियल-टाइम डेटा के आधार पर तुरंत आवश्यक व्यावसायिक निर्णय ले सकें और उसी समय प्रभावी क़दम भी उठा सकें।

क्या रियल टाइम डेटा हर उपयोग मामले के लिए अच्छा होता है?

यह सत्य है कि संगठन तेज़ी से यह समझने लगे हैं कि रियल-टाइम डेटा का इस्तेमाल तेज़ निर्णय लेने और बेहतर ग्राहक अनुभव देने के लिए कितना फ़ायदेमंद हो सकता है। कई संगठनों को इसके सकारात्मक नतीजे भी मिल रहे हैं। 2022 में किए गए एक सर्वेक्षण के अनुसार, 80 प्रतिशत संगठनों ने बताया कि रियल-टाइम डेटा एनालिटिक्स के कारण उनकी आय में वृद्धि हुई, और 62 प्रतिशत कंपनियों ने कहा कि रियल-टाइम डेटा सिस्टम लागू करने के बाद प्रक्रियाओं को अधिक कुशलता से शुरू किया जा सका। यह दर्शाता है कि कंपनियां रियल-टाइम डेटा का इस्तेमाल कर अपने प्रदर्शन में सुधार करने में सक्षम रही हैं।

हालांकि दूसरी ओर, एक और सर्वेक्षण में यह सामने आया कि 87 प्रतिशत संगठन अपने एनालिटिक्स बजट से पीछे रह गए, और यह भी कि रियल-टाइम डेटा के उपयोग के मामलों की लागत बैच डेटा की तुलना में काफ़ी अधिक आती है। इसलिए, भले ही आज रियल-टाइम डेटा भरपूर मात्रा में उपलब्ध है, और इसे पकड़ने और प्रोसेस करने के लिए नई और बेहतर तकनीकें भी मौजूद हैं, फिर भी हर स्थिति में इसका उपयोग करना व्यवहारिक और उचित नहीं है। जैसा कि इस पहले अध्याय में बताया गया, रियल-टाइम डेटा को कैप्चर और स्टोर करना एक बहुत ही बड़ा और महंगा काम है, जिसमें भारी निवेश और उन्नत तकनीकों की ज़रूरत होती है।

जहाँ पहले से संगणित, पुनः उपयोग योग्य और उच्च-गुणवत्ता वाले फ़ीचर्स को संग्रहीत और प्रबंधित किया जाता है, जिससे एमएल मॉडलों की दक्षता और सटीकता में सुधार होता है।

तो, आप सही उपयोग मामलों की पहचान कैसे करते हैं?

रियल-टाइम को लागू करने के लिए सबसे उपयुक्त उपयोग मामलों की पहचान करने के लिए, संगठनों को ऐसे मामलों पर ध्यान केंद्रित करना चाहिए, जहां प्राप्त अंतर्दृष्टियों का इस्तेमाल 'स्वचालित क्रियाओं' के रूप में किया जा सके। यही रियल-टाइम डेटा की पूरी क्षमता को साकार करने की कुंजी है। इसके अलावा, संगठन 'प्रभाव' और 'प्रयास' के बीच संतुलन का मूल्यांकन करके सही उपयोग मामलों की पहचान कर सकते हैं। प्राथमिकता ऐसे उपयोग मामलों को दी जानी चाहिए, जिनका प्रभाव अधिक या बहुत अधिक हो और जहां रियल-टाइम डेटा को इकट्ठा करने और प्रोसेस करने के लिए किया गया प्रयास उस प्रभाव को हासिल करने में पूरी तरह उचित हो। तो 'प्रभाव' और 'प्रयास' से मेरा क्या मतलब है?

प्रभाव : रियल-टाइम का मूल्य तभी साकार होता है, जब रियल-टाइम फ़ैसले लिए जा सकें और उन फ़ैसलों के आधार पर तत्काल एक्शन लिया जा सके। ऐसे तीन प्रकार के प्रभाव हैं जो रियल-टाइम डेटा के उपयोग को सही ठहराते हैं। पहला, जब रियल-टाइम डेटा अंतिम उपभोक्ता के लिए अहम मूल्य पैदा करता है और बेहतर ग्राहक अनुभव मुहैया कराने में मदद करता है। इसका एक स्पष्ट उदाहरण है, रियल-टाइम में व्यक्तिगत उत्पाद सिफ़ारिशें देना। दूसरा, जब किसी व्यावसायिक उपयोग मामले के लिए रियल-टाइम में परिचालन की निगरानी करना आवश्यक हो ताकि व्यवसाय की दक्षता को बेहतर बनाया जा सके। उदाहरण के लिए, उपकरणों की रियल-टाइम निगरानी के जरिए मरम्मत और रख-रखाव की ज़रूरत की भविष्यवाणी करना। तीसरा, वे उपयोग मामले जिनमें जोख़िम को कम करने के लिए त्वरित एक्शन लेना बेहद आवश्यक हो। उदाहरण के लिए, किसी संभावित धोखाधड़ी वाले क्रेडिट कार्ड को लेन-देन शुरू होते ही सक्रिय रूप से ब्लॉक कर देना। रियल-टाइम डेटा के लाभकारी प्रभावों पर ऊपर दिए गए खंड में विस्तार से चर्चा की गई है।

प्रयास : जब संगठन रियल-टाइम उपयोग मामलों का निर्धारण कर रहे हों, तो उन्हें 'प्रयास' के पहलू पर भी ध्यान देना चाहिए। इसके तहत उन्हें समय और धन, दोनों के संदर्भ में किए जाने वाले निवेश पर विचार करना होगा, जो किसी रियल-टाइम उपयोग मामले को विकसित करने के लिए आवश्यक है। प्रयास का आकलन करते समय दो प्रकार की लागतों का मूल्यांकन किया जाना चाहिए। पहला, इंफ्रास्ट्रक्चर लागत। बैच डेटा की तुलना में, रियल-टाइम डेटा को प्रोसेस करने की क्षमताओं को विकसित करने के लिए भारी शुरुआती निवेश और इन प्रणालियों को चलाने और बनाए रखने के लिए निरंतर निवेश की आवश्यकता होती है। इसलिए, रियल-टाइम डेटा से लाभ उठाने के लिए इंफ्रास्ट्रक्चर में किए गए उस निवेश की अवसर लागत बहुत ज़्यादा होती है, जो अन्य संभावित अवसरों या लाभों को छोड़कर किया जाता है, और संगठनों को इस संतुलन के प्रति सजग रहना चाहिए। दूसरा, जब संगठन ऐसी तकनीकों में निवेश करने पर विचार कर रहे हों, तो उन्हें अपने वर्तमान तकनीकी इकोसिस्टम

में आवश्यक बदलाव और एकीकरण की सीमा का मूल्यांकन करना चाहिए। प्रभावी तकनीकी एकीकरण के लिए यह आवश्यक है कि वर्तमान तकनीकी इकोसिस्टम को उन्नत किया जाए। अगर ऐसा नहीं किया गया, तो संगठन वांछित प्रभाव हासिल करने में नाकाम रहेंगे और अनावश्यक निवेश कर बैठेंगे, जिससे पहले से ही उच्च क्रियान्वयन लागत और बढ़ जाएगी।

इसलिए, प्रभाव और प्रयास के बीच संतुलन का सावधानीपूर्वक मूल्यांकन करने से संगठनों को उन सबसे महत्त्वपूर्ण उपयोग मामलों की पहचान करने में मदद मिलेगी, जिनमें रियल-टाइम डेटा का लाभ उठाना आवश्यक है।

मुख्य निष्कर्ष

- रियल-टाइम डेटा तेज़ी से बढ़ रहा है और अगर इसका सही तरीक़े से इस्तेमाल किया जाए, तो यह संगठनों के लिए गेम चेंजर साबित हो सकता है, निर्णयों की गुणवत्ता बेहतर कर सकता है, ग्राहक अनुभव को सुधार सकता है, जोख़िमों का प्रबंधन कर सकता है, बेहतर फुर्ती प्रदान कर सकता है, और भी बहुत कुछ कर सकता है।
- रियल-टाइम डेटा ने डेटा प्रोसेसिंग के तरीक़े में बुनियादी बदलाव ला दिया है। इसने पूरे डेटा प्रबंधन चक्र को संक्षिप्त करते हुए प्रक्रिया को तात्कालिक बना दिया है।
- संगठनों को पूरे डेटा वैल्यू चेन में उपयुक्त तकनीकी आधारभूत ढांचा स्थापित और लागू करना चाहिए, जो रियल-टाइम डेटा की गतिशीलता और तात्कालिक प्रकृति को संभालने में सक्षम हो।
- रियल-टाइम डेटा जिस भारी मात्रा और गति से पैदा हो रहा है, उसे देखते हुए हर उपयोग के मामले में इसका उपयोग करना ना तो व्यावहारिक है और ना ही समझदारी। संगठनों को 'प्रयास बनाम प्रभाव' के संतुलन का सावधानीपूर्वक मूल्यांकन करते हुए उच्च प्रभाव वाले उपयोग मामलों को प्राथमिकता देनी चाहिए।

10

प्रोप्राइटरी डेटा

प्रतिस्पर्धी लाभ का गोपनीय रहस्य

'अद्वितीय बनने के लिए हमेशा अलग होना ज़रूरी है।'

~ कोको शनेल,
फ्रांसीसी फ़ैशन डिज़ाइनर और शनेल ब्रांड की संस्थापक

सिग्नेचर स्टाइल

लियोनार्दो द विंची, माइकल एंजेलो, रेंब्रांट, क्लोद मोने जैसे लोग इतिहास के कुछ महान कलाकारों में गिने जाते हैं। उदाहरण के लिए, लियोनार्दो मोना लिसा जैसी अपनी नाटकीय और भावनात्मक कृतियों के लिए प्रसिद्ध हैं, तो रेंब्रांट अपने चित्रों के लिए जाने जाते हैं, जिनमें चेहरे के भावों और रोशनी-छाया के प्रभावशाली प्रयोग से पात्रों की गहरी भावनाओं को सामने लाया गया है। ये सभी कलाकार और अन्य प्रसिद्ध चित्रकार भले ही समान माध्यमों में काम कर रहे थे, लेकिन उन्होंने अनुभव, प्रशिक्षण, जानकारी जुटाने और अपने कौशल को निखारने के लिए सालों में अपनी-अपनी विशिष्ट शैली या सिग्नेचर स्टाइल विकसित की। एक कलाकार को दूसरे से अलग करने वाली ख़ासियत उसकी विशिष्ट अभिव्यक्ति है, जिसकी नक़ल करना आसान नहीं होता है। कलाकारों और विद्यार्थियों ने सालों तक उन मशहूर कलाकारों की शैलियों की नक़ल करने की कोशिश की है, जो अपनी अनोखी शैली के लिए जाने जाते हैं। उदाहरण के तौर पर, द विंची के शिष्यों और समकालीनों ने मोना लिसा की नक़ल अनगिनत बार करने की कोशिश की, फिर भी यह अब तक द विंची की सबसे ख़ास कृति बनी हुई है।

इतिहास में अमर वही होते हैं, जिन्होंने अपनी अनोखी अभिव्यक्ति खोज ली होती है। यही वह लक्ष्य है, जिसे हर नया-पुराना कलाकार हासिल करना चाहता है।

अब आप सोच रहे होंगे कि डेटा पर लिखी किताब में, मैं अचानक कला की बात क्यों करने लगा हूं। दरअसल, कला निहित ज्ञान को व्यक्त करने की सबसे जटिल विधाओं में से एक है। निहित ज्ञान यानी वे अंतर्दृष्टियां, कौशल और क्षमताएं जो व्यक्ति अनुभवों से अर्जित करता है और जिन्हें शब्दों या किसी ठोस रूप में ढालना आसान नहीं होता। ऐसा रूप जिसे साफ़ तौर पर व्यक्त किया जा सके, व्यवस्थित किया जा सके, संग्रहीत किया जा सके और ज़रूरत पड़ने पर दोबारा पाया जा सके। कलाकार की सिग्नेचर स्टाइल दरअसल, सालों तक ज्ञान और विशेषज्ञता अर्जित करने, अपनी प्रतिभा को निखारने और अनुभव से तराशने का नतीजा होती है। यही विशिष्टता समय के साथ बदलती और ज़्यादा विकसित होती रहती है।

बिग डेटा की दुनिया में संगठनों के पास कई स्रोतों और कई प्रकार के डेटासेट तक पहुंच होती है, जैसा कि मैंने अध्याय 8 और 9 में बताया। अब जब डेटा हर दिशा से आ रहा है और कई संगठन इसका इस्तेमाल अपने बिज़नेस मॉडल को बेहतर बनाने में कर रहे हैं, तो सवाल उठता है कि ऐसी दुनिया में जिसमें ज़्यादातर डेटा सबके लिए खुला और प्रचुर मात्रा में उपलब्ध है, संगठन ख़ुद को अलग कैसे साबित करें।

तो आइए, मैं आपको हमारे डेटा की कहानी के तीसरे नायक से मिलवाता हूं, प्रोप्राइटरी डेटा। ऐसा कुछ अनोखा जो संगठनों को भीड़ में अलग पहचान दे सकता है। और इस अध्याय में, मैं सिर्फ़ डेटा बी बात नहीं, करूंगा बल्कि एक बड़े विचार पर चर्चा करूंगा, जिसे प्रोप्राइटरी नॉलेज कहते हैं।

प्रोप्राइटरी नॉलेज : संगठन की मोना लिसा

प्रोप्राइटरी नॉलेज का मतलब है, समय के साथ संगठन द्वारा बनाए गए अलग और अनूठे डिजिटल असेट का संग्रह, जो संगठन की डेटा वैल्यू चेन में उत्पन्न किए गए कोडिफ़ाइड निहित ज्ञान, साथ ही संगठन-विशिष्ट तरीक़ों, प्रक्रियाओं और तकनीकों के साथ मिलकर तैयार होता है। यही वह आधार होता है, जो किसी संगठन को लंबे समय तक प्रतिस्पर्धात्मक बढ़त दे सकता है।

आज की डेटा-समृद्ध दुनिया में ज़्यादातर संगठनों के पास वैसा ही डेटा है जो सभी के लिए उपलब्ध है। और जैसे-जैसे अधिक से अधिक संगठन अपनी कार्यप्रणालियों में उन्नत तकनीकों का इस्तेमाल कर रहे हैं, वैसे-वैसे ज़्यादातर संगठन अपने मॉडलों को आंतरिक डेटा और खुले तौर पर उपलब्ध बाहरी डेटासेट्स से पोषित कर रहे हैं। इस स्थिति में अलग पहचान बनाना कठिन होता जा रहा है, क्योंकि लगभग सारा डेटा सबको ही तो उपलब्ध है। ऐसे माहौल में प्रोप्राइटरी नॉलेज की किसी संगठन को उसके प्रतिस्पर्धियों से अलग कर सकता है।

प्रोप्राइटरी नॉलेज डेटा मैनेजमेंट वैल्यू चेन के किसी भी चरण में बनाया जा सकता है। हर चरण पर संगठन ऐसा ज्ञान विकसित कर सकते हैं जो उन्हें प्रतिस्पर्धात्मक बढ़त दे। उदाहरण के लिए, डेटा कलेक्शन चरण में कोई संगठन विशेष स्रोत को पहचान सकता है

जिससे उसे और गहरी और अलग क़िस्म की अंतर्दृष्टि मिल सके। इनसाइट जेनरेशन चरण में संगठन विभिन्न तरीक़ों, तकनीकों या मॉडलों का उपयोग कर सकता है जिससे उसे फ़ैसले लेने के लिए अनूठी अंतर्दृष्टि या प्रभावी एक्शन के लिए दिशा मिल सके। या फिर एक्शन चरण में संगठन बेहतर रणनीतियां बना सकता है, समस्या समाधान के नए तरीक़े अपना सकता है, या ऐसा प्रोप्राइटरी सॉफ़्टवेयर या टूल विकसित कर सकता है जिससे वह अपने अंतिम उपभोक्ताओं को नए और रचनात्मक तरीक़ों से जोड़ सके। इसके नतीजतन संगठन अपने संचालन में बड़ा सुधार कर सकते हैं या ग्राहकों को बेहतरीन अनुभव दे सकते हैं।

डेटा वैल्यू चेन में जहां भी प्रोप्राइटरी नॉलेज बनता है, वहां संगठनों के लिए ज़रूरी है कि वे उसे कैप्चर करने और कोडिफ़ाई करने के तरीक़े खोजें और उसे पूरे संगठन में उपयोग के लिए उपलब्ध कराएं। ऐसा इसलिए क्योंकि यही वह अनोखा ज्ञान है जो संगठन समय के साथ विकसित करते हैं और जिसे लगातार इस्तेमाल कर बाज़ार में अलग पहचान बनाई और बनाए रखी जा सकती है। इसकी और ख़ासियत यह है कि प्रतिस्पर्धी इसे आसानी से दोहरा नहीं सकते।

प्रोप्राइटरी नॉलेज का एक और पहलू यह है कि यह अक्सर व्यक्तिगत विशेषज्ञों या टीम स्तर पर निहित ज्ञान के रूप में मौजूद होता है। संगठन के अंदर व्यक्तियों और टीमों के अनूठे अनुभव ही उन्हें समय के साथ पैटर्न पहचानने और उन्हें जोड़ने की क्षमता देते हैं, जिससे वे असाधारण मूल्य मुहैया करा पाते हैं। चुनौती यह होती है कि इस निहित ज्ञान को कैप्चर कर उसे स्पष्ट रूप में ढाला जाए ताकि संगठन में उसका लगातार इस्तेमाल किया जा सके।

Proprietary Data: Key source of differentiation for organizations

एक सर्वेक्षण के अनुसार, 97 प्रतिशत कंपनियों ने स्वीकार किया कि प्रोप्राइटरी डेटा अपनी कंपनी को प्रतिस्पर्धियों से अलग पहचान दिलाने में 'बेहद मूल्यवान' या 'काफ़ी मूल्यवान' है। हालांकि उसी सर्वेक्षण में केवल 10 प्रतिशत उत्तरदाताओं ने माना कि उनकी कंपनी का प्रोप्राइटरी डेटा प्रतिस्पर्धियों की तुलना में ज़्यादा उपयोगी है।

यह तथ्य प्रोप्राइटरी नॉलेज के महत्त्व को भी उजागर करता है और इसे बनाने की चुनौती को भी।

हालांकि जब इसे सही तरीक़े से किया जाए, तो यह संगठन के लिए अपार मूल्य खोल सकता है और उसे अपने प्रतिस्पर्धियों पर टिकाऊ प्रतिस्पर्धात्मक बढ़त हासिल करने में सक्षम बना सकता है। जैसे नमक बहुत ही कम मात्रा में डाला जाता है, लेकिन सूप का असली स्वाद लाने के लिए ज़रूरी होता है। उसी तरह, संगठन का विशेष ज्ञान, जो केवल उसी के पास होता है, भले ही मात्रा में अपेक्षाकृत कम हो, लेकिन वह उसी ज़रूरी चुटकी नमक की तरह काम करता है जो भिन्नता का स्वाद लाता है और टिकाऊ प्रतिस्पर्धात्मक बढ़त के लिए आवश्यक होता है।

प्रोप्राइटरी नॉलेज से मेरा निकट संपर्क

यह विषय मेरे दिल के बहुत क़रीब है, क्योंकि मुझे यह सौभाग्य मिला कि मैं मैकिंजी में प्रोप्राइटरी नॉलेज बनाने की यात्रा को सोचने और आगे बढ़ाने में सीधे तौर पर शामिल रहा, जब मैककेसी, मैकिंजी नॉलेज सेंटर की स्थापना की जा रही थी। बहुत से लोग इस बात को समझ नहीं पाते कि दुनिया की प्रमुख मैनेजमेंट कंसल्टिंग फ़र्मों में से एक मैकिंजी की नींव जिन प्रमुख आधारों पर रखी गई थी, उनमें से एक था- प्रोप्राइटरी नॉलेज। यही चीज़ मैकिंजी को वास्तव में अलग बनाती है और उसकी लगातार बनी रहने वाली श्रेष्ठता का कारण है। तो आइए मैं आपको इसकी कहानी बताता हूं कि यह कैसे हुआ।

निस्संदेह, इसमें ऐसा कुछ नहीं था, जो हमने पहले दिन ही हासिल कर लिया हो। यह एक यात्रा थी, बढ़ने और विकसित होने की प्रक्रिया थी, जिसके जरिए हमने अपनी ख़ुद की मोना लिसा तैयार की। शुरू से ही मैकिंजी में नॉलेज एसेट्स बनाने की एक गहरी जमी हुई प्रक्रिया और संस्कृति रही थी। जब भी किसी क्लाइंट प्रोजेक्ट को पूरा किया जाता, तो कंसल्टेंट्स को उसे प्रैक्टिस डॉक्यूमेंट्स (पीडी) के रूप में दर्ज करने और उन्हें साझा किए जा सकने वाले अंतर्दृष्टियों में बदलने के लिए प्रोत्साहित किया जाता था। इन दस्तावेज़ों को एक जगह, यानी एक रिपॉजिटरी में रखा जाता था, जहां फ़र्म का हर व्यक्ति पहुंच सकता था। और जिन पीडी का इस्तेमाल बाक़ी की तुलना में ज़्यादा होता था, उनके मालिकों को सम्मानित और पुरस्कृत किया जाता था, जिससे यह प्रक्रिया मैकिंजी की संस्कृति का हिस्सा बन गई थी।

फिर जब हमने मैककेसी का विकास शुरू किया, तो हमने इसे एक अवसर के रूप में देखा कि नॉलेज सेंटर को केवल एक साधारण बैक-ऐंड सपोर्ट फ़ंक्शन से आगे ले जाया जाए।

हमने पीडी को बदलने के मूल्य को पहचाना, जो आम तौर पर पावरपॉइंट या वर्ड डॉक्यूमेंट के रूप में होते थे, जिन्हें बड़े पैमाने पर इस्तेमाल करना मुश्किल था और उन्हें लगातार अपडेट करना तो और भी ज़्यादा कठिन था। जिन डेटाबेस को आवश्यक डेटा और इनसाइट्स को निकालकर बनाया गया, उन्हें हमने मानकीकृत प्रारूपों में बदल दिया। यही मोड़ निर्णायक रहा। डेटाबेस लगातार बढ़ता गया क्योंकि इसका प्रारूप ऐसा था जिसे आसानी से और नियमित रूप से अपडेट किया जा सकता था। पारंपरिक कंसल्टेंट-तैयार किए गए पीडी से अलग, हमारी डेटाबेस को विशेष टीमों ने संभाला, जिससे एक आसानी से उपलब्ध प्रोप्राइटरी नॉलेज बेस तैयार हुआ। इस स्केलेबल मॉडल ने हमें और अधिक प्रोप्राइटरी जानकारी जुटाने और बनाए रखने की सुविधा दी, जिससे मैकिंजी के नॉलेज संसाधन और समृद्ध हुए।

अब मैं आपको बताता हूं कि यह मैकिंजी के लिए प्रतिस्पर्धात्मक बढ़त का स्रोत कैसे बना। मैं शुरुआत से ही मैकिंजी में डायग्नॉस्टिक एक्सपर्ट था। मैंने पहले ही अध्याय में बताया था कि मेरी भूमिका बेंचमार्किंग डायग्नॉस्टिक्स चलाने की थी, जो अक्सर हमारे क्लाइंट प्रोजेक्ट्स की शुरुआत के रूप में काम करते थे। उस समय हमारे पास अच्छे से स्थापित बेंचमार्किंग मानक नहीं थे, इसलिए हम कुछ समझदारीपूर्ण मान्यताओं और विशेषज्ञ सलाह के आधार पर अपने ख़ुद के केपीआई और प्रमुख बेंचमार्किंग विश्लेषण तैयार करते थे। समस्या यह थी कि हर नए क्लाइंट प्रोज़ेक्ट के लिए यह प्रक्रिया तदर्थ तरीक़े से दोहराई जाती थी। हालांकि जब मैं कंसल्टिंग से नॉलेज सेंटर में आया, तो मुझे इस प्रक्रिया में संरचना और विस्तार लाने की संभावना समझ में आई। हमने फ़र्म में किए जा रहे हर डायग्नॉस्टिक से पैदा हो रहे प्रमुख डेटा को इकट्ठा करना शुरू किया। समय के साथ हमने एक मजबूत डेटाबेस तैयार किया, जिसका उपयोग तमाम उद्योगों या क्षेत्रों जैसे टेक सर्विसेज, मैन्युफ़ैक्चरिंग, सप्लाई-चेन प्रोक्योरमेंट आदि के लिए कस्टमाइज्ड व्यापक बेंचमार्क तैयार करने में किया गया। इस प्रक्रिया में अनुभवजन्य ज्ञान में हमारे प्रोप्राइटरी बेंचमार्क्स और फ्रेमवर्क शामिल थे। इसी ज्ञान को बाहरी डेटा के साथ मिलाकर हमारे ख़ुद के प्रोप्राइटरी डायग्नॉस्टिक्स तैयार किए गए।

इस तरह हर ग्राहक प्रोजैक्ट से जुड़ी डेटा और विश्लेषण की कोडिंग की प्रक्रिया ने हमारा अपना बड़ा प्रोप्राइटरी नॉलेज बेस बनाने में मदद की। इसके अलावा, इससे एक सकारात्मक चक्र भी शुरू हुआ, जिसमें जैसे-जैसे ज़्यादा डेटा इकट्ठा होता गया, हम और गहरी समझ बनाने लगे। उदाहरण के लिए, हम ज़्यादा सहसंबंध स्थापित कर पाते, कारण कारकों की पहचान और ज़्यादा सटीक तरीक़े से कर पाते और पहली बार में सांख्यिकीय रूप से प्रासंगिक निष्कर्षों तक पहुंच पाते। अब हमने बेंचमार्किंग को एक स्वतंत्र क्लाइंट सेवा के रूप में पेश करना शुरू किया, जिससे पैमाना कुछ क्लाइंट्स से बढ़कर एक बड़ी संख्या तक पहुंच गया। और जैसे-जैसे हमने अपने डेटाबेस को समृद्ध किया, हम अपने डायग्नॉस्टिक मॉडल को और बेहतर और सटीक बना पाए।

समय के साथ जैसे बाहरी डेटा तेज़ी से बढ़ने लगा, वैसे ही कई ऐसे उद्योग बेंचमार्क्स जो पहले प्रोप्राइटरी माने जाते थे, वे भी बाहर उपलब्ध होने लगे। इसलिए मैकिंजी ने भी आंतरिक रूप से तैयार किए गए बेंचमार्क्स को बाहरी डेटासेट्स के साथ मिलाना शुरू किया, ताकि प्रक्रिया और मॉडलों को और ज़्यादा परिष्कृत किया जा सके। अब केवल डेटा पर निर्भर रहना हमारी प्रतिस्पर्धात्मक बढ़त बनाए रखने के लिए पर्याप्त नहीं रह गया था, क्योंकि इतने वर्षों में प्रतिस्पर्धियों ने भी तो अपने प्रोप्राइटरी डेटाबेस बना लिए थे। ऐसे में प्रोप्राइटरी नॉलेज की परिभाषा विकसित करना ज़रूरी हो गया। अब मैकिंजी अपनी अलग पहचान बनाए रखने में सक्षम हुआ तो अपनी उन महत्त्वपूर्ण केपीआई की समझ और ज्ञान के आधार पर हुआ, जो संगठन के अतीत में किए कामों से एकल अनुभवों का संग्रह था।

जैसा कि अध्याय 7 में बताया गया है कि किसी व्यावसायिक समस्या को छोटे-छोटे हिस्सों में तोड़कर सबसे महत्त्वपूर्ण केपीआई की पहचान करना कितना ज़रूरी है। मैकिंजी ने कुछ बेहद महत्त्वपूर्ण इनपुट और आउटपुट केपीआई का एक प्रभावी ढांचा बनाने में विशेषज्ञता विकसित की है, जो सबसे गहरी समझ मुहैया कराने या अधिकतम प्रभाव हासिल करने में मदद करता है। और यही अब उसकी विशिष्ट पहचान बन गई है। अब मैकिंजी इस स्थिति में है कि वह ज़्यादातर उद्योगों और कार्यात्मक क्षेत्रों के लिए कस्टमाइज्ड बेंचमार्क्स मुहैया करा सकता है। ज़्यादातर कंसल्टिंग प्रोजेक्ट की शुरुआत किसी डायग्नॉस्टिक से होती है, जिसे इन कस्टम-बिल्ट बेंचमार्क्स का सहयोग मिलता है, जिससे मैकिंजी अपने प्रतिस्पर्धियों पर टिकाऊ प्रतिस्पर्धात्मक बढ़त बना पाता है। इतना ही नहीं, ये डायग्नॉस्टिक्स अब मैकिंजी की पहचान बन गए हैं, उसकी 'मोना लिसा' बन चुके हैं। जो शुरुआत कंसल्टेंट्स के अव्यक्त ज्ञान से हुई थी, वह समय के साथ बेंचमार्क्स में बदली, फिर ऐसे डायग्नॉस्टिक्स में बदल गई जिनमें बाहरी और आंतरिक डेटा दोनों शामिल थे। उसके बाद यह सिर्फ़ डेटा से भी आगे बढ़ गई और महत्त्वपूर्ण इनपुट और आउटपुट केपीआई के इर्द-गिर्द ढांचा बनाने तक पहुंची, जिसे समय के साथ सीधे हमारे प्लेटफ़ॉर्म्स के जरिए क्लाइंट्स को उपलब्ध कराया जा सका। इस तरह से प्रोप्राइटरी नॉलेज की परिभाषा लगातार विकसित होती गई और यह केवल डेटा से कहीं अधिक हो गई।

प्रोप्राइटरी नॉलेज का अव्यक्त स्वरुप

प्रोप्राइटरी नॉलेज बनाने का मूल उन व्यावहारिक समझों में निहित है जो संगठन के अंदर काम करने वाले लोगों के पास होती हैं। उनके पास व्यवसाय, परिचालन, उत्पादों और प्रक्रियाओं की मूल्यवान समझ होती है। यह विकसित होता हुआ ज्ञान, डेटा, विधियों और तकनीकों से निकलता है। यह दक्षता और विस्तार की क्षमता को बढ़ा सकता है और एक टिकाऊ प्रतिस्पर्धात्मक बढ़त मुहैया करा सकता है। उदाहरण के लिए, दक्षता और अपशिष्ट कम करने की अनोखी प्रक्रियाओं वाली मैन्युफ़ैक्चरिंग कंपनी ना केवल तुरंत लागत बचत

हासिल करती है बल्कि दीर्घकाल में अपने कार्बन फुटप्रिंट को कम करते हुए सतत परिचालन की राह भी दिखाती है।

तो, प्रोप्राइटरी नॉलेज संगठनों या व्यक्तियों के अपने काम में अर्जित अनुभवों से आता है। सोचिए एक कुशल सेल्सपर्सन की, जो केवल ग्राहकों के व्यवहार को देखकर यह बता सकता है कि कौन ख़रीदेगा और कौन नहीं। किसी भी संगठन के लिए यह मूल्यवान समझ बिक्री का अनुमान लगाने और ग्राहक जुड़ाव को बेहतर बनाने में मदद कर सकती है, ठीक वैसे ही जैसे ऑनलाइन स्टोर उपयोगकर्ताओं के व्यवहार का विश्लेषण करते हैं। हालांकि भौतिक दुकानों के लिए यह बुद्धिमत्ता अक्सर सेल्सपर्सन के अनुभव तक ही सीमित रह जाती है और उसे व्यवस्थित रूप से दर्ज नहीं किया जाता। ऐसा ज्ञान शागिर्दी या आपसी बातचीत से आगे बढ़ सकता है, लेकिन आमतौर पर पूरे संगठन में व्यापक रूप से उपलब्ध नहीं होता। मैकिंजी में अपने कार्यकाल के दौरान, हम मानते थे कि संगठन का ज़्यादातर ज्ञान अव्यक्त रूप में मौजूद है। और तकनीकी प्रगति के बावजूद, आज भी यह सच है। संगठन के 80 प्रतिशत से अधिक ज्ञान का स्वरूप अव्यक्त ही होता है।

यह सवाल उठता है : ऐसे मूल्यवान अव्यक्त ज्ञान को हम कैसे संजो सकते हैं?

प्रोप्राइटरी नॉलेज की शक्ति को उजागर करने की कुंजी – 'कोडिफ़ाई'

चूंकि प्रोप्राइटरी नॉलेज अधिकतर काम के जरिए ही उत्पन्न होता है और कर्मचारियों की प्रथाओं और दिनचर्याओं में समाया रहता है, इसलिए यह अक्सर व्यक्तिपरक और अनौपचारिक होता है। ऐसे ज्ञान को साझा करना या व्यक्त करना कठिन होता है, और कई बार इसे पहचानना भी मुश्किल हो जाता है। इसलिए इसे स्पष्ट रूप में दर्ज करने के लिए केंद्रित प्रयास की ज़रूरत होती है। इस अव्यक्त ज्ञान से जुड़ी एक और समस्या यह है कि जब कोई अनुभवी कर्मचारी संगठन छोड़ देता है, तो उस ज्ञान के खो जाने का ख़तरा रहता है, ख़ासकर तब जब वही कर्मचारी उस विशेष विशेषज्ञता या कौशल का एकमात्र धारक हो, तब ये ख़तरा और बढ़ जाता है। और चूंकि ज़्यादातर संगठनों के पास अव्यक्त ज्ञान को संजोने की कोई संरचित प्रक्रिया नहीं होती, इसलिए वह अक्सर अप्रयुक्त रह जाता है।

इसलिए कुंजी यह है कि अव्यक्त ज्ञान को 'कोडिफ़ाई' करने के लिए एक संरचित दृष्टिकोण अपनाया जाए ताकि इसे व्यापक रूप से और मांग पर उपयोग के लिए उपलब्ध कराया जा सके। अव्यक्त ज्ञान को कोडिफ़ाई करने का मतलब है, इसे स्पष्ट बनाना और इसे एक संरचित तथा संगठित प्रारूप में संग्रहीत करना, जिसे पूरे संगठन में आसानी से एक्सेस और साझा किया जा सके।

हालांकि इस ज्ञान को कोडिफ़ाई करने की प्रक्रिया आसान क़तई नहीं है। अव्यक्त ज्ञान को कोडिफ़ाई करने की सबसे बड़ी चुनौती यह है कि व्यक्तिगत अनुभव और अंतर्दृष्टियां अक्सर काफ़ी विशिष्ट होती हैं, जिससे उन्हें किसी व्यापक रूप से लागू किए जा सकने वाले प्रारूप में बदलना कठिन हो जाता है। इसके अलावा, जब तक यह प्रक्रिया संगठन की संस्कृति में समाहित ना हो, तब तक यह व्यक्तिगत कर्मचारी पर अतिरिक्त बोझ बन जाती है। उसे अपने ज्ञान को दर्ज करना होता है और प्रलेखित करना होता है। यह उन कार्यों की श्रेणी में आता है, जो ज़रूरी तो नहीं होते, लेकिन उनकी अहमियत होती है और कर्मचारियों को इनके लिए अतिरिक्त प्रयास करना पड़ता है। ऐसे में संगठनों के लिए यह बेहद ज़रूरी है कि वे कोई सुविचारित योजना बनाएं, ताकि ज्ञान-प्रबंधन प्रक्रियाओं और प्रणालियों के जरिए इस ज्ञान को निरंतर दर्ज और प्रलेखित किया जा सके।

अव्यक्त ज्ञान को कोडिफ़ाई करने के लिए बुनियादी बदलाव की ज़रूरत

हाल ही में किए गए एक सर्वेक्षण में, 75 प्रतिशत लोगों ने कहा कि बदलते कार्यबल में ज्ञान का निर्माण और उसका संरक्षण उनकी सफलता के लिए अहम है, वहीं केवल 9 प्रतिशत ने माना कि वे इसे संबोधित करने के लिए तैयार हैं।

हालांकि यह बेहद ज़रूरी तो है, लेकिन पूरे संगठन में कोई ऐसी रणनीति लागू करना आसान नहीं है, जिसमें प्रोप्राइटरी नॉलेज को केंद्र में रखा जाए। इसके लिए इस तरह का बुनियादी बदलाव ज़रूरी है कि मुख्य व्यावसायिक कार्य ज्ञान को कैसे इकट्ठा करें, कैसे विकसित करें और कैसे साझा करें। नॉलेज मैनेजमेंट को व्यावसायिक रणनीति में संरचित दृष्टिकोण के जरिए एकीकृत करना होगा। इसमें एक प्रभावी नॉलेज साइकिल स्थापित करना और परिसंपत्तियों को रणनीतिक लक्ष्यों के साथ संरेखित करना भी शामिल है। मैकिंजी के एक सीनियर लीडर ने एक बार कहा था, 'ज्ञान मैकिंजी की जीवन रेखा है... हाल ही में हमने ज्ञान में अधिक निवेश किया है। अगर इसका मतलब है कि अभी 10-15 प्रतिशत कम क्लाइंट वर्क होगा, तो हम भविष्य में निवेश करेंगे।' जैसा कि पहले समझाया गया है, मैकिंजी की प्रतिस्पर्धी बढ़त एक सुव्यवस्थित और समृद्ध नॉलेज साइकिल से आती है, जिसे वर्षों में विकसित किया गया है।

नॉलेज मार्केटप्लेस : ज्ञान का सकारात्मक चक्र बनाने का दृष्टिकोण

टिकाऊ नॉलेज मैनेजमेंट प्रैक्टिस बनाने में ज्ञान का सकारात्मक चक्र तैयार करना शामिल होता है। इसके मूल में एक नॉलेज मार्केटप्लेस बनाना है, जो आपूर्ति और मांग के मिलान के सिद्धांत पर काम करता है।

नॉलेज मार्केटप्लेस दृष्टिकोण पूरे संगठन में क्षमता विकसित करने पर आधारित है, जिसमें ज्ञान की मांग करने वालों की ज़रूरतों को ज्ञान मुहैया कराने वालों की आपूर्ति के जरिए पूरा किया जाता है। ज्ञान मांगने वाले और मुहैया कराने वाले एक साथ आकर ज्ञान का स्वयं-सृजित और स्वयं-स्थायी सकारात्मक चक्र बनाते हैं और बनाए रखते हैं। मार्केटप्लेस, स्पष्ट और अव्यक्त ज्ञान को, कोडिफ़ाई किए हुए रूप में एकत्र करने का तरीक़ा है, जिसे किसी फ़र्म में कोई भी व्यक्ति एक्सेस कर सकता है।

किसी संगठन का ज्ञान विभिन्न परिसंपत्तियों से बना होता है, जैसे विशेषज्ञ ज्ञान, कोडिफ़ाई किए हुए दस्तावेज़, डेटा मॉडल आदि। इन्हें नॉलेज मार्केट में उपलब्ध कराने के लिए कोडिफ़ाई किया जाता है ताकि कर्मचारी और टीम के सदस्य जैसे ज्ञान मांगने वाले कारक आवश्यकतानुसार उनका लाभ उठा सकें। नॉलेज ब्रोकर ऐसे संरक्षक होते हैं जो रिपॉजिटरी, डायरेक्टरी जैसे नॉलेज सिस्टम को क्यूरेट और बनाए रखने के लिए ज़िम्मेदार होते हैं, ताकि उन्हें अपडेट रखना आसान हो और ट्रैक तथा एक्सेस करना सरल हो, जिससे इन परिसंपत्तियों का बार-बार इस्तेमाल मुमकिन हो सके। मसलन, मशीन लर्निंग के लिए कैगल का नॉलेज मार्केटप्लेस ले सकें। यह ज्ञान प्रदाताओं को ज्ञान मांगने वालों से जोड़ता है, जिसमें डेटा साइंस, मशीन लर्निंग और एआई से जुड़े विषयों पर संगठित और आसानी से उपलब्ध जानकारी शामिल है। उपयोगकर्ता कीवर्ड, विषय या कौशल स्तर के आधार पर खोज कर सकते हैं और अन्य ज्ञान मांगने वालों की मदद के लिए सामग्री की रेटिंग और समीक्षा भी कर सकते हैं। यह एक सक्रिय समुदाय में विकसित हो गया है, जिसमें डेटा वैज्ञानिक और मशीन लर्निंग प्रैक्टिसनर अपने डेटा साइंस और एमएल विशेषज्ञता, जैसे मॉडल, डेटासेट और ट्यूटोरियल, स्वतंत्र रूप से साझा कर सकते हैं और बेच सकते हैं।

ज्ञान चक्र की शक्ति को उजागर करने के लिए छह प्रमुख कारक आवश्यक हैं। मैं इन्हें नॉलेज-मैनेजमेंट पिरामिड कहता हूं।

रणनीतिक कारक

1. **नेतृत्व की प्रतिबद्धता :** किसी भी नॉलेज-मैनेजमेंट पहल की सफलता के लिए नेतृत्व की प्रतिबद्धता और संगठन में ज्ञान के महत्त्व को बार-बार दोहराना बेहद ज़रूरी होता है। कंपनी की रणनीति और मूल्यों में स्पष्ट रूप से ज्ञान संबंधी आकांक्षाओं को शामिल करना ज्ञान संस्कृति बनाने के लिए अहम है।
2. **संगठन की संस्कृति :** ऐसी सहभागी और समावेशी संस्कृति बनाना भी उतना ही अहम है, जो आंतरिक और बाहरी स्रोतों दोनों से ज्ञान के आदान-प्रदान को बढ़ावा देती हो, जबकि सहभागिता को प्रोत्साहित करना और उसके प्रभाव को मान्यता देना, भी उतना ही महत्त्वपूर्ण है।

3. **सांगठनिक डिज़ाइन :** नॉलेज मैनेजमेंट में एक टिकाऊ प्रैक्टिस स्थापित करने में यह भी शामिल है कि नॉलेज मैनेजमेंट से जुड़ी ज़िम्मेदारियों को व्यक्तिगत भूमिकाओं और ज़िम्मेदारियों में एकीकृत किया जाए, उन्हें केपीआई यानी प्रमुख प्रदर्शन संकेतकों से जोड़ा जाए, और संगठन के अंदर नॉलेज मैनेजमेंट चक्र की निगरानी के लिए समर्पित भूमिकाओं का निर्माण किया जाए (जैसा कि मैककेसी नॉलेज सेंटर के उदाहरण में देखा गया)।

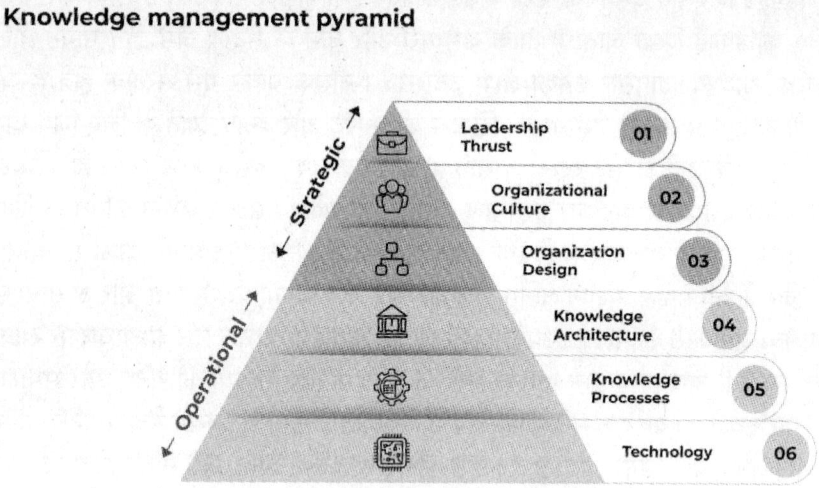

परिचालन कारक

1. **नॉलेज आर्किटेक्चर :** एक ज्ञान मानचित्र बनाना बेहद ज़रूरी है, जो एक सुव्यवस्थित नॉलेज आर्किटेक्चर के लिए ब्लूप्रिंट का काम करे, ताकि श्रेष्ठ ज्ञान की खोज संभव हो सके। इसमें पारंपरिक कीवर्ड खोज से आगे जाकर अधिक संज्ञानात्मक या सहज खोज शामिल हो, जो कई ज्ञान स्रोतों से प्रासंगिक सामग्री को एक साथ ला सके।
2. **नॉलेज प्रक्रियाएं :** मौजूदा कार्यों के आधार पर सामग्री निर्माण और क्यूरेशन के लिए सही प्रक्रियाएं और तरीक़े लागू करना और ज्ञान को कैप्चर, मानकीकृत और उपलब्ध कराने के लिए एक व्यवस्थित प्रक्रिया लागू करना। टैक्सोनॉमी प्रबंधन, ऑडिट तंत्र आदि जैसी सहायक प्रक्रियाएं सुनिश्चित करने के लिए अहम हैं ताकि हमेशा सुसंगतता, गुणवत्ता और प्रासंगिकता बनी रहे। यह भी सुनिश्चित करना ज़रूरी है कि ज्ञान परिसंपत्ति अद्यतन हो और उपयोगकर्ताओं के लिए उच्च मूल्य की हो।

3. **प्रौद्योगिकी :** एआई/एमएल, नेचुरल लैंग्वेज प्रोसेसिंग (एनएलपी) जैसी उभरती डिजिटल तकनीकें नई और अलग क्षमताएं मुहैया कराती हैं, जो पूरी प्रक्रिया को अधिक कुशल और विस्तार योग्य बना सकती हैं। उदाहरण के लिए, इंसीडो ने एक एआई-आधारित नॉलेज मैनेजमेंट प्लेटफ़ॉर्म लागू किया है, जो पूरी प्रक्रिया को सुव्यवस्थित करता है। पहले यह विविध स्रोतों से ज्ञान इकट्ठा करता है और ज्ञान परिसंपत्तियों पर थीम/डोमेन-आधारित वर्गीकरण लागू करता है। इसके बाद यह इकट्ठा किए गए ज्ञान से अंतर्दृष्टियां निकालता है और पैकेजिंग करता है। और आख़िर में, यह अनुभव को विशेष आवश्यकताओं और प्राथमिकताओं के अनुसार अनुकूलित करके, ज्ञान को उपयोगकर्ताओं तक पहुंचाने का प्रबंधन करता है।

एल्गोरिदम का बढ़ता महत्त्व

प्रोप्राइटरी नॉलेज बनाने की प्रक्रिया एक यात्रा की तरह है। जहां संगठन अपने प्रोप्राइटरी परिसंपत्तियों का निर्माण जारी रखते हैं, वहीं प्रोप्राइटरी होने की प्रकृति भी लगातार विकसित हो रही है। जहां डेटा, अंतर्दृष्टियां, विधियां और प्रक्रियाएं प्रोप्राइटरी में अहम योगदान देती रहती हैं, वहीं अब एआई युग में एल्गोरिदम बेहिसाब तरीक़े से अहम होते जा रहे हैं। अनोखे एल्गोरिदम के जरिए डेटा का इस्तेमाल संगठनों को अपनी परिचालन प्रक्रियाओं को फिर से डिज़ाइन करने, नवीन उत्पाद और सेवाएं विकसित करने, और बाज़ार में टिकाऊ प्रतिस्पर्धात्मक बढ़त हासिल करने के लिए अहम क्षमताएं मुहैया करा रहा है। नेटफ़्लिक्स डेटा और एल्गोरिदम के नवाचारी उपयोग का एक उत्कृष्ट उदाहरण है, जिससे यह अलग सेवाएं मुहैया कराता है। वह दर्शकों का डेटा इकट्ठा करता है, जिसमें डिवाइस विवरण, तिथि, समय, स्थान, किसी विशेष कंटेंट को देखने की अवधि, उनके प्लेटफ़ॉर्म पर खोजों का डेटा, कंटेंट के दोबारा देखे जाने के हिस्से और उनकी आवृत्ति, और यहां तक कि छोड़े गए कंटेंट का डेटा भी शामिल होता है। इसके अलावा, वह तीसरे पक्ष से मेटाडेटा जैसे नील्सन और सोशल मीडिया स्रोतों जैसे फ़ेसबुक, ट्विटर आदि से भी डेटा इकट्ठा करता है। लाखों सब्सक्राइबर्स के उनके कंटेंट के साथ इंटरैक्शन के इन डेटा पॉइंट का लाभ उठाकर, उनके अनोखे एल्गोरिदम अंतर्दृष्टियां उत्पन्न करते हैं, जो ग्राहकों की अनोखी पसंद को पूरा करने के लिए ओरिजिनल कंटेंट बनाने में इस्तेमाल किए जाते हैं।

इन प्रोप्राइटरी अंतर्दृष्टियों के सबसे उल्लेखनीय उपयोगों में से एक नेटफ़्लिक्स की बनाई गई बेहद लोकप्रिय श्रंखला, *हाउस ऑफ़ कार्ड्स,* की सफलता की कहानी है। अपने प्रोप्राइटरी एल्गोरिदम के जरिए उसने कुछ महत्त्वपूर्ण सफलता कारकों की पहचान की, जैसे स्टार, डायरेक्टर और उन दोनों को फ़ीचर करने वाली सामग्री की लोकप्रियता के बीच सहसंबंध। इसके आधार पर उसने निष्कर्ष निकाला कि अमेरिकी दर्शकों के लिए एक सीरीज बनाई जाए, जिसमें एक सफल ब्रिटिश शो के बहुत पसंद किए जाने वाले अभिनेता केविन

स्पेसी और पहले से लोकप्रिय सीरीज 'द सोशल नेटवर्क' के डायरेक्टर शामिल हों, तो वह सीरीज निश्चित रूप से बिग हिट होगी।

नेटफ़्लिक्स के अनुसार, *हाउस ऑफ़ कार्ड्स* इतनी सफल रही कि यह अमेरिका और चालीस अन्य देशों में अपने चरम पर सबसे अधिक स्ट्रीम की जाने वाली सामग्री बन गई। और वर्षों से, यह नेटफ़्लिक्स पर शीर्ष रेटेड श्रंखलाओं में से एक बनी हुई है, और अवतार और द सोप्रानोज जैसी ब्लॉकबस्टर की श्रेणी में शामिल है।

मुख्य निष्कर्ष

- बिग डेटा की दुनिया में, डेटा संगठनों के लिए प्रचुर मात्रा में उपलब्ध है। ऐसे में केवल डेटा के आधार पर टिकाऊ अंतर बनाए रखना मुश्किल होता है। प्रोप्राइटरी नॉलेज, भिन्न डिजिटल परिसंपत्तियों और कोडिफ़ाई किए हुए अव्यक्त ज्ञान का संचय, स्थायी बढ़त मुहैया करा सकता है।
- प्रोप्राइटरी नॉलेज अब भी बड़े पैमाने पर अव्यक्त है, इसलिए ज्ञान को कोडिफ़ाई करना ज़रूरी हो जाता है। यह एक बुनियादी बदलाव है, और नॉलेज मैनेजमेंट को संगठन की व्यावसायिक रणनीति और संस्कृति का अभिन्न हिस्सा बनाना चाहिए।
- ज्ञान का सकारात्मक चक्र बनाने के लिए एक संरचित दृष्टिकोण की ज़रूरत होती है। इसकी कुंजी यह है कि एक नॉलेज मार्केटप्लेस सक्षम किया जाए, जहां ज्ञान मांगने वालों की ज़रूरतों को ज्ञान प्रदान करने वालों की आपूर्ति के जरिए पूरा किया जा सके।

परत 3

तकनीकी इंफ़्रास्ट्रक्चर

Layer 3 : Technology Infrastructure

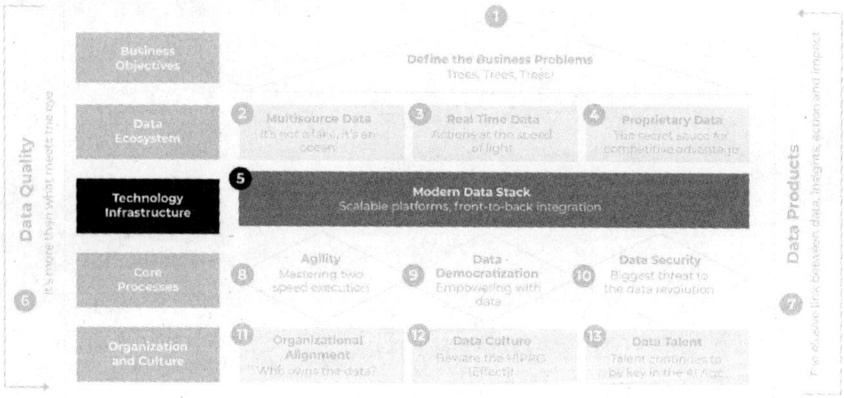

'सभी को साथ लाने की बुनियाद'

11

आधुनिक डेटा स्टैक

स्केलेबल प्लेटफ़ॉर्म, फ्रंट-टु-बैक इंटीग्रेशन

'जब परिवर्तन की हवाएं दिशा बदलें... तब तुम्हारी नींव मजबूत हो... और तुम हमेशा जवान बने रहो।'

~ बॉब डिलन,
अमेरिकी गायक-गीतकार

डेटा से मूल्य सृजन की पूरी तकनीक संरचनात्मक उथल-पुथल से गुज़री है। डेटा से निपटने का वो पारंपरिक तरीक़ा तो बिग डेटा की दुनिया की मांगों को पूरा करने के लिए प्रभावी समाधान देने में असफल रहा है, जो सीमित और अधिकतर संरचित डेटा को बैचों में संभालने के लिए बनाया गया था। एक वैश्विक सर्वेक्षण के मुताबिक, कंपनियों के सामने अपने एनालिटिक्स उद्देश्यों को पूरा करने में शीर्ष तीन चुनौतियों में से एक है- ऐसी डेटा आर्किटेक्चर और तकनीकी संरचना का डिज़ाइन करना, जो बड़े पैमाने पर डेटा और एनालिटिक्स को प्रभावी ढंग से सक्षम बना सके। इसलिए, डेटा आर्किटेक्चर को फिर से डिज़ाइन करना ज़रूरी है, ताकि वह अधिक **स्केलेबल, फुर्तीला और अनुकूलनीय** बन सके, लगातार विकसित होते डेटा की प्रकृति और व्यवसाय उपयोगकर्ताओं की बदलती ज़रूरतों को समर्थन दे सके, ताकि परिवर्तन की हवाओं को सहजता से संभाला जा सके और प्रासंगिक बना रहा जा सके। यही कारण है कि डेटा आर्किटेक्चर या डेटा स्टैक का 'आधुनिकीकरण' होना ज़रूरी है, यानी डेटा कैसे इकट्ठा किया जाता है, कैसे रूपांतरित किया जाता है और कैसे इस्तेमाल किया जाता है, इस सबका आधुनिकीकरण होना ज़रूरी है।

डेटा स्टैक क्या होता है?

डेटा स्टैक किसी इमारत की नींव की तरह होता है। एक ऐसा ढांचा होता है, जो संगठनों को डेटा का सही समय पर और प्रभावी ढंग से इस्तेमाल और प्रबंधन करने में सक्षम बनाता है। लेकिन असल में यह है क्या? डेटा स्टैक को परिभाषित करने की या यह बताने की कि किस वजह से यह "मॉडर्न" बनता है, की बहुत कोशिशें हुई हैं। हालांकि यह कहना शायद सही होगा कि यह इस किताब की सबसे कठिन अवधारणाओं में से एक है, क्योंकि यह कोई एक चीज़ नहीं है। यह कई तकनीकी क्षमताओं का संयोजन है, जिनकी मदद से कच्चे डेटा को अंतिम उत्पाद यानी निर्णय और कार्रवाई में बदला जाता है। तो आइए, बिना बहुत अधिक तकनीकी विवरण में जाए, इस अवधारणा को जितना संभव हो सके, उतना सरल बनाने की कोशिश करता हूं।

डेटा स्टैक कई तरह के टूल्स, तकनीकों और प्रक्रियाओं का मेल है जो कंपनियों को डेटा का इस्तेमाल करके निर्णय लेने में सक्षम बनाते हैं। इसमें वे सभी साधन शामिल होते हैं, जो डेटा को इकट्ठा करने, प्रोसेस करने, स्टोर करने, विश्लेषण करने और आख़िरकार उससे एक्शन लेने में मदद करते हैं।

जैसा कि परिभाषा से स्पष्ट है, यह डेटा मैनेजमेंट वैल्यू चेन की हर परत को सक्षम करता है (जिसकी चर्चा हमने तीसरे अध्याय मूल्य की पुनर्कल्पना में की थी)। समझने में आसानी के लिए रसोईघर का उदाहरण ले सकते हैं। एक मॉडर्न डेटा स्टैक वैसा ही है, जैसे कोई रसोई, जिसमें आप भोजन तैयार करते हैं। आपके पास सभी ज़रूरी सामग्री, उपकरण और बर्तन मौजूद हैं ताकि आप भोजन बना सकें और उसका उपभोग कर सकें। डेटा स्टैक की हर परत उस भोजन को तैयार करने और फिर खाने की दिशा में एक क़दम है।

चरण 1 : डेटा अधिग्रहण – सामग्री जुटाना

डेटा अधिग्रहण वह प्रक्रिया है, जिसमें विभिन्न स्रोतों से डेटा इकट्ठा किया जाता है। इसमें सेंसर, डिवाइस, डेटाबेस, एपीआई या अन्य बाहरी प्रणालियों से स्ट्रीमिंग या बैच प्रक्रियाओं के जरिए कच्चा डेटा कैप्चर करना शामिल होता है। यह ठीक उसी तरह से है, जैसे रसोई के लिए अलग-अलग स्रोतों या विक्रेताओं से फल, सब्ज़ियां, मसाले आदि तरह-तरह की सामग्री ख़रीदकर लाते हैं।

चरण 2 : डेटा इंजेश्चन (अंतर्ग्रहण) – सामग्री को अंदर लाना

अब हम सामग्री को रसोई में लाकर व्यवस्थित करते हैं। डेटा अंतर्ग्रहण वह प्रक्रिया है जिसमें अधिग्रहित डेटा को लिया जाता है और उसे किसी लक्षित प्रणाली में स्टोर, प्रोसेस या विश्लेषण के लिए डाला जाता है। इसमें अधिग्रहीत डेटा को तैयार करना, रूपांतरित करना और उसे

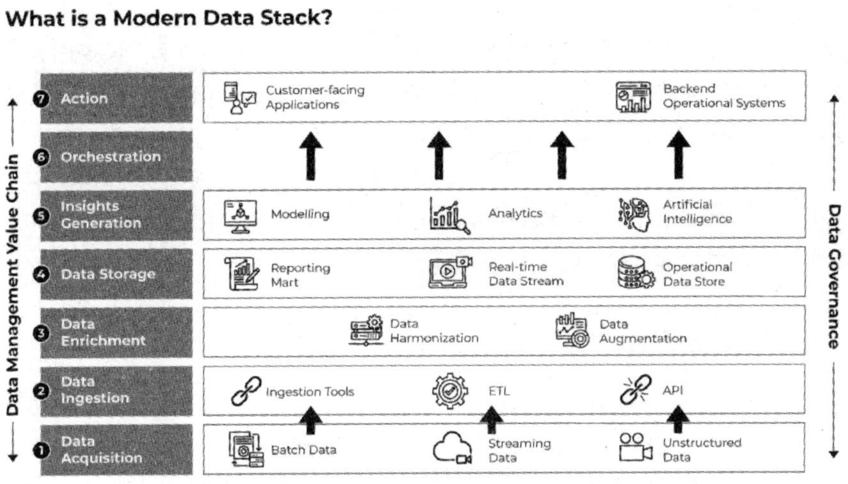

उपयुक्त डेटा स्टोरेज या प्रोसेसिंग प्लेटफ़ॉर्म, जैसे डेटाबेस, डेटा वेयरहाउस या डेटा लेक में लोड करना शामिल है।

चरण 3 : डेटा संवर्धन – स्वाद के लिए मसाले

जैसे किसी व्यंजन के स्वाद को बढ़ाने के लिए उसमें मसाले डाले जाते हैं, वैसे ही डेटा संवर्धन वह प्रक्रिया है जिसमें मौजूदा डेटा को अतिरिक्त जानकारी या गुणों के साथ समृद्ध या विस्तारित किया जाता है ताकि वह विश्लेषण, निर्णय लेने या अन्य उद्देश्यों के लिए अधिक मूल्यवान और उपयोगी हो सके। इसमें मौजूदा डेटा सेटों को समृद्ध किया जाता है, जिससे उनकी गुणवत्ता, गहराई और व्यापकता बेहतर हो जाती है।

चरण 4 : डेटा स्टोरेज – सही बर्तन का चुनाव

रसोई में, जिस सामग्री को पकाना होता है, उसके आधार पर बर्तन चुना जाता है। इसी तरह, डेटा-संग्रहण प्लेटफ़ॉर्म भी मुख्य रूप से उस डेटा की प्रकृति पर आधारित होते हैं, जिसका इस्तेमाल विभिन्न परिस्थितियों में किया जाना होता है। इसमें पारंपरिक डेटाबेस शामिल हो सकते हैं, जैसे रिलेशनल डेटाबेस, जिसमें डेटा आइटम्स को पहले से तय संबंधों के साथ स्टोर किया जाता है, या ऑब्जेक्ट-ओरिएंटेड डेटाबेस, जिनमें जानकारी को ऑब्जेक्ट के रूप में प्रस्तुत किया जाता है। इसके अलावा बिग डेटा को संभालने के लिए नए विकल्प भी उपलब्ध हैं, जैसे एनओएसक्यूएल डेटाबेस, जो नॉन-टैब्युलर होते हैं और पारंपरिक डेटाबेस से अलग तरीक़े से डेटा स्टोर करते हैं।

चरण 5 : इनसाइट जनरेशन – भोजन पकाने की प्रक्रिया

जिस तरह चूल्हा, माइक्रोवेव या अन्य उपकरणों का उपयोग किया जाता है और उनमें बर्तन रखकर सामग्री को मनचाही डिश में बदला जाता है, उसी तरह अंतर्दृष्टि उत्पन्न करने या इनसाइट जनरेशन की प्रक्रिया में डेटा का इस्तेमाल एनालिटिक्स, डेटा मॉडलिंग, बिज़नेस इंटेलिजेंस और ऑपरेशनल एनालिटिक्स के लिए किया जाता है। यह परत प्रासंगिक निष्कर्ष निकालने में मदद करती है, जिससे निर्णय लेने की प्रक्रिया बेहतर होती है या उन्नत एआई/एमएल उपयोग मामलों को सहयोग मिलता है।

चरण 6 : ऑर्केस्ट्रेशन – परोसने की प्रक्रिया

ऑर्केस्ट्रेशन पके हुए भोजन को प्लेटों, कटोरियों जैसे उचित बर्तनों में परोसने की प्रक्रिया है ताकि लोग उसे सुविधाजनक तरीक़े से खा सकें। ऑर्केस्ट्रेशन से आशय अंतर्दृष्टियों को एक्शन में बदलने की प्रक्रिया से है। इसमें विभिन्न कार्यों, वर्कफ़्लो और एक्शन का समन्वय और ऑटोमेशन शामिल होता है, ताकि डेटा से प्राप्त निष्कर्षों के आधार पर वास्तविक दुनिया में असर डाला जा सके।

चरण 7 : उपभोग – अच्छी भूख

आख़िर में, पकाए और परोसे गए व्यंजन खाए जाते हैं। यही है उपभोग परत, जहां तैयार की गई जानकारियों का इस्तेमाल होता है। ये कभी संगठन के अंदर निर्णय लेने वाले लोग करते हैं, तो कभी बाहरी ग्राहक करते हैं। इसका उद्देश्य है डेटा के आधार पर फ़ैसले लेना और आगे की कार्रवाई करना। यह काम आंतरिक परिचालन और बिज़नेस इंटेलिजेंस सिस्टम के जरिए प्रबंधन स्तर पर हो सकता है, या फिर ग्राहक-उन्मुख पोर्टल, एप्लिकेशन और अन्य प्लेटफ़ॉर्म के जरिए हो सकता है। यही अंतिम परत है, जो जानकारियों को असली कार्रवाइयों में बदलती है, जैसे रोज़मर्रा के कामकाज से जुड़े फ़ैसले लेना, उपयोगकर्ताओं के अनुभव को बेहतर बनाना, प्रक्रियाओं में सुधार करना, या फिर उत्पादों में नए बदलाव शामिल करना।

परंपरागत डेटा स्टैक (टीडीएस) अब पर्याप्त क्यों नहीं रह गए हैं?

पारंपरिक डेटा स्टैक (ट्रेडीशनल डेटा स्टैक- टीडीएस) आमतौर पर ऑन-प्रिमाइसेस सॉल्यूशन के रूप में बनाए जाते हैं, यानी या तो संगठन ख़ुद इन्हें अपने स्तर पर संभालता है या फिर किसी बाहरी सेवा प्रदाता को सौंप देता है। ये ज़्यादातर मोनोलिथिक आर्किटेक्चर पर आधारित होते हैं, जिसमें सभी घटक और कार्य एक ही ढांचे में कसकर जुड़े होते हैं। इस कारण इन्हें क्लाउड-आधारित वातावरण में शामिल करना कठिन होता है। नतीजतन, इनके लचीलेपन और विस्तार की क्षमता सीमित हो जाती है, जबकि आज के बदलते कारोबारी

माहौल में यह दोनों ही सबसे ज़्यादा ज़रूरी हैं। हालांकि हाल के वर्षों में हालात इतनी तेज़ी से क्यों बदले हैं? इसका कारण यह है कि डीआईएआई फ्रेमवर्क के हर चरण पर, इनपुट (यानी डेटा) की प्रकृति और अपेक्षित नतीजे, दोनों में भारी बदलाव आया है। यही बदलाव पारंपरिक डेटा स्टैक पर बहुत ज़्यादा दबाव डाल रहा है।मैं अब तक इस विषय पर अध्याय एक और दो में अलग-अलग जगह बात कर चुका हूं, लेकिन यहां उन्हें एक साथ जोड़कर यह बताना चाहता हूं कि ऐसा क्यों है।

1. डेटा की 3V प्रकृति का टीडीएस पर दबाव

पारंपरिक डेटा स्टैक (टीडीएस), जो ऑन-प्रिमाइसेस ढांचे पर बनाए गए हैं, बड़े पैमाने पर डेटा की मात्रा को प्रभावी ढंग से संभालने में दिक्कत महसूस करते हैं। नतीजा यह होता है कि स्टोरेज, प्रोसेसिंग और विश्लेषण की क्षमता पर बोझ बढ़ जाता है, जिससे प्रदर्शन धीमा पड़ता है और प्रतिक्रिया समय बढ़ जाता है। ये स्टैक अक्सर संरचित स्टोरेज सिस्टम जैसे रिलेशनल डेटाबेस पर निर्भर होते हैं, जिनकी बहुत बड़े डेटा को संभालने की क्षमता सीमित होती है। इससे स्टोरेज की समस्या, डेटा तक पहुंच में रुकावट और क्वेरी या एनालिटिक्स जैसे कार्यों के निष्पादन में सुस्ती आती है। इसके अलावा, वास्तविक समय डेटा की तेज़ रफ़्तार भी टीडीएस के लिए चुनौती है, क्योंकि इनमें तुरंत प्रोसेस करने की क्षमता नहीं होती। इससे लेटेंसी बढ़ जाती है और प्राप्त अंतर्दृष्टियां पुरानी पड़ जाती हैं। अचानक आने वाले डेटा के उछाल को संभालने में भी टीडीएस की विस्तार क्षमता बाधा डालती है। साथ ही, डेटा के विविध प्रारूप भी टीडीएस के लिए मुश्किल खड़े करते हैं। इन विविध प्रारूपों को एकीकृत करने और प्रोसेस करने के लिए विशेष टूल्स की ज़रूरत होती है, जो की इस कमी को और उजागर करता है कि वे अलग-अलग स्रोतों से आए डेटा को सहज रूप से एकीकृत और व्यवस्थित नहीं कर पाते।

2. अंतर्दृष्टि उत्पन्न करना अब उच्च गति और वास्तविक समय में होना ज़रूरी है

आज के व्यावसायिक माहौल में केवल डेटा इकट्ठा करना ही काफ़ी नहीं है, बल्कि उससे तुरंत और प्रासंगिक अंतर्दृष्टि निकालना भी ज़रूरी है। पारंपरिक डेटा स्टैक इस आवश्यकता को पूरा करने में असमर्थ हैं, क्योंकि इनमें तेज़ प्रोसेसिंग और रियल टाइम में विश्लेषण की क्षमता सीमित होती है। नतीजतन, निर्णय लेने की प्रक्रिया धीमी पड़ जाती है और जो निष्कर्ष निकलते हैं, वे अक्सर पुराने या अप्रासंगिक हो जाते हैं। अब संगठनों को ऐसे समाधान चाहिए जो डेटा से तुरंत अंतर्दृष्टि निकालकर उसी क्षण फ़ैसला लेने में मदद करें। उच्च गति और रियल टाइम की यह अपेक्षा टीडीएस की सबसे बड़ी कमज़ोरी बन गई है, क्योंकि वे बदलते कारोबारी परिदृश्य की गति से तालमेल नहीं बिठा पाते।

3. कार्रवाई या निर्णय लेने का काम तत्काल और स्वचालित होना चाहिए

आज के तेज़ गति वाले निर्णय लेने के माहौल में समय सबसे अहम है। एक्शन तुरंत और स्वचालित रूप से होने चाहिए, जिसके लिए ज़रूरी है कि डेटा तुरंत अंतर्दृष्टियों में बदले और रियल टाइम में एक्शन को आगे बढ़ाए। इसके अलावा, एआई अब अंतर्दृष्टियों को कार्यों में बदलने और उन्हें स्वचालित बनाने में बड़ी भूमिका निभा रही है। हालांकि पारंपरिक डेटा स्टैक में ऐसी स्वचालन और ऑर्केस्ट्रेशन की क्षमताएं नहीं होतीं, जो इस तरह की त्वरित कार्रवाइयों को संभव बना सकें।

4. डेटा पर रूपांतरकारी प्रभाव

जैसा कि पहले के अध्यायों में बताया गया है, डेटा की रूपांतरकारी क्षमता संगठनों को नए और नवाचारी बिज़नेस मॉडल बनाने का मौक़ा देती है। इससे असाधारण ग्राहक अनुभव, परिचालन में सुधार और नवाचारी भिन्नता संभव होती है, जैसा कि ऊबर, एआईआरबीएनबी और नेटफ़्लिक्स जैसे उदाहरणों से देखा जा सकता है। विस्तृत डेटा इकोसिस्टम संगठनों को यह क्षमता भी देता है कि वो डेटा को संपत्ति के रूप में मुद्रीकृत कर सकें। चाहे वे इसे तीसरे पक्ष को बेचकर करें या अनुकूलित उत्पाद और सेवाएं मुहैया कराके। उदाहरण के लिए, सोशल मीडिया प्लेटफ़ॉर्म पर लक्षित विज्ञापन या अनुसंधान और परामर्श कंपनियों का व्यवसायों को पैकेज्ड इनसाइट्स देने का काम ऐसा ही है।इसके अलावा, डिजिटल युग में व्यवसाय लगातार बदलता और विकसित होता रहता है, इसलिए संगठनों को डेटा का उपयोग सीखने और सुधार के सकारात्मक चक्र बनाने के लिए करना चाहिए। इसे प्रभावी ढंग से करने के लिए, संगठनों को विभिन्न स्रोतों से डेटा का लाभ उठाकर गहरी और सार्थक अंतर्दृष्टियां पैदा करनी होंगी, बड़े पैमाने पर नवाचार करना होगा और लगातार बेहतर ग्राहक अनुभव मुहैया कराना होगा। पारंपरिक डेटा स्टैक में रियल टाइम में प्रोसेसिंग, विस्तार क्षमता, लचीलापन, एडवांस्ड एनालिटिक्स, एकीकरण क्षमताओं और धीमी पुनरावृत्ति चक्र जैसी सीमाएं हैं, इसलिए वो डेटा की इस रूपांतरकारी क्षमता का पूरा लाभ उठाने के लिए उपयुक्त नहीं है।

एक हालिया सर्वेक्षण में पाया गया कि आधे से अधिक उत्तरदाता अब भी डेटा का प्रभावी उपयोग करके नए उत्पाद और सेवाएं मुहैया कराने में, प्रतिस्पर्धात्मक बढ़त पाने, बाज़ार की आवश्यकताओं के अनुसार उत्पाद और सेवाओं को अनुकूलित करने और व्यवसायों के लिए डेटा-प्रेरित निर्णय लेने में दिक़्क़त महसूस करते हैं। इसलिए, डेटा का प्रभावी उपयोग करना तेज़ी से एक अहम प्राथमिकता बनता जा रहा है, जिसके लिए संगठनों को एक चुस्त और स्केलेबल डेटा आर्किटेक्चर की आवश्यकता है, जो पारंपरिक डेटा स्टैक में मौजूद नहीं है।

मॉडर्न डेटा स्टैक (एमडीएस) में क्या 'मॉडर्न' है?

मॉडर्न डेटा स्टैक एक क्लाउड-होस्टेड, व्यापक उपकरण और तकनीकों का सेट है, जहां डेटा प्रबंधन वैल्यू चेन की विभिन्न परतें ढीले तरीक़े से जुड़ी होती हैं, फिर भी आपस में मजबूती से कनेक्टेड रहती हैं। इसका उद्देश्य तेज़ी से स्केलिंग, अनुकूलन क्षमता और सहज इंटर ऑपरेबिलिटी सुनिश्चित करना है, ताकि डेटा से अंतर्दृष्टि और अंतर्दृष्टि से कार्रवाई तक का चक्र तेज़ गति से चलाया जा सके।

मॉडर्न डेटा स्टैक का निर्माण कुछ प्रमुख तकनीकी बदलावों के बिना संभव नहीं था, जो हाल के वर्षों में हुए हैं। हाल ही में उभरने वाले नए उपकरण और तकनीकें बिग डेटा की जटिल प्रकृति से निपटने में मदद कर सकती हैं और संगठनों को एक स्केलेबल, लचीला और अनुकूलनशील मॉडर्न डेटा स्टैक बनाने में सक्षम बनाती हैं। आइए अब इन कुछ प्रमुख तकनीकी बदलावों को उजागर करते हैं :

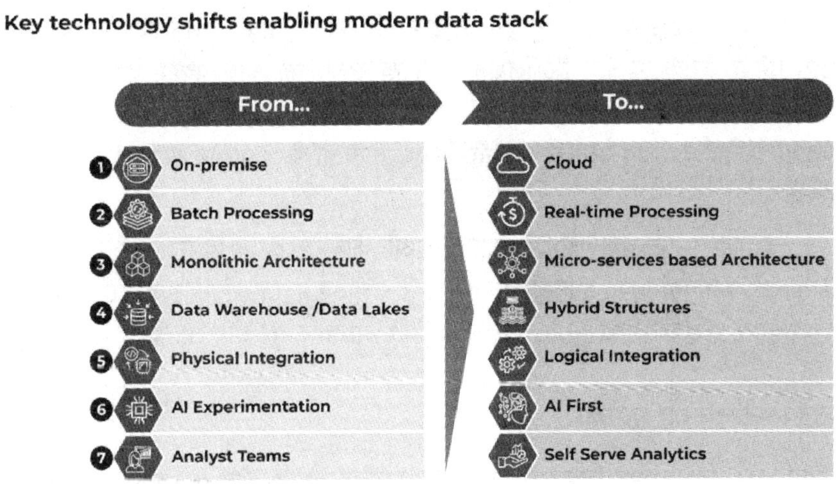

मैंने पहले के अध्यायों में इन बदलावों में से कुछ पर विस्तार से चर्चा की है। इस खंड में, मैं उन बदलावों के बारे में और अधिक विस्तार से बताऊंगा, जिनका उल्लेख पुस्तक के अन्य हिस्सों में नहीं किया गया है।

1. ऑन–प्रिमाइसेस से क्लाउड की ओर

डेटा इंफ्रास्ट्रक्चर में मूलभूत परिवर्तन को संभव बनाने वाला सबसे प्रभावशाली बदलाव है क्लाउड। पारंपरिक ऑन-प्रिमाइसेस आईटी इंफ्रास्ट्रक्चर लचीलापन और स्केलेबिलिटी

के मामले में चुनौतीपूर्ण था, और इसे स्थापित और बनाए रखना महंगा भी था। इसके बाद आया 'क्लाउड'। हालांकि एडब्ल्यूएस ने 2006 में अपना मॉडर्न क्लाउड इंफ्रास्ट्रक्चर सर्विस एमेज़ॉन इलास्टिक कंप्यूट क्लाउड के साथ लॉन्च किया था, लेकिन महत्त्वपूर्ण बदलाव 2012 में एमेज़ॉन रेडशिफ़्ट, डेटा वेयरहाउसिंग क्लाउड समाधान के लॉन्च के साथ हुआ, जिसने मॉडर्न डेटा स्टैक के लिए रास्ता खोल दिया। इसने संगठनों को एक हल्का डेटा इंफ्रास्ट्रक्चर बनाने का विकल्प दिया, जिस का प्रबंधन और परिचालन तीसरा पक्ष करता है, जिससे संगठन अपने मुख्य व्यवसाय पर ध्यान केंद्रित कर सकते हैं।

समय के साथ-साथ, क्लाउड ने बुनियादी स्टोरेज और कंप्यूटिंग से आगे विस्तार किया है। यह शुरू हुआ इंफ्रास्ट्रक्चर एज ए सर्विस (आईएएएस) के साथ, जो उपयोगकर्ताओं को वर्चुअल मशीन, स्टोरेज और नेटवर्क जैसे इंफ्रास्ट्रक्चर घटकों पर नियंत्रण देता है। इसके बाद यह प्लेटफ़ॉर्म एज ए सर्विस (पीएएस) में विकसित हुआ, जो उपयोगकर्ताओं को क्लाउड-होस्टेड प्लेटफ़ॉर्म प्रदान करता है ताकि वे बिना बुनियादी इंफ्रास्ट्रक्चर की चिंता किए, एप्लिकेशन बना सकें, तैनात कर सकें, चला सकें और प्रबंधित कर सकें। अंत में, सॉफ़्टवेयर एज ए सर्विस (एसएएएस) ने इसे और सरल बनाया। इसने इंटरनेट के जरिए एप्स मुहैया कराके स्थानीय इंस्टॉलेशन और रख-रखाव की आवश्यकता को समाप्त कर दिया। बुनियादी इंफ्रास्ट्रक्चर, प्लेटफ़ॉर्म और एप्लिकेशन कोड का प्रबंधन एसएएएस प्रदाता करता है। अब संगठन अपनी आवश्यकताओं के अनुसार क्लाउड मॉडल चुन सकते हैं।

इसकी "पे-पर-यूज" आधार पर स्टोरेज और कंप्यूटिंग क्षमता किराए पर लेने की सुविधा के कारण, कंपनियां अपने इंफ्रास्ट्रक्चर को बाहरी क्लाउड प्रदाताओं या 'हाइपरस्केलर्स', जैसे *एडब्ल्यूएस, माइक्रोसॉफ़्ट, गूगल, अलीबाबा* और *ऑरेकल,* को सौंप रही हैं।

हाइपरस्केलर्स की भूमिका

हाइपर का मतलब अत्यधिक और स्केल का मतलब किसी चीज़ का आकार, संख्या या सीमा बढ़ाने या घटाने की क्षमता है। इसलिए, शब्द 'हाइपरस्केल' उस क्षमता को दर्शाता है कि कोई सिस्टम या आर्किटेक्चर जितना आवश्यक हो उतना और जब भी आवश्यक हो उतना स्केल कर सके। हाइपरस्केलर्स बड़े क्लाउड-सर्विस प्रदाता जो विशाल स्टोरेज और कंप्यूटिंग संसाधन, आमतौर पर एक लचीले क्लाउड प्लेटफ़ॉर्म के रूप में, मुहैया कराते हैं। ये हाइपरस्केलर्स इसी को संभव बनाते हैं। इस प्रवृत्ति की शुरुआत 2000 के दशक में गूगल ने की, जिसने लाइनक्स नामक मुफ़्त और ओपन-सोर्स ऑपरेटिंग सिस्टम को अपनाया, क्योंकि उसने महसूस किया कि अगर वह अपने पारंपरिक हाई-ऐंड सर्वरों पर निर्भर करता है तो उसका सर्च-इंजन व्यवसाय लंबे समय तक व्यावहारिक नहीं रह सकता। इसके बाद एडब्ल्यूएस और अन्य प्रदाताओं ने इसका अनुसरण किया। आज हाइपरस्केलर्स इतनी

व्यापक सेवाओं का सेट मुहैया कराते हैं और पूरे सेवा प्रदाता इकोसिस्टम को एक साथ लाए हैं, जिससे संगठनों के लिए मॉडर्न डेटा स्टैक बनाना आसान हो गया है।

यहां बताया गया है कि हाइपरस्केलर्स ने मॉडर्न डेटा स्टैक्स को सक्षम करने और अपनाने में कितना अहम योगदान दिया है :

- **स्केलेबिलिटी के लिए इंफ्रास्ट्रक्चर :** क्लाउड-आधारित इंफ्रास्ट्रक्चर मांग के अनुसार असीमित स्केलेबिलिटी और लचीलापन मुहैया कराता है। हाइपरस्केलर्स बेहद स्केलेबल इंफ्रास्ट्रक्चर संसाधन मुहैया कराते हैं, जिनमें कंप्यूटिंग, स्टोरेज और नेटवर्किंग क्षमताएं शामिल हैं। व्यवसाय अपनी ज़रूरत के अनुसार क्षमता को आसानी से समायोजित कर सकते हैं : वे वर्टिकल स्केलिंग (सर्वर में अधिक संसाधन जैसे रैम या प्रोसेसिंग पावर जोड़ना), होरिजॉन्टल स्केलिंग (वर्कलोड वितरित करने के लिए सर्वर जोड़ना), और डायगोनल स्केलिंग (दोनों का संयोजन) कर सकते हैं। यह लचीलापन भारी डेटा वॉल्यूम को संभालने और अचानक वृद्धि को बिना बड़े इंफ्रास्ट्रक्चर निवेश के समायोजित करने में मदद करता है। बिना हार्डवेयर या सॉफ़्टवेयर की ख़रीदारी किए, नए एप्लिकेशन और सेवाओं को तैनात करना आसान और तेज़ हो जाता है। ऑटोमेटिक बैकअप, रेप्लिकेशन और डिजास्टर-रिकवरी जैसी सुविधाएं डेटा की टिकाऊपन और उच्च उपलब्धता सुनिश्चित करती हैं, जिससे डेटा प्रबंधन की जटिलता और अग्रिम निवेश कम हो जाता है।

- **सुरक्षित और भरोसेमंद सेवाएं :** क्लाउड-आधारित डेटा इंफ्रास्ट्रक्चर ऑन-प्रिमाइसेस वाले इंफ्रास्ट्रक्चर की तुलना में अधिक सुरक्षित और भरोसेमंद हैं। हालांकि यह थोड़ा विरोधाभासी लगता है, क्योंकि संगठन साझा वर्चुअल स्पेस का इस्तेमाल करते हैं, फिर भी ये सेवा प्रदाता उच्चतम सुरक्षा मानकों का पालन करते हैं, जिसमें अंतरराष्ट्रीय प्रमाणपत्र और तृतीय-पक्ष ऑडिट और मान्यताएं शामिल हैं, जिससे ये और अधिक सुरक्षित बनते हैं। डेटा की अखंडता सुनिश्चित करने वाली विशेषज्ञों की टीम क्लाउड इंफ्रास्ट्रक्चर को और भरोसेमंद बनाती है, जिससे आपदा की स्थिति में भी सेवाएं बिना रुके और सुरक्षित रूप से चलती हैं। हाइपरस्केलर्स इन्क्रिप्शन, एक्सेस कंट्रोल और अनुपालन प्रमाणपत्र जैसे मजबूत उपायों के जरिए डेटा सुरक्षा को प्राथमिकता देते हैं। वे संगठनों को विभिन्न उद्योगों में नियामक आवश्यकताओं को पूरा करने में मदद करते हैं, जिससे डेटा का सुरक्षित प्रबंधन और प्रसंस्करण सुनिश्चित होता है।

- **उपयोग के अनुसार भुगतान :** ऑन-प्रिमाइसेस तकनीकी इंफ्रास्ट्रक्चर में स्थापित करने और बनाए रखने के लिए भारी निवेश की आवश्यकता होती है, जबकि इसके विपरीत क्लाउड-आधारित डेटा स्टैक में, संगठन स्टोरेज और सॉफ़्टवेयर एप्लिकेशन का उपयोग करते हैं, जो दूरस्थ सर्वरों पर होस्ट किए जाते हैं और क्लाउड सेवा प्रदाता इनका मेंटेन करते हैं। इससे डेटा सेंटर, सर्वर, भौतिक नेटवर्किंग या रख-रखाव

गतिविधियों में निवेश करने की आवश्यकता नहीं रह जाती है; कंपनियों को केवल स्टोरेज, कंप्यूटिंग जैसे संसाधनों के वास्तविक उपयोग के लिए बिल चार्ज किया जाता है। इस तरह, वे भारी और निश्चित निवेश से बचते हुए अपने क्लाउड सेवा प्रदाताओं से आईएएस, पीएएएस या एसएएएस जैसी विभिन्न प्रबंधित सेवाओं तक पहुंच हासिल कर लेते हैं।

- **इकोसिस्टम और इंटीग्रेशन :** हाइपरस्केलर आधुनिक डेटा स्टैक की क्षमताओं को पूरक और विस्तारित करने वाली संगत सेवाएं, उपकरण और इंटीग्रेशन मुहैया कराने के लिए तीसरे पक्ष के सेवा प्रदाताओं के एक विशाल इकोसिस्टम के लिए ठोस आधार उपलब्ध कराते हैं। इस पारिस्थितिकी तंत्र में डेटा-विजुअलाइजेशन टूल्स, डेटा-गवर्नेंस सॉल्यूशन, डेटा-कैटलॉगिंग प्लेटफ़ॉर्म और अन्य शामिल हैं। ये प्लग-ऐंड-प्ले सॉल्यूशन आसानी से एकीकृत किए जा सकते हैं ताकि संगठन की व्यावसायिक आवश्यकताओं के अनुसार डेटा स्टैक को अनुकूलित किया जा सके। ये संगठनों के लिए नई और बेहतर क्षमताएं निरंतर प्रदान करते रहते हैं।
- **बेहतर लोकतंत्रीकरण :** क्लाउड-आधारित डेटा इंफ्रास्ट्रक्चर आसान पहुंच और बेहतर सहयोग को भी सक्षम बनाता है। हाइपरस्केलर, स्व-सेवा विश्लेषणात्मक उपकरणों, बड़े पैमाने पर डेटा प्रोसेसिंग के लिए स्केलेबिलिटी, सहयोग और साझा करने की सुविधाओं तथा मजबूत डेटा गवर्नेंस और सुरक्षा मुहैया कराके, विभिन्न भूमिकाओं और विभागों के उपयोगकर्ताओं को डेटा तक आसानी से पहुंच, विश्लेषण करने, सूचित निर्णय लेने और डेटा-प्रेरित परियोजनाओं पर सहयोग करने में सक्षम बनाते हैं। क्लाउड-आधारित विश्लेषणात्मक उपकरण व्यवसाय उपयोगकर्ताओं के लिए कहीं भी, किसी भी समय अधिक सशक्त और सुलभ होते हैं।

कुल मिलाकर, हाइपरस्केलर्स के आगमन से पहले आधुनिक डेटा स्टैक का निर्माण जटिल और अधिक संसाधनों वाला प्रयास था, जिसमें इंफ्रास्ट्रक्चर प्रबंधन, डेटा संग्रहण, प्रोसेसिंग, विश्लेषण और एकीकरण में पर्याप्त विशेषज्ञता की ज़रूरत होती थी। हाइपरस्केलर्स ने इन कई चुनौतियों को कम किया और आधुनिक डेटा स्टैक्स के अमल और प्रबंधन को सरल बनाया।

2. बैच से रियल टाइम प्रोसेसिंग

जैसे-जैसे अधिक डेटा रियल टाइम में उत्पन्न और उपयोग किया जा रहा है, वैसे-वैसे आधुनिक डेटा स्टैक के लिए यह आवश्यक होता जा रहा है कि वह रियल-टाइम में अंतर्दृष्टियां उत्पन्न करने और निर्णय लेने तथा एक्शन आगे बढ़ाने की प्रक्रिया सक्षम करे। डेटा प्रबंधन चक्र में अहम कमी के कारण, संगठन उन लंबी प्रतीक्षा अवधि से बाधित हो रहे हैं, जिन्हें पारंपरिक डेटा स्टैक कम नहीं कर पाता।

पारंपरिक डेटा स्टैक की हर परत बैच-आधारित दुनिया के लिए बनाई गई थी। पारंपरिक स्रोतों से डेटा का अंतर्ग्रहण, उसका रूपांतरण और फिर उसे ऑन-प्रिमाइसेस डेटा वेयरहाउस या क्लाउड में स्टोर करना और बिज़नेस इंटेलिजेंस (बीआई) टूल्स, सभी संरचित डेटा के साथ काम करने और घटना के होने के बाद रिपोर्ट बनाने के लिए डिज़ाइन किए गए थे।

आज, रियल-टाइम डेटा इंफ्रा स्ट्रक्चर नए प्रकार के एप्लिकेशन जैसे रियल-टाइम एनालिटिक्स और ऑटोमेटेड सॉल्यूशंस के जरिए सक्षम किया जा रहा है, जो डेटा स्टैक के हर चरण में शामिल किए जा रहे हैं। कुछ उदाहरण हैं, जिन्होंने आधुनिक डेटा स्टैक को रियल-टाइम डेटा से प्रभावी ढंग से निपटने में सक्षम बनाया। इनमें रियल-टाइम डेटा के लिए अपाचे काफ़्का जैसे स्ट्रीमिंग टूल, प्रक्रिया के लिए अपाचे फ़्लिंक[*] जैसे टूल डेटा को फ़िल्टर और रूपांतरित करने के लिए, क्लिक हाउस[†] या टाइनीबर्ड[‡] जैसे टूल रियल-टाइम में डेटा का विश्लेषण करने के लिए, और टेक्टॉन जैसे मशीन-लर्निंग आधारित टूल जो लगातार डेटा से सीखते हैं और ऑन-द-गो प्रेडिक्शन पैदा करते हैं।

नेटफ़्लिक्स ने कई सालों के प्रयास से एक रियल-टाइम डेटा इंफ्रास्ट्रक्चर बनाया है जो शायद हर दिन ट्रिलियन्स ईवेंट्स को संभालता है। पिछले कुछ सालों में नेटफ़्लिक्स ने रियल-टाइम डेटा का इस्तेमाल शून्य से लेकर हज़ारों उपयोग मामलों तक बढ़ा दिया है। यह विभिन्न डेटा स्टैक परतों में क्षमताओं का निर्माण करके संभव हुआ है।[§]

रियल-टाइम डेटा और एनालिटिक्स के विवरणों की चर्चा अध्याय 9 में की गई है।

---

* अपाचे फ़्लिंक एक ओपन-सोर्स, एकीकृत स्ट्रीम-प्रोसेसिंग और बैच-प्रोसेसिंग फ्रेमवर्क है, जिसे अपाचे सॉफ़्टवेयर फ़ाउंडेशन द्वारा विकसित किया गया है। इसका उपयोग बड़े पैमाने पर डेटा स्ट्रीम्स को प्रोसेस करने और प्रोसेस्ड डेटा से रीयल-टाइम में विश्लेषणात्मक जानकारियाँ प्राप्त करने के लिए किया जाता है।

† क्लिक हाउस एक मुक्त-स्रोत, कॉलम-उन्मुख डेटाबेस-प्रबंधन प्रणाली (कॉलम-ओरिएंटेड डीबीएमएस) है, जो ऑनलाइन विश्लेषणात्मक प्रोसेसिंग के लिए उपयोग की जाती है। यह उपयोगकर्ताओं को एसक्यूएल क्वेरीज़ की सहायता से वास्तविक समय में विश्लेषणात्मक रिपोर्ट तैयार करने की सुविधा देती है। इसका उपयोग रीयल-टाइम एनालिटिक्स, रीयल-टाइम बिज़नेस रिपोर्टिंग, डेटा वेयरहाउसिंग और बिग डेटा एनालिटिक्स के लिए किया जाता है।

‡ टाइनीबर्ड एक रीयल-टाइम डेटा प्लेटफ़ॉर्म है, जो व्यवसायों को अपने डेटा को वास्तविक समय में समझने, प्रोसेस करने और विश्लेषित करने में मदद करता है। यह प्लेटफ़ॉर्म डेटाबेस, एपीआई और स्ट्रीमिंग प्लेटफ़ॉर्म्स जैसी विभिन्न स्रोतों से डेटा को इनजेस्ट, ट्रांसफ़ॉर्म और ऐनालाइज़ करने की सुविधा देता है।

§ टेक्टॉन एक एंटरप्राइज़-तैयार फ़ीचर-स्टोर प्लेटफ़ॉर्म है, जिसे मशीन-लर्निंग ऑपरेशंस को सरल और प्रभावी बनाने के लिए डिज़ाइन किया गया है। यह प्लेटफ़ॉर्म मशीन-लर्निंग फ़ीचर्स को बनाने, साझा करने और सर्व करने की प्रक्रिया को व्यवस्थित करता है, जिससे डेटा साइंस और इंजीनियरिंग टीमें बड़े पैमाने पर मशीन-लर्निंग मॉडल विकसित और तैनात कर सकती हैं।

3. मोनोलिथिक से माइक्रोसर्विसेज आर्किटेक्चर

मोनोलिथ का अर्थ है, ऐसा कुछ जो एक ही हिस्से या इकाई के रूप में निर्मित या संकलित हो। डेटा स्टैक बनाने में मोनोलिथिक दृष्टिकोण का मतलब है कि पूरे स्टैक को एक एकीकृत इकाई के रूप में डिज़ाइन और लागू किया जाए। इस दृष्टिकोण में डेटा स्टैक के सभी घटक, जैसे डेटाबेस, डेटा-प्रोसेसिंग और एनालिटिक्स आदि, कड़ाई से एकीकृत होते हैं और एक ही एप्लिकेशन या सिस्टम के अंदर पैक किए जाते हैं।

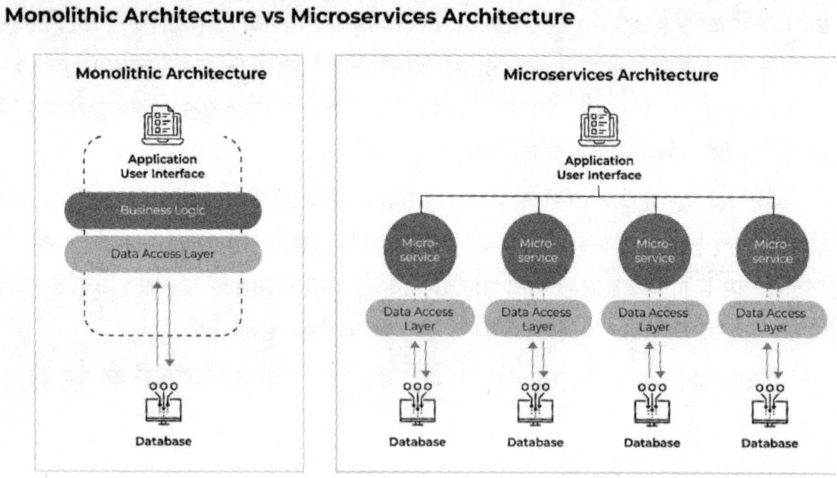

हालांकि मोनोलिथिक आर्किटेक्चर को बनाना और लागू करना आसान होता है, लेकिन इनमें कुछ सीमाएं हैं जो इन्हें बड़ी और जटिल तैनाती के लिए अनुपयुक्त बनाती हैं। ये आर्किटेक्चर छोटे पैमाने पर लागू करने के लिए तो उपयुक्त हैं क्योंकि इन्हें एक ही इकाई के रूप में कम उपयोग मामलों के लिए बनाया जाता है। हालांकि जैसे-जैसे डेटा की मात्रा और जटिलता बढ़ती है, वैसे वैसे संगठनों को बड़े और जटिल उपयोग मामलों को सक्षम करने के लिए कई और विविध डेटा सेट्स का उपयोग करना पड़ता है। ऐसे परिदृश्य में, मोनोलिथ अपनी स्केलेबिलिटी, लचीलापन और मॉड्युलैरिटी की कमी के कारण बाधा बन जाता है। कड़ाई से जुड़े आर्किटेक्चर में बदलाव करना भी बहुत कठिन होता है, क्योंकि डेटा स्टैक के किसी भी घटक में अपडेट या परिवर्तन करने के लिए आमतौर पर पूरे मोनोलिथ को फिर से लागू करना पड़ता है। इसके अलावा, कंप्यूटिंग पावर, मेमोरी और स्टोरेज जैसे संसाधन मोनोलिथ के सभी घटकों में साझा होते हैं। व्यक्तिगत घटकों को स्केल करना चुनौतीपूर्ण हो सकता है और अक्सर पूरे स्टैक को स्केल करना पड़ता है।

संगठन तेज़ी से माइक्रोसर्विसेज-आधारित आर्किटेक्चर के लचीले और आपस में जुड़े ढांचे के मूल्य को पहचान रहे हैं। यह छोटी और स्वतंत्र सेवाओं का संग्रह है, जिन्हें स्वतंत्र रूप से विकसित, लागू और स्केल किया जा सकता है, और इसी दृष्टिकोण पर सफल टेक जायंट्स जैसे एडब्ल्यूएस, गूगल क्लाउट, और एमएस अज्यो आधारित हैं।

डेटा स्टैक के संदर्भ में, माइक्रोसर्विसेज-आधारित आर्किटेक्चर अक्सर बड़े और अधिक जटिल डेटा स्टैक्स के लिए चुना जाता है, जिन्हें स्केलेबिलिटी, लचीलापन और विभिन्न घटकों के स्वतंत्र विकास की आवश्यकता होती है। इसमें डेटा स्टैक को छोटी और स्वतंत्र सेवाओं में विभाजित किया जाता है, जिन्हें माइक्रोसर्विसेज कहा जाता है। प्रत्येक माइक्रोसर्विस डेटा स्टैक के किसी विशिष्ट फ़ंक्शन या घटक को संभालता है और अन्य माइक्रोसर्विसेज के साथ अच्छी तरह परिभाषित एपीआई के जरिए संवाद करता है। एपीआई दो एप्लिकेशन के बीच अनुबंध की तरह होते हैं, जो यह निर्देशित करते हैं कि दोनों कैसे संवाद करेंगे।

आइए इसे एक रूपक से सरल बनाते हैं। मोनोलिथिक आर्किटेक्चर को एक पक्षी के घोंसले के समान समझा जा सकता है। यह एक एकल, घनी संरचना होती है, जिसमें विभिन्न सामग्री जैसे टहनियां, पत्तियां, पंख आदि मजबूती से बुने जाते हैं ताकि पक्षी का घर बन सके। पूरा घोंसला एक ही इकाई के रूप में काम करता है और इसका कोई भी हिस्सा सुधारने, बढ़ाने या नुक़सान होने पर पूरे घोंसले को फिर से बनाना या अलग से नया घोंसला बनाना पड़ता है।इसके विपरीत, माइक्रोसर्विसेज आर्किटेक्चर को शहद के छत्ते के समान समझा जा सकता है। यह कई षट्कोणीय कक्षों से बना होता है, जहां प्रत्येक कक्ष एक स्वतंत्र इकाई के रूप में कार्य करता है, जिसे मधुमक्खी शहद जमा करने या बच्चों को पालने के लिए इस्तेमाल करती है। जैसे-जैसे जनसंख्या बढ़ती है या अधिक जगह की आवश्यकता होती है, छत्ते को और अधिक षट्कोण जोड़कर बढ़ाया जा सकता है। किसी एक या कुछ कक्षों में व्यवधान होने पर उसे स्वतंत्र रूप से ठीक किया जा सकता है, जबकि बाक़ी संरचना सामान्य रूप से कार्य करना जारी रखती है।

आपस में जुड़े, लेकिन मॉड्यूलैरिटी और स्वतंत्र घटकों के अलावा, निम्नलिखित कुछ अतिरिक्त विशेषताएं हैं, जो माइक्रोसर्विसेज-आधारित डेटा आर्किटेक्चर को अधिक उपयुक्त बनाती हैं :

- **वितरित डेटा प्रबंधन को सक्षम बनाना :** माइक्रोसर्विसेज़-आधारित दृष्टिकोण में प्रत्येक घटक साझा डेटा पूल का उपयोग करने के बजाय, डेटा को उनके प्रकार और प्रकृति के आधार पर कई माइक्रोसर्विसेज़ में वितरित किया जा सकता है या प्रत्येक माइक्रोसर्विस के पास अपनी समर्पित डेटाबेस हो सकती है या वे उपयोग के मामलों के आधार पर विशेष स्टोरेज सिस्टम का इस्तेमाल कर सकते हैं।
- **त्रुटियों या डाउनटाइम का प्रभाव कम करना :** माइक्रोसर्विसेज मॉड्यूलर तरीक़े से बनाई जाती हैं यानी किसी एक माइक्रोसर्विस में दोष या त्रुटि को सीमित या अलग रखा

जाता है। सेवाओं को अलग करके और स्पष्ट सीमाएं निर्धारित करके, इसका प्रभाव केवल उस विशेष माइक्रोसर्विस तक सीमित रखा जा सकता है, जिसमें समस्या हो रही है।

- **सूक्ष्म निगरानी :** प्रत्येक माइक्रोसर्विस की अलग से निगरानी की जा सकती है और अलग से उसे नियंत्रित किया जा सकता है, जिससे व्यक्तिगत घटकों के प्रदर्शन और व्यवहार की विस्तृत दृश्यता मिलती है। वहीं, एक केंद्रीकृत निगरानी प्रणाली समग्र दृश्य मुहैया करा सकती है।

4. डेटा वेयरहाउस/लेक से हाइब्रिड संरचनाओं तक

डेटा वेयरहाउसिंग की अवधारणा 1970 के दशक में अस्तित्व में आई थी (अध्याय 1 याद है ना?)। यह अवधारणा मुख्य रूप से बड़ी कंपनियां अपने डेटा को संग्रहीत और विश्लेषण करने के लिए इस्तेमाल करती थीं। हालांकि समय के साथ-साथ यह काफ़ी किफ़ायती और सुलभ हो गई और अब सभी आकार के संगठनों के लिए एक सामान्य साधन बन गई है। परंपरागत रूप से, डेटा वेयरहाउस, अक्सर मेनफ्रेम कंप्यूटर पर, ऑन-प्रिमाइसेस होस्ट किए जाते थे और इसकी कार्यक्षमता अन्य स्रोतों से डेटा निकालने, डेटा को शुद्ध और तैयार करने, तथा रिलेशनल डेटाबेस में डेटा को लोड करने और बनाए रखने पर केंद्रित रहती थी। अब, चूंकि यह अवधारणा 1970 के दशक में आई थी, तो यह असीमित डेटा तो संग्रहीत कर सकती थी, लेकिन इसे डिज़ाइन तो संरचित प्रारूप में संग्रहीत करने के लिए ही किया गया था। हालांकि जैसे-जैसे बिग डेटा के साथ डेटा की जटिलता और प्रकृति लगातार विकसित हो रही है, जो कि मुख्य रूप से असंरचित डेटा से ही संचालित है, तो पारंपरिक डेटा वेयरहाउसिंग दृष्टिकोण आज के व्यवसायों को आवश्यक गतिशील निर्णय प्रक्रिया से सक्षम करने के लिए ना तो पर्याप्त स्केलेबल है और ना ही फुर्तीला है।

Data Warehouse vs Data Lake vs Data Lakehouse

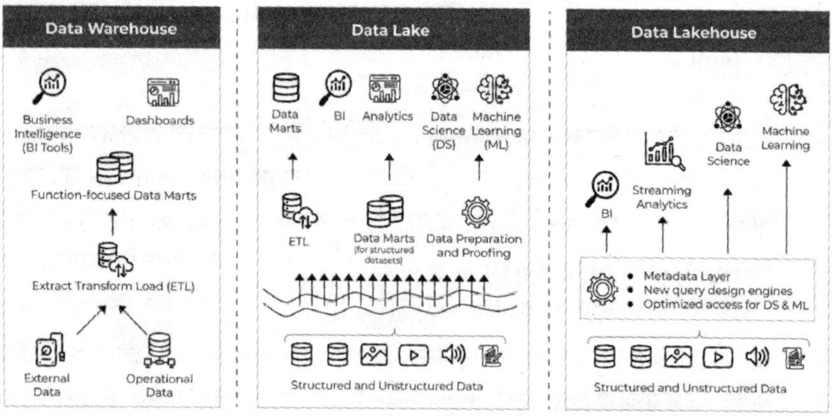

किसी पारंपरिक डेटा वेयरहाउस में डेटा अधिक कठोर, संरचित और सामान्यीकृत होता है, जिससे सोशल मीडिया फ़ीड, लॉग फ़ाइलें और सेंसर डेटा जैसे असंरचित या अर्द्ध-संरचित डेटा को संभालना मुश्किल हो जाता है। डेटा का एकीकरण भी एक चुनौती है, क्योंकि डेटा वेयरहाउस में आमतौर पर डेटा को लोड करने से पहले रूपांतरित और मॉडल करना पड़ता है, जो समय लेने वाला हो सकता है और विश्लेषण के लिए डेटा की उपलब्धता में देरी कर सकता है। इसके अलावा, पारंपरिक डेटा वेयरहाउसिंग दृष्टिकोण रियल टाइम विश्लेषण के लिए भी अप्रभावी साबित हुआ, क्योंकि इसे बैच प्रोसेसिंग के लिए ही डिज़ाइन किया गया था।

तो, असंरचित और रियल टाइम डेटा को अधिक प्रभावी ढंग से संभालने के लिए 2011 के आसपास एक और दृष्टिकोण सामने आया, और वह था, 'डेटा लेक'। डेटा लेक एक केंद्रीकृत भंडार है, जो बड़े पैमाने पर कच्चा, अप्रसंस्कृत और विविध प्रकार का डेटा स्टोर करता है। इसे विभिन्न प्रकार के डेटा को संभालने के लिए डिज़ाइन किया गया है, जिसमें टेक्स्ट फ़ाइलें, सेंसर डेटा, लॉग फ़ाइलें, चित्र, वीडियो और अन्य तरह के संरचित, अर्द्ध-संरचित और असंरचित डेटा शामिल हैं। नाम से ही स्पष्ट है कि यह एकीकृत स्टोरेज प्लेटफ़ॉर्म मुहैया कराने में सफल रहा, जहां संगठन विभिन्न स्रोतों और प्रारूपों से आए संरचित और असंरचित डेटा को एक ही स्थान पर, अक्सर स्केलेबल और किफ़ायती क्लाउड स्टोरेज समाधानों का उपयोग करते हुए उसकी मूल अवस्था में स्टोर कर सकते थे।

हालांकि डेटा लेक ने असंरचित और रियल टाइम डेटा को संभालने की ज़रूरी क्षमता मुहैया कराई, लेकिन इसमें संरचित या लेन-देन आधारित डेटा, जैसे ख़रीद, भुगतान और ट्रांसफ़र, से अंतर्दृष्टि निकालने की सहजता नहीं है, जिसमें डेटा वेयरहाउस बहुत अच्छा काम करता है। इसके अतिरिक्त, डेटा लेक आसानी से विशाल 'डेटा स्वैंप' यानी ऐसे भंडार में बदल सकता है, जो अक्सर कबाड़ जैसा होता है, जिसमें डेटा की शुद्धता ख़राब होती है, गुणवत्ता कमज़ोर होती है, शासन और मेटाडेटा प्रबंधन सीमित होता है और डेटा सुरक्षा अपर्याप्त होती है।

मामला ज़्यादा ही तकनीकी हो गया ना? हमेशा की तरह इसे एक उदाहरण से समझते हैं। मान लीजिए एक बड़ा पुस्तकालय है,जैसे अमेरिका की लाइब्रेरी ऑफ़ कांग्रेस या ब्रिटिश लाइब्रेरी। पूरी इमारत में ऊंची-ऊंची अलमारियों में सजी किताबों की कतारें हैं, जो विषय या शैली के आधार पर व्यवस्थित, क्रमबद्ध और अनुक्रमित की गई हैं। इस सुव्यवस्थित ढांचे के कारण किसी भी किताब की पहचान और उसकी तलाश आसान हो जाती है, और पूरे विशाल परिसर में नेविगेट करने के लिए गाइड भी मौजूद होते हैं, ताकि आप उस स्थान तक पहुंच सकें जहां किताब रखी है। ये सब डेटा वेयरहाउस के समान ही है।

दूसरी ओर, डेटा लेक एक बड़ी प्राकृतिक झील या जलाशय की तरह है, जहां अलग-अलग दिशाओं से आती अनेक नदियां और धाराएं आकर मिलती हैं और पानी जमा होता है। हर प्रकार की बड़ी-छोटी धाराएं, झील में मिलकर उसका हिस्सा बन जाती हैं। ये सभी धाराएं अलग-अलग जगहों से आती हैं, लेकिन यहां पर सब एक हो जाती हैं। कोई धारा

किसी सहायक नदी से आ सकती है, कोई घुमावदार मोड़ से, तो कोई तीव्र धारा से या कोई झरने से, लेकिन सब मिलकर झील का हिस्सा बन जाती हैं। और यह झील तैराकी, मछली पकड़ना, नौकायन, सिंचाई जैसी हर तरह की गतिविधियों के लिए सामान्य स्रोत बन जाती है।

दोनों तरीक़ों के पूरक लाभों के कारण, समय के साथ संगठनों ने इन दोनों संरचनाओं को एक साथ बनाए रखना और प्रणालियों को आपस में जोड़ना शुरू किया। इससे अक्सर डेटा की पुनरावृत्ति, सुरक्षा चुनौतियां और अतिरिक्त ढांचा व्यय सामने आने लगे। नतीजतन, दोनों दुनियाओं के सर्वोत्तम तत्वों को मिलाने का अवसर उभरा, जिससे हाइब्रिड संरचनाओं का जन्म हुआ।

हाइब्रिड मॉडल एक बड़े सुपरमार्केट की तरह होता है, जहां पैकेज्ड, ब्रांडेड उत्पाद (स्ट्रक्चर्ड डेटा) और स्टोर-स्वामित्व वाले उत्पाद जैसे किराने का सामान, फल, सब्ज़ियां, अनाज, दालें आदि (अनस्ट्रक्चर्ड डेटा) दोनों ही मौजूद रहते हैं। जहां सुपरमार्केट में सभी प्रकार के पैकेज्ड उत्पाद, साफ़-सुथरे तरीक़े से व्यवस्थित और लेबल लगे हुए, दुकान के निर्धारित हिस्सों में रखे होते हैं, वहीं उसमें बिना ब्रांड वाले उत्पाद भी रखे होते हैं जिन्हें स्टोर अपने ब्रांड के तहत बेचता है। इन्हें खुले में, थोक में रखा जाता है, ताकि बाद में प्रत्येक ग्राहक की ज़रूरत के अनुसार उन्हें तौला और पैक किया जा सके। इस प्रकार ग्राहकों के पास यह विकल्प होता है कि वे अपनी ज़रूरत के अनुसार विभिन्न श्रेणियों से ब्रांडेड और बिना ब्रांड वाले उत्पादों का संयोजन चुन सकें।

पिछले सालों में तकनीकी प्रगति, विशेषकर क्लाउड की ओर बढ़ते क़दमों ने डेटा-प्रबंधन प्रक्रिया में एक बड़ा बदलाव ला दिया है। अब संगठन हाइब्रिड दृष्टिकोण अपना सकते हैं, जो उन्हें दोनों दुनियाओं के सर्वोत्तम लाभ उठाने की सुविधा देता है। डेटा ब्रिक्स और स्नोफ़्लैक्स की बढ़ती लोकप्रियता इस बात का प्रमाण है कि हाइब्रिड संरचनाएं कितनी प्रभावी साबित हो रही हैं।

डेटाब्रिक्स : डेटा लेक हाउस आर्किटेक्चर

डेटाब्रिक्स डेटा लेक हाउस का अग्रदूत माना जाता है। यह डेटा लेक की स्केलेबिलिटी, लचीलापन और लागत-प्रभावशीलता का लाभ उठाने का तरीक़ा मुहैया कराता है, साथ ही डेटा वेयरहाउस से जुड़ी गवर्नेंस, सुरक्षा और विश्लेषणात्मक क्षमताओं को भी संबोधित करता है।

यह डेटा लेक और डेटा वेयरहाउस दोनों की विशेषताओं को मिलाकर डेटा प्रबंधन को एकीकृत करता है, जिससे संरचित और असंरचित दोनों तरह के डेटा स्रोतों का विश्लेषण संभव हो पाता है। यह क्लाउड-आधारित समाधान है, जो स्केलेबिलिटी और लचीलापन मुहैया कराता है, जिससे संगठन मांग के अनुसार संसाधनों को समायोजित कर सकते हैं और प्रदर्शन तथा लागत-प्रभावशीलता को सुनिश्चित कर सकते हैं। इसमें स्कीमा-ऑन-रीड

दृष्टिकोण (जहां संरचना, डेटा पर तभी लागू होती है जब उसे संग्रहण स्थान से निकाला जाता है, ना कि जब उसे संग्रहीत किया जाता है) अपनाया जाता है, जो डेटा अन्वेषण में तेज़ी लाता है। यह कच्चे डेटा को संग्रहीत करने और पुनःप्राप्ति के समय त्वरित रूप से स्कीमा लागू करने की सुविधा देता है, जिससे डेटा तैयार करने का समय घट जाता है। यह संरचना एडवांस्ड एनालिटिक्स और मशीन लर्निंग के लिए भी आधार तैयार करती है, क्योंकि यह संरचित और असंरचित दोनों तरह के एकीकरण की सुविधा देती है। इसके अलावा, यह डेटा गवर्नेंस और सुरक्षा संबंधी चिंताओं को डेटा लिनिएज, एक्सेस कंट्रोल्स और ऑडिटिंग जैसी विशेषताओं के जरिए संबोधित करता है, जिससे सशक्त गवर्नेंस प्रणालियों को सहयोग मिलता है और डेटा की शुद्धता व अनुपालन सुनिश्चित होता है। डेटा ब्रिक्स के अलावा, डेटा लेक हाउस प्रदाताओं का इकोसिस्टम लगातार बढ़ रहा है, जिसमें गूगल बिगक्वैरी*, अज्योर साइनैप्सस† स्नोफ़्लैक्स और एमेज़ॉन रेडशिफ़्ट‡ जैसी सेवाएं शामिल हैं।

स्नोफ़्लैक : क्लाउड-नेटिव दृष्टिकोण से डेटा वेयरहाउसिंग

स्नोफ़्लैक एक क्लाउड-नेटिव डेटा वेयरहाउस है, जो डेटा स्टोरेज के लिए हाइब्रिड दृष्टिकोण अपनाता है। यह प्रमुख क्लाउड सेवा प्रदाताओं जैसे एडब्ल्यूएस, अज्योर और जीसीपी द्वारा दी जाने वाली क्लाउड स्टोरेज की स्केलेबिलिटी और लचीलापन मुहैया कराता है। इसके अतिरिक्त, यह कुछ प्रमुख विशेषताएं भी मुहैया कराता है, जो सामान्यतः डेटा लेक्स से जुड़ी होती हैं, जैसे रियल-टाइम डेटा एनालिटिक्स और अर्ध-संरचित डेटा प्रारूपों के लिए सपोर्ट। स्नोफ़्लैक्स की आर्किटेक्चर स्टोरेज और कंप्यूट को अलग करती है, जिससे प्रत्येक घटक को स्वतंत्र रूप से स्केल किया जा सकता है। इसका अर्थ है कि संगठन बिना आधारभूत स्टोरेज को प्रभावित किए, वर्कलोड की मांगों के अनुसार तेज़ी से स्केल-अप या स्केल-डाउन कर सकते हैं। यही विशेषता डेटा वेयरहाउस को लगभग रियल-टाइम डेटा एनालिटिक्स को

* गूगल बिगक्वैरी एक सर्वरलेस डेटा वेयरहाउस है। यह उपयोगकर्ताओं को सर्वर या स्टोरेज प्रबंधन की चिंता किए बिना केवल डेटा एनालिटिक्स पर ध्यान केंद्रित करने की सुविधा देता है, क्योंकि इसकी आधारभूत संरचना का प्रबंधन स्वयं गूगल करता है। गूगल बिगक्वैरी अपनी शुरुआत वर्ष 2011 से तेज़ी से लोकप्रियता हासिल कर रहा है।

† अज्योर साइनैप्सस ऐनालिटिक्स माइक्रोसॉफ़्ट द्वारा प्रदान की गई एक क्लाउड-आधारित विश्लेषण सेवा है। यह बिग डेटा और डेटा वेयरहाउसिंग क्षमताओं को एक एकीकृत प्लेटफ़ॉर्म पर एक साथ लाती है। यह प्लेटफ़ॉर्म डेटा इनजेशन, डेटा तैयारी, डेटा वेयरहाउसिंग और डेटा इंटीग्रेशन के लिए टूल्स और सुविधाएँ प्रदान करता है। इसके माध्यम से उपयोगकर्ता विभिन्न स्रोतों से डेटा को आसानी से एकीकृत कर सकते हैं, उन्नत विश्लेषण कर सकते हैं और मशीन-लर्निंग मॉडल तैयार कर सकते हैं।

‡ एमेज़ॉन रेडशिफ़्ट एडब्ल्यूएस की पूर्ण-प्रबंधित, पेटाबाइट-स्तर की क्लाउड-आधारित डेटा-वेयरहाउस सेवा है। इसे बड़े पैमाने पर डेटा को संभालने और तेज़ व कुशल डेटा विश्लेषण सक्षम करने के लिए डिज़ाइन किया गया है। यह सामान्य डेटा वेयरहाउसेज़ की तरह ही एसक्यूएल-आधारित टूल्स और बिज़नेस-इंटेलिजेंस एप्लिकेशन्स का उपयोग करता है।

समर्थन देने में सक्षम बनाती है। स्नोफ़्लैक अपनी लचीली डेटा स्कीमा के जरिए अर्ध-संरचित डेटा का समर्थन करता है, जिससे डेटा को जेसन, एक्सएमएल, सीएसवी सहित विभिन्न फ़ॉर्मैट्स में स्टोर किया जा सकता है।

अन्य प्रमुख खिलाड़ी हैं, एमेज़ॉन रेडशिफ़्ट, गूगल बिगक्वैरी, माइक्रोसॉफ़्ट अज्योर साइनैप्स एनालिटिक्स, आईबीएम डीबी2 वेयरहाउस ऑन क्लाउड* और ओरेकल ऑटोनॉमस डेटा वेयरहाउस†।

5. भौतिक से तार्किक एकीकरण

डेटा स्रोतों की तेज़ी से बढ़ती विविधता संगठनों के लिए बड़े अवसर लेकर आती है, लेकिन जैसे-जैसे स्रोत लगातार बढ़ते और अधिक विविध होते जाते हैं, वैसे-वैसे उनका एकीकरण बड़ी चुनौती बनता जाता है। तो फिर इसका समाधान कैसे किया जाए? इस पुस्तक का एक प्रमुख संदेश यह है कि डेटा पहलों को केवल भौतिक समस्या मानकर देखने के बजाय, भौतिक और तार्किक दोनों तरीक़ों से देखना ज़रूरी है। यही अवधारणा यहां भी लागू होती है। सभी उपयोग मामलों के लिए सारे डेटा को एक ही ऑपरेशनल डेटा स्टोर में इकट्ठा करके एक डेटा स्टैक तैयार करना ना केवल एक जटिल काम है, बल्कि यह कभी ना ख़त्म होने वाली प्रक्रिया भी बन सकता है। अपने अनुभवों से या दूसरों के अनुभवों से, संगठन तेज़ी से इस बात को समझ रहे हैं।

इसी वजह से डेटा एकीकरण में अधिक तार्किक दृष्टिकोण अपनाना समय की मांग है। इस दृष्टिकोण में डेटा का एकीकरण विशेष उपयोग मामलों या व्यावसायिक आवश्यकताओं के आधार पर अलग-अलग होता है। डेटा मेश/फ़ैब्रिक उपयोगकर्ताओं का कहना है कि उन्होंने अपने एकीकरण के प्रयासों में अधिक सफलता हासिल की है। 78 प्रतिशत ने बताया कि वे अपने डेटा प्लेटफ़ॉर्म्स का सफलतापूर्वक एकीकरण कर रहे हैं। मैंने इस विकेंद्रीकृत डेटा आर्किटेक्चर पर अध्याय 8, मल्टी-सोर्स डेटा में विस्तार से चर्चा की है।

---

* आईबीएम डीबी2 वेयरहाउस एक उद्योग-अग्रणी डेटा वेयरहाउस प्लेटफ़ॉर्म है। इसे मूल रूप से वर्ष 2001 में आईबीएम नेटीज़ा के रूप में जारी किया गया था, और इसे उच्च-प्रदर्शन तथा अत्यधिक स्केलेबल डेटा वेयरहाउस के रूप में डिज़ाइन किया गया था, जो मैसिवली पैरलल प्रोसेसिंग आर्किटेक्चर पर आधारित था। वर्ष 2017 में, आईबीएम ने डीबी2 वेयरहाउस का एक क्लाउड-आधारित संस्करण जारी किया, जिसे किसी भी ऑन-प्रिमाइसेज़ इंफ्रास्ट्रक्चर की आवश्यकता के बिना तैनात और प्रबंधित किया जा सकता था।

† ओरेकल ऑटोनॉमस डेटा वेयरहाउस एक पूर्ण-प्रबंधित (फुली-मैनेज्ड) क्लाउड-डाटाबेस सेवा है, जिसे पहली बार वर्ष 2019 में जारी किया गया था। यह डेटा वेयरहाउस के प्रशासन को स्वचालित कर देती है, जिससे उपयोगकर्ता पूरी तरह से अपने डेटा अनुप्रयोगों पर ध्यान केंद्रित कर सकते हैं।

6. एआई प्रयोग से एआई–फ़र्स्ट तक

अध्याय 3 में, मैंने संगठनों के लिए जेन एआई की रूपांतरकारी क्षमता पर चर्चा की थी और यह भी बताया था कि एआई-फ़र्स्ट संगठन बनाने का रास्ता जेन एआई ही है। यह बदलाव विभिन्न उद्योगों में संगठनों को अपने डेटा स्टैक की दोबारा समीक्षा करने के लिए प्रेरित कर रहा है, क्योंकि डेटा को प्रभावी ढंग से प्रबंधित और इस्तेमाल करने की बुनियादी संरचना यही है। जेन एआई के अवसरों का पूरा फ़ायदा उठाने के लिए संगठनों को यह सुनिश्चित करना होगा कि उनकी डेटा इंफ्रास्ट्रक्चर इसे सपोर्ट करने में सक्षम हो। इसके लिए डेटा स्टैक में निम्न क्षमताएं होनी चाहिए :

- **उन्नत डेटा संग्रह क्षमताएं :** आधारभूत जेन एआई मॉडल इंटरनेट से प्राप्त विशाल ओपन डेटा पर प्रशिक्षित किए जाते हैं, जिससे उन्हें विशाल मात्रा की जानकारी के आधार पर मानवीय प्रतिक्रिया की नक़ल करने की अद्भुत क्षमता मिलती है। हालांकि वास्तविक व्यावसायिक मूल्य हासिल करने के लिए इन मॉडलों को एंटरप्राइज-विशिष्ट डेटा पर प्रशिक्षित करने की ज़रूरत हो सकती है। इसलिए, संगठनों को जेन एआई के लिए प्रासंगिक डेटा स्रोतों की पहचान और संग्रह करना होगा। इसमें तमाम तरह के डेटा जैसे टेक्स्ट, इमेज या ऑडियो को शामिल करते हुए डेटा-संग्रह प्रयासों का विस्तार करना पड़ सकता है।
- **डेटा प्रोसेसिंग और संवर्धन :** जेन एआई मॉडलों के प्रशिक्षण के लिए एकल डेटा को एक विशेष तरीक़े से प्रोसेस और संवर्धन करना आवश्यक है ताकि वह जेन एआई कामों के लिए उपयुक्त प्रारूप में हो। आधुनिक डेटा स्टैक को डेटा संवर्धन तकनीकों को लागू करने में सक्षम होना चाहिए-जैसे रूपांतरण करना, विविधताएं जोड़ना, या सिंथेटिक डेटा उत्पन्न और उपयोग करना, ताकि जेन एआई मॉडलों के प्रशिक्षण डेटा की विविधता बढ़ाई जा सके।
- **कंप्यूटेशन संसाधन :** जेन एआई मॉडलों को प्रशिक्षण या निष्कर्षण (इन्फेरेंस) की कंप्यूटेशनल जटिलताओं से निपटने के लिए अक्सर ही शक्तिशाली सीपीयू या जीपीयू जैसे विशिष्ट कंप्यूटेशनल संसाधनों की ज़रूरत पड़ती है। इसके लिए अपाचे स्पार्क या टेंसरफ़्लो डिस्ट्रीब्यूटेड* जैसे डिस्ट्रीब्यूटेड कम्प्यूटिंग फ्रेमवर्क्स का इस्तेमाल किया जा सकता है, जिनके जरिए गणनाओं को समानांतर रूप से और विभिन्न प्रणालियों में वितरित करके पूरा किया जाता है।

---

* टेंसरफ़्लो एक मुक्त और मुक्त-स्रोत सॉफ़्टवेयर लाइब्रेरी है, जिसे गूगल ब्रेन टीम द्वारा मशीन लर्निंग और कृत्रिम बुद्धिमत्ता के लिए विकसित किया गया है।इसे विभिन्न प्रकार के कार्यों के लिए इस्तेमाल किया जा सकता है, लेकिन इसका विशेष ध्यान गहरे न्यूरल नेटवर्क्स के प्रशिक्षण और अनुमान पर केंद्रित है। टेंसफ़्लों डिस्ट्रिब्यूटेड इसका वितरित-कम्प्यूटिंग प्लेटफ़ॉर्म है।

- **मॉडल तैनाती और एकीकरण :** आधुनिक डेटा स्टैक में ऐसी क्षमता होनी चाहिए कि वह जनरेटिव एआई से जुड़े सभी उपकरणों जैसे डेटा भंडारण, प्रसंस्करण और विश्लेषण को आसानी से जोड़ सके। संगठनों को यह देखना होगा कि जनरेटिव एआई मॉडल और डेटा स्टैक के अन्य हिस्सों के बीच पूरी तरह मेल और तालमेल बना रहे। उद्यम, स्थानांतरण शिक्षण और सूक्ष्म-समायोजन जैसी तकनीकों का इस्तेमाल कर सकते हैं। इससे पहले से तैयार किए गए मॉडलों को अपने डेटा पर ढालना और उनका प्रदर्शन बेहतर करना संभव होता है। इस तरह संस्थान अपनी ज़रूरतों और विशेषताओं के अनुसार व्यक्तिगत जनरेटिव एआई मॉडल बना सकते हैं।

- **निरंतर निगरानी और सुधार :** संगठनों को ऐसी प्रक्रियाएं स्थापित करनी होंगी, जिनसे वे वास्तविक परिस्थितियों में जनरेटिव एआई मॉडलों के प्रदर्शन और व्यवहार पर निगरानी रख सकें। आधुनिक डेटा स्टैक में प्रतिक्रिया चक्र बनाने, उपयोगकर्ता परीक्षण की सुविधा देने और लगातार मूल्यांकन का सपोर्ट करने की क्षमता होनी चाहिए। यह क्षमताएं सुधार के क्षेत्रों की पहचान करने और मॉडल को बेहतर बनाने के लिए ज़रूरी अंतर्दृष्टि देने में सहायक होती हैं। बदलते डेटा पैटर्न या उपयोगकर्ता की नई आवश्यकताओं के अनुसार नियमित रूप से मॉडल को अद्यतन और पुनःप्रशिक्षित करना भी ज़रूरी है।

- **शासन और सुरक्षा :** संगठनों को डेटा स्टैक में जनरेटिव एआई के इस्तेमाल के लिए स्पष्ट दिशा-निर्देश और ढांचा तैयार करना चाहिए। इसमें संबंधित डेटा सुरक्षा नियमों का पालन करना, संवेदनशील डेटा के साथ जनरेटिव मॉडल का इस्तेमाल करते समय उचित सहमति लेना और अनचाहे पूर्वाग्रह या भेदभावपूर्ण नतीजों को रोकने के लिए सुरक्षा उपाय लागू करना शामिल है। जनरेटिव एआई पर हाल की ग्राहक बातचीतों में मैंने पाया कि लोग इस तकनीक को लेकर काफ़ी उत्साहित हैं, लेकिन हर बार सुरक्षा को लेकर चिंता ज़रूर जताते हैं, चाहे इसका उपयोग केवल संगठन के भीतर ही क्यों ना किया जा रहा हो।

7. विश्लेषक टीमों से लेकर सेल्फ़-सर्व एनालिटिक्स तक

जब डेटा स्टैक की सभी परतें आधुनिक हो जाएं, तो उपभोग परत भी अलग कैसे हो सकती है? वे दिन लद गए जब कारोबारी मालिकों को निर्णय लेने के लिए अंतर्दृष्टि पाने के लिए डेटा विशेषज्ञों या किसी विशेष टीम पर निर्भर रहना पड़ता था। आज के तेज़ी से बदलते व्यावसायिक माहौल में, हर स्तर के निर्णयकर्ताओं को डेटा के साथ सशक्त बनाना और यह जानकारियां देना ज़रूरी है कि वे इसे कैसे इस्तेमाल करके तेज़ी और चपलता के साथ फ़ैसला ले सकें और कार्रवाई कर सकें। चूंकि ज़्यादातर कारोबार मालिक गैर-तकनीकी पृष्ठभूमि से आते हैं, इसलिए संगठन सेल्फ़-सर्व एनालिटिक्स उपकरण अपनाने लगे हैं। ये

उपकरण कारोबारी मालिकों और उपयोगकर्ताओं को आवश्यकता अनुसार डेटा से जुड़ने और इस्तेमाल करने की सुविधा देते हैं और उपयोग के मामलों के मुताबिक़ अंतर्दृष्टि उत्पन्न करने में सक्षम बनाते हैं। ये सेल्फ़-सर्व एनालिटिक्स उपकरण आधुनिक डेटा स्टैक में योगदान देते हैं, क्योंकि ये उपयोगकर्ताओं को विभिन्न डेटा स्रोतों से सहज रूप से जुड़ने की सुविधा देते हैं, जिनमें डेटाबेस, क्लाउड सेवाएं और डेटा वेयरहाउस शामिल हैं। उपयोगकर्ता बिना तकनीकी विशेषज्ञता के डेटा के साथ इंटरैक्ट कर सकते हैं, उसे आकार दे सकते हैं और अपनी आवश्यकताओं के अनुसार विश्लेषण कर सकते हैं। वे अंतर्क्रियात्मक डैशबोर्ड, चार्ट और ग्राफ़ का इस्तेमाल करके डेटा का अन्वेषण और दृश्य रूपांतरण कर सकते हैं, साथ ही रियल टाइम में तत्काल विश्लेषण भी कर सकते हैं। मैंने इस बदलाव का विस्तार से विश्लेषण आगामी अध्याय 15, डेटा लोकतंत्रीकरण में किया है। तो, जुड़े रहिए!

मुख्य निष्कर्ष

- पारंपरिक डेटा स्टैक संकीर्ण, संरचित डेटा सेट और बैच मोड में काम करने के लिए बनाए गए हैं। ये अक्सर डेटा की मात्रा, विविधता और गति को प्रभावी ढंग से संभालने में नाकाम रहते हैं और संगठनों को रूपांतरकारी मूल्य मुहैया कराने में अक्षम होते हैं।
- आधुनिक डेटा स्टैक में डेटा स्टैक की ढीली-ढाली परंतु मजबूती से जुड़े परतें होती हैं, जो क्लाउड पर होस्ट की जाती हैं, और यह तेज़ी से स्केलेबिलिटी, पहुंच और अनुकूलन क्षमता मुहैया कराती हैं।
- आधुनिक डेटा स्टैक बनाने के लिए संगठनों को सात प्रमुख तकनीकी बदलाव करने की ज़रूरत होती है :

    1. *क्लाउड और हाइपरस्केलर्स* के उपलब्ध कराए गए क्लाउड-राक्षम उपकरणों, तकनीकों और सेवाओं की शक्ति का इस्तेमाल करके हल्के डेटा इंफ्रास्ट्रक्चर का निर्माण करना, जो आसानी से स्केलेबल और लचीला हो।
    2. *रियल टाइम डेटा इंफ्रास्ट्रक्चर की* ओर संक्रमण करना, ताकि अंतर्दृष्टि उत्पन्न हो और निर्णय-निर्धारण तथा एक्शन रियल टाइम में किए जा सकें।
    3. *मोनोलिथिक रो माइक्रोसर्विसेज आर्किटेक्चर* की ओर बढ़ना, ताकि स्टैक की विभिन्न परतों को अलग किया जा सके और संगठन बदलती व्यावसायिक आवश्यकताओं के अनुसार तेज़ी से अनुकूलित हो सकें।
    4. *हाइब्रिड डेटा संरचनाओं को अपनाना,* जैसे डेटा लेक हाउस दृष्टिकोण, जो डेटा वेयर हाउसिंग और डेटा लेक आर्किटेक्चर की ताक़तों को जोड़ता है, बेहतर भंडारण और एकीकरण को आसान बनाता है और पूरे संगठन में डेटा का प्रभावी इस्तेमाल सुनिश्चित करता है।

5. *डेटा एकीकरण के लिए तार्किक दृष्टिकोण अपनाना*, जो विशिष्ट उपयोग मामलों या व्यावसायिक आवश्यकताओं पर निर्भर करता है, ताकि डेटा के साथ अधिक प्रभावी ढंग से काम किया जा सके।
6. *जेनेरेटिव एआई की पूरी क्षमता का लाभ उठाने के लिए*, संगठनों को अपने डेटा इंफ्रास्ट्रक्चर को तैयार करना होगा, जिसमें उन्नत डेटा-प्रबंधन क्षमताएं, जेनेरेटिव एआई मॉडल के साथ संगतता और अंतर्परिचालन क्षमता और सुरक्षा पर अधिक ध्यान शामिल हो।
7. *व्यावसायिक उपयोगकर्ताओं के लिए सेल्फ़-सर्व उपकरण सक्षम करना*, ताकि वे डेटा के साथ सहज रूप से इंटरैक्ट कर सकें और व्यावसायिक आवश्यकताओं के अनुसार तेज़ी और सटीकता के साथ अंतर्दृष्टि निकाल सकें।

सभी परतों में शामिल

डेटा गुणवत्ता और डेटा उत्पाद

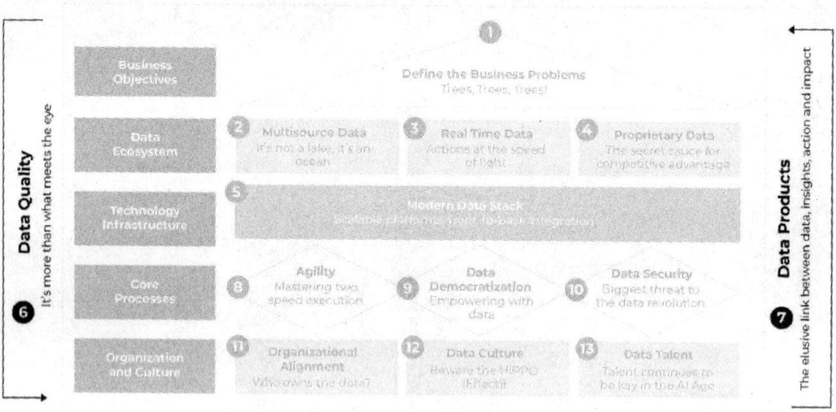

'समाधान परतों में समन्वयक (इंटीग्रेटर्स)'

12

डेटा गुणवत्ता

जो दिखता है, उससे भी कहीं ज़्यादा होता है

'अधिक डेटा चतुर एल्गोरिदम से बेहतर हो सकता है, लेकिन उच्च गुणवत्ता वाला डेटा अधिक डेटा से भी बेहतर है।'

~ पीटर नॉरविग,
गूगल के रिसर्च डायरेक्टर

बिग डेटा का युग संगठनों को गहरी अंतर्दृष्टि हासिल करने और डेटा-प्रेरित निर्णय लेने के अनगिनत अवसर देता है। हालांकि इसके साथ ही यह लगातार उत्पन्न हो रहे विशाल और विविध डेटा सेट को संभालने की जटिलता भी लाता है। विभिन्न सिस्टम और टूल्स में भेजा जाने वाला डेटा हर स्तर पर उच्च गुणवत्ता वाला होना चाहिए। किसी भी चरण में कमी पूरे डेटा मूल्य श्रृंखला पर प्रभाव डाल सकती है, जिससे वह नींव कमज़ोर पड़ जाती है जिस पर संगठन अपने रणनीतिक और परिचालन संबंधी निर्णय आधारित करते हैं। इसलिए, डेटा की गुणवत्ता की भूमिका, वैसे तो हमेशा से ही महत्त्वपूर्ण रही है, लेकिन बिग डेटा की दुनिया में और भी अधिक महत्त्वपूर्ण हो जाती है।

कैसे? आइए, सीधे इसमें गहराई से देखते हैं और जानने की कोशिश करते हैं।

बिग डेटा का वादा

सांख्यिकी का एक मूलभूत सिद्धांत है, जिसे 'बड़ी संख्या का नियम' कहा जाता है। यह बताता है कि जैसे-जैसे नमूने का आकार (n) बढ़ता है, देखे गए मानों का औसत उस चर के अपेक्षित मान के क़रीब आता जाता है। सरल शब्दों में, जितना बड़ा नमूना होगा, उतना ही वह जनसंख्या (N) का प्रतिनिधित्व करेगा, और एक भरोसेमंद अनुमान के क़रीब पहुंचने की संभावना उतनी ही अधिक होगी। इसी आधार पर, जनसंख्या के बारे में निष्कर्ष

और अनुमान बनाए जाते हैं, जिससे हमें लंबी अवधि में किसी प्रवृत्ति को समझने में मदद मिलती है।

बिग डेटा के आगमन के साथ, इन नमूना जनसंख्याओं का आकार लगातार बढ़ता गया। अब जब हमारे पास भारी मात्रा में डेटा उपलब्ध हुआ, तो बिग डेटा ने एक आकर्षक वादा पेश किया; कि बड़े नमूने होने पर उत्पन्न होने वाली अंतर्दृष्टियां अधिक सटीक और भरोसेमंद होंगी। पर्याप्त बड़े नमूने के साथ, निकाले गए अनुमानों में जनसंख्या की वास्तविक विशेषताओं को अधिक सही ढंग से दर्शाने की संभावना होती है, जिससे संगठन और शोधकर्ता अपने निष्कर्षों पर अधिक भरोसा कर सकते हैं और इसी आधार पर अधिक सूचित निर्णय ले सकते हैं।

सही बात है। तार्किक भी लगती है। और संगठन वास्तव में बिग डेटा का इस्तेमाल कर रहे हैं, विभिन्न उपकरणों और तकनीकों में निवेश कर रहे हैं ताकि इस विशाल डेटा का विश्लेषण किया जा सके, अंतर्दृष्टियां उत्पन्न की जा सकें और उन्हें इंटरैक्टिव विजुअलाइजेशन टूल्स के जरिए उपयोगकर्ताओं तक पहुंचाया जा सके। हालांकि अगर गहराई से देखें, तो कम ही लोग यह दावा करते हैं कि ये उत्पन्न अंतर्दृष्टियां वास्तव में 'कार्रवाई योग्य' हैं या उनके वांछित नतीजों के मुताबिक़ हैं।

जहां बिग डेटा ने संगठनों को दिशात्मक उद्देश्यों के लिए सफलतापूर्वक अंतर्दृष्टियां मुहैया कराने में सक्षम बनाया है, वहीं इसे विशिष्ट कार्रवाइयों में बदलने के मामले में अपनी पूरी उम्मीदों पर यह खरा नहीं उतरा है।

बिग डेटा वादा पूरा करने में क्यों नाकाम रहा है?

जैसा कि अध्याय 11 में बताया गया है, जब पूरी दुनिया इस बात पर ख़ुश हो रही थी कि डेटा की अपार उपलब्धता उनके लिए अधिक सटीक, अनदेखी या अनूठी अंतर्दृष्टियों का जरिया बन सकती है, उसी दौरान डेटा की प्रकृति और व्यवसाय की अपेक्षाएं पूरी तरह बदल चुकी थीं। यही वह मोड़ है, जहां बड़ी संख्याओं का नियम जैसी सर्वमान्य थ्योरी भी डेटा-गुणवत्ता की चुनौतियों को हल करने में नाकाफ़ी साबित हुई :

विविधता और सूक्ष्मता से उत्पन्न जटिलता

डेटा विस्फोट के साथ, अत्यधिक विविध डेटा को एकीकृत करना और उनका सामंजस्य स्थापित करना, प्रत्येक डेटा बिंदु की सटीकता और पूर्णता को परखना, और इतने भिन्न-भिन्न डेटा सेट को साफ़ करना एक बड़ी चुनौती बन गया है। पूरे डेटा-प्रबंधन मूल्य श्रृंखला में डेटा की गुणवत्ता बनाए रखना अब और भी जटिल और श्रमसाध्य कार्य हो गया है। उदाहरण के लिए, किसी ई-कॉमर्स कंपनी के प्रतिदिन आने वाले लाखों डेटा बिंदुओं यानी इन्वेंटरी डेटा, ग्राहकों की ब्राउजिंग गतिविधि, ख़रीद इतिहास, रेटिंग्स, समीक्षाएं, सोशल मीडिया फ़ीड,

शिपिंग डेटा, लॉजिस्टिक्स डेटा आदि को लीजिए। और इनमें से हर श्रेणी के अंदर कई उप-श्रेणियां और उप-उप-श्रेणियां होती हैं, जो जटिलता और सूक्ष्मता को और बढ़ा देती हैं। कल्पना कीजिए, इस डेटा को एकीकृत करना और उससे ठोस तथा उपयोगी अंतर्दृष्टियां निकालना कितना भारी काम है, जबकि एमेज़ॉन अपने हर ग्राहक पर लगातार तेईस अलग-अलग प्रकार के डेटा बिंदु एकत्र करता है। इसे 30 करोड़ व्यक्तिगत ग्राहकों (2022 के आंकड़ों के अनुसार) से गुणा कर दीजिए।

'बिग' डेटा से 'व्यक्तिगत कार्रवाइयों' की अपेक्षा

कई वर्षों तक विज्ञान और शोध के क्षेत्र में समस्या-समाधान का तरीक़ा मुख्य रूप से परिकल्पना को सिद्ध या असिद्ध करने पर आधारित था, ख़ासकर तब जब डेटा सीमित था (जिसे अक्सर 'छोटा डेटा' युग कहा जाता है)। इस प्रक्रिया में कारण-कार्य संबंध स्थापित करना सबसे अहम माना जाता था, ताकि समझा जा सके कि कोई घटना क्यों घटित हुई और उसके आधार पर 'कारण-परिणाम मॉडल' बनाया जा सके। हालांकि बिग डेटा युग में यह तसवीर पूरी तरह बदल गई। अब जब डेटा प्रचुर मात्रा में उपलब्ध हो गया, तो गहरे और ठोस सहसंबंध सामने आने लगे। इसने कारण-कार्य संबंधों की गहराई में जाने की ज़रूरत को काफ़ी हद तक कम कर दिया। संगठन और शोधकर्ता अब इन मजबूत सहसंबंधों के आधार पर आत्मविश्वास के साथ निर्णय ले सकते थे, अंतर्दृष्टियां हासिल कर सकते थे, भविष्यवाणियां कर सकते थे और रियल टाइम में फ़ैसला कर सकते थे।

हालांकि, बिग डेटा एनालिटिक्स ने संगठनों के लिए नए और दिशा-निर्देशक अवसर खोले हैं, लेकिन जब इन अंतर्दृष्टियों को ठोस और व्यक्तिगत स्तर पर कार्यों में बदलने की बात आती है, तो प्रमाण का बोझ और भी बढ़ जाता है। यानी किसी दावे या निर्णय को ठोस साक्ष्य या उचित कारणों से सिद्ध करना ज़रूरी हो जाता है। इस स्तर पर सामान्य या व्यापक अंतर्दृष्टियां पर्याप्त नहीं होतीं। इसका एक कुख्यात उदाहरण गूगल के इतिहास से आता है।

2008 में गूगल ने एक महत्त्वाकांक्षी परियोजना शुरू की थी, गूगल फ़्लू ट्रेंड्स यानी जीएफ़टी। इसका मक़सद सर्च पैटर्न का इस्तेमाल करके फ्लू के प्रकोप की भविष्यवाणी करना और उसे वास्तविक स्वास्थ्य गतिविधियों से जोड़ना था। विचार यह था कि इससे पब्लिक हेल्थ एजेंसियां त्वरित प्रतिक्रिया दे सकें। हालांकि 2012–13 के फ़्लू सीजन में जीएफ़टी ने वास्तविक फ़्लू मामलों की तुलना में लगभग 140 प्रतिशत ज़्यादा का अनुमान लगाया। ऐसा इसलिए हुआ क्योंकि इसका एल्गोरिदम यह भेद नहीं कर पाया कि सर्च डेटा वास्तविक बीमारी का संकेत है या केवल जिज्ञासा अथवा मीडिया प्रभाव का नतीजा। इस नाकामी ने दिखाया कि भविष्यवाणी करने वाले मॉडलों में संदर्भगत कारकों को शामिल करना बेहद ज़रूरी है। साथ ही, इसने यह भी उजागर किया कि केवल निष्क्रिय डेटा संग्रहण पर भरोसा करना पर्याप्त नहीं है, बल्कि मजबूत डेटा-गुणवत्ता प्रक्रिया की भी ज़रूरत होती है।

हालांकि जीएफ़टी ख़ुद कोई बड़ी सफलता नहीं थी, लेकिन इसने आगे के शोध और मॉडल-निर्माण की राह खोल दी। 2013 में मेडिकल और डेटा साइंस शोधकर्ताओं की एक टीम ने जीएफ़टी में मौसम संबंधी डेटा, मौसमी समय-चर आदि जोड़कर बेहतर इन्फ़्लुएंज़ा मॉडल बनाया। उनके अनुसार, जीएफ़टी ही वह एकमात्र बाहरी स्रोत था जिसने सांख्यिकीय महत्त्व साबित किया। जीएफ़टी का मुख्य मक़सद मौजूदा डेटा को पूरक संकेत या अंतर्दृष्टि मुहैया कराना था, और उसने यह काम अच्छी तरह से किया। इसलिए, जब भी दिशा-निर्देशक अंतर्दृष्टियों को व्यक्तिगत कार्यों में बदलना हो, तो प्रमाण का बोझ ज़्यादा होता है। इसके लिए विभिन्न स्रोतों से डेटा बिंदुओं को जोड़कर त्रिकोणीयकरण करना आवश्यक होता है। इससे मॉडल अधिक मजबूत बनता है और निकाली गई अंतर्दृष्टियों पर भरोसा बढ़ता है।

एक ऐसी दुनिया में जहां हम तेज़ी से 'सेगमेंट ऑफ़ वन' की ओर बढ़ रहे हैं, हर व्यक्ति अद्वितीय है और इसलिए उत्पाद और सेवाएं अब प्रत्येक व्यक्ति के लिए बढ़ती हुई मात्रा में अनुकूलित की जा रही हैं (जिस पर मैं विस्तार से खंड 3 के अध्याय 20 द वर्ल्ड ऑफ़ हाइपर-पर्सनलाइजेशन : सेगमेंट ऑफ़ वन में चर्चा करता हूं)। इसलिए यह बेहद ज़रूरी है कि उत्पन्न की गई अंतर्दृष्टियां इतनी सुदृढ़ हों कि वे व्यक्तिगत स्तर पर कार्रवाई करने में सक्षम बना सकें।

हालांकि हमने बिग डेटा के इस्तेमाल पर सावधानी की बात से शुरुआत की थी, लेकिन यह स्पष्ट है कि अंतर्दृष्टियों से लेकर व्यक्तिगत स्तर पर कार्रवाई तक पहुंचने की कई सफल मिसालें मौजूद हैं। एमेज़ॉन का रिकमेंडेशन इंजन इसका एक बेहतरीन उदाहरण है, जिसने बिग डेटा का इस्तेमाल कर व्यक्तिगत एक्शन को सफलतापूर्वक संभव बनाया है। एमेज़ॉन अपने ग्राहकों के लाखों डेटा पॉइंट का विश्लेषण करके अपना रिकमेंडेशन इंजन चलाता है। हालांकि असली बात केवल यह नहीं है कि एमेज़ॉन के पास कितना डेटा है, बल्कि यह है कि वह इस डेटा का बुद्धिमानी से इस्तेमाल कैसे करता है। केवल ग्राहकों की ख़रीदारी इतिहास पर निर्भर रहने के बजाय एमेज़ॉन हर ग्राहक की समग्र प्रोफ़ाइल तैयार करके उन्हें बेहतर ढंग से समझने पर ध्यान देता है। उसका मानना है कि अगर एमेज़ॉन अपने ग्राहक को अच्छी तरह जान ले और यह सही अनुमान लगा सके कि वे आगे क्या ख़रीद सकते हैं, तो वह ज़्यादा सटीक सुझाव दे सकता है। इसी सोच के तहत, एमेज़ॉन हर ग्राहक का 360-डिग्री व्यू बनाता है, और इसके लिए उनकी ख़रीदारी इतिहास, ब्राउज़िंग गतिविधियां पर नज़र रखता है था इन्हें जनगणना से जुड़े डेटा जैसे जनसांख्यिकीय विवरण, शिपिंग एड्रेस आदि से जोड़ता है। इसके अलावा, 'कोलेबोरेटिव फ़िल्टरिंग' का इस्तेमाल करके एमेज़ॉन समान ग्राहक प्रोफ़ाइल को मिलाता है ताकि उनके साझा ख़रीदारी झुकाव को पहचानकर प्रासंगिक प्रोडक्ट सुझा सके। यह कठोर पद्धति कई कारकों से समर्थित मजबूत और ठोस सहसंबंधों पर आधारित है और एमेज़ॉन को प्रत्येक ग्राहक के लिए सफलतापूर्वक सुझाव देने में सक्षम बनाती है। यही कारण है कि एमेज़ॉन यह दावा कर सकता है कि उसकी लगभग 35 प्रतिशत आय उसके रिकमेंडेशन इंजन से आती है, चाहे वह ऑनलाइन हो या ईमेल के जरिए।

एमेज़ॉन के उदाहरण से यह स्पष्ट है कि व्यक्तिगत स्तर पर कार्रवाई करने के लिए डेटा का सूक्ष्म स्तर पर होना आवश्यक है और उसके लिए बहुविविध या 360-डिग्री दृष्टिकोण अपनाना पड़ता है। इसके अलावा, डेटा को अंतर्दृष्टियां या कार्रवाई में प्रभावी रूप से बदलने के लिए डेटा गुणवत्ता पूरी वैल्यू चेन में सुरक्षित रहनी चाहिए। इसलिए, बिग डेटा से व्यक्तिगत कार्रवाई परिचालित करने के अवसर के चलते, डेटा क्वालिटी का दायरा ना केवल विस्तृत हो गया है बल्कि बेहद जटिल भी बन गया है।

डेटा-गुणवत्ता की समस्याओं के पीछे कारण

डेटा की गुणवत्ता, डेटा-प्रबंधन चक्र के किसी भी चरण पर प्रभावित हो सकती है। यह मानवीय त्रुटि, असामान्यताओं, तकनीकी ख़राबियों या यहां तक कि अत्यधिक डेटा-ओवरलोड की वजह से भी हो सकती है। अलग-अलग चरणों में डेटा की गुणवत्ता किस प्रकार प्रभावित हो सकती है, इसके तरीक़े इस प्रकार हैं :

स्रोत पर

गुणवत्ता संबंधी समस्याएं शुरुआत से ही, यानी डेटा के उत्पत्ति-बिंदु या स्रोत पर पैदा हो सकती हैं। डेटा कई तरीक़ों से कमज़ोर या प्रभावित हो सकता है, जैसे :

1. **सिस्टम ख़राब होना या डाउनटाइम :** जिस मशीन या डिवाइस का इस्तेमाल डेटा कैप्चर करने के लिए किया जा रहा है, वह ख़राब हो सकती है या अनियोजित रुकावट के कारण बंद हो सकती है। ऐसे समय में डिवाइस महत्त्वपूर्ण डेटा इकट्ठा करने में नाकाम हो जाएगा, जिससे डेटा अधूरा या अनुपलब्ध रह जाएगा।
2. **ख़राब स्रोत :** अगर वह स्रोत ख़ुद ही डेटा-गुणवत्ता मानकों का पालन नहीं करता, जिससे संगठन डेटा एकत्र कर रहा है, तो वहां से मिलने वाले डेटा में पहले से ही गुणवत्ता संबंधी ख़ामियां होंगी।
3. **मशीन संबंधी त्रुटियां :** बड़ी मात्रा में डेटा को जल्दी डिजिटाइज करने के लिए संगठन ओसीआर (ऑप्टिकल कैरेक्टर रिकग्निशन) तकनीक पर निर्भर रहते हैं, जिससे इमेज को स्कैन कर स्वचालित रूप से टेक्स्ट निकाला जाता है। इस प्रक्रिया में ग़लत व्याख्या या ग़लत पहचान की वजह से त्रुटियां होना स्वाभाविक है।
4. **अस्पष्टता की समस्या :** डेटा की तेज़ी से बढ़ती चौड़ाई और गहराई के कारण हर दिन नए गुण या विशेषताएं जुड़ती रहती हैं। हालांकि कुछ गुण ऐसे भी हो सकते हैं, जो ना तो मशीन कैप्चर कर पाएं और ना ही मनुष्य कैप्चर कर पाएं, क्योंकि उनकी अभी तक स्पष्ट परिभाषा ही नहीं बनी है।

प्रोसेसिंग के दौरान

एक बार डेटा कैप्चर हो जाने के बाद, संगठन के अंदर उसको संभालना या प्रोसेस करना भी गुणवत्ता सुनिश्चित करने के लिए बेहद अहम होता है। कई तरह से डेटा की गुणवत्ता प्रभावित हो सकती है :

1. **डेटा-एंट्री त्रुटियां :** डेटा दर्ज करते समय मानवीय ग़लतियों के कारण त्रुटियां हो सकती हैं, जैसे टाइपिंग में ग़लती, ग़लत इनपुट देना या ग़लत प्रारूप में डेटा दर्ज करना। इसके अलावा, मशीन-संबंधी समस्याओं जैसे डेटा आयात के दौरान होने वाली गड़बड़ी से भी त्रुटियां हो सकती हैं।
2. **डेटा-रूपांतरण त्रुटि :** जब डेटा को एक प्रारूप से दूसरे प्रारूप में बदला जाता है, तो कई बार ग़लत मैपिंग, ग़लत रूपांतरण या त्रुटिपूर्ण रूपांतरण नियमों के कारण गड़बड़ियां पैदा हो जाती हैं।
3. **डेटा साक्षरता की कमी :** डेटा संभालने वाले व्यक्ति को अगर पर्याप्त प्रशिक्षण ना मिला हो और वह यह ना समझता हो कि किसी विशेष विशेषता का क्या अर्थ है, तो भी डेटा में त्रुटियां हो सकती हैं।
4. **अप्रचलित डेटा :** तेज़ गति से बदलती दुनिया में डेटा जल्दी पुराना हो जाता है। इसलिए यह ज़रूरी है कि डेटा को उसके बनने के तुरंत बाद कैप्चर और प्रोसेस किया जाए। इसमें देरी होने पर डेटा का मूल्य घट सकता है या वह बेकार हो सकता है।
5. **डेटा ओवरलोड :** जैसा कि इस पुस्तक में कई बार कहा गया है, डेटा की प्रचुरता एक वरदान है, लेकिन बहुत अधिक डेटा अभिशाप भी हो सकता है। मनुष्य और मशीन दोनों ही अत्यधिक डेटा के बोझ से ओवरलोडेड होकर ग़लतियां कर सकते हैं।
6. **विचलन और विसंगतियां :** कई बार डेटा प्रोसेसिंग में प्रोग्रामिंग त्रुटियों, डेटा असंगतियों, अप्रत्याशित या अज्ञात डेटा प्रारूपों या डेटा एकीकरण की समस्याओं के कारण विचलन और विसंगतियां आ सकती हैं। इससे मिले नतीजे अपेक्षित या सामान्य नतीजे से भिन्न हो सकते हैं।

सिस्टमों के बीच डेटा एकीकृत करते समय

डेटा की गुणवत्ता सबसे अधिक जोख़िम में तब होती है, जब वह एक सिस्टम से दूसरे सिस्टम में प्रवाहित होता है। इस दौरान डेटा के प्रभावित होने के कई तरीक़े हो सकते हैं :

1. **डेटा हानि या रिसाव :** सबसे आम समस्या है विभिन्न सिस्टमों से डेटा एकीकृत करते समय उसका खो जाना। यह ग़लती से छूट जाने, डेटा फ़िल्टरिंग या बहिष्कार नियमों, या माइग्रेशन प्रक्रिया के दौरान तकनीकी गड़बड़ी के कारण हो सकता है।

2. **प्रारूप असंगति :** जब कई स्रोतों से डेटा लिया जाता है, तो अक्सर उन्हीं जानकारियों में भिन्नताएं मिलती हैं। इनमें फ़ॉर्मेट, माप की इकाइयों या शब्दों की वर्तनी में अंतर शामिल हो सकता है, जिससे डेटा की गुणवत्ता प्रभावित होती है।

3. **सिस्टम संगतता समस्या :** जब डेटा को स्थानांतरित और एकीकृत करने के लिए कई सिस्टम इस्तेमाल किए जाते हैं, तो यह ज़रूरी नहीं कि हर सिस्टम डेटा स्रोत के फ़ॉर्मेट के अनुकूल हो। इससे एकीकरण के समय समस्याएं पैदा होती हैं।

4. **अपर्याप्त प्रबंधन :** कई स्रोतों से आए डेटा को मिलाते समय यह ज़रूरी होता है कि डुप्लिकेट या ग़ायब डेटा को संभालने के लिए स्पष्ट मानक या नियम तय किए जाएं। ऐसा ना होने पर असंगतियां और त्रुटियां हो सकती हैं।

5. **संकलन त्रुटि :** जब अलग-अलग डेटा सेट्स से डेटा मिलाया जाता है, तो कई फ़ील्ड्स अन्य फ़ील्ड्स पर आधारित होकर बनते या गणना किए जाते हैं। ये फ़ॉर्मूले हर बार नए डेटा दर्ज या अपडेट होने पर अपने-आप लागू होते हैं, लेकिन अगर इन फ़ॉर्मूलों में कोई ग़लती हो, तो पूरा डेटा सेट प्रभावित हो सकता है।

इसीलिए यह ज़रूरी है कि डेटा की गुणवत्ता केवल स्रोत पर ही नहीं, बल्कि उसके पूरे जीवन-चक्र के दौरान लगातार जांची और सुनिश्चित की जाए। अगर इसमें कमी रह जाती है, तो इसका असर लहर की तरह फैलकर उन फ़ैसलों और कार्रवाइयों तक पहुंच सकता है, जो इसी डेटा के आधार पर लिए जाते हैं। अब आइए देखते हैं कि डेटा गुणवत्ता को प्रभावी ढंग से कैसे प्रबंधित किया जा सकता है।

गुणवत्ता के पारंपरिक आयाम आज भी उतने ही महत्त्वपूर्ण हैं

बिग डेटा की दुनिया में संगठन बड़े पैमाने पर डेटा-प्रेरित निर्णय लेने की प्रक्रिया पर निर्भर करते हैं। ऐसे में यह बेहद ज़रूरी है कि विश्लेषणात्मक मॉडलों में डाला जाने वाला डेटा गुणवत्ता के मानकों पर कड़ाई से खरा उतरे। इसलिए डेटा प्रबंधन चक्र के हर चरण पर डेटा की गुणवत्ता की निगरानी करना और उसे सुनिश्चित करना अत्यंत आवश्यक हो जाता है।

अब डेटा की गुणवत्ता परंपरागत रूप से नौ मुख्य पेरामीटरों पर मापी जाती है। आइए, इन आयामों के बारे में संक्षेप में बताता हूं :

1. **पूर्णता :** जैसा कि नाम से स्पष्ट है, पूर्णता से डेटा की कमी का आकलन किया जाता है। हर समय 100 प्रतिशत डेटा उपलब्ध होना संभव नहीं है, लेकिन जो डेटा ग़ायब है, वह विश्लेषण को पक्षपातपूर्ण ना बनाए और ना ही नतीजों को प्रभावित करे। उदाहरण के लिए, जनगणना में यदि किसी राज्य की जनसंख्या 1,00,000 है और उसमें से

99,486 लोगों का पूरा विवरण उपलब्ध है, तो डेटा की पूर्णता 99.48 प्रतिशत होगी, जो उपयोगी निष्कर्ष निकालने के लिए पर्याप्त है।

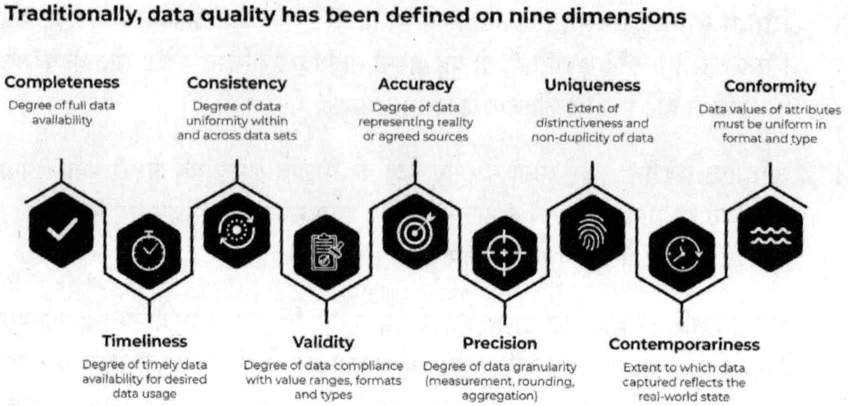

2. **समयबद्धता :** समयबद्धता यह मापती है कि डेटा बनने और उसके इस्तेमाल के लिए उपलब्ध होने के बीच कितना अंतर है, यानी पुराना डेटा ना हो। उदाहरण के लिए, शेयर मूल्य की जानकारी ट्रेडरों को वास्तविक समय में मिलनी चाहिए ताकि वे सही समय पर ख़रीद-फ़रोख़्त का निर्णय ले सकें। अगर यह जानकारी देर से मिले तो निवेशकों को बड़ा नुक़सान हो सकता है।

3. **संगतता :** यह अलग-अलग स्रोतों, प्रणालियों और समयावधियों में डेटा की एकरूपता और तालमेल को दर्शाती है। इससे डेटा की सटीकता और विश्वसनीयता सुनिश्चित होती है। उदाहरण के लिए, यदि कोई रिटेलर ग्राहकों की ऑनलाइन और ऑफ़लाइन ख़रीदारी का डेटा रखता है, तो ग्राहक की जानकारी, लेनदेन का इतिहास और निष्ठा संबंधी विवरण हर जगह समान और विश्वसनीय होने चाहिए।

4. **वैधता :** यह मापता है कि डेटा निर्धारित मानकों पर कितना खरा उतरता है। इसे पूर्वनिर्धारित सीमाओं, घटनाओं के क्रम या कारोबारी नियमों के आधार पर परखा जाता है। सरल शब्दों में कहें तो, डेटा अपेक्षित पैटर्न और नियमों के अनुरूप होना चाहिए। उदाहरण के लिए, किसी नाइटक्लब का ग्राहक 21 साल से कम या 100 साल से अधिक उम्र का नहीं हो सकता। इसी तरह, ऑर्डर की शिपिंग डेट ऑर्डर की तारीख़ से पहले नहीं हो सकती।

5. **सटीकता :** सटीक डेटा त्रुटिरहित होता है और वास्तविक मूल्यों या विशेषताओं को सही ढंग से दर्शाता है। इसमें ना गड़बड़ी होती है ना ही विकृति। उदाहरण के लिए, ई-कॉमर्स कंपनियों के लिए पते की सटीकता बहुत ज़रूरी है ताकि सामान सही ग्राहक तक पहुंच सके।

6. **प्रामाणिकता :** यह मापता है कि डेटा कितना बारीक़ है या उसे कितना राउंड ऑफ़ या एकत्रित किया गया है। उदाहरण के लिए, वित्तीय लेनदेन का डेटा सेकंड तक सटीक होना चाहिए ताकि वास्तविक समय में निगरानी हो सके और किसी भी धोखाधड़ी की तुरंत पहचान हो।

7. **विशिष्टता :** यह सुनिश्चित करती है कि हर डेटा रिकॉर्ड अलग हो और उसमें दोहराव ना हो। इससे ग़लत गिनती या रिपोर्टिंग से बचा जा सकता है। उदाहरण के लिए, अगर ग्राहक का नाम एक बार नाम-उपनाम और दूसरी बार उपनाम-नाम के रूप में दर्ज हो गया, तो वह वही ग्राहक होगा, लेकिन विश्लेषण में दो बार गिना जा सकता है।

8. **समसामयिकता :** इसका अर्थ है कि डेटा संग्रह का समय उसी समय से मेल खाना चाहिए जब वह उत्पन्न हुआ था। उदाहरण के लिए, शेयर बाज़ार का डेटा उसी तारीख़ और समय की मुहर के साथ दर्ज होना चाहिए जब वह उत्पन्न हुआ हो।

9. **अनुरूपता :** इसका अर्थ है कि एक ही प्रकार के डेटा को समान प्रारूप और प्रकार में संग्रहीत किया जाए। उदाहरण के लिए, यदि तारीख़ें पहले MM/DD/YYYY प्रारूप में दर्ज की जाती हैं, तो वही प्रारूप हर जगह अपनाया जाना चाहिए।

हालांकि ये सभी पारंपरिक आयाम डेटा की गुणवत्ता सुनिश्चित करने के लिए अब भी प्रासंगिक और महत्त्वपूर्ण हैं, लेकिन यहां एक अहम पहलू छूट रहा है। आज आने वाले डेटा की बढ़ती जटिलता और व्यापक स्तर की अंतर्दृष्टियों को व्यक्तिगत कार्यों में बदलने में नाकामी के कारण गुणवत्ता का दायरा और भी बड़ा और लचीला बनाने की ज़रूरत होती है। मेरे अनुसार, संदर्भ व्यापक आयाम है, जिसे शुरुआत में रखा जाना चाहिए। यह वह नतीजा है जिसे व्यवसाय हासिल करना चाहता है। जब यह शुरुआती बिंदु स्पष्ट हो जाएगा, तो बाक़ी पारंपरिक आयाम उसी आधार पर आगे बढ़ सकते हैं ।

डेटा गुणवत्ता के लिए संदर्भ-प्रथम दृष्टिकोण ज़रूरी

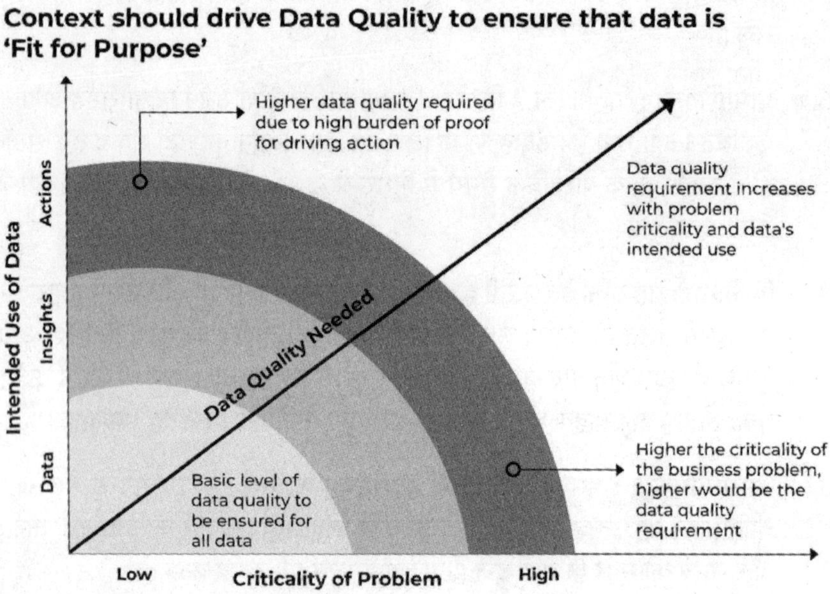

डेटा गुणवत्ता को अब पूर्ण या निरपेक्ष रूप से नहीं मापा जा सकता। किसी विशेष उद्देश्य या उपयोग-प्रकरण के लिए डेटा की प्रासंगिकता और उपयुक्तता तय करने में संदर्भ महत्त्वपूर्ण भूमिका निभाता है। दूसरे शब्दों में कहें तो, डेटा गुणवत्ता को 'उद्देश्य के अनुरूप' होना चाहिए। जो डेटा किसी संदर्भ में उच्च गुणवत्ता वाला माना जा सकता है, वही किसी अन्य संदर्भ में सही नहीं भी ठहर सकता है। यह पूरी तरह उन परिस्थितियों पर निर्भर करता है जिनमें डेटा का इस्तेमाल किया जा रहा है।

जब डेटा गुणवत्ता का संदर्भ तय किया जाता है, तो संगठनों को दो महत्त्वपूर्ण कारकों पर ध्यान देना चाहिए :

1. **डेटा का प्रयोग उद्देश्य :** एक प्रमुख कारक यह है कि उस डेटा का इस्तेमाल किस उद्देश्य के लिए किया जा रहा है, यानी उससे प्राप्त किए जाने वाले नतीजे या लक्ष्य क्या हैं। और इसी आधार पर डेटा की गुणवत्ता का मूल्यांकन किया जाता है। एक उपयुक्त उदाहरण है, किसी इमेज को आगे इस्तेमाल के लिए साझा करते समय उसके रिज़ॉल्यूशन का चयन। उस इमेज का उद्देश्य यह तय करता है कि आदर्श रिज़ॉल्यूशन क्या होगा। अगर इमेज को बैनर के रूप में प्रिंट करना है, तो इसे उच्चतम रिज़ॉल्यूशन में साझा

करना आवश्यक है। लेकिन यदि इसे पॉवरपॉइंट प्रस्तुति में उपयोग करना है, तो कम रिज़ॉल्यूशन बेहतर होगा, क्योंकि फ़ाइल का आकार छोटा रहेगा और इसे प्रबंधित और इस्तेमाल करना आसान होगा।

2. **व्यावसायिक समस्या की गंभीरता :** दूसरा महत्त्वपूर्ण कारक है व्यवसाय के लिए समस्या की गंभीरता, यानी किसी डेटा की गुणवत्ता नतीजे या अपेक्षित उपयोग के लिए कितनी महत्त्वपूर्ण है। उदाहरण के लिए, अगर डेटा स्व-चालित कारों के लिए इस्तेमाल हो रहा है, तो यह ज़रूरी है कि एकत्र और संसाधित किया जा रहा प्रत्येक डेटा पॉइंट, ऊपर बताए गए नौ मानकों में से ज़्यादातर के हिसाब से उच्चतम गुणवत्ता का हो। क्योंकि ऐसे मामलों में, समस्या की गंभीरता भी बहुत ज़्यादा होती है और प्रमाण दिखाने का दायित्व भी बहुत ज़्यादा होता है। दूसरी ओर, अगर हमें ग्राहकों के डेटा का इस्तेमाल किसी मार्केटिंग अभियान चलाने के लिए करना है, तो उतनी सटीकता, परिशुद्धता या समयबद्धता की ज़रूरत नहीं होगी।

संदर्भ तय करता है किन आयामों पर अधिक ध्यान देना है

हर आयाम का महत्त्व उस संदर्भ के मुताबिक़ बदलता है, जिसमें डेटा का इस्तेमाल किया जा रहा है। उदाहरण के लिए, आपूर्ति श्रृंखला प्रबंधन या सप्लाई चेन मैनेजमेंट में डेटा गुणवत्ता में इन्वेंटरी डेटा, शिपमेंट रिकॉर्ड और आपूर्तिकर्ता जानकारी की सटीकता, पूर्णता और स्थिरता का मूल्यांकन शामिल होगा। इसके विपरीत, जब क्रेडिट-कार्ड लेनदेन की निगरानी की जा रही हो, तो डेटा की सटीकता और स्थिरता के साथ-साथ समयबद्धता का आयाम और ज़्यादा अहम हो जाता है।

अंत को ध्यान में रखकर शुरुआत करना

जैसा कि मैंने इस पुस्तक में कई बार ज़ोर दिया है, बिग डेटा की दुनिया में सही दिशा में आगे बढ़ने के लिए हमेशा अंत या अपेक्षित नतीजे को ध्यान में रखना ज़रूरी होता है। अधिक से अधिक डेटा इकट्ठा करने की इच्छा और इस्तेमाल किए जा रहे डेटा की सर्वोच्च गुणवत्ता सुनिश्चित करने के बीच संतुलन बनाए रखना कठिन होता है। इसलिए, जिस संदर्भ में डेटा का इस्तेमाल होने वाला है, उसे पहले स्थापित करना संगठन को उनके डेटा गुणवत्ता प्रयासों को विशिष्ट आवश्यकताओं और व्यावसायिक उद्देश्यों के मुताबिक़ ढालने में मदद करता है। इससे ना केवल यह सुनिश्चित होता है कि डेटा हमेशा प्रासंगिक मानकों और आवश्यकताओं को पूरा करे, बल्कि संगठन अपने डेटा प्रयासों को काफ़ी हद तक सीमित कर समय और संसाधनों की बचत भी कर सकते हैं।

एआई-संगठनों के लिए एआई-फ़र्स्ट बनने का समाधान

बिग डेटा की दुनिया में, जहां एआई और मशीन लर्निंग लगातार महत्त्व बढ़ा रहे हैं, डेटा गुणवत्ता उन संगठनों के लिए और भी महत्त्वपूर्ण हो गई है, जिनका लक्ष्य एआई-फ़र्स्ट बनने का है। पिछले कुछ सालों में एआई अपनाने वाले संगठनों की संख्या काफ़ी बढ़ी है। 2017 की तुलना में 2.5 गुना अधिक संगठन कम से कम एक व्यावसायिक क्षेत्र में एआई का इस्तेमाल कर रहे हैं। यह स्पष्ट है कि संगठन अपनी मूल्य श्रृंखला में AI का लाभ उठाने और इसे स्केल करने में लगातार दिलचस्पी दिखा रहे हैं। एक हालिया सर्वेक्षण में यह भी पता चला कि 80 प्रतिशत कार्यकारी मानते हैं कि ऑटोमेशन किसी भी व्यावसायिक निर्णय में लागू किया जा सकता है, जो किसी भी संगठन में एआई को बड़े पैमाने पर लागू करने की संभावनाओं को मजबूत करता है।

हालांकि, किसी एआई मॉडल की प्रभावशीलता इनपुट डेटा की गुणवत्ता पर निर्भर करती है। अतीत में, AI अपनाना अक्सर नतीजों के बजाय डेटा की उपलब्धता से तय होता था। डेटा गुणवत्ता एआई के स्केलेबिलिटी में एक बड़ा चुनौतीपूर्ण कारक है, और यह विश्लेषणात्मक प्रभाव से भी अधिक महत्त्वपूर्ण है। अगर डेटा एआई युग की बुनियाद है, तो डेटा गुणवत्ता स्पष्ट रूप से सबसे बड़ी बाधाओं में से एक है। यही कारण है कि जैसे-जैसे हम एआई युग में प्रवेश कर रहे हैं, डेटा गुणवत्ता का विषय और भी अहम हो जाता है।

क्या होगा अगर समस्या ही समाधान बन जाए?

हालांकि हमने कई उदाहरण देखे हैं कि कैसे एआई विभिन्न व्यावसायिक समस्याओं को प्रभावी ढंग से हल कर सकता है, लेकिन एक उपयोग का मामला ऐसा है, जो कम 'ग्लैमरस' तो है, पर बेहद अहम है, और वह है, डेटा गुणवत्ता सुधारने में एआई/एमएल की बढ़ती भूमिका।

एआई और मशीन लर्निंग-सक्षम प्लेटफ़ॉर्म का इस्तेमाल करके, संगठन डेटा गुणवत्ता को नौ आयामों में और डेटा-प्रबंधन चक्र के विभिन्न चरणों में प्रभावी ढंग से सुधार सकते हैं।

हाल ही में 1900 डेटा प्रैक्टिसनर और C-लेवल कार्यकारी की सर्वेक्षण में यह सामने आया कि लगभग आधे यानी 48 प्रतिशत कंपनियां डेटा गुणवत्ता से जुड़ी समस्याओं को हल करने के लिए डेटा विश्लेषण, मशीन लर्निंग या एआई टूल्स का इस्तेमाल कर रही हैं।

निम्नलिखित प्रमुख तरीक़े हैं, जिनसे एआई और मशीन लर्निंग डेटा गुणवत्ता प्रबंधन की प्रक्रिया को सुधारने और स्वचालित करने में मदद कर सकते हैं :

1. **डेटा सफ़ाई और प्रसंस्करण :** एआई/एमएल एल्गोरिदम का इस्तेमाल डेटा सफाई और प्रसंस्करण कार्यों को स्वचालित करने के लिए किया जा सकता है। ये ग़ायब मान को पहचान सकते हैं और उन्हें संभाल सकते हैं, डेटा में डुप्लीकेट, आउटलेयर्स और असंगतियों को हटा सकते हैं। ये डेटा रूपांतरण को भी स्वचालित कर सकते हैं, जैसे डेटा को मानकीकृत और सामान्यीकृत करना।
2. **असामान्यता का पता लगाना :** एआई/एमएल समाधान डेटा में असामान्यता या आउटलेयर्स की पहचान करने में मदद कर सकते हैं। पैटर्न स्थापित करके और उन पैटर्न से विचलन को पहचानकर, एआई त्रुटियों, धोखाधड़ी या असामान्य घटनाओं की पहचान कर सकता है। उदाहरण के लिए, डिजिटल पेमेंट कंपनी पेपल एआई-आधारित असामान्यता-खोज तकनीकों का इस्तेमाल लेन-देन डेटा, उपयोगकर्ता के व्यवहार पैटर्न और ऐतिहासिक डेटा का विश्लेषण करने के लिए करती है, ताकि असामान्य ख़रीदारी पैटर्न या संदिग्ध खाता गतिविधियों जैसे मामलों की पहचान की जा सके। यह कंपनी और उसके उपयोगकर्ताओं को संभावित धोखाधड़ी से बचाने में मदद करता है। वास्तव में, पेपल और फ़ॉरेस्टर के एक सर्वेक्षण में 83 प्रतिशत प्रतिभागियों ने मशीन लर्निंग को अपनी कंपनी की ई-कॉमर्स धोखाधड़ी रणनीति के लिए महत्त्वपूर्ण माना।
3. **डेटा सत्यापन :** एआई/एमएल तकनीकों का इस्तेमाल डेटा की सटीकता और संगतता की पुष्टि के लिए किया जा सकता है। परीक्षण डेटा या स्थापित नियमों पर मॉडल को प्रशिक्षित करके, यह डेटा सेट में विसंगतियों या त्रुटियों की पहचान कर सकता है। उदाहरण के लिए, किसी ई-कॉमर्स कंपनी के लिए, एक एमएल समाधान पते की संगतता की जांच कर सकता है और उन प्रविष्टियों को चिह्नित कर सकता है जो अपेक्षित पैटर्न के मुताबिक़ नहीं हैं।
4. **डेटा संवर्धन (डेटा ऑगमेंटेशन) :** जनरेटिव एआई का इस्तेमाल संवेदनशील या गोपनीय जानकारी को जोख़िम में डाले बिना परीक्षण और सत्यापन उद्देश्यों के लिए सिंथेटिक डेटा उत्पन्न करने के लिए किया जा रहा है। अनुमान है कि 2024 तक, एआई

और एनालिटिक्स परियोजनाओं के विकास के लिए इस्तेमाल किए जाने वाले डेटा का 60 प्रतिशत कृत्रिम रूप से उत्पन्न होगा। उदाहरण के लिए, ऑटोनोमस ड्राइविंग तकनीक कंपनी वायमो एआई-जनरेटिड कृत्रिम डेटा का इस्तेमाल सड़क की स्थिति, मौसम, जटिल ट्रैफ़िक परिदृश्य, दुर्लभ घटनाओं और अन्य संभावित सुरक्षा जोख़िमों जैसे तमाम चरम परिदृश्यों का अनुकरण करने के लिए करती है, जिन्हें वास्तविक दुनिया में दोहराना मुश्किल है।

5. **प्राकृतिक भाषा प्रसंस्करण (एनएलपी) :** एनएलपी तकनीकों पर आधारित एआई/एमएल मॉडल डेटा की गुणवत्ता सुधारने में मदद कर सकते हैं, जैसे कि भाव विश्लेषण, पाठ वर्गीकरण आदि। उदाहरण के लिए, कोई एनएसपी समाधान ग्राहक प्रतिक्रिया और शिकायतों का विश्लेषण करके रुझान और भाव की पहचान कर सकता है, जिससे कंपनियों को अपनी सेवाओं में सुधार करने और गुणवत्ता संबंधी समस्याओं को दूर करने में मदद मिलती है।

6. **डेटा गवर्नेंस :** एआई/एमएम डेटा समाधान मेटाडेटा प्रबंधन में मदद कर सकते हैं। ये स्वचालित रूप से डेटा को वर्गीकृत और टैग कर सकते हैं, संवेदनशील जानकारी की पहचान कर सकते हैं, और डेटा-गवर्नेंस नीतियों को लागू करने में सहायता कर सकते हैं। एआई/एमएल मॉडल का इस्तेमाल डेटा की गुणवत्ता को रियल टाइम में लगातार निगरानी के लिए किया जा सकता है।

एआई और एमएल का इस्तेमाल करके संगठन डेटा गुणवत्ता प्रबंधन का एक वर्चुअल चक्र बना सकते हैं, जिसमें सिस्टम ना केवल गुणवत्ता की लगातार निगरानी करते हैं, बल्कि इससे सीखकर अपनी प्रक्रियाओं में निरंतर सुधार और उन्नयन भी करते हैं।

हालांकि, केवल एआई से ही डेटा गुणवत्ता में पूरी तरह सुधार नहीं किया जा सकता। इसे पारंपरिक तरीक़ों के साथ मिलाकर इस्तेमाल करना ज़रूरी है, जैसे कि डेटा पेशेवरों के अनुभव और विशेषज्ञता का इस्तेमाल करना और डेटा गुणवत्ता सुनिश्चित करने के लिए मजबूत ढांचे, नीतियां और प्रक्रियाएं स्थापित करना आदि। उदाहरण के लिए, एआई डेटा पैटर्न पहचानने या जटिल विश्लेषण करने में बहुत अच्छा हो सकता है, लेकिन यह संदर्भ समझने में हमेशा प्रभावी नहीं होता। यहां व्यवसाय या डोमेन विशेषज्ञों की पारंपरिक भूमिका महत्त्वपूर्ण हो जाती है, क्योंकि वे आवश्यक डेटा तत्वों की गहन समझ मुहैया करा सकते हैं। जहां एआई एल्गोरिदम डेटा की सफाई या क्लीनिंग के कुछ पहलुओं को स्वचालित कर सकते हैं, वहीं जटिल डेटा रूपांतरण कार्यों या गुणवत्ता से संबंधित मामलों में विषयगत निर्णय लेने के लिए अभी भी मैन्युअल समीक्षा और सुधार जैसी पारंपरिक विधियां ज़रूरी हैं। इसके अलावा, मानव विशेषज्ञता और डोमेन ज्ञान इन एल्गोरिदम को लगातार परिष्कृत करने में मदद कर सकते हैं, क्योंकि व्यवसाय की आवश्यकताएं और उद्योग की गतिशीलता लगातार बदलती रहती हैं। एआई और एमएल को पारंपरिक तरीक़ों के साथ एकीकृत करने वाला यह

हाइब्रिड दृष्टिकोण डेटा गुणवत्ता प्रबंधन के प्रयासों को काफ़ी कम कर सकता है और प्रक्रिया में सुधार ला सकता है।

मुख्य निष्कर्ष

- बिग डेटा गहन अंतर्दृष्टि मुहैया कराता है, लेकिन इसकी जटिलता डेटा गुणवत्ता पर विशेष ध्यान देने की ज़रूरत पैदा करती है। बिग डेटा की दुनिया में डेटा गुणवत्ता की भूमिका घटती नहीं है, बल्कि और भी अहम हो जाती है और यह पूरे डेटा-प्रबंधन चक्र में फैलती है।
- डेटा-फ़र्स्ट दुनिया में, डेटा गुणवत्ता की अवधारणा पारंपरिक आयामों से परे चली जाती है। यह अधिक लचीली हो जाती है और विशिष्ट संदर्भ और अपेक्षित नतीजों पर निर्भर करती है।
- अपेक्षित नतीजे को ध्यान में रखते हुए शुरुआत करना संगठनों को ज़रूरत के आधार पर डेटा गुणवत्ता को प्राथमिकता देने में मदद करता है। यह संदर्भ-प्रथम दृष्टिकोण प्रमुख गुणवत्ता आयामों की पहचान कर प्राथमिकता तय करने में सहायक होता है।
- आर्टिफ़िशियल इंटेलिजेंस और मशीन लर्निंग तकनीकों को अपनाकर संगठन डेटा गुणवत्ता को प्रभावी ढंग से प्रबंधित कर सकते हैं। ये तकनीकें केवल डेटा गुणवत्ता की निगरानी ही नहीं करतीं, बल्कि सतत सुधार के लिए प्रतिक्रिया चक्र बनाकर गुणवत्ता को लगातार बेहतर बनाने में भी मदद करती हैं।

13

डेटा उत्पाद

डेटा, क्रिया और प्रभाव के बीच का रहस्यमय संबंध

'एक बेहतरीन उत्पाद केवल विशेषताओं का संग्रह नहीं होता। यह इस बात पर निर्भर करता है कि ये सब एक साथ कैसे काम करते हैं।'

~ टिम कुक,
सीईओ, एपल

बिग डेटा की दुनिया में डेटा की गुणवत्ता बनाए रखना सबसे बड़ी चुनौतियों में से एक है, जिसके बारे में मैंने पिछले अध्याय में विस्तार से बताया।

इस अध्याय में, मैं उस समाधान के बारे में बात करने वाला हूं, जिसे मैं बिग डेटा की दुनिया में डेटा से अधिकतम मूल्य हासिल करने का सबसे प्रभावी तरीक़ा मानता हूं। इसका उत्तर है, डेटा स्टैक की विभिन्न परतों के बीच स्पष्ट संबंध स्थापित करने के लिए एक व्यवस्थित दृष्टिकोण अपनाना, जो व्यावसायिक नतीजों से जुड़ा हो और डेटा-प्रबंधन चक्र को तेज़ करे। और इसे करने का सबसे प्रभावी तरीक़ा है- 'डेटा उत्पाद'।

डेटा का उत्पादकरण

उत्पाद क्या है? सरल शब्दों में कहें तो, यह कुछ भौतिक या अमूर्त है जिसे किसी विशेष आवश्यकता, इच्छा, या मांग को पूरा करने के लिए बनाया, डिज़ाइन किया, या तैयार किया जाता है। यह कोई भौतिक वस्तु हो भी सकती है, जैसे कार, स्मार्टफ़ोन, या फ़र्नीचर, या कोई डिजिटल उत्पाद, जैसे सॉफ़्टवेयर एप्लिकेशन, ई-बुक्स, म्यूजिक डाउनलोड आदि। उत्पाद की ख़ासियत यह है कि यह मानकीकृत और पुनरावृत्त समाधान मुहैया कराता है। इस

मानकीकरण के कारण उत्पाद को लगातार दोहराया जा सकता है और इसे हर बार अपने उद्देश्य को पूरा करने में विश्वसनीय बनाया जा सकता है।

अब कौन सोच सकता था कि डेटा इतने महत्त्वपूर्ण संसाधन के रूप में उभरेगा, जबकि इसे कभी केवल एक इनपुट या व्यावसायिक फ़ैसला लेने की प्रक्रिया का उप-उत्पाद माना जाता था। जहां डेटा का इस्तेमाल पहले व्यावसायिक समस्या को हल करने के लिए किया जाता था, वहीं अब इसके व्यापार के हर पहलू में फैलने से यह फ़ैसले लेने और क्रियाओं को परिचालित करने का आवश्यक घटक बन गया है। और जैसे-जैसे अधिक डेटा का इस्तेमाल किया गया, वैसे-वैसे कई ऐसे मामलों का उद्भव हुआ, जिनमें समान या मिलते-जुलते डेटा तत्वों का बार-बार इस्तेमाल हो रहा था। इसे अब एकत्न किया जा सकता है, प्रोसेस किया जा सकता है, और बार-बार विभिन्न चुनौतियों और अवसरों को संबोधित करने के लिए इस्तेमाल किया जा सकता है।

इन पुनरावृत्त उपयोग के मामलों और डेटा के अनुप्रयोगों को पहचानते हुए, संगठन डेटा के उत्पादकरण में मूल्य देखने लगे, ताकि इसकी फिर से उपयोगिता बढ़े और प्रक्रिया के जरिए दक्षता में सुधार हो। चाहे यह सप्लाई चेन को अधिकतम करने के लिए हो, ग्राहक अनुभव को बेहतर बनाने के लिए हो, या अनुमानात्मक एनालिटिक्स को बढ़ाने के लिए, डेटा की पुनरावृत्ति इसे उत्पादकरण के लिए आदर्श उम्मीदवार बनाती है।

डेटा उत्पादों की अवधारणा अपेक्षाकृत नई तो है, लेकिन यह तेज़ी से प्रगति कर रही है। आज, डेटा उत्पाद केवल एक नई सोच नहीं, बल्कि व्यापारिक रणनीतियों का अभिन्न हिस्सा बन चुके हैं, जो संगठनों को उनके डेटा संसाधनों की छिपी हुई संभावनाओं को खोलने में सक्षम बनाते हैं।

डेटा उत्पादों की परिभाषा

डेटा उत्पाद डिजिटल संसाधन होते हैं, जिन्हें एक वर्टिकल स्लाइस के रूप में तैयार किया जाता है। ये डेटा स्टैक के विभिन्न तत्वों को एकीकृत करके व्यवसायिक उपयोग के मामलों को बार-बार दोहराने योग्य तरीक़े से पूरा करते हैं और डेटा से अंतर्दृष्टि और फिर क्रिया तक पहुंचने की प्रक्रिया को तेज़ करते हैं।

सरल शब्दों में कहें तो, डेटा उत्पाद ऐसे पैकेज्ड डेटा होते हैं, जो व्यावसायिक ज़रूरतों को पूरा करने के लिए व्यवस्थित तरीक़े से तैयार किए जाते हैं और इन्हें कई बार इस्तेमाल किया जा सकता है।

डेटा उत्पाद डेटा को पहले से तैयार समाधान में बदलने का तरीक़ा हैं। इन्हें डेटा स्टैक के कई घटकों को ऊर्ध्वाधर रूप से जोड़कर बनाया जाता है, जिससे इन्हें अलग-अलग उपयोग मामलों के लिए कई बार इस्तेमाल किया जा सके और ये स्केलेबल बनें।

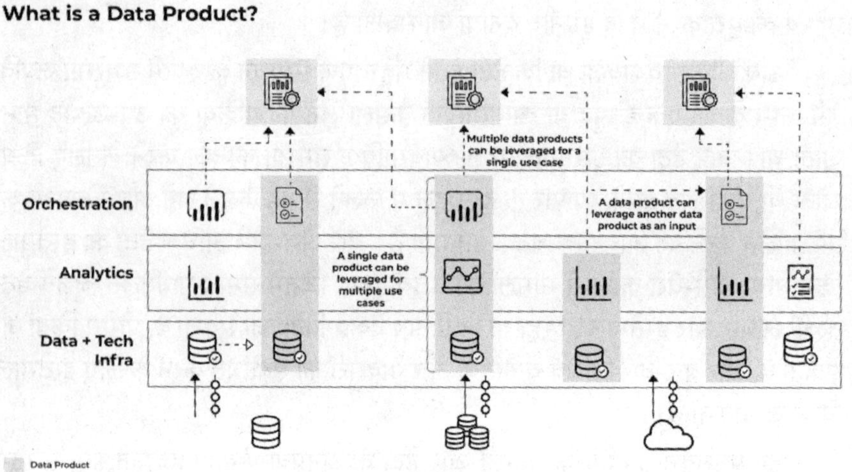

आइए डेटा उत्पादों की कुछ प्रमुख विशेषताओं पर नज़र डालते हैं, जो इन्हें इतना मूल्यवान बनाती हैं :

1. **परिणाम-केंद्रित :** किसी डेटा उत्पाद का मुख्य उद्देश्य डेटा का इस्तेमाल करके किसी अंतिम लक्ष्य को हासिल करना होता है। इसलिए, डेटा उत्पाद का उद्देश्य स्पष्ट और अच्छी तरह परिभाषित होता है। उदाहरण के लिए, ग्राहक-सिफ़ारिश डेटा उत्पाद का मुख्य उद्देश्य ग्राहकों के डेटा का इस्तेमाल करके उनके ख़रीदारी अनुभव को सुगम बनाना है।
2. **अमल करने योग्य :** डेटा उत्पाद केवल डेटा प्रस्तुत करने तक सीमित नहीं रहता, बल्कि ऐसी अंतर्दृष्टियां मुहैया कराता है, जो विशिष्ट कार्य, रणनीति या परिणाम उत्पन्न करें। उदाहरण के लिए, गूगल एनालिटिक्स ना केवल उपयोगकर्ताओं का डेटा एकत्र करता है, बल्कि उपयोगकर्ता क्वैरी के आधार पर उसे अंतर्दृष्टि में बदल देता है।
3. **पुन:प्रयोग क्षमता :** डेटा उत्पाद इस तरह तैयार किए जाते हैं कि मैन्युअल प्रयास कम हो, चाहे वह डेटा की सफ़ाई, प्रक्रिया या अंतर्दृष्टि पैदा करने का काम हो। इन उत्पादों का कई बार और विभिन्न उपयोग मामलों के लिए लाभ उठाया जा सकता है। उदाहरण के लिए, ग्राहक वर्गीकरण डेटा उत्पाद का उपयोग कई टीमों या कई उत्पाद श्रेणियों के लिए किया जा सकता है।
4. **सुलभता :** ये डेटा उत्पाद पूर्व-निर्मित, पूरी तरह से पैकेज किए गए समाधान होते हैं, इसलिए इन्हें तकनीकी और गैर-तकनीकी दोनों उपयोगकर्ता आसानी से उपयोग कर सकते हैं, जिससे बाहरी निर्भरता कम होती है। उदाहरण के लिए, सेल्फ़-सर्व उपकरण

का इस्तेमाल संगठन के विभिन्न उपयोगकर्ता अपनी व्यावसायिक आवश्यकताओं के अनुसार डेटा के साथ इंटरैक्ट करने के लिए कर सकते हैं। और ऐसा करते समय सुरक्षा और गोपनीयता का ध्यान रखना अहम है, जिसका विवरण मैं अध्याय 16, डेटा सुरक्षा : डेटा क्रांति के लिए सबसे बड़ा ख़तरा में आगे दूंगा।

5. **एकीकरण और अंत :** परिचालन क्षमता: डेटा उत्पाद इस तरह बनाए जाते हैं कि उन्हें किसी भी समाधान के साथ आसानी से एकीकृत किया जा सके या अन्य डेटा उत्पादों के साथ मिलाकर बड़ा समाधान तैयार किया जा सके। उदाहरण के लिए, ग्राहक वर्गीकरण मॉड्यूल का उपयोग मार्केटिंग अभियानों, ग्राहक बनाए रखने, उत्पाद पेशकश आदि में किया जा सकता है।
6. **मापनीयता :** डेटा उत्पादों का एक अन्य अहम पहलू है, उनके प्रभाव या प्रदर्शन का मापन। डेटा उत्पादों के लिए स्पष्ट रूप से परिभाषित मापनीय केपीआई होने चाहिए, जो उस लक्ष्य या उद्देश्य के साथ संरेखित हों, जिसके लिए इसे बनाया गया है। उदाहरण के लिए, यदि डेटा उत्पाद का उद्देश्य ग्राहक बनाए रखने या कस्टमर रिटेंशन में सुधार करना है, तो केपीआई में ग्राहक छोड़ने की दर, ग्राहक जीवन काल मूल्य, या पुनः ख़रीद दर शामिल हो सकती है।
7. **पुनरावृत्त सुधार :** डेटा उत्पादों को लगातार विकासशील होना चाहिए, जिसमें प्रतिक्रिया, सीख और परिष्करण की चक्रीय प्रक्रिया शामिल हो। इन्हें पुनरावृत्त होना चाहिए ताकि सतत सुधार और अनुकूलन सुनिश्चित किया जा सके, जिससे संगठन बदलती व्यावसायिक और उपयोगकर्ता आवश्यकताओं के साथ बेहतर संरेखित हो सकें।

डेटा उत्पाद क्यों?

जैसा कि मैंने खंड 1 में रेखांकित किया है, संगठन डेटा की पूरी क्षमता का सही तरीक़े से लाभ उठाने के लिए अत्यधिक समय और संसाधन निवेश कर रहे हैं, लेकिन इनमें से ज़्यादातर इसे प्रभावी ढंग से हासिल करने में नाकाम रहे हैं। डेटा को इनसाइट्स में बदलने, फिर एक्शन में और आख़िरकार प्रभाव या इंपैक्ट में बदलने की दर संगठनों के लिए बेहद कम है, जिससे महत्त्वपूर्ण मूल्य अधूरा रह जाता है। यह मूल्य केवल प्रत्येक परत के अंदर दक्षता बढ़ाकर ही नहीं, बल्कि फ़नल की परतों के बीच कनेक्शन को मजबूत करके भी पाया जा सकता है। सबसे पहले, आइए समझते हैं कि डीआईएआई फ़नल की परतों में मूल्य कैसे लीक हो रहा है।

सबसे पहले यह समझना ज़रूरी है कि संगठन के पास मौजूद सभी डेटा व्यवसायों के लिए प्रासंगिक नहीं होते। अनुमान बताते हैं कि औसतन, एक संगठन के एकत्र किए सभी डेटा

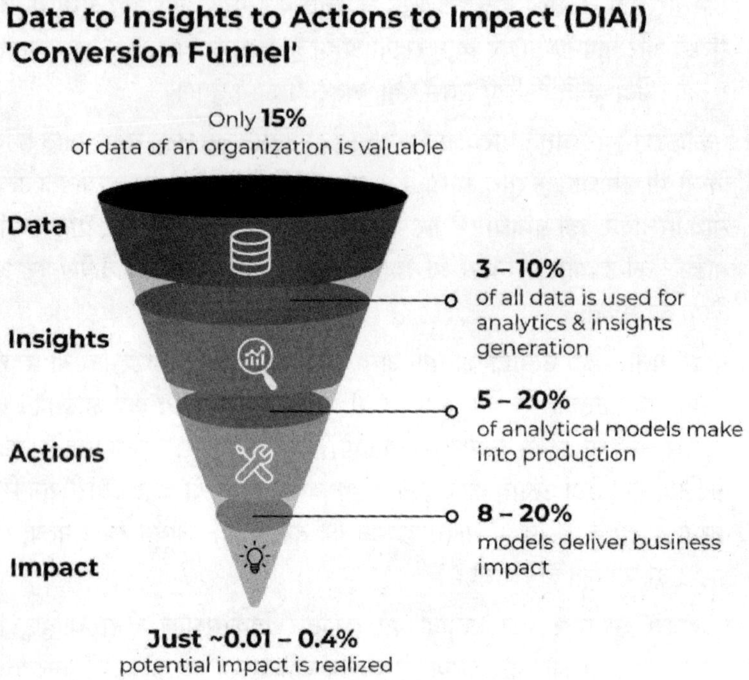

में से केवल 15 प्रतिशत से भी कम डेटा ही व्यवसाय के लिए मूल्यवान होता है। जैसे-जैसे हम फ़नल के नीचे जाते हैं, हर चरण में महत्त्वपूर्ण नुक़सान होता है। शुरुआत में ही, अनुमान बताते हैं कि संगठन में मौजूद सभी डेटा में से केवल 3 से 6 प्रतिशत डेटा का इस्तेमाल इनसाइट जनरेशन या एनालिटिक्स के लिए किया जाता है। यह शुरू से ही एक बड़ी हानि है। यहां तक कि 15 प्रतिशत प्रासंगिक डेटा और उस डेटा का एनालिटिक्स में इस्तेमाल होने वाला 3-10 प्रतिशत है, ये संख्याएं बदलती रहती हैं और शायद और भी कम हो जाती हैं। इसका कारण यह है कि डेटा की प्रकृति लगातार विकसित हो रही है और हर दिन अधिक से अधिक असंरचित डेटा जोड़ा जा रहा है। अब संगठनों में मौजूद डेटा का 80 से 90 प्रतिशत आमतौर पर असंरचित होता है। इसमें से 1 प्रतिशत से भी कम डेटा का ही उपयोग या विश्लेषण किया जाता है, जबकि संरचित डेटा का लगभग 50 प्रतिशत इस्तेमाल किया जाता है। जैसे-जैसे असंरचित डेटा का अनुपात बढ़ता रहेगा, फ़नल के शीर्ष पर कन्वर्शन मैट्रिक्स और भी घटेंगे।

जैसा कि पुस्तक में पहले अध्याय 3 में उल्लेख किया गया है कि, फ़नल के नीचे जाते हुए बड़ी संख्या में मॉडल विकसित किए जाने के बावजूद, केवल कुछ ही प्रोडक्शन सिस्टम में लागू होते हैं। वास्तव में, अनुमान बताते हैं कि विकसित किए गए सभी मॉडल में से केवल 5 से 20 प्रतिशत मॉडल ही प्रोडक्शन में जाते हैं। पिछले पच्चीस सालों के अपने अनुभव में,

मैंने लगातार देखा है कि परिष्कृत फ़ॉर्च्यून 500 कंपनियों (जिनमें मैंने नेतृत्व किया और जिन ग्राहकों की सेवा की) में विकसित किए गए मॉडल का केवल एक अंश ही प्रोडक्शन में जाता है। मेरी मान्यता है कि औसतन, विकसित किए गए प्रत्येक आठ मॉडल में से सात को छोड़ दिया जाता है या बर्बाद कर दिया जाता है। छोड़े गए डैशबोर्ड, मैट्रिक्स और मॉडल का यह क़ब्रिस्तान यह प्रमाण है कि डेटा से इनसाइट्स और फिर एक्शन तक का लिंक बहुत प्रभावी नहीं है।

स्थिति और भी जटिल हो जाती है जब जो मॉडल प्रोडक्शन में जाते हैं, उनका प्रभाव आम तौर पर टेस्ट वातावरण में अनुमानित प्रभाव की तुलना में बहुत कम होता है। अनुमानित है कि 80 से 92 प्रतिशत मॉडल किसी भी तरह का मूल्य संगठन के लिए पैदा नहीं करते। औसतन, हर दस में से केवल एक मॉडल ही किसी प्रकार का व्यावसायिक मूल्य मुहैया कराता है। अब अगर हम डीआईएआई फ़नल के प्रत्येक चरण में हुए मूल्य हानि को जोड़ें, तो स्पष्ट है कि **कुल प्रभाव उपलब्ध डेटा का अधिकतम 0.5 प्रतिशत ही होता है, लेकिन ज़्यादातर मामलों में यह मात्र 0.05 प्रतिशत तक गिर जाता है, कभी-कभी यह 0.01 प्रतिशत तक भी कम हो जाता है।** इसके अलावा, यह प्रभाव संगठन के पास मौजूद कुल डेटा से नहीं बल्कि केवल उस डेटा के हिस्से से पैदा होता है, जिसे आम तौर पर 15 प्रतिशत माना जाता है और जो व्यवसाय के लिए उपयोगी है, जिससे यह कम कन्वर्शन दर और भी स्पष्ट हो जाती है।

यह स्पष्ट है कि तकनीक में किए गए विशाल निवेश के बावजूद, डेटा फ़नल के एक स्तर से दूसरे स्तर में कन्वर्शन अब भी अपेक्षित स्तर से कम है। तो ऐसा क्यों होता है, जब आज संगठन के पास बहुत सारा डेटा और बेहतरीन तकनीकें उपलब्ध हैं?

इसका कारण यह है कि अक्सर संगठन फ़नल के केवल एक स्तर पर समस्या का समाधान करने पर ध्यान केंद्रित करते हैं, जबकि फ़नल के संपूर्ण एकीकरण पर ध्यान नहीं देते। उदाहरण के लिए, सभी डेटा को एक जगह एकत्र करने का प्रयास करना, जो बेहद समय-साध्य और कभी ना ख़त्म होने वाला काम बन सकता है। ऐसे मामलों में, अनुपातहीन ध्यान केवल सभी डेटा को हासिल करने पर होता है, जबकि व्यावसायिक उपयोग के मामलों और उनके लिए आवश्यक डेटा को अच्छी तरह से परिभाषित नहीं किया गया होता। इससे आपके बनाए गए डेटा इंफ्रास्ट्रक्चर और आवश्यकताओं के बीच अंतर पैदा हो सकता है। और अगर संगठन किसी तरह सभी आवश्यक डेटा एकत्र करने और आवश्यक विश्लेषण करने में सफल हो भी जाते हैं, तो उन्हें यह चुनौतीपूर्ण कार्य सामना करना पड़ता है कि इन अंतर्दृष्टियों को सबसे प्रभावी तरीक़े से सही सिस्टम में कैसे एकीकृत और वितरित किया जाए ताकि निर्णय लेने और कार्रवाई करने में सहायता मिल सके।

डेटा को मूल्य फ़नल में बेहतर रूप से परिवर्तित करना एक बहुत बड़ा अवसर है। इसे फ़नल के किसी विशेष चरण में दक्षता बढ़ाकर और फ़नल के पूरे क्रम में बेहतर एकीकरण करके दोनों तरीक़ों से किया जा सकता है। वर्तमान में रूपांतरण मापदंड इतने कमज़ोर हैं कि

किसी भी एक या एक से अधिक स्तरों में थोड़ा भी सुधार केवल मूल्य को काफ़ी हद तक बढ़ा सकता है।

इसके अलावा, रूपांतरण मापदंड बढ़ाना ज़रूरी होने के साथ-साथ इसकी सीमाओं को समझना भी अहम है। उदाहरण के लिए, किसी संगठन के पास मौजूद डेटा का इस्तेमाल सीधे 3 प्रतिशत से 50 प्रतिशत तक बढ़ाना संभव नहीं है। इसलिए, प्रयासों को लक्षित करना ज़रूरी है। सभी डेटा को एकत्र करने, सभी डेटा को मॉडल में बदलने, सभी मॉडल को प्रोडक्शन में डालने जैसी संसाधन-गहन गतिविधियों पर ध्यान केंद्रित करने के बजाय, कुछ सबसे अहम व्यावसायिक समस्याओं पर फ़ोकस करना सफलता की संभावना को बहुत बढ़ा देता है। यही बात मुझे उस अहम पहलू की ओर ले जाती है, जो मैंने अध्याय 7 में बताई थी, यानी व्यावसायिक समस्या को स्पष्ट रूप से परिभाषित करना ताकि जड़ कारण को संकुचित किया जा सके, जिससे अधिकतम प्रभाव पैदा करने के लिए आवश्यक सबसे अहम या 'उपयोगी' डेटा की पहचान की जा सके।

संगठनों के लिए यह ज़रूरी है कि वे इस विशाल मूल्य क्षरण को रोकने का तरीक़ा खोजें, जिसके लिए डीआईएआई फ़नल के विभिन्न स्तरों को अच्छे से जोड़ा जाना चाहिए और स्पष्ट नतीजे के साथ शुरुआत करनी चाहिए। और मेरे अनुभव में, इसे सबसे प्रभावी तरीक़े से करने का तरीक़ा डेटा उत्पाद बनाना है।

डेटा उत्पाद इस पूरी अराजकता में क्रम लाने का सबसे प्रभावी तरीक़ा हैं

डेटा उत्पाद को अंतिम उद्देश्य को ध्यान में रखकर डिज़ाइन किया जाता है। प्रत्येक डेटा उत्पाद किसी न किसी लक्ष्य या परिणाम को हासिल करने में मदद करता है। यह परिणाम भिन्न-भिन्न हो सकता है, जैसे ग्राहक विभाजन (कस्टमर सेगमेंटेशन) या उत्पाद सिफ़ारिश (प्रोडक्ट रिकमेंडेशन), लेकिन स्पष्ट रूप से पहचाने और परिभाषित किए गए परिणामों के साथ, डेटा उत्पाद को पीछे से डिज़ाइन किया जाता है ताकि आवश्यक तकनीक, आवश्यक विश्लेषण और उसे समर्थन देने वाला डेटा निर्धारित किया जा सके। इसके बाद डेटा उत्पाद को एक स्वायत्त इकाई या सेल्फ़-कंटेंड यूनिट के रूप में पैकेज किया जाता है।

अब चूंकि डेटा उत्पाद इस व्यवस्थित दृष्टिकोण का उपयोग करके डिज़ाइन किया गया है, डेटा, अंतर्दृष्टि और क्रियाओं के बीच संबंध स्पष्ट और अधिक मजबूत हो जाता है, जिससे स्वाभाविक रूप से इच्छित प्रभाव पैदा होने की संभावनाएं बढ़ जाती हैं। दूसरे शब्दों में, डेटा उत्पाद डीआईएआई फ्रेमवर्क के विभिन्न चरणों को काफ़ी हद तक संकुचित कर देते हैं, डेटा स्टैक की क्षैतिज परिधि में उपलब्ध क्षमताओं का लाभ उठाकर इन्हें पुनः प्रयोज्य वर्टिकल स्लाइस में बदलते हैं।

डेटा उत्पाद : स्वामित्व और सहयोग के मुद्दों का संभावित समाधान

बिग डेटा के युग में, डेटा के स्वामित्व और सहयोग को स्थापित करना आसान नहीं है। व्यापारिक इकोसिस्टम की बढ़ती जटिलता के साथ, अब संगठन की मूल्य श्रृंखला में डेटा उत्पन्न करने और उपयोग करने में कई हितधारक शामिल हैं। नतीजतन, इस सहयोग को सुगम बनाने के लिए ज़िम्मेदारी और स्वामित्व के चारों ओर एक अधिक संरचित ढांचा ज़रूरी हो जाता है। डेटा उत्पाद इस स्वामित्व और सहयोग की चुनौती का संभावित समाधान बनकर उभर सकते हैं, जो डेटा पहलों के लिए स्पष्ट जवाबदेही और ज़िम्मेदारी मुहैया कराने वाला एक संरचित ढांचा पेश करते हैं। यह दृष्टिकोण डेटा साइलो, प्रयासों की पुनरावृत्ति और डेटा-संबंधित कार्यों के लिए ज़िम्मेदार व्यक्ति को लेकर भ्रम को रोकने में मदद करेगा।

इसके अलावा, परिभाषित भूमिकाओं और ज़िम्मेदारियों के साथ, क्रॉस-फ़ंक्शनल टीमें सहजता से सहयोग कर सकती हैं। डेटा तक साझा पहुंच, सहयोगी उपकरण और कार्यप्रवाह टीम के सदस्यों के बीच निर्बाध सहयोग को सक्षम करेंगे, जिससे सामूहिक समस्या-समाधान, क्रमिक विकास और सामूहिक निर्णय-निर्माण को प्रोत्साहन मिलेगा। इस विषय पर और जानकारी के लिए देखिए, अध्याय 17, संगठनात्मक संरेखण : डेटा का मालिक कौन है?

डेटा उत्पादों के विभिन्न प्रकार

डेटा स्टैक की अलग-अलग परतों को वर्टिकल रूप से जोड़कर कई तरह के संयोजन बनाए जा सकते हैं। इस पूरे दायरे में, डेटा उत्पादों को मोटे तौर पर पांच समूहों में बांटा जा सकता है- प्रोसेस्ड डेटा, डिराइव्ड डेटा, एल्गोरिदम, डिसीजन सपोर्ट और ऑटोमेटेड डिसीजन-मेकिंग।

जहां पहले तीन समूह तकनीकी उपयोगकर्ताओं के लिए अधिक उपयुक्त हैं, वहीं बाद के दो समूह व्यावसायिक परिणामों पर केंद्रित होते हैं और तकनीकी तथा गैर-तकनीकी दोनों तरह के उपयोगकर्ताओं के लिए उपयुक्त हैं।

अब जबकि हम डेटा-फ़र्स्ट दुनिया में प्रवेश कर रहे हैं, ज़्यादातर संगठन ऐसे डेटा उत्पाद बनाने का लक्ष्य रखते हैं, जो पूरे डेटा-प्रबंधन चक्र को संक्षिप्त कर सकें और जिन्हें गैर-तकनीकी व्यावसायिक उपयोगकर्ता भी आसानी से समझ और इस्तेमाल कर सकें। ये आदर्श रूप से वे डेटा उत्पाद होते हैं जो या तो निर्णय-निर्माण में सहायता करते हैं या फिर कार्यों का स्वचालन करते हैं। तो, मैं सबसे पहले इन्हीं दो के बारे में विस्तार से बताता हूं।

स्वचालित निर्णय-निर्माण या एक्शन के लिए डेटा-संवर्धित उत्पाद

ये डेटा उत्पाद सबसे उन्नत प्रकार के होते हैं, जो सिफ़ारिशें या स्वचालित एक्शन शुरू करते हैं। ये डेटा स्टैक की सभी क्षमताओं का इस्तेमाल करते हैं, जिनमें डेटा, तकनीक, एनालिटिक्स, ऑर्केस्ट्रेशन और खपत परतें शामिल हैं। इनका मूल एआई/एमएल-आधारित होता है, जो

पूरा काम करता है और उपयोगकर्ता को अंतिम आउटपुट या तुरंत किए जाने वाले सर्वोत्तम क़दम प्रस्तुत करता है।

इन्हें उपयोगकर्ता अनुभव को ध्यान में रखकर डिज़ाइन किया जाता है, ताकि उपयोगकर्ता बिना डेटा या तकनीकी विशेषज्ञों पर निर्भर हुए आसानी से सिस्टम के साथ इंटरैक्ट कर सके। इन्हें स्वचालित एक्शन के लिए भी सक्षम किया जा सकता है, जहां किसी उपयोगकर्ता की भागीदारी की ज़रूरत नहीं होती। इसका एक अच्छा उदाहरण है, स्वचालित कार में सेल्फ़-ड्राइविंग सिस्टम। और अब मैं बताता हूं कि स्वचालित कार को चलाने वाले कई डेटा उत्पादों में से एक कैसे काम करता है। इसे रियल टाइम कंट्रोल और एक्चुएशन डेटा प्रोडक्ट कहा जाता है, यानी कार की गतिविधियों को रियल टाइम में कैसे नियंत्रित और लागू किया जाता है। यह अन्य मॉड्यूल के साथ मिलकर काम करता है और विश्लेषित सेंसर डेटा तथा योजनाबद्ध ड्राइविंग रणनीतियों के आधार पर कार्रवाई करता है। आसपास की गाड़ियों, पैदल यात्रियों, सड़क की स्थिति और अन्य संबंधित वस्तुओं के बारे में सेंसर डेटा को एआई और मशीन-लर्निंग मॉड्यूल एकत्र और प्रोसेस करता है। यह डेटा नक़्शों और जीपीएस के साथ मिलाकर विश्लेषित किया जाता है ताकि यह तय किया जा सके कि कार को क्या करना चाहिए। इसके बाद एक और मॉड्यूल इन निर्णयों को लेता है और यह निर्धारित करता है कि कार को सुरक्षित रूप से चलाने के लिए कौन से सटीक क़दम उठाने होंगे। अंत में, व्हीकल कंट्रोल ऐंड एक्चुएशन मॉड्यूल उन निर्देशों को कार के भौतिक हिस्सों तक पहुंचाता है, जैसे एक्सिलरेटर दबाना, ब्रेक लगाना, स्टीयरिंग मोड़ना और इंडिकेटर का इस्तेमाल करना। जैसा कि मैंने पहले कहा, ये सभी मॉड्यूल भी डेटा उत्पाद ही हैं।

निर्णय समर्थन के लिए डेटा उत्पाद

एक और बहुत लोकप्रिय श्रेणी उन डेटा उत्पादों की है जिन्हें पूरे संगठन में व्यापक रूप से अपनाया जा सकता है। ये डेटा उत्पाद उपयोगकर्ता को सूचित निर्णय लेने के लिए आवश्यक जानकारी उपलब्ध कराते हैं, लेकिन स्वयं कोई निर्णय नहीं लेते। उदाहरण के लिए, कस्टमर इंगेजमेंट चैनल प्रेफ़रेंस से जुड़े डेटा उत्पाद इस तरह बनाए जाते हैं कि वे ग्राहकों की विभिन्न संचार चैनलों, जैसे ऑनलाइन, मोबाइल या प्रत्यक्ष मुलाक़ात, के प्रति पसंद का विश्लेषण और समझ कर सकें। इनसे प्राप्त अंतर्दृष्टियां निर्णयकर्ताओं को संवादात्मक डैशबोर्ड के जरिए उपलब्ध कराई जाती हैं, जिससे डेटा के साथ आसानी से जुड़ना और उस पर आधारित निर्णय लेना संभव हो जाता है। हालांकि, ये डेटा उत्पाद डेटा की सफ़ाई, विश्लेषण और प्रस्तुति से जुड़ा पूरा कठिन काम कर लेता है, फिर भी उपयोगकर्ताओं को नतीजों की व्याख्या करनी होती है और यह तय करना होता है कि उन पर एक्शन लेना है या नहीं।

जैसा कि मैंने पहले जिक्र किया है, बाक़ी तीन प्रकार के डेटा उत्पाद, ज़्यादातर तकनीकी उपयोगकर्ताओं के लिए होते हैं और ज़्यादातर मामलों में ये आंतरिक उत्पाद ही होते हैं। ये

डेटा उत्पाद उन दो व्यावसायिक-केंद्रित डेटा उत्पादों के निर्माण में भी आवश्यक घटक बन सकते हैं।

डेटा उत्पादों के रूप में एल्गोरिदम

एल्गोरिदम गणितीय नियमों और तर्कों का एक समूह होते हैं जो डेटा को इनपुट के रूप में लेकर मूल्यवान डेटा या अंतर्दृष्टि को आउटपुट के रूप में उत्पन्न करते हैं। उदाहरण के लिए, रिग्रेशन एल्गोरिदम, जिसका उपयोग एक आश्रित चर 'y' के व्यवहार की भविष्यवाणी करने के लिए किया जाता है, जो एक या अधिक स्वतंत्र चर 'x' पर आधारित होता है। दोहराए जाने योग्य ऐसे एल्गोरिदम को एक उत्पाद के रूप में संरचित किया जा सकता है, जिन्हें कई व्यावसायिक उपयोग मामलों में लागू किया जा सकता है। ये उत्पाद एल्गोरिदम पर आधारित होते हैं, जो विभिन्न विश्लेषणात्मक तकनीकों जैसे सांख्यिकीय विश्लेषण, मशीन लर्निंग या प्रेडिक्टिव मॉडलिंग का इस्तेमाल करते हैं।

ये डेटा उत्पाद आम तौर पर एपीआई के जरिए व्यापक इकोसिस्टम में एकीकृत किए जाते हैं, जिससे एल्गोरिदम डेटा इनपुट प्राप्त कर सके, उसे प्रोसेस कर सके और आउटपुट या अंतर्दृष्टि अन्य डेटा उत्पादों या उपयोगकर्ताओं को मुहैया करा सके। इनमें से ज़्यादातर डेटा उत्पाद अन्य और अधिक उन्नत डेटा उत्पादों के लिए इनपुट का काम करते हैं। ये डेटा उत्पाद वो होते हैं जो एक्शन को स्वचालित करते हैं या निर्णय सहायता मुहैया कराते हैं।

एल्गोरिदम एआई (डेटा और कंप्यूटिंग शक्ति के साथ) की प्रमुख बुनियादों में से एक हैं और अक्सर वही 'गुप्त सूत्र' होते हैं, जैसे कि मैंने अध्याय 10, प्रोप्राइटरी डेटा में बताया है। उदाहरण के लिए, यही वह तरीक़ा है, जिससे गूगल इमेज सर्च काम करता है। जब कोई उपयोगकर्ता कोई इमेज अपलोड करता है, तो यह उत्पाद एक परिष्कृत स्वामित्व वाले एल्गोरिदम का इस्तेमाल करके इमेज का विश्लेषण करता है और उसे समझता है। इसमें विशिष्टताओं को निकालना, इमेज की सामग्री को वर्गीकृत करना, और फिर उसकी संग्रहीत इमेज के विशाल डेटाबेस से तुलना करना शामिल होता है। नतीजतन, उन इमेजों का चयन होता है जो अपलोड की गई इमेज से काफ़ी मिलती-जुलती होती हैं, जिससे उपयोगकर्ताओं को वेब पर दृश्य सामग्री का अन्वेषण और खोजने का एक प्रभावी साधन मिलता है।

डेराइव्ड और प्रोसेस्ड डेटा के रूप में डेटा उत्पाद

डेराइव्ड डेटा उत्पाद वे होते हैं जो कच्चे डेटा से व्युत्पन्न या उस पर आधारित होते हैं। इन डेटा सेट्स की नींव कुछ बुनियादी स्तर के विश्लेषण को कच्चे डेटा पर लागू करके रखी जाती है, और फिर इन्हें एपीआई के जरिए उपयोगकर्ताओं के लिए उपलब्ध कराया जाता है। उदाहरण के लिए, कोई कस्टमर डेटा हब जो विभिन्न व्यवसायों में ग्राहकों का समग्र दृश्य मुहैया कराता है, या अलग-अलग क्षेत्रों या उत्पादों की बिक्री का डेटा।

प्रोसेस्ड या संसाधित डेटा सबसे बुनियादी प्रकार का डेटा उत्पाद है, जिसमें डेटा को साफ़ किया जाता है, रूपांतरित किया जाता है, एकत्र किया जाता है और समृद्ध किया जाता है ताकि उसे मानकीकृत और उपयोगी प्रारूप में उपलब्ध कराया जा सके। उदाहरण के लिए, किसी संगठन का ग्राहक जनसांख्यिकी डेटा सेट।

ये डेटा उत्पाद अक्सर अन्य डेटा उत्पादों के इनपुट के रूप में इस्तेमाल किए जाते हैं या उनके साथ मिलकर इस्तेमाल किए जाते हैं।

पकड़ में ना आने वाली चीज़ को पकड़ना

हालांकि हम संगठनों के लिए डेटा उत्पाद बनाने के बड़े लाभ देखते हैं, लेकिन डेटा, अंतर्दृष्टि और कार्रवाई को इस तरह जोड़ना कि वांछित प्रभाव मिले, आसान नहीं है। चूंकि हर संगठन की अपनी प्रक्रियाएं, ढांचे और इकोसिस्टम होते हैं, इसलिए यहां भी "एक ही तरीक़ा सबके लिए" काम नहीं करता। इसलिए, कोई डेटा उत्पाद बनाना जटिल और चुनौतीपूर्ण काम है, जिसके लिए सावधानीपूर्वक योजना निर्माण, तकनीकी विशेषज्ञता और डेटा तथा उस समस्या की गहरी समझ की ज़रूरत होती है, जिसे यह हल करने की उम्मीद की जाती है।

मेरे अनुभव में, डेटा उत्पाद बनाने और प्रबंधित करने का सबसे प्रभावी तरीक़ा है कुछ सफल और दोहराए जाने योग्य प्रोज़ेक्ट को डेटा उत्पादों में बदलना। और इसे करने का सबसे अच्छा तरीक़ा इस प्रकार है :

1. **दोहराए जाने वाले उपयोग मामलों की पहचान करना :** डेटा उत्पाद ख़ास व्यावसायिक उद्देश्यों को हासिल करने और उन समस्याओं को हल करने के लिए बनाए जाते हैं, जो बार-बार सामने आती हैं। यह डेटा स्टैक की विभिन्न क्षमताओं को एक साथ लाकर संभव होता है। इसलिए, संगठनों में इन आवर्ती परिस्थितियों की पहचान करना डेटा उत्पाद बनाने की बुनियाद है। यह पहला और बेहद अहम क़दम है, क्योंकि अगर इसे सही तरीक़े से नहीं किया गया, तो संगठन उन डेटा उत्पादों पर समय और पैसा बर्बाद कर सकते हैं जिनका कोई ठोस असर नहीं होगा या जिन्हें उपयोगकर्ता अपनाएंगे ही नहीं। इसलिए, अंतिम नतीजे को ध्यान में रखकर शुरू करना और लक्ष्य को पहले से तय करना बेहद ज़रूरी है, ताकि सही उपयोग मामलों की पहचान हो सके।
2. **'लेगो ब्लॉक' इन्वेंट्री बनाना :** एक बार जब दोहराई जाने वाली ज़रूरत की पहचान हो जाए, तो पिछले प्रोजेक्ट्स से फिर से उपयोग किए जा सकने वाले समाधान घटकों या मॉड्यूल्स को सूचीबद्ध और प्रलेखित करके विस्तृत इन्वेंट्री तैयार कीजिए। यह इन्वेंट्री पहले से परख़े गए उन घटकों का भंडार हो सकती है, जिन्होंने किसी समस्या या उपयोग

मामले को हल किया हो। इस सूची से टीमें आसानी से मौजूदा समाधानों की पहचान कर सकती हैं और उन्हें फिर से उपयोग कर सकती हैं, जिससे वांछित डेटा उत्पाद बनाना आसान हो जाता है।

3. **'लेगो ब्लॉक' प्राथमिकता निर्धारण :** इस प्रक्रिया में समाधान के विभिन्न घटकों का चार आधारों पर सावधानीपूर्वक मूल्यांकन किया जाता है– पुनः उपयोग (Reuse), पुनर्संरचना/संशोधन (Refactoring), पुनर्विकास (Redevelopment) या नए फीचर्स का निर्माण–ताकि वांछित डेटा उत्पाद तैयार किया जा सके। जो घटक दोबारा उपयोग किए जा सकते हैं, उन्हें जहाँ उपयुक्त हो, वहाँ फिर से इस्तेमाल किया जाता है। कुछ अन्य घटकों में प्रदर्शन को बेहतर बनाने या नई आवश्यकताओं को पूरा करने के लिए संशोधन (रिफैक्टरिंग) की आवश्यकता हो सकती है। कुछ घटकों को नई

'Projects to Products' approach helps in converting specific projects into repeatable Data Products

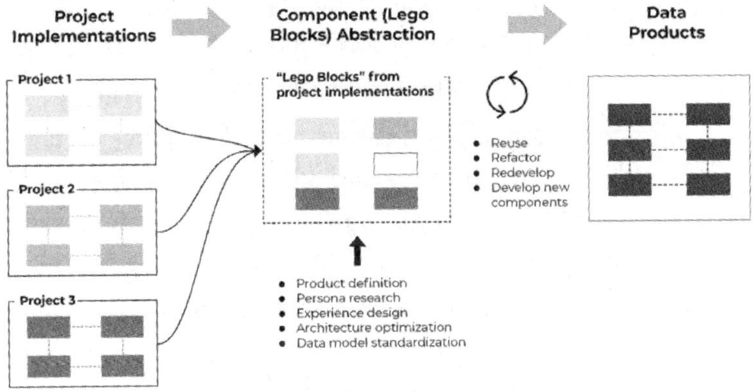

तकनीकों या अद्यतन आर्किटेक्चर के अनुरूप बनाने के लिए दोबारा विकसित करना पड़ सकता है, जबकि वांछित डेटा उत्पादों के लिए नए फीचर्स भी बनाए जा सकते हैं। यह प्राथमिकता निर्धारण का तरीक़ा मौजूदा संसाधनों का कुशल उपयोग सुनिश्चित करता है और साथ ही डेटा उत्पादों से ज़ुड़ी नई आवश्यकताओं को भी समायोजित करता है।

4. **मॉड्यूलर और अनुकूलनीय आर्किटेक्चर अपनाना :** समाधान को मॉड्यूलर घटकों में विभाजित करने से उसे अनुकूलित करना, बनाए रखना, अपडेट करना और बेहतर बनाना आसान हो जाता है। इसलिए डेटा उत्पाद के लिए फ्रेमवर्क्स और टेक्नोलॉजी का चुनाव इस तरह होना चाहिए कि वेस्केलेबिलिटी और अनुकूलन क्षमता को सक्षम करें। इससे स्टैक की अलग-अलग परतों, अनेक प्रक्रियाओं और उत्पाद के विकसित होने

के साथ आने वाली नई विशेषताओं और कार्यक्षमताओं का सहज एकीकरण संभव होगा।

5. **उपयोगकर्ता अनुसंधान और अनुभव डिज़ाइन पर ध्यान केंद्रित करना :** उपयोगकर्ता अनुसंधान और अनुभव डिज़ाइन को प्राथमिकता देने से फ़ोकस प्रोजेक्ट-विशेष समाधान से हटकर नतीजों या उपयोग मामलों पर आ जाता है। इसके लिए विभिन्न प्रोजेक्ट्स में उपयोगकर्ताओं की ज़रूरतों को समझना और उन्हें संबोधित करना आवश्यक होता है। यह प्रक्रिया ऐसे यूजर-फ्रेंडली डेटा उत्पाद बनाने में मदद करती है जिन्हें उपयोगकर्ता आसानी से अपना सकें और जो डेटा के साथ अधिक प्रभावी साबित हों।
6. **प्रोडक्ट मैनेजर-नेतृत्व वाली बहु-कौशल वाली 'पॉड्स' :** आमतौर पर 'पॉड्स' कहा जाने वाला यह ढांचा प्रोडक्ट मैनेजर-नेतृत्व वाली टीम का होता है जिसमें प्रोडक्ट मैनेजमेंट, डेटा इंजीनियरिंग, डेटा साइंस और डोमेन/बिज़नेस विशेषज्ञ जैसे बहु-कौशल वाले सदस्य होते हैं। यह टीम जवाबदेही और क्रॉस-फ़ंक्शनल सहयोग को बढ़ाती है। प्रोडक्ट मैनेजर संयोजक की तरह कार्य करता है, जो प्रोडक्ट विज़न को आगे बढ़ाने, प्राथमिकताओं का प्रबंधन करने, प्रयासों का तालमेल करने और डेटा प्रोडक्ट की सफल डिलीवरी सुनिश्चित करने के लिए ज़िम्मेदार होता है।
7. **अंतिम उपयोगकर्ताओं के साथ फ़ीडबैक, सीख और सहयोग :** डेटा प्रोडक्ट के निरंतर विकास के लिए लगातार फ़ीडबैक और अंतिम उपयोगकर्ताओं के साथ सहयोग बेहद अहम है। नियमित यूजर टेस्टिंग, सर्वे और फ़ीडबैक सत्र उपयोगकर्ताओं की ज़रूरतों, समस्याओं और सुधार के अवसरों के बारे में मूल्यवान जानकारी मुहैया कराते हैं। यह फ़ीडबैक चक्र उन क्षेत्रों की पहचान करने में मदद करता है जिन्हें बेहतर बनाने की ज़रूरत है, उपयोगकर्ता अनुभव को और परिष्कृत करता है और भविष्य की फ़ीचर डेवलपमेंट को प्राथमिकता देने में सहायक होता है।

भविष्य कैसा दिखता है?

तकनीक में निरंतर प्रगति, डेटा की बढ़ती उपलब्धता और व्यवसाय की बदलती ज़रूरतों के साथ, डेटा उत्पादों का विकास उत्साहजनक और रूपांतरकारी दिखाई देता है। इसके विकास में कुछ मुख्य पहलू अहम भूमिका निभाएंगे :

1. **एआई-प्रेरित डेटा उत्पाद :** भविष्य में मैं तकनीक, एआई, डेटा और डोमेन विशेषज्ञता के एकीकरण की उम्मीद करता हूं, जो एकीकृत डेटा प्रोडक्ट्स इकोसिस्टम का निर्माण करेगा। ये एआई-संचालित डेटा प्रोडक्ट्स मशीन-लर्निंग एल्गोरिदम का उपयोग करके बड़े डेटा सेट से मूल्यवान अंतर्दृष्टियां निकालेंगे, जिससे सटीक पूर्वानुमान और बुद्धिमान

निर्णय-ले पाना संभव होगा। उदाहरण के लिए, एआई-संचालित डेटा प्रोडक्ट जो फ़ास्ट हेल्थकेयर इंटरऑपरेबिलिटी रिसोर्सेज़ (एफ़एचआईआर) डेटा सेट का उपयोग करता है, पैटर्न पहचान सकता है, असामान्यताओं का पता लगा सकता है, और निदान, उपचार तथा रोग प्रबंधन के लिए व्यक्तिगत अनुशंसाएं मुहैया करा सकता है। उन्नत एनालिटिक्स और मशीन-लर्निंग एल्गोरिदम के जरिए, ये उत्पाद स्वास्थ्य सेवा प्रदाताओं को साक्ष्य-आधारित निर्णय लेने, निदान में सटीकता बढ़ाने, उपचार योजनाओं को बेहतर बनाने, शुरुआती हस्तक्षेप को सक्षम करने, चिकित्सीय त्रुटियों को कम करने और आख़िर कार बेहतर रोगी देखभाल तथा स्वास्थ्य परिणामों में सुधार करने में सक्षम बनाएंगे।

2. **रियल टाइम और स्ट्रीमिंग एनालिटिक्स :** जैसे-जैसे वास्तविक समय की अंतर्दृष्टि और एक्शन की मांग बढ़ती जा रही है, वैसे-वैसे ऐसे रियल टाइम डेटा उत्पादों की आवश्यकता भी बढ़ेगी जो स्ट्रीमिंग डेटा को तुरंत प्रोसेस और विश्लेषित कर सकें। रियल टाइम और स्ट्रीमिंग एनालिटिक्स का उपयोग करने वाले डेटा उत्पाद संगठनों को व्यावसायिक परिस्थितियों पर तुरंत प्रतिक्रिया देने में सक्षम बनाएंगे। इसका एक उपयुक्त उदाहरण है, बैंकों में मनी लॉन्ड्रिंग रोकने के लिए इस्तेमाल किए जाने वाले रियल टाइम और स्ट्रीमिंग एनालिटिक्स डेटा उत्पाद। ये डेटा उत्पाद लगातार विभिन्न स्रोतों से बड़े पैमाने पर मिले डेटा, जैसे लेनदेन के रिकॉर्ड, ग्राहक प्रोफ़ाइल और बाहरी डेटा फ़ीड्स, का विश्लेषण कर सकते हैं ताकि रियल टाइम में संदिग्ध गतिविधियों की पहचान की जा सके। इससे संगठनों को तुरंत एक्शन लेने में मदद मिलती है, जैसे संदिग्ध लेनदेन को जांच के लिए चिह्नित करना, खातों को फ्रीज करना या नियामकीय रिपोर्टिंग शुरू करना आदि।

3. **आईओटी जनरेटिड डेटा :** आईओटी उपकरणों के तेज़ी से फैलाव के साथ, सेंसर, वियरेबल्स और कनेक्टेड डिवाइस जैसे स्रोत आने वाले डेटा के बड़े साधन बन जाएंगे। डेटा प्रोडक्ट्स इस आईओटी-जनित डेटा का और अधिक इस्तेमाल करके मूल्यवान अंतर्दृष्टि मुहैया कराएंगे। इसका एक उदाहरण है, कॉफ़ी मशीन का प्रिवेंटिव मेंटेनेंस सिस्टम। यह सिस्टम विभिन्न सेंसरों से डेटा एकत्र करता है जो तापमान, दबाव, उपयोग के पैटर्न आदि जैसी जानकारियों को ट्रैक करते हैं। यह डेटा उत्पाद मशीन की रियल टाइम पर निगरानी करने में सक्षम बनाता है ताकि संभावित ख़राबी या रख-रखाव की ज़रूरतों का पहले से अनुमान लगाया जा सके और उन्हें समय रहते हल किया जा सके।

4. **डेटा लोकतंत्रीकरण की कुंजी :** डेटा उत्पादों के पास संगठन के सभी स्तरों पर अधिक कर्मचारियों को सेल्फ़-सर्व क्षमताएं उपलब्ध कराने की कुंजी होती है। यह एकीकृत, पूर्व-निर्मित एसेट्स के जरिए मुमकिन होता है, जो उन्हें स्वतंत्र रूप से डेटा तक पहुंचने और उसका विश्लेषण करने में सक्षम बनाते हैं, जिससे विशेष तकनीकी कौशल पर

निर्भरता ख़त्म हो जाती है। उदाहरण के लिए, कोई एआई-संचालित डेटा उत्पाद लीजिए, जो आंतरिक एचआर और वित्तीय रिकॉर्ड का इस्तेमाल करके कर्मचारियों को एक सेल्फ़-सर्व टूल मुहैया कराता है। यह उपकरण कर्मचारियों को अपने प्रदर्शन, वेतन और करियर-विकास के मापदंडों तक पहुंचने और उनका विश्लेषण करने में सक्षम बनाता है। यह डेटा उत्पाद व्यक्तियों को डेटा-प्रेरित निर्णय लेने की सुविधा देता है। इनमें कौशल अंतराल की पहचान करना, प्रदर्शन लक्ष्य तय करना और विकास के अवसर तलाशना शामिल हैं।

5. **उद्योग या क्षेत्र विशेष के अनुरूप :** डेटा उत्पाद तेज़ी से विशेष उद्योगों और क्षेत्रों के अनुसार बनाए जाएंगे, ताकि प्रत्येक उद्योग के अनूठे व्यावसायिक माहौल, नियामक आवश्यकताओं और चुनौतियों को पूरा किया जा सके। किसी ख़ास उद्योग के अनुरूप डेटा उत्पाद तैयार करने से उन उपयोग मामलों के केंद्रित विकास और परिष्करण की सुविधा मिलती है, जो उस उद्योग के लिए सबसे प्रासंगिक और प्रभावशाली हों। उदाहरण के लिए, कोई दवा कंपनी मरीजों की दवा पालनशीलता को बेहतर बनाने के लिए विशेष रूप से बनाए गए डेटा उत्पाद का इस्तेमाल कर सकती है। ये डेटा उत्पाद इलेक्ट्रॉनिक स्वास्थ्य रिकॉर्ड और वियरेबल डिवाइस जैसे तमाम चैनलों से एकत्र मरीजों के डेटा का विश्लेषण करके दवा पालन के पैटर्न और अनुपालन ना करने वाले कारकों पर मूल्यवान अंतर्दृष्टि मुहैया करा सकते हैं। मरीजों के व्यवहार की इस गहरी समझ से अनुपालन ना करने के मूल कारणों की पहचान करने, लक्षित हस्तक्षेप करने, व्यक्तिगत मरीज समर्थन कार्यक्रम विकसित करने जैसा बहुत कुछ करने में मदद मिल सकती है।

6. **डेटा मुद्रीकरण :** डेटा उत्पाद संगठनों के लिए डेटा से कमाई करने की कुंजी बन जाएंगे। डेटा उत्पाद संगठनों को इनसाइट्स, एनालिटिक्स और अमल योग्य जानकारी को पैकेज करके उपलब्ध कराने का एक तरीक़ा मुहैया कराते हैं। कच्चे डेटा को मूल्यवान उत्पादों में बदलकर, संगठन नए राजस्व स्रोत बना सकते हैं, अब तक अनछुए बाज़ार अवसरों को खोल सकते हैं और अपनी प्रतिस्पर्धात्मक बढ़त को मजबूत कर सकते हैं। इसका एक अच्छा उदाहरण है, मॉर्टगेज में विशेषज्ञता रखने वाली किसी बैंकिंग कंपनी के लिए डेटा-ऐज-ए-सर्विस (डीएएएस)। ऐसे डेटा उत्पाद अपने विशाल मॉर्टगेज डेटा का इस्तेमाल करके ग्राहक व्यवहार, बाज़ार रुझान और जोख़िम विश्लेषण जैसी अंतर्दृष्टियां उपलब्ध करा सकते हैं, जो बेहतर ग्राहक लक्ष्य निर्धारण, व्यक्तिगत ऑफ़र और अनुकूलित जोख़िम मूल्यांकन में बदल जाती हैं। इसके अतिरिक्त, ये डेटा उत्पाद बैंकिंग कंपनी को संचालन को सुव्यवस्थित करने, ऋण स्वीकृति प्रक्रियाओं को बेहतर बनाने और संभावित विकास अवसरों की पहचान करने में सक्षम बनाते हैं।

समग्र रूप से, डेटा उत्पाद में उद्योगों में क्रांति लाने, निर्णय लेने की प्रक्रियाओं को मजबूत करने, सहयोग को बढ़ावा देने और डेटा-फ़र्स्ट दुनिया में तेज़ी से नवाचार करने की अपार संभावनाएं निहित हैं।

मुख्य निष्कर्ष

- डेटा उत्पाद स्वतंत्र इकाइयां होते हैं जिन्हें एक वर्टिकल स्लाइस के रूप में तैयार किया जाता है। ये डेटा स्टैक के विभिन्न तत्वों को एकीकृत करके व्यावसायिक उपयोग मामलों को दोहराने योग्य तरीक़े से प्रस्तुत करते हैं और डेटा से इनसाइट्स तक तथा इनसाइट्स से एक्शन तक पहुंचने की प्रक्रिया को तेज़ करते हैं।
- डेटा उत्पादों में बिग डेटा की दुनिया की कई चुनौतियों को हल करने की क्षमता होती है। जैसे, डेटा से परिणाम-उन्मुख फ़ोकस सुनिश्चित करना, डेटा-मैनेजमेंट चक्र को कुशल बनाना, स्वामित्व/सहयोग की समस्याओं को संबोधित करना और सेल्फ़-सर्व को बढ़ावा देना।
- डेटा उत्पादों को प्रभावी रूप से बनाने और प्रबंधित करने के लिए संगठनों को सबसे पहले दोहराए जाने योग्य उपयोग मामलों की पहचान करनी चाहिए और फिर सफल परियोजनाओं की फिर से प्रयोग में लाने लायक़ 'लेगो ब्लॉक' इन्वेंटरी को प्राथमिकता देनी चाहिए। इसके साथ ही, उन्हें मॉड्यूलर और अनुकूलनशील संरचना अपनानी चाहिए। इसके अतिरिक्त, बहु-कुशल सदस्यों वाली प्रोडक्ट मैनेजर-नेतृत्व वाली टीमों का गठन करना चाहिए और निरंतर सुधार के लिए अंतिम उपयोगकर्ताओं के साथ फ़ीडबैक लूप बनाए रखना चाहिए।
- समय के साथ, टेक उत्पाद, एआई उत्पाद, डोमेन उत्पाद और डेटा उत्पाद जैसी विभिन्न उत्पाद संरचनाओं के बीच की सीमाएं धुंधली हो जाएंगी, क्योंकि कोई भी प्रभावी उत्पाद अपने आप में इन सभी तत्वों को सम्मिलित किए बिना काम नहीं कर पाएगा।

परत 4

कोर प्रोसेस

Layer 4 : Core Processes

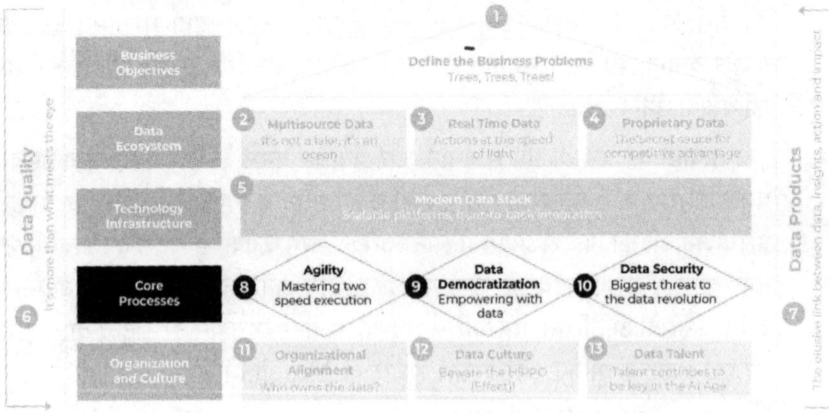

"दक्षता और प्रभावशीलता की कुंजी"

14

फुर्ती

दोहरी गति निष्पादन में महारत

'अनुमानित अनिश्चितता के दौर में, फुर्ती हमें वर्तमान में उभरने देती है और साथ ही हमारी दीर्घकालिक रणनीति को भी वर्तमान से जोड़ने का काम करती है।'

~ रोज़र स्पिट्ज,
द डेफ़िनिटिव गाइड टु थ्राइविंग ऑन डिसरप्शन : वॉल्यूम II – एसेंशियल फ्रेमवर्क्स फ़ॉर डिसरप्शन ऐंड अनसर्टेनिटी

अब तक मैं यह बता चुका हूं कि आधुनिक डेटा इंफ्रास्ट्रक्चर बनाने में क्या-क्या शामिल होता है, और अब मैं डेटा पहलों को प्रभावी ढंग से लागू करने के लिए आवश्यक मुख्य प्रक्रियाओं की चर्चा करूंगा।

यहां मैं आपको बिग डेटा दुनिया के एक और विरोधाभास से परिचित कराना चाहता हूं, जिनमें से कई का इस पुस्तक में ज़िक्र किया भी गया है। बिग डेटा का एक वादा यह है कि यह संगठनों को तेज़ और प्रभावी फ़ैसले लेने में सक्षम बना सकता है, जो अधिक राजस्व और कम लागत के रूप में संगठनों के लिए महत्त्वपूर्ण मूल्य पैदा करने के लिए बेहद ज़रूरी है। हालांकि वास्तविकता यह है कि ऐसे तेज़ और प्रभावी निर्णय लेने को सक्षम बनाने के लिए बड़े पैमाने पर, परिष्कृत समाधान स्थापित करने में समय काफ़ी लगता है। साथ ही, समाधान से कोई मूल्य उत्पन्न होना शुरू हो, उससे पहले बड़े पैमाने पर निवेश की भी तो ज़रूरत पड़ती है।

हालांकि यह पारंपरिक तरीक़ा है जिसे ज़्यादातर संगठन अपनाते हैं, लेकिन इसमें एक बड़ी कमी है, और वो ये है कि इसमें बहुत अधिक समय और बहुत अधिक पैसा ख़र्च होता है। जितना अधिक समय इन समाधानों को बनाने में लगेगा, तेज़ी से बदलते और बेहद गतिशील कारोबारी माहौल में अपेक्षित नतीजे हासिल करने की संभावना उतनी ही तेज़ी से घटती जाएगी। इसलिए जब तक समाधान बनकर तैयार होता है, तब तक व्यापारिक समस्या

की प्रकृति और अपेक्षित नतीजे दोनों ही बदल चुके हो सकते हैं। ऐसे में डेटा, उपकरण और तरीक़ों के रूप में इनपुट को फिर से देखना पड़ सकता है, जिससे समाधान अप्रासंगिक हो सकता है।

साल 2021 के एक सर्वे में केवल 29.2 प्रतिशत संगठनों ने बताया कि उन्होंने अपने डेटा और एआई निवेशों के जरिए रूपांतरकारी व्यावसायिक नतीजे हासिल किए, जबकि ज़्यादातर संगठन प्रगति करने के लिए जूझते ही रहे।

इस अध्याय में, मैं इस चुनौती पर चर्चा करूंगा और इसे प्रभावी ढंग से निपटाने के लिए एक 'फुर्तीला' उपाय सुझाऊंगा।

'बिग बैंग' दृष्टिकोण का नाकाम होना तय

तमाम डिजिटल स्रोतों से डेटा उत्पादन में तेज़ी से हुई वृद्धि ने ऐसे डेटा से निपटने की जटिलता को और बढ़ा दिया है। इसके नतीजतन, विशाल और जटिल डेटा को संभालने में सक्षम अधिक जटिल और उन्नत प्रणालियों और अनुप्रयोगों की मांग बढ़ रही है। नतीजतन, संगठन बड़े और व्यापक डेटा पहलों में निवेश कर रहे हैं, क्योंकि उनकी महत्त्वाकांक्षा है कि वे अपने पास मौजूद डेटा की पूरी क्षमता का इस्तेमाल कर सकें। 2021 में बिग डेटा और आर्टिफ़िशियल इंटेलिजेंस पहलों की प्रगति पर केंद्रित एक सी-सूट सर्वेक्षण से यह सामने आया कि आश्चर्यजनक रूप से 91.9 प्रतिशत कंपनियां ऐसे प्रोजेक्ट्स में निवेश की रफ़्तार में तेज़ी देख रही हैं। इनमें से 62 प्रतिशत कंपनियों ने बताया कि उन्होंने डेटा और एआई पहलों में 50 मिलियन डॉलर से अधिक का निवेश किया है।

और जैसे-जैसे संगठन डेटा की रूपांतरणकारी क्षमता को समझते जा रहे हैं, ये पहलें और बड़ी होती जा रही हैं, और ज़्यादा 'बिग बैंग' जैसी होती जा रही हैं। और यही असली चुनौती है। जितनी बड़ी डेटा पहल होगी, उसे बनाने में उतना ही ज़्यादा समय और निवेश लगेगा। और जितना ज़्यादा समय लगेगा, नाकाम होने की संभावना उतनी ही ज़्यादा होगी। यह कोई इक्का-दुक्का मामला नहीं है, बल्कि आज का सामान्य चलन है। मैंने इसे अपने कई क्लाइंट्स के मामलों में बार-बार होते देखा है।

यह पारंपरिक बिग बैंग दृष्टिकोण व्यापक, सब-कुछ समेटने वाले समाधान और बड़े पैमाने पर तैनाती का प्रतीक है। इसे प्रायः सभी आवश्यक डेटा, प्रणालियों और प्रक्रियाओं को क्रमिक तरीक़े से लागू करके किया जाता है, जिसे अक्सर वॉटरफॉल पद्धति कहा जाता है। इसमें परियोजना को अलग-अलग चरणों में बांटा जाता है, और हर चरण पूरा होने के बाद ही अगला चरण शुरू होता है। इस रैखिक तरीक़े से क्षमता निर्माण की प्रगति चरणबद्ध तरीक़े से होती है।

यह बिग बैंग दृष्टिकोण लंबे समय से चले आ रहे उस विश्वास से उपजा है कि 'बड़ा ही बेहतर है', जबकि सच्चाई यह है कि ऐसा है नहीं! यह दृष्टिकोण व्यापक समाधानों पर तो ज़ोर देता है, लेकिन अल्प और मध्यम अवधि में ठोस और तात्कालिक व्यावसायिक नतीजे देने में नाकाम रहता है। और आज संगठनों के पास यह विलासिता नहीं है कि वे सब कुछ पूरी तरह संरेखित होने का इंतज़ार करें। उन्हें तुरंत प्रतिक्रिया देनी होगी, जिसके लिए त्वरित समाधान बनाने की ज़रूरत है। यही वह जगह है जहां संगठनों को अपनी रणनीति बदलनी होगी। ऐसे समाधान बनाना जो तुरंत प्रभाव डालें, संगठनों को तेज़ी से दोहराने की क्षमता देने वाले ऐसे समाधान बनाने होंगे जो तुरंत प्रभाव डालें, ताकि वे गतिशील व्यावसायिक आवश्यकताओं के साथ क़दमताल कर सकें और प्रतिस्पर्धा में आगे बने रहें।

यह कहने के बाद भी, केवल अल्पकालिक समाधानों पर ध्यान केंद्रित करना, वह भी बिखरे हुए तरीक़े से, कारगर नहीं होगा। इन छोटे-छोटे हिस्सों को आपस में जोड़ना भी उतना ही आवश्यक है ताकि दीर्घकालिक क्षमताएं सफलतापूर्वक बनाई जा सकें। दुर्भाग्यवश, एक सर्वेक्षण में जहां 96 प्रतिशत उत्तरदाताओं ने भविष्य की सफलता के लिए फुर्ती को बेहद महत्त्वपूर्ण माना, वहीं केवल 26 प्रतिशत ने अपनी कंपनी की वर्तमान फुर्ती को उच्च स्तर पर आंका। एक प्रभावी, चुस्त या फुर्तीला दृष्टिकोण अपनाने से संगठन अल्पकालिक व्यावसायिक आवश्यकताओं को पूरा करने के साथ-साथ दीर्घकालिक रूप से स्केलेबल इंफ्रास्ट्रक्चर भी बना पाएंगे। मैं इसे 'टू स्पीड क्रियान्वयन' दृष्टिकोण कहता हूं।

टू स्पीड दृष्टिकोण

हालांकि, बिग बैंग अब कोई प्रभावी विकल्प नहीं रह गया है, लेकिन केवल सीमित और अल्पकालिक उपयोग मामलों पर ध्यान केंद्रित करना भविष्य के लिए आवश्यक विस्तार-क्षमता यानी स्केलेबिलिटी को प्रभावित करेगा। अधिक फुर्तीला दृष्टिकोण, जिसे मैं 'दो-गति दृष्टिकोण' कहता हूं, जो एक ओर अल्पकालिक व्यावसायिक प्रभाव डिलीवर करने पर केंद्रित है और दूसरी ओर इस प्रक्रिया में दीर्घकालिक क्षमताओं का निर्माण सुनिश्चित करता है, संगठनों को उनकी डेटा इंफ्रास्ट्रक्चर सफलतापूर्वक बनाने में सक्षम बनाएगा। अब मैं समझाता हूं कि ये दो गतियां क्या हैं।

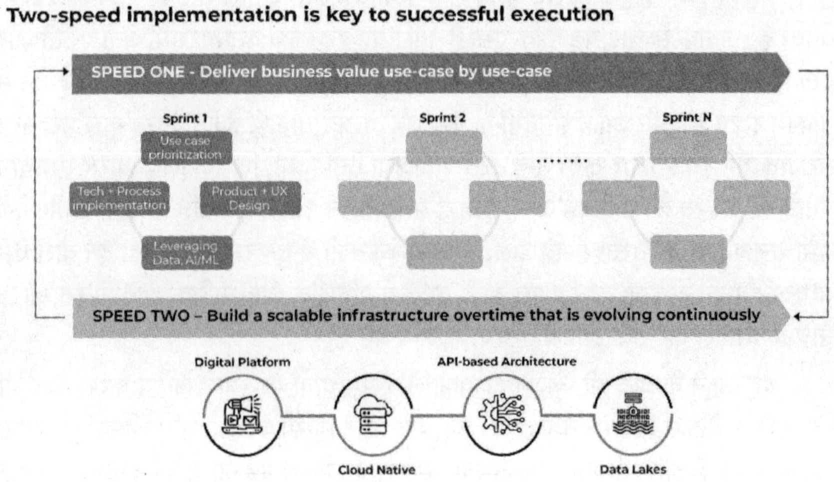

स्पीड वन : त्वरित और उच्च प्रभाव वाले समाधान

शुरुआत में, संगठनों को ऐसे उच्च-प्रभाव वाले उपयोग मामलों की पहचान करनी चाहिए जो किसी तत्काल या विशिष्ट ग्राहक या व्यावसायिक समस्या का समाधान करें और त्वरित तथा प्रत्यक्ष प्रभाव डालें। आमतौर पर यह डेटा और टेक स्टैक की विभिन्न परतों का तेज़ी से इस्तेमाल या उन्हें आपस में जोड़कर किया जा सकता है। ये घटक अपेक्षाकृत छोटे और संभालने में आसान होते हैं, इसलिए इनके लिए समाधान तैयार करना जल्दी संभव हो जाता है। इसकी वजह यह है कि किसी ख़ास समस्या को हल करने के लिए केवल चुनिंदा डेटा अवयव और पाइपलाइन की ज़रूरत होती है, ना कि पूरे डेटा को एक जगह इकट्ठा करने की।

यह उसी विचार से जुड़ता है जिसका जिक्र मैंने अध्याय 7 में किया है, यानी व्यावसायिक समस्या को सीमित दायरे में परिभाषित करना। जब व्यापक समस्या के अंदर सबसे अहम और तुरंत कार्रवाई योग्य हिस्से की पहचान कर ली जाती है, तो पूरी प्रक्रिया ज़्यादा सरल और नियंत्रित हो जाती है। इससे फ़ोकस क्षेत्र का दायरा और जटिलता कम हो जाती है, डेटा आवश्यकताओं को स्पष्ट रूप से व्यवस्थित किया जा सकता है और पूरी प्रक्रिया के दौरान डेटा की गुणवत्ता बनाए रखना आसान हो जाता है। स्पीड वन समाधान बनाना डेटा उत्पाद बनाने के दृष्टिकोण जैसा ही है। यह किसी विशेष नतीजे को ध्यान में रखकर शुरू होता है और डेटा स्टैक की सभी परतों को एक साथ लाकर तैयार किया जाता है, जैसा कि अध्याय 13 में विस्तार से बताया गया है। हालांकि डेटा उत्पाद के विपरीत, स्पीड वन समाधान आवश्यक रूप से दोहराने योग्य नहीं होता और इसलिए व्यापक उपयोग के लिए सामान्यीकृत नहीं किया जा सकता।

न्यूनतम व्यवहार्य उत्पाद (एमवीपी)

स्पीड वन समाधान विकसित करने का एक प्रभावी तरीक़ा है न्यूनतम व्यवहार्य उत्पाद (MVP) तैयार करना, जो किसी विशेष और उच्च-प्रभाव वाले व्यावसायिक समस्या या अवसर पर केंद्रित हो। इससे तेज़ी से प्रोटोटाइप तैयार करना और विचारों का परीक्षण करना संभव हो जाता है, जिससे संगठन कम निवेश में ही जल्दी यह परख सकते हैं कि प्रस्तावित समाधान कितना व्यावहारिक और मूल्यवान है।

हालांकि किसी भी समय संगठन के सामने अनेक समस्याएं होती हैं, लेकिन उनके पास सभी को हल करने के लिए सीमित संसाधन होते हैं। इसलिए, संगठनों को उन उच्च-प्रभाव वाले उपयोग मामलों की पहचान करनी चाहिए जो सबसे अधिक अहम हों और जिन्हें न्यूनतम स्तर पर तैयार कर मूल्य देने वाले समाधान में बदला जा सके। इसके लिए डेटा और टेक्नोलॉजी स्टैक के मौजूदा घटकों का इस्तेमाल करके यह समाधान तैयार किया जाता है, जिसे न्यूनतम व्यवहार्य उत्पाद कहा जाता है। आदर्श रूप से इन एमवीपी का विकास इस हिसाब से होना चाहिए कि वे आगे चलकर स्पीड टू क्षमताओं से मिलने वाले नतीजों के मुताबिक़ हों। प्राथमिकता तय करने के लिए, संगठन इन उपयोग मामलों को चार मानदंडों के आधार पर परख़ सकते हैं, ताकि यह सुनिश्चित किया जा सके कि किन्हें एमवीपी में बदला जा सकता है।

1. **समस्या की प्रासंगिकता :** किसी समस्या की प्रासंगिकता का आकलन करते समय यह देखा जाता है कि वह संगठन के समग्र रणनीतिक लक्ष्यों और तात्कालिक व्यावसायिक आवश्यकताओं से कितनी मेल खाती है। इसमें यह भी शामिल है कि समस्या को हल करने से संभावित वित्तीय लाभ जैसे लागत में बचत, राजस्व में वृद्धि या कार्यक्षमता में सुधार कितनी हद तक संभव है। एक अन्य अहम पहलू यह है कि समाधान का संगठन की विभिन्न परतों पर कितना प्रभाव पड़ेगा।
2. **जटिलता :** किसी समस्या की जटिलता का आकलन करते समय यह देखा जाता है कि उसके समाधान के लिए कितना समय और लागत लगेगी। इसमें संबंधित डेटा की जटिलता, अमल की प्रक्रिया और डेटा इंफ़्रा स्ट्रक्चर में आवश्यक बदलावों का आकलन शामिल होता है। साथ ही, जटिल समाधान लागू करने के लिए प्रक्रियाओं, कार्यप्रवाहों और इसमें शामिल लोगों को भी फिर से समायोजित करना पड़ता है, जो एक अहम पहलू होता है।
3. **विस्तार की क्षमता :** संगठनों को यह आकलन करना चाहिए कि प्रस्तावित समाधान केवल किसी विशेष कार्य-क्षेत्र या व्यवसायिक आवश्यकता तक सीमित है, या उसमें पूरे संगठन में अपनाए जाने की क्षमता है। बहुत संकीर्ण या अत्यधिक व्यापक समाधान के बीच सही संतुलन स्थापित करना बेहद महत्त्वपूर्ण है।

4. **संगठनात्मक परिपक्वता :** संगठनों को यह मूल्यांकन करना चाहिए कि उनकी वर्तमान प्रौद्योगिकी इंफ्रास्ट्रक्चर प्रस्तावित समाधान को संभालने में सक्षम है या इसके लिए उन्नयन और एकीकरण जैसे अतिरिक्त प्रयासों की आवश्यकता होगी।

स्पीड टू : दीर्घकालिक और विस्तार योग्य क्षमताओं का निर्माण

जब संगठन स्पीड वन की क्षमताओं का निर्माण कर रहे होते हैं, उसी समय उन्हें दीर्घकालिक क्षमताओं का निर्माण भी करना चाहिए, ताकि वे भविष्य में बड़े पैमाने पर काम कर सकें। केवल सीमित और संकीर्ण उपयोग मामलों पर ध्यान केंद्रित करने का मतलब होगा कि संगठन हमेशा रक्षात्मक स्थिति में रहेंगे और लंबी अवधि में कोई बड़ा प्रभाव नहीं डाल पाएंगे। इसलिए, उन्हें स्पीड वन में बने विभिन्न घटकों को समय के साथ जोड़कर दीर्घकालिक क्षमताओं की दिशा में बढ़ना होगा। यह कार्य सहयोगात्मक खोज, प्रोजेक्ट्स के पुन: उपयोग, विभिन्न व्यावसायिक इकाइयों के बीच कैटालॉगिंग और आर्टिफ़ैक्ट्स के आदान-प्रदान के जरिए संभव है। स्पीड टू को ऐसे नेटवर्क की तरह समझा जा सकता है जिसमें स्पीड वन के तहत बने अलग-अलग समाधानों को जोड़कर एक अधिक व्यवस्थित और केंद्रित दृष्टिकोण तैयार किया जाता है, ताकि दीर्घकालिक क्षमताओं का निर्माण हो सके।

स्पीड टू के कुछ प्रमुख तत्व होते हैं। इनमें से पहला है **डेटा आर्किटेक्चर ब्लूप्रिंट,** जो स्पीड वन की पहलों की पहचान और प्राथमिकता तय करने के लिए मार्गदर्शक का काम करता है, ताकि इन्हें मिलाकर स्पीड टू बनाया जा सके। हालांकि यह आर्किटेक्चर दीर्घकालिक क्षमताओं के निर्माण के लिए प्रभावी मार्गदर्शक होता है, संगठन को इसे अंतिम और स्थायी समाधान नहीं मानना चाहिए। इसे एक नॉर्थ स्टार की तरह समझना चाहिए, जो दिशा दिखाने वाला होता है, लेकिन जिसे समय-समय पर अनुभव से सीखते हुए बदला और बेहतर किया जा सके। बहुत ज़्यादा समय केवल आर्किटेक्चर डिज़ाइन करने में ख़र्च करना इसे एक अंतहीन अभ्यास बना सकता है। स्पीड टू के लिए एक और अहम पहलू है, उन सभी **डेटा स्रोतों** की पहचान करना जो इसके निर्माण में ज़रूरी होंगे। संगठन को यह स्पष्ट समझ होना चाहिए कि कौन-सा डेटा और कौन-से स्रोत उन्हें इस्तेमाल करने होंगे। इसके साथ ही उन्हें उस डेटा स्टैक की ठोस समझ भी होनी चाहिए, जो इस क्षमता को समर्थन देने के लिए आवश्यक है। आधुनिक डेटा स्टैक की परतों पर मैं पहले ही अध्याय 11 में विस्तार से चर्चा कर चुका हूं।

स्पीड वन और स्पीड टू को जोड़ना आसान नहीं है

आदर्श रूप से, स्पीड टू का निर्माण स्पीड वन के उपयोग मामलों को जोड़कर होना चाहिए, लेकिन यह उतना सरल नहीं है। इसका कारण है कि स्पीड वन और स्पीड टू की प्रकृति एक-दूसरे से काफ़ी अलग होती है और कई बार वे परस्पर विरोधी भी लगते हैं। स्पीड वन का ज़ोर

त्वरित समाधान और तुरंत प्रभाव पर होता है, जबकि स्पीड टू का लक्ष्य दीर्घकालिक विस्तार और स्थिरता है। संगठनों को अक्सर इन दोनों दृष्टिकोणों में सामंजस्य बिठाने में कठिनाई होती है। यदि ध्यान केवल स्पीड टू पर हो तो व्यावसायिक नतीजा हासिल करने में देरी होती है, और यदि केवल स्पीड वन पर ध्यान दिया जाए तो विस्तार और स्थायित्व का पहलू उपेक्षित रह जाता है। यही कारण है कि स्पीड वन के उपयोग मामलों को आधार बनाकर स्पीड टू का निर्माण करने के लिए काफ़ी अनुभव, संतुलन और केंद्रित प्रयासों की ज़रूरत होती है।

इस चुनौती से प्रभावी ढंग से निपटने के लिए संगठनों को सबसे पहले एक मार्गदर्शक डेटा आर्किटेक्चर ब्लूप्रिंट तैयार करना चाहिए, जो डेटा असेट्स, डेटा प्रक्रियाओं और डेटा संरचना का एक अद्वितीय संयोजन हो और उनके विशिष्ट व्यावसायिक उद्देश्यों के मुताबिक़ हो। यह आर्किटेक्चर एक ऐसे मार्गदर्शक के रूप में काम करता है जो बदलती व्यावसायिक प्राथमिकताओं और स्पीड वन पहलों के विकास तथा क्रियान्वयन से प्राप्त सीख के साथ विकसित होता रहता है। यही ब्लूप्रिंट स्पीड वन उपयोग मामलों से स्पीड टू बनाने की आधारशिला बनता है।

इस प्रक्रिया में एमवीपी का मूल्यांकन उनकी पुन: उपयोग क्षमता और डेटा आर्किटेक्चर ब्लूप्रिंट को बेहतर बनाने की संभावना के आधार पर किया जाता है। जो घटक ब्लूप्रिंट के अनुरूप होते हैं, उन्हें शामिल किया जाता है, और जो उपयुक्त नहीं होते, उन्हें छोड़ दिया जाता है। समय के साथ यह दोहरावपूर्ण प्रक्रिया एक ऐसे विस्तार योग्य डेटा ढांचे का निर्माण करती है, जो संगठन की बदलती ज़रूरतों को लगातार समर्थन देता रहता है।

Capability building through two-speed approach

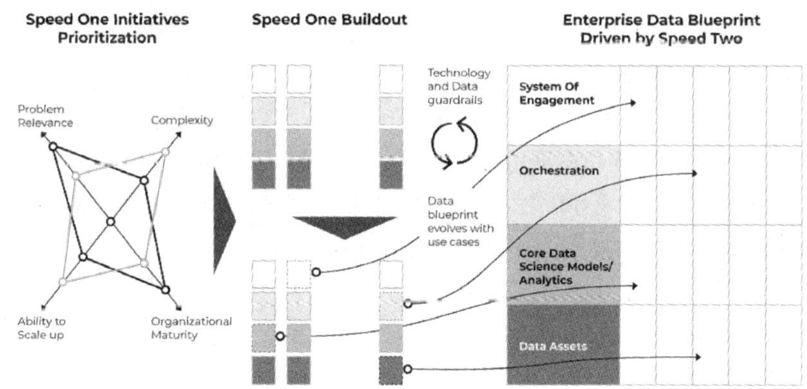

यह बिलकुल वैसे है जैसे घर पर अपनी निजी लाइब्रेरी बनाना। आप शुरुआत उन किताबों से करते हैं जो आपकी रुचियों और दीर्घकालिक ज्ञान-लक्ष्यों के अनुरूप हों। पढ़ते समय आप आकलन करते हैं कि किताब प्रासंगिक है या नहीं और उसे रखना उचित होगा या

नहीं। कुछ किताबें आपकी पसंदीदा बन जाती हैं, जबकि कुछ आपकी सीखने की यात्रा के लिए रणनीतिक रूप से महत्त्वपूर्ण साबित होती हैं।

इसके बाद आप अपनी लाइब्रेरी को व्यवस्थित करते हैं, किताबों को विषयों या शैलियों के आधार पर समूहबद्ध और क्रमबद्ध करके व्यापक ज्ञान खंड तैयार करते हैं। जो किताबें किसी श्रेणी में फ़िट नहीं बैठतीं, उन्हें आप 'विविध' खंड में रखते हैं। समय के साथ जब आप अपनी संग्रह में नई किताबें जोड़ते या उसे परिष्कृत करते हैं, तो यह 'विविध' खंड भी एक नई शैली में बदल सकता है।

कस्टमर 360-डिग्री प्लेटफ़ॉर्म बनाने के लिए टू-स्पीड एप्रोच : एक उदाहरण

इस अवधारणा को जीवंत बनाने और आसानी से समझाने के लिए मैं एक उदाहरण लेता हूं। अध्याय 7 में मैंने कस्टमर 360-डिग्री प्लेटफ़ॉर्म बनाने के विशाल कार्य के बारे में बताया था। अब यहां एक व्यावहारिक (यानी टू-स्पीड) तरीक़ा प्रस्तुत है, जिसके जरिए 'सिंगल व्यू ऑफ़ कस्टमर' या 'कस्टमर 360' हासिल किया जा सकता है। आम तौर पर संगठन सीधे स्पीड टू में कूदने की कोशिश करते हैं, जहां वे सभी संभावित ग्राहक डेटा को एक जगह समेकित करके यह प्लेटफ़ॉर्म बनाने का प्रयास करते हैं, और आख़िर ओवरलोडेड होता है।

बेहतर तरीक़ा तो यह है कि पहले वांछित नतीजों को स्पष्ट रूप से पहचान लिया जाए, जैसे नए ग्राहकों को आकर्षित करना, मौजूदा ग्राहकों को क्रॉस-सेल करना या ग्राहक बनाए रखने की दर को बेहतर करना। इन उद्देश्यों को ध्यान में रखते हुए संगठन को ऐसे हाई-इंपैक्ट स्पीड वन पहल की पहचान करनी चाहिए, जो इन व्यावसायिक लक्ष्यों को पूरा करने में मदद करें, और साथ ही समानांतर रूप से स्पीड टू के लिए आवश्यक डेटा आर्किटेक्चर ब्लूप्रिंट भी विकसित करें। मेरी स्पीड वन फ़िलॉसफ़ी में इस बात पर ज़ोर दिया जाता है कि उन घटकों को प्राथमिकता दी जाए जो तुरंत व्यावसायिक प्रभाव डालें, परिणाम-केंद्रित सोच को बढ़ावा दें और डेटा स्टैक को इस तरह अनुकूलित करें कि अधिकतम मूल्य मुहैया कराया जा सके।

अब उदाहरण लेते हैं एक रिटेल बैंक का, जो कस्टमर-इंटेलीजेंस प्लेटफ़ॉर्म बनाने की दिशा में काम करना चाहता है। बैंक को इसे इस तरह अपनाना चाहिए :

स्पीड वन की पहचान और निर्माण

स्पीड वन के हिस्से के रूप में बैंक किसी एक प्रमुख व्यावसायिक लक्ष्य से शुरुआत कर सकता है, जैसे कस्टमर चर्न या ग्राहक पलायन, यानी वे ग्राहक जो ब्रांड से जुड़ाव ख़त्म कर चुके हैं और उसके उत्पाद ख़रीदना बंद कर चुके हैं। अब, किसी बड़ी कंपनी के लिए ग्राहक पलायन का दायरा अपने आप में बहुत बड़ा होता है और उसे छोटे हिस्सों में विभाजित करना पड़ता है। व्यावहारिक रूप से बैंक को शुरुआत में किसी एक उत्पाद श्रेणी, एक क्षेत्र और एक

विशेष ग्राहक समूह में पलानय की समस्या पर ध्यान केंद्रित करना होगा। ग्राहक पलायन का आकलन करने के लिए, सबसे पहले ग्राहकों को ख़ुदरा बैंकिंग उत्पादों के प्रकार के आधार पर बांटना होगा, जैसे बचत खाता, सावधि जमा, मॉर्गेज, क्रेडिट कार्ड आदि। इसके बाद प्रत्येक उत्पाद के प्रदर्शन कारकों को अलग-अलग विश्लेषित करना होगा ताकि सबसे बड़ी समस्या वाले क्षेत्रों की पहचान की जा सके। मान लीजिए, इस उत्पाद-विभाजन के आधार पर पता चलता है कि क्रेडिट कार्ड के ग्राहक सबसे बड़ी चिंता का विषय हैं, जो बैंक के कुल पलायन में 40 प्रतिशत होते हैं। ऐसे में बैंक को ग्राहक पलायन की समस्या हल करने के लिए स्पीड वन क्षमता बनाने में सबसे पहले क्रेडिट कार्ड उत्पाद पर ध्यान देना चाहिए।

क्रेडिट कार्ड ग्राहकों के पलायन से जुड़े प्रदर्शन संकेतकों को और छोटे हिस्सों में विभाजित कर उनका विश्लेषण किया जा सकता है, ताकि यह समझा जा सके कि कौन-सा उपघटक समग्र ग्राहक पलायन पर कितना असर डाल रहा है, जैसे ग्राहक सेवा, ग्राहक को जोड़ने की प्रक्रिया या कस्टमर ऑनबोर्डिंग, उपयोगकर्ता अनुभव और उत्पाद की गुणवत्ता। इन उपघटकों के साथ सहसंबंधों का विश्लेषण करने पर यह पता लगाया जा सकता है कि ग्राहक पलायन का सबसे प्रभावशाली कारक कौन-सा है।

मान लीजिए, विश्लेषण के बाद यह स्पष्ट होता है कि उपयोगकर्ता अनुभव ग्राहक पलायन का सबसे बड़ा कारण है। अब गहराई से पड़ताल करने पर सबसे महत्त्वपूर्ण मूल कारणों की पहचान की जा सकती है। इसके बाद अगला क़दम होगा, उन प्रमुख कार्रवाइयों को परिभाषित करना जो ग्राहक अनुभव से जुड़े इन महत्त्वपूर्ण कारणों को दूर कर सकें। इन कार्रवाइयों को उनके प्रभाव और जटिलता के आधार पर प्राथमिकता दी जा सकती है ताकि ग्राहक अनुभव बेहतर हो सके। जब उच्च प्रभाव वाले और कम जटिल मामलों की पहचान हो जाती है, तो डेटा आवश्यकताओं को काफ़ी हद तक सरल और केंद्रित बनाया जा सकता है, जिससे पूरी प्रक्रिया आसानी से प्रबंधनीय हो जाती है।

इसके बाद डेटा स्टैक की विभिन्न परतों को एक साथ लाया जा सकता है, जैसे विशिष्ट डेटा स्रोत, मुख्य डेटा साइंस मॉडल और एंगेजमेंट लेयर, जो गहन अंतर्दृष्टि निकालने और लक्षित कार्रवाइयां करने में मदद करेंगे, ताकि ग्राहक पलायन को कम किया जा सके। यह आगे चलकर सक्रिय ग्राहक बनाए रखने की रणनीतियां, व्यक्तिगत ग्राहक हस्तक्षेप और टारगेटिड रिटेंशन पहलें विकसित करने में मदद करता है, जिससे पलायन कम हो और ग्राहक निष्ठा बढ़े।

इस प्रकार, ग्राहक पलायन को सुलझाने का समाधान तैयार हो जाता है। लेकिन जैसा कि मैंने अध्याय 13 में समझाया है, डेटा-इंसाइट्स-एक्शन-इंपैक्ट (डीआईएआई) फ्रेमवर्क के हर चरण में ड्रॉपआउट की संभावना रहती है, और शुरुआत में लिए गए डेटा की तुलना में हासिल हुआ प्रभाव अपेक्षाकृत कम हो सकता है। इसलिए संगठनों को समाधान का मूल्यांकन हर स्तर पर करना चाहिए, क्या इस्तेमाल किए गए डेटा स्रोत उपयुक्त और पूर्ण हैं? क्या मॉडल सही तरीक़े से बनाया गया है? क्या यह तैनात करने योग्य है? और तैनाती करने के बाद क्या यह अपेक्षित नतीजे दे रहा है या नहीं? इस प्रक्रिया के जरिए संगठन हर चरण पर

फ़ीडबैक ले सकता है, उससे सीख सकता है और आवश्यक सुधार करके स्पीड वन समाधान को और प्रभावी बना सकता है। जब यह मॉडल सफल हो जाता है, तो इसे अलग-अलग क्षेत्रों, उत्पादों या ग्राहक समूहों में विस्तारित किया जा सकता है, जिससे धीरे-धीरे स्पीड वन मजबूत होता है।

इसी तरह, एक और स्पीड वन समाधान हो सकता है, क्रॉस-सेलिंग मॉडल, यानी मौजूदा ग्राहकों को उनकी मूल ख़रीद से आगे बढ़कर अन्य उत्पाद या सेवाएं देना, ताकि राजस्व और ग्राहक संतुष्टि दोनों बढ़ें। सही डेटा स्रोतों को उपयुक्त डेटा साइंस मॉडल के साथ जोड़कर बैंक आसानी से यह पहचान सकते हैं कि किस ग्राहक के लिए कौन-सा क्रॉस-सेल ऑफ़र सबसे उपयुक्त है। इससे ग्राहक संतुष्टि बेहतर होती है, राजस्व बढ़ता है और ग्राहक संबंध और मजबूत होते हैं।

इसी तरह, बैंक लगातार और भी स्पीड वन उपयोग मामलों की पहचान कर सकता है, जो तेज़ी से बनाए जा सकें, तुरंत मूल्य मुहैया कराएं और डेटा आर्किटेक्चर ब्लूप्रिंट के अनुरूप हों।

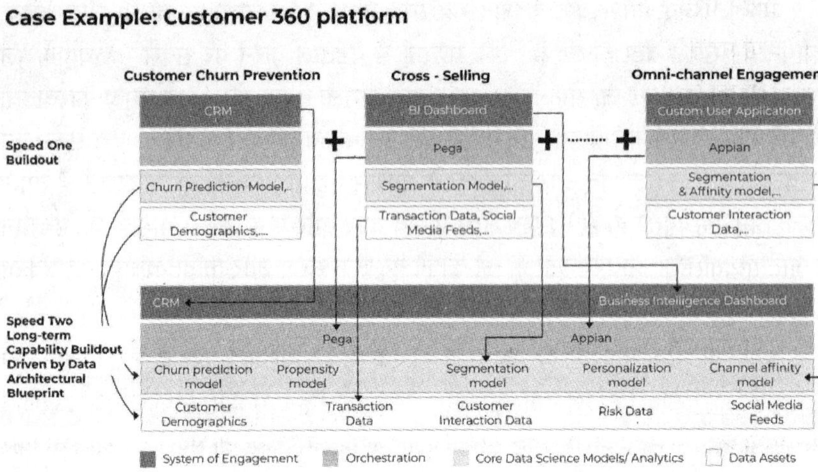

स्पीड टू डेटा आर्किटेक्चर ब्लूप्रिंट को समानांतर रूप से बनाना

इस अवधारणा को जीवंत बनाने और आसानी से समझाने के लिए मैं एक उदाहरण लेता हूं। अध्याय 7 में मैंने कस्टमर 360-डिग्री प्लेटफॉर्म बनाने के विशाल कार्य के बारे में बताया था। अब यहां एक व्यावहारिक (यानी टू-स्पीड) तरीका प्रस्तुत है, जिसके जरिए 'सिंगल व्यू ऑफ कस्टमर' या कस्टमर 360 प्लेटफ़ॉर्म के लिए, डेटा आर्किटेक्चर आम तौर पर कुछ इस प्रकार दिखेगा :

आधारभूत डेटा परत : इसमें उन डेटा स्रोतों की पहचान और परिभाषा शामिल होती है जो कस्टमर 360 प्लेटफ़ॉर्म के लिए आधार का काम करेंगे। प्रासंगिक डेटा स्रोतों की पहचान करनी होगी, जिनमें आम तौर पर शामिल होते हैं, ग्राहक का जनसांख्यिकीय और सामाजिक-आर्थिक डेटा, ग्राहक लेन-देन संबंधी डेटा (जैसे खाता हस्तांतरण, ऋण भुगतान, क्रेडिट कार्ड उपयोग, इंटरनेट बैंकिंग, एटीएम इवेंट स्ट्रीम), बैंकिंग उत्पाद उपयोग संबंधी डेटा, मार्केटिंग अभियानों पर प्रतिक्रिया और सोशल मीडिया फ़ीड आदि।

डेटा साइंस वर्कबेंच परत : यह परत एडवांस्ड एनालिटिक्स और मशीन-लर्निंग मॉडल विकसित करने और तैनात करने के लिए आवश्यक उपकरण और क्षमताएं मुहैया कराती है। इसमें आमतौर पर शामिल होते हैं, ग्राहक विभाजन इंजन, ग्राहक जीवन काल मूल्य (सीएलवी) मॉडल, क्रॉस-प्रोडक्ट एफ़िनिटी, प्रोपेंसिटी स्कोरिंग मॉडल, निजीकरण मॉडल, चर्न प्रेडिक्शन मॉडल, नेक्स्ट बेस्ट एक्शन रिकमेंडेशन मॉडल आदि। इस परत में मौजूदा मॉडलों को संशोधित करने और आवश्यकता अनुसार नए मॉडल बनाने की क्षमता भी होनी चाहिए।

ऑर्केस्ट्रेशन परत : यह परत आंतरिक और बाहरी उपयोगकर्ता सहभागिता प्रणालियों तक अंतर्दृष्टियां पहुंचाने के लिए बेहद महत्त्वपूर्ण है। इसका मुख्य उद्देश्य उपयुक्त प्रणालियों तक अंतर्दृष्टियों को बिना रुकावट के पहुंचाने की प्रक्रिया को स्वचालित करना है। इसके लिए पेगा[*] और एपियन23[†] जैसे टूल्स का इस्तेमाल किया जाता है।

---

* पेगा एक सॉफ़्टवेयर प्लेटफ़ॉर्म है जो व्यवसायों को अपने प्रक्रियाओं और वर्कफ़्लोज़ को स्वचालित और सुव्यवस्थित करने में मदद करता है। यह उपकरणों और क्षमताओं का एक सेट प्रदान करता है, जिनकी मदद से विभिन्न व्यावसायिक गतिविधियों को सँभालने और अनुकूलित करने वाले एप्लिकेशनों को डिज़ाइन, निर्माण और तैनात किया जा सकता है। पेगा कंपनियों को ऐसे एप्लिकेशन बनाने में मदद करता है जो कस्टमर सर्विस, केस मैनेजमेंट, वर्कफ़्लो ऑटोमेशन, और बिज़नेस प्रोसेस मैनेजमेंट जैसे कार्यों को संभालते हैं।यह व्यवसायों को प्रक्रियाओं को ऑटोमेट करने, उत्पादकता बढ़ाने और डेटा के आधार पर बेहतर निर्णय लेने में सक्षम बनाता है।

† एपियन एक सॉफ़्टवेयर प्लेटफ़ॉर्म है जो व्यवसायों को कस्टम एप्लिकेशन तेज़ी से और आसानी से बनाने व तैनात करने में सक्षम बनाता है। यह कंपनियों को विभिन्न व्यावसायिक प्रक्रियाओं को डिज़ाइन और ऑटोमेट, डेटा प्रबंधन, और अन्य प्रणालियों के साथ एकीकरण करने में सहायता करता है। एपियन कई प्रकार के प्री-बिल्ट कम्पोनेंट्स और टेम्पलेट्स प्रदान करता है जिन्हें किसी भी विशेष व्यावसायिक आवश्यकता के अनुसार कस्टमाइज़ किया जा सकता है। इसके माध्यम से इन कार्यों के लिए एप्लिकेशन बनाए जा सकते हैं - प्रोजेक्ट मैनेजमेंट, कस्टमर रिलेशनशिप मैनेजमेंट, और वर्कफ़्लो ऑटोमेशन। एपियन व्यवसायों को प्रक्रियाओं को स्वचालित करने, डेटा प्रबंधन में सुधार लाने और अपने संचालन के विभिन्न क्षेत्रों में दक्षता बढ़ाने में मदद करता है।

सिस्टम ऑफ़ इंगेजमेंट : अंतिम और उतनी ही महत्त्वपूर्ण परत डेटा के उपभोग और अंतिम उपयोगकर्ताओं के साथ उसकी सहभागिता पर केंद्रित होती है। यह वह अहम कड़ी है जो उपयोगकर्ताओं को सिस्टम द्वारा उत्पन्न डेटा और अंतर्दृष्टियों तक पहुंचने और उनसे जुड़ने की क्षमता मुहैया कराती है। किसी बैंक के लिए इसमें आमतौर पर आंतरिक और बाहरी उपयोगकर्ताओं के लिए उपलब्ध प्रणालियां शामिल होती हैं, जैसे कोर बैंकिंग एप्लिकेशन, कस्टमर रिलेशनशिप मैनेजमेंट सिस्टम, ग्राहक एप्लिकेशन, मार्केटिंग कैंपेन ऑर्केस्ट्रेशन सिस्टम, निर्णय सहायता प्रणाली, स्व-सेवा बिज़नेस इंटेलिजेंस टूल्स आदि।

स्पीड टू के लिए स्पीड वन को जोड़ना

जैसे-जैसे विभिन्न स्पीड वन उपयोग मामलों को सफलतापूर्वक बनाया और तैनात किया जाता है और वे वांछित प्रभाव देने में सक्षम होते हैं, मसलन क्रेडिट कार्ड के लिए ग्राहक पलायन में कमी, टर्म डिपॉजिट के लिए ग्राहक पलायन में कमी, मॉर्गेज के लिए ग्राहक पलायन में कमी आदि, तो आप ग्राहकों का एक अधिक व्यापक दृष्टिकोण विकसित करना शुरू कर देते हैं, क्योंकि अलग-अलग स्पीड वन उपयोग मामलों को बनाने में जिन डेटा सेट का इस्तेमाल किया गया, वे आपस में जुड़ने लगते हैं।

जैसे-जैसे ये स्पीड वन उपयोग मामले क्रमिक रूप से बनते जाते हैं, वैसे-वैसे अगले उपयोग मामलों को बनाना अपेक्षाकृत आसान हो जाता है क्योंकि कुछ डेटा स्रोत और मुख्य एनालिटिक्स मॉडल आपस में ओवरलैप करते हैं। उदाहरण के लिए, ग्राहक जनसांख्यिकीय डेटा और ग्राहक विभाजन मॉडल सभी ग्राहक-संबंधी डेटा उत्पाद के लिए सामान्य होंगे। इसी तरह, जैसे-जैसे अधिक से अधिक डेटा स्रोत जुड़ते जाते हैं, मुख्य डेटा साइंस मॉडल और समृद्ध होता जाता है। उदाहरण के लिए, ग्राहक विभाजन मॉडल और पर्सनलाइजेशन इंजन तब और गहरा हो जाता है जब हम अलग-अलग उत्पाद के लिए डेटा शामिल करते हैं।

Connecting Speed One initiatives to build Speed Two capabilities will help reach an inflection point where Speed Two capabilities start driving innovation

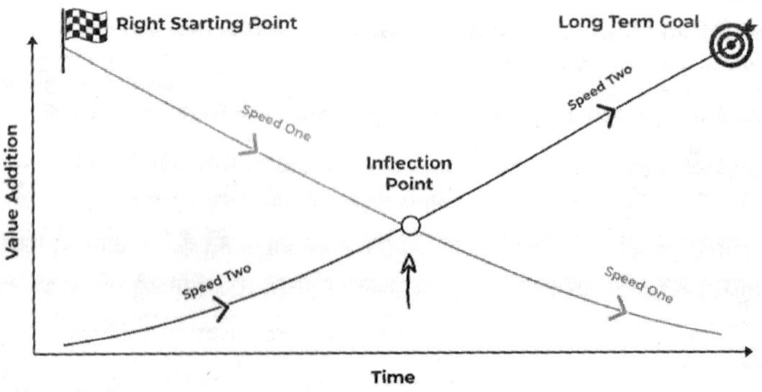

ये एकीकृत समाधान धीरे-धीरे विकसित होते हैं क्योंकि अधिक से अधिक उपयोग मामले जोड़े जाते हैं और विभिन्न उत्पादों में ग्राहकों पर कुछ प्रमुख अंतर्दृष्टियों को उजागर करने में मदद करते हैं। उदाहरण के लिए, उन ग्राहकों को क्रेडिट कार्ड बेचने का अवसर जिनका अपने बचत बैंक खाते पर एक विशिष्ट ख़र्च पैटर्न है। और जैसे-जैसे आप तमाम हिस्सों को एक साथ जोड़ते जाते हैं, अंतर्निहित ग्राहक डेटा लगातार विस्तार करता जाता है, अधिक व्यापक होता जाता है, जिससे संगठनों को और गहरी तथा अधिक शक्तिशाली अंतर्दृष्टियां निकालने में सक्षम बनाता है, जबकि अंतर्निहित डेटा आर्किटेक्चर लगातार विकसित होता रहता है।

समय के साथ-साथ एक ऐसा मोड़ भी आता है, जब डेटा नवाचार के लिए ईंधन बन जाता है। ऐसा इसलिए होता है क्योंकि जैसे-जैसे डेटा बढ़ता और फैलता है, यह एक क्रिटिकल मास तक पहुंच जाता है, जहां इसका इस्तेमाल नई और अधिक नवाचरी अंतर्दृष्टियां खोजने के लिए किया जा सकता है। इसका एक अच्छा उदाहरण गूगल है।1998 में गूगल ने एक सर्च इंजन के रूप में शुरुआत की थी, जो इंटरनेट पर मौजूद टेक्स्ट को इंडेक्स करता था और पेज की रैंकिंग प्रासंगिकता के आधार पर करता था। इससे भारी मात्रा में डेटा उत्पन्न हुआ। आने वाले वर्षों में, गूगल ने धीरे-धीरे विभिन्न स्रोतों से और अधिक डेटा एकत्रित किया और इसका इस्तेमाल कई डेटा उत्पाद या समाधान बनाने और उन्हें बेहतर करने में किया, जैसे, गूगल एडवर्ड्स, गूगल मैप, जीमेल। इन समाधानों के जरिए उसने विश्वभर के उपयोगकर्ताओं से लगातार और अधिक डेटा हासिल किया। समय के साथ गूगल उस बिंदु पर पहुंच गया जहां वह आधारभूत डेटा का इस्तेमाल करके नए और अधिक नवाचारी समाधान प्रस्तुत करने में सक्षम हुआ, जो और भी अधिक समृद्ध और व्यापक हो चुका था।

ऐसा ही एक उदाहरण है गूगल ट्रेंड्स प्लेटफ़ॉर्म। इसकी शुरुआत गूगल लैब्स में एक प्रयोगात्मक प्रोटोटाइप के रूप में हुई थी। इसमें गूगल ने अपने विशाल डेटा का इस्तेमाल यह पहचानने के लिए किया कि लोग गूगल पर किन-किन विषयों को लेकर खोज कर रहे हैं। शुरू में गूगल ने इसका इस्तेमाल एक आंतरिक उपकरण के रूप में किया ताकि खोज प्रवृत्तियों का विश्लेषण कर अपनी विज्ञापन रणनीति को बेहतर बना सके। समय के साथ यह उत्पाद काफ़ी विकसित हुआ और आज यह कई ब्रांड्स और मार्केटर्स के लिए एसईओ रणनीति को अनुकूलित करने का प्रमुख साधन बन चुका है।

मुख्य निष्कर्ष

- पारंपरिक बिग बैंग दृष्टिकोण, जिसमें डेटा और प्रौद्योगिकी अवसंरचना को एक साथ और बड़े पैमाने पर बनाया जाता है, आज के गतिशील और डिजिटल युग में समस्याग्रस्त है। यह संगठनों के लिए इतना बड़ा और जटिल कार्य बन सकता है कि जब

तक समाधान तैयार होता है, तब तक वह अप्रासंगिक हो सकता है या बिलकुल काम ना करे।

- टू-स्पीड दृष्टिकोण संगठनों को यह सुविधा देता है कि वे अल्पकालिक व्यावसायिक प्रभाव पर ध्यान केंद्रित कर सकें, जबकि इसी प्रक्रिया में दीर्घकालिक क्षमताएं भी निर्मित होती रहें।
- स्पीड वन का निर्माण उच्च-प्रभाव वाले उपयोग मामले की पहचान कर किया जाता है, जो किसी तात्कालिक या विशिष्ट व्यावसायिक समस्या को मिनिमम वायबल प्रोडक्ट (एमवीपी) दृष्टिकोण से हल करते हैं। स्पीड वन बनाने की शुरुआत स्पष्ट उद्देश्य से होती है और फिर उस उद्देश्य को पूरा करने के लिए डेटा स्टैक की सभी परतों को साथ लाकर पीछे की ओर काम किया जाता है।
- स्पीड टू का निर्माण स्पीड वन के उपयोग मामलों को आपस में जोड़कर किया जाता है, ताकि एक दीर्घकालिक और स्केलेबल क्षमता विकसित की जा सके। इस दौरान डेटा आर्किटेक्चर ब्लूप्रिंट मार्गदर्शक की भूमिका निभाता है, जो दीर्घकालिक क्षमता के निर्माण का ढांचा मुहैया कराता है।
- जैसे-जैसे स्पीड वन की क्षमताएं इस तरह व्यवस्थित रूप से जुड़ती जाती हैं, आधारभूत डेटा लगातार बढ़ता है और एक ऐसे मोड़ पर पहुंचता है जहां संगठन इसका इस्तेमाल कर नए और नवाचारी अंतर्दृष्टियां उत्पन्न करने में सक्षम हो जाते हैं।

15

डेटा लोकतंत्रीकरण

डेटा से सशक्तिकरण!

'हमारे पास यह मौक़ा है कि दुनिया का हर व्यक्ति पूरी दुनिया की जानकारी तक पहुंच बना सके। यह पहले कभी संभव नहीं हुआ था... यह अद्भुत समानता स्थापित करने वाला साधन है। जानकारी ही शक्ति है।'

~ ऐरिक श्मिट
श्मिट फ़्यूचर्स के सह-संस्थापक, पूर्व सीईओ और अध्यक्ष, गूगल

किसी भी संगठन के वास्तव में डेटा-प्रेरित बनने के लिए ज़रूरी है कि संगठन के हर स्तर पर निर्णय-निर्माण में डेटा का प्रभावी रूप से इस्तेमाल किया जाए। इसके लिए डेटा को उपलब्ध और आसानी से सुलभ बनाया जाना चाहिए। इसका मतलब यह नहीं है कि सभी अवरोध हटाकर हर समय हर व्यक्ति को सारा महत्त्वपूर्ण डेटा उपलब्ध करा दिया जाए। बल्कि, इसका अर्थ है सही समय पर सही लोगों को सही डेटा उपलब्ध कराया जाए और उन्हें उपयुक्त उपकरणों और तकनीकों से सक्षम बनाया जाए ताकि वे निर्णय-निर्माण में उसका इस्तेमाल कर सकें। यही डेटा को लोकतांत्रिक बनाने की कला है।

हालांकि, डेटा का लोकतंत्रीकरण अक्सर पारंपरिक मानसिकता में गहरे बदलाव की मांग करता है। पहले डेटा को कुछ चुनिंदा लोगों तक सीमित रखा जाता था, उसे शक्ति का स्रोत और इसलिए संगठन में प्रभाव और भेदभाव का साधन माना जाता था।

इस अध्याय में, मैं यह समझाऊंगा कि डेटा की असली शक्ति उसके लोकतंत्रीकरण में क्यों निहित है और इसे करते समय किन महत्त्वपूर्ण बातों का ध्यान रखना चाहिए।

ऐतिहासिक रूप से डेटा कुछ लोगों के हाथों में सत्ता केंद्रित होने का स्रोत था

पारंपरिक रूप से, कई संगठन साइलो ढांचे में काम करते थे और किसी एक विभाग का एकत्र या उत्पन्न किया गया डेटा का सख़्त नियंत्रण एक "डेटा मालिक" के पास होता था। ज़्यादातर डेटा मालिक अपना डेटा साझा करने में हिचकिचाते थे क्योंकि इसे शक्ति का स्रोत माना जाता था। चूंकि डेटा सीमित था और इस दुर्लभ और अनोखी जानकारी का इस्तेमाल ही उन्हें दूसरों से अलग बनाता था, इसलिए वे अपने डेटा की रक्षा करते थे। उन्हें यह डर भी होता था कि कहीं वे अपने मूल्यवान डेटा पर नियंत्रण न खो दें। इसके अलावा, डेटा साझा करना अक्सर जोख़िम भरा समझा जाता था क्योंकि इसमें गोपनीयता और सुरक्षा से जुड़ी चुनौतियां होती थीं। डेटा के दुरुपयोग या ग़लत व्याख्या की आशंका भी डेटा मालिकों को इसे मजबूती से थामे रहने के लिए प्रेरित करती थी। नतीजतन, डेटा साझा करना थकाऊ काम हो जाता था, जिसमें विस्तृत व्यावसायिक औचित्य प्रस्तुत करने और कई अनुमोदनों की आवश्यकता होती थी।

इसके अतिरिक्त, ज़्यादातर व्यावसायिक प्रबंधक और मालिक ना तो पहले तकनीकी रूप से सक्षम थे और ना ही आज पूरी तरह तैयार हैं कि डेटा से अपने स्तर पर अंतर्दृष्टियां निकाल सकें। 2019 की एक डेलॉयट स्टडी में 67 प्रतिशत प्रबंधकों और अधिकारियों ने बताया कि वे अपने एनालिटिक्स टूल्स से डेटा एक्सेस करने या इस्तेमाल करने में सहज महसूस नहीं करते।

इसलिए, डेटा से अंतर्दृष्टि निकालना किसी विशेष टीम या तकनीकी रूप से सक्षम सदस्य का काम बन जाता था। इससे टीमों या विभागों के बीच डेटा साझा करने में और बाधाएं पैदा होती थीं। अलग-अलग कार्यक्षेत्रों के मालिकों को इन विशेषज्ञों से अनुरोध करना पड़ता था, जो समय पर सहयोग करें या ना करें, यह निश्चित नहीं होता था।

और अंत में, चूंकि डेटा को अत्यंत मूल्यवान संपत्ति माना जाता था, इसलिए डेटा इंफ्रास्ट्रक्चर भी एक संकुचित दृष्टिकोण से तैयार किया जाता था। इसे प्रत्येक टीम या विभाग की आवश्यकताओं तक सीमित रखकर बनाया जाता था और उसके चारों ओर वर्चुअल दीवारें खड़ी कर दी जाती थीं, ताकि उसे और ज़्यादा सुरक्षित किया जा सके। इसका नतीजा यह हुआ कि संगठन के अंदर अलग-अलग और असंबद्ध सिस्टम खड़े हो गए। इन वर्चुअल दीवारों और तकनीकी अवरोधों के कारण टीमों या विभागों के बीच डेटा साझा करना बेहद कठिन हो गया और संगठन डेटा साइलो की स्थिति में फंस गए।

आज डेटा की ताक़त उसके लोकतंत्रीकरण में है

'लोकतंत्र' का अंग्रेज़ी पर्याय डेमोक्रेसी शब्द दो ग्रीक शब्दों के मेल से बना है: 'डेमोस' जिसका अर्थ है जनता और 'क्राटोस' जिसका अर्थ है शक्ति। इस तरह लोकतंत्र का वास्तविक अर्थ है

जनता की शक्ति। सदियों से दुनिया भर के कार्यकर्ता सामाजिक और आर्थिक असमानताओं के ख़िलाफ़ आवाज़ उठाते रहे हैं। उनका इस बात के लिए संघर्ष रहा है कि शक्ति कुछ चुनिंदा अभिजात वर्ग के हाथों से निकालकर बहुसंख्यक जनता तक पहुंचाई जाए और ऐसा समाज बनाया जाए जो समान अधिकारों और अवसरों पर आधारित हो।

इसी तरह, डेटा के संदर्भ में भी उसे लंबे समय तक शक्ति का स्रोत माना गया और यह शक्ति कुछ ही लोगों के हाथों में केंद्रित रही। हालांकि डिजिटल युग की सबसे बड़ी उपलब्धि, इंटरनेट दरअसल डेटा के लोकतंत्रीकरण यानी सूचना को सबके लिए उपलब्ध कराने के सिद्धांत पर ही आधारित था। यह डिजिटल दुनिया का महान समानता साधक बन गया, जहां सूचना सीमाओं और सरहदों से परे जाकर स्वतंत्र रूप से प्रवाहित होती है। आज पूरी दुनिया में 5.3 अरब से अधिक उपयोगकर्ता इंटरनेट से जुड़े हैं, जो लगातार डेटा बना रहे हैं और उसका उपभोग कर रहे हैं। प्री-डिजिटल युग में जब सूचना दुर्लभ होती थी और डेटा तक पहुंच सीमित थी, तब संगठनों को अक्सर केवल बुनियादी जानकारी पाने के लिए भी कंसल्टिंग कंपनियों और बाहरी विशेषज्ञों पर भारी निर्भर रहना पड़ता था। हालांकि इंटरनेट के कारण खुले तौर पर उपलब्ध डेटा स्रोतों की बाढ़ और डेटा की ज़बरदस्त वृद्धि (जैसा कि अध्याय 8 में चर्चा की गई) ने संगठनों को डेटा, उपकरणों, ज्ञान और किफ़ायती समाधानों तक कहीं अधिक पहुंच मुहैया कराई है। इसका एक शक्तिशाली उदाहरण है, सरकारी ओपन डेटा की उपलब्धता। आज जनसांख्यिकी, अर्थव्यवस्था, स्वास्थ्य सेवा, परिवहन और अन्य कई क्षेत्रों से जुड़ी बड़ी मात्रा में जानकारी विभिन्न सरकारी वेबसाइटों पर मुफ़्त उपलब्ध है। पहले यह जानकारी नौकरशाही की दीवारों के पीछे बंद रहती थी और केवल सीमित शोधकर्ताओं या सरकारी अधिकारियों को ही सुलभ होती थी, लेकिन आज ज़्यादातर संगठन इस डेटा का इस्तेमाल मार्केट रिसर्च, जोख़िम आकलन और अनुपालन, विस्तार और निवेश जैसे रणनीतिक निर्णयों में कर सकते हैं।

यही स्थिति आंतरिक डेटा के साथ भी है। हर टीम और हर विभाग इतनी बड़ी मात्रा में डेटा उत्पन्न कर रहे हैं कि उसे किसी एक टीम या व्यक्ति के लिए पूरी तरह से स्वामित्व में लेना या नियंत्रित करना लगभग असंभव है। और जैसा कि पहले के अध्यायों में चर्चा की गई है, आज के तेज़ रफ़्तार वाले व्यावसायिक माहौल में विविध आंतरिक और बाहरी डेटा स्रोतों पर आधारित त्वरित निर्णय लेने की आवश्यकता होती है, जिसे कोई एक विभाग या टीम नियंत्रित नहीं कर सकती। इसलिए किसी विशेष टीम या विभाग के अंदर डेटा जमा करके रखना अव्यावहारिक है।

इसके अतिरिक्त, डिजिटल युग में व्यावसायिक उद्देश्यों को हासिल करने के लिए डेटा पर सहयोगात्मक दृष्टिकोण और विकेंद्रीकरण की ओर बुनियादी बदलाव आवश्यक है। आज के जटिल और गतिशील व्यावसायिक माहौल में कोई भी संगठन, विभाग या टीम अकेले अपने बल पर व्यावसायिक लक्ष्य हासिल नहीं कर सकता।

विभिन्न कार्यक्षेत्रों के बीच क्रॉस-फ़ंक्शनल सहयोग गहरे और व्यापक निष्कर्ष निकालने के लिए अनिवार्य है, और इसका अर्थ है कि विभिन्न विभागों के बीच डेटा की अधिक पहुंच और साझाकरण हो। साथ ही, तेज़ निर्णय लेने में सक्षम होने के लिए संगठनों को डेटा की पहुंच का विकेंद्रीकरण करना होगा, जिससे विभिन्न स्तरों पर टीमों और व्यक्तियों को डेटा का इस्तेमाल करके तेज़ और सूचित निर्णय लेने की शक्ति मिले। इसलिए, डेटा को पूरे उद्यम की संपत्ति के रूप में मानना बेहद ज़रूरी है, ताकि व्यापक सहयोग और गहरे निष्कर्ष संभव हो सकें और इससे संगठन के लिए मूल्य सृजित किया जा सके।

इसलिए अब समय आ गया है कि संगठन अलग-थलग सोच से बाहर निकलें और संगठन के सभी स्तरों पर डेटा के इस्तेमाल का लोकतंत्रीकरण करें। इसके बिना किसी संगठन को वास्तविक अर्थों में डेटा-प्रेरित संगठन बनाना असंभव है।

डेटा लोकतंत्रीकरण : डेटा की शक्ति सभी तक पहुंचाना

डेटा लोकतंत्रीकरण को इस प्रकार परिभाषित किया जा सकता है, 'डेटा को सभी कर्मचारियों के लिए ***उपयुक्त तरीक़े*** *से मुहैया कराने की प्रक्रिया, जिसमें उन्हें कभी भी और सहज रूप से डेटा तक पहुंच मिल सके और साथ ही उन्हें इसे ट्रैक करने और इस्तेमाल करने के लिए* ***आवश्यक ज्ञान और उपकरण*** *मुहैया कराए जाएं, ताकि वे सेल्फ़-सर्व उपकरणों के जरिए इसका लाभ उठा सकें।'* सरल शब्दों में, यह एक सतत प्रक्रिया है जिसके तहत संगठन में हर व्यक्ति को, उसके तकनीकी ज्ञान की परवाह किए बिना, उसकी भूमिका या पद के अनुसार आवश्यक डेटा तक पहुंच दी जाती है, ताकि वह इसका सहजता से इस्तेमाल कर सके, इसके बारे में आत्मविश्वास के साथ बात कर सके और हर बार डेटा-प्रेरित निर्णय ले सके।

डेटा तक पहुंच को लोकतांत्रिक बनाने से टीमों और कार्यक्षेत्रों के अंदर और उनके बीच बेहतर सहयोग की बुनियाद तैयार होती है। डेटा की सहज उपलब्धता और आसान पहुंच डेटा साझा करने को प्रोत्साहित करती है और सभी स्तरों पर कर्मचारियों में सशक्तिकरण और विश्वास की भावना मजबूत होती है। इसके परिणामस्वरूप, संगठन निर्णय-निर्माण की पारंपरिक पदानुक्रमात्मक संस्कृति से भी दूर हो पाते हैं। इसके अलावा, आज के उच्च-गतिशीलता वाले निर्णय-निर्माण वातावरण में, डेटा की आसान और मुक्त उपलब्धता वास्तविक समय में निर्णय लेने में भी अहम भूमिका निभाती है, जिससे निर्णय लेने की प्रक्रिया में गति और सटीकता आती है।

डेटा को लोकतांत्रिक बनाने में क्या आता है?

लोकतंत्र के विभिन्न सिद्धांतों में दो प्रमुख बुनियादी तत्व हमेशा सामान्य रहते हैं: समानता और व्यक्तिगत स्वायत्तता। इसी तरह, डेटा लोकतंत्रीकरण भी मुख्य रूप से इन दो सिद्धांतों पर

आधारित है: समानता-संगठन में तकनीकी और गैर-तकनीकी निर्णय-निर्माताओं के लिए समान अवसर मुहैया कराना, ताकि डेटा तक आसान पहुंच और उसका इस्तेमाल सुनिश्चित हो; और व्यक्तिगत स्वायत्तता : जागरूकता बढ़ाना और सेल्फ़-सर्विस क्षमताएं मुहैया कराना, जिससे हर व्यावसायिक उपयोगकर्ता स्वतंत्र रूप से निर्णय ले सके और समस्या समाधान की प्रक्रिया में भाग ले सके।

डेटा लोकतंत्रीकरण की तीन मुख्य विशेषताएं होती हैं :

1. **डेटा की खोज करने लायक़ होना (डेटा डिस्कवरेबिलिटी) :** हर कर्मचारी को यह पता होना चाहिए कि निर्णय लेने के समय डेटा कहां से हासिल किया जा सकता है। आवश्यक डेटा को आसानी से खोजा जा सके, उसका ढांचा और स्रोत स्पष्ट हो, और डेटा की गुणवत्ता उत्तम हो।
2. **डेटा की पहुंच (डेटा एक्सेसबिलिटी) :** डेटा लोकतंत्रीकरण के लिए दूसरी आवश्यक विशेषता है डेटा तक पहुंच। उपयोगकर्ता को डेटा खोजने के बाद उसे अधिकृत तरीक़े से फिर से हासिल करने, संशोधित करने, कॉपी करने या साझा करने की क्षमता होनी चाहिए, ताकि वह विश्लेषण और साझा करने के लिए इसका इस्तेमाल कर सके।
3. **डेटा का उपयोग क्षमता (डेटा यूजेबिलिटी) :** अंत में, उपयोगकर्ताओं को सेल्फ़-सर्व क्षमताओं से लैस होना चाहिए, ताकि वे व्यावसायिक आवश्यकताओं के अनुसार डेटा के साथ काम कर सकें और अंतर्दृष्टियां निकाल सकें। व्यवसाय उपयोगकर्ता को बिना किसी बाहरी तकनीकी या गैर-तकनीकी मदद के, विभिन्न स्रोतों का इस्तेमाल करके डेटा का विश्लेषण स्वतंत्र रूप से करना सक्षम होना चाहिए।

इसके बावजूद, इन तीनों विशेषताओं से जुड़ी कुछ ऐसी चुनौतियां हैं, जो डेटा लोकतंत्रीकरण की प्रक्रिया को जटिल बना देती हैं :

- **डेटा की खोज योग्यता बनाए रखना :** हर दिन संगठन भारी डेटा उत्पन्न और संचित कर रहे हैं, इसलिए यह जानना आसान नहीं है कि कि कौन सा डेटा उपलब्ध है और कहां उपलब्ध है। इसमें विभिन्न डेटा स्रोतों और डेटा के प्रकार की विविधता भी शामिल है, जिस वजह से इसे संभालना और भी जटिल हो जाता है।
- **डेटा पहुंच का विकास :** संगठन लगातार बदलते व्यावसायिक परिवेश में काम कर रहे हैं, जिसमें व्यावसायिक समस्याएं लगातार बदलती रहती हैं। इसी के साथ डेटा परिदृश्य और डेटा आवश्यकताएं भी बदलती रहती हैं। संगठनों को डेटा तक पहुंच का प्रबंधन करना होता है, जिसमें आवश्यकता अनुसार पहुंच देना या हटाना शामिल है, साथ ही डेटा की सुरक्षा के उचित स्तर को सुनिश्चित करना भी ज़रूरी है।

- **डेटा इस्तेमाल को बढ़ाना :** डेटा लोकतंत्रीकरण में सफलता पाने की कुंजी है सेल्फ़-सर्व टूल्स का व्यापक रूप से अपनाना। इसके लिए यह ज़रूरी है कि हर कर्मचारी को विभिन्न स्तरों पर लगातार प्रशिक्षण और ऑनबोर्डिंग दी जाए, उपयुक्त उपकरणों की पहचान की जाए जो वर्तमान इंफ्रास्ट्रक्चर के साथ अच्छी तरह काम करें और जहां आवश्यक हो, उन्हें अपग्रेड किया जाए।

इन चुनौतियों को पार करने के लिए, मैं सुझाव देता हूं कि संगठनों को डेटा लोकतंत्रीकरण के लिए व्यवस्थित प्रक्रिया का पालन करना चाहिए।

डेटा लोकतंत्रीकरण है पुनरावृत्तिमूलक प्रक्रिया

डेटा लोकतंत्रीकरण एक सतत प्रक्रिया है। और किसी भी प्रक्रिया की तरह, इसे संगठन के लिए अधिकतम मूल्य उत्पन्न करने के लिए लगातार निगरानी और सुधार की ज़रूरत होती है। हालांकि, डेटा लोकतंत्रीकरण की राह उतनी आसान नहीं है जितनी सुनने में लगती है। इसके लिए साइलो मानसिकता से सहयोगात्मक मानसिकता की ओर पूरी तरह से बदलाव ज़रूरी है। डेटा की पूर्ण क्षमता का इस्तेमाल करने के लिए उठाए जाने वाले क़दम व्यवस्थित दृष्टिकोण की मांग करते हैं। इस खंड में, मैंने डेटा लोकतंत्रीकरण को सक्षम बनाने की प्रक्रिया प्रस्तुत की है, जो किसी भी संगठन के लिए एक ब्लूप्रिंट का काम कर सकती है, जो विभिन्न टीमों और कार्यों के बीच अधिकतम तालमेल हासिल करना चाहता है।

I. **योजना चरण :** इस चरण में संगठनों को वर्तमान बनाम अपेक्षित स्थिति (एक-इज टू-बी) का विश्लेषण करना होता है ताकि डेटा लोकतंत्रीकरण की सर्वोत्तम रणनीति समझी जा सके। इस चरण की मुख्य कार्रवाई है :

    - **डेटा इकोसिस्टम को समझना :** वर्तमान डेटा इकोसिस्टम को समझने से संगठन यह पहचान पाएंगे कि कर्मचारियों और उनकी भूमिका के आधार पर डेटा की आवश्यकताए क्या हैं, और आवश्यक डेटा को उनके पर्सोना के अनुसार उपलब्ध कराने में कौन-कौन सी बाधाएं हैं। उदाहरण के लिए, ग्राहक विवरणों सहित किसी कंपनी का बिक्री डेटा आफ़्टर सेल्स और सेवा विभाग के लिए प्रासंगिक हो सकता है, लेकिन अनुसंधान एवं विकास (आरऐंडडी) विभाग को केवल बिक्री पैटर्न की ज़रूरत होती है ताकि रुझानों को समझा जा सके, ना कि ग्राहक विवरणों की। इससे एक ऐसा एक्सेस ब्लूप्रिंट बनाने में मदद मिलेगी जो सुनिश्चित करेगा कि सही लोगों को सही डेटा तक पहुंच मिले और संगठन में अनावश्यक डेटा ओवरलोड या डेटा के आकस्मिक दुरुपयोग से बचा जा सके।

II. **सक्षम बनाने का चरण :** इस चरण में डेटा के निर्बाध साझाकरण में आने वाली बाधाओं को दूर किया जाता है और संगठन के सभी उपयोगकर्ताओं को उपयुक्त पहुंच उपलब्ध कराई जाती है। इस चरण की मुख्य कार्रवाइयां इस प्रकार हैं :

- **परंपरागत/साइलो डेटा को उजागर करना :** जब डेटा को व्यवस्थित करने के लिए खाका तैयार हो जाता है, तब संगठनों को अपनी पुरानी संरचनाओं की समीक्षा करनी चाहिए ताकि अलग-थलग पड़े हिस्सों को तोड़कर सभी प्रणालियों में डेटा का एकीकरण किया जा सके। परंपरागत डेटा प्रणालियों को या तो बदला जाना चाहिए या अपग्रेड किया जाना चाहिए ताकि वे आधुनिक डेटा प्रबंधन प्रणालियों और क्लाउड-आधारित प्लेटफ़ॉर्म के साथ सहजता से जुड़ सकें। इससे कई विभाग डेटा का इस्तेमाल कर सकें और जल्दी तथा स्वतंत्र रूप से निर्णय लेकर व्यावसायिक उद्देश्यों को हासिल कर सकें। पुरानी संरचनाओं से बने साइलो यानी अलग-थलग हिस्सों को तोड़ने का सबसे प्रभावी तरीक़ा है क्लाउड पर स्थानांतरित होना। इस तरह पुराने और अलग-थलग सिस्टम को स्केलेबल और आपस में जुड़े हुए समाधानों से बदला जा सकता है, जो निर्बाध डेटा साझाकरण और एकीकरण के लिए आवश्यक हैं।
- **भूमिका-आधारित पहुंच को सक्षम करना :** यह डेटा लोकतांत्रिकरण की सबसे महत्त्वपूर्ण चरणों में से एक है। उपयोगकर्ता की भूमिका या पर्सोना के आधार पर संगठनों को यह तय करना चाहिए कि प्रत्येक उपयोगकर्ता को निर्णय लेने की प्रक्रिया में सहायता के लिए कितने स्तर तक पहुंच की ज़रूरत है। एक बार पहुंच अधिकार तय हो जाने पर, इन उपयोगकर्ताओं को ऐसे यूजर-फ्रेंडली उपकरण उपलब्ध कराए जाने चाहिए ताकि वे अपनी तकनीकी या गैर-तकनीकी पृष्ठभूमि से परे आसानी से डेटा तक पहुंच सकें। इसलिए, इन सेल्फ़-सर्विस उपकरणों को डिज़ाइन के हिसाब से सरल, सहज और उपयोग में यथासंभव आसान होना चाहिए। इन उपकरणों में डेटा और विश्लेषण संबंधी सुविधाएं इस प्रकार शामिल की जानी चाहिएं कि वे विशेष भूमिकाओं या उपयोगकर्ता-प्रोफ़ाइल के अनुसार हों, जिससे उपयोगकर्ता के लिए डेटा को संभालना आसान हो जाए।

III. **विस्तार चरण :** जब रुकावटें दूर हो जाती हैं और सही पहुंच उपलब्ध करा दी जाती है, तो अगला चरण यह है कि संगठन के हर स्तर पर निर्णय लेने वालों द्वारा एनालिटिक्स और डेटा विज़ुअलाइजेशन उपकरणों को व्यापक रूप से अपनाने की सुविधा मुहैया की जाए। यह निम्न तरीक़ों से किया जा सकता है :

- **सेल्फ़-सर्विस को सक्षम बनाना :** कर्मचारियों की दैनिक दिनचर्या में सेल्फ़-सर्विस टूल्स को बढ़ावा देना चाहिए, जैसे डेटा विश्लेषण और विज़ुअलाइजेशन

उपकरण (पावरबीआई*, गूगल डेटा स्टूडियो†), डेटा तैयारी उपकरण (ट्राइफ़ैक्टा‡, पेक्साटा§), या डेटा अन्वेषण उपकरण (क्यूलिक सेंस¶, लुकर**) आदि। और डेटा के महत्त्व को और मजबूत करने के लिए, संगठनों को श्रेष्ठतम डेटा प्रबंधन उपकरणों, एकीकरण समाधान और डेटा गुणवत्ता सॉफ़्टवेयर का इस्तेमाल करके एंटरप्राइज डेटा में विश्वास पैदा करना चाहिए। निर्णय लेने वाले हर स्तर पर इन सेल्फ़-सर्व उपकरणों का प्रयोग अपने रोज़ाना के निर्णयों में सहजता से कर सकें, वरना लंबे समय में डेटा लोकतंत्रीकरण के प्रयास नाकाम हो जाएंगे और संगठन का भारी धन और समय बेकार चला जाएगा।

- **निरंतर जागरूकता बनाना :** ज़्यादातर व्यावसायिक उपयोगकर्ता एनालिटिकल टूल्स और डैशबोर्ड से परिचित नहीं होते और इसलिए उन्हें अपनी दैनिक दिनचर्या में इस्तेमाल करने से हिचकिचाते हैं। इसलिए इन उपकरणों के प्रति जागरूकता और सहजता पैदा करना ज़रूरी है, जिसे प्रभावी ऑनबोर्डिंग और निरंतर प्रशिक्षण के जरिए किया जा सकता है। सभी डेटा उपयोगकर्ताओं को

---

* माइक्रोसॉफ़्ट पावरबीआई एक बिज़नेस इंटेलिजेन्स टूल है जो संगठनों को अपने डेटा का विश्लेषण करने और उसे सरल व उपयोगकर्ता-अनुकूल तरीक़े से दृश्य रूप में प्रस्तुत करने में मदद करता है। यह उपयोगकर्ताओं को विभिन्न डेटा-स्रोतों-जैसे डेटाबेसेज़, स्प्रेडशीट्स और क्लाउड सेवाओं- से कनेक्ट होने की सुविधा देता है, और उन डेटा को इंटरऐक्टिव रिपोर्ट्स व डैशबोर्ड्स में बदलने में सक्षम बनाता है। पावरबीआई सहयोग और डेटा साझा करने की सुविधाएँ भी प्रदान करता है।

† गूगल डेटा स्टूडियो (अब लुकर स्टूडियो) गूगल का एक बिज़नेस इंटेलिजेन्स टूल है। यह वेब-आधारित डेटा-विज़ुअलाइज़ेशन प्रदान करता है और उपयोगकर्ताओं को कस्टमाइज़्ड डैशबोर्ड तथा आसानी से समझ में आने वाली रिपोर्टें बनाने की सुविधा देता है।

‡ ट्राइफ़ैक्टा एक ऐसा सॉफ़्टवेयर है जो डेटा की खोज और स्वयं-सेवा आधारित डेटा तैयारी के लिए उपयोग किया जाता है- चाहे डेटा क्लाउड पर हो या ऑन-प्रिमाइसेज़ प्लेटफ़ॉर्म पर। यह कच्चे डेटा को मशीन लर्निंग, डेटा-विज़ुअलाइज़ेशन, मानव–कंप्यूटर अंतःक्रिया और पैरेलल प्रोसेसिंग जैसी तकनीकों का उपयोग करके साफ़-सुथरे और संरचित फ़ॉर्मेट में बदलता है।

§ पैक्साटा एक सेल्फ़-सर्विस डेटा प्रिपरेशन सॉफ़्टवेयर है, जो डेटा को विश्लेषण के लिए तैयार करता है। यह अलग-अलग स्रोतों से डेटा को एक जगह लाता है और डेटा-गुणवत्ता से जुड़ी समस्याओं-जैसे डुप्लिकेट्स और आउटलायर्स- की जाँच करता है। एल्गोरिदम्स और मशीन लर्निंग का उपयोग करके डेटा प्रिपरेशन के कई चरणों को स्वचालित किया जाता है, और उपयोगकर्ताओं को एक ऐसा इंटरफ़ेस दिया जाता है जो स्प्रेडशीट जैसा दिखता है।

¶ क्यूलिक सेंस एक क्लाउड-आधारित डेटा-विज़ुअलाइज़ेशन उत्पाद है। यह विभिन्न डेटा-स्रोतों से कनेक्ट होकर लचीले और इंटरऐक्टिव विज़ुअलाइज़ेशन बनाने में सक्षम है।

** लुकर एक क्लाउड-आधारित बिज़नेस इंटेलिजेन्स प्लेटफ़ॉर्म है। यह कई तरह के डेटा-स्रोतों से कनेक्ट होकर इंटरऐक्टिव रिपोर्ट्स और डैशबोर्ड्स बनाने की सुविधा प्रदान करता है।

एनालिटिक्स और विज़ुअलाइजेशन टूल्स को समझना और उनके साथ सहज होना चाहिए ताकि वे उनका पूरा लाभ उठा सकें।

- **परिष्कृत करना :** आख़िरकार, डेटा लोकतंत्रीकरण एक सतत और पुनरावृत्त प्रक्रिया है। इसलिए संगठनों को लगातार अपने डेटा इकोसिस्टम की निगरानी करनी चाहिए और किसी भी कमी की पहचान करनी चाहिए। डेटा सेट और उपकरणों का उनकी प्रभावशीलता और संगठन के सभी स्तरों पर अपनाए जाने की सीमा के आधार पर मूल्यांकन करना, प्रगति मापने और ज़रूरत के मुताबिक़ दिशा-सुधार करने का एक बड़ा पैमाना है। जब तक पूरे संगठन में प्रयास नहीं अपनाए जाते और निर्णय लेने की प्रक्रिया को सभी स्तरों पर ठोस रूप से बेहतर नहीं बनाया जाता, तब तक डेटा लोकतंत्रीकरण सफल नहीं हो सकता। इस प्रक्रिया के जरिए संगठन अपने डेटा लोकतंत्रीकरण प्रयासों में निरंतर सुधार कर सकते हैं और नवीनतम, अधिक उपयोगकर्ता-अनुकूल उपकरण ला सकते हैं जो अंतिम उपयोगकर्ता के अनुभव को बेहतर बना सकें।

लंबे समय तक डेटा लोकतंत्रीकरण को टिकाऊ बनाने के लिए, संगठनों को सही संस्कृति विकसित करनी होगी, जहां संगठन के सभी स्तरों पर कर्मचारी लगातार अपने निर्णय लेने की प्रक्रिया में डेटा का इस्तेमाल करें। इस विषय पर मैं विस्तार से अध्याय 18, डेटा संस्कृति में चर्चा करूंगा।

एयरबीएनबी : सफलता की कहानी!

कई सफल स्टार्ट-अप्स की तरह, एयरबीएनबी ने भी अपनी सेवाओं की बढ़ती मांग के कारण अभूतपूर्व दर से तीव्र वृद्धि देखी। 2007 में स्थापना के सात सालों के अंदर ही, एयरबीएनबी प्रमुख होटल चेन को पीछे छोड़कर पसंदीदा शॉर्ट-टर्म रेंटल आवास प्रदाता बन गया। 2014 की वसंत ऋतु तक इसके पास लगभग 1 करोड़ अतिथि और दुनिया भर में 5,50,000 से अधिक लिस्टिंग थीं। आज, एयरबीएनबी के 15 करोड़ से अधिक वैश्विक उपयोगकर्ता हैं, जिन्होंने एक अरब से अधिक बुकिंग की हैं और इसकी वेबसाइट पर 40 लाख से अधिक होस्ट अपनी संपत्तियां सूचीबद्ध करते हैं।

ऐसी असाधारण वृद्धि का समर्थन करने के लिए, एयरबीएनबी ने तेज़ी से अपने संचालन का विस्तार किया और अधिक से अधिक लोगों की भर्ती की। इसके साथ ही, संगठन में डेटा और आंतरिक डेटा संसाधनों, जैसे डेटा टेबल, डैशबोर्ड, रिपोर्ट, मेट्रिक्स परिभाषाएं आदि, की मात्रा में भी विस्फोटक वृद्धि हुई। इससे संगठन में डेटा-प्रेरित निर्णय-निर्माण को बड़े पैमाने पर लागू करने में एक बड़ी चुनौती पैदा हुई। नतीजतन, कर्मचारियों को कई तरह की समस्याओं का सामना करना पड़ा :

- सही डेटा संसाधन का पता करने के लिए टीमों को अक्सर दूसरों पर निर्भर होना पड़ता था।
- मेटाडेटा, डेटा लाइनेज और संदर्भ की अनुपस्थिति ने डेटा पर भरोसा कमज़ोर कर दिया।
- मल्टीपल डेटा साइलो के कारण बिखरा हुआ और असंबद्ध डेटा परिदृश्य बन गया।

इसके लिए डेटा तक पहुंच को लोकतांत्रिक बनाने के लिए, भरोसा कायम करने के लिए और टीमों को उनके निर्णय लेने की प्रक्रिया में डेटा का इस्तेमाल करने योग्य बनाने के लिए, एक केंद्रित प्रयास की ज़रूरत थी।

इन चुनौतियों का समाधान करने के लिए 'डेटापोर्टल' एक रूपांतरकारी उपकरण के रूप में सामने आया, जिसे एयरबीएनबी कर्मचारियों के बीच डेटा की पहुंच को लोकतांत्रिक बनाने और भरोसा बढ़ाने के लिए डिज़ाइन किया गया था। इसमें डेटा लोकतंत्रीकरण की वे तीनों विशेषताएं शामिल थीं, जिनके बारे में मैंने बताया है :

डेटा की खोज योग्यता : इस उपकरण ने कर्मचारियों को डेटा अन्वेषण में डेटा संसाधनों की खोज और पहचान करने की सुविधा दी। इसने पूरे डेटा इकोसिस्टम में एकीकृत सर्च सुविधा उपलब्ध कराई, जिससे खोज की योग्यता बढ़ी और मेटाडेटा सामने आया, जिसने डेटासेट का विस्तृत संदर्भ मुहैया कराया। इस उपकरण ने एकीकृत डेटा स्पेस बनाया और डेटा इकोसिस्टम का ग्राफ़-आधारित प्रतिनिधित्व दिया। इस ग्राफ़ ने जैसे डेटा टेबल, डैशबोर्ड, रिपोर्ट, उपयोगकर्ता, टीमें और अन्य संसाधनों को आपस में जोड़ा।

डेटा पहुंच : इसने डेटा से जुड़ी सर्वोत्तम प्रक्रियाओं के लिए एक ढांचा उपलब्ध कराया, जहां आवश्यक था वहां सुरक्षा सीमाएं (गार्डरेल्स) निर्धारित कीं और टीमों की भूमिकाओं के आधार पर उन्हें आसानी से डेटा तक पहुंच उपलब्ध कराई। इसने टीमों के अंदर लोकप्रिय संसाधनों को साझा करने की प्रक्रिया को भी सरल बनाया। इसके अतिरिक्त, इसने उन सभी डेटा संसाधनों का एकीकृत दृश्य मुहैया कराया जिन्हें किसी कर्मचारी ने बनाया था, संशोधित किया था या इस्तेमाल किया था, और उत्पादन तथा उपभोग के दृष्टिकोणों से पारदर्शिता को बढ़ावा दिया।

डेटा उपयोग क्षमता : डेटापोर्टल का प्रमुख घटक मेट्रिक एक्सप्लोरर, एयरबीएनबी की तमाम टीमों के लिए डेटा की तुरंत खोज और इस्तेमाल की सुविधा मुहैया कराता है। इसने टीमों को आसानी से डेटा को विभिन्न कोणों से विभाजित और विश्लेषित करने की क्षमता दी और चुने हुए व्यावसायिक मापदंडों (बिज़नेस मेट्रिक्स) को खोजना सरल बना दिया। मेट्रिक एक्सप्लोरर ने शक्तिशाली दृश्यात्मक क्षमताओं को भी समर्थन दिया, जिससे टीमों के लिए अपने निर्णय लेने की प्रक्रिया में डेटा का इस्तेमाल करना और भी आसान हो गया।

'सेल्फ़-सर्विस' : औज़ार अच्छा तो कारीगर अच्छा

आप चाहे जितना भी डेटा उपलब्ध करा दें, या सबसे जटिल डेटासेट का विश्लेषण करने के लिए जितनी भी तकनीक लगा दें, लेकिन आपकी डेटा लोकतंत्रीकरण पहल की वास्तविक सफलता का पैमाना यही है कि आपके कर्मचारी उस डेटा का इस्तेमाल करने में कितने सहज हैं। और चूंकि किसी भी संगठन में अधिकतर बिज़नेस यूजर या निर्णय-निर्माता गैर-तकनीकी पृष्ठभूमि से आते हैं, इसलिए यह बेहद अहम हो जाता है कि हर स्तर पर कर्मचारी या बिज़नेस यूजर डेटा के साथ सहज हों और न्यूनतम सहायता के साथ उसे विश्लेषित और विज़ुअलाइज करने में सक्षम हों। यही वह जगह है जहां सेल्फ़-सर्विस टूल्स महत्त्वपूर्ण भूमिका निभाते हैं, जो हर स्तर पर डेटा-प्रेरित निर्णय-निर्माण को अपनाने की प्रक्रिया को अधिकतम बनाते हैं। तकनीक के विकास के कारण, आज अत्यधिक उन्नत बिज़नेस इंटेलिजेंस टूल्स भी उपलब्ध हैं, जो गैर-तकनीकी यूजर को भी सेल्फ़-सर्विस क्षमताएं मुहैया कराते हैं।

शुरुआत में, ये टूल्स जटिल और बेहद तकनीकी होते थे, जिनके लिए विशेष कौशल की ज़रूरत होती थी। हालांकि आज, बीआई टूल्स बेहद यूजर-फ्रैंडली हो गए हैं, जिन्हें गैर-तकनीकी बिज़नेस यूजर को ध्यान में रखकर डिज़ाइन किया गया है। आइए मैं आपको इन बीआई टूल्स और प्लेटफ़ॉर्म्स की रोचक विकास यात्रा से परिचित कराता हूं, जिसने सेल्फ़-सर्विस को संभव बनाया।

Evolution of 'self-service' tools

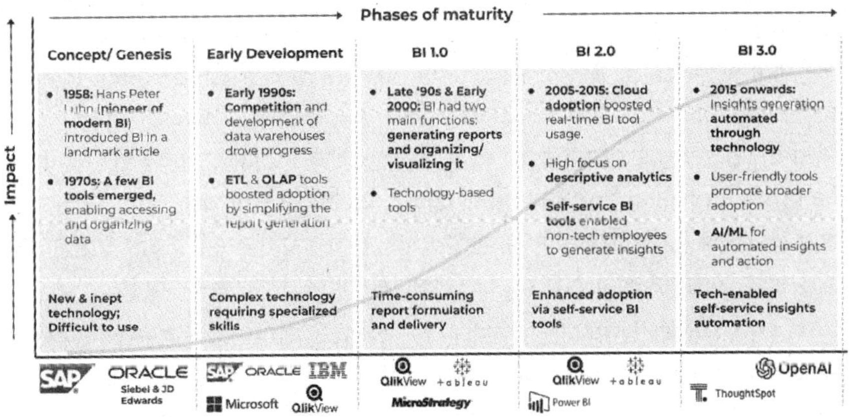

सेल्फ़-सर्विस टूल्स की यात्रा एक महत्त्वपूर्ण लेख से शुरू होती है, जिसे हांस पीटर लुहान ने लिखा था। वह IBM के कंप्यूटर वैज्ञानिक थे और जिन्हें आमतौर पर बीआई (बिज़नेस इंटेलिजेंस) का जनक कहा जाता है। इस लेख में उन्होंने तकनीक का इस्तेमाल करके बिज़नेस इंटेलिजेंस इकट्ठा करने के संभावित लाभों के बारे में बताया। एक दशक बाद, कुछ ही विशेष

लोग ऐसे थे जो डेटा को उपयोगी जानकारी में बदलने में सक्षम थे। 1970 के दशक तक, कुछ विक्रेता या वेंडर उभरने लगे जिन्होंने बिज़नेस इंटेलिजेंस या बीआई को संभव बनाया, लेकिन ये टूल्स अब भी बहुत प्रारंभिक, भारी, और उपयोग में कठिन थे।

1990 के शुरुआती सालों में, ऐसे कई और वेंडर सामने आए, जिससे प्रतिस्पर्धा बढ़ी और डेटा वेयरहाउस जैसी तकनीकी उन्नति के साथ, व्यवसाय नियमित रूप से इन-हाउस डेटा विश्लेषण का इस्तेमाल करने लगे। ईटीएल (एक्सट्रैक्ट, ट्रांसफ़ॉर्म, लोड) टूल्स और ओएलएपी (ऑनलाइन एनालिटिकल प्रोसेसिंग) के उद्भव ने अपनाने की प्रक्रिया को और बेहतर बनाया। फिर भी ये टूल्स जटिल तकनीकों पर आधारित थे और इनके लिए विशेष कौशल की ज़रूरत तो थी ही।

फिर आया हाई-टेक बीआई टूल्स का युग। 1990 के अंत से 2000 की शुरुआत तक, बीआई टूल्स ने प्रमुख विश्लेषण तैयार करने, रिपोर्ट बनाने और उन्हें प्रस्तुत करने योग्य प्रारूप में व्यवस्थित करने की मूलभूत क्षमताएं मुहैया कराईं। फिर भी ये टूल्स पूरी तरह यूजर-फ्रैंडली नहीं थे और प्रक्रिया समय लेने वाली और थकाऊ थी। 2015 तक, बीआई प्रदाता ने सरल टूल्स मुहैया कराना शुरू किया ताकि निर्णय लेने वाले अधिक आत्मनिर्भर बन सकें। यह वह युग था जब अधिक से अधिक बीआई विक्रेता सेल्फ़-सर्विस को प्रमुख क्षमता के रूप में पेश करने लगे। चूंकि ये टूल्स इस्तेमाल में आसान थे और आवश्यक कार्यक्षमता मुहैया कराते थे, बिज़नेस यूजर्स ने इन्हें व्यापक रूप से अपनाना शुरू कर दिया और सीधे डेटा के साथ काम करने लगे।

आज, बीआई टूल्स हर बड़े और मध्यम संगठन में सामान्य रूप से इस्तेमाल किए जाने वाले उपकरण बन गए हैं, चाहे वे किसी भी उद्योग क्षेत्र में काम करते हों। ये टूल्स कई डिवाइस, मोबाइल, टैबलेट और लैपटॉप, पर काम करते हैं और इंटरैक्टिव विज़ुअल इंटरफ़ेस के जरिए डेटा पर एनालिटिकल लॉजिक लागू करते हैं। जैसे-जैसे संगठन विशाल मात्रा में डेटा उत्पन्न और संग्रहीत कर रहे हैं, अनुमान है कि नए डिजिटल वर्कलोड का 95% क्लाउड-नेटिव प्लेटफ़ॉर्म पर तैनात किया जाएगा, जो डिजिटल परिवेश में प्रबंधित करने के लिए आवश्यक है। इसलिए ऑन-प्रिमाइसेस बीआई टूल्स पर्याप्त नहीं हैं और संगठन तेज़ी से क्लाउड-आधारित बीआई और एनालिटिक्स प्लेटफ़ॉर्म्स की तरफ़ बढ़ रहे हैं।

इसके अलावा, रियल-टाइम एनालिटिक्स के युग में, संगठन में लागू लाइव डैशबोर्ड्स कंपनी के डेटा का रियल टाइम में विश्लेषण, ट्रैकिंग और रिपोर्टिंग करने में मदद करते हैं और उपयोगकर्ताओं को तुरंत अहम डेटा तक पहुंच मुहैया कराते हैं। हाल के सालों में, प्रयास किए जा रहे हैं कि सेल्फ़-सर्विस से आगे बढ़कर ऑगमेंटेड एनालिटिक्स के माध्यम से स्वचालन या ऑटोमेशन किया जाए - जो अंतर्दृष्टियां उत्पन्न करने की प्रक्रिया को स्वचालित करता है। मशीन लर्निंग और नेचुरल लैंग्वेज प्रोसेसिंग (एनएलपी) जैसी एआई तकनीकों के साथ ऑगमेंटेड एनालिटिक्स मानव विशेषज्ञता और आर्टिफ़िशियल इंटेलिजेंस की शक्ति को जोड़कर पहले अप्राप्य जानकारी मुहैया कराता है। एनएलपी का का इस्तेमाल करके,

प्रशिक्षित ना किए गए यूजर भी अपने डेटा से वॉइस या टेक्स्ट कमांड के जरिए इंटरैक्ट कर सकते हैं। उदाहरण के लिए, टैबलो में 'आस्क डेटा' नामक फ़ीचर है, जो यूजर्स को सरल भाषा में अपने डेटा के बारे में प्रश्न पूछने का मौक़ा देता है, और यह प्रश्नों के आधार पर विज़ुअलाइजेशन और इनसाइट तैयार करता है।

जनरेटिव एआई : सेल्फ़-सर्विस का भविष्य

चैटजीपीटी और बार्ड जैसे टूल्स इस बात के उदाहरण हैं कि जनरेटिव एआई (जेन एआई) कैसे सेल्फ़-सर्विस अनुभव को अगले स्तर तक ले जा सकता है।

जेन एआई कस्टमाइज्ड और व्यक्तिगत कंटेंट तैयार करके, उपयोगकर्ता की उत्पादकता और रचनात्मकता को बढ़ा सकता है। इसकी कॉन्वर्सेशनल डिज़ाइन के कारण, यह गैर-तकनीकी उपयोगकर्ताओं के लिए तकनीकी बाधा को ख़त्म कर सकता है। यह लार्ज लैंग्वेज मॉडल (एलएलएम) पर आधारित है, जो एक बहुत बड़ा न्यूरल नेटवर्क है जो डीप लर्निंग तकनीकों और विशाल डेटा सेट का इस्तेमाल करता है और मानव भाषा को समझने और उत्पन्न करने के लिए प्रशिक्षित होता है। यह छिपे हुए ट्रेंड और पैटर्न खोजने में मदद कर सकता है, जिन्हें इंसानी समझ आसानी से पकड़ नहीं पाती। उदाहरण के लिए, हाल ही में कस्टमर सर्विस सेक्टर में जेन एआई के प्रभाव पर एक अध्ययन किया गया। इसमें एक चैट असिस्टेंट का प्रभाव देखा गया, जिसे फ़ॉर्च्यून 500 सॉफ़्टवेयर कंपनी के 5000 एजेंटों के डेटा का इस्तेमाल करके बनाया गया था। यह टूल, ओपनएआई द्वारा विकसित हालिया जीपीटी मॉडल पर आधारित, ग्राहक चैट की निगरानी करता है और एजेंटों को प्रतिक्रिया देने के बारे में रियल-टाइम सुझाव देता है। इस अध्ययन में पाया गया कि कार्मिक उत्पादकता में 13.8% वृद्धि हुई, यानी प्रति घंटे सफलतापूर्वक हल किए गए चैट की संख्या में वृद्धि हुई। इसके साथ ही, कम अनुभव वाले और कम कुशल एजेंटों का प्रदर्शन असमान रूप से बेहतर हुआ और वे जल्दी सीखने में सक्षम हुए।

जेन एआई का एक और महत्त्वपूर्ण उपयोग मामला नॉलेज मैनेजमेंट (ज्ञान प्रबंधन) में है। कॉन्वर्सेशनल एआई से संचालित एंटरप्राइज सर्च और नॉलेज मैनेजमेंट सिस्टम्स संगठन के प्रोप्राइटरी नॉलेज को लोकतांत्रित करने की क्षमता रखते हैं। ऐसे उपयोग मामले पहले से ही हेल्थकेयर, लीगल और फ़ाइनेंशियल सर्विसेज जैसे प्रमुख क्षेत्रों में इस्तेमाल किए जा रहे हैं। उपयोगकर्ता कॉन्वर्सेशनल भाषा का इस्तेमाल करके जानकारी खोज सकते हैं और अधिक सटीक तथा सहज नतीजा हासिल कर सकते हैं, जिससे सर्च अनुभव में सुधार होता है। यह बड़ी मात्रा में जानकारी का विश्लेषण करके और पैटर्न पहचानकर पूछताछ पर व्यक्तिगत उत्तर मुहैया कराने में मदद कर सकता है। यह विशाल जानकारी की मात्रा का विश्लेषण और वर्गीकरण करके नॉलेज बेस को क्यूरेट करने में मदद करता है, ताकि सबसे प्रासंगिक और अद्यतित सामग्री कर्मचारियों के लिए तुरंत उपलब्ध हो। यह टेक्स्ट

दस्तावेज़, लेख और मल्टीमीडिया सामग्री जैसे असंरचित डेटा को प्रोसेस कर, महत्त्वपूर्ण अंतर्दृष्टि निकालकर नॉलेज बेस को समृद्ध कर सकता है। इसके अलावा, यह यूजर इंटरैक्शन, फ़ीडबैक और बदलते डेटा स्रोतों के अनुसार ख़ुद को अनुकूलित कर सकता है और लगातार सटीक और उपयोगी जानकारी उत्पन्न करने की क्षमता को सुधारता है। आख़िरकार यह दी गई जानकारी की सटीकता और प्रासंगिकता को लगातार बेहतर बनाने में प्रभावी है। इस प्रकार, आज के सेल्फ़-सर्विस टूल्स और विकसित किए जा रहे टूल्स कर्मचारियों के प्रयास को कम करने और उन्हें अधिक महत्त्वपूर्ण और उच्च-मूल्य वाले कार्यों के लिए समय मुक्त करने का प्रभावी तरीक़ा हैं।

इतना कहने के बाद भी, जेन एआई के व्यापक रूप से अपनाए जाने में एक बड़ी बाधा यह है कि वर्तमान प्लेटफ़ॉर्म कभी-कभी हैलुसीनेशन पैदा कर सकते हैं। इसका मतलब है कि मॉडल कभी-कभी ग़लत, दोषपूर्ण, भ्रामक या पूरी तरह से तर्कहीन जानकारी उत्पन्न कर देते हैं। यह समस्या तब अधिक होती है जब मॉडल को सीमित डेटा सेट पर प्रशिक्षित किया गया हो या उसमें ग़लत जानकारी ही शामिल हो। इसका प्रभाव उपयोगकर्ता के विश्वास पर पड़ सकता है और इसलिए इसे कम करने के लिए उच्च गुणवत्ता वाले डेटा, बढ़ी हुई पारदर्शिता, और कड़े गुणवत्ता नियंत्रण उपायों का इस्तेमाल करना आवश्यक है। मैंने इस विषय को विस्तार से अध्याय 12, डेटा गुणवत्ता में बताया है।

डेटा गवर्नेंस का महत्त्व

जब मैं बात करता हूं कि सही डेटा को सही लोगों के लिए सही समय पर उपलब्ध कराया जाए, तो मैं इस विषय को बिना उस बुनियादी तत्व का ज़िक्र किए समाप्त नहीं कर सकता, जो है डेटा गवर्नेंस। डेटा गवर्नेंस वे चलन और प्रक्रियाएं हैं जिनके माध्यम से संगठन अपने डेटा संसाधनों का प्रबंधन, सुरक्षा और अनुकूलन करते हैं। ठीक, लोकतंत्र की तरह, बिना सुरक्षा और नियंत्रण के हम एक सफल और स्थायी सिस्टम नहीं चला सकते। बिना किसी सावधानी और नियंत्रण के, यह ज़्यादा समय ना लगते हुए भीड़तंत्र यानी भीड़ के राज में बदल सकता है।

मजबूत डेटा गवर्नेंस फ्रेमवर्क डेटा लोकतंत्रीकरण को सफलतापूर्वक अपनाने के लिए एक अहम कारक है। यह केवल संगठन और उसके इकोसिस्टम में डेटा के इस्तेमाल और मूल्य को बढ़ाने तक ही सीमित नहीं है, बल्कि इसे सुरक्षित रखने और नियामक दायित्वों को पूरा करने में भी मदद करता है। उचित गवर्नेंस के बिना, डेटा लोकतंत्रीकरण अराजकता, डेटा का दुरुपयोग और डेटा में विश्वास की कमी पैदा कर सकता है। डेटा गवर्नेंस डेटा को सुलभ, उपयोगी और मूल्यवान बनाता है, साथ ही इसकी सुरक्षा और संरक्षण सुनिश्चित करता है। डेटा गवर्नेंस के माध्यम से संगठन को कई महत्त्वपूर्ण लाभ मिलते हैं :

पहुंच और नियंत्रण का संतुलन : डेटा के व्यापक इस्तेमाल (डेटा लोकतंत्रीकरण) और नियंत्रण (सुरक्षा) के बीच संतुलन बनाना ज़रूरी होता है। यह सुनिश्चित करता है कि डेटा उन लोगों के लिए सुलभ हो जिन्हें इसकी आवश्यकता है और अनधिकृत पहुंच या दुरुपयोग से सुरक्षित भी रहे।

डेटा सहयोग : डेटा गवर्नेंस डेटा प्रबंधन के लिए मजबूत मानक मुहैया कराता है, जिससे डेटा साझा करने के लिए सहयोगात्मक माहौल बनता है। इससे डेटा पर विश्वास बनता है और डेटा-प्रेरित निर्णय सामूहिक रूप से लिए जाते हैं।

डेटा गुणवत्ता की सुनिश्चितता : डेटा लोकतंत्रीकरण तभी प्रभावी है जब यूजर उस डेटा पर भरोसा कर सकें जिसे वे एक्सेस करते हैं। डेटा गवर्नेंस डेटा प्रबंधन की पूरे मूल्य श्रंखला में डेटा गुणवत्ता सुनिश्चित करने के लिए प्रभावी नीतियां स्थापित करता है, जिससे डेटा की विश्वसनीयता बढ़ती है।

डेटा खोज और सूचीबद्धता : मेटाडेटा प्रबंधन और डेटा कैटलॉगिंग जैसी डेटा गवर्नेंस चलन डेटा को खोजने योग्य और समझने योग्य बनाने में अहम भूमिका निभाती हैं। ये तौर-तरीक़े डेटा लोकतंत्र के लिए मौलिक हैं, जिससे उपयोगकर्ताओं के लिए आवश्यक डेटा ढूंढ़ना और समझना आसान होता है।

डेटा फ़ीडबैक लूप : डेटा गवर्नेंस एक संरचित ढांचे के जरिए फ़ीडबैक लूप को सक्षम बनाता है। इस ढांचे के अंदर, उपयोगकर्ता डेटा के साथ इंटरैक्ट कर सकते हैं, समस्याओं या विसंगतियों की पहचान कर सकते हैं और अपनी रिपोर्ट दे सकते हैं। इन टिप्पणियों और फ़ीडबैक को डेटा गवर्नेंस प्रक्रिया में वापस चैनल किया जा सकता है, जिससे डेटा की गुणवत्ता, प्रासंगिकता और सुलभता में सुधार होता है।

जैसे-जैसे संगठन बढ़ते हुए बिग डेटा विस्फोट, नई तकनीकों, नियमों और कार्यप्रणालियों के अवसरों और चुनौतियों से जूझ रहे हैं, वैसे-वैसे डेटा गवर्नेंस भी अधिक गतिशील और जटिल होता जा रहा है। तकनीक के दृष्टिकोण से प्रमुख प्रेरक कारक हैं क्लाउड कंप्यूटिंग, एआई का सर्वव्यापी होना, और ब्लॉकचेन व विकेंद्रीकृत डेटा की बढ़ती प्रासंगिकता। नियमों के दृष्टिकोण से, सख़्त डेटा गोपनीयता नियमों का परिचय जैसे जीडीपीआर (जनरल डेटा प्रोटेक्शन रेगुलेशन) और सीसीपीए (कैलिफ़ोर्निया कंज़्यूमर प्राइवेसी एक्ट) उद्यमों को अपने डेटा प्रबंधन और अनुपालन प्रक्रियाओं को अपग्रेड करने के लिए बाध्य कर रहे हैं। और आख़िर में, कार्यप्रणालियों के दृष्टिकोण से, रिमोट और हाइब्रिड वर्किंग भी डेटा प्रबंधन और नियंत्रण तौर-तरीक़ों पर पुनर्विचार को मजबूर कर रही है।

जब हम डेटा लोकतंत्र और डेटा-फ़र्स्ट दुनिया के अन्य अवसरों का जश्न मनाते हैं, तो जोख़िम और नियंत्रण मुद्दों पर ध्यान बढ़ाना भी ज़रूरी है। अगले अध्याय में हम इस संबंधित विषय, डेटा सुरक्षा, का विस्तार से अध्ययन करेंगे!

मुख्य निष्कर्ष

- डेटा लोकतंत्रीकरण वह प्रक्रिया है जिसमें डेटा सभी कर्मचारियों के लिए उचित तरीक़े से उपलब्ध कराया जाता है, उन्हें किसी भी समय सहज रूप से एक्सेस देने के साथ-साथ आवश्यक ज्ञान और उपकरण मुहैया कराए जाते हैं ताकि वे डेटा का ट्रैक रख सकें और सेल्फ़-सर्व विश्लेषण कर सकें।
- डेटा लोकतंत्रीकरण की मुख्य विशेषताओं में शामिल हैं : डेटा को आसानी से खोजने योग्य बनाना, उचित प्राधिकरण के साथ एक्सेस मुहैया कराना, और सभी कर्मचारियों के लिए विश्लेषण योग्य बनाना, ताकि सूचित निर्णय लेने को बढ़ावा मिले और तकनीकी सहायता पर निर्भरता कम हो।
- डेटा लोकतंत्रीकरण सतत प्रक्रिया है, जिसके लिए साइलो मानसिकता से सहयोगात्मक मानसिकता की ओर बदलाव ज़रूरी है, और डेटा की पूरी संभावनाओं का लाभ उठाने के लिए दृष्टिकोण भी व्यवस्थित होना चाहिए।
- उपयोगकर्ता के अनुकूल बिज़नेस इंटेलिजेंस (बीआई) टूल्स सेल्फ़-सर्व सक्षम करने में अहम भूमिका निभाते हैं, जिससे गैर-तकनीकी यूजर भी निर्णय लेने के लिए डेटा का इस्तेमाल कर सकें। एआई-संवर्धित एनालिटिक्स पहुंच और इनसाइट को और भी बढ़ाता है।
- चैटजीपीटी और बार्ड, जैसे जनरेटिव एआई में कस्टमाइज्ड कंटेंट मुहैया कराके, छिपे हुए ट्रेंड्स को उजागर करके और नॉलेज मैनेजमेंट को लोकतांत्रिक बनाकर, सेल्फ़-सर्विस अनुभव को बदलने की क्षमता होती है।
- डेटा गवर्नेंस संगठन के अंदर सफल डेटा लोकतंत्रीकरण के लिए अहम और सक्षम कारक है। इससे यह सुनिश्चित करने के लिए आवश्यक ढांचा मुहैया होता है कि डेटा, उपयोगकर्ताओं के लिए अधिक सुलभ और मूल्यवान बनते हुए भी सुरक्षित और नियमों के अनुरूप बना रहे।

16

डेटा सिक्योरिटी

डेटा क्रांति को सबसे बड़ा ख़तरा

'संगठन केवल दो तरह के हैं : एक वे, जिन्हें हैक किया जा चुका है और दूसरे, वे जिन्हें अभी तक इसका पता नहीं चला है!!'

~ जॉन चैंबर्स,
पूर्व एक्जीक्यूटिव चेयरमैन, सिस्को

पिछले अध्याय में मैंने डेटा के लोकतंत्रीकरण पर चर्चा की थी। इसका अर्थ है संगठन के हर सदस्य के लिए डेटा को सुलभ बनाना, ताकि वह निर्णय लेने और कार्रवाई करने में उसका उपयोग कर सके। हालांकि इसका दूसरा पहलू यह है कि ऐसा करने से संगठन का गोपनीय और बेहद संवेदनशील डेटा भी अधिक लोगों तक और कई टचपॉइंट्स के माध्यम से पहुंचने लगता है।

जैसे अगर आप अपने घर में किसी समारोह या पार्टी के लिए सभी दरवाज़े और खिड़कियां खोल देते हैं ताकि लोगों का आना-जाना आसान हो सके, तो इसके साथ ही यह ख़तरा भी बढ़ जाता है कि कोई अनजान व्यक्ति भी चुपके से अंदर आ जाए और आपके घर, सामान, परिवार या माहौल की सुरक्षा के लिए ख़तरा पैदा कर दे। ठीक इसी तरह, आज की बिग डेटा की दुनिया में, जहां संगठन की पूरी मूल्य श्रृंखला में कई हितधारक अलग-अलग टच पॉइंट्स से डेटा बना रहे हैं और इस्तेमाल कर रहे हैं, वहां 'डेटा सिक्योरिटी' सबसे बड़ा ख़तरा बनकर उभरती है। जैसे-जैसे यह इकोसिस्टम बड़ा होता जाता है, यह और जटिल हो जाता है, जिससे डेटा की सुरक्षा करना और भी मुश्किल हो जाता है। नतीजतन, संगठन ना केवल डेटा लीक होने के ख़तरे से जूझ रहे हैं, जिससे सुरक्षा और निजता दोनों को ख़तरा है, बल्कि इन ख़तरों का दायरा भी लगातार बढ़ रहा है। इसलिए, इस अध्याय में मैं डेटा सुरक्षा के बढ़ते महत्त्व और डेटा के लोकतंत्रीकरण के साथ संतुलन बनाकर चलने के तरीक़ों पर चर्चा करूंगा।

डेटा सिक्योरिटी है क्या?

डेटा सिक्योरिटी में डेटा को अनधिकृत पहुंच, संशोधन या उजागर होने से बचाने के लिए लागू किए गए तरीक़ों और उपायों का समूह शामिल है। आसान शब्दों में कहें तो, यह सुनिश्चित करने का एक तरीक़ा है कि डेटा हर समय लीक, दुरुपयोग या जानबूझकर या अनजाने में की गई हेराफेरी से सुरक्षित रहे।

डिजिटल तकनीकों और डेटा-प्रेरित प्रक्रियाओं के प्रसार ने डेटा उल्लंघनों और साइबर हमलों के जोख़िम को बढ़ा दिया है। इसलिए, डेटा सिक्योरिटी आधुनिक व्यावसायिक परिचालन का एक अहम पहलू है। सामान्य तौर पर, डेटा सिक्योरिटी की प्रक्रिया डेटा वर्गीकरण के जरिए यह पहचानने से शुरू होती है कि 'किस' डेटा को सुरक्षा की आवश्यकता है। डेटा को उसकी संवेदनशीलता और संभावित प्रभाव के आधार पर वर्गीकृत करने से यह सुनिश्चित किया जाता है कि सबसे महत्त्वपूर्ण डेटा को उच्चतम स्तर की सुरक्षा हासिल हो।

इसके बाद डेटा सिक्योरिटी सुनिश्चित करने की तकनीकें और प्रौद्योगिकियां आती हैं। एन्क्रिप्शन, एक्सेस कंट्रोल और फ़ायरवॉल जैसी तकनीकें डेटा को संभावित उल्लंघनों या अनधिकृत घुसपैठ से बचाती हैं। एन्क्रिप्शन संवेदनशील जानकारी को अपठनीय प्रारूप में बदल देता है और उसे उचित कुंजियों से डिक्रिप्ट किए बिना नहीं पढ़ा जा सकता है, जिससे इसकी गोपनीयता सुनिश्चित होती है। एक्सेस कंट्रोल यह सुनिश्चित करते हैं कि केवल अधिकृत व्यक्तियों या पदों को ही डेटा तक पहुंचने की अनुमति हो जिससे अनधिकृत पहुंच का जोख़िम कम होता है।

डेटा सिक्योरिटी का प्राथमिक मक़सद जोख़िम कम करना, डेटा की अखंडता बनाए रखना, गोपनीयता बनाए रखना और अनधिकृत पहुंच, प्रकटीकरण या दुरुपयोग रोककर डेटा की विश्वसनीयता को बनाए रखना है।

डेटा सिक्योरिटी : डेटा-फ़र्स्ट दुनिया और एआई युग की सबसे बड़ी चुनौती

अतीत में सुरक्षा ख़तरों का स्वरूप काफ़ी सरल और सीमित हुआ करता था, क्योंकि उस समय डिजिटल उपस्थिति कम थी, आपस में जुड़े सिस्टम बहुत कम थे और हमले के तरीक़े भी सीधे-सादे थे - जैसे वायरस, वॉर्म और साधारण मलवेयर। हालांकि आज हम उन अपेक्षाकृत प्रारंभिक सुरक्षा ख़तरों से बहुत आगे आ चुके हैं। उदाहरण के लिए, 1970 के दशक का पहला साइबर हमला, 'मॉरिस वॉर्म' एक कंप्यूटर प्रोग्राम था जिसे शुरुआती यूनिक्स सिस्टम की कमज़ोरियों का फ़ायदा उठाने के लिए बनाया गया था। इसने क़रीब 6000 कंप्यूटरों को प्रभावित किया और इसके दुष्प्रभावों की मरम्मत पर 1,00,000 डॉलर से लेकर 10 लाख डॉलर तक का ख़र्च आया।

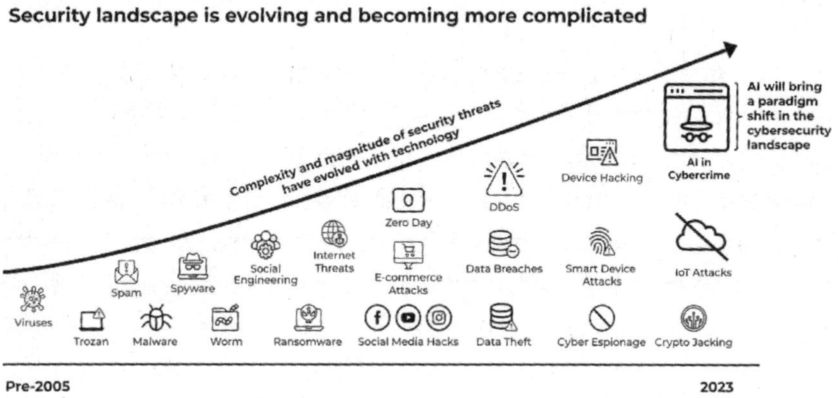

हालांकि, पिछले कुछ सालों में, इंटरनेट के प्रसार और क्लाउड कंप्यूटिंग, मोबाइल उपकरणों और आईओटी उपकरणों जैसी डिजिटल तकनीकों के बढ़ते इस्तेमाल ने एक हाइपर-कनेक्टेड दुनिया का निर्माण किया है। विशेष रूप से ऑन-प्रिमाइसेस से क्लाउड की ओर हुए महत्त्वपूर्ण बदलाव ने एक अधिक इंटरकनेक्टेड और खुला इकोसिस्टम निर्मित किया है। यह कनेक्टिविटी जहां सुविधा मुहैया कराती है, वहीं इसने हमले की सतह का विस्तार भी कर दिया है, जिससे हमलावरों को कई एंट्री पॉइट मिल गए हैं। इसके अलावा, हाल के सालों में डेटा की घातीय वृद्धि ने नुक़सान की मात्रा में भी भारी बढ़ोतरी कर दी है। और जैसे-जैसे नई और अधिक परिष्कृत तकनीकें सामने आ रही हैं, इन ख़तरों की प्रकृति भी लगातार विकसित हो रही है, और बेहद जटिल और परिष्कृत होती जा रही है! बहु-चरणीय हमले या सोशल इंजीनियरिंग जैसे जटिल हमले के तरीक़े सामने आए हैं। 'थ्रेट एक्टर' कहलाने वाले साइबर हमलावर और हैकर संगठित साइबर अपराध समूहों, हैक्टिविस्ट आदि के रूप में विकसित हो गए हैं, लक्षित और अनुकूली हमले करने के लिए एआई और एमएल जैसी नई और अधिक उन्नत तकनीकों का इस्तेमाल कर रहे हैं।

उदाहरण के लिए, मार्च 2021 में हुए वेरकाडा अटैक में हैकरों के एक समूह ने क्लाउड-आधारित बिल्डिंग सिक्योरिटी और ऑपरेटिंग सिस्टम विकसित करने वाली कंपनी वेरकाडा के 1,50,000 कैमरों तक अनधिकृत पहुंच हासिल कर ली थी। इस उल्लंघन ने स्कूलों, अस्पतालों और टेस्ला सहित विभिन्न व्यवसायों के संवेदनशील वीडियो फुटेज को उजागर कर दिया था, जिससे आईओटी उपकरणों से जुड़े सुरक्षा जोख़िमों पर प्रकाश डाला गया। एक अन्य उदाहरण अप्रैल 2018 का एआई-समर्थित साइबर हमला है, जिसमें फ्रीलांसरों और ग्राहकों को जोड़ने वाले ऑनलाइन प्लेटफ़ॉर्म, 'टास्करैबिट' के पूरे प्लेटफ़ॉर्म को अस्थायी रूप से निलंबित कर दिया गया था, जिससे 3.75 मिलियन उपयोगकर्ता प्रभावित हुए थे, जिनके संवेदनशील डेटा से समझौता किया गया था, जिनमें सामाजिक सुरक्षा नंबर और बैंक खाता विवरण शामिल थे। हैकरों ने एक एआई-प्रेरित बॉटनेट का इस्तेमाल करते

हुए, टास्करैबिट के सर्वर पर एक विनाशकारी वितरित सेवा निषेध (डीडीओएस) अटैक किया था।

आज संगठनों के लिए, डेटा बेहद ज़रूरी है, क्योंकि यह उनके व्यवसाय के लगभग हर पहलू का आधार बन चुका है, जिससे यह एक काफ़ी मूल्यवान संपत्ति बन चुकी है। इस तरह के जटिल साइबर हमले संगठनों पर गहरा प्रभाव डाल सकते हैं, और तमाम हानिकारक तरीक़ों से प्रकट हो सकते हैं। इससे संसाधनों का दुरुपयोग हो सकता है, जिसे मैंने हाल के दिनों में क्रिप्टोजैकिंग घटना के माध्यम से क़रीब से देखा था। हैकरों ने बिटकॉइन जैसी क्रिप्टोकरेंसी माइन करने के लिए किसी संगठन के कंप्यूटिंग संसाधनों तक अनधिकृत पहुंच हासिल कर ली थी। हालांकि इससे किसी संवेदनशील जानकारी की तो चोरी नहीं हुई, लेकिन यह घटना शीर्ष अधिकारियों के लिए गंभीर चिंता का विषय बन गई, जिसके कारण एक क्रॉस-फ़ंक्शनल टीम को उल्लंघन की पहचान करने, उसे रोकने और फिर उसका समाधान करने के लिए कई रातें जागना पड़ा। इस टीम में ना केवल सुरक्षा विशेषज्ञ, बल्कि डिलीवरी और बिज़नेस लीडर भी शामिल थे। वैश्विक स्तर पर, 2023 की पहली छमाही में 332 मिलियन क्रिप्टोजैकिंग अटैक दर्ज किए गए, जो पिछले वर्ष की तुलना में लगभग 399 प्रतिशत ज़्यादा थे।

दूसरी ओर, साइबर उल्लंघनों से भारी वित्तीय नुक़सान भी हो सकता है, जो अक्सर रैनसमवेयर अटैक से जुड़ा होता है। कल्पना कीजिए कि अगर उपरोक्त हमला उन सभी प्रणालियों को तहस-नहस करने के इरादे से किया गया हो जहां क्रिप्टो माइनिंग होती थी, और प्रणालियों को फिरौती के लिए बंधक बना लिया गया हो, एन्क्रिप्ट किया गया हो, लॉक किया गया हो और पूरी तरह से निष्क्रिय कर दिया गया हो, तो क्या होगा। किसी अन्य संगठन का एक वास्तविक उदाहरण इस बात को स्पष्ट रूप से दर्शाता है। इस मामले में, साइबर अपराधियों ने संगठन के सिस्टम में सफलतापूर्वक घुसपैठ की और उसके पूरे क्लाइंट डेटाबेस पर नियंत्रण हासिल कर लिया, उसे एन्क्रिप्ट किया, डेटा निकाला, सभी सिस्टम को लॉक कर दिया, जिससे वे निष्क्रिय हो गए। इसके बाद उन्होंने इस संवेदनशील जानकारी को सार्वज़निक करने की धमकी देकर भारी फिरौती की मांग की। अक्सर, ऐसी परिस्थितियों में फंसे संगठनों को ऐसी स्थितियों की जांच करने और उनसे निपटने के लिए साइबर अपराध विशेषज्ञों, घटना प्रतिक्रिया दल, डिजिटल फ़ोरेंसिक जांचकर्ताओं जैसे विशेषज्ञों को नियुक्त करना पड़ता है और अंत में उन्हें करोड़ों डॉलर की फिरौती देनी पड़ती है। इतना ही नहीं, इससे संगठन की ब्रांड इमेज और प्रतिष्ठा को भी गंभीर नुक़सान पहुंच सकता है।

सुरक्षा उल्लंघन आंतरिक हो सकते हैं और बाहरी भी। आंतरिक ख़तरों को अंदरूनी ख़तरे के रूप में जाना जाता है - जो कर्मचारियों, ठेकेदारों या व्यावसायिक भागीदारों जैसे आंतरिक हितधारकों के जरिए पैदा होते हैं। बाहरी ख़तरे हैकरों जैसे दुर्भावनापूर्ण तत्वों के कारण पैदा होते हैं। ये या तो जानबूझकर, दुर्भावनापूर्ण इरादे से किए हो सकते हैं; या अनजाने में - ग़लतियों या चूक के परिणामस्वरूप हो सकते हैं; या फिर ख़तरा पैदा करने वाले कारक मानवीय पहलुओं यानी तत्परता, भय, लालच और जिज्ञासा का फ़ायदा उठाकर

फंसा सकते हैं। हालांकि कुछ भी हो, इन उल्लंघनों की प्रकृति और मात्रा में लगातार बदलाव होता रहेगा क्योंकि संगठन नई तकनीकों का इस्तेमाल करते हैं और अपने डेटा को संगठन के अंदर और बाहर ज़्यादा से ज़्यादा लोगों के लिए खोलते हैं। अनुमान है कि वैश्विक साइबर अपराध की लागत सालाना 15 प्रतिशत बढ़कर 2025 तक 10.5 ट्रिलियन डॉलर प्रति वर्ष तक पहुंच जाएगी।

स्पष्ट रूप से साइबर सुरक्षा सीईओ और बोर्ड स्तर का मुद्दा है। यह आश्चर्यजनक है कि ये मुद्दे कितनी तेज़ी से बढ़ रहे हैं, और इनमें अक्सर बोर्ड स्तर की भागीदारी की भी ज़रूरत होती है। और देखा जाए तो यह उचित भी है, क्योंकि ऐसी घटनाओं में, इतना अधिक मूल्य दांव पर लगा होता है कि उसे नियंत्रित करना, वास्तव में संगठन के अस्तित्व का सवाल बन जाता है। ख़ासकर जब ग्राहक डेटा ख़तरे में हो, तब तो स्थिति बेहद चिंताजनक हो जाती है।

ऐतिहासिक रूप से, प्रमुख वैश्विक वित्तीय संकट मुख्यतः वित्तीय अपराधों के कारण पैदा हुए हैं, जैसे 1995 में बैरिंग्स बैंक का पतन या जटिल वित्तीय साधनों के कारण आया 2008 का वित्तीय संकट। हालांकि यह निराशाजनक लग सकता है, लेकिन मेरा मानना है कि यह अनुमान लगाना कोई अतिश्योक्ति नहीं होगी कि अगला वित्तीय संकट किसी बड़े डेटा उल्लंघन से पैदा हो सकता है। दुर्भाग्य की बात है कि चेतावनी के संकेत पहले से ही स्पष्ट हैं। उदाहरण के लिए, 2017 का कुख्यात वानाक्राई रैनसमवेयर अटैक है, जिसने 150 से ज़्यादा देशों के 2,00,000 से ज़्यादा कंप्यूटरों को प्रभावित किया था, और ब्रिटेन की राष्ट्रीय स्वास्थ्य सेवा (एनएचएस) कई दिनों तक पूरी तरह से ठप रही थी। इतना ही नहीं, स्पेन स्थित टेलीफ़ोनिका, अमेरिका की फ़ेडेक्स, जर्मन रेलवे कंपनी डॉयचे बान और लैटम एयरलाइंस सहित कई अन्य कंपनियों को भी प्रभावित किया था। उसी साल के नॉटपेट्या साइबर अटैक ने भी दुनिया को हिलाकर रख दिया था, जो तेज़ी से साठ से ज़्यादा देशों में फैल गया था। इसने वित्त, परिवहन, ऊर्जा, वाणिज्यिक सुविधाओं और स्वास्थ्य सेवा सहित कई क्षेत्रों के संगठनों को संक्रमित किया था, जिसके परिणामस्वरूप कुल मिलाकर 10 अरब डॉलर से ज़्यादा का नुक़सान हुआ था।

इसलिए, आज संगठनों के लिए एक गंभीर चिंता यह है कि 'अपने डेटा को कैसे सुरक्षित और दुरुस्त रखा जाए?'

'ट्रस्ट नो वन पॉलिसी' : ज़ीरो ट्रस्ट

परंपरागत रूप से, संगठन 'महल और खाई' पर निर्भर रहे हैं, जो नेटवर्क सुरक्षा का ऐसा मॉडल है जिसमें संगठन अपने नेटवर्क इंफ्रास्ट्रक्चर के चारों ओर एक सुपरिभाषित सीमा स्थापित करते हैं, जो खाई से घिरे महल के समान होती है। यह एक ऐसा सिक्योरिटी मॉडल है जिसमें संगठन के नेटवर्क के बाहर से कोई भी अंदर के डेटा तक नहीं पहुंच सकता, लेकिन नेटवर्क के अंदर मौजूद किसी भी व्यक्ति पर स्वाभाविक रूप से भरोसा किया जाता है। महल

और खाई वाला तरीक़ा इस धारणा पर आधारित था कि जब तक परिधीय सुरक्षा मजबूत रहेगी, तब तक संगठन की संपत्ति भी सुरक्षित रहेगी।

दुर्भाग्य से, सुरक्षा का यह तरीक़ा अब संगठनों के लिए प्रभावी नहीं रहा।

क्लाउड सेवाओं, मोबाइल उपकरणों, रिमोट वर्क और परस्पर जुड़े सिस्टम के तेज़ी से अपनाए जाने के कारण पारंपरिक नेटवर्क परिधि की सीमाएं धुंधली हो चुकी हैं। संगठन अब एक बेहद गतिशील परिवेश में काम करते हैं जहां डेटा कई प्लेटफ़ॉर्म, उपकरणों और नेटवर्क में विकेंद्रीकृत होता है, जिससे सिक्योरिटी के लिए कोई स्पष्ट सीमा स्थापित करना मुश्किल हो जाता है। इसलिए, अब ध्यान किसी अधिक समग्र और अनुकूल सुरक्षा उपाय लागू करने की ओर शिफ़्ट हो गया है जिसमें संगठन की परिधि के अंदर और बाहर, संभावित ख़तरों का पता लगाने और उनका जवाब देने के लिए मजबूत प्रमाणीकरण तंत्र, एन्क्रिप्शन, निरंतर निगरानी और ख़तरा ख़ुफ़िया जानकारी शामिल है। इस मूल दर्शन में यह माना जाता है कि संगठन के जटिल नेटवर्क की सुरक्षा को हमेशा बाहरी और आंतरिक ख़तरे हो सकते हैं।

ऐसे में आज, ज़्यादातर संगठन ज़ीरो-ट्रस्ट फ्रेमवर्क की ओर बढ़ रहे हैं। यह फ्रेमवर्क संगठन के नेटवर्क के अंदर सभी पर विश्वास करने के पारंपरिक विचार को चुनौती देता है। ज़ीरो ट्रस्ट नेटवर्क में, यह माना जाता है कि संभावित सुरक्षा ख़तरे नेटवर्क के अंदर और बाहर, दोनों जगह से पैदा हो सकते हैं, जिससे उपयोगकर्ताओं और मशीनों पर किया जाने वाला सहज विश्वास ख़त्म हो जाता है। इसमें 'ब्लॉक ऑल ऐंड अलाऊ ओनली द नेसेसरी' के सामान्य सिद्धांत का पालन किया जाता है। इसमें सुरक्षा के प्रति सतर्क दृष्टिकोण सुनिश्चित करते हुए, प्रत्येक पहुंच अनुरोध को स्वीकार करने से पहले उसका सत्यापन करना भी शामिल है।

इस अध्याय की शुरुआत में मैंने जिस घर के उदाहरण का परिचय दिया था, उसके संदर्भ में, ज़ीरो ट्रस्ट फ्रेमवर्क की तुलना एक व्यापक गृह सुरक्षा प्रणाली से की जा सकती है जो घर के अंदर या बाहर से, प्रवेश या संपर्क के हर पॉइंट पर सुरक्षा और सत्यापन सुनिश्चित करती है। पारंपरिक घरेलू सुरक्षा व्यवस्था में लोगों के अंदर जाते ही उन्हें सभी कमरों और संसाधनों तक पहुंच मुहैया कराई जाती है, लेकिन ज़ीरो-ट्रस्ट फ्रेमवर्क में अलग दृष्टिकोण अपनाया जाता है। यह घर के अंदर भी सुरक्षा उपायों की कई परतें लगाने जैसा है, जैसे बिना चाबी के प्रवेश, बायोमेट्रिक प्रमाणीकरण और हर एंट्री पॉइंट पर निगरानी कैमरे। घर के प्रत्येक कमरे में पहुंच नियंत्रण और अनुमतियां होती हैं जो न्यूनतम विशेषाधिकार के सिद्धांत पर आधारित होती हैं, जिसका अर्थ है कि व्यक्तियों के पास केवल उन विशिष्ट क्षेत्रों या संसाधनों तक ही पहुंच होती है जिनकी उन्हें ज़रूरत होती है। उदाहरण के लिए, रसोइए को घर के शयनकक्षों तक पहुंच की ज़रूरत नहीं होती है।

ज़ीरो-ट्रस्ट फ्रेमवर्क एक आईटी सुरक्षा मॉडल है जो नेटवर्क एक्सेस चाहने वाले सभी व्यक्तियों, उपकरणों या एप्लीकेशंस के लिए कड़े पहचान सत्यापन पर ज़ोर देता है, चाहे

उनकी लोकेशन कुछ भी हो। यह सुनिश्चित करता है कि प्रमाणित उपयोगकर्ताओं और उपकरणों को उपयोगकर्ता प्रोफ़ाइल के आधार पर संसाधनों तक अनुकूलित पहुंच हासिल हो, और पूरे नेटवर्क में अधिकार और प्रमाणीकरण का निरंतर सत्यापन होता रहे, जबकि पारंपरिक मॉडल केवल नेटवर्क परिधि पर ही उपयोगकर्ताओं को प्रमाणित करते हैं।

संगठन मजबूत सुरक्षा सुनिश्चित करने में ज़ीरो-ट्रस्ट के महत्त्व को तेज़ी से स्वीकार कर रहे हैं, जिसके परिणामस्वरूप इसे अपनाने का चलन लगातार जारी है। 2022 में किए गए एक अध्ययन से पता चला है कि सर्वेक्षण किए गए संगठनों में से आधे से ज़्यादा (55 प्रतिशत) ने पहले ही ज़ीरो-ट्रस्ट प्रयास शुरू कर दिए हैं, और भारी बहुमत (97 प्रतिशत) अगले 12-18 महीनों के अंदर ऐसे उपाय लागू करने की योजना बना रहे हैं।

हालांकि, जब संगठन किसी पर भी विश्वास न करने के दर्शन के साथ काम करते हैं, तो यह एक महत्त्वपूर्ण विरोधाभास पैदा होता है।

सुरक्षा बनाम लोकतंत्रीकरण पैराडॉक्स

डेटा सिक्योरिटी बनाम डेटा लोकतंत्रीकरण विरोधाभास, डेटा सुरक्षा सुनिश्चित करने की आवश्यकता और संगठन में निर्बाध डेटा पहुंच और साझाकरण को बढ़ावा देने के बीच अंतर्निहित तनाव को दिखाता है। एक ओर, संवेदनशील जानकारी की सुरक्षा, अनधिकृत पहुंच को रोकने और डेटा उल्लंघनों के जोख़िमों को कम करने के लिए डेटा-सिक्योरिटी के उपाय ज़रूरी होते हैं। दूसरी ओर, डेटा लोकतंत्रीकरण का मक़सद व्यक्तियों या टीमों को डेटा तक व्यापक पहुंच मुहैया कराना है, जिसके लिए निर्बाध डेटा साझाकरण को बढ़ावा देने और डेटा तक सेल्फ़-सर्विस पहुंच को सक्षम करने के लिए डेटा साइलो को तोड़ना भी ज़रूरी है।

Balance between Data Security and Data Democratization

तो फिर आप घर में दीवारें कैसे खड़ी करते हैं और हर गतिविधि पर नज़र कैसे रखते हैं, और प्रक्रिया में घर के सदस्यों का आसानी से इधर-उधर घूमना जारी रहता है और अपने ज़रूरी काम करने में कोई मुश्किल भी नहीं आती है?

डेटा सिक्योरिटी और डेटा लोकतंत्रीकरण के बीच स्पष्ट विरोधाभास को समझना मुश्किल काम लगता है। हालांकि इसे हासिल करना असंभव नहीं है, लेकिन इसके लिए निश्चित रूप से एक संतुलन की ज़रूरत है, यानी डेटा को साझा और उपयोग में आसान बनाना है, साथ ही हर समय उसकी अखंडता और सिक्योरिटी भी सुनिश्चित करना है।

संदर्भ है सबसे अहम!

इस किताब में आपने देखा होगा कि मैंने किसी भी व्यावसायिक समस्या का समाधान करते समय संदर्भ को ध्यान में रखने के महत्त्व पर लगातार जो दिया है। चाहे वह व्यावसायिक समस्या को सीमित करने की बात हो, बिग डेटा की दुनिया में डेटा की गुणवत्ता को बेहतर बनाने की बात हो, या रियल-टाइम डेटा के लिए सही इस्तेमाल के मामलों की पहचान करने की बात हो, मैंने संदर्भ के साथ आगे बढ़ने के महत्त्व पर ज़ोर दिया है। यह तरीक़ा ज़ीरो-ट्रस्ट को लागू करने को सरल बनाने और सिक्योरिटी और लोकतंत्रीकरण के बीच संतुलन सुनिश्चित करने के लिए भी अहम है।

हर उपयोगकर्ता, डिवाइस, एप्लिकेशन या नेटवर्क कनेक्शन को एक ही नज़रिए से देखने का एक ही तरीक़ा अपनाने से कोई प्रभावी समाधान नहीं निकलेगा। डेटा की महत्ता, उसके इच्छित इस्तेमाल, उपयोगकर्ता अनुभव, जैसे पहलुओं के सही संदर्भ के बिना, सुरक्षा समाधान अपर्याप्त होंगे और डेटा के लोकतंत्रीकरण में बाधा बनेंगे। संदर्भ को ध्यान में रखकर, संगठन विशिष्ट परिस्थितियों और जोख़िम कारकों के आधार पर अपने सुरक्षा उपायों को सुव्यवस्थित और अनुकूलित कर सकते हैं। आसान शब्दों में, संदर्भ को तीन महत्त्वपूर्ण कारकों के आधार पर निर्धारित किया जा सकता है : डेटा, उपयोगकर्ता और गतिविधि।

ज़ीरो-ट्रस्ट फ़्रेमवर्क बनाने के तीन अहम पहलू

मेरे मुताबिक़, ज़ीरो-ट्रस्ट फ़्रेमवर्क तैयार करने का सबसे असरदार तरीक़ा यह है कि डेटा की व्यापक पहुंच (लोकतंत्रीकरण) और सुरक्षा, दोनों के बीच संतुलन बनाए रखते हुए निम्नलिखित तीन प्रमुख पहलुओं पर ध्यान केंद्रित किया जाए :

डेटा कितना महत्त्वपूर्ण है?

जब कहानी का नायक डेटा ही है यानी वही तत्व नायक है जिसे हमें सुरक्षित रखना है, तो

सबसे पहली ज़रूरत यही है कि हम ख़ुद डेटा का मूल्यांकन करें। स्पष्ट शब्दों में कहें तो संगठन में आने-जाने वाला हर डेटा समान स्तर की सुरक्षा का हक़दार नहीं होता।

हर डेटा की गंभीरता और संवेदनशीलता अलग-अलग हो सकती है। हालांकि ज़रूरी तो हर प्रकार के डेटा की सुरक्षा सुनिश्चित करना है, लेकिन कुछ डेटा की सुरक्षा दूसरों की तुलना में कम अहम हो सकती है। उदाहरण के लिए, संगठन की वेबसाइट पर सार्वजनिक रूप से उपलब्ध डेटा, जैसे कि कंपनी की सामान्य जानकारी, प्रेस विज्ञप्तियां, या उत्पाद विवरण आदि। हालांकि इस डेटा को अनधिकृत संशोधन या क्षति से सुरक्षित रखा जाना चाहिए, लेकिन इसके लिए चोरी से बचाने जैसे सुरक्षा उपायों की ज़रूरत नहीं है।

इसके विपरीत, व्यक्तिगत पहचान योग्य जानकारी (पीआईआई), यानी कोई भी डेटा जिसका इस्तेमाल किसी व्यक्ति की पहचान करने या एक व्यक्ति को दूसरे से अलग करने के लिए किया जा सकता है, जैसे पूरा नाम, जन्मतिथि, सामाजिक सुरक्षा संख्या, पता, फ़ोन नंबर, जैसी संवेदनशील जानकारी। इसके प्रकटीकरण या दुरुपयोग से विशेष सुरक्षा की ज़रूरत होती है। हालांकि सेवाएं मुहैया कराने या व्यावसायिक लेनदेन करने जैसे वैध उद्देश्यों के लिए ऐसी जानकारी इकट्ठा करना ज़रूरी है, लेकिन पीआईआई को ज़िम्मेदारी से संभालना और यह सुनिश्चित करना भी ज़रूरी है कि अनधिकृत पहुंच या उल्लंघनों को रोकने के लिए उचित सुरक्षा उपाय मौजूद हों।

'डेटा वर्गीकरण' के जरिए, संगठनों को पहले अपने डेटा को गंभीरता, संवेदनशीलता और उपयोग जैसे कारकों के आधार पर वर्गीकृत और विभाजित करना होगा। इस विभाजन के आधार पर, अधिक संवेदनशील और महत्त्वपूर्ण डेटा की पहचान करना और उसके मुताबिक़ सुरक्षा के उपयुक्त स्तर चुनना आसान हो जाता है। यह तरीक़ा संसाधनों के अधिक सूक्ष्म और कुशल आवंटन को भी सक्षम बनाता है क्योंकि संगठन डेटा प्रकार की गंभीरता के अनुसार अपने प्रयासों को प्राथमिकता दे सकता है।

मैं एक बहुत ही सरल, व्यावहारिक उदाहरण देता हूं, जो इंसीडो सहित किसी भी कंपनी के लिए सही है। इंसीडो में, हम दैनिक आधार पर तमाम तरह के डेटा को संभालते हैं, जिनमें कर्मचारी डेटा, कंपनी डेटा और क्लाइंट डेटा आदि शामिल हैं। संगठन के सभी डेटा के लिए समान स्तर की सुरक्षा की ज़रूरत नहीं होती है। उदाहरण के लिए, फ़र्म के बैंकिंग क्रेडेंशियल और लेनदेन विवरण बेहद संवेदनशील डेटा हैं और इसलिए इनके लिए उच्च स्तर की सुरक्षा और बेहतर पहुंच नियंत्रण की ज़रूरत होती है। दूसरी ओर, आंतरिक डेटा कम महत्त्वपूर्ण होता है, जैसे आंतरिक नीतियां या कर्मचारी पुस्तिकाएं जिनमें ऐसी जानकारी होती है जिस तक प्रत्येक कर्मचारी की पहुंच होती है। इनकी प्रकृति बेहद संवेदनशील नहीं होती है। इनके लिए सुरक्षा का निम्न स्तर पर्याप्त होगा।

डेटा का इस्तेमाल कौन कर रहा है?

उपयोगकर्ता प्रोफ़ाइल या व्यक्तित्व पर आधारित अनुकूलन एक और अहम कारक होता है जिसके इर्द-गिर्द ज़ीरो-ट्रस्ट फ्रेमवर्क को तैयार किया जाना चाहिए। इसमें उपयोगकर्ता की भूमिकाओं और ज़िम्मेदारियों के आधार पर पहुंच अधिकारों को अनुकूलित करना शामिल होता है। इससे व्यवसाय की विशिष्ट आवश्यकताओं के अनुरूप अधिक विस्तृत और अनुकूलित सुरक्षा नीतियां तैयार की जा सकेंगी।

स्थिर, वन-साइज फ़िट्स-ऑल पहुंच अनुमतियों पर निर्भर रहने के बजाय, संदर्भ-आधारित एक्सेस कंट्रोल यह सुनिश्चित करता है कि उपयोगकर्ताओं को उनकी भूमिकाओं और ज़िम्मेदारियों के आधार पर उचित स्तर की पहुंच मुहैया कराई जाए। उदाहरण के लिए, प्रशासनिक विशेषाधिकारों वाले उपयोगकर्ता की पहुंच अपने ऑफ़िस वर्कस्टेशन से संवेदनशील वित्तीय डेटा तक होती है, लेकिन उसकी पहुंच उस उपयोगकर्ता की तुलना में अधिक प्रतिबंधित हो सकती है जो अपने व्यक्तिगत उपकरण और किसी विश्वसनीय नेटवर्क से गैर-संवेदनशील डेटा तक पहुंच रखता है।

इसे सक्षम करने के लिए भूमिका-आधारित पहुंच नियंत्रण (आरबीएसी) और संदर्भ-आधारित पहुंच नियंत्रण (सीबीएसी) जैसे पहचान और पहुंच प्रबंधन (आइएएम) समाधानों का इस्तेमाल किया जा सकता है। यह एक साइबर सुरक्षा अनुशासन है जो कंप्यूटर नेटवर्क पर उपयोगकर्ता पहचान और पहुंच अनुमतियों के प्रबंधन पर केंद्रित है। आईएएम का प्राथमिक उद्देश्य संगठन में व्यक्ति के व्यक्तित्व या भूमिका के आधार पर आवश्यक डेटा तक आसान और सुरक्षित पहुंच मुहैया कराना है। आईएएम के दो भाग हैं : पहचान और पहुंच। पहचान प्रबंधन, लॉगइन प्रयास की जांच लगातार अपडेट किए जाने वाले पहचान प्रबंधन डेटाबेस से करता है, जो उन सभी लोगों का निरंतर रिकॉर्ड होता है जिन्हें पहुंच हासिल होनी चाहिए। पहुंच प्रबंधन इसका दूसरा भाग है, जो पहचान की पुष्टि हो जाने के बाद, इस बात पर नज़र रखता है कि व्यक्ति या वस्तु को किन संसाधनों तक पहुंचने की अनुमति है। संसाधनों और डेटा तक पहुंच तमाम स्तरों की अनुमति के अधीन होती है, जो नौकरी के पद, रोज़गार की अवधि, सुरक्षा मंजूरी और परियोजना में भागीदारी जैसे कारकों के आधार पर निर्धारित होती है।

इसके अलावा, प्रमाणीकरण में बायोमेट्रिक्स का उपयोग प्रमाणीकरण प्रक्रिया को सरल बनाते हुए सुरक्षा को बढ़ा सकता है। बायोमेट्रिक प्रमाणीकरण, जैसे फ़िंगरप्रिंट या चेहरे की पहचान, जटिल पासवर्ड या अतिरिक्त प्रमाणीकरण कारकों की ज़रूरत के बिना पहचान सत्यापित करने का एक सहज और उपयोगकर्ता के अनुकूल तरीक़ा मुहैया कराता है।

उदाहरण के लिए, किसी रिटेल बैंक ग्राहक डेटा की सुरक्षा के लिए पहचान और पहुंच प्रबंधन (आईएएम) का इस्तेमाल करता है। आईएएम भूमिका-आधारित अनुमतियों का इस्तेमाल करता है; कस्टमर रिलेशनशिप मैनेजर अपनी भूमिकाओं से संबंधित डेटा, जैसे

खाता और लेन-देन विवरण, और उनसे जुड़े ग्राहकों की जनसांख्यिकीय जानकारी, तक पहुंच हासिल करते हैं। जबकि बैक-ऑफ़िस टीम को ग्राहक के खाते और लेन-देन डेटा तक प्रमाणित पहुंच की ज़रूरत होती है। किसी भी अन्य एक्सेस रिक्वेस्ट के लिए सुरक्षा की एक अतिरिक्त परत की ज़रूरत होगी। वांछित सुरक्षा स्तर के अलावा, आईएएम समाधान सरलीकृत पहुंच प्रक्रियाओं और पासवर्ड रहित पहुंच के जरिए उच्च-गुणवत्ता वाला उपयोगकर्ता अनुभव सुनिश्चित करने में भी प्रभावी हैं।

गतिविधि का पैटर्न क्या है?

ज़ीरो-ट्रस्ट फ्रेमवर्क को आधार मुहैया कराने वाला एक अन्य अहम विचार गतिविधि का है। व्यवहार-आधारित सिक्योरिटी सिस्टम, एनालिटिक्स, मशीन लर्निंग और आर्टिफ़िशियल इंटेलिजेंस जैसी उन्नत तकनीकों का इस्तेमाल करते हुए, लॉगइन, फ़ाइल एक्सेस और नेटवर्क ट्रैफ़िक जैसी दैनिक गतिविधियों का विश्लेषण करके असामान्य या दुर्भावनापूर्ण व्यवहार का पता लगाती हैं। ये प्रणालियां सिस्टम और उपयोगकर्ता की तमाम गतिविधियों को एकत्र करती हैं और जांचती हैं, और उन संदिग्ध पैटर्न की पहचान करती हैं जो सुरक्षा ख़तरे का संकेत हो सकते हैं। उदाहरण के लिए, वे असफल लॉगिन प्रयासों या असामान्य नेटवर्क ट्रैफ़िक में अचानक वृद्धि के लिए अलर्ट जारी कर सकते हैं। जब कोई असामान्यता पाई जाती है, तो यह सुरक्षा विश्लेषकों के लिए अलर्ट ट्रिगर करती है, जो फिर यह निर्धारित करने के लिए जांच करते हैं कि यह कोई ख़तरा तो नहीं है और, उसके हिसाब से उचित कार्रवाई करते हैं।

उपयोगकर्ता और इकाई व्यवहार विश्लेषण (यूबीए/यूईबीए)

यूबीए या यूईबीए उभरते साइबर सुरक्षा ख़तरों के विरुद्ध व्यापक सुरक्षा तंत्र है। यह एक प्रभावी टूल है जो मुख्य रूप से इंसानी उपयोगकर्ताओं और गैर-इंसानी संस्थाओं, जैसे उपकरणों (मसलन, राउटर और सर्वर) और एप्लिकेशंस, दोनों के व्यवहार की सावधानीपूर्वक जांच करने पर केंद्रित है, जिसका मक़सद किसी भी गड़बड़ी या संदिग्ध गतिविधियों का पता लगाना है। निरंतर निगरानी और पैटर्न विश्लेषण के जरिए, यूईबीए सिस्टम असामान्य व्यवहारों और मानक से विचलनों की जल्द पहचान करते हैं, और संभावित ख़तरे के पहले संकेत पर ही अलर्ट जारी कर देते हैं। यह व्यापक, रियल-टाइम अप्रोच संवेदनशील डेटा की सिक्योरिटी, परिचालन अखंडता और विविध प्रकार के ख़तरों के विरुद्ध लचीलापन सुनिश्चित करता है। सबसे आम उदाहरण वह होता है जब किसी यूजर अकाउंट को किसी असामान्य उपकरण, ब्राउजर या लोकेशन से एक्सेस किया जाता है। ऐसे मामलों में, एक सिक्योरिटी अलर्ट स्वचालित रूप से सक्रिय हो जाता है जिसके लिए प्रमाणीकरण की एक अतिरिक्त परत की ज़रूरत होती है।

व्यवहार विश्लेषण को बाह्य और आंतरिक के रूप में वर्गीकृत किया जा सकता है, जो किसी संगठन को तमाम प्रकार के ख़तरों के खिलाफ अपने संपूर्ण डिजिटल इंफ्रास्ट्रक्चर की सक्रिय रूप से निगरानी और सुरक्षा करने में सक्षम बनाता है :

1. **अंदरूनी ख़तरा व्यवहार विश्लेषण (आईटीबीए) :** आईटीबीए उपयोगकर्ता व्यवहार विश्लेषण (यूबीए) के व्यापक क्षेत्र में एक अहम उपसमूह का प्रतिनिधित्व करता है। आईटीबीए ख़ासतौर से संभावित रूप से दुर्भावनापूर्ण इरादों वाले अंदरूनी लोगों की पहचान करने पर केंद्रित होता है। ये ऐसे व्यक्ति होते हैं जो किसी संगठन में अपनी भूमिकाओं या पदों के आधार पर संवेदनशील डेटा और प्रणालियों तक विश्वसनीय पहुंच रखते हैं। सामान्य व्यवहार की आधार रेखाएं स्थापित करके, आईटीबीए उन विचलनों या विसंगतियों का पता लगा सकता है जो अंदरूनी ख़तरों का संकेत दे सकते हैं। उदाहरण के लिए, यह किसी ऐसे कर्मचारी की पहचान कर सकता है जो अचानक अपने कार्य से असंबंधित संवेदनशील डेटा तक एक्सेस हासिल कर लेता है या अपने सामान्य पैटर्न से विचलित होकर अनियमित कार्य समय प्रदर्शित करने लगता है।
2. **बाहरी व्यवहार विश्लेषण (ईबीए) :** इसे बाहरी ख़तरा व्यवहार विश्लेषण (ईटीबीए) भी कहा जाता है। ईबीए किसी संगठन के नेटवर्क या परिधि के बाहर की संस्थाओं के व्यवहार की निगरानी और विश्लेषण पर केंद्रित होता है। ईबीए में मुख्य रूप से वेबसाइट्स, आईपी एड्रेसेज या डोमेन नेम्स जैसी बाहरी संस्थाओं के व्यवहार को ट्रैक करना शामिल होता है जो किसी संगठन के सिस्टम के साथ इंटरैक्ट करते हैं। यह तरीक़ा संगठनों को बाहरी स्रोतों से पैदा होने वाले ख़तरों का पता लगाने और उनका जवाब देने में मदद करता है, जैसे कि साइबर अटैक और संगठन की ऑनलाइन उपस्थिति या डिजिटल संपत्तियों को निशाना बनाने वाली दुर्भावनापूर्ण गतिविधियां। उदाहरण के लिए, कई बाहरी स्रोतों से आने वाले ट्रैफ़िक में अचानक और भारी वृद्धि की पहचान करके, डीडीओएस (वितरित सेवा निषेध) हमले का पता लगाया जाता है, जिससे तत्काल हस्तक्षेप और उपचार संभव हो सके।

व्यवहार-आधारित सुरक्षा दृष्टिकोण कई लाभ मुहैया कराता है। विशेष रूप से संभावित ख़तरों का पता लगाने और उन्हें नुक़सान पहुंचने से पहले ही दूर करने में सक्रियता इसके मुख्य लाभ हैं। यह विविध प्रकार की प्रणाली और उपयोगकर्ता गतिविधियों की निगरानी की प्रक्रिया के जरिए **व्यापकता** मुहैया कराता है, जिससे सुरक्षा जोख़िमों का समग्र दृष्टिकोण मिल जाता है। इसके अलावा, यह आंतरिक ख़तरों , बाहरी जोख़िमों, मलवेयर घुसपैठ और डेटा उल्लंघनों सहित सुरक्षा ख़तरों की विस्तृत श्रंखला की पहचान करने में भी **प्रभावशीलता** दिखाता है, जिससे किसी संगठन की समग्र साइबर सिक्योरिटी स्थिति मजबूत होती है।

ज़ीरो-ट्रस्ट फ्रेमवर्क को लागू करने के लिए प्रमुख साधन

अब जब मैंने एक मजबूत ज़ीरो-ट्रस्ट फ्रेमवर्क स्थापित करने के लिए ज़रूरी तीन प्रमुख बातों पर बात कर ली है, तो आइए मैं उन तमाम 'साधनों' पर गहराई से चर्चा करता हूं जो प्रभावी अमल के लिए ज़रूरी हैं। हालांकि यह विषय अपने आप में इतना व्यापक है कि इसके लिए मुझे एक अलग किताब लिखनी पड़ेगी, और शायद मैं लिखूंगा भी, लेकिन यहां मैं एक संक्षिप्त अवलोकन मुहैया कराऊंगा और आपके संगठन में संदर्भ-प्रेरित ज़ीरो-ट्रस्ट सुरक्षा फ्रेमवर्क लागू करने के लिए एक व्यावहारिक रूपरेखा प्रस्तुत करूंगा।

काम में आने वाले तमाम साधन हैं :

1. पहला और सबसे महत्त्वपूर्ण साधन, विविध **तकनीकी** समाधानों की उपलब्धता है, जिनको चुनने का आपके पास अब विकल्प मौजूद है। लगातार बढ़ते बिग डेटा जगत की परिवर्तनशीलता और जटिलता को देखते हुए, व्यापक सुरक्षा सुनिश्चित करने के लिए कोई एक-समान तकनीकी समाधान सभी के लिए उचित नहीं होता है।

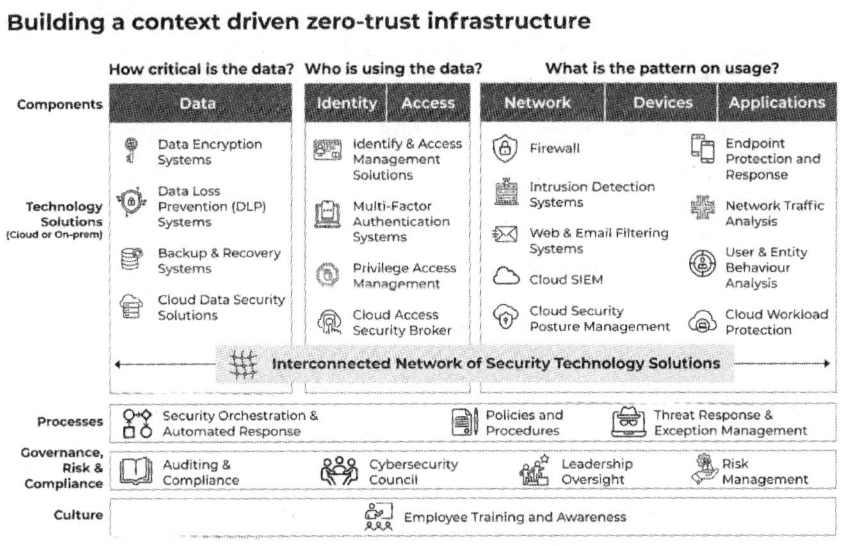

विशिष्ट संदर्भ और व्यावसायिक आवश्यकताओं के आधार पर, संगठनों को डेटा स्टैक की तमाम परतों में से एक विशिष्ट उत्पाद या समाधान चुनने की ज़रूर हो सकती है। हालांकि, तकनीकी समाधानों के मूल तत्व तो समान ही रहते हैं, और इनमें आमतौर पर फ़ायरवॉल (आमतौर पर रक्षा की पहली पंक्ति), डेटा लीकेज रोकथाम (डीएलपी), ऐंडपॉइंट सुरक्षा, डेटा एन्क्रिप्शन सिस्टम, पहचान और पहुंच प्रबंधन समाधान, सुरक्षा

सूचना और घटना प्रबंधन (एसआईईएम), उपयोगकर्ता व्यवहार विश्लेषण प्रणाली, आदि शामिल होते हैं।

इतने व्यापक और विविध तकनीकी समाधान उपलब्ध होने के साथ ही, इन सभी प्रणालियों को आपस में जोड़ना भी अहम है। एक संभावित समाधान साइबर सिक्योरिटी सॉल्यूशंस का एक अनुकूली इंटरकनेक्टेड नेटवर्क बनाना हो सकता है, जैसे साइबर सुरक्षा जाल, जिससे संगठन की साइबर सुरक्षा तकनीकों में डेटा और ख़ुफ़िया जानकारी साझा करके ख़तरों का पता लगाने और उनका जवाब देने की क्षमता में वृद्धि होती हो।

2. इसके बाद आती है सुपरिभाषित और स्वचालित **साइबर सुरक्षा प्रक्रियाएं**। ख़तरा प्रतिक्रिया और अपवाद प्रबंधन तंत्र, नीतियों और प्रक्रियाओं, तथा सुरक्षा व्यवस्था और स्वचालित प्रतिक्रिया (एसओएआर) पर आधारित ये प्रक्रियाएं प्रभावी ख़तरा प्रबंधन सुनिश्चित करती हैं। ये प्रक्रियाएं संगठनों को सुरक्षा घटनाओं पर प्रतिक्रिया देने, ख़तरे का सक्रिय रूप से पता लगाने और अपने सुरक्षा इंफ्रास्ट्रक्चर का त्वरित और प्रभावी ढंग से अधिक व्यापक दृष्टिकोण मुहैया कराके अपने सुरक्षा परिदृश्य को बेहतर बनाने में मदद करती हैं।

3. प्रभावी **गवर्नेंस, जोख़िम और अनुपालन (जीआरसी)** तंत्रों के साथ सुरक्षा के प्रति सक्रिय दृष्टिकोण, अगला आवश्यक क़दम है, जिसमें ऑडिटिंग, विनियमन और मानकों का अनुपालन, जोख़िम प्रबंधन, साइबर सिक्योरिटी काउंसिल की स्थापना और नेतृत्व निगरानी सहित तमाम आवश्यक तत्व शामिल होते हैं। ऑडिटिंग और अनुपालन तंत्र यह सुनिश्चित करने में महत्त्वपूर्ण भूमिका निभाते हैं कि संगठन उद्योग मानकों और विनियमों का पालन करे। नियमित ऑडिटिंग और मूल्यांकन से कमज़ोरियों की पहचान करने और सुरक्षा नियंत्रणों की प्रभावशीलता को सत्यापित करने में मदद मिलती है। साथ ही, तमाम तरह के हितधारकों वाली एक विशिष्ट साइबर सिक्योरिटी काउंसिल, संगठन की साइबर सुरक्षा रणनीति को आगे बढ़ाने के लिए मूल्यवान जानकारी, इनपुट और निरीक्षण मुहैया कराती है। आख़िर में, नेतृत्व की निगरानी सर्वोपरि है, क्योंकि इसी से सुनिश्चित होता है कि सीनियर एक्जीक्यूटिव साइबर सिक्योरिटी पहलों में सक्रिय रूप से शामिल हों और उनका समर्थन करें और यह सीईओ तथा बोर्ड समीक्षाओं का एक प्रमुख एजेंडा बने।

4. और आख़िर में, किसी संगठन के अंदर एक **साइबर सुरक्षा संस्कृति** का निर्माण दीर्घकाल में साइबर ख़तरों के विरुद्ध संगठन की सुरक्षा को मजबूत करने के लिए ज़रूरी है, जो कर्मचारी प्रशिक्षण और जागरूकता पर आधारित होना चाहिए । हालांकि मैंने डेटा-प्रेरित संस्कृति के निर्माण पर एक पूरा अध्याय यानी अध्याय 18, समर्पित किया है, फिर भी यहां मैं साइबर सुरक्षा के नज़रिए से संस्कृति के एक विशिष्ट पहलू पर प्रकाश डाल रहा हूं। इसकी शुरुआत व्यापक और निरंतर साइबर सुरक्षा प्रशिक्षण

कार्यक्रमों से होती है जो कर्मचारियों को नवीनतम ख़तरों, सुरक्षित ऑनलाइन परंपराओं और सतर्कता के महत्त्व के बारे में शिक्षित करते हैं। नियमित जागरूकता अभियान, फिशिंग का गेमीकरण, सोशल इंजीनियरिंग जागरूकता विकसित करने के लिए नक़ली कैंपेन इन सिद्धांतों को मजबूत करते हैं। इस तरह से पूरे संगठन के लिए साइबर सिक्योरिटी को सर्वोच्च प्राथमिकता देना महत्त्वपूर्ण हो जाताहै।

जैसा कि स्पष्ट है, ज़ीरो ट्रस्ट फ्रेमवर्क स्थापित करना एक बार का काम नहीं है बल्कि एक सतत और गतिशील प्रक्रिया है। इस दृष्टिकोण में स्वीकार किया जाता है कि सुरक्षा परिदृश्य लगातार विकसित हो रहा है, और नए ख़तरे और कमज़ोरियां नियमित रूप से उभर रही हैं। इसलिए, संगठनों को संभावित सुरक्षा जोख़िमों से आगे रहने के लिए अपनी ज़ीरो-ट्रस्ट रणनीतियों को निरंतर अनुकूलित और परिष्कृत करना चाहिए।

एआई डेटा से डेटा सिक्योरिटी में बुनियादी रूपांतरण

एआई विशाल मात्रा में डेटा का विश्लेषण करने, जटिल पैटर्न का पता लगाने और रियल-टाइम में उभरते ख़तरों के अनुकूल ढलने की अपनी क्षमता के कारण डेटा सिक्योरिटी में अहम भूमिका निभा सकता है। डेटा के तेज़ी से बढ़ते आकार और साइबर हमलों की बढ़ती जटिलता के साथ, अकेले पारंपरिक सुरक्षा उपाय अक्सर अपर्याप्त होते हैं। एआई-प्रेरित सिस्टम संभावित सुरक्षा उल्लंघनों की विसंगतियों की पहचान करने, सुरक्षा कार्यों को स्वचालित करने और घटना प्रतिक्रिया समय में उल्लेखनीय सुधार करने के लिए नेटवर्क ट्रैफ़िक, उपयोगकर्ता व्यवहार और सिस्टम लॉग की निरंतर निगरानी कर सकते हैं। डेटा सिक्योरिटी मूल्य श्रृंखला में, एआई अधिक गति और सटीकता के साथ सुरक्षा ख़तरों की **रक्षा, पता लगाने, जांच करने और उनका जवाब देने** में सक्षम है :

प्रोटेक्ट : मशीन लर्निंग एल्गोरिदम का इस्तेमाल **अनुकूली प्रमाणीकरण** के लिए किया जाता है, ताकि उपयोगकर्ता की गतिविधियों से जुड़े जोख़िम का आकलन उनके व्यवहार और संदर्भ के आधार पर किया जा सके। अनुकूली प्रमाणीकरण संदिग्ध गतिविधियों का पता लगा सकता है और ज़रूरत पड़ने पर अतिरिक्त प्रमाणीकरण के लिए संकेत दे सकता है या एक्सेस को ब्लॉक कर सकता है। उदाहरण के लिए, बैंक बुद्धिमान अनुकूली प्रमाणीकरण का इस्तेमाल करते हैं जो पहचान साबित करने के लिए अतिरिक्त कारक मांगता है, जैसे कि अगर अकाउंट को किसी अनजाने डिवाइस से एक्सेस किया जाता है तो सिक्योरिटी क्वेश्चन या अतिरिक्त वन-टाइम पासवर्ड मांगा जाता है। एआई का इस्तेमाल डेटा सिक्योरिटी को बेहतर बनाने वाले मजबूत **एन्क्रिप्शन एल्गोरिदम** बनाने के लिए भी किया जा सकता है। ये एल्गोरिदम संवेदनशील डेटा को अनधिकृत पहुंच से बचाने के लिए उसे अपठनीय प्रारूप में बदल सकते हैं। उदाहरण के लिए, एआई जटिल एन्क्रिप्शन कुंजियां पैदा कर सकता है जो

ब्रूट-फ़ोर्स अटैक की प्रतिरोधी होती हैं। यह ऐसी हैकिंग विधि है जिसमें पासवर्ड, लॉगइन क्रेडेंशियल और एन्क्रिप्शन कुंजियों को क्रैक करने के लिए ट्रायल और ऐरर का इस्तेमाल किया जाता है, जिससे ट्रांसमिशन या स्टोरेज के दौरान डेटा की गोपनीयता सुनिश्चित होती है। इसके अतिरिक्त, एआई संवेदनशील डेटा की स्वचालित रूप से पहचान और वर्गीकरण करने में भी मदद कर सकता है, ताकि सिक्योरिटी उपायों को उचित रूप से परिभाषित किया जा सके।

डिटेक्ट : संभावित सुरक्षा ख़तरों का पता लगाने के लिए एआई एक शक्तिशाली और सक्रिय उपकरण साबित हो सकता है। एआई एल्गोरिदम **उपयोगकर्ता के व्यवहार पैटर्न** का विश्लेषण कर सकते हैं और असामान्य लॉगइन टाइम, एक्सेस रिक्वेस्ट या असामान्य डेटा एक्सेस पैटर्न जैसी **विसंगतियों की पहचान** कर सकते हैं। रियल-टाइम निगरानी क्षमताओं वाले एआई समाधान नेटवर्क ट्रैफ़िक, सिस्टम लॉग और अन्य प्रासंगिक डेटा स्रोतों का विश्लेषण करके घुसपैठ की पहचान और पता लगा सकते हैं। उदाहरण के लिए, किसी बैंक के लिए, एआई एल्गोरिदम बड़ी मात्रा में डेटा, जैसे वित्तीय लेनदेन या उपयोगकर्ता गतिविधियों का विश्लेषण कर सकते हैं और संभावित धोखाधड़ी की पहचान करने और आगे की जांच के लिए अलर्ट ट्रिगर करने के लिए इसकी तुलना ऐतिहासिक पैटर्न से कर सकते हैं। इससे भी बड़ी बात यह है कि एआई और एमएल संदिग्ध पैटर्न और व्यवहारों की पहचान करके **ज़ीरो-डे अटैक** का पता लगाने में अहम भूमिका निभाते हैं जो पहले से अज्ञात ख़तरे की उपस्थिति का संकेत दे सकते हैं।

इन्वेस्टिगेट : एआई वर्तमान और संभावित सुरक्षा ख़तरों की जांच में भी महत्त्वपूर्ण भूमिका निभाता है। एआई एल्गोरिदम का इस्तेमाल विभिन्न स्रोतों, जैसे सोशल मीडिया, फ़ोरम और ख़तरे की ख़ुफ़िया फ़ीड से डेटा का विश्लेषण करने, उभरते ख़तरों की पहचान करने और मूल्यवान जानकारी एकत्र करने के लिए किया जा सकता है। एआई-प्रेरित उपकरण सुरक्षा इंफ्रास्ट्रक्चर में **कमज़ोरियों की पहचान करने** के लिए नेटवर्क और सिस्टम को स्कैन भी कर सकते हैं, ताकि उन क्षेत्रों की पहचान की जा सके जिन पर तत्काल ध्यान देने या सुधार की ज़रूरत है। यह डिजिटल साक्ष्यों के संग्रह और विश्लेषण को स्वचालित करने का भी प्रभावी तरीक़ा है, जो **उल्लंघन के मूल कारण** का शीघ्र और प्रभावी ढंग से पता लगाने में मदद करता है। उदाहरण के लिए, किसी जटिल वैश्विक आपूर्ति श्रृंखला में, एआई-प्रेरित उपकरण तमाम नेटवर्क ऐंडपॉइंट्स, जैसे आपूर्तिकर्ता संचार प्रणालियों, इन्वेंट्री डेटाबेस और लॉजिस्टिक्स प्रबंधन प्लेटफ़ॉर्म, की निरंतर निगरानी कर सकते हैं। जब कोई विसंगति पाई जाती है, तो एआई एल्गोरिदम इसे संभावित भेद्यता या सुरक्षा कमज़ोरी के रूप में चिह्नित कर सकते हैं।

रेस्पॉन्ड : सुरक्षा घटनाओं की प्रतिक्रिया को प्रभावी ढंग से स्वचालित करके ख़तरों के प्रभाव को कम करने में भी एआई महत्त्वपूर्ण भूमिका निभा सकता है। एआई एल्गोरिदम रियल टाइम में बड़ी मात्रा में डेटा का विश्लेषण कर सकते हैं जिससे संगठनों को संभावित सुरक्षा

उल्लंघनों पर प्रतिक्रिया देने में लगने वाले समय को कम करने में मदद मिलती है। उदाहरण के लिए, तमाम उद्योगों में सुरक्षा संचालन केंद्र (एसओसी) सुरक्षा घटनाओं की अधिक तेज़ी से और सटीक रूप से पहचान करने और संक्रमित उपकरणों को अलग करने, दुर्भावनापूर्ण आईपी एड्रेसेज को ब्लॉक करने, संदिग्ध फाइलों को अलग करने जैसी घटना प्रतिक्रिया क्रियाओं को स्वचालित करने के लिए आई का लाभ उठाते हैं, जिससे घटना को रोकने के लिए आवश्यक समय और प्रयास कम से कम हो जाते हैं।

जैसा कि आप देख सकते हैं, एआई में किसी संगठन के डेटा सिक्योरिटी प्रयासों को नाटकीय रूप से बढ़ाने की क्षमता होती है। फ़्लिपकार्ट में मेरे कार्यकाल के दौरान, हमारे पास लगभग 150-200 विशेषज्ञ 'ट्रस्ट ऐंड सेफ़्टी टीम' के हिस्से के रूप में काम कर रही थी, जिसमें देश के कुछ सर्वश्रेष्ठ डेटा वैज्ञानिकों की एक टीम थी। इसका एकमात्र काम धोखाधड़ी वाले लेनदेन की निगरानी और रोकथाम के लिए चौबीसों घंटे काम करना था। हालांकि, हम हमेशा पीछे रह जाते थे। जब तक हमारी टीम किसी संभावित धोखाधड़ी का समाधान ढूंढ़कर उसे लागू कर पाती, तब तक नए ख़तरे सामने आ चुके होते थे, जिससे सबसे तेज़ दिमाग़ वाले लोगों के लिए भी तालमेल बिठाना बहुत मुश्किल हो जाता था। अब एआई-सक्षम समाधानों के साथ, उम्मीद है कि संगठनों को लगातार बदलते सुरक्षा ख़तरों और ख़तरा पैदा करने वाले कारकों के प्रति प्रतिक्रिया ना करके, अधिक सक्रिय होने का अवसर मिलेगा।

हालांकि, एआई से डेटा सिक्योरिटी जोख़िम बढ़ते भी हैं

जहां एआई डेटा सिक्योरिटी की कहानी का नायक हो सकता है, वहीं इस नायक के साथ एक स्याह पक्ष भी होता है! जैसे-जैसे हम एआई युग में आगे बढ़ रहे हैं, डेटा सिक्योरिटी ख़तरे लगातार और भी तेज़ गति से विकसित हो रहे हैं। इतना ही नहीं, इन ख़तरों की जटिलता और दायरा बड़ा और बड़ा होता रहेगा। एआई का इस्तेमाल अधिक परिष्कृत हमलों के लिए भी किया जा सकता है, जो एक गहरा और बहुत अधिक जटिल सुरक्षा ख़तरा पैदा करता है। जहां एआई इन मुद्दों को काफ़ी हद तक हल करने में मदद कर सकता है, वहीं इसका दुर्भावनापूर्ण उद्देश्यों के लिए भी दुरुपयोग किया जा सकता है, जिससे संभावित जोख़िमों से बचाव करना अधिक मुश्किल हो जाता है। उदाहरण के लिए, पासवर्ड क्रैकिंग, या एआई का इस्तेमाल के जरिए होने वाला ब्रूट फ़ोर्स अटैक बढ़ती चिंता का विषय बनता जा रहा है। हाल ही में पासजेन नाम के एआई-प्रेरित पासवर्ड क्रैकिंग टूल के साथ एक प्रयोग किया गया। इसमें 15 मिलियन आमतौर पर इस्तेमाल किए जाने वाले पासवर्डों पर प्रयोग करके यह पाया गया कि 51 प्रतिशत पासवर्ड केवल एक मिनट में क्रैक किए जा सकते हैं, 71 प्रतिशत एक दिन में और 81 प्रतिशत केवल एक महीने में। अब सोचिए कि वॉइस क्लोनिंग के जरिए किसी को वैध दिखाकर धोखा देना (विशिंग) या तसवीरों और वीडियो का उपयोग करके धोखा देने वाले डीपफेक जैसे एआई हमले कितनी बड़ी तबाही मचा सकते हैं। उदाहरण के लिए, किसी

राजनीतिक नेता का कोई ऐसा डीपफेक हो वह जातिवादी बयान दे रहा हो, तब तो दंगे भड़क सकते हैं।

जैसे-जैसे संगठन एआई के विस्तार की तैयारी कर रहे हैं, वैसे-वैसे एक और भी गंभीर चिंता पैदा हो रही है, जो उनका संभावित रूप से अधिक जोख़िमों से सामना करा सकती है। यह एआई सिस्टम के लगातार जटिल और परस्पर जुड़े होने का नतीजा है, जो अक्सर खुले और परस्पर जुड़े डेटासेट पर निर्भर करते हैं, जिससे अधिक एक्सेस पॉइंट्स के संदर्भ में भेद्यता बढ़ जाती है। नतीजतन, ये एआई सिस्टम या मॉडल, जो समय के साथ सीखने, अनुकूलन करने और अपने प्रदर्शन को बेहतर बनाने के लिए डेटा के निरंतर फ़ीडबैक लूप पर निर्भर करते हैं, वो दुर्भावनापूर्ण हमलों या हेरफेर के प्रति अधिक संवेदनशील होते हैं। विशेष रूप से जनरेशन एआई मॉडल के मामले में ये ख़तरा ज़्यादा होता है, जिनका आजकल संगठन अधिक से अधिक लाभ उठा रहे हैं।

यही कारण है कि संगठन डेटा जनरेशन और हेरफेर के लिए इन मॉडलों के जरिए संभावित लीकेज, चोरी या दुरुपयोग के बारे में ज़्यादा चिंतित हो रहे हैं। यह ऐसा विषय जो आज मेरी फ़र्म इंसीडो में ग्राहकों के साथ हमारी बातचीत में प्रमुख चिंता का विषय बनकर उभर रहा है। टेक्स्ट, कोड और छवियों को शामिल करने वाले व्यापक डेटासेट पर प्रशिक्षित जनरेशन एआई मॉडल, दो प्रमुख सुरक्षा जोख़िम पैदा करते हैं। सबसे पहले, आकस्मिक डेटा लीकेज का ख़तरा है, जहां स्वामित्व वाली जानकारी अनजाने में किसी बड़े भाषा मॉडल का हिस्सा बन सकती है, जिससे धीरे-धीरे डेटा लीक हो सकता है। उदाहरण के लिए, मान लीजिए कि अगर कर्मचारी कंपनी के गोपनीय कोड एआई की समीक्षा के लिए डालना शुरू कर देते हैं, तो एआई उन कोड्स को नियम और शर्तों के हिस्से के रूप में स्टोर कर लेगा और प्रतिस्पर्धियों के सामने उन्हें फिर से प्रस्तुत कर सकता है। दूसरा ख़तरा डेटा पॉइजनिंग का है, जिसमें प्रोपाइडरी डेटा का भ्रष्टाचार शामिल है, जिसके परिणामस्वरूप मॉडल ग़लत आउटपुट पैदा करता है। इसके अतिरिक्त, यह आशंका भी बढ़ रही है कि दुर्भावनापूर्ण तत्व जेन एआई का इस्तेमाल विश्वसनीय नक़ली दस्तावेज़, ईमेल या अन्य सामग्री बनाने के लिए कर सकते हैं जिनमें संवेदनशील डेटा भी हो सकता है, जिससे गोपनीयता भंग, पहचान की चोरी या ग़लत सूचना अभियान हो सकते हैं।

हालांकि यह तकनीक अभी काफ़ी शुरुआती अवस्था में है, लेकिन हमें इसके दुरुपयोग के प्रमाण पहले ही दिखाई देने लगे हैं। इसका एक उदाहरण 2019 की घटना है, जब एक ब्रिटेन स्थित ऊर्जा कंपनी डीपफेक-आधारित घोटाले का शिकार हो गई, जिसके नतीजतन €220,000 ($243,000) की धोखाधड़ी हुई। एक फ़ोन कॉल के दौरान, अपराधी ने कंपनी की जर्मन मूल कंपनी के सीईओ के रूप में ख़ुद को पेश किया। यह धोखा इतना विश्वसनीय था कि ब्रिटेन की सहायक कंपनी के सीईओ को तनिक भी संदेह नहीं हुआ कि वह अपने बॉस के बजाय किसी अपराधी से बात कर रहा है, क्योंकि अपराधी उसके जर्मन लहजे, शैली और बोलने के तरीक़े की बख़ूबी नक़ल कर पा रहा था।

तो, जैसे एक तरफ़ एआई डेटा सिक्योरटी की बड़ी समस्या को हल करने में मदद करता है, वैसे ही दूसरी तरफ़ यह कुछ नई मुश्किलें भी पैदा करता है, जिनकी पूरी समझ अभी हमारे पास नहीं है। इसलिए इस पर सावधानी से सोचने की ज़रूरत है। एआई सिस्टम की जटिलता, जेनएआई अपनाने से जुड़ी दिक्कतें, सुरक्षा में छुपी कमज़ोरियां, ग़लत इस्तेमाल और नैतिक सवाल, ये सब लगातार रिसर्च, मजबूत सुरक्षा तरीक़ों और पहले से तैयारी करने वाले नज़रिए की मांग करते हैं, ताकि इन नई चुनौतियों से सही तरीक़े से निपटा जा सके।

साइबर सुरक्षा कभी आईटी परिदृश्य के एक सीमित और अपेक्षाकृत अदृश्य कोने तक सीमित थी, लेकिन अब वह केंद्र में आ गई है और मुख्यधारा में आ चुकी है। हाल ही के अतीत में, इसे अक्सर एक विशिष्ट चिंता का विषय माना जाता था, जिसका प्रबंधन विशेषज्ञों का चुनिंदा समूह करता था। आज यह सबसे तेज़ी से बढ़ते क्षेत्रों में से एक है। साइबर सिक्योरिटी मार्केट 2023 में पहले ही 172.32 अरब डॉलर तक पहुंच चुका है और 2030 में इसके 13.8 प्रतिशत की चक्रवृद्धि वार्षिक वृद्धि दर (सीएजीआर) से बढ़ते हुए 424.97 अरब डॉलर तक पहुंचने की उम्मीद है। डिजिटल युग में यह निस्संदेह बुनियादी चिंता का विषय बन गया है, जो व्यक्तिगत गोपनीयता से लेकर राष्ट्रीय सुरक्षा और कॉर्पोरेट अस्तित्व तक, हर चीज़ को प्रभावित कर रहा है।

मुख्य निष्कर्ष

- डेटा की तेज़ी से बढ़ती मात्रा और लगातार बढ़ते साइबर ख़तरे, डिजिटल युग में संगठनों के अस्तित्व और अखंडता के लिए मजबूत डेटा सिक्योरिटी बहुत अहम हो गई है।
- संगठन तेज़ी से पारंपरिक 'महल और खाई' नेटवर्क सुरक्षा मॉडल से 'ज़ीरो ट्रस्ट' सिक्योरिटी फ्रेमवर्क की तरफ़ बढ़ रहे हैं, जो नेटवर्क एक्सेस चाहने वाले सभी व्यक्तियों, उपकरणों या एप्लिकेशंस के लिए निरंतर प्रमाणीकरण और सावधानीपूर्वक एक्सेस वेरीफ़िकेशन को प्राथमिकता देता है और विशिष्ट व्यक्तित्व या भूमिका के अनुरूप होता है।
- डेटा सिक्योरिटी बनाम डेटा लोकतंत्रीकरण, डेटा जगत के प्रमुख विरोधाभासों में से एक है। इसमें असली चुनौती यह है कि एक तरफ़ मजबूत सुरक्षा दी जाए और दूसरी तरफ़ संगठन के अंदर ज़्यादा से ज़्यादा लोगों को डेटा तक पहुंच और उसका इस्तेमाल करने की सुविधा भी मिले।
- एक प्रभावी ज़ीरो ट्रस्ट फ्रेमवर्क बनाने के लिए, सिक्योरिटी और एक्सेस के बीच संतुलन सुनिश्चित करते हुए, तीन प्रमुख विचारों - डेटा की महत्ता, उपयोगकर्ता व्यक्तित्व और भूमिका, और गतिविधि पैटर्न - को ध्यान में रखते हुए एक संदर्भ-प्रेरित दृष्टिकोण आवश्यक है।

- संदर्भ-प्रेरित ज़ीरो-ट्रस्ट सिक्योरिटी फ्रेमवर्क के प्रभावी अमल के लिए चार महत्त्वपूर्ण कारक होते हैं - प्रौद्योगिकी समाधानों का एक सुसंबद्ध नेटवर्क, सुदृढ़ प्रक्रियाएं, प्रभावी गवर्नेंस, जोख़िम और अनुपालन तंत्र, और एक मजबूत साइबर सुरक्षा संस्कृति।
- अनुकूली प्रमाणीकरण और ख़तरे का पता लगाने से लेकर त्वरित घटना जांच और ऑटोमेटिड रेस्पॉन्स तक, समूची मूल्य श्रृंखला में डेटा सिक्योरिटी में एआई एक बड़ी ताक़त है, जो उभरते साइबर ख़तरों से सुरक्षा बढ़ाता है।

परत 5

संगठन और संस्कृति

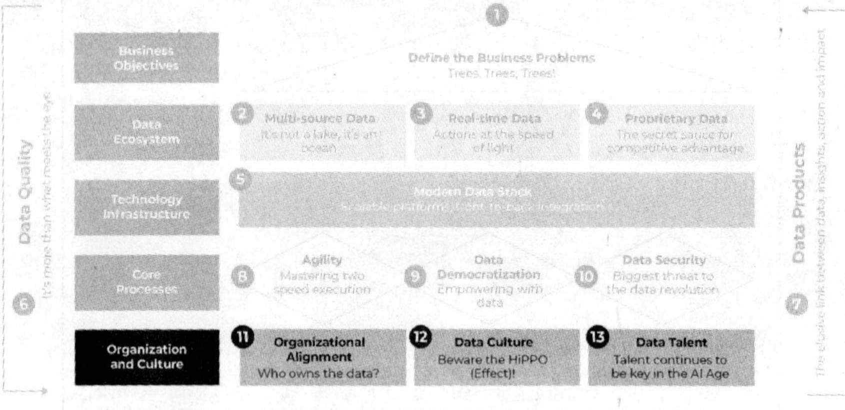

'संभावनाओं को खोलने वाले मानवीय पहलू'

17

संगठनात्मक सामंजस्य

डेटा का मालिक कौन है?

'कंपनी जैसे-जैसे बड़ी होती है, उसे उत्पादक बनाए रखने में सबसे अहम भूमिका सामंजस्य की होती है।'

~ सैम आल्टमैन,
सीईओ, ओपनएआई

अब मुख्य प्रक्रियाओं पर विचार हो चुका है और उनकी स्थापना हो चुकी है, तो चलिए, अगली परत यानी, 'संगठन और संस्कृति' पर चलते हैं, जो मुख्यतः यूएसएफ फ्रेमवर्क के लोगों के पहलू पर केंद्रित है। यह परत डेटा से रूपांतरकारी मूल्य हासिल करने के लिए आवश्यक कौशल, मानसिकता और व्यवहार, और संगठनात्मक डीएनए पर केंद्रित है। इस परत में बताया जाता है कि लोगों से सबसे अच्छे ढंग से कैसे जोड़ा जाए, डेटा-प्रेरित संस्कृति का कैसे बनाई जाए और डेटा टैलेंट पूल तैयार करने में किन प्रमुख कौशलों पर ध्यान दिया जाए।

हमने पांचवें अध्याय 'मूल कारण' में विस्तार से देखा कि संगठनात्मक बिखराव किस तरह से ज़्यादातर कंपनियों के लिए बड़ी चुनौती बना रहता है। इसकी वजह से वे ना तो व्यवसाय से जुड़ी उपयोगी जानकारी निकाल पाते हैं, ना ही मिलकर सही समस्याओं को परिभाषित और हल कर पाते हैं, और ना ही निकाले गए निष्कर्षों को ठोस कार्रवाई में बदल पाते हैं।

इसलिए, इस अध्याय में, मैं इस परत के पहले घटक, यानी यूएसएफ़ के ग्यारहवें घटक, - संगठनात्मक सामंजस्य पर ध्यान केंद्रित करूंगा। यानी, संगठन में लोगों को इस तरह कैसे जोड़ा और मिलाया जाए कि वे डेटा का सबसे प्रभावी इस्तेमाल कर सकें। क्योंकि जब तक यह सामंजस्य नहीं होता, तब तक संगठन उन बिखरावों को ख़त्म नहीं कर पाते जो

अलग-अलग टीमों के बीच सहयोग में बाधा डालते हैं। और इन्हें दूर करना ही डेटा की पूरी क्षमता को खोलने की कुंजी है।

जैसा कि हम इस अध्याय में देखेंगे, यह कोई आसान समस्या नहीं है क्योंकि असरदार संगठनात्मक सामंजस्य बनाने के लिए कई तरह की बातों पर ध्यान देना पड़ता है। इसके लिए कोई एक जैसा नुस्खा सब जगह लागू नहीं हो सकता। हर संगठन को अपनी ज़रूरतों और परिस्थितियों के हिसाब से रणनीतिक फ़ैसले लेने पड़ते हैं ताकि वे ऐसा मॉडल चुन सकें जो उनके लिए सबसे बेहतर साबित हो।

संगठनात्मक सामंजस्य क्या है?

संगठनात्मक सामंजस्य से आशय है कि संगठन के लोग और प्रक्रियाएं कितनी अच्छी तरह आपस में जुड़ी हुई हैं, एक दिशा में चल रही हैं और संगठन के रणनीतिक उद्देश्यों को हासिल करने के लिए सक्रिय रूप से काम कर रही हैं। आसान भाषा में कहें तो इसका मतलब है कि संगठन अपने सभी लोगों को एक ही समझ पर ला सके कि क्या करना है और कैसे करना है।

संगठनात्मक सामंजस्य वह महत्त्वपूर्ण आधार है जो किसी संगठन में डेटा संबंधी पहलों की प्रभावशीलता और सफलता को आगे बढ़ाता है। अच्छे सामंजस्य वाला संगठन उस मशीन की तरह काम करता है जिसमें सभी पुर्जे एक साथ मिलकर बिना रुकावट और आसानी से लक्ष्य पूरे करते हैं। जब संगठन के सभी पहलू एक साझा लक्ष्य की ओर मिलकर बढ़ते हैं, तो यह डेटा का पूरा लाभ उठाने के लिए एकजुट और सुसंगत दृष्टिकोण तैयार करता है। प्रभावी सामंजस्य तीन मुख्य बातों पर निर्भर करता है - संगठन की संरचना, निर्णय लेने की प्रक्रिया और निष्पादन। जब संगठन इन तीनों पर सही तरह से सामंजस्य बना लेता है, तो वह अपनी डेटा पहलों से कहीं अधिक प्रभावशाली नतीजे हासिल कर पाता है।

पारंपरिक तरीक़ा और उसकी कमज़ोरियां

पारंपरिक रूप से, संगठन ज़्यादातर एक कार्यात्मक सामंजस्य दृष्टिकोण अपनाते आए हैं, जहां बिज़नेस, आईटी, और ऑपरेशंस जैसी अलग-अलग टीमें अपने-अपने तय कामों की ज़िम्मेदारी निभाती हैं। बिज़नेस टीम संगठन की रणनीतिक और परिचालन संबंधी दिशा तय करती है और लक्ष्य निर्धारित करती है। आईटी टीम तकनीकी इंफ्रास्ट्रक्चर, सिस्टम और एप्लिकेशंस को संभालने और बनाए रखने की ज़िम्मेदारी लेती है। वहीं ऑपरेशंस टीम रोज़मर्रा की प्रक्रियाओं को परिचालित करती है और सुनिश्चित करती है कि कामकाज सुचारू और कुशलता से चलता रहे।

पारंपरिक तरीक़े में अक्सर निर्णय लेने की प्रक्रिया नेतृत्व स्तर पर केंद्रीकृत होती है, जहां मैनेजर और लीडर अपने-अपने अनुभव और बिज़नेस की ज़रूरतों की समझ के आधार

पर फ़ैसले करते हैं। यह केंद्रीकरण एक समानता और स्थिरता तो देता है, लेकिन साथ ही फ़ैसले लेने की प्रक्रिया को लंबा और खींचा हुआ भी बना सकता है।

कार्यात्मक सामंजस्य की वजह से इन टीमों को उनके-अपने क्षेत्र में उत्पन्न या उपयोग किए जाने वाले डेटा का स्वाभाविक मालिक माना जाता है। जब हर टीम अपने-अपने डेटा की मालिक होती है, तो उनकी ज़रूरतें और डेटा इस्तेमाल करने के तरीक़े भी अलग-अलग होते हैं। यह डेटा स्वामित्व संगठन के अंदर डेटा साइलो पैदा कर देता है, जिससे डेटा का आदान-प्रदान सीमित हो जाता है और संगठन के लिए समग्र रूप से डेटा का इस्तेमाल करके रणनीतिक फ़ैसले लेना कठिन हो जाता है। एक अध्ययन से पता चला है कि जिन कंपनियों में 10 प्रतिशत से ज़्यादा की राजस्व वृद्धि हुई, उनमें से आधी की मार्केटिंग और आईटी टीमें एक साझा दृष्टिकोण पर मिलकर काम करती हैं। इसके विपरीत, सबसे कम राजस्व वृद्धि दर वाली कंपनियों में से आधे से ज़्यादा ने स्वीकार किया कि उनके सीएमओ और सीटीओ के बीच बहुत कम बातचीत होती थी, जिससे उनकी ओमनी-चैनल ग्राहक अनुभव बनाने और मुहैया कराने की क्षमता प्रभावित हुई।

और यह बिग डेटा जगत में आदर्श क्यों नहीं है?

बिग डेटा की दुनिया में, जहां संगठन तकनीक, नेटवर्क और लोगों का इकोसिस्टम बनाते हैं, वहां पूरी वैल्यू चेन में कई हितधारक डेटा पैदा भी कर रहे होते हैं और उसका इस्तेमाल भी करते हैं। यह जटिल स्थिति इस सवाल को और मुश्किल बना देती है कि डेटा का असली मालिक कौन है और उसकी ज़िम्मेदारी किसकी है। जब स्वामित्व और ज़िम्मेदारी साफ़ तौर पर तय नहीं होती, तो इस पूरे डेटा तंत्र में कहीं भी डेटा गुणवत्ता से जुड़ी समस्याएं पैदा हो सकती हैं।

पारंपरिक संगठनात्मक संरचना, सोच और काम करने के तरीक़े इन चुनौतियों को और बढ़ा देते हैं। बिज़नेस, आईटी और ऑपरेशंस टीमें जब अलग-अलग काम करती हैं, तो शुरू से ही मिलकर व्यापारिक समस्याओं और लक्ष्यों को परिभाषित नहीं कर पातीं। और जब टीमें एक-दूसरे से बिना इनपुट लिए अलग-थलग काम करती हैं, तो निकली हुई जानकारियां या तो ग़लत दिशा में होती हैं या फिर उन्हें लागू करना मुश्किल हो जाता है। बिज़नेस टीम तकनीकी विशेषज्ञता की कमी की वजह से डेटा को ठीक से संभाल और विश्लेषित नहीं कर पाती, जिससे औसत दर्जे की जानकारियां निकलती हैं। दूसरी तरफ़, आईटी और ऑपरेशन्स टीम को ग्राहक और व्यापारिक मामलों की गहरी समझ नहीं होती, नतीजा यह निकलता है कि उनके समाधान संगठन के उद्देश्यों से मेल नहीं खाते। शुरुआत में ही सहयोग और संयुक्त समस्या परिभाषा की कमी यह तय करने की क्षमता को बाधित करती है कि सही मीट्रिक्स क्या होंगे, किन स्रोतों से डेटा लेना होगा, और कौन-से प्रभावी डेटा-प्रेरित समाधान विकसित किए जा सकते हैं। इसका सीधा असर किसी भी डेटा पहल की कुल प्रभावशीलता पर पड़ता है।

एक अध्ययन के अनुसार, 79 प्रतिशत निर्णय लेने वालों को अलग-अलग विभागों के बीच सहयोग मुश्किल लगता है, क्योंकि यह प्रक्रिया अक्सर अलग-थलग साइलो में चलती है।

तो फिर ऐसा कौन-सा तरीक़ा अपनाया जाए जिससे संगठन डेटा को केंद्र में रखकर संगठनात्मक सामंजस्य बना सकें? इसके लिए तीन अहम बातों पर ध्यान देना ज़रूरी है, जो किसी संगठन में प्रभावी सामंजस्य स्थापित करने की नींव रखते हैं।

संगठनात्मक सामंजस्य के तीन विचार

किसी भी डेटा पहल की सफलता के लिए, संगठनों को तीन पहलुओं में सामंजस्य बनाने की आवश्यकता होती है : **संरचना** - विभागों और टीमों की डिज़ाइन और व्यवस्था; **निर्णय प्रक्रियाएं** - निर्णय लेने से संबंधित प्रक्रियाएं और अधिकार, और **निष्पादन** - स्पष्ट स्वामित्व को परिभाषित करना और सहयोग को बढ़ावा देते हुए जवाबदेही सुनिश्चित करना।

संगठन अपनी टीमों की संरचना किस तरह बनाते हैं और निर्णय लेने की प्रक्रिया में कितनी विकेंद्रीकरण अपनाते हैं, यह बहुत महत्त्वपूर्ण फ़ैसले होते हैं। ये फ़ैसले संगठन को अपने कारोबारी संदर्भ, उद्योग की स्थिति, संगठन की परिपक्वता और अपनी रणनीतिक प्राथमिकताओं को ध्यान में रखकर करने चाहिए। तीसरा पहलू है, प्रभावी निष्पादन, जिसमें स्वामित्व और सहयोग के बीच संतुलन बनाना ज़रूरी होता है। अब मैं इन तीनों मुख्य बिंदुओं पर विस्तार से बात करूंगा।

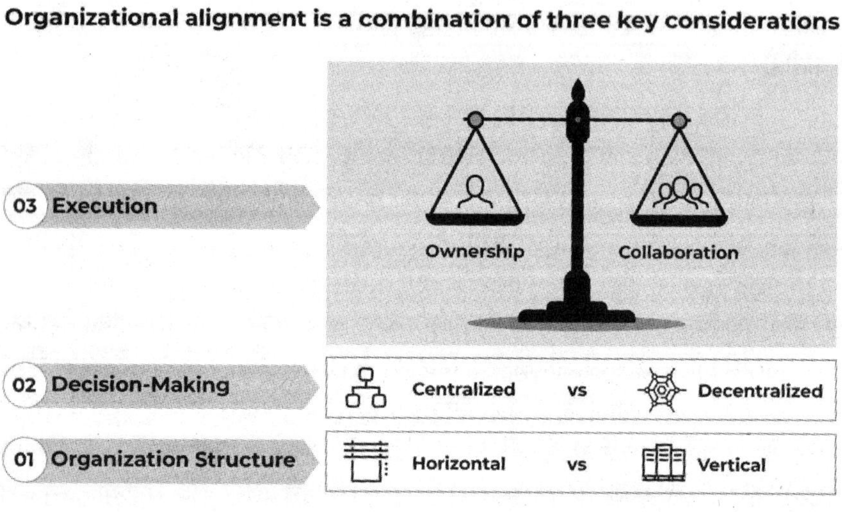

संगठन संरचना : लोग कैसे जुड़ेंगे?

संगठनात्मक संरचना से आशय है कि किसी संगठन में टीमों को किस तरह व्यवस्थित या संगठित किया गया है - जैसे विभाग, टीमें और रिपोर्टिंग संबंध। इसका उद्देश्य ऐसी संरचना तैयार करना है, जो अलग-अलग विभागों और टीमों के अंदर तथा उनके बीच तालमेल और जानकारी का सहज प्रवाह सुनिश्चित करे, ताकि सब मिलकर साझा लक्ष्यों और उद्देश्यों को हासिल कर सकें। सामान्यतः संगठन अपनी संरचना दो तरीक़ों से बना सकते हैं।

पहली क्षैतिज संरचना क्षमता-आधारित होती है, जिसमें संगठन अपनी टीमों का गठन उनके विशेष कार्यात्मक कौशल के आधार पर करते हैं। इसमें अलग-अलग लेकिन पूरक विशेषज्ञता वाले कर्मचारी एक साथ काम करते हैं और अनेक उत्पादों तथा हितधारकों को सहयोग देते हैं। यह संरचना तमाम उत्पादों में दोहराव योग्य कार्यों के जरिए दक्षता बढ़ाने, समान और मानकीकृत समाधान देने और उच्च गुणवत्ता वाले समाधान के लिए गहन विशेषज्ञता विकसित करने के लिए आदर्श होती है। यह कर्मचारियों के बीच अधिक जुड़ाव और नवाचार को भी बढ़ावा देती है। उदाहरण के लिए, जब डेटा और एनालिटिक्स विभाग को एक क्षैतिज क्षमता के रूप में संगठित किया जाता है, तो वह संगठन के विभिन्न उद्योगों और क्लाइंट समूहों को विशेषज्ञता मुहैया करा सकते हैं। यह केंद्रीकृत तरीक़ा डेटा और एनालिटिक्स की गहन जानकारी विकसित करता है, जिसका इस्तेमाल पूरे संगठन में किया जा सकता है। गहराई वाली यह जानकारी और अंतर्दृष्टि सर्वोत्तम परंपराएं विकसित करने, नवाचार को बढ़ावा देने, मुख्य मॉडल और डेटा उत्पाद जैसी नई क्षमताएं बनाने और उन्हें संगठन के अलग-अलग हिस्सों में दोहराने में मदद करती है।

दूसरी ओर, **ऊर्ध्वाधर संरचना** क्लाइंट-केंद्रित ज़्यादा होती है। इसमें हर टीम स्वतंत्र रूप से किसी एक क्लाइंट या क्लाइट समूह (जिसे किसी उद्योग वर्टिकल में शामिल किया जाता है) के लिए शुरू से अंत तक काम करती है। इस संरचना में अलग-अलग टीमें एक साथ आती हैं, जिससे उद्देश्य की स्पष्टता और साझा मक़सद का मजबूत अहसास पैदा होता है। यह संरचना टीमों को अधिक फुर्तीला और संवेदनशील बनाती है। इसके साथ ही, यह शुरू से अंत तक स्वामित्व और ग्राहक-केंद्रितता सुनिश्चित करती है, जिससे बेहतर नतीजे निकलते हैं। यह संरचना पूरे कामकाज में गहरी डोमेन विशेषज्ञता विकसित करने में भी मदद करती है।

उदाहरण के लिए, ऊर्ध्वाधर संगठनात्मक संरचना में डेटा और एनालिटिक्स टीमें किसी ख़ास उद्योग या ग्राहक वर्ग की ज़रूरतों के अनुसार काम करने के लिए गठित की जाती हैं। हर ग्राहक वर्ग की टीम में विभिन्न कार्यात्मक क्षमताएं शामिल होती हैं। इन्हीं क्षमताओं के हिस्से के रूप में डेटा और एनालिटिक्स टीम उस विशेष उद्योग या ग्राहक वर्ग की गहरी समझ विकसित करने, उनकी कठिनाइयों को पहचानने और उनके लिए समाधान तैयार करने पर ध्यान देती है।

हालांकि क्षैतिज और ऊर्ध्वाधर - दोनों संरचनाओं के अपने-अपने फ़ायदे हैं, लेकिन इनके साथ कुछ चुनौतियां भी जुड़ी होती हैं। क्षैतिज संरचना में अक्सर ग्राहक-केंद्रितता और नतीजों पर फ़ोकस की कमी देखी जाती है। इसकी वजह से व्यावसायिक मूल्य और प्रभाव को मापना कठिन हो जाता है, और वांछित नतीजे हासिल करने में लचीलापन और गति कम हो सकती है। कई बार टीमें अपनी क्षमता पर ज़्यादा केंद्रित हो जाती हैं और संगठन के बड़े लक्ष्यों से नज़र हट जाती है। ख़ासतौर पर बड़े संगठनों में इस संरचना के लिए भारी स्तर पर तालमेल की ज़रूरत होती है, वरना यह ज़्यादा आंतरिक उन्मुख हो जाती है।

वहीं, ऊर्ध्वाधर संरचना में कामकाज अक्सर अलग-अलग साइलो में बंट जाता है, जिससे टीमों के बीच ज्ञान साझा करने और सहयोग की कमी हो सकती है। अलग-अलग ऊर्ध्व टीमें कई बार अनजाने में एक जैसे काम दोहराती हैं या समान कार्यों पर अलग-अलग काम करने लग जाती हैं, जिससे अक्षमता और संसाधनों की बर्बादी होती है। साथ ही, पूरे संगठन स्तर पर क्षमताओं का निर्माण और उनका विस्तार करना भी कठिन हो जाता है।

यह स्पष्ट है कि क्षैतिज और ऊर्ध्वाधर संरचना के बीच कोई एकमात्र सही उत्तर नहीं है। संगठनों को अपने व्यवसाय की प्रकृति, उद्योग की स्थिति और संगठन की परिपक्वता के आधार पर इनमें से किसी एक को चुनना होता है या फिर दोनों का सम्मिश्रण अपनाना होता है।

निर्णय : अंतिम निर्णय कौन करेगा?

किसी भी संगठन के लिए यह तय करना बेहद अहम होता है कि निर्णय लेने की प्रक्रिया कैसी होगी और निर्णय लेने का अधिकार संगठन में किस प्रकार वितरित किया जाएगा। इसमें यह निर्धारित करना शामिल है कि निर्णय-प्रक्रिया केंद्रीकृत होगा या विकेंद्रीकृत, किस स्तर पर कौन-सी ज़िम्मेदारियां और अधिकार होंगे, और यह भी सुनिश्चित करना कि पूरे संगठन में निर्णय लेने की पद्धति समान और सुसंगत बनी रहे। **केंद्रीकृत निर्णय-प्रक्रिया** संगठन को अपने संचालन को व्यवस्थित ढंग से बढ़ाने और कार्यप्रणालियों में निरंतरता बनाए रखने में मदद करती है। जब निर्णय लेने की ताक़त शीर्ष स्तर पर केंद्रित होती है, तो संसाधनों का तालमेल अधिक प्रभावी ढंग से हो पाता है, ज़िम्मेदारियों का बंटवारा स्पष्ट होता है और प्रक्रियाएं सरल तथा सुव्यवस्थित बनती हैं। उदाहरण के लिए, कई शाखाओं वाली एक छोटी रिटेल चेन आमतौर पर केंद्रीकृत निर्णय ढांचा अपनाता है। मूल्य निर्धारण की नीति, उत्पादों का चयन और मार्केटिंग कैंपेन की रूपरेखा जैसे बड़े फ़ैसले मुख्यालय में मौजूद एक्जीक्यूटिव टीम करती है। स्थानीय स्तर पर स्टोर मैनेजर और कर्मचारी इन निर्णयों में बहुत कम हस्तक्षेप करते हैं और उनसे अपेक्षा की जाती है कि वे केंद्रीय नेतृत्व के तय किए गए निर्देशों का पालन करें।

इसी तरह, **विकेंद्रीकृत निर्णय-निर्माण पद्धति** में निर्णय लेने का अधिकार संगठन के विभिन्न स्तरों या टीमों में वितरित कर दिया जाता है। यह तरीक़ा व्यावसायिक आवश्यकताओं के प्रति तेज़ी से प्रतिक्रिया देने में अधिक लचीलापन और अनुकूलन क्षमता मुहैया कराता है। साथ ही, यह अलग-अलग स्तरों पर सहयोग और स्वामित्व की भावना को भी बढ़ावा देता है। उदाहरण के लिए, हाइपरमार्केट्स, डिस्काउंट डिपार्टमेंट स्टोर्स और ग्रोसरी स्टोर्स की चेन संचालित करने वाली कोई बड़ी बहुराष्ट्रीय रिटेल कंपनी आम तौर पर अधिक विकेंद्रीकृत निर्णय-प्रक्रिया अपनाती है। विकेंद्रीकरण की सीमा के आधार पर, क्षेत्रीय टीमों या स्टोर मैनेजरों को अपने-अपने क्षेत्र या स्टोर के लिए निर्णय लेने की स्वायत्तता मिलती है। उत्पादों की क़ीमत तय करने, मार्केटिंग अभियान चलाने या प्रोडक्ट असॉर्टमेंट चुनने जैसे फ़ैसले क्षेत्रीय मांग, बाज़ार की स्थिति, ग्राहकों की पसंद, सांस्कृतिक प्राथमिकताओं और यहां तक कि स्थानीय नियमों को ध्यान में रखकर लिए जाते हैं। हालांकि इसका दूसरा पहलू यह है कि केंद्रीकृत निर्णय-निर्माण पूरी प्रक्रिया को धीमा कर देता है, जिससे निर्णय लेने और कार्रवाई में गति और चुस्ती लाने में बाधा आती है। वहीं विकेंद्रीकरण के चलते संगठन में अलग-थलग काम करने की प्रवृत्ति, असंगतियां, सहयोग की कमी और विभिन्न टीमों के एक ही काम को दोहराने जैसी समस्याएं पैदा हो सकती हैं।

व्यवहार में, ज़्यादातर संगठन एक मिश्रित पद्धति अपनाते हैं, जिसमें निर्णय-निर्माण के केंद्रीकृत और विकेंद्रीकृत दोनों के तत्व शामिल होते हैं, ताकि वे अपनी विशिष्ट ज़रूरतों और संगठनात्मक संस्कृति के अनुरूप ढांचा बना सकें। विकेंद्रीकरण की सीमा संगठन के आकार, लिए जाने वाले निर्णयों के प्रकार, और संगठन की नियंत्रण, गति तथा अनुकूलन की आवश्यकता के आधार पर तय की जाती है।

निष्पादन : ये होगा कैसे?

कार्य निष्पादन का सामंजस्य से यह तय होता है कि काम किस तरह से किया जाएगा। यह निर्धारित करता है कि किसी पहल का मालिक कौन होगा और टीम के सदस्यों में ज़िम्मेदारियां कैसे वितरित की जाएंगी ताकि नतीजा हासिल किया जा सके। इस मामले में संगठनों को मुख्य रूप से दो पहलुओं पर ध्यान देना होता है। पहला है **स्वामित्व,** जिसमें भूमिकाओं और ज़िम्मेदारियों में स्पष्टता पर ज़ोर दिया जाता है। प्रत्येक टीम या विभाग किसी पहल के विशिष्ट हिस्सों की ज़िम्मेदारी लेता है, और यह सुनिश्चित करता है कि उसे सौंपे गए कार्य और उद्देश्य पूरे हों। दूसरा है **सहयोग,** जो विभिन्न टीमों या विभागों के बीच सहयोग और सामूहिक कार्य को बढ़ावा देता है। यह क्रॉस-फ़ंक्शनल सामंजस्य और साझा ज़िम्मेदारियों को प्रोत्साहित करता है, जिससे उद्देश्यों को हासिल करने के लिए समग्र और एकीकृत तरीक़ा अपनाया जा सके।

स्वामित्व और सहयोग के बीच तनाव

ऐतिहासिक रूप से, ज़्यादातर संगठन अक्सर सहयोग की तुलना में स्वामित्व पर ज़्यादा ध्यान देते रहे हैं, जहां स्पष्ट ज़िम्मेदारी और कार्य किसी विशेष व्यक्ति या टीम को सौंपा जाता था। भले ही यह तरीक़ा पुराने दौर में ठीक काम करता रहा हो, लेकिन डिजिटल युग और डेटा-फ़र्स्ट दुनिया के उदय ने जटिलताओं को बढ़ा दिया है। आज के युग में, संगठन किसी जटिल मूल्य श्रृंखला के रूप में काम करते हैं और ज़्यादातर समस्याओं का समाधान कई हितधारकों के सहयोग से ही संभव है, जो डोमेन, तकनीकी, डेटा, और व्यवसाय जैसी विभिन्न प्रकार की विशेषज्ञता लाते हैं। इसके अलावा, किसी भी समस्या को हल करने के लिए आवश्यक डेटा अक्सर विस्तृत होता है और यह विभिन्न डेटा स्रोतों से आना चाहिए, ना कि केवल एक टीम या विभाग तक सीमित हो। विभिन्न टीमों की इस परस्पर निर्भरता से क्रॉस-फ़ंक्शनल सहयोग की आवश्यकता और बढ़ जाती है। हालांकि, जब कई हितधारक शामिल होते हैं और इस्तेमाल किया जा रहा डेटा विभिन्न जुड़े हुए सिस्टम और नेटवर्क से आता है, तो किसी भी डेटा पहल के लिए स्पष्ट (और इसलिए सीमित भी) स्वामित्व और ज़िम्मेदारी तय करना बेहद मुश्किल हो जाता है। नतीजतन, स्वामित्व और सहयोग के बीच यह स्वाभाविक तनाव संगठन के लिए एक बड़ी चुनौती बनता जा रहा है।

डेटा उत्पाद केंद्रित तरीक़ा– संतुलन का काम!

डेटा-उत्पाद-केंद्रित संगठनात्मक सामंजस्य एक ऐसा तरीक़ा है जिसमें टीमों की संरचना में डेटा उत्पादों को सबसे महत्त्वपूर्ण स्थान दिया जाता है। इसमें टीमों, संसाधनों और कार्यप्रवाहों को डेटा उत्पादों के विकास, तैनाती, निरंतर निगरानी और सुधार के इर्द-गिर्द समायोजित किया जाता है। इस सामंजस्य दृष्टिकोण में, संगठन अपने आप को इस तरह व्यवस्थित करता है कि डेटा उत्पाद के जरिए नतीजे हासिल किए जा सकें। डेटा उत्पाद को प्रभावी ढंग से प्रबंधित और डिलीवर करने के लिए सहयोगात्मक और क्रॉस-फ़ंक्शनल नज़रिए की आवश्यकता होती है, और यही वह जगह है जहां 'पॉड्स' का विचार सामने आता है। पॉड्स क्रॉस-फ़ंक्शनल टीमें होती हैं, जो डेटा स्टैक के विभिन्न स्तरों में क्षमताओं वाले व्यक्तियों को एक साथ लाती हैं। ये पॉड्स स्वामित्व और सहयोग के बीच स्वाभाविक तनाव को निम्नलिखित तरीक़ों से प्रभावी ढंग से संभालने में सहायक होते हैं :

1. **स्पष्ट उद्देश्य :** डेटा उत्पाद के उद्देश्य स्पष्ट और व्यवस्थित होते हैं, जो समग्र व्यवसायिक लक्ष्यों के मुताबिक़ होते हैं। ये उद्देश्य डेटा उत्पाद के विकास और उसकी निरंतर उन्नति के लिए प्रेरक शक्ति होते हैं, जिससे स्वाभाविक रूप से स्वामित्व और ज़िम्मेदारी सुनिश्चित होती है।
2. **परिणाम-केंद्रित सहयोग :** चूंकि क्रॉस-फ़ंक्शनल टीमें किसी विशेष नतीजे को

सहयोग करते हैं, जिससे ज्ञान साझा करने और विशेषज्ञता के आदान-प्रदान के लिए एक गतिशील परिवेश बनता है। चैप्टरों का यह अनूठा इंटरकनेक्शन स्पॉटिफ़ाई के निरंतर विकास और नवाचार में योगदान देता है।

जब हम स्पॉटिफ़ाई के संगठनात्मक ढांचे में गहराई से उतरते हैं, तो हमारा सामना **गिल्ड** से होता है। गिल्ड हल्के समुदाय होते हैं जो नेतृत्व से लेकर निरंतर वितरण तक विभिन्न क्षेत्रों को कवर करते हुए, चैप्टर और स्क्वॉड में ज्ञान साझा करने को बढ़ावा देते हैं। गिल्ड विशेषज्ञों को एकजुट करते हैं, अंतर्दृष्टि, उपकरणों और सर्वोत्तम परंपराओं के आदान-प्रदान को सुगम बनाते हैं, और विशिष्ट दक्षताओं से परे सहयोग को बढ़ावा देते हैं। गिल्ड्स की यह गतिशील अंतर्क्रिया स्पॉटिफ़ाई की नवाचार और निरंतर विकास की संस्कृति में योगदान देता है।

इसके अलावा, स्पॉटिफ़ाई किसी उत्पाद की विभिन्न विशेषताओं पर काम करते समय विभिन्न दृष्टिकोणों के सामंजस्य के महत्त्व को समझता है। ट्राइब लीड, प्रोडक्ट लीड और डिज़ाइन लीड की यह तिकड़ी, ट्राइब के अंदर फ़ीचर क्षेत्रों पर काम करते समय निरंतर सामंजिस्य सुनिश्चित करती है। स्पॉटिफ़ाई का उद्देश्य इन प्रमुख भूमिकाओं को एक साथ लाकर, स्क्वॉड के बीच निर्भरता के जोख़िमों को कम करना और बेहतर दक्षता और निरंतरता के लिए प्रमुख निर्णयों के सामंजस्य को बढ़ावा देना है।

हालांकि इन टीमों के नाम भले ही बदल गए हों, लेकिन जब मैं यह लिख रहा हूं, तब भी मूलतः संरचना काफ़ी हद तक समान है। स्पॉटिफ़ाई मॉडल ने सामंजस्य, स्वायत्तता और निरंतर सुधार की संस्कृति विकसित करने के इच्छुक संगठनों के लिए प्रेरणा स्रोत के रूप में व्यापक लोकप्रियता हासिल की है। यह मॉडल त्वरित निर्णय लेने और स्व-संगठन पर काफ़ी ज़ोर देता है, जिससे टीमों को लगातार बदलती परिस्थितियों के अनुकूल ढलने में सक्षम बनाया जाता है। स्क्वॉड, ट्राइब, चैप्टर और गिल्ड की विशेषताओं वाली इसकी लचीली संरचना, स्केलेबिलिटी और बहुमुखी प्रतिभा मुहैया कराती है। इससे कंपनियां विशिष्ट उत्पाद आवश्यकताओं के आधार पर अपने निर्णय लेने के तरीक़े और टीम संरचना को अनुकूलित कर सकती हैं। इस मॉडल की एक प्रमुख विशेषता व्यक्तिगत स्वामित्व और सहयोगात्मक प्रयासों के बीच सामंजस्यपूर्ण संतुलन बनाने की इसकी क्षमता है। नवाचार और स्वायत्तता को प्रोत्साहित करने वाले कार्य परिवेश को बढ़ावा देकर, व्यापक संगठनात्मक लक्ष्यों के साथ तालमेल बिठाते हुए, यह टीम के सदस्यों में स्वामित्व और जवाबदेही की भावना को बढ़ावा देता है।

गौर करने योग्य है कि स्पॉटिफ़ाई का अपने मॉडल को लगातार विकसित और अनुकूलित करने की इच्छा सीखने पर केंद्रित मानसिकता को दर्शाता है, जो उन संगठनों से मेल खाती है जो आज के गतिशील कारोबारी परिदृश्य में सफल होना चाहते हैं। हालांकि स्पॉटिफ़ाई मॉडल हर संगठन के लिए एक जैसा समाधान नहीं है, लेकिन इसके मूल सिद्धांत किसी भी कंपनी को उच्च-प्रदर्शन और प्रेरणादायक कार्य परिवेश बनाने के लिए महत्त्वपूर्ण जानकारी मुहैया कराते हैं। वास्तव में, इंसीडो के हमारे कई क्लाइंट बेहतर सामंजस्य हासिल करने के

लिए स्पॉटिफ़ाई जैसे मॉडल को अपनाने की दिशा में काम कर रहे हैं। यह मॉडल व्यवसायों को उनके ऑपरेटिंग मॉडल और कार्य-संस्कृति में स्पष्ट चुनाव करने के लिए प्रोत्साहित करता है। यह सभी तत्वों को एक दिशा में जोड़ने के महत्त्व पर ज़ोर देता है, ताकि गतिशील और आकर्षक माहौल तैयार हो सके, जो टीमों को न सिर्फ़ बेहतर प्रदर्शन करने में सक्षम बनाता है बल्कि उन्हें प्रेरित करता है कि वे बदलाव लाने वाले नतीजे भी हासिल करें।

मुख्य निष्कर्ष

- संगठनात्मक सामंजस्य से तात्पर्य उस सीमा से है जिस तक किसी संगठन के अंदर व्यक्ति और प्रक्रियाएं एकीकृत, निर्देशित और संगठन के रणनीतिक उद्देश्यों की प्राप्ति के लिए सक्रिय रूप से कार्यरत हैं।
- किसी भी डेटा पहल की सफलता के लिए आवश्यक है कि संगठनों को संरचना - विभागों और टीमों की डिज़ाइन और व्यवस्था; निर्णय लेने की प्रक्रियाएं - निर्णय लेने की प्रक्रियाएं और अधिकार; और निष्पादन - को प्रभावी ढंग से समन्वित करने की ज़रूरत होती है, जिससे स्पष्ट स्वामित्व परिभाषित हो और सहयोग को बढ़ावा देते हुए जवाबदेही सुनिश्चित हो।
- क्षैतिज सामंजस्य दक्षता और विशेषज्ञता साझा करने में सहायक है, लेकिन इसमें परिणाम पर केंद्रित होने की कमी हो सकती है। वहीं ऊर्ध्वाधर सामंजस्य ग्राहक-केंद्रितता और फुर्ती को प्राथमिकता देता है, लेकिन इससे साइलो और अक्षमताएं पैदा हो सकती हैं। सही सामंजस्य का चुनाव संगठन के उद्देश्यों, उद्योग की परिस्थितियों और संगठन की परिपक्वता पर निर्भर करता है।
- केंद्रीकृत निर्णय-प्रक्रिया परिचालन में स्थिरता और विस्तार क्षमता बनाए रखने के लिए प्रभावी होती है, जबकि विकेंद्रीकृत दृष्टिकोण निर्णय लेने या कार्रवाई को तेज़ी और फुर्ती मुहैया कराते हैं। इसलिए संगठनों को अपने विशिष्ट व्यावसायिक उद्देश्यों और संस्कृति के अनुसार मिश्रित तरीक़ा अपनाना चाहिए।
- प्रभावी निष्पादन के लिए संगठनों को डेटा उत्पाद-केंद्रित दृष्टिकोण अपनाना चाहिए। यह दृष्टिकोण स्वामित्व और सहयोग के बीच मौजूद अंतर्निहित तनाव को हल करने में सहायता करता है, क्योंकि इसमें विविध विशेषज्ञताओं वाली टीमों को एकजुट किया जाता है और उत्पाद तथा उसके अंतर्निहित डेटा की संपूर्ण ज़िम्मेदारी स्पष्ट रूप से सौंपी जाती है।

18

डेटा संस्कृति

हिप्पो इफ़ैक्ट से सावधान!

'अगर हमारे पास आंकड़े हैं तो आंकड़ों को महत्त्व दिया जाए। अगर हमारे पास केवल राय हैं, तो फिर मेरी राय मानिए।'

~ जिम बर्क्सडेल,
पूर्व प्रेसिडेंट और सीईओ, नेटस्केप

जैसी कि कहावत है, 'आप घोड़े को पानी तक ले जा सकते हैं, लेकिन उसे पानी पीने के लिए मजबूर नहीं कर सकते।' अब तक इस किताब में जिन यूएसएफ़ घटकों की मैंने चर्चा की है, उन पर किए गए आपके सभी प्रयास और संसाधन, तब तक लंबे समय में प्रभावी नहीं होंगे जब तक एक सहयोगी और सक्षम डेटा संस्कृति ना हो। इतनी अधिक मात्रा में डेटा उपलब्ध होने के बावजूद, ज़्यादातर संगठन अब भी पारंपरिक ढंग से काम करते हैं - यानी हिप्पो (हाईएस्ट पेड पर्सन्स ओपिनियन) संस्कृति। इसमें सबसे अधिक वेतन पाने वाले व्यक्ति की राय हर चीज़ पर हावी होती है।

इस अध्याय में, मैं हिप्पो इफ़ैक्ट के ख़तरों और बिग डेटा की दुनिया में निर्णयों पर उसके असर को उजागर करने जा रहा हूं। मेरा उद्देश्य आपको ऐसी रणनीतियां उपलब्ध कराना है जिनकी मदद से आप हिप्पो इफ़ैक्ट का मुक़ाबला कर सकें और डेटा-प्रेरित संस्कृति विकसित कर सकें।

डेटा संस्कृति क्या है?

कॉरपोरेट संस्कृति को कैंब्रिज बिज़नेस इंग्लिश डिक्शनरी में इस तरह परिभाषित किया गया है, 'वे विश्वास और विचार जो किसी कंपनी के पास होते हैं और जिनका असर इस बात पर पड़ता है कि वह बिज़नेस कैसे करती है और उसके कर्मचारी कैसे व्यवहार करते हैं।' मैं इसे

सरल तरीक़े से परिभाषित करता हूं, 'जब कोई नहीं देख रहा हो तब आप क्या करते हैं, यही कॉरपोरेट संस्कृति है!'

अगर किसी संगठन में 'डेटा-प्रेरित' होने का मजबूत विश्वास है, तो यह संगठन की प्रक्रियाओं और कर्मचारियों की कार्यशैली, और उनके व्यवहार, दोनों में दिखना चाहिए। इसलिए, डेटा संस्कृति को इस तरह समझा जा सकता है, 'ऐसा दृष्टिकोण, अभ्यास और व्यवहारों का समूह जो निर्णय लेने की प्रक्रिया में डेटा के इस्तेमाल को बढ़ावा देता है और अधिकतम करता है।' डेटा संस्कृति की असली कसौटी तब है जब संगठन के हर स्तर पर निर्णय लेने की प्रक्रिया में डेटा एक अभिन्न हिस्सा बन जाए। इसके लिए ज़रूरी है कि सभी स्तरों के कर्मचारियों को सक्षम और प्रशिक्षित बनाया जाए ताकि वे प्रभावी ढंग से डेटा का इस्तेमाल कर सकें और सूचनापरक निर्णय लेने के लिए उससे जानकारी निकाल सकें।

आइए डेटा पैराडॉक्स के तीसरे लक्षण पर फिर से गौर करते हैं, जिसके बारे में चौथे अध्याय में बताया गया था, 'टीमें अपने पास मौजूद डेटा के साथ बहुत कुछ नहीं कर रही हैं।' इसके पीछे तीन मुख्य कारण हैं। पहला, कई कारोबारी उपयोगकर्ताओं के पास तकनीकी पृष्ठभूमि की ही कमी होती है, जिसकी वजह से वे उपलब्ध डेटा को समझ और उपयोग नहीं कर पाते। साथ ही, सामूहिक रूप से समस्या-समाधान की कमी भी डेटा प्रेरित निर्णय लेने में विश्वास और आत्मविश्वास को कमज़ोर करती है। विशेषकर समस्या की पहचान और परिभाषा में तो ऐसा काफ़ी होता है। दूसरा, डेटा साझाकरण और डेटा-प्रेरित निर्णय लेने के लिए संरचित प्रक्रियाओं का ना होना नकारात्मक चक्र पैदा कर देता है, जिससे संगठन में डेटा का इस्तेमाल अप्रभावी रह जाता है। और तीसरा, वे लीडर जो डेटा-प्रेरित संस्कृति को प्रोत्साहित नहीं करते और उदाहरण प्रस्तुत करके नेतृत्व नहीं करते, वो संगठन में इसके अपनाए जाने में रुकावट बन जाते हैं। ज़्यादातर पारंपरिक संगठन इन चुनौतियों से जकड़े हुए हैं। यही कारण है कि 2019 के एक सर्वेक्षण में केवल 39 प्रतिशत उत्तरदाताओं ने बताया था कि उनकी कंपनी में निर्णय लेने के लिए डेटा-प्रेरित अंतर्दृष्टियों का इस्तेमाल करने की मजबूत सांस्कृतिक प्रतिबद्धता मौजूद है।

यह पारंपरिक दृष्टिकोण में बुनियादी बदलाव शुरू करने की ज़रूरत की तात्कालिकता को रेखांकित करता है। ऐसी संस्कृति की ओर जाने की ज़रूरत है, जिसमें संगठन के हर स्तर पर डेटा को महत्त्व दिया जाए और प्रभावी रूप से इसका इस्तेमाल किया जाए। हालांकि, डेटा-प्रेरित संस्कृति स्थापित करने में एक बड़ी बाधा हिप्पो इफ़ैक्ट है।

हिप्पो का बढ़ता प्रभाव

बिग डेटा से संचालित व्यावसायिक जगत के विशाल मैदान में, एक परिघटना हिप्पो काफ़ी अहम है। हिप्पो यानी एक ऐसे व्यक्ति की राय जिसका पद और उससे संबंधित वेतन उसे प्रभावशाली स्थिति में रखता है। यह आत्मविश्वासी और ऊंचा दिखने वाला व्यक्तित्व अपने

अनुभव, अधिकार और निजी विश्वासों से लैस होता है और निर्णय-निर्माण के परिदृश्य पर अपना प्रभाव डाल देता है। हालांकि लीडर के अनुभव और अधिकार के कारण हिप्पो पर भरोसा करना निर्णय लेने का एक स्वाभाविक तरीक़ा लगता है, लेकिन हिप्पो इफ़ैक्ट में ख़तरा भी छिपा होता है।

हिप्पो इफ़ैक्ट एक ऐसी निर्णय लेने वाली संस्कृति की विशेषता है जो डेटा-प्रेरित अंतर्दृष्टि, साक्ष्य और टीम के सामूहिक ज्ञान पर हिप्पो के दृष्टिकोण को प्राथमिकता देती है। इस शब्द का पहली बार ज़िक्र 2007 में "वेब एनालिटिक्स : एन आवर ए डे" पुस्तक में किया गया था, जिसमें लेखक ने यह बताया था कि जब कोई कठिन निर्णय लेना हो और स्पष्ट दिशा देने के लिए डेटा या डेटा विश्लेषण उपलब्ध ना हो, तो समूह अक्सर हिप्पो पर निर्भर हो जाता है। लेकिन बात यह है कि हिप्पो कोई नई परिघटना नहीं है, बल्कि कई परिस्थितियों में स्वाभाविक रूप से मौजूद रहती ही है। हम सबने कार्यस्थल पर या निजी जीवन में ऐसे हालात का सामना किया है। आप समझ रहे हैं ना मैं क्या कहना चाहता हूं?

अब, डेटा की कमी वाली दुनिया में, किसी एक आधिकारिक व्यक्ति की राय पर निर्भर रहना ही एकमात्र विकल्प हो सकता था, चाहे वह गाँव का कोई बुज़ुर्ग हो, पुजारी हो या कारोबार का मालिक। हालांकि, पिछले कुछ सालों में जैसे-जैसे डेटा का इस्तेमाल तेज़ी से बढ़ा है, तो यह हिप्पो इफ़ैक्ट प्रभाव निर्णय लेने की प्रक्रिया पर विनाशकारी प्रभाव डाल सकता है। यह एक ऐसी व्यवस्था बन गई है जिससे बाहर निकलना कठिन है, फिर चाहे वह संगठन की अनकही परंपरा हो, आत्मविश्वास की कमी हो या अधिकारी के ख़िलाफ़ जाने का डर। हालांकि, एक अध्ययन के अनुसार, सर्वेक्षण में भाग लेने वाले 80 प्रतिशत लोगों ने बताया कि उन्होंने अपनी नौकरी की ज़िम्मेदारियों में डेटा का इस्तेमाल किया और 73 प्रतिशत ने अपने निर्णय लेने के लिए डेटा का इस्तेमाल किया, फिर भी 84 प्रतिशत ने संकेत दिया कि बड़े निर्णय लेने में प्रबंधकीय निर्णय अब भी प्रभावशाली है। यह तो बड़ा भारी विरोधाभास है!

हिप्पो इफ़ैक्ट के ख़तरे

विमानन सुरक्षा पर एशियाई बनाम पश्चिमी संस्कृतियों के प्रभाव की तुलना करने वाले एक प्रमुख अध्ययन में हिप्पो इफ़ैक्ट के हानिकारक नतीजे बताए गए हैं। अवलोकनों से पता चलता है कि हाई पावर डिस्टेंस वाली संस्कृतियां अधिक दुर्घटनाओं का सामना करती हैं। इनमें पदानुक्रम स्पष्ट रूप से परिभाषित और इसलिए अटूट माने जाते हैं। जैसे कि एशियाई संस्कृतियों में पश्चिमी संस्कृतियों की तुलना में, व्यक्तिवाद ज़्यादा होता है। विशेष रूप से, कोरियन एयर की दुर्घटनाओं का कारण कॉकपिट के अंदर संचार संबंधी समस्याओं को माना गया। अधिकार के प्रति निर्विवाद सम्मान पर ज़ोर देने वाले सांस्कृतिक मानदंडों के कारण कनिष्ठ पायलट सुरक्षा संबंधी चिंताएं व्यक्त करने से बचे, क्योंकि उन्हें सहकर्मियों और वरिष्ठों

के साथ संबंध बिगड़ने का डर था। दिलचस्प बात यह है कि अध्ययनों से यह भी सामने आया है कि जिन देशों की एयरलाइंस में कम कठोर पदानुक्रम होता है, वे अपेक्षाकृत ज़्यादा सुरक्षित पाई गई हैं।

यह सही है कि ज़्यादातर फ़ैसले हवाई दुर्घटना जितने जानलेवा नहीं होते, फिर भी हिप्पो संस्कृति निर्णय लेने के पूरे तंत्र के लिए गंभीर नुक़सानदेह साबित होती है। अधिकार-प्राप्त व्यक्तियों की सहज प्रवृत्ति या व्यक्तिगत मान्यताओं पर आधारित फ़ैसले अक्सर पक्षपातपूर्ण और त्रुटिपूर्ण होते हैं, जिनके पीछे पर्याप्त डेटा और सबूत नहीं होते। यह आंतरिक ख़ामी आत्म-जागरूकता पर किए गए व्यापक वैज्ञानिक शोधों में उजागर हुई है। 800 से अधिक अध्ययनों और हज़ारों कर्मचारियों पर किए गए सर्वेक्षणों में पता चलता है कि भले ही ज़्यादातर लोग अपने आत्म-जागरूक मानते हैं, लेकिन वास्तव में आत्म-जागरूकता है एक दुर्लभ गुण। सर्वेक्षण से पता चला कि जहां 95 प्रतिशत लोग मानते हैं कि ख़ुद आत्म-जागरूक मानते हैं, वहीं वास्तव में केवल 10 से 15 प्रतिशत ही आत्म-जागरूक होते हैं। और बहुत कम लीडर ऐसे होते हैं जो आत्म-जागरूकता विकसित करने के लिए आंतरिक (हम ख़ुद को कैसे देखते हैं) और बाहरी (दूसरे हमें कैसे देखते हैं) दोनों पहलुओं को संतुलित करने पर सक्रिय रूप से ध्यान देते हैं और काम करते हैं।

तो, इस हिप्पो दृष्टिकोण में स्पष्ट तौर पर कुछ कमियां हैं :

विविध दृष्टिकोणों का अभाव : जब निर्णय मुख्य रूप से हिप्पो पर आधारित होते हैं, तो वे अक्सर एक ही व्यक्ति के सत्य के संस्करण पर टिके होते हैं। यह संगठन के अंदर सहायक दृष्टिकोणों, विविध सोच और डेटा-प्रेरित साक्ष्यों के महत्त्व को कमज़ोर करता है। केवल हिप्पो के नेतृत्व का अनुसरण करने से मूल्यवान जानकारी और वैकल्पिक दृष्टिकोण निर्णय लेने की प्रक्रिया से बाहर रह जाते हैं।

अपनी पिछली किताब *विनिंग इन द डिजिटल एज* में मैंने लिंग, आयु, नस्ल, भौगोलिक पृष्ठभूमि जैसी किसी भी विविधता को किसी भी ऐसे विश्व-स्तरीय संगठन के लिए, बुनियादी आवश्यकता बताया था जो डिजिटल युग में उत्कृष्टता हासिल करना चाहता है। विविध दृष्टिकोणों की अनुपस्थिति संतुलित और सूचनापरक निर्णय लेने की क्षमता को कमज़ोर करती है, जिससे संगठनात्मक जोख़िम बढ़ जाते हैं। शोध में लगातार यह दिखाता जा रहा है कि विविधता का किसी संगठन के वित्तीय प्रदर्शन पर गहरा असर होता है।

1700 कर्मचारियों पर किए गए एक अध्ययन में विविधता के छह आयामों यानी लिंग, आयु, राष्ट्रीयता, करियर पथ, उद्योग पृष्ठभूमि और शिक्षा, की जांच की गई ताकि विविध प्रबंधन टीमों और वित्तीय प्रदर्शन के बीच संबंध को समझा जा सके। निष्कर्षों से पता चला कि औसत से अधिक विविधता वाली प्रबंधन टीमों वाली कंपनियों ने नवाचार (नए उत्पादों और सेवाओं) से 19 प्रतिशत अधिक राजस्व और लगभग 10 प्रतिशत अधिक ईबीआईटी

(ब्याज और करों से पहले की आय) मार्जिन हासिल किया। इसका कारण यह था कि विविध सदस्यों वाली टीमें उन बाज़ार खंडों को बेहतर ढंग से संबोधित कर पाईं, जो उनकी टीमों की जनसांख्यिकीय संरचना के अनुरूप थे।

निर्णय लेने में पक्षपात का जोख़िम : हिप्पो को अक्सर चुनौती नहीं दी जाती, जिससे निर्णय लेने पर विभिन्न प्रकार के पूर्वाग्रहों का ख़तरा बढ़ जाता है। इनमें अथॉरिटी बायस (विशेषज्ञों या उच्च पदस्थ व्यक्तियों के निर्णयों पर अत्यधिक निर्भरता), एंकरिंग बायस (शुरुआती जानकारी को ज़रूरत से ज़्यादा महत्त्व देना), और एकरूपता बायस (यह मान लेना कि सभी की राय समान है) शामिल हो सकते हैं। ये पूर्वाग्रह सभी विकल्पों के आकलन को सीमित कर देते हैं और अंतिम निर्णयों को प्रभावित करते हैं। इसका एक प्रसिद्ध उदाहरण 1963 में येल यूनिवर्सिटी में मनोवैज्ञानिक स्टैनली मिलग्राम का मिलग्राम प्रयोग है, जिसमें अथॉरिटी बायस के नकारात्मक नतीजे उजागर हुए। इस अध्ययन में यह जांच की गई कि लोग अधिकार प्राप्त व्यक्तियों की आज्ञा का पालन करते हैं या अपने अंतःकरण की आवाज़ सुनते हैं। द्वितीय विश्व युद्ध के दौरान हुए नरसंहार के औचित्य की पड़ताल करते हुए इस अध्ययन से पता चला कि कई प्रतिभागियों ने अधिकार प्राप्त व्यक्तियों के निर्देशों का अंधाधुंध पालन किया, जबकि उन्हें विश्वास था कि उनके कार्य हानिकारक हैं। यह दर्शाता है कि मानव व्यवहार को आकार देने में अधिकार की शक्ति कितनी गहरी हो सकती है।

सामंजस्य की कमी : हिप्पो इफ़ैक्ट प्रभाव परिवर्तन के प्रति प्रतिरोध और बहिष्करण की भावना को जन्म देता है, क्योंकि निर्णय लेने की प्रक्रिया में सीमित भागीदारी, संचार अंतराल, अनजाने का भय और भरोसे की कमी रहती है। 30,000 से अधिक कर्मचारियों और लीडरों पर किए गए एक अध्ययन में कर्मचारियों के परिवर्तन के प्रति प्रतिरोध को प्रभावित करने वाले कारकों की जांच की गई। इसमें पता चला कि केवल 15 प्रतिशत कर्मचारी ही अपने संगठन के हर रणनीतिक निर्णय के पीछे की तर्कसंगतता को समझते थे। अध्ययन से यह भी संकेत मिला कि यदि किसी संगठन में कर्मचारी परिवर्तन का कड़ा विरोध करते हैं, तो अक्सर इसका कारण प्रस्तावित परिवर्तनों के पीछे की वजह को ना समझ पाना होता है।

जवाबदेही और स्वामित्व की कमी : हिप्पो इफ़ैक्ट के तहत टीमें निर्णय लेने की प्रक्रिया में पूरी तरह शामिल नहीं होतीं, इसलिए वे सशक्त महसूस नहीं करतीं और इस वजह से सौंपे गए कार्य की ज़िम्मेदारी लेने की प्रेरणा उनमें होती ही नहीं है। यह दूरी उनके स्वामित्व और नतीजों में निवेश की भावना को कमज़ोर कर देती है। और यह डिजिटल युग में तो विशेष रूप से अहम है, जिसमें समस्याएं गतिशील होती हैं और कार्य अक्सर अस्पष्ट और कम परिभाषित होते हैं। ऐसे में उन मैनेजरों की उपयोगिता सीमित हो जाती है जो सिर्फ़ निर्देशों का पालन और उन पर अमल करते हैं, जबकि असली मूल्य उन लीडरों का है जो स्वामित्व लेते हैं और ठोस क़दम उठाते हैं।

डेटा के सहारे हिप्पो पर क़ाबू पाना

हिप्पो इफ़ैक्ट से बचने का सबसे अच्छा तरीक़ा है कि हर फ़ैसला ठोस आंकड़ों और ठोस विश्लेषण पर टिका हो। यानी जो भी दावा किया जाए, वह तथ्यों से साबित हो सके। ऐसा करने से ना सिर्फ़ जवाबदेही बढ़ती है, बल्कि फ़ैसले लेने की प्रक्रिया भी ज़्यादा निष्पक्ष और समझदारी भरी बनती है।

सुनने में यह आसान लगता है, लेकिन असली मुश्किल है इसे रोज़मर्रा की आदत और स्वाभाविक प्रक्रिया बना देना। बिग डेटा के असर और उसके कारोबारी महत्त्व को लेकर किए गए एक बड़े सर्वे में पाया गया कि अब तक फ़ॉर्च्यून 1000 कंपनियों में से सिर्फ़ क़रीब 24 प्रतिशत ही अपनी कंपनी में मजबूत डेटा संस्कृति बना पाई हैं। इस रिपोर्ट में बताया गया है कि पिछले दस सालों में बिग डेटा और आर्टिफ़िशियल इंटेलिजेंस पर भारी निवेश के बावजूद भी ज़्यादातर संगठन उन निवेशों को नतीजे तक पहुंचाने की रणनीति नहीं बना पाए। यही वजह है कि डेटा-प्रेरित संगठन बनने की राह में उन्हें अब भी बड़ी मुश्किलों से जूझना पड़ रहा है।

मजबूत डेटा संस्कृति बनाने के प्रमुख साधन

बिग डेटा की दुनिया में, संगठनों पर अलग-अलग स्रोतों से भारी मात्रा में सूचनाओं की बाढ़ सी आ रही है। ऐसे में सफलता हासिल करने के लिए डेटा-प्रेरित संस्कृति विकसित करना और ज़्यादा अहम और ज़रूरी हो गया है। जो लोग डेटा रूपांतरण की पहल पर काम करते हैं, वे अच्छी तरह जानते हैं कि अक्सर तकनीक नहीं बल्कि संगठन की संस्कृति ही उनके प्रयासों में बाधक होती है।

डेटा संस्कृति स्थापित करने के लिए संगठन के मूल ढांचे में बुनियादी बदलाव की ज़रूरत होती है, जो डेटा-प्रेरित निर्णय लेने को संभव बनाए। वे कंपनियां जो मजबूत डेटा संस्कृति विकसित करती हैं, वे डेटा से वास्तविक मूल्य निकालने में कहीं ज़्यादा सक्षम होती हैं।

मेरे अनुभव में, संगठन के अंदर डेटा संस्कृति को बढ़ावा देने के लिए कंपनियां **तीन मुख्य साधनों** का इस्तेमाल कर सकती हैं :

1. डेटा साक्षरता

डेटा साक्षरता का मतलब है कि कर्मचारी डेटा को समझने और उसका प्रभावी ढंग से इस्तेमाल करने में सक्षम हों। यह सिर्फ़ बुनियादी डेटा समझ से आगे बढ़कर ज़रूरी कौशलों को शामिल करता है, जैसे डेटा की व्याख्या करना, आलोचनात्मक सोच, और यह समझ पाना कि किसी उपयोग मामले से क्या मूल्य हासिल होगा। इसमें डेटा स्रोतों, विश्लेषणात्मक तरीक़ों को समझना, डेटा की गुणवत्ता, संभावित पूर्वाग्रह और सीमाओं का आकलन करना भी शामिल होता है। अंततः, डेटा साक्षरता कर्मचारियों को डेटा और संबंधित उपकरणों तथा तकनीकों के

साथ कुशलतापूर्वक काम करने में सक्षम बनाती है, जिससे वे संगठन के अंदर डेटा का अधिक प्रभावी और मूल्यवान इस्तेमाल कर सकें।

डेटा और एनालिटिक्स की विशाल संभावनाओं को पहचाने वाले और अपने करियर में कन्सल्टेंट के रूप में काम करने वाले एक शुरुआती समर्थक के तौर पर मुझे विभिन्न उद्योगों के ग्राहकों के साथ काम करने का अवसर मिला। वहां मैंने देखा कि हर उद्योग में डेटा का इस्तेमाल अलग-अलग तरीक़ों से किया जाता है। फिर फ़्लिपकार्ट में, मैंने व्यक्तिगत रूप से देखा कि डेटा से कितनी अद्भुत संभावनाएं सामने आईं और इसके गहरे प्रभाव को देखकर मैं वास्तव में आश्चर्यचकित रह गया। संगठन में गहरी डेटा-प्रेरित संस्कृति देखकर मैं चकित था। हमारी रोज़मर्रा की सुबह की 'स्टैंड-अप' बैठकों में 100 से अधिक प्रतिभागी शामिल होते थे। इन बैठकों में बड़ी मात्रा में डेटा प्रस्तुत किया जाता और विभिन्न मुख्य प्रदर्शन संकेतकों (केपीआई) पर चर्चा होती थी। यह देखकर अद्भुत लगता था कि इतने सारे लोग सक्रिय रूप से डेटा को समझते हैं और उसकी वैधता पर सवाल उठाते भी हैं। यहां तक कि सबसे युवा टीम के सदस्य भी डेटा के साथ इतने प्रवीण थे कि वे सीएक्सओ को चुनौती दे सकते थे।

इस अनुभव ने मेरी यह दृढ़ धारणा और मजबूत कर दी है कि डेटा साक्षरता किसी भी संगठन में डेटा-आधारित संस्कृति को विकसित करने के लिए बेहद ज़रूरी है। और मैं अब पहले से कहीं अधिक विश्वास करता हूं कि यह प्रयास पूरे संगठन में होना चाहिए, ना कि केवल कुछ डेटा विशेषज्ञों और वैज्ञानिकों तक सीमित रहना चाहिए। कई तरीक़े हैं जिनसे संगठन सभी स्तरों पर डेटा साक्षरता को शामिल कर सकते हैं :

1. **सीखना और कौशल बढ़ाना :** संगठन अपने कर्मचारियों की डेटा को समझने और उसके साथ काम करने की क्षमता को संरचित सीखने और कौशल विकास कार्यक्रमों के माध्यम से बढ़ा सकते हैं। इससे वे अधिक आत्मविश्वास के साथ निर्णय ले पाएंगे और अन्य सहयोगियों के साथ सार्थक चर्चा कर पाएंगे। डेटा की सर्वव्यापक प्रकृति को ध्यान में रखते हुए, डेटा साक्षरता पहल विकसित करते समय अनुकूलित दृष्टिकोण अपनाना बेहद ज़रूरी है। यह समझना ज़रूरी है कि हर किसी को डेटा वैज्ञानिक बनने की ज़रूरत नहीं है; और डेटा साक्षरता एक व्यक्तिगत यात्रा है।

   एयरबीएनबी का डेटा यूनिवर्सिटी एक डेटा-साक्षरता कार्यक्रम है, जो कर्मचारियों को डेटा-प्रेरित निर्णय लेने में सक्षम बनाता है। इस कार्यक्रम में स्वयंसेवी फ़ैकल्टी सदस्य वैश्विक स्तर पर विभिन्न कौशल स्तरों को कवर करते हुए पाठ्यक्रम पढ़ाते हैं। अब तक इस कार्यक्रम के तहत 400 से अधिक पाठ्यक्रम पढ़ाए गए हैं और 6000 से अधिक पंजीकरण हुए हैं। इस कार्यक्रम में पाठ्यक्रम के विभिन्न स्तर हैं, जो कि बुनियादी से लेकर उन्नत विषयों जैसे मशीन लर्निंग और डेटा पाइपलाइन तक शामिल हैं। डेटा यू इंटेंसिव कहलाने वाला एक अनुकूलित संक्षिप्त संस्करण, विशेष व्यावसायिक इकाइयों और बड़ी टीमों के लिए कस्टम पाठ्यक्रम मुहैया कराता है। इस

प्रारूप का अहम प्रभाव पड़ा है। इससे प्रतिभागियों का आत्मविश्वास, सहभागिता और कार्य में डेटा के इस्तेमाल की क्षमता बढ़ी है। इसके अलावा, इससे डेटा की समझ और प्रवाह में सुधार हुआ है, जिससे टीमें सूचित निर्णय ले सकती हैं, अनुकूलित समाधान तैयार कर सकती हैं और उनके प्रभाव को प्रभावी ढंग से भी माप सकती हैं।

2. **डेटा-प्रेरित निर्णय लेने को प्रेरित करना :** दूसरों को प्रभावी डेटा उपयोग के बारे में शिक्षित और प्रेरित करने के लिए, लीडर जागरूकता अभियानों में उदाहरण और सफलता की कहानियों को शामिल कर सकते हैं। वे वास्तविक जीवन की ऐसी परिस्थितियों को दिखा सकते हैं जहां डेटा का सफलतापूर्वक उपयोग कर महत्त्वपूर्ण व्यावसायिक प्रभाव हासिल हुआ हो। लीडर यह स्पष्ट उदाहरण दे सकते हैं कि डेटा का प्रभावी उपयोग कैसे फ़ायदेमंद होता है। इस तरह की पहलों के नतीजों को पूरे संगठन के साथ साझा करने से व्यक्ति स्वयं देख सकते हैं कि डेटा-प्रेरित निर्णय लेने से सकारात्मक नतीजे कैसे मिल सकते हैं। कहानी सुनाने और वास्तविक दुनिया के उदाहरणों का इस्तेमाल करके, डेटा की अवधारणाओं को अधिक सुलभ और समझने योग्य बनाया जा सकता है, जिससे कर्मचारी अपने काम में समान दृष्टिकोण अपनाने में सक्षम हो सकें।

    पेप्सीको ने अपने डेटा-प्रेरित निर्णय लेने वाले प्लेटफ़ॉर्म पेपविज को अपनाने के लिए प्रोत्साहित किया, और यह दिखाया कि यह अपने रिटेलर के लिए कितना मूल्य पैदा कर सकता है। पेप्सीका टीम ने पेपविज एनालिटिक्स प्लेटफ़ॉर्म का इस्तेमाल करके रिटेलरों के प्रदर्शन को बेहतर बनाया। शेल्फ़ स्पेस का अनुकूलन किया, बास्केट साइज बढ़ाया और स्वास्थ्यवर्धक स्नैक्स के अवसर पहचे, जिसके परिणामस्वरूप बिक्री और लाभप्रदता में वृद्धि हुई। उन्होंने पेपविज से उत्पन्न मूल्य को आंतरिक और बाहरी दोनों स्तरों पर प्रभावी ढंग से संप्रेषित किया, जो रिटेलरों और कर्मचारियों को इसके उपयोग के लिए प्रेरित करने वाला आकर्षक उदाहरण साबित हुआ।

3. **डेटा का लोकतंत्रीकरण :** जैसा कि अध्याय 15 में बताया भी गया है कि आज के दौर में यह और भी ज़रूरी हो गया है कि कर्मचारियों को डेटा तक आसान और निर्बाध पहुंच मिले, साथ ही उन्हें उसे प्रभावी ढंग से इस्तेमाल करने के लिए ज़रूरी कौशल, उपकरण और समझ भी दी जाए। ऐसा करने से संगठन व्यापक जानकारी के आधार पर बेहतर निर्णय ले सकते हैं और त्वरित कार्रवाई की संस्कृति को बढ़ावा दे सकते हैं। हालांकि डेटा की वास्तविक क्षमता को उजागर करने के लिए केवल लोगों को इसकी एक्सेस देना ही काफ़ी नहीं है, बल्कि हमें पूरे संगठन में डेटा-प्रेरित निर्णय लेने के प्रति वास्तविक उत्साह पैदा करना होगा। यूजर फ्रैंडली प्लेटफ़ॉर्म देकर डेटा एनालिटिक्स का लोकतंत्रीकरण करना इस दिशा में एक अहम क़दम है, क्योंकि इससे डेटा पर विश्वास

और परिचय बढ़ता है और लोग महंगे डेटा वैज्ञानिकों पर अधिक निर्भर हुए बिना ख़ुद समाधान खोजने में सक्षम होते हैं।

ऊबर का डेटा प्लेटफ़ॉर्म ऊबर डेटा पोर्टल एक केंद्रीकृत हब है जो तमाम विभागों और भूमिकाओं के कर्मचारियों को अपने निर्णय लेने की प्रक्रिया में डेटा का इस्तेमाल करने में सक्षम बनाता है। 2014 में इसे मूल रूप से डेटा वैज्ञानिकों और इंजीनियरों के लिए शुरू किया गया था, लेकिन बाद में इसमें बिज़नेस यूजर्स के लिए सेल्फ़-सर्विस एनालिटिक्स की सुविधा जोड़ दी गई। ख़ासतौर पर, शहरों में परिचालन टीमें, जो हर बाज़ार में ऊबर के परिवहन नेटवर्क का प्रबंधन करती हैं, इस प्लेटफ़ॉर्म के डेटा और इनसाइट्स का नियमित रूप से इस्तेमाल करती हैं ताकि ड्राइवर और राइडर से जुड़ी विशिष्ट समस्याओं का समाधान किया जा सके। यह प्लेटफ़ॉर्म ऊबर में परिचालन स्तर पर निर्णय लेने की प्रक्रिया की रीढ़ का काम करता है।

4. **परिणाम पर ध्यान :** डेटा साक्षरता को केवल एक वांछनीय कौशल भर नहीं माना जाना चाहिए, बल्कि इसे ठोस परिणामों का प्रेरक बनना चाहिए। जब डेटा साक्षरता को वास्तविक परियोजनाओं से जोड़ा जाए और इसे रोज़मर्रा के कामकाज में शामिल किया जाए, तो संगठन अधिक प्रभावी ढंग से इसे अपना पाते हैं। इसलिए यह बेहद ज़रूरी है कि डेटा साक्षरता को व्यावहारिक इस्तेमाल से जोड़ा जाए, जिससे वास्तविक दुनिया में ठोस नतीजे सामने आएं। हालांकि, सही मानक तय किए बिना डेटा साक्षरता पहलों की सफलता को मापना कठिन होता है। अगर संगठन सफलता के स्पष्ट मानक तय करें, तो वे सुनिश्चित कर सकते हैं कि डेटा साक्षरता से वही परिणाम हासिल हों जिनकी उन्हें अपेक्षा है।

   मेरे एक क्लाइंट ने अपनी सेल्स टीम की प्रभावशीलता बढ़ाने और राजस्व बढ़ाने के लिए एक बिक्री रूपांतरण कार्यक्रम शुरू किया। उन्होंने सेल्स टीम में डेटा इस्तेमाल की कमी की पहचान की और डेटा का इस्तेमाल करके निर्णय लेने की प्रक्रिया में सुधार लाने के लक्ष्य के साथ एक डेटा साक्षरता कार्यक्रम शुरू किया। इस कार्यक्रम में टीम की सेल्फ़-सर्विस डेटा टूल का इस्तेमाल करने, अंतर्दृष्टि के लिए डेटा का विश्लेषण करने, टीमों के अंदर डेटा-प्रेरित संचार को आसान बनाने और अधिक सूचित निर्णय लेने की क्षमता बढ़ाने के लिए मॉड्यूल शामिल थे। इसके परिणामस्वरूप, यह कार्यक्रम उस मानक पर लगभग 10 प्रतिशत की वृद्धि प्रदान करने में सक्षम रहा जबकि यह विशेष रूप से बिक्री के प्रमुख मानक के रूप में केंद्रित था।

5. **डेटा-प्रेरित स्टोरीटैलिंग :** डेटा साक्षरता केवल विश्लेषण तक सीमित नहीं है, बल्कि इसमें इसे इस तरह प्रस्तुत करने की क्षमता भी शामिल है कि दूसरे लोग आसानी से समझ सकें। जैसे साक्षर व्यक्ति केवल पढ़ने में ही नहीं बल्कि लिखने और संदेश पहुंचाने में भी सक्षम हो जाता है, वैसे ही डेटा-साक्षर व्यक्ति को केवल डेटा का विश्लेषण करने

में ही नहीं, बल्कि उससे निकली अंतर्दृष्टियों को दूसरों तक पहुंचाने में भी दक्ष होना चाहिए, फिर चाहे वह इन्फ़ोग्राफ़िक्स हो, विज़ुअल्स हों, कहानी कहने की शैली हो या इन सभी का मेल हो। डेटा से जुड़ा प्रभावी संप्रेषण, डेटा साक्षरता का अनिवार्य पहलू है, जो व्यक्ति को डेटा के महत्त्व को स्पष्ट और सार्थक ढंग से व्यक्त करने और साझा करने में सक्षम बनाती है। यह प्रक्रिया कई माध्यमों से संभव है, जैसे बड़े स्तर की टाउन-हॉल बैठकें या नियमित आंतरिक ब्रीफ़िंग न्यूज़लेटर।

मेरी राय में, एमेज़ॉन अपनी बैठकों में स्लाइड प्रेजेंटेशंस की जगह लेने वाले संक्षिप्त छह-पृष्ठीय कथात्मक ज्ञापनों के जरिए डेटा-प्रेरित स्टोरीटैलिंग को बढ़ावा देने का बेहतरीन उदाहरण है। ये दस्तावेज़ सटीक और सुव्यवस्थित विवरणों के जरिए सार्थक चर्चाओं को प्रेरित करते हैं, जिससे लंबी-चौड़ी पावरपॉइंट प्रेजेंटेशन के मुक़ाबले ज़्यादा केंद्रित और गहन समझ बनती है। इसके अलावा, ये दस्तावेज़ ज्ञान का संग्रह भी बन जाते हैं, जिनसे अलग-अलग टीमों और समूहों में जानकारी का आदान-प्रदान सहजता से होता है। एमेज़ॉन की यह प्रतिबद्धता डेटा-प्रेरित स्टोरीटैलिंग की संस्कृति को प्रोत्साहित करती है, जिससे सूझबूझ भरे निर्णय और बेहतर सहयोग संभव हो पाता है। मैं अगले भाग में इस पर विस्तार से चर्चा करूंगा जहां मैं प्रक्रियाओं के बारे में बात करूंगा।

2. प्रक्रियाएं

मजबूत डेटा संस्कृति सुनिश्चित करने के लिए एक और ज़रूरी क़दम सही प्रक्रियाओं को स्थापित करना है जो डेटा के प्रभावी और कुशल इस्तेमाल को बढ़ावा दें। ये प्रक्रियाएं व्यक्तियों और टीमों को सकारात्मक नतीजों के लिए डेटा का इस्तेमाल करने के साझा उद्देश्य की ओर अग्रसर करके मजबूत डेटा संस्कृति की नींव रखती हैं। ये प्रक्रियाएं डेटा तक पहुंचने, उसका विश्लेषण करने और उसकी व्याख्या करने के लिए व्यवस्थित दृष्टिकोण मुहैया कराती हैं, जिससे कर्मचारी डेटा के साथ अधिक सहज हो जाते हैं और विकास और नवाचार को बढ़ावा देने वाले सूचित निर्णय लेने में सक्षम होते हैं। डेटा-प्रेरित संगठन डेटा की पूरी क्षमता का दोहन करने और ग्राहकों को असाधारण उत्पाद या सेवाएं मुहैया कराने के लिए संरचित प्रक्रियाओं पर निर्भर करते हैं।

एमेज़ॉन ऐसे काम करता है

एमेज़ॉन ने अपनी मजबूत और दृढ़ता से स्थापित डेटा संस्कृति के लिए व्यापक मान्यता हासिल की है। कंपनी ने डेटा को अपनी निर्णय लेने की प्रक्रियाओं और परिचालन में एकीकृत किया है, और इसका इस्तेमाल नवाचार को बढ़ावा देने, ग्राहक अनुभव को बेहतर बनाने और समग्र व्यावसायिक प्रदर्शन को बेहतर बनाने के लिए किया है।

एमेज़ॉन का निर्णय लेने का तरीक़ा *वर्किंग बैकवर्ड्स : इनसाइट्स, स्टोरीज, ऐंड सीक्रेट्स फ्रॉम इनसाइड एमेज़ॉन* पुस्तक में बताया गया है। यह डेटा पर आधारित, अच्छी तरह से परिभाषित, उच्च-गुणवत्ता वाली और तेज़ निर्णय लेने वाली प्रक्रियाओं की विशेषता है, जिन्हें पूरे संगठन में लगातार लागू किया जाता है।

चाहे वह व्यवसाय का मामला हो या कार्य-स्तर का, या फिर संगठनात्मक रणनीति स्तर का (यहां तक कि जब कोई प्रेजेंटेशन जेफ़ बेजोस के सामने देनी हो), एमेज़ॉन में एक समान प्रारूप का पालन किया जाता है ताकि यह सुनिश्चित हो कि निर्णय लेने की प्रक्रिया के केंद्र में हमेशा डेटा ही रहे। एमेज़ॉन में निर्णय लेने की प्रक्रिया को दो प्रकारों में बांटा गया है :

उच्च प्रभाव वाले, अपरिवर्तनीय, 'वन-वे डोर' फ़ैसले : इन फ़ैसलों को टाइप 1 भी कहा जाता है। ये बेहद प्रभावशाली होते हैं और प्रायः अपरिवर्तनीय होते हैं। ऐसे फ़ैसलों के लिए गहन विचार, सावधानीपूर्वक मूल्यांकन और व्यापक परामर्श की ज़रूरत होती है। आदर्श रूप से, किसी व्यक्ति को अपने कार्य सप्ताह का लगभग 10 प्रतिशत समय ऐसे निर्णयों के लिए समर्पित करना चाहिए। ये निर्णय थकाऊ और समय लेने वाले हो सकते हैं, लेकिन इनमें केंद्रित ध्यान देना बेहद ज़रूरी होता है। यह भी अहम है कि ऐसे फ़ैसले नकारात्मक भावनाओं या थकान की अवस्था में ना लिए जाएं। उदाहरण के लिए, सोमवार की सुबह अस्थायी उदासी

Amazon template for data-driven decision-making

Purpose

<Reason for writing the document and overall direction of the document>

Background

<Context and relevant information about the problem and opportunity anchored in data>

Tenets

<North Star for the proposed solution, which act as the guiding principles (linked to the Amazon Leadership Principles)>

State of the Business

<Insights pertaining to the current state of business under consideration anchored in data>

Lessons Learnt

<Insights, observations and takeaways from past experiences, similar projects, or experiments related to the proposed initiative>

Plan and Goals

<Outline the strategic priorities, plan of action with clear input and output KPIs to track and measure success>

के कारण नौकरी छोड़ने का निर्णय लेना एक 'वन-वे डोर' फ़ैसला हो सकता है। व्यवसाय से जुड़ा एक और उदाहरण है, किसी उत्पाद की क़ीमत घटाने का फ़ैसला, जिसे एक बार लागू कर देने के बाद वापस लेना बेहद कठिन हो सकता है।

लचीले, परिवर्तनीय, 'टू-वे डोर' फ़ैसले : इन फ़ैसलों को टाइप 2 भी कहा जाता है। ये अधिक लचीले होते हैं और इन्हें बदला जा सकता है। सामान्यत: ऐसे निर्णयों को विकल्पों पर दोबारा विचार करके सुधारा जा सकता है। इसलिए इन्हें तेज़ी से लिया जा सकता है, चाहे वह मजबूत निर्णय क्षमता वाले व्यक्ति हों या छोटे समूह। इन्हें एक साथ लिया जा सकता है, टीम के सदस्यों को सौंपा जा सकता है, या यहां तक कि ठेकेदारों को भी आउटसोर्स किया जा सकता है। इसका एक उदाहरण है एमेज़ॉन का कोई प्रचारात्मक ऑफ़र, जिसे अगर सफलता ना मिले तो दोबारा संशोधित करके और बेहतर रूप में लागू किया जा सकता है।

एमेज़ॉन की डेटा-प्रेरित निर्णय लेने की प्रक्रिया को समझने के लिए आइए उनकी प्रक्रियाओं पर नज़र डालें। सामान्यत: 'वन-वे डोर' फ़ैसलों के लिए वे छह-पृष्ठीय विवरण का इस्तेमाल करते हैं, जो डेटा-प्रेरित फ़ैसले लेने के लिए संरचित फ़्रेमवर्क मुहैया कराते हैं।

एमेज़ॉन में छह-पृष्ठीय विवरण में मानकीकृत संरचना का पालन किया जाता है। हालांकि अलग-अलग समूह इसमें अपनी विशेष शैली जोड़ सकते हैं। इन विवरणों का मक़सद बुलेट पॉइंट्स, ग्राफिक्स या अत्यधिक विवरणों के बिना कथात्मक शैली अपनाना होता है, ताकि सभी पाठकों के लिए यह स्वतः स्पष्ट हो। इनका ध्यान स्पष्ट उद्देश्यों, डेटा प्रेरित तर्कों, तथा व्यावसायिक नतीजों और प्रमुख प्रदर्शन संकेतकों (केपीआई) को परिभाषित करने पर होता है। छह पृष्ठों से अधिक लंबे विवरणों में अतिरिक्त संदर्भ परिशिष्ट में शामिल किया जाता है, जिससे मुख्य विवरण का प्रवाह सहज और आसानी से संदर्भित करने योग्य बना रहता है।

उद्देश्य : हर दस्तावेज़ की शुरुआत किसी उद्देश्य से होनी चाहिए, जिसमें यह बताया जाए कि वह दस्तावेज़ लिखा क्यों जा रहा है और शुरुआत में ही यह स्पष्ट कर दिया जाना चाहिए कि दस्तावेज़ किस दिशा में जाएगा। सामग्री का सटीक दायरा तय करना और यह बताना भी ज़रूरी है कि दस्तावेज़ किस रास्ते का अनुसरण करेगा।

पृष्ठभूमि : यह खंड बेहद अहम है क्योंकि इसमें उस समस्या या अवसर का संदर्भ और प्रासंगिक जानकारी दी जाती है जिसे प्रस्तावित परियोजना के जरिए संबोधित किया जाना है। इसमें समस्या को परिभाषित करने के लिए डेटा और मापदंड भी शामिल होते हैं। उदाहरण के लिए, हमारा कुल परिधान बाज़ार हिस्सा 42 प्रतिशत है लेकिन महिलाओं के परिधान में यह केवल 18 प्रतिशत है।

मार्गदर्शक मूल्य : एमेज़ॉन के लिए ये मार्गदर्शक मूल्य विशिष्ट होते हैं, और यह कहना ग़लत नहीं होगा कि एमेज़ॉन इन्हें बेहद गंभीरता से लेता है। एमेज़ॉन की संस्कृति में हर काम के

लिए एक स्पष्ट 'नॉर्थ स्टार' तय करना ज़रूरी होता है, यानी किसी भी सुझाव या सिफ़ारिश के पीछे खड़े मूलभूत दिशा-निर्देश। यह पाठक को प्रस्ताव का आकलन करने के लिए एक मजबूत आधार देता है। ये नॉर्थ स्टार प्रेरणादायक स्तंभ की तरह काम करते हैं, जिनसे पीछे की ओर सोचकर लक्ष्य तक पहुंचने की योजना बनाई जाती है। भले ही इनके शब्द अलग-अलग हों, पर ये मार्गदर्शक मूल्य हमेशा समग्र रणनीति को सहारा और सामंजस्य देने का काम करते हैं। उदाहरण के तौर पर, एक मूल्य यह हो सकता है: हम अपने कारोबार में हमेशा उच्च नैतिक मानकों का पालन करेंगे, चाहे इसका अर्थ अल्पकालिक लाभ छोड़कर दीर्घकालिक विश्वास और प्रतिष्ठा को चुनना ही क्यों ना हो।

व्यवसाय की स्थिति : यह खंड भी काफ़ी अहम है क्योंकि इसका उद्देश्य पाठक को व्यवसाय की मौजूदा स्थिति पर ठोस डेटा देना होता है। इस खंड में विस्तृत जानकारी और डेटा शामिल करना ज़रूरी है, क्योंकि यही अगले खंड की नींव रखता है, जिसमें तुलनात्मक बिंदु प्रस्तुत किए जाते हैं।

सीखे गए सबक़ : एमेज़ॉन में डेटा प्रेरित निर्णय लेने पर बहुत ज़ोर दिया जाता है। इस खंड में आमतौर पर पिछले अनुभवों, समान परियोजनाओं या प्रस्तावित पहल से जुड़े प्रयोगों से मिली अंतर्दृष्टियां, टिप्पणियां और निष्कर्ष शामिल होते हैं। इसका उद्देश्य निर्णयकर्ताओं को संभावित जोख़िमों, चुनौतियों और सर्वोत्तम प्रक्रियाओं के बारे में ऐतिहासिक डेटा और वास्तविक अनुभवों के आधार पर जानकारी देना होता है। लक्ष्य यह है कि पाठक के सामने अब तक के अनुभव और प्रयोगों के सकारात्मक और नकारात्मक पहलुओं को समझने के लिए आवश्यक डेटा के साथ एक व्यापक तसवीर प्रस्तुत की जाए।

योजनाएं और लक्ष्य : इस खंड में रणनीतिक प्राथमिकताओं का विवरण दिया जाता है और आमतौर पर दस्तावेज़ का सबसे बड़ा हिस्सा होता है। इसमें यह बताया जाता है कि लक्ष्य कैसे हासिल किया जाएगा, निष्पादन की रणनीतियां क्या होंगी और दस्तावेज़ की शुरुआत में बताए गए लक्ष्यों के साथ तालमेल कैसे रखा जाएगा। दूसरे शब्दों में, यह वांछित नतीजों तक पहुंचने का रोडमैप है और निष्पादन प्रक्रिया का मार्गदर्शन करता है। यहां मुख्य बात केवल परिणाम पर ध्यान केंद्रित करना नहीं है, बल्कि उन इनपुट मापदंडों की स्पष्ट पहचान करना है जो किसी लक्ष्य को हासिल करने में मदद करेंगे, और कारण-परिणाम संबंध दिखाने पर ज़ोर देना है। किसी पहल की सफलता केवल परिणामों पर नहीं, बल्कि इन इनपुट मापदंडों के आधार पर मापी जाती है।

इन हिस्सों के बाद एक निष्कर्ष आता है और उसके साथ अक्सर पूछे जाने वाले सवाल या सहायक जानकारी/दस्तावेज़ जोड़े जाते हैं।

छह-पृष्ठीय विवरण की इस प्रक्रिया के जरिए एमेज़ॉन काम की परिधि को गहराई से समझने पर ज़ोर देती है, जिससे बेहतर नतीजे सामने आते हैं। इन विवरणों को तैयार करना

आसान नहीं होता, इसमें अभ्यास और मेहनत लगती है, लेकिन ये प्रभावी निर्णय लेने का एक अहम साधन साबित होते हैं। हर विचार या प्रस्ताव को इसी प्रारूप में प्रस्तुत करना होता है, जिससे संवाद में स्पष्टता और फ़ोकस बना रहता है। इन नैरेटिव को बनाने की प्रक्रिया विचारों की खोज और उन्हें तराशने का अवसर देती है, क्योंकि इसमें बार-बार प्रतिक्रिया और सुधार की गुंजाइश रहती है। यही प्रक्रिया एमेज़ॉन की मजबूत डेटा-प्रेरित संस्कृति की नींव है, जो सूझबूझ से लिए गए फ़ैसलों के जरिए कंपनी को आगे बढ़ाती है।

3. नेताओं की रोल मॉडलिंग

शीर्ष नेतृत्व की किसी भी संगठन में डेटा संस्कृति को बढ़ावा देने में अहम भूमिका होती है। लीडरों का डेटा के साथ सक्रिय जुड़ाव कर्मचारियों को हर स्तर पर प्रेरित करता है और प्रभावित करता है कि वे भी डेटा-प्रेरित निर्णयों को प्राथमिकता दें। जब लीडर लगातार डेटा-प्रेरित दृष्टिकोण का प्रदर्शन करते हैं, तो वे विश्वास और विश्वसनीयता अर्जित करते हैं और संगठन भर में ऐसी संस्कृति की नींव रखते हैं। यह बदलाव के प्रति प्रतिरोध को भी कम करता है, क्योंकि जब लीडर खुले तौर पर डेटा को अपनाते हैं और उसकी अहमियत समझाते हैं, तो यह साफ़ हो जाता है कि संगठन की सफलता में डेटा की भूमिका अनिवार्य है।

इसे मनोविज्ञान के मिररिंग इफ़ैक्ट से भी बल मिलता है, जिसके अनुसार व्यक्ति अक्सर उन व्यावहारिक विशेषताओं को अपनाते और दोहराते हैं, जिन्हें वे दूसरों में, ख़ासकर नेतृत्व या अधिकार की स्थिति में बैठे लोगों में देखते हैं। संगठन के संदर्भ में, अगर कोई लीडर सक्रिय रूप से डेटा का विश्लेषण करता है, डेटा के आधार पर अंतर्दृष्टियां साझा करता है और डेटा-प्रेरित निर्णय लेता है, तो कर्मचारी भी उसी रास्ते पर चलने लगते हैं। इस तरह का आदर्श प्रस्तुत करना ना केवल संगठन की डेटा क्षमता को मजबूत करता है, बल्कि बेहतर निर्णय लेने और डेटा संस्कृति को आगे बढ़ाने के लिए साझा समझ और प्रतिबद्धता भी पैदा करता है। हालांकि डेटा साक्षरता पहल का नेतृत्व मुख्य डेटा अधिकारी ही कर सकते हैं, लेकिन सभी शीर्ष अधिकारियों के लिए भी यह ज़रूरी है कि वे ख़ुद सक्रिय रूप से डेटा-प्रेरित निर्णय लेने का उदाहरण पेश करें।

मेरा तो मानना है कि रोल मॉडल या लीडर वही होता है, जो हर पहलू में अपने कहे को आचरण से साबित करता है। ऐसे रोल मॉडल चार अहम गुणों को प्रदर्शित करते हैं, जो पूरे संगठन में मजबूत डेटा-प्रेरित संस्कृति विकसित करने के लिए अनिवार्य हैं :

1. **डेटा के लोकतंत्रीकरण का उदाहरण :** प्रभावी लीडर यह सुनिश्चित करते हैं कि डेटा हर कर्मचारी तक आसानी से पहुंचे, ताकि वे ज्ञान और कौशल से सशक्त होकर तुरंत सही फ़ैसले ले सकें। वे साझा करने की संस्कृति को महत्त्व देते हैं और हमेशा नियमित अपडेट देने, पारदर्शी विवरण पेश करने और हर समय डेटा-प्रेरित दृष्टिकोण अपनाने

के लिए प्रतिबद्ध रहते हैं। उनके कार्य दूसरों के लिए मार्गदर्शक उदाहरण बनते हैं, जो पारदर्शिता और डेटा-प्रेरित सोच अपनाने के लिए प्रेरित करते हैं।

2. **'दावा' से ज़्यादा महत्त्व 'डेटा' को देना :** लीडर के रूप में मैंने हमेशा इस बात पर ज़ोर दिया है कि दावों, गुणात्मक जानकारियों या मौखिक व्याख्याओं की तुलना में डेटा को प्राथमिकता दी जाए। अक्सर, अपनी टीम से बातचीत करते समय मैं इसे 'मैथ ओवर इंगलिश' कहता हूं। मेरा मानना है कि प्रभावी लीडर पूर्वाग्रहों को अलग रखकर डेटा पर भरोसा करते हैं और उसी के आधार पर निर्णय लेते हैं। ऐसे लीडर निवेश प्रस्तावों का मूल्यांकन करते समय डेटा पर विशेष ध्यान देते हैं, अवसरों को संबंधित जानकारी से साबित करते हैं और वास्तविक नतीजे देखने के लिए लाइव परीक्षण करते हैं।

3. **प्रदर्शन के लिए मापदंडों की निगरानी :** डेटा संस्कृति को महत्त्व देने वाले लीडर समझते हैं कि सुधार केवल मापने से आता है। वे यह सुनिश्चित करते हैं कि सभी के लिए उपयुक्त उद्देश्य और मेट्रिक्स तय हों ताकि वे अपनी सफलता और प्रगति की प्रभावी ढंग से निगरानी कर सकें और उसे माप सकें। ये लीडर अपनी टीम को 'आउटकम माइंडसेट' अपनाने के लिए प्रेरित करते हैं, ताकि उनके कार्यक्रम केवल आउटपुट केपीआई तक सीमित ना रहकर स्पष्ट इनपुट केपीआई पर भी आधारित हों।

4. **मूल्यों में डेटा-प्रेरित निर्णयों को शामिल करना :** जो लीडर वास्तव में डेटा के प्रति जुनूनी होते हैं, वे रोज़मर्रा के निर्णयों तक सीमित नहीं रहते, बल्कि डेटा-प्रेरित सोच को अपने मूल्यों में पिरोते हैं और संगठन की संस्कृति में गहराई तक उतारते हैं। ये मूल्य केवल खोखले नारे नहीं होते, बल्कि उनकी रोज़मर्रा की गतिविधियों में गहराई से झलकते हैं। उदाहरण के लिए, मेरी कंपनी इंसीडो का मिशन डिजिटल निवेशों की संभावनाओं और उनसे हासिल वास्तविक मूल्यों के बीच की खाई को पाटना है। हम मानते हैं कि इसका मूल आधार डेटा का प्रभावी इस्तेमाल है, और ये केवल अपने ग्राहकों के काम में ही नहीं, बल्कि संगठन के अंदर हर स्तर पर निर्णय लेने में होना चाहिए। इसलिए, हमने 'हर कार्य में डेटा-प्रेरित होना' अपने प्रमुख मूल्यों में शामिल किया है।

व्यापार जगत में जेफ़ बेजोस इन प्रमुख गुणों के जीवंत प्रतीक हैं। वे ऐसे रोल मॉडल और जुनूनी लीडर हैं, जिनकी प्रेरणा और नेतृत्व ने एमेज़ॉन को डेटा-प्रेरित संस्कृति अपनाने और उसे मजबूत करने में अग्रणी बनाया है। एमेज़ॉन के वेब डिज़ाइन, वित्त या परिचालन जैसे सभी पहलू मेट्रिक्स और मापदंडों पर केंद्रित है। बेजोस सुधार के लिए माप के महत्त्व को समझते हैं और उन्होंने पूरे संगठन में यह विश्वास स्थापित किया है कि सभी के लिए नए मेट्रिक्स को लक्ष्य बनाया जाए। बेजोस की सबसे बड़ी विशेषता यह है कि वे डेटा पर

विश्वास करते हैं और पहले से बनी धारणाओं को चुनौती देने से नहीं कतराते, जिससे कंपनी हिप्पो इफ़ैक्ट से मुक्त रहती है। इसका एक उल्लेखनीय उदाहरण तब सामने आया जब बेजोस ने शुरुआत में होमपेज पर विज्ञापन के प्रस्ताव को ख़ारिज कर दिया था, लेकिन जब उनके सामने इसके पक्ष में ठोस डेटा प्रस्तुत किया गया तो उन्होंने अपनी राय बदल ली। नतीजा यह हुआ कि एमेज़ॉन एडवरटाइजिंग के जरिए कंपनी को अरबों डॉलर का राजस्व मिला।

दरअसल, बेजोस के डेटा-प्रेरित संस्कृति सफलतापूर्वक गढ़ने का एक अहम कारण एमेज़ॉन के सोलह नेतृत्व सिद्धांतों में से एक है : "रीढ़ दिखाओ; असहमति जताओ और फिर पूरी तरह प्रतिबद्ध हो जाओ।" एमेज़ॉन ख़ासकर वरिष्ठ पदों ऐसे लोगों को नियुक्त करता है जो असहमति जताने से नहीं डरते। सीनियर लीडरों के लिए यह ज़रूरी है कि वे सिर्फ़ फ़िट-इन होने के लिए सहमत ना हों या बहस से बचें नहीं। उनसे अपेक्षा की जाती है कि वे निर्णयों को सम्मानपूर्वक चुनौती दें और अपने विचार रखें। ख़ासकर जब उनके पास ठोस डेटा और तथ्य हों, तब तो उनके लिए यह बेहद ज़रूरी हो जाता है, चाहे उनके सामने सीनियर लीडर ही क्यों ना हों। क्योंकि एक बार जब निर्णय ले लिया जाता है, तब उन्हें पूरे मन से उस पर अमल करना होता है।

मेट्रिक्स, डेटा-प्रेरित नेतृत्व और डेटा के लोकतंत्रीकरण के प्रति इस समर्पण ने एमेज़ॉन की सफलता की नींव रखी है, जिससे संगठन में नवाचार को बढ़ावा मिला और मजबूत डेटा-प्रेरित संस्कृति विकसित हुई है।

प्रमुख निष्कर्ष

- डेटा-प्रेरित संस्कृति को बढ़ावा देने में सबसे बड़ी बाधाओं में से एक है हिप्पो इफ़ैक्ट, यानी निर्णय लेने का ऐसा तरीक़ा जिसमें सबसे अधिक वेतन पाने वाले व्यक्ति की राय या दृष्टिकोण को डेटा-प्रेरित अंतर्दृष्टियों पर प्राथमिकता दी जाती है।
- डेटा-समृद्ध दुनिया में, हिप्पो पर भरोसा करना ख़राब या ग़लत निर्णय लेने की संभावना बढ़ा सकता है, क्योंकि इसमें विविध दृष्टिकोणों की कमी होती है, पूर्वाग्रह का ख़तरा अधिक होता है, और कर्मचारियों के बीच सामंजस्य, जवाबदेही और ज़िम्मेदारी की कमी होती है।
- डेटा-प्रेरित संस्कृति बनाने का पहला मुख्य साधन मजबूत डेटा साक्षरता है, जिसे निरंतर सीखने और कौशल विकास, सफलता की कहानियों से प्रेरणा देने, डेटा को लोकतांत्रिक बनाने, साक्षरता कार्यक्रमों को नतीजों से जोड़ने और डेटा-प्रेरित स्टोरी टैलिंग को प्रोत्साहित करने के जरिए हासिल किया जा सकता है।

- दूसरा प्रमुख साधन है डेटा-प्रेरित निर्णय लेने की मजबूत प्रक्रियाओं की स्थापना, जो संगठन के सभी स्तरों पर डेटा के प्रभावी और कुशल उपयोग को सक्षम बनाती है।
- तीसरा और महत्त्वपूर्ण साधन है शीर्ष नेताओं की रोल मॉडलिंग, जो कर्मचारियों को प्रेरित करती है और उनके निर्णय लेने की प्रक्रिया में डेटा-प्रेरित बनने के लिए प्रोत्साहित करता है।

19

डेटा टैलेंट

एआई के युग में टैलेंट की भूमिका का महत्त्व बना रहना!

'बिग डेटा केवल बिट्स का मसला नहीं है, यह टैलेंट की बात है।'

~ डगलस मेरिल,
पूर्व वाइस प्रेसिडेंट /सीआईओ, इंजीनियरिंग, गूगल

पिछले अध्याय में डेटा संस्कृति के बारे में मैंने संगठन में क्षमताओं के निर्माण के महत्त्व पर बात की थी, ताकि डेटा का प्रभावी ढंग से इस्तेमाल किया जा सके, क्योंकि यही सभी स्तरों पर डेटा-प्रेरित निर्णय लेने की नींव है। हालांकि, डेटा-फ़र्स्ट दुनिया में वास्तव में सफल होने के लिए, संगठनों को सही टैलेंट का निर्माण भी करना ज़रूरी होता है, जो ऐसी टीम हो जिसमें विशेष डेटा-संबंधी कौशल, विशेषज्ञता और ज्ञान हो, ताकि डेटा प्रबंधन मूल्य श्रृंखला के सभी पहलुओं में डेटा के रूपांतरणीय मूल्य को खोला जा सके।

बिग डेटा की दुनिया में ध्यान डेटा से मूल्य हासिल करने की ओर बढ़ गया है। ऐसे में डेटा टैलेंट की भूमिका पारंपरिक कौशल से आगे बढ़ रही है। परिणामस्वरूप, अब डेटा टैलेंट को केवल पारंपरिक डेटा कौशल पर ही नहीं, बल्कि मूल्य मुहैया कराने पर भी ध्यान देना चाहिए। जहां तकनीकी ज्ञान और डेटा उपकरणों में दक्षता आवश्यक है, वहीं डेटा पेशेवरों के पास गहरी डोमेन विशेषज्ञता के साथ-साथ व्यापार समझ, समस्या समाधान क्षमता और मजबूत संचार कौशल भी होना चाहिए। इसके अलावा, पारंपरिक डेटा वैज्ञानिकों की भूमिकाओं में भी महत्त्वपूर्ण बदलाव देखने को मिलेगा, और डेटा इंजीनियर तथा डेटा आर्किटेक्ट की भूमिका और भी अहम हो जाएगी।

इस अध्याय में, मैं डेटा-फ़र्स्ट दुनिया के लिए आवश्यक प्रमुख डेटा भूमिकाओं के बारे में बताऊंगा और सही कौशल वाले लोगों को हासिल करने के बढ़ते महत्त्व पर ज़ोर दूंगा।

साथ ही इससे जुड़ी चुनौतियों को भी संबोधित करूंगा। मैं आगे यह भी चर्चा करूंगा कि एआई युग में डेटा पेशेवरों की भूमिकाएं और कौशल कैसे विकसित हो रहे हैं और भविष्य में भी यह विकास किस तरह से जारी रहने वाला है।

डेटा टैलेंट का महत्त्व

बिग डेटा के जटिल परिदृश्य में, संगठनों को विशाल और विविध डेटा सेट से मूल्य निकालने के लिए **विशिष्ट टैलेंट** की ज़रूरत होती है। यह टैलेंट डेटा हैंडलिंग, एकीकरण, प्रोसेसिंग और गुणवत्ता सुनिश्चित करने में माहिर होता है। ये पेशेवर एडवांस्ड एनालिटिक्स, मशीन लर्निंग और सांख्यिकीय मॉडलों का इस्तेमाल करके पैटर्न पहचानते हैं और निष्पादन योग्य अंतर्दृष्टि पैदा करते हैं। इसके अलावा, ये जटिल डेटा इकोसिस्टम को नेविगेट करने, मजबूत डेटा आर्किटेक्चर बनाने और डेटा कार्यप्रवाह को अनुकूलित करने में दक्ष होते हैं, ताकि नवीन तकनीकों का प्रभावी ढंग से इस्तेमाल किया जा सके। डेटा विज़ुअलाइजेशन और डेटा-प्रेरित स्टोरी टैलिंग में कुशल पेशेवर जटिल डेटा को आकर्षक विवरणों में बदलने में अहम भूमिका निभाते हैं, जिससे प्रभावी संवाद और निर्णय लेने में मदद मिलती है।

डेटा टैलेंट व्यापार, प्रौद्योगिकी और डेटा टीमों के बीच एक महत्त्वपूर्ण पुल का काम भी करता है। ये पेशेवर दोनों पक्षों के हितधारकों के बीच सहयोग को सुविधाजनक बनाता हैं, जिनमें व्यापारिक लक्ष्यों में सामंजस्य बनाना, कारोबारी ज़रूरतों को तकनीकी विनिर्देशों में बदलना, और डेटा आवश्यकताओं की पहचान कर डेटा समाधान डिज़ाइन करना शामिल होता है।

डेटां टैलेंट किसी एक से नहीं, अनेक भूमिकाओं से मिलकर बनता है

हालाकि विशेष डेटा टैलेंट समूह में अनेक भूमिकाएं शामिल होती हैं। मैं यहां कुछ प्रमुख भूमिकाओं पर ध्यान केंद्रित करूंगा जो मेरे हिसाब से सबसे अहम हैं।

शुरुआत करते हैं **बिज़नेस एनालिस्ट** से, जो व्यापारिक समस्या को डेटा समस्या में बदलते हैं। वे आम तौर पर व्यावसायिक कार्यों का हिस्सा होते हैं और बिज़नेस लीडरों के लिए डेटा या अंतर्दृष्टि संबंधी ज़रूरतों में मुख्य सहारा होते हैं। वे बिज़नेस टीमों और डेटा पेशेवरों के बीच संवाद को सहज बनाते हैं और सहयोग को बढ़ावा देते हैं। बिज़नेस एनालिस्ट व्यापार की स्थिति की गहरी समझ रखते हैं और साथ ही उनके अंदर डेटा के साथ काम करने की क्षमता भी होती है।

डेटा साइंटिस्ट कुशल पेशेवर होते हैं, जिनके पास सांख्यिकी, प्रोग्रामिंग और डोमेन ज्ञान में विशेषज्ञता होती है। वे अंतर्दृष्टि हासिल करने, जटिल समस्याओं को हल करने और डेटा-प्रेरित निर्णय लेने में योगदान देते हैं। वे बड़े डेटा सेट का विश्लेषण डेटा माइनिंग, मशीन

लर्निंग और सांख्यिकीय मॉडलिंग जैसी तकनीकों का इस्तेमाल करके करते हैं ताकि पैटर्न खोजे जा सकें और सटीक भविष्यवाणियां की जा सकें। इसके अतिरिक्त, डेटा साइंटिस्ट हितधारकों के साथ मिलकर काम करते हैं ताकि व्यापारिक उद्देश्यों को समझा जा सके और उन उद्देश्यों को हासिल करने के लिए सबसे उपयुक्त डेटा-प्रेरित दृष्टिकोण तय किया जा सके।

डेटा आर्किटेक्ट्स का ध्यान एक ऐसी कुशल और विस्तार योग्य डेटा इंफ्रास्ट्रक्चर बनाने पर होता है, जो डेटा के स्टोरेज, प्रोसेसिंग और विश्लेषण को पूरी तरह सहयोग दे सके। वे डेटा मॉडल, स्कीमा और डेटा-इंटीग्रेशन रणनीतियां तैयार करते हैं ताकि विभिन्न सिस्टम और एप्लिकेशन के बीच डेटा का प्रवाह सुचारु और सुसंगत बना रहे। डेटा आर्किटेक्चर और इंफ्रास्ट्रक्चर के डिज़ाइन और प्रबंधन में अपनी विशेषज्ञता के साथ, वे डेटा मानक, डेटा-गुणवत्ता दिशानिर्देश तय करते हैं और डेटा की अखंडता, गोपनीयता और अनुपालन सुनिश्चित करने के लिए सुरक्षा प्रोटोकॉल स्थापित करते हैं। डेटा आर्किटेक्ट्स बिज़नेस एनालिस्ट, डेटा इंजीनियर और आईटी टीमों सहित विभिन्न हितधारकों के साथ मिलकर काम करते हैं ताकि डेटा आवश्यकताओं को समझा जा सके और उन्हें मजबूत डेटा आर्किटेक्चर में बदला जा सके।

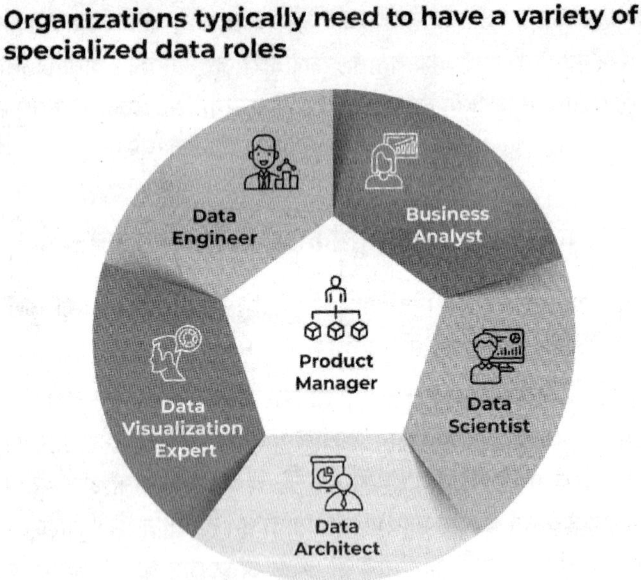

निस्संदेह, इस जटिल इकोसिस्टम में डेटा इंजीनियर की अपरिहार्य भूमिका की अनदेखी नहीं की जा सकती है। वे डेटा स्टोरेज, प्रोसेसिंग और विश्लेषण के लिए सिस्टम डिज़ाइन,

निर्माण और रखरखाव करते हैं। वे डेटा पाइपलाइन डिज़ाइन करते हैं और लागू करते हैं, जिनके जरिए तमाम स्रोतों से डेटा निकालकर, रूपांतरित करके और लोड करके उसे डेटाबेस, डेटा वेयरहाउस या डेटा लेक्स जैसे डेटा स्टोरेज सिस्टम में पहुंचाया जाता है। डेटा इंजीनियर कार्यप्रवाह को स्केलेबिलिटी, परफ़ॉर्मेंस और डेटा गुणवत्ता के लिए अनुकूलित करते हैं। वे पाइथन और एसक्यूएल जैसी प्रोग्रामिंग भाषाओं के साथ-साथ अपाचे हैडूप और स्पार्क जैसी तकनीकों में दक्ष होते हैं। डेटा इंजीनियर डेटा-प्रेरित एप्लिकेशंस की नींव स्थापित करने और कुशल डेटा-प्रोसेसिंग सिस्टम सुनिश्चित करने में अहम भूमिका निभाते हैं।

हालांकि अगर डेटा को समझने और उसके निष्कर्षों को प्रभावी ढंग से साझा करने की क्षमता ही ना हो तो ऐसा डेटा किस काम का? यही जगह है जहां डेटा विज़ुअलाइजेशन विशेषज्ञ काम आते हैं। नवीनतम बिज़नेस इंटेलिजेंस टूल्स की गहरी समझ से लैस ये विशेषज्ञ जटिल डेटा इनसाइट को दृश्य रूप में आकर्षक बना देते हैं। वे चार्ट, ग्राफ़, इंटरैक्टिव ग्राफ़िक्स, एडवांस्ड बीआई टूल्स और अब बढ़ते हुए ऑडियो/वीडियो प्रेजेंटेशन के जरिए डेटा में छिपी कहानियों को सामने लाते हैं। इस तरह वे हितधारकों को एक नज़र में निष्कर्षों का महत्त्व समझने में सक्षम बनाते हैं।

अंत में आती है **प्रोडक्ट मैनेजरों** की बारी। वे बिज़नेस, डेटा और टेक्नोलॉजी टीमों और गतिविधियों के संयोजक होते हैं। वे डेटा उत्पाद की पूरी ज़िम्मेदारी शुरू से अंत तक संभालते हैं। वे डेटा वैज्ञानिकों, इंजीनियरों और बिज़नेस टीमों समेत विभिन्न हितधारकों के साथ मिलकर व्यापारिक आवश्यकताओं को समझते और परिभाषित करते हैं। वे समाधान की प्रक्रिया को आगे बढ़ाते हैं, उत्पाद-आवश्यकताओं को तय करते हैं और निष्पादन का रोडमैप बनाते हैं। इसके बाद वे डेटा उत्पाद के संपूर्ण निष्पादन का परिचालन करते हैं ताकि वांछित व्यापारिक नतीजे हासिल किए जा सकें।

हालांकि उच्च गुणवत्ता और विशेषज्ञता वाले डेटा टैलेंट को पाना कभी आसान काग नहीं रहा है। आइए मैं इसका कारण बताता हूं।

सही टैलेंट हासिल करना कठिन चुनौती हो सकता है

जैसा कि मैंने मूल कारणों में बताया है, बिग डेटा की दुनिया की एक प्रमुख समस्या आईटी, बिज़नेस और ऑपरेशंस के बीच तालमेल की कमी है। इस अंतर को पाटने और डेटा-प्रेरित व्यवसाय बनाने के लिए ऐसा सही टैलेंट चाहिए, जिसमें केवल डेटा विशेषज्ञता ही ना हो, बल्कि वह उस व्यावसायिक समस्या को भी समझ सके जिसे हल करना है और साथ ही प्रभावशाली कहानियां गढ़ने में भी सक्षम हो। हालांकि संगठन सही डेटा टैलेंट पूल के महत्त्व को समझते हैं, लेकिन व्यवहार में सही टैलेंट ढूंढ़ना बेहद मुश्किल साबित होता है।

एक सर्वेक्षण में यह सामने आया कि 53 प्रतिशत उद्यमों ने बिग डेटा तैनात करने में टैलेंट की कमी को एक बड़ी बाधा के रूप में पहचान किया। डेटा क्षेत्र में कमी केवल तकनीकी

और डेटा कौशल तक सीमित नहीं है, बल्कि ऐसे डेटा पेशेवर ढूंढ़ना और भी मुश्किल होता है जिनमें मजबूत समस्या-समाधान क्षमताएं हों और जो वास्तविक दुनिया की समस्याओं को हल करने के लिए डेटा का प्रभावी रूप से इस्तेमाल कर सकें।

यह चुनौती दो महत्त्वपूर्ण कारणों से उत्पन्न होती है :

टॉप डेटा टैलेंट चुनने के लिए सीमित पूल होता है

वैसे डेटा टैलेंट का कुल पूल बड़ा दिखता है, लेकिन केवल शीर्ष 10 प्रतिशत में ही वह आवश्यक कौशल होता है जो बिग डेटा की दुनिया में सफल होने के लिए ज़रूरी है। केवल यह छोटा समूह ही असाधारण समस्या-समाधान क्षमताओं, स्टोरी टेलिंग की कला और सहज व्यावसायिक समझ को मूल डेटा और तकनीकी कौशल के साथ संयोजित करता है। इस चुने हुए समूह में संगठनों के लिए विशाल मूल्य अनलॉक करने की असाधारण क्षमता होती है, लेकिन उसकी इन विशेष क्षमताओं की क़ीमत उनके समकक्षों की तुलना में काफ़ी ज़्यादा होती है। और भी चिंताजनक बात यह है कि यह पहले से ही सीमित टॉप टैलेंट का पूल एआई युग के आगमन के साथ और भी घटने की संभावना है, जिनमें उन पेशेवरों की ज़रूरत होती है जो एडवांस्ड आई तकनीकों की शक्ति का इस्तेमाल कर सकते हैं, सृजनात्मक और आलोचनात्मक रूप से जटिल समस्याओं का समाधान कर सकते हैं और नवाचार को बढ़ावा देने के लिए एआई का लाभ उठा सकते हैं। यह देखकर आश्चर्य नहीं होगा कि इन कौशलों के लिए पारिश्रमिक वर्तमान स्तरों से बहुत ऊपर तक बढ़ जाए।

इससे यह जटिल चुनौती और ज़्यादा बढ़ जाती है जिसका सामना संगठन उन उच्च मांग वाले पेशेवरों को आकर्षित और बनाए रखने के प्रयासों में करते हैं। इस टैलेंट गैप को पाटना आज के डेटा-प्रेरित परिदृश्य में फलने-फूलने के लिए प्रयासरत संगठनों के लिए कठिन काम बना हुआ है। नतीजतन, ज़्यादातर कंपनियों को शेष 90 प्रतिशत के साथ काम चलाना पड़ता है, जिनके पास मूल डेटा कौशल तो होता है, लेकिन समस्या समाधान क्षमताओं और व्यावसायिक क्षेत्र की विशेषज्ञता की कमी होती है।

टॉप डेटा टैलेंट को आकर्षित करना और बनाए रखना आसान नहीं

वास्तविकता से इंकार नहीं किया जा सकता : वास्तविकता यह है कि डेटा टैलेंट का सबसे उत्कृष्ट वर्ग, जो असाधारण समस्या-समाधान क्षमता रखता है, अक्सर ऐसे खुले माहौल की तलाश करता है, जिसे हर संगठन मुहैया नहीं करा सकता। टॉप टैलेंट एक आकर्षक जीवन शैली चाहता है, लेकिन बदक़िस्मती से कई संगठनों में ऐसा इंफ्रास्ट्रक्चर और प्रक्रियाएं नहीं होतीं जो इन असाधारण व्यक्तियों को आवश्यक लचीलापन, स्वतंत्रता और संस्कृति मुहैया करा सकें। इसके अलावा, कुछ केंद्र जैसे बे एरिया या भारत में बेंगलुरु ऐसे स्थल बन गए हैं, जो इस तरह की जीवन शैली मुहैया कराते हैं। यह प्रवृत्ति उन्हें गूगल और माइक्रोसॉफ़्ट

जैसे दुनिया के सफल डिजिटल नेटिव की ओर आकर्षित करती है, जो अपनी संस्कृति और अवसरों के कारण दुनिया भर के टॉप 10 फ़ीसदी डेटा पेशेवरों के लिए चुंबक की तरह बन गए हैं। पारंपरिक संगठनों के लिए ऐसे टॉप टैलेंट को आकर्षित करने और जोड़े रखने के लिए इकोसिस्टम तैयार करना मुश्किल भरा है। इस इकोसिस्टम का मतलब है ऐसा वातावरण जो इन असाधारण व्यक्तियों की वृद्धि और विकास का पोषण करे, उन्हें सही संस्कृति प्रदान करे, विकास और सीखने के पर्याप्त अवसर दे, और अत्याधुनिक तकनीक तथा नवाचार उपकरणों तक पहुंच सुनिश्चित करे।

टैलेंट संबंधी यह दुविधा नई नहीं है। यह काफ़ी समय से बनी हुई है, और मैं इसे व्यक्तिगत रूप से अपने मैकिंजी में बिताए अनुभव से समझ सकता हूं।

डेटा टैलेंट समस्या मैंने ऐसे सुलझाई

अपने मैकिंजी नॉलेज सेंटर (एमसीकेसी) का नेतृत्व करते समय मुझे भी इसी तरह की स्थिति का सामना करना पड़ा, जिसे हल करने के लिए रचनात्मक दृष्टिकोण की ज़रूरत थी। उस समय, मैकिंजी के पास न्यू यॉर्क, लंदन और डसेलडॉर्फ़ में लगभग दस विशेषज्ञों की एक विशिष्ट एनालिटिक्स टीम थी। इन विशेषज्ञों के पास गहन सांख्यिकी ज्ञान, डोमेन विशेषज्ञता और उत्कृष्ट ग्राहक संवाद कौशल का अनूठा मेल मौजूद था।

जब हमने भारत में यही प्रैक्टिस स्थापित करने की कोशिश की, तो हमें एक चुनौती का सामना करना पड़ा। एनालिटिक्स टीम के लिए ज़रूरी विशिष्ट कौशल का मेल स्थानीय स्तर पर

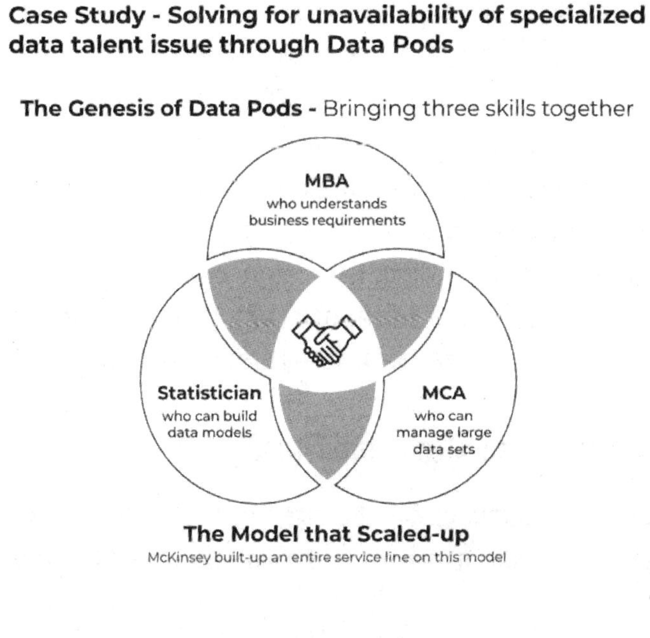

ढूंढ़ना कठिन था। यह लगभग असंभव काम लग रहा था, लेकिन मैंने स्थिति से अलग तरीक़े से निपटने का फ़ैसला किया। सभी ज़रूरी कौशलों वाले एक व्यक्ति को ढूंढ़ने की बजाय, मैंने इसे कई अलग-अलग कौशल सेटों में बांटा, जो मिलकर अपेक्षित नतीजे हासिल कर सकें। फिर हमने ऐसे लोगों की तलाश शुरू की, जो हमारी विशिष्ट ज़रूरतों के मुताबिक़ हों।

हालांकि शुरू में, हमने भारत के शीर्ष सांख्यिकी स्कूलों में से एक से सांख्यिकी स्नातकों को डेटा वैज्ञानिक के रूप में भर्ती करना शुरू किया, लेकिन जल्द ही हमें अहसास हुआ कि केवल उनसे ही पूरा समाधान नहीं होने वाला। सबसे पहली बात तो, उपलब्ध टैलेंट की कमी थी, और दूसरे, कई लोगों में मूलभूत समस्या-समाधान और संचार कौशल की कमी थी। यह जल्द स्पष्ट हो गया कि केवल सांख्यिकी स्नातकों पर निर्भर रहना पर्याप्त नहीं होगा। इसलिए, इस चुनौती का समाधान करने के लिए, हमने समस्या-समाधान और संचार कौशल वाले लोगों की तलाश की, और हमने एमबीए कैंडिडेट्स को भर्ती किया। उस समय, कई आईआईटी ने अपने बिज़नेस स्कूल स्थापित किए थे, जिनमें प्रवेश के लिए इंजीनियरिंग डिग्री ज़रूरी होती थी, जिससे ऐसे एमबीए को भर्ती करना भी संभव हुआ जिनमें ग्राहक संपर्क कौशल और गणितीय आधार दोनों थे। साथ ही, हमने डेटा क्लीनिंग और मूल डेटा संचालन जैसे कार्यों के महत्त्व को भी महसूस किया, जिसके चलते हमने एमसीए (मास्टर ऑफ़ कंप्यूटर एप्लीकेशन) को शामिल किया।

इस टीम-आधारित दृष्टिकोण से ना केवल टैलेंट की समस्या का समाधान हुई, बल्कि मैकिंजी में एनालिटिक्स को बढ़ाने का अवसर भी मिला, जो पारंपरिक व्यक्तिगत कौशल केंद्रित मॉडल से कभी संभव ना हो पाता। कुछ ही सालों में हमने एक छोटी टीम से एक बड़ी, स्केलेबल एनालिटिक्स यूनिट बना ली, जिसमें सैकड़ों पेशेवर शामिल थे। इसने मैकिंजी में एनालिटिक्स की अवधारणा को एक विशेष सेवा से मुख्यधारा की सेवा लाइन में बदल दिया। आज, एनालिटिक्स का मैकिंजी के राजस्व में बड़ा हिस्सा है।

इस अनुभव से मैंने यह सीखा कि टैलेंट की तलाश में रचनात्मक और अनुकूल होने का कितना महत्त्व है। एक स्केलेबल और सफल टैलेंट मॉडल को डिज़ाइन करने के लिए आवश्यक रचनात्मकता और समस्या-समाधान की क्षमता उतनी ही अहम है जितनी कि उत्पाद या व्यवसाय मॉडल नवाचार के लिए होती है। तमाम टैलेंट मार्केट विभिन्न कौशल मुहैया कराते हैं। टैलेंट का वास्तविक मूल्य उजागर करने के लिए एक समान दृष्टिकोण अपनाने की बजाय स्थानीय टैलेंट इकोसिस्टम को गहराई से समझना और स्थानीय टैलेंट की विशिष्टताओं को अपनाते हुए स्केलेबल मॉडल की कल्पना करना ज़रूरी है।

एआई युग में डेटा टैलेंट परिदृश्य विकसित हो रहा है

तेज़ी से बदलते व्यावसायिक परिवेश और एआई युग की प्रगति से डेटा टैलेंट परिदृश्य में पहले से ही महत्त्वपूर्ण बदलाव आने लगा है। इसलिए, मुझे उम्मीद है कि इस क्षेत्र में व्यापक

पुनर्गठन होगा, कुछ भूमिकाएं प्रमुख बनेंगी, जबकि कई भूमिकाओं में बड़े बदलाव आएंगे और वे अधिक विशेषज्ञ बन जाएंगी।

जैसी कि हमने चर्चा की, मूल्य तो डेटा प्रबंधन मूल्य श्रृंखला के प्रत्येक चरण में पैदा होता ही है, लेकिन एआई युग में, मूल्य श्रृंखला के दोनों छोर, यानी 'डेटा' और ग्राहक/व्यवसाय 'प्रभाव' - टैलेंट परिदृश्य को आकार देने में बड़ी भूमिका निभाते हैं। जटिलता और पैमाने में बढ़ रहा डेटा बड़े एआई मॉडल को ऊर्जा मुहैया कराता है, और गुणवत्ता, प्रासंगिकता और सही इस्तेमाल के दृष्टिकोण से बेहद अहम है। इसलिए, ऐसे जटिल डेटा परिदृश्यों को संभालने में डेटा पेशेवरों की भूमिका स्वाभाविक रूप से बढ़ ही रही है। दूसरी ओर, व्यावसायिक नतीजों को प्रभावित करने में डेटा का प्रभावी इस्तेमाल करने का महत्त्व बहुत बढ़ गया है, इसलिए डेटा पेशेवरों के लिए यह आवश्यक हो गया है कि वे अपनी मूल डेटा क्षमताओं के पार जाकर अधिक व्यवसाय-परिणाम केंद्रित बनें।

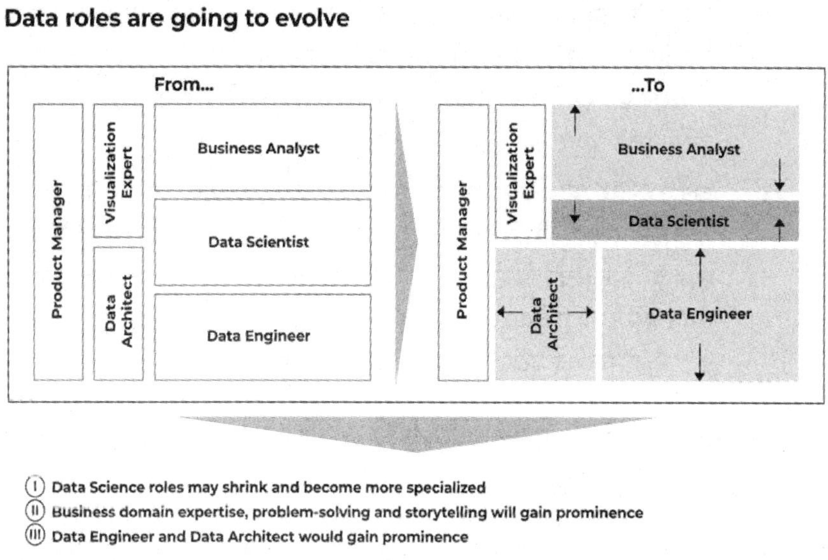

डेटा टैलेंट परिदृश्य को आकार देने वाले तीन प्रमुख चलन मुझे दिखते हैं :

1. पारंपरिक डेटा साइंस की भूमिकाएं सिकुड़ रही हैं और अधिक विशिष्ट होती जा रही हैं

एक समय डेटा साइंस की नौकरियां '21वीं सदी की सबसे आकर्षक नौकरियां' कहलाती थीं, जो अब डेटा-प्रेरित संगठनों का अभिन्न हिस्सा बन चुकी हैं और ख़ासकर जनरेटिव एआई (जेन एआई) के बढ़ते महत्त्व के साथ इसकी मांग लगातार बनी

रहेगी। 2022 से 2032 के बीच डेटा साइंटिस्ट की भूमिकाओं में 35 प्रतिशत की वृद्धि होने की उम्मीद है, जिससे यह अमेरिका में सबसे तेज़ी से बढ़ते पेशों में से एक बन जाएगा। हालांकि यह प्रवृत्ति जारी रहने की संभावना है, लेकिन डेटा साइंटिस्ट से जुड़े पारंपरिक कौशल सेट कम प्रासंगिक हो सकती है, जिससे डेटा साइंटिस्ट की नई परिभाषा सामने आएगी। यहां इस क्षेत्र में तेज़ी से हो रहे बदलाव को समझा जा सकता है :

- **स्वचालन और एआई एडवांसमेंट :** एआई और स्वचालन की प्रगति के कारण परंपरागत डेटा तैयारी के डेटा वैज्ञानिकों के पद कम होते जा रहे हैं। डेटा क्लीनिंग, डेटा प्रोसेसिंग और डेटा तैयारी तथा फ़ीचर क्रिएशन जैसे काम अब ऑटोएमएल (ऑटोमेटिड मशीन लर्निंग) जैसे उपकरणों से स्वचालित किए जा सकते हैं। डेटा वैज्ञानिकों की नौकरियों का लगभग 80 प्रतिशत या उससे अधिक हिस्सा डेटा को विश्लेषण के लिए तैयार करने में जाता है, और अब इसे स्वचालित किया जा सकता है। लो-कोड और नो-कोड प्लेटफ़ॉर्म के उदय ने डेटा तैयारी की प्रक्रिया को आसान और व्यापक रूप से अपनाने योग्य बना दिया है क्योंकि यह उपयोग में सरल है। इससे डेटा वैज्ञानिक का समय बचता है और वे अधिक प्रासंगिक इनसाइट्स तैयार करने पर ध्यान दे सकते हैं।
- **क्लाउड पर प्री-बिल्ट मॉडल :** एडब्ल्यूएस, अज्योर और जीसीपी जैसे हाइपरस्केलर्स में प्री-बिल्ट एनालिटिक्स मॉडल की समृद्ध लाइब्रेरी होती है, जिन्हें न्यूनतम अनुकूलन के साथ आसानी से लागू किया जा सकता है। यह इनसाइट तैयार करने की प्रक्रिया को सरल बनाता है। परंपरागत रूप से, मॉडल डेवलपमेंट डेटा वैज्ञानिक का मुख्य कार्य होता था, जो समय-साध्य था।

अब इसे न्यूनतम विशेषज्ञता के साथ भी किया जा सकता है और ज़्यादातर ज़िम्मेदारी अब बिज़नेस एनालिस्ट संभालने लगे हैं।

- **'सिटिजन डेटा साइंटिस्ट' का उदय :** परंपरागत रूप से, डेटा साइंटिस्ट मुख्य रूप से सांख्यिकीय मॉडलिंग और विभिन्न डेटा मॉडल बनाने के लिए ज़िम्मेदार होते थे। डेटा के लोकतंत्रीकरण और एआई/एमएल ऑटोमेशन टूल के उदय ने 'सिटिजन डेटा साइंटिस्ट' की भूमिका को जन्म दिया है। ये वे लोग होते हैं जिनके पास एडवांस्ड एनालिटिक्स, सांख्यिकी या संबंधित क्षेत्रों में औपचारिक प्रशिक्षण सीमित होता है, लेकिन वे डेटा-संबंधी काम करते हैं। विभिन्न प्री-पैकेज्ड और यूजर-फ्रैंडली डेटा एनालिसिस और विज़ुअलाइजेशन टूल्स की उपलब्धता ने गैर-तकनीकी उपयोगकर्ताओं के लिए डेटा के साथ काम करना आसान बना दिया है। नतीजतन यह भूमिका अब अक्सर बिज़नेस एनालिस्ट

निभाने लगे हैं, जिनसे अधिक डेटा-कुशल होने की अपेक्षा की जाती है। अब उनसे डेटा आवश्यकताओं को परिभाषित करने से लेकर सरल डेटा मॉडल बनाने तक के कार्य संभालने की उम्मीद होती है, जो पहले केवल डेटा साइंटिस्ट का क्षेत्र होता था।

- **विशेषीकृत भूमिकाओं पर अधिक ध्यान :** सामान्य डेटा वैज्ञानिकों की ज़रूरत घट रही है और उनकी भूमिका अब अधिक जटिल या विशेषीकृत होती जा रही है। एआई युग में, और विशेष रूप से जनरेटिव एआई (जेन एआई) में, जहां मॉडल का इस्तेमाल करना आसान हो गया है, वहीं इन मॉडलों का निर्माण कहीं अधिक जटिल है और इसके लिए उन्नत कौशल की ज़रूरत होती है। इन मॉडलों को बड़े भाषा मॉडल (एलएलएम), आर्टिफ़िशियल न्यूरल नेटवर्क्स (एएनएन), और नेचुरल लैंग्वेज प्रोसेसिंग (एनएलपी) जैसे उन्नत एल्गोरिदम से निपटना पड़ता है।

2. व्यापार संबंधित पहलुओं का बढ़ता महत्त्व

मेरा मानना है कि जैसे-जैसे डेटा पेशेवर व्यापारिक नतीजों को संचालित करने में अधिक शामिल होते जाते हैं, उन्हें अपने मूल डेटा कौशल से परे क्षमताओं की ज़रूरत होने लगती है। सबसे पहले, उनके पास उस उद्योग या कार्यात्मक क्षेत्र से संबंधित गहरी **डोमेन जानकारी** होनी चाहिए, जिसके साथ वे जुड़े हैं। इससे उन्हें डेटा अंतर्दृष्टियों को वास्तविक व्यापारिक समस्याओं और अवसरों से प्रभावी ढंग से जोड़ने में मदद मिलती है। किसी विशिष्ट व्यावसायिक डोमेन की ठोस समझ के बिना, डेटा पेशेवर व्यापार समस्याओं से जुड़ने और उनकी चुनौतियों को सही तरीक़े से समझने में कठिनाई महसूस कर सकते हैं। इससे सही सवाल पूछने की उनकी क्षमता प्रभावित हो सकती है। दूसरे, उनके पास मजबूत **समस्या-समाधान कौशल** होना चाहिए, जो जटिल डेटा-संबंधित चुनौतियों की पहचान और समाधान के लिए ज़रूरी होता है। इसका कारण यह है कि डेटा का विश्लेषण करने के अलावा, उनसे यह भी अपेक्षित होता है कि वे व्यावसायिक समस्याओं के समाधान का प्रस्ताव दें, प्रक्रियाओं का अनुकूलन करें और विकास के अवसर खोजें।

एक और महत्त्वपूर्ण कौशल डेटा पेशेवरों के लिए बेहद आवश्यक हो गया है, वह है **स्टोरी टेलिंग** की कला। डेटा पेशेवरों को अक्सर गैर-तकनीकी हितधारकों के सामने अपने निष्कर्ष प्रस्तुत करने का काम सौंपा जाता है; इससे डेटा स्टोरीटेलर या डेटा ट्रांसलेटर का महत्त्व बढ़ गया है। स्टोरी टेलिंग और संचार का मजबूत कौशल डेटा पेशेवरों को जटिल डेटा इनसाइट्स को प्रभावी और समझने योग्य तरीक़े से प्रस्तुत करने में सक्षम बनाते हैं। मैकिंजी जैसी संस्थाओं ने डेटा स्टोरीटेलर या डेटा ट्रांसलेटर के महत्त्व को जल्दी ही पहचाना और इस आवश्यकता को पूरा करने के लिए सक्रिय क़दम

उठाए। मैकिंजी ने 2017 में अपनी फ़र्म के भीतर एक अकादमी बनाई, जो विशेष रूप से इन भूमिकाओं के लिए 1000 व्यक्तियों को प्रशिक्षित करने के लिए समर्पित थी।

3. डेटा इंजीनियर और डेटा आर्किटेक्ट का बढ़ता महत्त्व

मेरा यह भी मानना है कि डेटा इंजीनियर की भूमिका काफ़ी बढ़ जाएगी, जो मुख्य रूप से डेटा की तेज़ी से बढ़ती मात्रा और उससे जुड़ी इंजीनियरिंग जटिलताओं से प्रेरित होगी। इसके अलावा, एआई तकनीकों की तेज़ी से प्रगति भी इसका कारण है। डेटा इंजीनियरों की यह मांग विभिन्न उद्योगों में बढ़ेगी क्योंकि संगठन निर्णय लेने में डेटा के महत्त्व को तेज़ी से पहचान रहे हैं। इसी तरह से डेटा आर्किटेक्ट की भूमिका एआई युग में और भी अधिक महत्त्वपूर्ण हो जाएगी। वे जटिल और स्केलेबल डेटा इंफ्रास्ट्रक्चर को डिज़ाइन और लागू करने में अहम भूमिका निभाएंगे, जिससे एआई और अब जनरेटिव एआई (जेन एआई) को समर्थन मिलेगा। डेटा आर्किटेक्ट की विशेषज्ञता डेटा मॉडलिंग, इंटीग्रेशन, गवर्नेंस और सिस्टम डिज़ाइन जैसे क्षेत्रों में बेहद अहम हो जाएगी, ताकि डेटा इकोसिस्टम की लगातार बढ़ती जटिलताओं का प्रबंधन किया जा सके।

डेटा इंजीनियर और डेटा आर्किटेक्ट की भूमिका चार प्रमुख कारणों से महत्त्व हासिल करती जा रही है। पहला, **डेटा का बदलता स्वरूप,** जो 3V आयाम - वॉल्यूम, वेलोसिटी और वैराइटी - में बढ़ रहा है। यह मजबूत डेटा पाइपलाइन, स्टोरेज समाधान और इंटीग्रेशन प्रक्रियाओं के निर्माण की मांग करता है, ताकि बढ़ते डेटा का प्रभावी इस्तेमाल किया जा सके। दूसरा, **एआई और जनरेटिव एआई (जेन एआई)** के अपनाने के साथ, डेटा की गुणवत्ता सुनिश्चित करना बहुत ज़रूरी हो गया है। इसे मजबूत डेटा वैलिडेशन, क्लीनिंग और रूपांतरण प्रक्रियाओं के जरिए संभाला जाता है। वे संगठनों में एआई तकनीकों के सहज एकीकरण और अनुकूलन में भी अहम भूमिका निभाते हैं। तीसरा, डेटा आर्किटेक्ट व्यापक **एंटरप्राइज डेटा मैनेजमेंट फ्रेमवर्क** की रूपरेखा तैयार करने और डिज़ाइन करने में योगदान देते हैं। वे **नई और नवाचारी तकनीकों** का प्रभावी इस्तेमाल करने में रणनीतिक साझेदार के रूप में काम करते हैं, जिससे संगठनों में तकनीकी और डेटा इंफ्रास्ट्रक्चर की परिपक्वता बढ़ती है। आख़िरी, **क्लाउड तकनीकों** के अपनाने में डेटा इंजीनियर और डेटा आर्किटेक्ट की अहम भूमिका होती है। वे डेटा कार्यप्रवाह को अनुकूलित करने, डेटा इंटीग्रेशन प्रक्रियाओं को डिज़ाइन और लागू करने, तथा क्लाउड प्लेटफ़ॉर्म में डेटा प्रोसेसिंग और स्टोरेज के लिए ईटीएल (एक्सट्रैक्ट, ट्रांसफ़ॉर्म, लोड) कार्यप्रवाह सुनिश्चित करने में अहम योगदान देते हैं।

टी–आकार की क्षमताओं का विकास है ज़रूरी

हालांकि डेटा टैलेंट परिदृश्य में कई विशेषीकृत भूमिकाएं होती हैं। मुझे लगता है कि डेटा-फ़र्स्ट दुनिया और एआई युग में सफल होने के लिए किसी भी डेटा पेशेवर के लिए ज़रूरी सामान्य कौशल फ्रेमवर्क टी-आकार का कैपेसिटी मॉडल या क्षमता मॉडल है। प्रत्येक डेटा पेशेवर को आवश्यक 'क्षैतिज' कौशल विकसित करने चाहिए, जो उनके मूल डेटा और तकनीकी विशेषज्ञता से शुरू होता है। इसके अलावा, इन पेशेवरों को समस्या-समाधान की क्षमताओं और स्टोरी टेलिंग की प्रभावी कला के विकास को प्राथमिकता देनी चाहिए। मजबूत समस्या-समाधान क्षमताओं को प्रभावशाली स्टोरी टेलिंग क्षमता के साथ जोड़कर, पेशेवर व्यावसायिक नतीजों को प्रेरित करने में अपना योगदान बढ़ा सकते हैं।

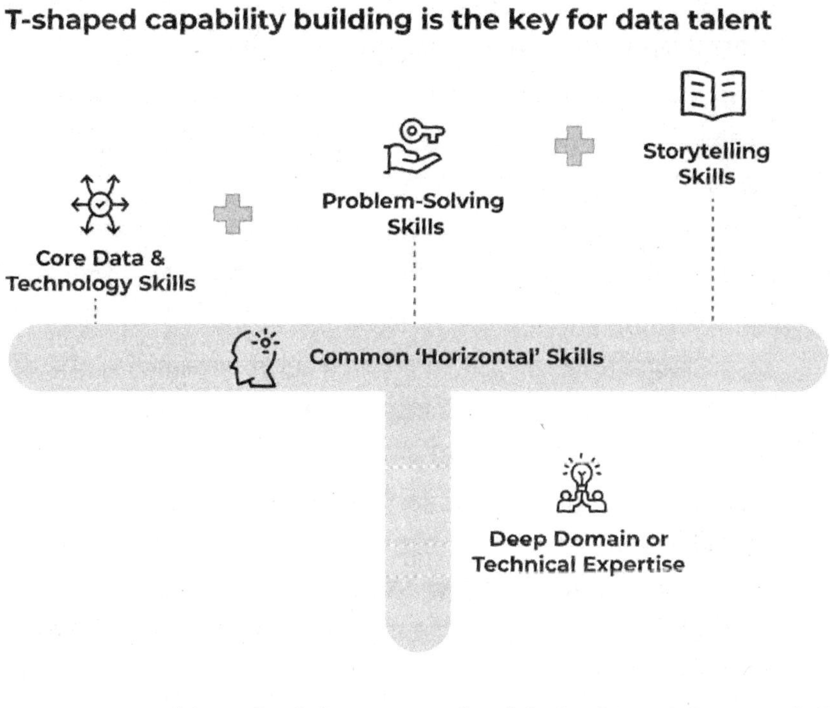

इन मूलभूत क्षैतिज कौशलों के साथ-साथ, डेटा पेशेवरों को एक निश्चित गहराई भी विकसित करनी चाहिए, चाहे वह गहन डोमेन ज्ञान हो या गहन तकनीकी विशेषज्ञता। गहन डोमेन ज्ञान का अर्थ है किसी विशेष उद्योग या कार्यक्षेत्र में विषय-वस्तु विशेषज्ञ बनना, जिससे वे उन विशिष्ट चुनौतियों, रुझानों और सूक्ष्मताओं को समझ सकें जिनका डेटा समाधान कर सकता है। वहीं, गहन तकनीकी विशेषज्ञता का अर्थ है तकनीकी समाधानों की गहरी समझ विकसित करना, एडवांस्ड डेटा इंजीनियरिंग तकनीकों में महारत हासिल करना, और इस

प्रकार पेशेवरों को मजबूत क्षमताएं बनाने, उन्नत समाधान विकसित करने और जटिल डेटा सेट के साथ प्रभावी ढंग से काम करने में सक्षम बनाना।

क्षैतिज डेटा कौशल और विशिष्ट गहराई के इस मेल से डेटा पेशेवरों को ना केवल डेटा के साथ प्रभावी होने में सक्षम बनाया जाता है, बल्कि उन्हें अपने-अपने क्षेत्रों, यानी स्वास्थ्य, वित्त, विपणन या कोई अन्य क्षेत्र, में सार्थक प्रभाव डालने वाले अनुकूलित अंतर्दृष्टि और समाधान मुहैया कराने में भी सक्षम बनाता है।

मुख्य निष्कर्ष

- विशेषज्ञ डेटा टैलेंट संगठनों के लिए डेटा से रूपांतरकारी मूल्य निकालने में अहम भूमिका निभाता है। डेटा टैलेंट में कई भूमिकाएं शामिल हैं, जैसे बिज़नेस एनालिस्ट, डेटा वैज्ञानिक, डेटा आर्किटेक्ट, डेटा विज़ुअलाइजेशन विशेषज्ञ, डेटा इंजीनियर और प्रोडक्ट मैनेजर। ये डेटा भूमिकाएं एआई युग में तेज़ी से विकसित हो रही हैं।
- पारंपरिक डेटा वैज्ञानिक की भूमिका एआई और स्वचालन, पूर्व-निर्मित समाधानों की उपलब्धता और बिज़नेस एनालिस्ट की बढ़ती भूमिका के कारण सिकुड़ रही है, जिससे डेटा वैज्ञानिक की भूमिका अधिक विशिष्ट हो गई है।
- हर डेटा पेशेवर के पास मजबूत समस्या-समाधान कौशल, गहरी व्यवसाय डोमेन विशेषज्ञता और स्टोरी टेलिंग की बेहतरीन क्षमता होनी चाहिए, ताकि वे अपने मौलिक डेटा कौशल के साथ मिलकर प्रासंगिक व्यावसायिक नतीजे हासिल कर सकें।
- डेटा इंजीनियर और डेटा आर्किटेक्ट एआई युग में डेटा की जटिलताओं को संभालने में और अधिक महत्त्वपूर्ण हो रहे हैं, जो डेटा की बदलती प्रकृति, एआई और जेन एआई के बढ़ते एडॉपशन, तकनीकी नवाचार और क्लाउड एडॉप्शन के कारण है।
- एआई युग में सफल होने के लिए हर डेटा पेशेवर को टी-आकार की क्षमताएं विकसित करनी होंगी। इसमें उनके मूल डेटा और तकनीकी कौशल के साथ समस्या सुलझाने और डेटा आधारित स्टोरी टेलिंग की क्षमता शामिल होनी चाहिए। इसके अलावा, उन्हें किसी विशेष क्षेत्र में गहरी विशेषज्ञता या तकनीकी प्रवीणता के रूप में विशेषज्ञता हासिल करनी होगी।

खंड III

व्यक्ति और उससे परे डेटा

'जैसा छोटा स्तर होता है, वैसा ही बड़ा स्तर भी होता है;
और जैसा बड़ा स्तर होता है, वैसा ही छोटा स्तर भी होता है।'

- 'यजुर्वेद', भारतीय प्राचीन ग्रंथ

20

उद्यमों से व्यक्तियों और समाज की ओर बढ़ना

'जैसा छोटा स्तर होता है, वैसा ही बड़ा स्तर भी होता है; और जैसा बड़ा स्तर होता है, वैसा ही छोटा स्तर भी होता है।'

~ 'यजुर्वेद', भारतीय प्राचीन ग्रंथ

मेरी मजबूत राय है कि मूल सिद्धांत के स्तर पर, जो छोटे स्तर (सूक्ष्म जगत) के लिए सच है, वही सच बड़े स्तर (स्थूल जगत) के लिए भी है। इस विचार की जड़ें भारतीय ग्रंथ 'यजुर्वेद' में हैं, जिसमें संस्कृत में कहा गया है : ***'यथा पिंडे तथा ब्रह्मांडे, यथा ब्रह्मांडे तथा पिंडे'।*** इसका अर्थ है कि जैसे सूक्ष्म जगत की संरचना होती है, वैसे ही स्थूल जगत की संरचना होती है और जैसे स्थूल जगत की संरचना होती है, वैसे ही सूक्ष्म जगत की संरचना होती है। यह यजुर्वेद में आंतरिक निरीक्षण का मूल दर्शन है, जो कहता है कि संपूर्ण ब्रह्मांड, यानी हमारे शरीर के बाहर मौजूद हर चीज़, हमारे शरीर के अंदर भी विद्यमान है। इसका मूल संदेश यह है कि विभिन्न स्तरों पर अस्तित्व की मूलभूत संरचनाएं समान हैं।

यह शक्तिशाली अवधारणा डेटा पर भी समान रूप से लागू होती है। इस पुस्तक के संदर्भ में, मेरी राय है कि जो डेटा अवधारणाएं मैंने पहले दो अध्यायों में किसी उद्यम के संदर्भ में बताई हैं, वे व्यक्तिगत स्तर पर, समाज पर और राष्ट्रों पर भी समान रूप से लागू होती हैं। भले ही निष्पादन या विस्तार अलग-अलग हो, लेकिन कारण और परिणाम तो समान ही रहते हैं। अगर हम ध्यान से देखें, तो ऐसे पैटर्न और समानताएं मिलती हैं जो यह प्रमाणित करती हैं कि जो सच उद्यमों के लिए है, वही सच व्यक्तियों के लिए भी है और इसके विपरीत भी। ये पैटर्न और समानताएं मेरे ज़्यादातर काम का मूल आधार हैं।

इसलिए, यह खंड इस बात को दिखाने के लिए समर्पित किया है कि पहले जिन अवधारणाओं पर चर्चा की गई थी और जिन्हें उद्यमों के संदर्भ में लागू किया गया था, वही अवधारणाएं व्यक्तियों, समाज और राष्ट्रों के लिए भी उतनी ही प्रासंगिक और उपयोगी हैं।

मैंने इस खंड में व्यक्तियों, समाज और राष्ट्रों के सामने आने वाली कुछ चुनौतियों के बारे में बताया है, जिनका कोई आसान या तैयार समाधान नहीं है। मैं यह दावा नहीं करता कि इन जटिलताओं का हर उत्तर मेरे पास है ही, लेकिन मेरे अनुभव से निकले कुछ मंत्र ज़रूर हैं, जो किसी भी व्यक्ति को अधिक सूझबूझ भरे और सही फ़ैसले लेने की ताक़त दे सकते हैं।

Transitioning from enterprise to individuals and beyond

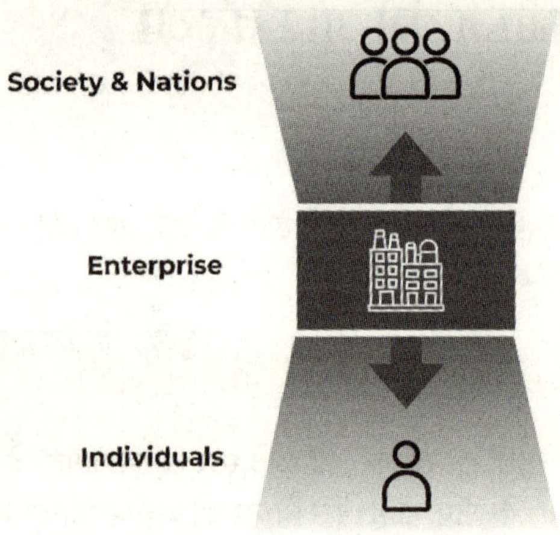

शुरुआत करने के लिए, 'जैसा ब्रह्मांड है वैसा ही सूक्ष्म जगत है, और जैसा सूक्ष्म जगत है वैसा ही ब्रह्मांड है', यह मेरा पहला और महत्त्वपूर्ण मंत्र है, जिस पर मैं गहराई से विश्वास करता हूं। यह मंत्र आपको अपने चारों ओर फैले डेटा के शोर-गुल को समझने में मदद करेगा और सही पैटर्न पहचानने का रास्ता दिखाएगा। जो अवधारणाएं उद्यम स्तर पर समझी जाती हैं, वे व्यक्तिगत स्तर पर भी उतनी ही लागू होती हैं और इसका उल्टा भी सच है।

अगर हम इस दर्शन को सही मायनों में समझ लें, तो हमें अवसर और समाधान दोनों दिखने लगेंगे। हम पैटर्न तलाशना शुरू कर देंगे। उदाहरण के लिए, कार्यस्थल पर जो अधिकारी निर्णय लेने के लिए डेटा पर भरोसा करना सीख चुके होते हैं, वे अक्सर अपनी व्यक्तिगत ज़िंदगी के फ़ैसलों में केवल अपनी अंतःप्रेरणा पर निर्भर दिखाई देते हैं।

ऐतिहासिक रूप से इसकी एक बड़ी वजह यह थी कि व्यक्तिगत स्तर पर डेटा या तो उपलब्ध नहीं था या उपलब्ध था तो बहुत सीमित था। हालांकि जैसे ही दुनिया में स्मार्टफ़ोन का दौर शुरू हुआ, लोगों के लिए डेटा तक पहुंचना आसान और सस्ता हो गया। इसके बावजूद, डेटा से भरी इस दुनिया में व्यक्तिगत निर्णय लेने में डेटा का इस्तेमाल अब भी बहुत सीमित है।

आगे हम देखेंगे कि जिन अवधारणाओं पर मैंने उद्यमों के स्तर पर चर्चा की है, उन्हें व्यक्तिगत स्तर पर बेहतर निर्णय लेने के लिए कैसे लागू किया जा सकता है।

डेटा पेराडॉक्स व्यक्तियों के लिए भी होता है

खंड 1 में मैंने बताया था कि डेटा की ज़बरदस्त वृद्धि से संगठनों को डेटा से रूपांतरकारी मूल्य हासिल करने का अभूतपूर्व अवसर मिला है। व्यक्तिगत स्तर पर भी डेटा की यह प्रचुरता हर व्यक्ति के लिए अत्यधिक व्यक्तिगत (हाइपर-पर्सनलाइज्ड) अनुभवों का मौक़ा देती है। आज उत्पाद और सेवाएं इस तरह ढाली जा सकती हैं कि वे प्रत्येक व्यक्ति की अलग-अलग ज़रूरतों और अपेक्षाओं के मुताबिक़ हों। इसके अलावा, जिस डेटा ने हमारे जीवन जीने का तरीक़ा पूरी तरह बदल दिया है, वही हमें डेटा-प्रेरित निर्णय लेने के जरिए अपनी सुख-सुविधा बढ़ाने का शानदार अवसर भी मुहैया कराता है।

Enterprise-level paradoxes are applicable at an individual-level as well

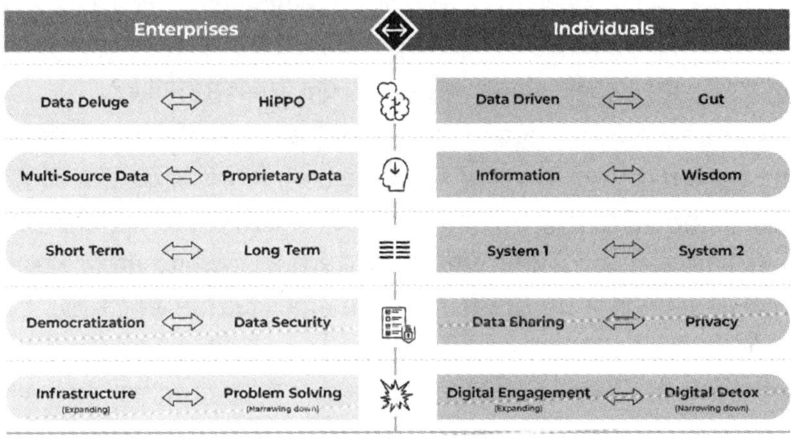

इसके बावजूद, किसी संगठन की ही तरह, व्यक्ति भी डेटा की इस प्रचुरता के चलते कई पैराडॉक्स का सामना करते हैं, जो उन्हें इसके रूपांतरकारी लाभों का पूरा फ़ायदा उठाने से रोकते हैं। इन पैराडॉक्स का सार तो समान होता है, लेकिन व्यक्तियों के लिए ये अक्सर अलग-अलग रूपों में सामने आते हैं।

डेटा पेराडॉक्स यानी बाढ़ बनाम सूखा की जो व्यापक अवधारणा है, वह किसी संगठन को प्रभावित करती है, और वही व्यक्तिगत निर्णय-प्रक्रिया में भी दिखाई देती है। आज की दुनिया में जानकारी हर तरफ़ से बरस रही है। टेलीविज़न से, स्मार्टफ़ोन से, इंटरनेट से या पहनने योग्य उपकरणों से लोग हर पल, हर सेकंड डेटा की लगातार बरसात से घिरे रहते हैं।

डिजिटल दुनिया कभी नहीं सोती। ज़्यादातर समय, लोग इससे लदे रहते हैं। दूसरी ओर, इस सारी जानकारी में से वास्तव में कितना हिस्सा हमारे व्यक्तिगत निर्णयों में काम आता है? हममें से ज़्यादातर लोग तो अपने छोटे-बड़े निर्णयों के लिए अब भी अपने अनुभव, अपनी सहज प्रवृत्ति या भरोसेमंद लोगों के अनुभव पर निर्भर रहते हैं। जिस तरह से संगठन डेटा का इस्तेमाल करके हिप्पो-आधारित निर्णय लेने की कुछ ख़ामियों को कम करते हैं, उसी तरह व्यक्तियों को भी अपनी निर्णय-प्रक्रिया में डेटा को प्रभावी ढंग से शामिल करने के रास्ते खोजने होंगे। हमेशा गट पर भरोसा करने के बजाय डेटा का इस्तेमाल करने से निर्णय अधिक सूझबूझ भरे होते हैं। पूर्वाग्रह कम होते हैं। जब व्यक्ति अपने निर्णय लेने की प्रक्रिया में डेटा को शामिल करता है, जीवन सचमुच बेहतर हो जाता है।

हालांकि डेटा की प्रचुरता देखने में ऐसा लग सकती है कि यह व्यक्तियों को निर्णय लेने में सशक्त बनाती है, लेकिन असली पैरेडॉक्स यह है कि क्या यह प्रचुरता वास्तव में बुद्धिमत्ता बढ़ाती है या केवल बुद्धिमान होने का एक झूठा आभास पैदा करती है। जानकारी और बुद्धि का यह आपसी संबंध वैसा ही है जैसा किसी संगठन में बहु-स्रोत डेटा और प्रोप्राइटरी नॉलेज के बीच होता है। प्रोप्राइटरी नॉलेज की तरह ही, बुद्धि भी व्यक्ति को दूसरों से अलग बनाती है और उन्हें लगातार समझदारीपूर्ण निर्णय लेने में सक्षम बनाती है। तो प्रश्न यह है कि क्या डेटा की अधिकता हमें सचमुच अधिक बुद्धिमान बना रही है या केवल स्मार्ट होने का भ्रम पैदा कर रही है? क्या डेटा की अधिकता बुद्धिमत्ता का एक पैराडॉक्स रचती है?

क्या यह हमें और अधिक बुद्धिमान बनाती है या हमारी बुद्धि कम कर देती है? यह डेटा पैराडॉक्स व्यक्तियों के स्तर पर संगठनों की तुलना में कहीं अधिक तीव्र रूप में सामने आता है। संगठनों की तरह, व्यक्तियों को भी तेज़ी से बदलती और बेहद गतिशील दुनिया में ना केवल जीना होता है बल्कि आगे भी बढ़ना होता है। जिस तरह संगठन अल्पकालिक लक्ष्यों को हासिल करने और साथ ही दीर्घकालिक क्षमताएं विकसित करने के लिए 'टू-स्पीड' अप्रोच अपनाते हैं, उसी तरह व्यक्तियों को भी सिस्टम 1 और सिस्टम 2 सोच के बीच संतुलन बनाना होता है। (सिस्टम 1 सोच लगभग तुरंत होती है; यह स्वचालित, सहज और कम प्रयास वाली प्रक्रिया है। जबकि सिस्टम 2 सोच धीमी, तर्कसंगत और विश्लेषणात्मक होती है, जिसमें अधिक प्रयास की ज़रूरत होती है।) बेहतर निर्णय लेने के लिए व्यक्ति को सचेत रूप से सिस्टम 2 सोच अपनानी चाहिए। लंबे समय में, जब हम बार-बार समान परिस्थितियों का सामना करते हैं, तो यह विश्लेषणात्मक प्रक्रिया धीरे-धीरे सहज हो जाती है और हमारे सिस्टम 1 की प्रवृत्तियों को और मजबूत बनाती है!

डेटा क्रांति से जुड़ा एक और मूल प्रश्न यह उठता है कि क्या आप इसमें भाग लेते हैं या नहीं? इसका उत्तर सीधा है - आप इसमें भाग ले ही रहे हैं, चाहे आपको इसका भान हो या ना हो। हर बार जब आप अपना फ़ोन इस्तेमाल करते हैं या इंटरनेट का इस्तेमाल करते हैं, तो आप अपनी एक डिजिटल फुटप्रिंट छोड़ देते हैं। अब यह आपके चुनाव का विषय नहीं रह गया है। इसलिए असली चुनौती सही संतुलन खोजने की है। एक ओर व्यक्तिगत अनुभव

को बेहतर बनाने के लिए डेटा साझा करने और दूसरी ओर अपनी निजता की रक्षा करने में संतुलन बनाना ज़रूरी है। यह वही संतुलन है जैसा किसी संगठन को लोकतंत्रीकरण और सिक्योरिटी के बीच साधना पड़ता है।

डिजिटल जुड़ाव की सर्वव्यापकता एक और विरोधाभास सामने लाती है, जो संगठनों के बढ़ते इंफ्रास्ट्रक्चर और वास्तविक समस्या-समाधान के बीच फंस जाने की तरह है। जिस तरह से संगठन अपने व्यावसायिक लक्ष्यों को हल करने की उम्मीद में विशाल इंफ्रास्ट्रक्चर बनाने में समय और संसाधन झोंक देते हैं लेकिन उसी प्रक्रिया में उलझ भी जाते हैं, उसी तरह से व्यक्ति भी अपनी ज़िंदगी को बेहतर बनाने के लिए डिजिटल अनुभवों का ढेर लगाने लगते हैं। जहां डिजिटल जुड़ाव रोज़मर्रा के काम आसान करता है और आधुनिक जीवन शैली को सहारा देता है, लेकिन साथ ही यह कई चुनौतियां भी लाता है, जैसे हीनभावना, अवसाद, चिंता, डिजिटल इको चेंबर, साइबर-बुलिंग और बहुत कुछ। इन सबके बीच अपने निजी लक्ष्यों और उद्देश्यों को स्पष्ट रूप से पहचानना और विशेष, स्पष्ट रूप से परिभाषित चुनौतियों पर ध्यान देना तभी संभव है, जब हम समय-समय पर पीछे हटें और अपने अंदर से जुड़ें, ताकि सही संतुलन स्थापित हो सके।

ये विरोधाभास संगठनों और व्यक्तियों पर अलग-अलग असर डाल सकते हैं। संगठनों के लिए, इसका नतीजा कभी ग़लत निष्कर्ष निकालने के रूप में सामने आता है तो कभी पूरी व्यवस्था ठप पड़ जाने तक जा सकता है। वहीं व्यक्तियों के लिए, इनका असर ग़लत फ़ैसले लेने से लेकर गंभीर मानसिक स्वास्थ्य समस्याओं तक पहुंच सकता है।

इसके अलावा, इस खंड में मैंने विश्व के राष्ट्रों और व्यापक समाज में भी समानताएं दिखाने की कोशिश की है। क्या डेटा सहयोग मानवता के सामने खड़ी सबसे बड़ी चुनौतियों - जैसे स्वास्थ्य सेवाएं, जलवायु परिवर्तन - को हल करने में मदद कर सकता है और एक बेहतर, ज़्यादा टिकाऊ दुनिया बना सकता है? क्या डेटा प्रतिस्पर्धात्मक बढ़त दिलाने में सहायक हो सकता है? क्या समृद्धि सुनिश्चित करने में भी डेटा योगदान दे सकता है? अगर हां, तो कैसे? सरकार को इसके लिए क्या करना होगा? सरकार जो करती है, वह किसी उद्यम से कैसे अलग है? सरकारें उद्यमों से क्या सीख सकती हैं ताकि वे वैश्विक मंच पर प्रतिस्पर्धा कर सकें? और इसमें नागरिकों की क्या भूमिका है? इन विरोधाभासों को समझने के लिए ज़रूरी है कि हम सूक्ष्म जगत (व्यक्तियों) और व्यापक जगत (संगठनों) के बीच मौजूद पैटर्न को पहचानें!

तेरह घटकों वाला सॉल्यूशन फ़्रेमवर्क आपका व्यक्तिगत मार्गदर्शक बन सकता है

मज़ेदार बात यह है कि जब मैं खंड 2 में चर्चा किए गए तेरह घटकों वाले यूनिफ़ाइड सॉल्यूशन फ़्रेमवर्क को देखता हूं, तो मुझे इसके कई प्रमुख घटकों का व्यक्ति के संदर्भ में भी समान रूप से लागू होने वाला पैटर्न दिखाई देता है।

The Unified Solution Framework (USF) - 13 key components

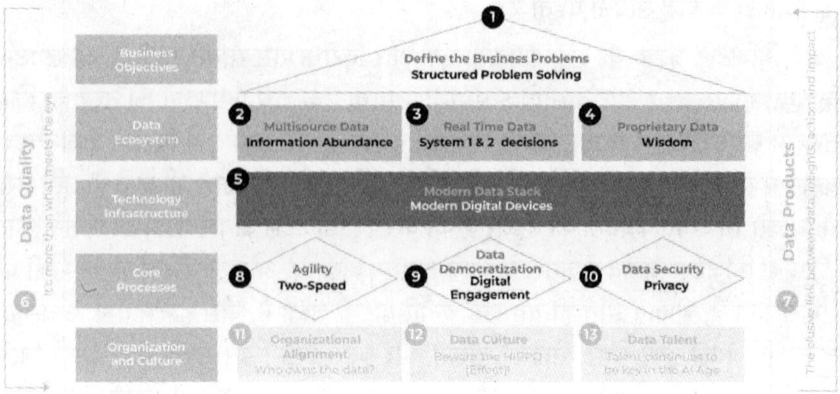

व्यावसायिक समस्याओं को परिभाषित कीजिए : चाहे हम किसी व्यक्ति, उद्यम, समाज या सरकार के लिए समस्या हल कर रहे हों, एक संरचित समस्या-समाधान दृष्टिकोण समान रूप से लागू होता है। समस्या को स्पष्ट रूप से परिभाषित करने के लिए, उसे घटकों में विभाजित करने और मूल समस्याओं तक पहुंचने के लिए एक व्यवस्थित दृष्टिकोण ज़रूरी है। यह पूरी प्रक्रिया को अधिक प्रबंधनीय और प्रभावशाली बनाता है।

मल्टीपल-सोर्स डेटा : जिस तरह से उद्यमों के पास मल्टीपल स्रोतों से डेटा उपलब्ध हैं, उसी तरह से आज व्यक्तियों के पास भी कई स्रोतों से डेटा उपलब्ध है, जिससे **सूचना की प्रचुरता** होती है। इसलिए, व्यक्तियों के लिए भी मल्टीपल डेटा स्रोतों से जानकारी का त्रिकोणीय मूल्यांकन करने की क्षमता, बेहतर निर्णय लेने में प्रमुख कारक बन जाती है। उदाहरण के लिए, किसी चिकित्सकीय उपचार का निर्णय लेते समय, आम तौर पर हम कई डॉक्टरों की राय लेते हैं ताकि सही उपचार तय किया जा सके।

रियल टाइम डेटा : जैसे रियल-टाइम डेटा वह सूचना होती है जो घटनाओं के होते ही तुरंत एकत्रित और संसाधित की जाती है, उसी तरह से **सिस्टम 1** एक तेज़ और स्वचालित प्रकार का निर्णय लेने का तरीक़ा है, जिसे मनुष्य अक्सर सहज ज्ञान, अनुमान या प्रवृत्ति के आधार पर अपनाते हैं। वहीं सिस्टम 2 में सावधानीपूर्वक विश्लेषण, तर्कसंगत विचार और सचेत निर्णय शामिल होता है। यह तय करना कि कौन-सा सिस्टम इस्तेमाल करना है, इसकी निर्भरता महत्ता और समय की सीमा जैसी परिस्थितियों पर होती है। कुछ निर्णय सिस्टम 1 के लिए आदर्श हो सकते हैं, जैसे लाल बत्ती पर ब्रेक लगाना, जबकि कुछ मामलों में अंतिम

निर्णय लेने के लिए अधिक सोच-समझकर विश्लेषण (सिस्टम 2) करना पड़ता है, जैसे ग़लती से लाल बत्ती पार करने के बाद क्या करना चाहिए।

प्रोप्राइटरी नॉलेज : संगठनों के लिए अप्रत्यक्ष ज्ञान का संहिताकरण उनके प्रोप्राइटरी नॉलेज बनाने की कुंजी है। इसी तरह, व्यक्तियों के लिए यह चिंतन करना, पैटर्न को देखना और बिंदुओं को जोड़ना अहम है, ताकि लंबी अवधि में ज्ञान का निर्माण हो सके, जिसे मैं व्यक्तिगत प्रोप्राइटरी नॉलेज मानता हूं। जैसे प्रोप्राइटरी नॉलेज को संहिताबद्ध करना आसान नहीं होता और यह व्यक्ति से बाहर नहीं फैलती, वैसे ही बुद्धि को संहिताबद्ध करना कठिन होता है, लेकिन इसे संहिताबद्ध और साझा करना उतना ही अहम भी है।

मॉडर्न डेटा स्टैक : जिस तरह से आधुनिक डेटा स्टैक डेटा को अंतर्दृष्टि में बदलने और निर्णय लेने के लिए उपलब्ध कराने में अहम होता है, उसी तरह **आधुनिक डिजिटल उपकरणों** का इस्तेमाल व्यक्तियों को डेटा को अर्थपूर्ण अंतर्दृष्टियों में बदलने में सक्षम बनाता है। दोनों ही मामलों में नई तकनीक का लाभ उठाकर डेटा की क्षमता को समझदारीपूर्ण निर्णय लेने और अपने आसपास की दुनिया को समझने के लिए इस्तेमाल किया जाता है। ये आधुनिक डिजिटल उपकरण व्यक्तियों के लिए डेटा एकत्र करने, उसका विश्लेषण करने और उससे महत्त्वपूर्ण अंतर्दृष्टि निकालने के शक्तिशाली साधन के रूप में काम करते हैं।

फुर्ती : जिस तरह टू स्पीड की रणनीति संगठनों के लिए बिग डेटा की दुनिया में जीवित रहने और आगे बढ़ने के लिए अहम है, उसी तरह आज के तेज़ी से बदलते और गतिशील रूप से विकसित हो रहे विश्व में रहने वाले व्यक्तियों के लिए भी यह सत्य है। इसलिए, छोटे बदलाव करें जो जल्दी और आसानी से लागू किए जा सकें। ये बदलाव तुरंत नतीजे देंगे। साथ ही उन बदलावों को पहचानिए जिन्हें लंबे समय तक बनाए रखा जा सके। ऐसे बदलाव आदत में बदल जाएं। यह पूर्ण जीवन जीने की कुंजी है।

डेटा लोकतंत्रीकरण : संगठनों को यह सुनिश्चित करना होता है कि वे अपनी टीमों के लिए डेटा की पहुंच लोकतांत्रिक करें और क्षमताएं विकसित करें। वैसे ही, व्यक्ति हर दिन जागने के साथ ही डेटा तक एक्सेस करते हैं। यह डेटा इंटरनेट पर उपलब्ध जानकारी, वियरेबल्स और कई अन्य स्रोतों से लोकतांत्रिक होता है। इसने **डिजिटल जुड़ाव** की दिशा में, ख़ास तौर पर, ऑफ़लाइन मोड से दूर, बड़ा बदलाव किया है। ये उपकरण डेटा और विश्लेषणात्मक क्षमताओं तक पहुंच को लोकतांत्रिक करते हैं। इससे व्यक्ति सूचित निर्णय लेने, अपने व्यक्तिगत जीवन में सुधार करने और विभिन्न क्षेत्रों और उद्योगों में योगदान देने में सक्षम होते हैं। जनरेटिव एआई (जेन एआई) पहले ही अहम भूमिका निभाना शुरू कर चुका है। यह दुनिया के डेटा को सभी के लिए उपलब्ध कराता है, ताकि यदि सही संदर्भ में इस्तेमाल किया जाए, तो यह व्यक्ति, संगठन, समाज और सरकारों के लिए रोचक अंतर्दृष्टियां पैदा कर सके।

अन्य अवधारणाएं, जैसे डेटा सुरक्षा का डेटा गोपनीयता में समानांतर और डेटा संस्कृति का डेटा मानसिकता में बदलना, इस विश्वास को मजबूत करती हैं कि यूएसएफ़ फ्रेमवर्क केवल संगठनों के लिए नहीं है, बल्कि इसका इस्तेमाल व्यक्तियों, समाज और अन्य स्तरों पर भी किया जा सकता है।

अगले कुछ अध्यायों में मेरी यह कोशिश रहेगी कि मैं बिग डेटा की दुनिया में व्यक्तियों, समाज और राष्ट्रों के लिए मौजूद अवसरों को विस्तार से समझाऊं, उन सबसे महत्त्वपूर्ण विरोधाभासों को उजागर करूं जिनका सामना व्यक्ति करता है, और कुछ ज्वलंत सवालों के उत्तर दूं। मैं उम्मीद करता हूं कि ये अध्याय आपको कुछ व्यावहारिक सुझाव भी देंगे, ताकि आप डेटा की शक्ति का सही इस्तेमाल कर व्यक्तिगत जीवन में बेहतर निर्णय ले सकें, समाज में सहयोग बढ़ा सकें और राष्ट्र के रूप में प्रतिस्पर्धात्मक लाभ हासिल कर सकें।

व्यक्ति

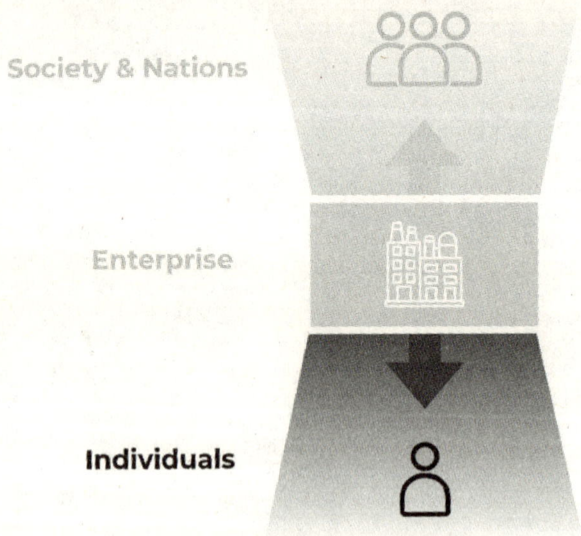

'डेटा व्यक्तियों के जीवन को रूपांतरित कर रहा है'

21

अत्यधिक व्यक्तिकरण की दुनिया

सेगमेंट ऑफ़ वन

'जब आप किसी बार में जाएं और बारटेंडर बिना पूछे आपके सामने व्हिस्की रख दे, यही व्यक्तिकरण है।"

~ जेफ़ बेजोस,
संस्थापक और पूर्व सीईओ, एमेज़ॉन

इंटरनेट का इस्तेमाल करते-करते क्या हम सबकी आदतें कुछ बिगड़ नहीं गई हैं? हमें तो अब हर सवाल का जवाब एक बटन दबाते ही चाहिए। कोई भी सवाल हो, तुरंत जवाब पाने के लिए हम वर्ल्ड वाइड वेब पर जाते हैं। अपने लक्षणों का पता लगाने के लिए कुछ ही क्लिक में "डॉ गूगल" का सहारा लेते हैं। अब हमें मनोरंजन भी ऑन-डिमांड चाहिए। पहले की तरह अगला एपिसोड आने का इंतज़ार करने की बजाय, हम एक साथ पूरी सीरीज़ देख डालते हैं। हम चाहते हैं कि नेटफ़्लिक्स वही शो बनाए जो हमें पसंद हों, एमेज़ॉन हमें बताए कि हमें क्या ख़रीदना है, और इंस्टाग्राम हमारी पसंद के मुताबिक़ कंटेंट दिखाए। किसी न किसी रूप में हम सब डिजिटल नेटिव या डिसरप्टर से मिल रहे इस पर्सनलाइज़ेशन या व्यक्तिकरण के आदी हो चुके हैं - हमें क्या चाहिए, कहां चाहिए, कभी-कभी तो बिना पूछे ही ये सब चाहिए। और अब हमें छोटे-बड़े पारंपरिक संगठनों से भी यही उम्मीद है कि वे भी इसी राह पर चलें। यही है आज की नई "डेटा-फ़र्स्ट" दुनिया।

हालांकि कुछ साल पहले तक ऐसा नहीं था। तब हमें एक समूह का हिस्सा मानकर सेवाएं दी जाती थीं, ना कि एक व्यक्ति के तौर पर। हमें अलग-अलग समूहों में बांट दिया जाता था और सबको लगभग एक जैसे उत्पाद और सेवाएं मिलती थीं। अपनी व्यक्तिगत पसंद के हिसाब से बदलाव करने का रास्ता हमें ख़ुद ही ढूंढ़ना पड़ता था। यह तरीक़ा कुछ हद तक सफल तो रहा, लेकिन ग्राहकों की ज़रूरतों को पूरा करने या उनकी पसंद को प्रभावित करने का सबसे असरदार तरीक़ा साबित नहीं हुआ। मैं इसका कारण समझाता हूं।

पारंपरिक सेगमेंटेशन की बुनियादी ख़ामी

उपभोक्ता को गहराई से समझने की ज़रूरत तो '80 के दशक में भी समझी गई थी, लेकिन तब उसकी कुछ सीमाएं थीं। संगठनों के पास हर उपभोक्ता का इतना विस्तृत डेटा इकट्ठा करने का कोई तरीक़ा ही नहीं था कि वे केवल उसी के लिए विशेष उत्पाद या सेवाएं बना सकें। इसलिए, अगला सबसे अच्छा विकल्प था व्यापारियों का तर्क। उनका मानना था कि लोगों को उनकी जनसांख्यिकी, स्थान, पसंद आदि की समानताओं के आधार पर समूहों या सेगमेंट में बांटा जा सकता है।

यह तरीक़ा कुछ हद तक सफल भी हुआ। इससे लक्षित उपभोक्ताओं का दायरा थोड़ा सीमित हो गया। हालांकि मेरा मानना है कि यह तरीक़ा मूल रूप से त्रुटिपूर्ण था। ऐसा इसलिए था क्योंकि इसमें इंसानों की एक बुनियादी विशेषता की अनदेखी की गई थी कि हम सब अपने-अपने तरीक़े से अनोखे हैं और उसी तरह से हम अपने साथ व्यवहार चाहते हैं। विडंबना भी देखिए कि, दुनिया में अरबों लोग हैं लेकिन दो इंसानों के फ़िंगरप्रिंट या डीएनए तक एक जैसे नहीं होते। फिर भी, हमारे साथ सालों तक समूहों या सेगमेंट की तरह ही व्यवहार किया गया।

हालांकि, यह किसी जानबूझकर बनाई गई योजना का नतीजा नहीं था, बल्कि मजबूरी थी। '80 और '90 के दशक के संगठनों के पास डेटा और तकनीक की सीमाएं थीं। इसलिए, उनके पास ग्राहकों को टारगेट करने का इससे बेहतर तरीक़ा था ही नहीं। उस समय यही सबसे अच्छा तरीक़ा था कि उपभोक्ताओं को उनकी ज़रूरत के मुताबिक़ समाधान दिए जा सकें।

मैड मेन नामक लोकप्रिय टीवी शो की एक झलक भी यह समझने के लिए काफ़ी है कि 1950 के दशक की विज्ञापन इंडस्ट्री में क्या चल रहा था। यह दिखाता है कि किस तरह बड़े-बड़े एक्जक्यूटिव उपभोक्ताओं की सोच और चुनाव को नियंत्रित करते थे। विज्ञापन अभियानों को इस तरह से डिज़ाइन किया जाता था कि उपभोक्ता के साथ गहरा भावनात्मक रिश्ता बने। उपभोक्ता को ऐसा महसूस कराया जाता था कि वह किसी बड़े नैरेटिव या ब्रांड कहानी का हिस्सा है। यह सीधे तौर पर उसकी ख़रीदारी की आदतों को प्रभावित करता था। यह शो उस दौर को दिखाता है जब बाज़ार अनुसंधान के लिए डेटा का व्यापक उपयोग शुरू नहीं हुआ था। उस समय विज्ञापन अधिकारी ग्राहक के व्यवहार को समझने के बजाय उसे प्रभावित करने पर ज़्यादा ध्यान देते थे। फिर भी, कुछ विचारशील लीडर भी थे। जैसे हावर्ड शार्मन, जो 1984 से 1988 तक *मार्केटिंग वीक* के संपादक और 1988 से 1993 तक प्रकाशक रहे। उन्होंने देखा कि 1980 के दशक में ब्रांड मालिक धीरे-धीरे यह मानने लगे कि वे उत्पाद ख़रीदने वाले उपभोक्ताओं के मालिक नहीं हैं। उन्होंने आख़िरकार यह स्वीकार कर लिया कि विज्ञापन अभियान बिक्री बढ़ाने की गारंटी नहीं है। इसलिए, वे डिस्काउंट जैसी बिलो द लाइन विज्ञापन यानी प्रमोशनल गतिविधियों की तरफ़ बढ़ गए।

हालांकि यह सब किसी सोची-समझी रणनीति से नहीं, बल्कि मजबूरी में हुआ। '80 और '90 के दशक की संस्थाओं के पास डेटा और तकनीक की सीमाएं थीं। उनके पास यह जानने का कोई तरीक़ा नहीं था कि उपभोक्ता वास्तव में क्या चाहता है। इसलिए उस औद्योगिक क्रांति के दौर में व्यक्तिगत सुविधा या पर्सनलाइजेशन केवल अमीरों तक ही सीमित थी। यह विलासिता की चीज़ थी। संगठन भले ही व्यक्तिगत उत्पाद देना चाहते थे, लेकिन उनके पास यह क्षमता ही नहीं थी कि वे समझ सकें कि हर व्यक्ति क्या चाहता है।

उपभोक्ता को गहराई से समझने की सोच की शुरुआत '80 के दशक में हुई थी। हालांकि ये सोच आज डेटा की प्रचुरता के इस दौर में फलित हो रही है, और ताक़त फिर से उपभोक्ताओं के हाथ में जा रही है। जब डेटा क्रांति ने ज़ोर पकड़ा, तो लोगों ने अपना डेटा शेयर करना शुरू किया और दुनिया ऑफ़लाइन से डिजिटल की ओर बढ़ गई। अब संगठनों के पास यह क्षमता आ गई कि वे हर व्यक्ति के लिए प्रासंगिक उत्पाद और सेवाएं तैयार कर सकें। यह एक यात्रा थी, जो कारोबारी दुनिया में कई दशकों में विकसित हो सकी।

सेगमेंट ऑफ़ वन का उदय : डेटा की प्रचुरता का नतीजा

जब हर व्यक्ति किसी समूह का हिस्सा ना मानकर, उसे एक अलग इकाई की तरह देखा जाए, तो इसे कहते हैं 'सेगमेंट ऑफ़ वन' यानी एक व्यक्ति ही समूह माना जाए। बीसीजी के डेविड एडेलमैन इसे परिभाषित करते हैं - 'सेगमेंट ऑफ़ वन मार्केटिंग' ऐसा तरीक़ा है, जो दो अलग-अलग अवधारणाओं को जोड़ता है : जानकारी इकट्ठा करना और सेवा देना। एक तरफ़ ग्राहकों की पसंद और ख़रीद व्यवहार का अपना डेटाबेस है। दूसरी तरफ़ है सेवाओं की आपूर्ति का एक अनुशासित और योजनाबद्ध तरीक़ा, जो उसी डेटाबेस का इस्तेमाल करके हर ग्राहक के लिए व्यक्तिगत पैकेज तैयार करता है।

'सेगमेंट ऑफ़ वन' का उभरना निजीकरण और ग्राहक अनुभवों के क्षेत्र में एक बड़ा बदलाव है। यह अवधारणा बताती है कि हर ग्राहक की अपनी अनोखी पसंद और ज़रूरतों के हिसाब से उत्पाद, सेवाएं और सामग्री तैयार की जाएं। यह पारंपरिक 'मास कस्टमाइजेशन' या 'सेगमेंटेशन' रणनीति के बिलकुल विपरीत है।

यह बदलाव संभव हुआ है डेटा के तेज़ी से बढ़ते विस्तार की वजह से, जिसकी चर्चा खंड I में की थी। जब व्यक्तिगत स्तर पर डेटा की मात्रा बढ़ी, तो संगठनों के पास भी बेहद बारीक़ी से डेटा इकट्ठा करने की क्षमता आ गई। अब उनके पास ढेरों अलग-अलग डेटा पॉइंट हैं, जिनसे हर व्यक्ति को गहराई से समझा जा सकता है। इसके कारण संगठन अब हर व्यक्ति की ज़रूरतों का सही अनुमान लगा सकते हैं और उसी हिसाब से सेवाएं और उत्पाद पेश कर सकते हैं। साथ ही, व्यक्तियों पर रियल-टाइम में डेटा इकट्ठा करने से उनके मौजूदा व्यवहार को समझना आसान होता है और तुरंत उसी आधार पर समाधान सुझाए जा सकते हैं।

2018 में वेरिजन के डेटा साइंस हेड से हुई मुलाक़ात में, मैंने उससे एक सीधा सवाल पूछा, “आप अपने सेगमेंट को कैसे परिभाषित करते हैं?” उसने बिना पलक झपकाए जवाब दिया, “मेरे पास 14 करोड़ सेगमेंट हैं।” पहले तो मैं उसके जवाब से चौंक गया, लेकिन फिर मुझे समझ आया कि वे अपनी कंपनी के 14 करोड़ ग्राहकों की बात कर रहे थे। उसी पल मुझे ‘सेगमेंट ऑफ़ वन’ की असली ताक़त का अहसास हुआ।

दूरसंचार क्षेत्र में, व्यक्तिगत स्तर पर इसका मतलब है कि अब आपको व्यक्तिगत प्लान मिलते हैं। आप अपनी ज़रूरत और इस्तेमाल के हिसाब से कोई भी प्लान चुन सकते हैं और फ़िज़ूलख़र्ची से बच सकते हैं। आप अपना बजट संभाल सकते हैं, इस्तेमाल पर नज़र रख सकते हैं और उसका हिसाब कर सकते हैं। कितना डेटा इस्तेमाल करना है और उसके लिए कितना भुगतान करना है, इसका नियंत्रण अब आपके हाथ में है, ना कि कंपनी के। निर्णय लेने की यह ताक़त संगठन से व्यक्ति की ओर शिफ़्ट हुई है और यह बदलाव डेटा की प्रचुरता के कारण संभव हो सका है। अब कंपनियां ‘सेगमेंट ऑफ़ वन’ की सेवा दे सकती हैं। और व्यक्ति को यह सुविधा मिल रही है कि उसके लिए विशेष रूप से सेवाएं तैयार हों। एक सर्वेक्षण के मुताबिक़, 71 प्रतिशत उपभोक्ता कंपनियों से व्यक्तिगत अनुभव की अपेक्षा करते हैं और जब यह अपेक्षा पूरी नहीं होती तो 76 प्रतिशत उपभोक्ता निराश हो जाते हैं। जो कंपनियां व्यक्तिगत अनुभव देने में बेहतर होती हैं, वे अपने धीमी गति से बढ़ने वाले प्रतिस्पर्धियों की तुलना में 40 प्रतिशत अधिक राजस्व अर्जित करती हैं।

300 वेल्थ-मैनेजमेंट अधिकारियों के एक सर्वेक्षण में, 82 प्रतिशत उत्तरदाताओं का मानना था कि केवल अपने उत्पादों को अधिक व्यक्तिगत बनाने वाले ही सफल होंगे। आज लगभग हर निवेश सलाहकार की वेबसाइट पर ऑनलाइन एसआईपी कैलकुलेटर मौजूद है। यह व्यक्तिगत सेवा का एक क्लासिक उदाहरण है। जैसे ही आप अपनी ज़रूरत की जानकारी डालते हैं, मिनटों में आपके लिए एक कस्टम एसाईपी प्लान तैयार हो जाता है।

हाइपर-पर्सनलाइजेशन या अत्यधिक व्यक्तिकरण अब इस बात का बुनियादी हिस्सा बनता जा रहा है कि संगठन उपभोक्ताओं को किस तरह मूल्य मुहैया कराएं। और उपभोक्ता भी धीरे-धीरे हर सेवा और उत्पाद में व्यक्तिगत अनुभव की अपेक्षा करने लगे हैं। यहां तक कि चार में से तीन उपभोक्ताओं का कहना है कि वे केवल उन्हीं ब्रांड की ख़रीदारी करेंगे, जो उन्हें व्यक्तिकरण की सुविधा देते हैं।

हाइपर पर्सनलाइजेशन से लंबे समय से चले आ रहे विरोधाभास को तोड़ना

औद्योगिकीकरण के दौर में जब समाज ने तकनीक, मैन्युफ़ैक्चरिंग और शहरीकरण के क्षेत्र में अभूतपूर्व प्रगति की है, तब हम व्यक्तिगत, बिस्पोक और अलग-अलग ज़रूरतों के हिसाब से बनी पेशकशों से हटकर मानकीकरण और बड़े पैमाने की ओर बढ़े। लंबे समय तक हम

एक ऐसे विरोधाभास के साथ जीते रहे जिसमें व्यक्तित्व और पैमाना आमने-सामने खड़े थे। पैमाना हासिल करने का तरीक़ा मानकीकरण ही माना गया। इसलिए ऐतिहासिक रूप से निजीकरण और पैमाना एक-दूसरे के विपरीत समझे गए, और हमें एक को पाने के लिए दूसरे का बलिदान करना पड़ा। या तो आप व्यक्तिकरण की मांग कर सकते थे, या फिर सभी के लिए समान और मानकीकृत उत्पादों और पेशकशों से संतोष करना पड़ता था। उस दौर की एक बड़ी ऑटोमोबाइल कंपनी के मालिक हेनरी फ़ोर्ड का यह कथन बहुत मशहूर है, 'ग्राहक चाहे जिस रंग की कार पसंद करे, बस उसकी कार का रंग हमेशा काला होना चाहिए।' यह कथन इस सोच का सटीक उदाहरण है, जो बिग डेटा के युग से पहले तक क़ायम रही।

अब बड़े डेटा और एआई युग के आगमन के साथ, हम मानव सभ्यता के निर्णायक मोड़ पर खड़े हैं। हमारे सामने उस पुराने विरोधाभास को तोड़ने का अभूतपूर्व मौक़ा है। आख़िरकार अब हम बड़ी संख्या में व्यक्तिगत अनुभव मुहैया कराने में सक्षम हैं। डेटा और एआई की मदद से हम हर व्यक्ति के लिए व्यक्तिगत, ख़ास तौर पर बनाए गए उत्पाद और सेवाएं दे सकते हैं, और साथ ही लाखों लोगों की ज़रूरतों को भी एक साथ पूरा कर सकते हैं।

यही है डेटा-फ़र्स्ट दुनिया और एआई युग की ताक़त!

डिजिटल, डेटा, और एआई : सेगमेंट ऑफ़ वन के निर्माता

इस अध्याय में मैंने पहले ही बताया है कि डेटा की प्रचुरता ने 'सेगमेंट ऑफ़ वन' को कैसे संभव बनाया है। डिजिटल तकनीकों का उदय और उनका व्यापक रूप से अपनाया जाना, एक और महत्त्वपूर्ण सक्षमकर्ता है जिसने हमारे जीवन के हर पहलू को बदल दिया है। स्मार्टफ़ोन, हाई-स्पीड इंटरनेट, वियरेबल्स और अन्य आईओटी उपकरण जैसी तकनीकों ने हमारे संवाद करने, काम करने, जानकारी हासिल करने और व्यवसाय करने के तरीक़े को पूरी तरह से बदल दिया है। जितना अधिक हम इन तकनीकों के साथ जुड़ते हैं, उतना ही अधिक डेटा की हम खपत करते हैं और लगातार पैदा भी करते हैं, जिससे आज डेटा की विस्फोटक वृद्धि संभव हुई है।

आज, लगभग रियल-टाइम और रियल-टाइम डेटा का लगातार प्रवाह होता रहता है। आप हर क्लिक, चाहे फ़ोन पर हो या कीबोर्ड पर, उस डेटा को शेयर कर रहे हैं। यह डेटा किसी संगठन को पर्याप्त संकेत देता है कि वह आपके साथ अपनी बातचीत को कैसे अनुकूलित करे।

क्या आपने कभी सोचा है कि जब आप किसी आइटम को अपने चेक-आउट में डालते हैं और उसे नहीं ख़रीदते, तो आपको कंपनी की ओर से एक रिमाइंडर या कॉल क्यों आता है कि आपकी ख़रीदारी अधूरी है। और अक्सर, यह कॉल या रिमाइंडर उसी मिनट में

आता है जब आप कार्ट छोड़ते हैं। यह लगभग रियल-टाइम डेटा की ताक़त है, जो कंपनियां आपसे संबंधित संकेतों को इकट्ठा करती हैं, ताकि आपको प्रेरित कर सकें या बेहतर सेवा दे सकें।

एआई और कंप्यूटिंग की बढ़ती ताक़त मिलकर रियल टाइम डेटा से मिल रहे संकेतों की व्याख्या करती है और उस पर कार्रवाई करती है। एआई के साथ, संगठन अब मौक़े पर बड़े पैमाने पर हाइपर-पर्सनलाइजेशन दे सकते हैं। ब्रांड अब ग्राहकों को वही दे सकते हैं जो वे चाहते हैं और जब चाहते हैं।

'एमेज़ॉनीकरण' की अवधारणा इस बात का उदाहरण है कि एमेज़ॉन जैसी कंपनियों ने डेटा-प्रेरित रेकमेंडेशन इंजन, एआई और एनालिटिक्स का इस्तेमाल कैसे किया है। इससे ग्राहक के ख़रीद व्यवहार को समझना और भविष्यवाणी करना संभव हुआ। इसके नतीजतन ऑनलाइन शॉपिंग का अनुभव अधिक सुविधाजनक और व्यक्तिगत हो गया। यह लगभग वैसा ही है जैसे एक ऑनलाइन सेल्सपर्सन आपके इंटरैक्शन से सूक्ष्म संकेत लेकर ऐसे उत्पाद या सामग्री सुझाता है जो आपकी पसंद के अनुरूप हों।

कंटेंट की दुनिया में इसे हम 'नेटफ़्लीकरण' कहते हैं। यहां नेटफ़्लिक्स प्लेटफ़ॉर्म किसी व्यक्ति की वॉच हिस्ट्री और पसंद के आधार पर डेटा और विशिष्ट एल्गोरिदम का इस्तेमाल करके कंटेंट की सिफ़ारिश करते हैं। इस तरीक़े से लंबी खोज की ज़रूरत कम हो जाती है और इसके बजाय व्यक्ति के लिए अनुकूलित कंटेंट सुझाव दिए जाते हैं।

प्रभावी सेगमेंट ऑफ़ वन हासिल करने के लिए सह-निर्माण ज़रूरी है

'सह-निर्माण' की भूमिका मुख्य है! इसमें उपयोगकर्ताओं और संगठनों के बीच सक्रिय सहयोग होता है, ताकि अत्यधिक व्यक्तिगत अनुभव तैयार किए जा सकें और व्यक्ति की अलग पहचान और विशेषता बनी रहे।

हर युग के संगठन अपने उपभोक्ताओं के साथ सह-निर्माण और सहयोग करने की कोशिश करते रहे हैं। हालांकि, बिग डेटा की दुनिया में, संगठन यह काम डेटा के जरिए कर सकते हैं। वे उपयोगकर्ताओं के जीवन में डिजिटल की सर्वव्यापी उपस्थिति के कारण उनके पसंद और व्यवहार के बारे में डेटा इकट्ठा करते हैं। यह डेटा उनके ऑनलाइन इंटरैक्शन, शॉपिंग हिस्ट्री, सोशल मीडिया उपस्थिति और अन्य गतिविधियों से उत्पन्न होता है। फिर संगठन इस डेटा का विश्लेषण करने के लिए एडवांस्ड एनालिटिक्स और मशीन लर्निंग एल्गोरिदम का इस्तेमाल करते हैं, पैटर्न और रुझानों की पहचान करते हैं। इससे उन्हें व्यक्तिगत उत्पाद, सेवाएं और अनुभव बनाने में मदद मिलती है। वे सिफ़ारिशें, कंटेंट और ऑफ़र इस तरह तैयार करते हैं कि यह हर व्यक्ति की अनूठी पसंद और व्यवहार के मुताबिक़ हो।

सह-निर्माण व्यक्तियों को उनके लिए तैयार किए जाने वाले ऑफ़र में सक्रिय भूमिका निभाने का अवसर देता है। इससे उनमें स्वामित्व और संतुष्टि की गहरी भावना पैदा होती

है। ग्राहकों को डिज़ाइन प्रक्रिया में शामिल करके, व्यवसाय व्यक्तिगत आवश्यकताओं के मुताबिक़ समाधान मुहैया कर सकते हैं, जिससे अत्यधिक व्यक्तिकरण के युग में ग्राहक जुड़ाव और निष्ठा बढ़ती है।

नाइकी स्पोर्ट रिसर्च लैब (एनएसआरएल) इसका अच्छा उदाहरण है। यह लैब खिलाड़ियों के प्रदर्शन को बढ़ाने वाले परिधान डिज़ाइन करने में कैसे सफल है? इसका जवाब है सह-निर्माण। यहां खिलाड़ियों को लैब में बुलाया जाता है और उन पर कई तरह के परीक्षण किए जाते हैं। इन परीक्षणों से मिले डेटा के आधार पर, दुनिया भर के खिलाड़ियों के बारे में गहरी जानकारी जुटाई जाती है। इस ज्ञान का इस्तेमाल करके, लैब नए विचारों का परीक्षण करती है, प्रदर्शन सुधारने, चोट का जोखिम कम करने, अनुभव और पहनने की सुविधा बढ़ाने और खिलाड़ियों को नवीन उत्पाद मुहैया कराने के लिए निरंतर शोध करती है।

एक और उदाहरण लेगा आइडियास का है। यह प्लेटफ़ॉर्म लेगो के प्रशंसकों और उत्साही लोगों को अपनी स्वयं की लेगो सेट डिज़ाइन प्रस्तुत करने का अवसर देता है। ये डिज़ाइन फ़िल्में, टीवी शो, प्रसिद्ध स्थल या कोई रचनात्मक विचार पर आधारित हो सकते हैं। जिस डिज़ाइन को लेगा समुदाय में 10,000 से अधिक का समर्थन मिलता है, उसे आधिकारिक लेगा उत्पाद बनने का मौक़ा मिलता है। यह प्रक्रिया ना केवल प्रशंसकों के अंदर स्वामित्व और जुड़ाव की भावना पैदा करती है, बल्कि इससे लेगा भी अपने उत्साही फ़ैन बेस की रचनात्मकता और विचारों का लाभ उठा पाती है।

कोई पर्सनलाइज्ड ऑफ़र तभी तैयार किया जा सकता है जब उपयोगकर्ता और प्रदाता मिलकर काम करें और जानकारी यानी डेटा शेयर करें। पहले बहुत कम कंपनियां सह-निर्माण में सफल हो सकी थीं, क्योंकि इसके लिए प्रासंगिक डेटा तक पहुंचने के लिए नए और अलग तरीक़े अपनाने पड़ते थे। हालांकि अब डिजिटल तकनीकों के तेज़ी से फैलाव की वजह से, संगठन ग्राहकों से एक-एक करके अधिक प्रभावी ढंग से जुड़ सकते हैं। इसी कारण अब बेहद प्रासंगिक और व्यक्तिगत अनुभव बनाए जा रहे हैं, और यह प्रवृत्ति तमाम उद्योगों में तेज़ी से आम होती जा रही है।

यहां तक कि वित्तीय सेवाओं जैसे अत्यधिक नियमन वाले क्षेत्रों में भी, डेटा का इस्तेमाल ग्राहकों को अति-निजीकृत अनुभव देने के प्रयासों को आगे बढ़ाने के लिए किया जा रहा है। इसका एक उल्लेखनीय उदाहरण बैंक ऑफ़ अमेरिका की वर्चुअल वित्तीय सहायक सेवा एरिका है। एरिका ग्राहकों से निजी बातचीत करती है और उनके खाते के बैलेंस, लेन-देन का इतिहास, ख़र्च करने के पैटर्न, भुगतान अलर्ट और डुप्लीकेट चार्ज जैसी कई जानकारियों से उपयोगी जानकारी निकालकर ग्राहकों की ज़रूरतों और पसंद के अनुसार बात करती है और सिफ़ारिश करती है। इसी तरह, ब्रिटेन की एक फ़िनटेक कंपनी क्लियो ओपन बैंकिंग ट्रांजैक्शन डेटा और डीप-लर्निंग तकनीक का इस्तेमाल करके ग्राहकों को चैटबॉट के जरिए व्यक्तिगत सुझाव देती है। उपयोगकर्ता ऐसे सवाल पूछ सकते हैं, जैसे, “मेरा किराने का मासिक ख़र्च कितना है?” या “मैं इस महीने के अंत तक £300 कैसे बचा सकता हूं?” इसके

अलावा, यह एप उपयोगकर्ताओं को आगामी छुट्टियों के लिए बचत योजना तैयार करने जैसे ख़ास जीवन लक्ष्यों को हासिल करने के लिए ठोस मार्गदर्शन भी देता है।

जानबूझकर या अनजाने में, लोग समाधान के सह-निर्माण में शामिल होते हैं। जब कोई अपना डेटा शेयर करता है, तो संगठन उस जानकारी को उस विशाल डेटा से जोड़ता है जो उसके पास पहले से ही उस व्यक्ति और बाक़ी बाज़ार के बारे में मौजूद है। इससे वे एक ऐसा संभावित समाधान तैयार कर पाते हैं, जो पूरी तरह व्यक्तिकृत किया हुआ हो। हालांकि यह भी सत्य है कि सह-निर्माण तब सबसे प्रभावी होता है जब ग्राहक या व्यक्ति स्वेच्छा से इस प्रक्रिया में भाग लें और सटीक तथा ताजा जानकारी उपलब्ध कराएं। यही जानकारी संगठनों के लिए आधार का काम करती है, जिससे वे अपने उत्पादों, सेवाओं या अनुभवों को इस तरह तैयार और बेहतर कर सकें कि वे हर समय व्यक्ति की विशेष पसंद, ज़रूरतों और इच्छाओं के साथ अधिकतम रूप से मेल खाएं।

व्यक्तिगतकरण की प्रक्रिया में उपयोगकर्ताओं की सक्रिय भागीदारी से उन्हें नियंत्रण और पारदर्शिता का अहसास होता है और संगठनों को इस नाजुक संतुलन को साधने में मदद मिलती है, जिसमें एक ओर व्यक्तित्व की ज़रूरतों को पूरा करना है और दूसरी ओर बड़े पैमाने पर कामयाबी हासिल करनी है। यह तरीक़ा उपयोगकर्ताओं की विशिष्टता का सम्मान करता है और साथ ही उन्हें ऐसे अनुभव उपलब्ध कराता है जो उनकी पसंद और मूल्यों से मेल खाते हों।

सेगमेंट ऑफ़ वन : चयन की ताक़त की शिफ़्टिंग

हाइपर-व्यक्तिकरण ने एक बड़ा बदलाव किया है, जिसमें चयन करने की ताक़त फिर से व्यक्ति के हाथों में आ गई है। मैं इसे 'वापसी' कहता हूं, जैसे किसी लटकन का झूलना, क्योंकि यह हमें औद्योगिक क्रांति से पहले के समय की याद दिलाता है, जब हर व्यक्ति अपने लिए चीज़ें ख़ुद बनाता था। कपड़ों से लेकर खाने तक, सब कुछ व्यक्ति की ज़रूरत और पसंद के अनुसार तैयार होता था। संगठन आज डेटा क्रांति की बदौलत, यह क्षमता विकसित कर चुके हैं कि वे बड़े पैमाने पर उत्पादन करते हुए भी, किसी व्यक्ति के लिए काफ़ी प्रासंगिक अनुभव उपलब्ध करा सकें। भले ही यह विरोधाभासी लगे, लेकिन 'मास कस्टमाइजेशन' आज की वास्तविकता है। और जैसे-जैसे डेटा तेज़ी से बढ़ रहा है और लोग लगातार अधिक से अधिक डेटा शेयर कर रहे हैं, वैसे-वैसे सेगमेंट ऑफ़ वन और अधिक सुलभ होता जा रहा है।

जैसा कि अति-व्यक्तिकरण के विभिन्न उदाहरणों से स्पष्ट है, इसका मूल्य सामान्यतः बेहतर विकल्प, अधिक प्रासंगिकता, अधिक मूल्य और अधिक आकर्षक सामग्री में निहित है। जब संगठन हमें इस तरह लाड़-प्यार से सेवा दे रहे हैं, तो हम बहुत तेज़ी से इसे अपनाते जा रहे हैं और 'सेगमेंट ऑफ़ वन' बनने से लाभ उठा रहे हैं। अब हम इन लाभों की अपेक्षा किसी भी ब्रांड या संगठन के साथ होने वाले हर संवाद से करने लगे हैं।

जैसे-जैसे लोग अपना डेटा शेयर कर रहे हैं, वैसे-वैसे उन्हें ऐसे समाधान और विकल्प मिल रहे हैं जो ख़ास तौर पर उन्हीं के लिए तैयार किए गए हैं। ये समाधान उनके पड़ोसियों से अलग हैं। यह अहसास पहले से कहीं ज़्यादा मजबूत हो गया है कि वे अद्वितीय हैं। और उनके अंदर यह अहसास है कि वे वही पा सकते हैं जो वे चाहते हैं, और इस अहसास के कारण संगठनों से उनकी अपेक्षाएं और बढ़ रही हैं।

सेगमेंट ऑफ़ वन वह स्थिति है जहां प्रत्येक व्यक्ति की विशिष्टता को पूरी तरह स्वीकारा और संबोधित किया जाता है। और प्रत्येक व्यक्ति को एक अलग खंड मानकर, संगठन अपनी पेशकशों और सिफ़ारिशों को इस प्रकार अनुकूलित कर सकते हैं कि वे हर ग्राहक की सटीक ज़रूरतों को पूरा करें।

Benefits of hyper-personalization for individuals

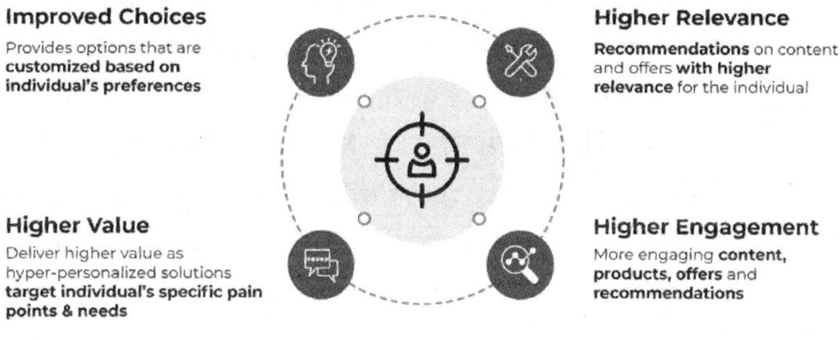

मैं फिर से नाइकी का उदाहरण लूंगा ताकि यह दिखा सकूं कि 'सेगमेंट ऑफ़ वन' को पूरा करने में डेटा का इस्तेमाल किस प्रकार लाभकारी है। नाइकी एक ऐसा एप इस्तेमाल कर रहा है जिसके जरिए नाइकी प्लस रिवार्ड्स प्रोग्राम तक पहुंचा जा सकता है, जिसमें ऑफ़र, एक्सक्लूसिव्स और नए उत्पादों तक पहले पहुंच शामिल है। यह एप विशेषज्ञों तक पहुंच भी उपलब्ध कराता है, जो आपकी ज़रूरतों के आधार पर उत्पादों की सिफ़ारिश करते हैं। फ़िट एप और अन्य पहनने योग्य उपकरणों जैसे फिटबिट्स से मिलने वाले ग्राहक डेटा की विशाल माला का विश्लेषण करके, नाइकी कंपनी ग्राहकों की आदतों को समझ पाती है और उनके ख़रीद निर्णयों का अधिक सटीक अनुमान लगा सकती है।

इसके अतिरिक्त, नाइकी फ़िट एप का इस्तेमाल करके ग्राहक अपने फ़ोन से अपने पैरों की तसवीर खींचते हैं और नाइकी के हर जूते के स्टाइल के लिए सही साइज पा लेते हैं। यह एप कंप्यूटर विज़न, डेटा साइंस, मशीन लर्निंग, आर्टिफ़िशियल इंटेलिजेंस और रिकमेंडेशन

एल्गोरिदम का मेल इस्तेमाल करता है, जिससे दोनों पैरों के पूरे आकार को सटीक रूप से मापा जा सके। इस तरह ग्राहकों को उनके लिए आदर्श और पूरी तरह फ़िट जूते का साइज खोजने में मदद मिलती है।

हालांकि इसके अलावा, यह सुविधा केवल वीआईपी ग्राहकों जैसे एथलीट, धावक और सेलिब्रिटीज के लिए उपलब्ध है, नाइकी बाय यू स्टूडियो, वॉइस-असिस्टेड वातावरण और अत्याधुनिक तकनीकों का इस्तेमाल करके ग्राहकों को अपने जूते स्वयं डिज़ाइन करने का अवसर देता है, जो 60 मिनट में तैयार हो जाते हैं और छह से आठ हफ़्तों में डिलीवर कर दिए जाते हैं। आम ग्राहकों के लिए, नाइकीआईडी एक ऑनलाइन सेवा है, जो ग्राहकों को अपने जूतों के लिए विभिन्न रंग और सामग्री चुनने की सुविधा देती है और उन्हें नाम और/या नंबर सिलाई के जरिए और अधिक व्यक्तिगत बनाने का अवसर देती है।

वे एथलीटों, सेलिब्रिटीज और अन्य शीर्ष खिलाड़ियों के लिए अपने उत्पादों को कस्टमाइज करने के लिए 3डी प्रिंटिंग जैसी अत्याधुनिक तकनीकों का भी प्रयोग कर रहे हैं। उदाहरण के लिए, 2017 में उन्होंने विश्व के सबसे तेज़ मैराथन धावकों में शुमार, एलियुड किपचोगे के साथ साझेदारी की। इसके तहत उनके रनिंग शूज का वज़न कम करने के लिए फ़ैब्रिक के बजाय प्लास्टिक अपर को 3डी प्रिंट किया गया और आकार को उनके पैरों के अनुसार कस्टमाइज किया गया। अपने हल्के, अधिक लचीले और अत्यधिक कस्टमाइज किए गए जूते के साथ, एलियुड किपचोगे ने 2018 में लंदन मैराथन में जीत हासिल की।

दिन-ब-दिन ज़्यादा से ज़्यादा संगठन व्यक्तिगत अनुभवों के महत्त्व को समझ रहे हैं। 'सेगमेंट ऑफ़ वन' हासिल करने के लिए, ज़्यादातर संगठनों ने यह पहचान लिया है कि ग्राहकों का डेटा इकट्ठा करना और उसका सही इस्तेमाल करना व्यक्तिगत अनुभव मुहैया कराने की कुंजी है। इसलिए वे 'कस्टमर डेटा प्लेटफ़ॉर्म' बनाने में निवेश कर रहे हैं, जो ऐसा बाज़ार है जो 2027 तक 32.4 प्रतिशत की वार्षिक वृद्धि दर से विकसित होकर लगभग 20 अरब अमेरिकी डॉलर तक पहुंच जाएगा । इस तरह, ज़्यादा से ज़्यादा व्यवसाय ग्राहक के डिजिटल इंटरैक्शन और ऑनलाइन गतिविधियों से बनने वाले बड़े पैमाने के डेटा को इकट्ठा करने और इस्तेमाल करने में निवेश कर रहे हैं, जिसे 'कस्टमर एक्ज़ॉस्ट डेटा' कहा जाता है। प्रत्येक व्यक्ति तमाम ऑनलाइन और ऑफ़लाइन इंटरैक्शन के जरिए अपने डेटा और फ़ीडबैक मुहैया कराके इस प्रक्रिया में मदद करता है।

सेगमेंट ऑफ़ वन का भविष्य

जब मैं देखता हूँ कि डेटा की वजह से दुनिया में बदलाव हो रहे हैं, तो मैं 'सेगमेंट ऑफ़ वन' के हर उद्योग पर पड़ने वाले प्रभाव की संभावना को देख सकता हूं। हालांकि, मैं विशेष रूप से स्वास्थ्य और शिक्षा उद्योगों में संभावनाओं को लेकर उत्साहित हूं, क्योंकि इन उद्योगों में डेटा की शक्ति का इस्तेमाल करके प्रत्येक व्यक्ति की विशिष्टता को समझने और उसका ध्यान

रखने की काफ़ी क्षमता होती है। ये दोनों क्षेत्र मानव जीवन पर बुनियादी प्रभाव डाल सकते हैं। इसका कारण यह है कि स्वास्थ्य सेवा में शरीर का ध्यान रखा जाता है, जिसमें हर शरीर अद्वितीय होता है और हर व्यक्ति का डीएनए अलग होता है। इसी तरह, हर मन अनोखा है और प्रत्येक व्यक्ति के पास अद्वितीय संभावनाएं होती हैं। शिक्षा प्रणाली इन सभी अनोखे मनों को आकार देने में अहम भूमिका निभाती है। इसलिए, मुझे इन दोनों मानव प्रभावित क्षेत्रों में डेटा से उत्पन्न अवसर सबसे रोमांचक लगते हैं।

शिक्षा के संदर्भ में बात करें तो, आज हर व्यक्ति उस व्यवसाय या करियर को चुन सकता है जिसके लिए वह बना या जन्मा है। मास प्रोडक्शन का युग समाप्त होने को है, जिसमें स्कूलों से ऐसे लोग तैयार हो रहे थे जो ज्ञान और कौशल के मामले में एक जैसे थे। अब लोगों को 'दीवार का एक और ईंट' बनने की ज़रूरत नहीं है, जैसा कि प्रसिद्ध गीत 'वी डोन्ट नीड, नो एज्यूकेशन, वी डोन्ट नीड नो थॉट कंट्रोल' में भावपूर्ण तरीक़े से बताया गया है, जो उस समय की शिक्षा पर टिप्पणी थी, जब शिक्षा का उद्देश्य औद्योगिकीकरण की दुनिया में काम करने योग्य लोग तैयार करना था। प्रसिद्ध शैक्षणिक विशेषज्ञ सर केन रॉबिनसन ने अपने प्रसिद्ध टेड टॉक में शिक्षा प्रणाली की कमी पर एक दिलचस्प प्रेजेंटेशन दिया। उनका कहना है कि शिक्षा प्रणाली को छात्रों को औद्योगिक युग के पेशेवर बनाने के लिए डिज़ाइन किया गया था, जिसमें समान लोगों को एक साथ ढाला जाता था और उनकी रचनात्मकता और व्यक्तित्व को दबाया जाता था। हालांकि इस ख़तरे को जानने के बावजूद, हमारे पास कोई समाधान नहीं था। अब, जैसे-जैसे हम एआई युग में प्रवेश कर रहे हैं और ऑटोमेशन अधिक प्रचलित होता जा रहा है, वैसे-वैसे वही अनोखापन यानी हमारी रचनात्मकता और हमारी व्यक्तिगत विशेषता हमें अलग बनाएगी।

इसका समाधान प्राचीन भारतीय गुरुकुल या अप्रेंटिस सिस्टम की परंपरा में निहित है। प्राचीन भारत में, छात्र एक आवासीय स्कूल, गुरुकुल में रहते थे, और हर छात्र किसी 'गुरु' के हवाले कर दिया जाता था जो उसके कौशल, मूल्य और जीवन दृष्टिकोण को विकसित करता था। शिक्षा व्यक्तिगत होती थी, और हर समय आपके पास एक मेंटर होता था। इसी तरह, पश्चिम में गिल्ड सिस्टम में संरचित अप्रेंटिसशिप प्रोग्राम होते थे, जिनमें इच्छुक व्यक्ति अपने व्यापार में अनुभवी मास्टरों के तहत सीखते थे, स्वतंत्र काम करने के लिए जर्नीमैन स्तर तक पहुंचते थे, और आख़िर कार मास्टर क्राफ़्ट्समैन बनकर अपनी कार्यशालाएं चलाने का विशेषाधिकार हासिल कर लेते थे।

मुझे लगता है, क्या डेटा की प्रचुरता के साथ इस व्यक्तिगत शिक्षा और अप्रेंटिसशिप मॉडल को, आंशिक रूप से ही सही, दोहराया जा सकता है?

डेटा के जरिए, हमारे पास यह क्षमता तो है कि व्यक्ति की क्षमताओं और आकांक्षाओं के आधार पर हम उसे यह बताने में सक्षम हों कि उसे क्या सीखना चाहिए। आज, हर व्यक्ति उस काम में अपनी व्यक्तिगतता ज़ाहिर कर सकता है जो वह करता है और जिस तरह से वह अपनी आजीविका कमाना चुनता है।

दुनिया बदल रही है और अधिक गतिशील होती जा रही है। पहले लोग किसी पेशे में तीस साल रहते थे और वही काम करते थे। आज, हर तीन–पांच साल में कौशल का अपडेट करना आवश्यक हो गया है। नए उद्योग उभर रहे हैं, और पुराने उद्योग अप्रचलित हो रहे हैं। यह कैसे जानें कि आपके लिए सबसे अच्छा क्या है? यह कैसे जानें कि आप किसमें अच्छा करेंगे? यह कैसे जानें कि कौन-सा क्षेत्र दीर्घकालिक रहेगा?

आप इंजीनियर हो सकते हैं, लेकिन अगर आप शेफ़ बनना चाहते हैं, तो आज यह संभव है। आप दुनिया के सर्वश्रेष्ठ शेफ़ से ऑनलाइन कक्षाओं के जरिए सीख सकते हैं। आज ऐसे विश्वविद्यालय हैं, जो 100 प्रतिशत ऑनलाइन हैं और लोगों को तुरंत करियर चुनने में मदद कर रहे हैं। व्यक्ति सेल्फ़ लर्निंग के जरिए अपने चुने हुए करियर को व्यक्तिगत बना सकता है। तकनीकी हायरिंग में संगठनों ने अब डिग्री के बजाय कौशल को महत्त्व देना शुरू कर दिया है, और हैकथॉन लोगों के कौशल जांचने का लोकप्रिय तरीक़ा बनते जा रहे हैं। दशकों बाद, लोगों के पास अब वही साधन उपलब्ध हैं, जिससे वे वही बन सकते हैं जो वे बनना चाहते हैं, और उन्हें रोकने वाली एकमात्र चीज़ उनका अपना मन है। यह डेटा की प्रचुरता से लाई गई शिक्षा में हाइपर-पर्सनलाइजेशन की शक्ति है, और यह अभी हो रही है।

इसी तरह, स्वास्थ्य क्षेत्र में, ह्यूमन जीनोम प्रोजेक्ट की प्रगति लोगों को उनके शरीर के मुताबिक़ चिकित्सा निर्णय लेने में सक्षम बना रही है। अब उनके पास यह विकल्प है कि वे सामान्य उपचार पर निर्भर रहने और आशा करने की बजाय, अपनी अनुवांशिक संरचना के अनुसार विशेष रूप से तैयार किए गए उपचार का चयन करें।

अध्याय 2 में, मैंने यह भी बताया था कि व्यक्तिगत चिकित्सा हर साल उच्च एकल-अंकीय दर से बढ़ रही है, और इसमें जीनोम सीक्वेंसिंग की भूमिका कितनी अहम है। ह्यूमन जीनोम प्रोजेक्ट ने प्रत्येक व्यक्ति के लगभग 19,000–20,000 जीनोम डेटा पॉइंट उजागर किए हैं, जिससे व्यक्तिगत उपचार संभव हुआ है।

एक अनुप्रयोग ऑन्कोलॉजी (कैंसर चिकित्सा) के क्षेत्र में हुआ है, जो जीनोमिक्स का इस्तेमाल करके अधिक प्रभावी व्यक्तिगत कैंसर उपचार विकसित करने में अग्रणी है। जेनेटिक टेस्ट का इस्तेमाल पूर्वानुमान विश्लेषण और किसी बीमारी के प्रति संवेदनशीलता जानने के लिए किया जा रहा है, जिससे पूर्व-सक्रिय उपचार शुरू किए जा सकें। अब डॉक्टर मरीज के ट्यूमर का नमूना लेकर व्यापक जीनोमिक टेस्टिंग कर सकते हैं। वे डेटा एनालिटिक्स चलाकर, ट्यूमर में असामान्यताओं की पहचान कर सकते हैं और इसे उन कई लोगों के डेटा से जोड़ सकते हैं, जिन्होंने उपचार कराया है। इसके आधार पर व्यक्तिगत और लक्षित उपचार मुहैया कराए जा सकते हैं। तकनीक और डेटा व्यक्तिगत उपचार मुहैया कराने में सक्षम हैं।

तकनीक उपलब्ध है, लेकिन इसके लिए यह आवश्यक है कि लोग अपनी जानकारी , अपना निजी जेनेटिक कोड शेयर करें। मरीज और चिकित्सक को मिलकर डेटा के आधार पर

उपचार प्रोटोकॉल सह-निर्माण करना होगा। यदि मरीज अपना जीनोम डेटा शेयर नहीं करता, तो वह चिकित्सा में हुए नवाचारों और उनके लाभों का लाभ नहीं उठा सकता।

क्या लोग इलाज पाने के लिए यह जानकारी शेयर करेंगे? बाज़ार विशेषज्ञ तो कहते हैं 'हां, करेंगे', क्योंकि एमआरएनए कैंसर वैक्सीन और उपचार बाज़ार 13.3 प्रतिशत की सीएजीआर से बढ़ रहा है। यह विकल्प आपके हाथ में है कि आप अपने जीवन को बेहतर बनाने के लिए ऐसे तकनीकी विकास का समर्थन करना चाहते हैं या नहीं।

यह सब हमारी समझ और डेटा उत्पन्न करने, संग्रहीत करने, साझा करने, विश्लेषण करने और फिर ऐसे क़दम उठाने की क्षमता के कारण संभव हुआ, जो मानव जीवन को लंबा करने में लाभकारी हैं।

प्रमुख निष्कर्ष

- पारंपरिक विभाजन, अपने समय में व्यावहारिक होते हुए भी, मौलिक रूप से सीमित था क्योंकि उसमें व्यक्तियों की विशिष्टता को अनदेखा किया जाता है। अब बिग डेटा की दुनिया की प्रचुर उपलब्धता के कारण प्रत्येक व्यक्ति की विशिष्टता को ध्यान में रखना संभव हो गया है।
- सेगमेंट ऑफ़ वन का उदय एक महत्त्वपूर्ण बदलाव को दर्शाता है, जो लंबे समय से चले आ रहे मानकीकरण और बड़े पैमाने पर उत्पादन के रुझान से अलग है, और निर्णय लेने की शक्ति को व्यक्ति के हाथ में वापस लाता है।
- डिजिटल, डेटा और एआई वे प्रमुख साधन हैं जिन्होंने संगठनों को व्यक्तियों की ओर से निर्णय लेने में मदद की है। साझा किए गए डेटा के आधार पर पैटर्न और प्राथमिकताओं की पहचान करके, यह व्यक्तियों के लिए अत्यधिक व्यक्तिगत और कुशल अनुभव मुहैया कराता है।
- सह-निर्माण हाइपर-पर्सनलाइजेशन में पैमाने पर व्यक्तिगत अनुभव प्राप्त करने की चुनौती का प्रभावी समाधान प्रस्तुत करता है। यह एक सहयोगी प्रक्रिया है जिसमें उपयोगकर्ता और संगठन मिलकर व्यक्तिगत अनुभव तैयार करते हैं, और व्यक्तित्व और विशिष्टता को बनाए रखते हैं।

22

बेहतर निर्णय लेने में डेटा की भूमिका

डेटा के साथ बेहतर जीवन

'डेटा नहीं है तो आप महज अलग राय वाले एक इंसान भर हैं।'

~ एडवर्ड ओनिंग,
इंजीनियर, स्टैटीसियन, प्रोफ़ेसर, लेखक और कन्सल्टेंट

ओह्यो स्टेट यूनिवर्सिटी, अमेरिका के फ़ैकल्टी सदस्यों ने एक सर्वेक्षण किया जिसमें उत्तरदाताओं ने बताया कि आधे से ज़्यादा अमेरिकी अपने फ़ैसले लेने के लिए मुख्य रूप से अपनी अंत:प्रेरणा (gut feeling) पर निर्भर करते हैं। यह आश्चर्यजनक तो नहीं, लेकिन यह खुलासा ज़रूर होता है कि इतने सारे डेटा से घिरे होने के बावजूद व्यक्तिगत निर्णय लेने में डेटा का इस्तेमाल बहुत कम हो रहा है या बिलकुल भी नहीं हो रहा है। और बिना डेटा के, फ़ैसले केवल राय पर आधारित होते हैं। यानी वही लोग जो अपने पेशेवर जीवन में निर्णय लेने के लिए डेटा का इस्तेमाल करते हैं, वे अपने निजी जीवन में फ़ैसले सिर्फ़ राय के आधार पर कर रहे हैं।

इस पर मुझे सच में हैरानी होती है। मेरा मानना है कि जब बात संगठनों की आती है तो डेटा तक पहुंचना अपेक्षाकृत आसान होता है, क्योंकि वहां सिस्टम, प्रक्रियाएं और ढांचे मौजूद होते हैं, लेकिन जब व्यक्तिगत निर्णय लेने की बात आती है, तो डेटा तक पहुंचना मुश्किल रहा है। सूचित निर्णय लेने के लिए अक्सर डेटा जुटाना पड़ता है और उसका विश्लेषण करना पड़ता है, लेकिन हर किसी के पास ज़रूरी जानकारी तक आसान पहुंच नहीं होती। इसके कई कारण हैं, जैसे डेटा सब्सक्रिप्शन जैसी सीमित संसाधनों की पहुंच और अलग-अलग बिखरे स्रोतों से डेटा को एकत्र करना और मिलाना काफ़ी जटिल काम है।

और भी अहम बात यह है कि जैसे संगठनों के लिए प्रभावी डेटा संस्कृति की कमी डेटा आधारित फ़ैसले लेने में चुनौती है, वैसे ही व्यक्ति भी डेटा आधारित नहीं हैं क्योंकि वे फ़ैसले

लेने के लिए पुराने तरीक़े यानी अपनी राय और अनुभव पर भरोसा करते हैं, जो हमारा निजी 'हिप्पो' होता है। इसके कई कारण हैं कि ढेर सारी जानकारी तक पहुंच होने के बावजूद लोग अपने व्यक्तिगत फ़ैसलों में राय पर ही भरोसा करते हैं, डेटा पर नहीं करते।

उदाहरण के लिए, भावनात्मक पक्षपात गहरा असर डाल सकता है। ख़ासकर भावनाओं से भरी स्थितियों में लोग डेटा आधारित विश्लेषण के बजाय अंतर्ज्ञान पर भरोसा कर सकते हैं। फिर संज्ञानात्मक पक्षपात जैसे पुष्टि पक्षपात या उपलब्धता पक्षपात व्यक्ति को विरोधी डेटा को नज़रअंदाज़ या ख़ारिज करने की ओर ले जा सकते हैं। इसके अलावा, डेटा का विश्लेषण करने में लगने वाला समय और मेहनत भी लोगों को हतोत्साहित कर सकता है और वे जल्दी राय बनाने को ही प्राथमिकता देते हैं। डेटा के साथ काम करने की अपनी क्षमता पर विश्वास की कमी और व्यक्तिगत पसंद का पक्षपात भी राय की ओर झुकाव को मजबूर करता है। इसके अलावा, दूसरों से सलाह लेने का सामाजिक पहलू भी है जिसकी वजह से निर्णय लेने में राय को शामिल किया जाता है।

हालांकि, मोबाइल उपकरणों, वियरेबल्स और इंटरनेट जैसी डिजिटल तकनीकों में प्रगति के साथ, बिग डेटा की दुनिया ने व्यक्तियों के लिए भी डेटा की भरमार ला दी है। इसने उन्हें एक ऐसा अवसर दिया है जो पहले कभी नहीं मिला था। अब वे अपने व्यक्तिगत निर्णय लेने की प्रक्रिया में भी डेटा को शामिल कर सकते हैं।

हालांकि, डेटा आधारित निर्णय लेने के फ़ायदों पर बात शुरू करने से पहले मैं यह बताना चाहूंगा कि सिर्फ़ अपने मन की बात पर भरोसा करना, भले ही ग़लत तरीक़ा ना हो, लेकिन ये हमेशा काम नहीं आता।

मन की बात और अंतर्ज्ञान

प्रसिद्ध अमेरिकी दार्शनिक डेविड लुईस ने कहा था, 'हमारा "अंतर्ज्ञान" दरअसल केवल राय है।' इसे अक्सर गट फ़ीलिंग कहा जाता है। गेरड गीगेरेंजर के अनुसार इसे इस तरह परिभाषित किया गया है, यह एक ऐसी अनुभूति है जो तेज़ी से चेतना में आती है, और हमें उसके पीछे के कारणों का पता नहीं होता, लेकिन यह इतनी प्रबल होती है कि हम उसके मुताबिक़ कार्य कर लेते हैं। अल्बर्ट आइंस्टाइन ने अंतर्ज्ञान को 'बुद्धिमत्ता का सर्वोच्च रूप' बताया। हालांकि मेरे लिए यह उससे कुछ अधिक है। मैं अंतर्ज्ञान या इंट्यूशन को 'चेतना का उच्च स्तर', ऊर्जा को महसूस करने की क्षमता और समझदारी भरे विकल्पों की तरंग पैदा करने की शक्ति मानता हूं।

हाल ही में अंतर्ज्ञान को मापने के लिए किए गए एक प्रयोग में शोधकर्ताओं ने प्रतिभागियों को कुछ भावनात्मक तसवीरें दिखाई, जिनके बारे में वे सचेत रूप से अवगत नहीं थे, जबकि उन्हें निर्णय लेने की कोशिश करनी थी। चौंकाने वाली बात यह रही कि इन तसवीरों के प्रति सचेत ना होने के बावजूद प्रतिभागियों ने फिर भी उनमें मौजूद जानकारी का इस्तेमाल किया

और अधिक आत्मविश्वास तथा सटीकता के साथ निर्णय लिए। बेशक, यह साबित करता है कि अंतर्ज्ञान भी डेटा के प्रति एक प्रतिक्रिया है, जिसे दिमाग़ अवचेतन रूप से प्रोसेस करता है। हालांकि, हम यह नहीं कह सकते कि कौन-सा डेटा ज़रूरी है। इसलिए, अंतर्ज्ञान भी कई तरह के पक्षपात से भरा होता है। और जब यह पक्षपाती हो जाता है, तो राय और असली अंतर्ज्ञान में फ़र्क़ करना मुश्किल हो जाता है।

'मेरी आंतरिक अनुभूति कहती है...' की जगह जितना संभव हो सके 'डेटा कहता है...' का इस्तेमाल करें

ऊपर मैंने आंतरिक अनुभूति के बारे में बात की, लेकिन मुझे लगता है कि इसे विकसित करने का कोई स्पष्ट रास्ता है ही नहीं। एक संभव तरीक़ा तो यह है कि अपने निर्णयों को डेटा के आधार पर मजबूत किया जाए। यह कॉर्पोरेट जगत में तेज़ी से हो रहा है, जहां बड़े निर्णय डेटा के आधार पर लिए जाते हैं। हालांकि क्या इसे व्यक्तिगत निर्णयों के लिए भी इस्तेमाल किया जा सकता है। यही वह दृष्टिकोण है जहां हम कह सकते हैं - 'मेरा मन तो यह कहता है' की जगह 'डेटा यही कहता है'।

मुझे डैनियल काहनेमन की पुस्तक *थिंकिंग, फ़ास्ट ऐंड स्लो* का सिस्टम 1 और सिस्टम 2 वाला विचार बहुत प्रभावित करता है। सिस्टम 1 स्वभाव से जुड़ा है, जबकि सिस्टम 2 तर्क और जानकारी से जुड़ा है।

जीवन में ज़रूरत तो हमें दोनों की होती है, कभी सिस्टम 1 की तो कभी सिस्टम 2 की। अपनी पुस्तक में डैनियल काहनेमन कहते हैं कि सिस्टम 1 को कभी-कभी मानसिक आलस या मानसिक सहजता भी कहा जाता है। केवल सिस्टम 1 पर आधारित निर्णय संदेह, मानसिक पक्षपात और त्रुटियों से भरे हो सकते हैं, क्योंकि सिस्टम 1 का इस्तेमाल स्वभाविक निर्णयों के लिए किया जाता है, जो अक्सर भावनाओं या आंतरिक अनुभूतियों पर निर्भर होते हैं। इसी तरह, सिस्टम 2 की सोच धीमी, सुविचारित और विश्लेषणात्मक होती है। इसमें सचेत प्रयास, ध्यान और तार्किक विवेचना की ज़रूरत होती है। और चूंकि सिस्टम 2 की सोच में ज़्यादा प्रयास और ऊर्जा लगती है, इसलिए लोग अक्सर सिस्टम 1 की ओर ही झुक जाते हैं। सिस्टम 1 और सिस्टम 2 के बीच सही संतुलन बनाने का अभ्यास हमें करना चाहिए।

मैं डेटा के आंतरिक अनुभूति की जगह लेने के पहलू को व्यक्तिगत स्तर पर और गहराई से देखना चाहता हूं, इसके लिए मधुमेह जैसी जीवन शैली से जुड़ी बीमारी में सहायक पहनने योग्य उपकरण का उदाहरण लेता हूं।

लंबे समय तक मैं हर कुछ दिनों में सुबह अंगुली में सुई चुभोकर 'फ़ास्टिंग शुगर' का स्तर मापा करता था। फिर तीन साल पहले मैंने 'लिब्रे' का इस्तेमाल शुरू किया, जो एक पहनने वाला सेंसर है और शरीर के ग्लूकोज स्तर की लगातार निगरानी करता है। इसका असर वाकई क्रांतिकारी रहा। हालांकि मैं डेटा का शौकीन हूं, लेकिन मैं ब्लड शुगर को हमेशा एक स्थिर

संख्या की तरह ही मानता था। जब मैंने लिब्रे का इस्तेमाल शुरू किया और लगातार रियल टाइम का डेटा देखने लगा तो चौंकाने वाला तथ्य सामने आया। ग्लूकोज लेवल बेहद गतिशील और संवेदनशील होता है। प्रवृत्तियों और पैटर्न की इस समझ ने मेरे ऐंडोक्राइनोलॉजिस्ट और मुझे कुछ बड़े बदलाव करने में मदद की। असली राहत तब मिली जब मेरे ऐंडोक्राइनोलॉजिस्ट ने मेरे ग्लूकोज पैटर्न का विश्लेषण कर दवा का समय रात से बदलकर दिन में करने का फ़ैसला किया। क्यों? क्योंकि विश्लेषण से पता चला कि नींद के दौरान ग्लूकोज लेवल गिर रहा था और देर सुबह बढ़ रहा था। मज़ेदार बात यह थी कि 'तनाव' का असर मेरे शुगर लेवल पर खाने से कहीं ज़्यादा था, जैसा कि मेरे बेटे के स्क्वॉश मैचों के दौरान होता था। इसके अलावा, मैं अतिरिक्त मुख्य संकेतक जैसे 'लक्ष्य सीमा में समय' को भी ट्रैक कर सकता था, जिससे मैं और ज़्यादा सतर्क बन गया। लिब्रे ने ग्लूकोज लेवल के बहुत ज़्यादा या बहुत कम होने पर अलार्म भी दिए, जिससे मैं तुरंत क़दम उठा सका।

कई सालों तक मेरी दवा लेने का तरीक़ा औरों की तरह ही था। हालांकि यह पहली बार व्यक्तिगत सिर्फ़ इसलिए हो सका क्योंकि मैंने अनुभव या आंतरिक अनुभूति पर भरोसा करने के बजाय डेटा पर भरोसा किया। मेरा डॉक्टर भी इस डेटा का इस्तेमाल करके मेरे लिए और सटीक फ़ैसले लेने में आत्मविश्वास महसूस कर रहा था। अब इस बात से फ़र्क़ नहीं पड़ना था कि मुझे कैसा महसूस हो रहा है, बल्कि फ़र्क़ इस बात से पड़ना था कि डेटा क्या कह रहा है।

आपको इसका फ़ायदा उठाने के लिए युवा (तुलनात्मक रूप से!) या तकनीक समझने वाला होना ज़रूरी नहीं है। मुझे अपने अस्सी साल के ससुर को लिब्रे पहनने के लिए तैयार करने में महीनों लग गए, लेकिन जब से उन्होंने इसे इस्तेमाल करना शुरू किया, उनकी ज़िंदगी ही बदल गई। शुरुआत में उन्होंने इसे नकार दिया था। उनका कहना था कि वे मीठा बहुत कम खाते हैं (जैसा कि हममें से कई लोग दावा करते हैं!) और इसलिए उनका ब्लड शुगर सामान्य ही होना चाहिए। तो हमने उनसे कहा कि वे अपने लिब्रे पर हर चीज़ खाने के बाद शुगर स्तर को जांचिए। सिर्फ़ दो सप्ताह में ही उन्होंने अपने ब्लड शुगर लेवल, खाने की आदतों, गतिविधि स्तर और ख़ासकर मिठाई खाने से होने वाले नुक़सान के पैटर्न को देख लिया। अब वे इसे नियमित रूप से पहनते हैं। यह हर घंटे उनके शुगर लेवल के उतार-चढ़ाव को रिकॉर्ड करता है, उन्हें प्रवृत्तियों और पैटर्न में बदलता है और उनके शरीर के पैटर्न से मिलाता है।

वो उन्हें अक्सर ग़लत लगने वाली आंतरिक अनुभूति पर भरोसा करने के बजाय अब अपने पास मौजूद ठोस डेटा पर भरोसा करने लगे। इसी के आधार पर वे सही चुनाव कर सकते हैं, जैसे कि खाने या खाने के समय में बदलाव करना। नतीजा यह हुआ कि उन्होंने मिठाई पूरी तरह छोड़ दी और नियमित रूप से टहलना शुरू कर दिया। महज दो सप्ताह में ही उन्होंने डेटा-प्रेरित तरीक़ा अपनाकर अपने शरीर के लिए सही रास्ता चुनना सीख लिया। यह वह बदलाव था जिसे हम परिवार के तौर पर दस साल से भी ज़्यादा समय में नहीं कर पाए थे, लेकिन आज आसानी से उपलब्ध और पहनने वाले उपकरण लिब्रे की वजह से, सिर्फ़ दो सप्ताह में यह संभव हो गया। मेरे ससुर अब डेटा के प्रति ज़्यादा सजग हो गए हैं। वे इसका

इस्तेमाल अपनी आंतरिक अनुभूति को जांचने करते हैं और कई बार सुधारने के लिए भी करते हैं।

वास्तव में, एक सर्वेक्षण में 86 प्रतिशत मरीजों ने बताया कि उनके डिवाइस का उनके स्वास्थ्य और जीवन की गुणवत्ता पर सकारात्मक असर पड़ा है। इसने डॉक्टरों को भी बेहतर देखभाल देने में मदद की। अगर आप नई आदतें बनाना चाहते हैं या अपनी ऊर्जा को संभालना चाहते हैं, तो आज उपलब्ध पहनने योग्य तकनीक से यह आसानी से संभव है। आज डेटा व्यक्तिगत स्तर पर भी निर्णय लेने की अनिश्चितता को ख़त्म करता है और हमें रोज़ाना स्वस्थ जीवन जीने के लिए फ़ैसले लेने में मदद करता है। यही कारण है कि पहनने योग्य उपकरणों का बाज़ार 18 प्रतिशत की वार्षिक वृद्धि दर से बढ़ रहा है। यह दिखाता है कि लोग ख़ुद की निगरानी करने के लिए कितने इच्छुक हैं।

डेटा-प्रेरित निर्णय लेने का महत्त्व

यह क्यों ज़रूरी है? आख़िरकार, हमने कई साल ऐसे भी गुजारे हैं जब फ़ैसले लेने में डेटा का इस्तेमाल नहीं होता था। तो फिर मैं इसका सुझाव इतने ज़ोरदार तरीक़े से क्यों करता?

डेटा-प्रेरित निर्णय लेन से फ़ैसलों की गुणवत्ता बेहतर बनती है और ग़लतियों की संभावना भी कम होती है। यह आपके पूर्वाग्रहों को सामने लाता है। और उसके बाद भी अगर आप यह सोचकर फ़ैसला लेते हैं कि आपको क्या सही लगता है बनाम डेटा क्या कह रहा है, तो यह आपका एक जागरूक फ़ैसला होगा।

मेरा मानना है कि व्यक्तिगत फ़ैसलों में डेटा को शामिल करने से हर व्यक्ति स्वस्थ जीवन जी सकता है, जैसा कि मैंने पहनने योग्य उपकरणों के उदाहरण से बताया ही है। इंसान बेहतर योजना बना सकता है, जैसे कि यात्रा की योजना बनाना। बेहतर बचत कर सकता है, यानी मजबूत वित्तीय योजना के जरिए भविष्य सुरक्षित कर सकता है। और काम बेहतर कर सकता है, यानी स्पष्ट लक्ष्य तय कर सकता है और डेटा-प्रेरित उपकरणों का इस्तेमाल कर सकता है ताकि फ़ैसले ज़्यादा असरदार हों।

व्यक्तिगत जीवन में डेटा को शामिल करना उतना ही सरल हो सकता है जितना कि आपके स्मार्टफ़ोन में आपकी गतिविधियों पर एकत्र किया गया डेटा। या फिर आपके लिए उपलब्ध ढेर सारे स्रोतों का इस्तेमाल करना। यह उदाहरण देखिए कि इस डेटा से निकली जानकारी को समझने और लागू करने की क्षमता आपको बेहतर योजना बनाने में कैसे मदद कर सकती है।

ज़रा सोचिए, आख़िरी बार बिना फ़ोन पर विकल्प देखे, आपने बाहर खाने का फ़ैसला कब किया था? मेरा दावा है कि आपने ऐसा नहीं किया होगा। क्योंकि आज हम ऐसी दुनिया में रह रहे हैं जहां ऑनलाइन सर्च, बुकिंग और रिव्यू सामान्य बात हो गई है। क्राउड-सोर्स रिव्यू और येल्प जैसे सोशल नेटवर्किंग एप्लिकेशन ने पूरी दुनिया में हर व्यक्ति के खाने के अनुभवों

को बदल दिया है। घर से बाहर निकलने से पहले लोग सबसे पहले यह तय करते हैं कि उन्हें किस प्रकार का खाना खाना है। फिर रेटिंग देखते हैं, वहां पहुंचने में कितना समय लगेगा यह भी देखते हैं। इसके बाद रिव्यू पढ़ते हैं और सुझाए गए व्यंजनों को देखते हैं। इसके अलावा कई और कारकों के आधार पर भी लोग चयन करते हैं, जैसे बच्चों के लिए उपयुक्त जगह, संगीत का कार्यक्रम, खुला स्थान। इस तरह से गहन मूल्यांकन के बाद एक रेस्टोरेंट चुना जाता है, ऑनलाइन बुकिंग की जाती है और तभी आप अपनी जैकेट पहनकर परिवार और दोस्तों के साथ स्वादिष्ट भोजन का आनंद लेने निकलते हैं। यानी आपने अपने खाने के अनुभव का लगभग हर पहलू सोच-समझकर चुना है। और हां, इसका व्यापार पर भी बड़ा असर पड़ता है। हार्वर्ड बिज़नेस स्कूल के एक अध्ययन के मुताबिक़ येल्प पर ग्राहकों की रेस्टोरेंट की रेटिंग में सिर्फ़ एक स्टार की बढ़ोतरी से उसकी आय में 5 से 9 प्रतिशत तक की वृद्धि होती है।

डीआईएआई फ़्रेमवर्क से डेटा-प्रेरित निर्णय लेने में मदद

अब जबकि हमें यह समझ आ गया है कि क्या-क्या संभव है, तो आइए देखते हैं कि किस तरह डेटा का इस्तेमाल करके व्यक्ति डीआईएआई फ़्रेमवर्क - डेटा–इनसाइट–एक्शन–इंपैक्ट, के हर चरम पर अधिक मूल्य हासिल कर सकता है, जिसके बारे में मैंने तीसरे अध्याय में बात की थी।

इसे और आसान और तुलनात्मक बनाने के लिए एक उदाहरण लेते हैं। मान लीजिए आप डेटा का इस्तेमाल करके बेहतर वित्तीय निर्णय लेना चाहते हैं। तो आइए समझते हैं कि स्मार्ट वित्तीय निवेश करने में डीआईएआई फ़्रेमवर्क किस तरह असली फ़र्क़ पैदा कर सकता है :

- **डेटा :** आपकी वित्तीय स्थिति से जुड़े अनेक डेटा पॉइंट - जैसे आपकी आय, ख़र्च और पहले से किए गए निवेश - आपको आपके इनफ़्लो और आउटफ़्लो को समझने में मदद करेंगे और यह भी बताएंगे कि आपकी निवेश क्षमता और जोख़िम उठाने की क्षमता कितनी है। आपकी व्यक्तिगत स्थिति से जुड़े इस डेटा को बाज़ार में उपलब्ध अलग-अलग निवेश विकल्पों, बाज़ार की प्रवृत्तियों और उन आर्थिक ख़बरों के डेटा के साथ मिलाकर देखने से आप यह तय कर सकते हैं कि कौन-सा निवेश विकल्प आपकी ज़रूरतों के लिए सबसे उपयुक्त है।

- **इनसाइट :** अलग-अलग निवेश विकल्पों का विश्लेषण करके रुझान पहचानने से आपको ऐसी इनसाइट मिलती है जिससे आप पैटर्न पहचान सकते हैं। यह या तो ख़ुद के विश्लेषण के जरिए आप कर सकते हैं या फिर आज के दौर में उपलब्ध टूल्स जैसे पोर्टफ़ोलियो मैनेजमेंट टूल्स या शेयर बाज़ार विश्लेषण टूल्स का इस्तेमाल करके कर सकते हैं। इनसे आपको इनसाइट मिल सकती हैं, जैसे कौन से निवेश हाल ही में अच्छा

प्रदर्शन कर रहे हैं, भविष्य में किनसे अच्छे रिटर्न की उम्मीद है और अलग-अलग विकल्पों से आपको वास्तविक रूप से कितना रिटर्न मिल सकता है। इसके साथ ही आप हर निवेश विकल्प से जुड़े जोख़िम के स्तर का भी मूल्यांकन करते हैं।

- **एक्शन :** उत्पन्न इनसाइट के आधार पर आप अपनी वित्तीय योजनाओं को ध्यान में रखते हुए एक ठोस प्लान बनाते हैं, यानी कि आप कितना जोख़िम उठाने को तैयार हैं, कितने समय तक निवेश करना चाहते हैं और आपके लक्ष्य क्या हैं। इसके बाद आप एसेट एलोकेशन तय करते हैं कि पैसा कहां लगाया जाए कि जोख़िम कम से कम हो, यानी शेयर में, बॉन्ड में या दोनों के मिश्रण में।

- **इम्पैक्ट :** जब डेटा-प्रेरित निर्णय लेकर निवेश किया जाता है, तो इम्पैक्ट वाला चरण वह समय होता है जब अनुमानित लक्षित रिटर्न मिलना शुरू होता है। यही वह चरण होता है जिसमें निवेश रणनीति की प्रभावशीलता को आंका जाता है और बेहतर नतीजे सुनिश्चित करने के लिए आवश्यकतानुसार संशोधन किए जाते हैं।

इस फ्रेमवर्क को अपनाकर आप निवेश के ऐसे फ़ैसले ले सकते हैं जो डेटा पर आधारित हों, जिससे आप अपने लक्ष्यों पर केंद्रित रह सकें और भावनात्मक प्रतिक्रियाओं के प्रभाव को कम कर सकें। समय के साथ यह आपको अधिक सफल और सूझबूझ भरे वित्तीय फ़ैसले लेने में मदद करेगा, जो आपकी व्यक्तिगत स्थिति के मुताबिक़ होंगे।

डीआईएआई फ्रेमवर्क हर किसी के लिए काम करता है, चाहे वे कोई भी हों और जो भी काम करते हों। उदाहरण के लिए, यह किसानों के लिए भी डेटा से मिलने वाले मूल्य को कई गुना बढ़ा सकता है। आइए देखते हैं कि डीआईएआई के अलग-अलग चरण किस तरह से किसी किसान के लिए मूल्य बढ़ा सकते हैं:

बिग डेटा की दुनिया किसानों को वर्षा पैटर्न, जल चक्र, खाद की ज़रूरतों और काफ़ी कुछ का बारीक़ डेटा उपलब्ध कराती है। यह उन्हें समझदारी से निर्णय लेने लायक़ बनाता है, जैसे बेहतर लाभ के लिए कौन-सी फ़सल लगाई जाए और कब कटाई की जाए। सही फ़ैसले आख़िरकार खेती की पैदावार में सुधार लाते हैं।

जैसे-जैसे दुनिया की जनसंख्या बढ़ रही है, खाद्यान्न उत्पादन बढ़ाने की तत्काल ज़रूरत है। वैश्विक जनसंख्या 2050 तक 9.7 अरब तक पहुंच जाएगी, यानी अब से 1.7 अरब की वृद्धि हो जाएगी। वहीं, जलवायु परिवर्तन और तेज़ शहरीकरण के चलते खेती योग्य भूमि घट रही है, और इस कारण खाद्यान्न उत्पादन भी प्रभावित हो रहा है। दूसरी ओर, कुल उत्पादित खाद्यान्न का एक-तिहाई हिस्सा बर्बाद हो जाता है। इसलिए यह बेहद ज़रूरी है कि हम फ़सल उत्पादन और फ़सल प्रबंधन में और बेहतर हों।

DIAI framework for better farming

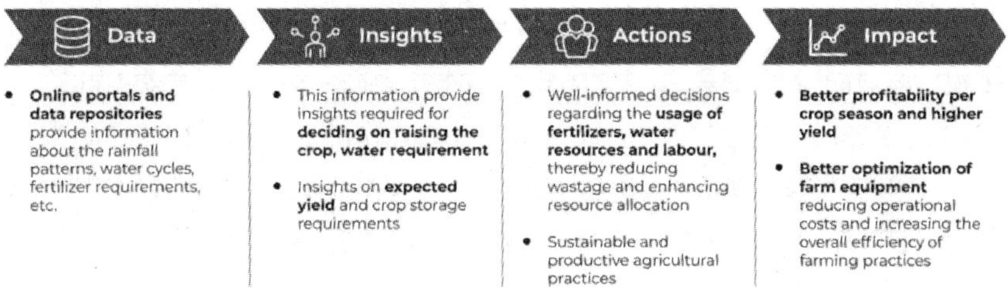

आईबीएम किसानों के लिए यही तो संभव बना रहा है। इसका वॉटसन डिसीजन प्लेटफ़ॉर्म फ़ॉर एग्रीकल्चर ऐसा है जो सैटेलाइट, ड्रोन, मौसम मॉडल और आईओटी सेंसर से जुटाए गए डेटा को आईपीएम पेयर्स जियोस्कोप के जरिए जोड़ता है। यह उपयोगी इनसाइट और बेहतर फ़सल प्रबंधन के लिए खेती संबंधी टिप्स तक आसान पहुंच मुहैया कराता है। भारी मात्रा में पैदा हो रहे डेटा (जो 2036 तक प्रतिदिन 40 लाख डेटा पॉइंट तक पहुंच जाएगा) का विश्लेषण करने वाले इस एआई-आधारित टूल की मदद से किसान सर्वश्रेष्ठ तरीक़ों की पहचान करके, पैदावार सुधार करके, सिंचाई प्रबंधन करके, कीट और रोग जोख़िम का आकलन करके, तथा खेत की स्थिति की तुलना करके, फ़सल की पैदावार को बेहतर बनाकर उसका प्रबंधन कर सकते हैं। इसके अतिरिक्त, आईबीएम वैदर सिग्नल्स किसानों को रियल टाइम में मौसम पर उपभोक्ताओं की प्रतिक्रिया का पूर्वानुमान लगाने में मदद करता है, जिससे वे उत्पादन, लॉजिस्टिक्स और सप्लाई चेन की योजना उसी अनुसार बना सकते हैं। विभिन्न फ़सलों और भौगोलिक क्षेत्रों के लिए अनुकूलित मॉडलों की उपलब्धता किसानों के साथ-साथ पूरे कृषि इकोसिस्टम को लाभ पहुंचाती है।

इसी तरह, फ्रांस का अग्रणी कृषि सहकारी समूह इनवाइवो ने स्मैग नाम का एप विकसित किया है। इस समूह के 220 सदस्य हैं और बिक्री 6.4 बिलियन यूरो है। इस एप में तीस सालों का मौसम डेटा, सैटेलाइट और ड्रोन की तसवीरें और मिट्टी के प्रकार शामिल हैं, जिससे तेज़ी से सही निर्णय लिए जा सकें। किसानों तक डेटा को एप के रूप में पहुंचाने से तुरंत प्रभाव मिलता है और चलते-फिरते फ़ैसले लेना आसान हो जाता है। फ्रांस में 80 प्रतिशत सहकारी समितियां और 50 प्रतिशत व्यापारी इसका इस्तेमाल कर रहे हैं।

डीआईएआई फ्रेमवर्क को व्यक्तिगत निर्णय लेने में बेहतर तरीक़े से लागू करना

हालांकि यह फ्रेमवर्क काफ़ी सहज प्रतीत होता है, फिर भी यह सवाल उठता है कि इसे वास्तव में अपने जीवन में कैसे लागू किया जाए। जब हम किसी समस्या में फंस जाते हैं, तो इसे अपने

व्यक्तिगत जीवन में लागू करने का तरीक़ा क्या हो। आप क्या सोचते हैं? किसी समस्या को कैसे तोड़ा जाए? कौन से सवाल पूछने चाहिए?

शुरू करते समय, यह मान लेते हैं कि यह कोई रैखिक प्रक्रिया नहीं है। यह तो सतत और दोहराव वाली प्रक्रिया है, जिसे बार-बार करने से हम हर बार इसमें बेहतर होते जाते हैं। हालांकि मुख्य रूप से इस प्रक्रिया को पांच सरल क़दमों में विभाजित जा सकता है, जिन्हें निर्णय लेने की कोशिश कर रहा कोई भी व्यक्ति अपना सकता है। यह ध्यान देने योग्य है कि इस पांच-चरणीय समस्या समाधान के हर चरण का आधार डेटा ही है।

Five-step data-driven problem solving for individuals

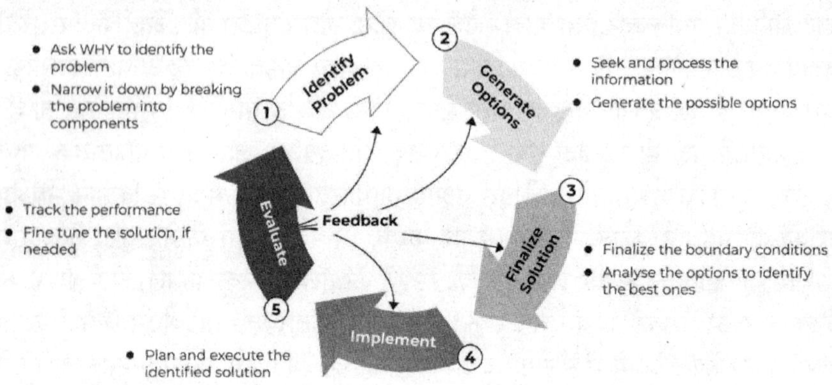

As individuals assess the impact of their decisions, their proficiency in the preceding five steps grows, leading to the **generation of greater value**

समस्या की पहचान: आज की तेज़ी से बदलती और लगातार जुड़ी रहने वाली दुनिया में, आसानी से हम यह भूल सकते हैं कि वास्तव में किस चीज़ पर हमारा ध्यान होना चाहिए। इसलिए, अव्यवस्था से एक सुविचारित क़दम पीछे हटाना और किसी चिंतनशील प्रक्रिया में लगना ज़रूरी हो जाता है। समस्या पर गहराई से सोचने और आत्म-मंथन करने से जटिलता कम होती है और समस्या को उसके मूल मुद्दे तक तोड़ा जा सकता है। डेटा इस चिंतनशील प्रक्रिया में अहम भूमिका निभाता है, और सुनिश्चित करता है कि आत्म-मंथन और समस्या का विश्लेषण वास्तविक तथ्यों पर आधारित हो, ना कि अनुमानों या धारणाओं पर हो। नतीजतन, हमें समस्या को लेकर एक स्पष्ट दृष्टिकोण मिलता है। उदाहरण के लिए, मान लीजिए कि आपकी व्यक्तिगत ज़िंदगी में लगातार थकान और ऊर्जा की कमी हो रही है। आप पीछे हटते हैं, सोचते हैं और अपने जीवन शैली पर विचार करते हैं और पाते हैं कि इसकी जड़ आपकी निष्क्रिय जीवन शैली और शारीरिक गतिविधि की कमी है। समस्या को

समझने के लिए, आप अपने जीवन शैली से जुड़े डेटा एकत्र कर सकते हैं, जैसे कि आपकी दैनिक दिनचर्या, नींद के पैटर्न, आहार, और व्यायाम की आदतें।

विकल्प तैयार करना : जानकारी तक लोकतांत्रिक पहुंच समस्या-समाधान के लिए कई विकल्प पहचानने में मदद कर सकती है। इसलिए, इस चरण में व्यक्ति को अपने दृष्टिकोण को व्यापक करना चाहिए, ताकि वह विभिन्न दृष्टिकोणों को देख सके और समस्या को हल करने के लिए उपलब्ध संभावित विकल्पों का बहुआयामी दृष्टिकोण हासिल कर सके। ऑनलाइन, ऑफ़लाइन, दोस्तों, रिश्तेदारों, विशेषज्ञों आदि से विविध दृष्टिकोणों को सक्रिय रूप से खोजकर, इंसान कई विचार और दृष्टिकोण एकत्र कर सकता है जिन्हें उसने पहले नहीं सोचा होगा। जितना व्यापक दृष्टिकोण अपनाया जाएगा, विकल्पों का पूल उतना ही ज़्यादा समृद्ध होगा, और समस्या-समाधान के लिए व्यापक विकल्प प्रस्तुत करेगा। यहां डेटा समस्या-समाधान के लिए अपने दृष्टिकोण को व्यापक बनाने और कई विकल्प तैयार करने में एक महत्त्वपूर्ण उपकरण के रूप में काम करता है। डेटा सुनिश्चित करता है कि विकल्प अच्छे तरह से सूचित, तथ्य-आधारित और विविध दृष्टिकोणों को शामिल करते हुए हों।

उदाहरण के लिए, शारीरिक स्वास्थ्य को फिर से पाने के लिए, आप यह पहचानते हैं कि बदलाव करना ज़रूरी है। आप ऑनलाइन सामग्री तक पहुंचते हैं, दोस्तों, स्वास्थ्य पेशेवरों, और विभिन्न पृष्ठभूमियों के स्वयं-सहायता संसाधनों से परामर्श करते हैं। सुझाव समय प्रबंधन तकनीकों, स्वास्थ्य पूरक, व्यायाम और ध्यान को अपनी दिनचर्या में शामिल करने तक हो सकते हैं। आप स्वास्थ्य वेबसाइट और प्लेटफ़ार्म से साक्ष्य-आधारित जानकारी, अनुसंधान निष्कर्ष, व्यक्तिगत अनुभवों से कहानी-आधारित डेटा, नैदानिक डेटा, परीक्षण परिणाम जैसे तमाम डेटा पॉइंट एकत्र करते हैं, ताकि व्यवहार्य विकल्प तैयार किए जा सकें।

सर्वश्रेष्ठ विकल्प का चयन : इस चरण में यह मानना अहम होता है कि हर निर्णय के अपने नकारात्मक पहलू भी होते हैं। इसलिए, यह आवश्यक है कि प्रत्येक विकल्प के **नफ़े और नुक़सान** को सावधानीपूर्वक रिकॉर्ड किया जाए। इस क़दम से आप लाभ और हानि का तुलनात्मक विश्लेषण कर सकते हैं और प्रत्येक निर्णय में शामिल समझौते को स्पष्ट रूप से समझ सकते हैं। एक बार जब फ़ायदे और नुक़सान का पूरी तरह से मूल्यांकन कर लिया जाए, तो ध्यान **सर्वश्रेष्ठ विकल्प** को चुनने पर केंद्रित होता है, जो समस्या का सबसे उपयुक्त समाधान मुहैया कराए। डेटा संभावित लाभ और हानि को मापने, प्रत्येक विकल्प से जुड़े जोखिमों का विश्लेषण करने, ऐतिहासिक प्रदर्शन से तुलना करने और 'क्या होगा अगर' परिदृश्यों का परीक्षण करने में मदद करता है। आप वही प्रक्रिया स्वास्थ्य सुधार के लिए तैयार किए गए विकल्पों के साथ करते हैं। आप प्रत्येक विकल्प का गहन मूल्यांकन करते हैं और नफ़ा-नुक़सान का आकलन करते हैं। उदाहरण के लिए, व्यायाम और ध्यान में शामिल होने के लिए समय और प्रयास की ज़रूरत होती है, लेकिन इनसे दीर्घकालिक स्वास्थ्य लाभ मिलता है। आप वित्तीय निवेश, और समय की प्रतिबद्धता की तुलना करते हैं और दीर्घकालिक

स्वास्थ्य लाभ (सहनशक्ति, शक्ति, तनाव स्तर आदि) के आधार पर अपने लिए सबसे उपयुक्त तरीक़ा चुनते हैं।

अमल : सर्वोत्तम संभव समाधान को लागू करते समय, यह ज़रूरी होता है कि व्यापक दृष्टिकोण अपनाया जाए, जिसमें **समाधान के सभी पहलुओं** पर विचार करना शामिल हो, जैसे आवश्यक संसाधन और प्रभावी अमल की प्रक्रिया। बड़े बदलावों के मामले में, **छोटे-छोटे क़दमों** के जरिए अंतिम लक्ष्य की ओर बढ़ना की सलाह दी जाती है। डेटा से संसाधनों के आवंटन के निर्णयों में मदद मिल सकती है, क्योंकि यह अमल के प्रत्येक चरण से जुड़ी लागत और संसाधन आवश्यकताओं की जानकारी मुहैया कराता है। इस चरण में धैर्य ज़रूरी होता है, क्योंकि निरंतर प्रयास और स्थिरता बनाए रखना अहम होता है। मान लीजिए आपने निर्णय लिया कि सबसे अच्छा विकल्प ध्यान और व्यायाम करना है। फिर आप यह तय करते हैं कि इसे कैसे लागू किया जाए। किन कक्षाओं में शामिल होना है, किसका अनुसरण करना है, कौन-सी किताबें पढ़नी हैं आदि। चूंकि इसे जीवन का हिस्सा बनाना है, तो आप छोटे से शुरू करते हैं, शायद योग कक्षा में नामांकन करके और फिर धीरे-धीरे इसमें ध्यान या एरोबिक्स जैसी विविधताएं जोड़ते हैं।

मूल्यांकन : निर्णय लेने के मूल्यांकन चरण में आपके विकल्पों के नतीजों पर विचार करना शामिल होता है, फिर चाहे वे सकारात्मक हों या नकारात्मक। यह आपके लक्ष्यों और स्वयं पर आपके निर्णयों के **प्रभाव का आकलन करने,** अपनी सफलताओं को पहचानने या सुधार की ज़रूरत वाले क्षेत्रों को चिह्नित करने, और लगातार **सीखने और अनुकूलन की मानसिकता** विकसित करने का मौक़ा है। डेटा प्रगति को ट्रैक करने में, मील के पत्थर पर निगरानी रखने में, और प्रत्येक छोटे परिवर्तन की प्रभावशीलता को पकड़ने के लिए फ़ीडबैक लूप बनाने में मदद कर सकता है। जैसे-जैसे आप अपने शारीरिक स्वास्थ्य लक्ष्य पर काम करते हैं, वैसे-वैसे आप नियमित रूप से इसके प्रभाव का आकलन करते हैं, जो ऊर्जा स्तर पर, सुख-समृद्धि, और समग्र ख़ुशी के हिसाब से होता है। आप पहचानते हैं कि कुछ पहलू असाधारण रूप से काम कर रहे हैं, जैसे ऊर्जा का बढ़ना और तनाव कम होना। हालांकि, आप सुधार की आवश्यकता वाले क्षेत्रों को भी पहचानते हैं, जैसे अपनी डाइट बदलना या इसे किक बॉक्सिंग के साथ मिलाना या पूरी तरह कुछ और करना जो आपको ज़्यादा पसंद हो, जैसे नृत्य। एक बुनियादी तरीक़ा वज़न, शरीर संरचना, ब्लड प्रेशर और फ़िटनेस स्तर जैसे अपने स्वास्थ्य मापदंडों को मापने का भी है ताकि आप अपने जीवन शैली परिवर्तन के प्रभाव का वस्तुनिष्ठ मूल्यांकन कर सकें। मूल्यांकन के आधार पर आप तय कर सकते हैं कि ट्रैक पर बने रहने के लिए और क्या अधिक या कम करना है।

जैसा कि आपने शायद पहले ही महसूस किया होगा, यह पुनरावर्ती प्रक्रिया है, और यही इसे बेहतर बनाने का सार है। जैसे-जैसे आप अपने विकल्पों के प्रभाव का आकलन करते हैं, आप अगली बार सही समस्या पहचानने, अधिक प्रभावी विकल्प तैयार करने, सबसे उपयुक्त

समाधान चुनने और उसे बेहतर योजना के साथ लागू करने में दक्षता हासिल करते हैं। समय के साथ-साथ, आप पाते हैं कि डेटा-प्रेरित निर्णय लेने का प्रत्येक चक्र और अधिक सुचारू और प्रभावी हो जाता है, और इसे आपके निर्णय लेने की दिनचर्या में आसानी से शामिल किया जा सकता है। अंततः, यह दूसरी प्रकृति में बदल जाता है, जिससे आपके निर्णय लेने की प्रक्रिया की गुणवत्ता और सटीकता बढ़ती है।

इतने सालों में, डेटा प्रचुर मात्रा में और लोकतांत्रिक हो गया है। अब डेटा का इस्तेमाल करके हमारे जीवन को सुधारना और बेहतर निर्णय लेना संभव है। हम अपने विकल्पों के बारे में अधिक सूचित हो सकते हैं। हालांकि, हमें अंतर्ज्ञान के मूल्य को नज़रअंदाज़ नहीं करना चाहिए। पांच-चरणीय ढांचे से गुज़रने के बाद भी कोई व्यक्ति ऐसा निर्णय ले सकता है जो डेटा पर आधारित ना हो - लेकिन उस जागरूकता और डेटा-प्रेरित निर्णय लेने के विकल्प का होना तो एक अहम पहलू है, जो हमें स्वयं को बेहतर समझने में मदद करता है। अगर हम इसे ट्रैक करते रहें, तो समय के साथ यह हमारे अंतर्ज्ञान को सूचित करना शुरू कर सकता है और हमें बेहतर अंतर्ज्ञान-आधारित निर्णयकर्ता बना सकता है।

भविष्य को देखते हुए, मैं यह अनुमान लगाने की हिम्मत करता हूं कि जो लोग पांच-चरणीय निर्णय विधि का पालन करते हैं, जो लोग अपने निर्णयों को डेटा के आधार पर ट्रैक करना शुरू करते हैं, वे आख़िर कार मजबूत अंतर्ज्ञान-आधारित निर्णय लेने की क्षमता विकसित कर सकते हैं, क्योंकि डेटा-प्रक्रिया उनके लिए दूसरी प्रकृति बन जाएगी। प्रचुर मात्रा में उपलब्ध दुनिया में किसी भी चीज़ की तरह, यह भी अनुशासन और अभ्यास की बात है।

प्रमुख निष्कर्ष

- डिजिटल युग में प्रचुर मात्रा में जानकारी तक पहुंच होने के बावजूद, लोग व्यक्तिगत निर्णयों में डेटा के बजाय राय को प्राथमिकता देते हैं। इसके पीछे भावनात्मक और संज्ञानात्मक पक्षपात, त्वरित सुविधा, सीमित डेटा विश्लेषण कौशल, व्यक्तिगत पसंद और सामाजिक प्रभाव जैसे कारण होते हैं।
- अंतर्ज्ञान एक तेज़ और अवचेतन प्रतिक्रिया है, जो अक्सर अंतर्निहित कारणों के बिना होती है, और इसलिए इसमें कई पक्षपात हो सकते हैं, कभी-कभी वास्तविक अंतर्ज्ञान और पक्षपाती राय के बीच की रेखा धुंधली हो जाती है, जिससे यह निर्णय लेने के लिए मूल्यवान लेकिन अपूर्ण उपकरण बन जाता है।
- डेटा-प्रेरित निर्णय लेने से अस्पष्टता कम होती है, बड़ी त्रुटियों से बचा जा सकता है, पक्षपात उजागर होता है, और व्यक्ति तथ्यात्मक जानकारी के आधार पर सूचित विकल्प बनाने में सक्षम होते हैं, जिससे वे अपने जीवन के प्रत्येक पहलू में सकारात्मक प्रभाव ला सकते हैं।

- डीआईएआई फ्रेमवर्क व्यक्तियों के लिए डेटा से मूल्य हासिल करने का प्रभावी तरीक़ा है। डीआईएआई फ्रेमवर्क को प्रभावी ढंग से लागू करने के लिए, व्यक्तियों को एक पुनरावर्ती, पांच-चरणीय प्रक्रिया का पालन करना चाहिए, जो मुख्य समस्या की पहचान करने, जानकारी एकत्र करने, समाधान विकल्पों का अन्वेषण करने, चुने गए समाधान को लागू करने और प्रदर्शन का मूल्यांकन करने से शुरू होती है।

23

सूचना और बुद्धिमत्ता

प्रतिबिंबित करें और पैटर्न को पहचानें

'हमने जीने में जो जीवन खो दिया है वह कहां है? हमने ज्ञान में जो बुद्धि खो दी है वह कहां है? हमने सूचना में जो ज्ञान खो दिया है वह कहां है?'

~ टीएस इलियट कवि, निबंधकार, साहित्य समीक्षक एवं अन्य

बुद्धिमत्ता की अवधारणा सदियों से विचारकों और दार्शनिकों की कल्पना को आकर्षित करती रही है। इसका प्राचीन इतिहास है, जिसकी शुरुआत लगभग 2500 ईसा पूर्व सुमेरियन सभ्यता से मानी जाती है, जहां 'नन्ना' को चंद्रमा और बुद्धि के देवता के रूप में माना जाता था। हिंदू पौराणिक कथाओं में, बुद्धि के देवता माने जाने वाले भगवान गणेश के बारे में कहा जाता है कि उन्होंने महाभारत की रचना की थी, जो ऐसा महाकाव्य है जिसे बुद्धि के भंडार के रूप में जाना जाता है।

आप सोच रहे होंगे कि डेटा पर लिखी जा रही किताब में मैं बुद्धि की बात क्यों कर रहा हूं। पिछले अध्याय में मैंने विस्तार से बताया था कि व्यक्तिगत स्तर पर डेटा-प्रेरित निर्णय लेना कितना महत्त्वपूर्ण है। हालांकि केवल डेटा-प्रेरित निर्णय लेना ही काफ़ी नहीं है, और मैं यह बात अपने उन अनुभवों से कह रहा हूं जो मैंने दुनिया की कुछ अग्रणी संस्थाओं के साथ काम करते हुए पाए हैं। इन संस्थाओं के पास विशाल मात्रा में डेटा उपलब्ध है, फिर भी उनसे ग़लतियां होती हैं क्योंकि वे गहराई से नहीं सोचतीं। केवल डेटा और सूचना पर निर्भर रहना हमें एक झूठा आत्मविश्वास और सतही समझ दे सकता है, जिसे कुछ लोग बुद्धि समझ बैठते हैं।

यही वह जगह है जहां सूचना बनाम बुद्धि का विरोधाभास सामने आता है। बिग डेटा के आगमन के साथ हमारे पास विशाल सूचना तक पहुंच हो गई है, लेकिन क्या इस सूचना तक पहुंच होने से ही हम वास्तव में ज़्यादा बुद्धिमान हो जाते हैं या हमें लगने भर लगता है

कि हम ज़्यादा बुद्धिमान हो गए हैं? क्या डेटा की प्रचुरता बुद्धि को बढ़ाती है या उसे बाधित करती है? ऐसा सोचा जा सकता है कि बिग डेटा की दुनिया में बुद्धि का महत्त्व घट गया है, लेकिन मेरी नज़र में इसका महत्त्व और भी अधिक बढ़ गया है। बुद्धि उस प्रोप्राइटरी नॉलेज की तरह है जो लोगों को अलग पहचान देती है, उन्हें समझदारी से चुनाव करने में मदद करती है और उनके डेटा-प्रेरित निर्णयों को और प्रभावी बनाती है। सूचना और बुद्धि की यह अंतःक्रिया किसी संगठन में मल्टीपल सोर्स डेटा और प्रोप्राइटरी नॉलेज की गतिशीलता को प्रतिध्वनित करता है।

बुद्धि हासिल करना कभी आसान नहीं रहा है। इसके लिए वर्षों तक सीखा जाता है, अनुभव लिया जाता है और चिंतन किया जाता है। आज की बिग डेटा दुनिया में, डेटा की प्रचुरता कई तरह से बुद्धि निर्माण में मदद कर सकती है। यह हमें सूचित निर्णय लेने, पैटर्न पहचानने और निरंतर सीखते रहने में सक्षम बनाती है। यह हमें पिछले निर्णयों पर विचार करने और भविष्य के लिए अनुकूलन करने का भी मौक़ा देती है। हालांकि, बिग डेटा की दुनिया की अपनी चुनौतियां, जटिलताएं और विरोधाभास हैं, जैसे सूचना की अधिकता, डिजिटल इको-चैंबर, कम ध्यान अवधि, आदि।

हालांकि अच्छी ख़बर यह है कि अगर डेटा का सही इस्तेमाल किया जाए तो यह निश्चित रूप से बुद्धि निर्माण की प्रक्रिया को और सशक्त बना सकता है। साथ ही, मैं यह भी रेखांकित करना चाहूंगा कि बुद्धि निर्माण की प्रक्रिया में समय और अनुभव भी लगता है, जिसे आज की बिग डेटा, उच्च-गति वाली दुनिया में अक्सर नज़रअंदाज़ कर दिया जाता है। इस अध्याय में, मैं बुद्धि की अवधारणा के बारे में गहराई से बताऊंगा और आधुनिक डेटा-प्रेरित दुनिया में इसे पोषित करने के व्यावहारिक तरीक़ों पर चर्चा करूंगा।

इससे पहले कि हम बुद्धि निर्माण की प्रक्रिया पर पहुंचें, एक स्वाभाविक सवाल आता है, 'बुद्धि है क्या है?' यह प्रश्न कठिन है। आइए, मैं बताता हूं क्यों।

बुद्धि को परिभाषित करना कठिन क्यों है?

सालों से बुद्धि को परिभाषित करने के अनेक प्रयास होते रहे हैं, और हर बार इसमें कोई अलग ही दृष्टिकोण सामने आता है। एक परिभाषा संज्ञान-केंद्रित है जो आलोचनात्मक सोच, सही निर्णय क्षमता, ज्ञान, अनुभव और अंतर्दृष्टि पर आधारित है। इसमें जीवन के गहरे अर्थ और श्रेष्ठ जीवन जीने की खोज पर ज़ोर दिया जाता है। दूसरी परिभाषा है, व्यक्तित्व-केंद्रित, जिसमें करुणा, आत्मचिंतन, खुलेपन और विनम्रता जैसे गुणों को बुद्धि के प्रमुख संकेतक माना जाता है। तीसरी परिभाषा है विकास-केंद्रित, जो बुद्धि को जीवन के अनुभवों और व्यक्तिगत विकास का नतीजा मानती है। इस दृष्टिकोण में सच्ची बुद्धि केवल अनुभवों से नहीं, बल्कि सक्रिय चिंतन और जीवन के सबक़ से अर्थ निकालने की क्षमता से पैदा होती है।

हालांकि बुद्धि की कई परिभाषाएं मौजूद हैं, फिर भी कोई एक परिभाषा ऐसी नहीं है जिस पर प्रमुख चिंतक और दार्शनिक सहमत हों। बुद्धि को परिभाषित करना इतना कठिन क्यों है? सबसे पहली बात तो ये कि बुद्धि एक बहुआयामी अवधारणा है। अलग-अलग अनुशासनों में विशेष संदर्भ के आधार पर अपनी-अपनी परिभाषा दी जाती है। हालांकि मेरा मानना है कि असली कारण यह है कि बुद्धि को मापा नहीं जा सकता। इसके लिए कोई स्पष्ट मापदंड (केपीआई) नहीं हैं जिनसे तय किया जा सके कि कोई व्यक्ति कितना बुद्धिमान है। इसे ऊंचाई या वज़न जैसी भौतिक विशेषताओं की तरह नहीं मापा जा सकता, बल्कि यह ख़ुशी या प्रेम जैसी अमूर्त भावनाओं को मापने जैसा है।

हालांकि इन चुनौतियों के बावजूद, मेरे लिए बुद्धि के तीन आधारभूत पहलू हैं। पहला है **चीज़ों पर गहराई से सोचना।** इसका मतलब है किसी विषय पर गहन चिंतन या मनन करना। सतही स्तर से आगे बढ़कर उसकी जटिलताओं का विश्लेषण करना। विषय के विभिन्न पहलुओं और संभावित नतीजों पर विचार करना। इसमें केवल अल्पकालिक नहीं बल्कि दीर्घकालिक प्रभावों पर भी ध्यान दिया जाता है। दूसरा पहलू है **मजबूत मूल्यों पर टिके रहना,** यानी विभिन्न स्थितियों और निर्णयों में निष्पक्षता और स्थायी नतीजों को आधार बनाना। ये दोनों मिलकर सही निर्णय लेने की क्षमता पैदा करते हैं। इससे व्यक्ति अनेक तथ्यों, साक्ष्यों और संबंधित पहलुओं पर विचार करके **उचित और संतुलित निर्णय** लेने में सक्षम बनता है। वह ऐसे निर्णय ले सकता है, जो अहंकार या अल्पकालिक स्वार्थ से प्रभावित ना हों।संक्षेप में कहें तो, बुद्धि का अर्थ है, स्थिति का गहराई से आकलन करना, विभिन्न विकल्पों के फ़ायदे और नुक़सान को वस्तुनिष्ठ रूप से तौलना, निर्णयों के दीर्घकालिक प्रभावों पर विचार करना और ऐसे विकल्प चुनना जो स्थायी हों और सभी संबंधित लोगों और परिस्थितियों के हित में हों।

मैंने कई सालों में ऐसे कई बुद्धिमान लोगों से मुलाक़ात की है। उन्होंने मुझे दिखाया है कि बुद्धि किसी भी रूप में सामने आ सकती है। मेरे फ़िडेल्टी में काम करने के दौरान का एक निजी अनुभव इसका प्रमाण है। उन दिनों मैं चेयरमैन की एक वरिष्ठ महिला सलाहकार के साथ काम कर रहा था। वह मुझसे पच्चीस साल बड़ी थी। मैं वैश्विक महत्त्व की एक पहल का नेतृत्व कर रहा था और अपनी अलग पद्धति अपना रहा था, जो फ़िडेल्टी की पारंपरिक पद्धति से मेल नहीं खाती थी। वरिष्ठ अधिकारियों ने मेरे सुझावों का विरोध किया था और मुझे चेतावनी दी थी कि अगर मैं उसी पद्धति पर टिका रहा तो मुझे नौकरी से निकाल दिया जाएगा। हालांकि हैरानी की बात है कि जब मैंने चेयरमैन को प्रेजेंटेशन दी तो नतीजा बहुत अच्छा रहा और उन्होंने मेरी सिफ़ारिशें मान लीं। बाद में मुझे पता चला कि यह उसी 'बुद्धिमान सलाहकार' की वजह से हुआ था, जो मुझे काम करते हुए बारीक़ी से देख रही थीं और जिन्होंने पहले ही चेयरमैन को समझा दिया था। तब मैंने चेयरमैन के इस भरोसेमंद सलाहकार समूह का मूल्य समझा, जिसने शायद अनेक ऐसी पहलें देखी और संभाली थीं। इस महिला ने कुछ ही बैठकों में मेरी बात की अहमियत समझ ली थी और मुझे आगे बढ़ने की हरी झंडी दे दी, भले ही वह

विचार परंपरा से अलग और साहसी था। यह निर्णय बुद्धि से उपजा हुआ था, यह साफ़ दिख रहा था।

जब हम बुद्धिमान लोगों के बारे में सोचते हैं, तो ऐसे व्यक्तियों की कल्पना करते हैं जिनसे हम मार्गदर्शन लेना चाहते हैं। बुद्धिमान निर्णय वे होते हैं जिनका असर लंबे समय तक रहता है, हालांकि उस पल में उसे समझ पाना आसान नहीं होता। बुद्धि से काम करना कई बार ऐसा लगता है मानो आपके पास भविष्य देखने वाली क्रिस्टल बॉल हो, जिससे आप उन चीज़ों को देख पाते हैं जो औरों की नज़र से छिपी रहती हैं।

दरअसल, बुद्धिमान लोग डेटा का इस्तेमाल और अधिक प्रभावी ढंग से करते हैं। वे समझते हैं कि बुद्धिमत्ता का अर्थ डेटा की अनदेखी करना नहीं है, बल्कि उसे अपने अनुभव और अंतर्दृष्टि के साथ जोड़ना है। आइए, उस अहम भूमिका के बारे में समझते हैं जो बुद्धि आज की डेटा-फ़र्स्ट दुनिया में निभाती है।

डेटा-फ़र्स्ट दुनिया में बुद्धि का महत्त्व

डेटा की प्रचुरता का यह मतलब नहीं है कि व्यक्तियों के निर्णय अपने आप बेहतर हो जाएंगे। जैसा कि हमने अध्याय 22, डेटा के साथ बेहतर जीवन में चर्चा की थी, डेटा-प्रेरित निर्णय लेने के लिए हमें पांच चरणों की प्रक्रिया से गुज़रना होता है : समस्या की पहचान करना, विकल्प तैयार करना, समाधान तय करना, उसे लागू करना और उसके असर का मूल्यांकन करना। समस्या की पहचान और विकल्प तैयार करना अक्सर अधूरा रह जाता है, जहां हमारी बुद्धि और चिंतन की ज़रूरत पड़ती है। इसी तरह, प्रभाव का मूल्यांकन भी विवेक और आत्मचिंतन से जुड़ा होता है, यानी यह स्पष्ट है कि निर्णय लेने की पूरी प्रक्रिया में बुद्धि की बड़ी भूमिका है। इससे हमें यह समझने में मदद मिलती है कि हम किस समस्या को हल करने का चुनाव कर रहे हैं और किस समाधान को लागू कर रहे हैं, और इन दोनों के दीर्घकालिक नतीजे क्या हो सकते हैं।

आमतौर पर, जब हमारे पास डेटा होता है तो हमें झूठा विश्वास हो जाता है कि हमने समस्या को समझ लिया है, जबकि असलियत में हम सतह को ही छू पाते हैं, ना तो गहराई में जाते हैं और ना ही दूरगामी नतीजों पर ध्यान देते हैं। इन नतीजों के प्रति सचेत रहने में बुद्धि अहम भूमिका निभाती है। अक्सर ऐसा होता है कि लोग एक डेटा सेट के आधार पर कुछ निष्कर्ष निकालते हैं और किसी दूसरे डेटा सेट के आधार पर कुछ अलग निष्कर्ष निकालते हैं। उनकी डेटा-विश्लेषण की क्षमता तो मजबूत होती है, लेकिन दोनों सेटों को जोड़कर पैटर्न पहचानने की क्षमता कमज़ोर रह जाती है। बुद्धि दरअसल पैटर्न-पहचानने की क्षमता ही है।

हाल के समय में हमने अमेरिका के कुछ बड़े बैंकों का पतन देखा है। मार्च 2023 में, 200 अरब डॉलर की संपत्ति वाले सिलिकॉन वैली बैंक दिवालिया घोषित हो गया, क्योंकि ग़लत निवेश निर्णयों के कारण उसे भारी नुक़सान हुआ। एक लेनदेन में उसने घाटे को कवर

करने के लिए 1.8 अरब डॉलर जुटाए थे। जैसे ही यह ख़बर सामने आई, लोगों ने रक़म निकालना शुरू कर दिया और हालात बिगड़ते चले गए। यह स्थिति 1929 की ग्रेट डिप्रेशन और 2008 की वैश्विक वित्तीय संकट जैसी ही थी। साफ़ है कि इन संस्थानों में कई स्तरों पर ख़राब निर्णय लिए गए, जिनके नतीजे बेहद विनाशकारी रहे।

इन वित्तीय संस्थानों के पास डेटा का विशाल भंडार और प्रतिभाशाली कर्मचारी मौजूद थे, तब भी मैं अक्सर सोचता हूं कि इतने अनुभवी और ऊंची तनख़्वाह पाने वाले अधिकारी डेटा और एनालिटिक्स की भरपूर सुविधा के रहते, आख़िर ऐसे निर्णय कैसे ले बैठे जिनके नतीजे इतने गंभीर निकले? क्या यह बुद्धि की कमी थी? लंबी अवधि तक सोचने की क्षमता की कमी थी और फ़ैसलों के नतीजों को गहराई से समझने में असफलता थी?

हम सच में नहीं पता और ना ही इसे परख़ने का कोई तरीक़ा हमारे पास है, लेकिन मेरा मानना है कि केवल डेटा विश्लेषण से हमें सभी सही जवाब नहीं मिल सकते। डेटा-फ़र्स्ट दुनिया में हमें एक झूठा भरोसा हो जाता है, केवल जानकारी लेने भर से हमें लगता है कि हमने उसे समझ लिया और आत्मसात कर लिया है, जबकि सच्चाई यह है कि हमने उसे बस जमा करके रख लिया है। हम केवल जानकारी के उपभोक्ता बनकर रह जाते हैं। जानकारी के उपभोक्ता से जानकारी के उपयोगकर्ता बनने में हमारी मदद बुद्धि ही करती है।

मैं यह नहीं कह रहा कि बुद्धि और जानकारी का कोई संबंध नहीं है, बल्कि सच तो यह है कि जानकारी से मूल्य निकालने में बुद्धि की अहम भूमिका होती है। इसे बेहतर समझने के लिए आइए डेटा, जानकारी और बुद्धि के बीच संबंध को देखें।

बुद्धि का फ़्रेमवर्क

आधुनिक समय में बुद्धि को समझने के लिए सबसे अधिक स्वीकृत मॉडल है डीआईकेडब्ल्यू हायरार्की। इसे विज़डम हायरार्की, नॉलेज हायरार्की, इन्फ़ॉर्मेशन हायरार्की, इन्फ़ॉर्मेशन पिरामिड या डेटा पिरामिड भी कहा जाता है। इस मॉडल में डेटा, जानकारी, ज्ञान और बुद्धिमत्ता शामिल हैं। इसे चर्चा में सबसे पहले रसेल एकॉफ़ 1989 में लाए थे। हालांकि इसकी जड़ें इससे कहीं पहले, 1934 में टी एस इलियट की कविता द रॉक तक जाती हैं, जिसमें उन्होंने जीते हुए जीवन के खोने, ज्ञान में बुद्धि के खोने और जानकारी में ज्ञान के खोने पर विचार किया था। 1980 के दशक के आख़िर में, जब सूचना की अधिकता को लेकर चिंता बढ़ी, तब यह विचार फिर से उभरने लगा।

डीआईकेडब्ल्यू मॉडल क्रमबद्ध प्रगति का सुझाव देता है : डेटा संदर्भ और संरचना के साथ जानकारी में बदलता है, जानकारी से ज्ञान बनता है, और आख़िरकार ज्ञान से बुद्धि विकसित होती है।

कच्चे रूप में डेटा केवल तथ्यों, आंकड़ों और अवलोकनों का संग्रह होता है। यह कुछ ऐसा है जैसे आपके पास संख्याओं की सूची हो, लेकिन उसका कोई मतलब ना हो। जानकारी

इस डेटा को व्यवस्थित, संरचित और संदर्भ जोड़कर अर्थपूर्ण बनाती है, और ऐसे प्रश्नों का उत्तर देती है जैसे, 'क्या', 'कौन', 'कहां' और 'कब'। इससे ऊपर बढ़ते हुए ज्ञान, 'क्यों' और 'कैसे' जैसे पहलुओं में गहराई से जाता है, पैटर्न का विश्लेषण करता है और जानकारी से अंतर्दृष्टि हासिल करता है। बुद्धि, डीआईकेडब्ल्यू हायरार्की की चरम अवस्था है, जिसमें केवल समझ ही नहीं बल्कि ज्ञान और अनुभव के आधार पर ठोस निर्णय और नैतिक फ़ैसले लेने की क्षमता भी शामिल होती है।

जहां मैं डीआईकेडबल्यू हायरार्की के तत्वों और उसके प्रवाह की सराहना करता हूं, लेकिन मुझे लगता है कि इस मॉडल में कुछ अंतर्निहित समस्याएं भी हैं। पिरामिड के रूप में इसे एक रैखिक, एकतरफ़ा प्रगति के साथ प्रस्तुत करना और इसका स्थिर स्वरूप, बुद्धिमत्ता की राह का न्यायसंगत चित्र नहीं दिखाता। वास्तविक दुनिया में, बुद्धि की राह इतनी सरल नहीं होती। यह कहीं अधिक जटिल होती है। मेरी दृष्टि में, यह अक्सर पुनरावृत्ति और निरंतर सीखने की प्रक्रियाओं से होकर गुज़रती है।

मुझे लगता है कि इस अवधारणा को किसी कठोर पिरामिड की बजाय सतत प्रवाह के रूप में देखना ज़्यादा सार्थक होगा। इस प्रवाह में कच्चा डेटा तब सूचना बनता है जब उसमें 'क्या' और संदर्भ जुड़ जाते हैं। यह हमें समझ की एक शुरुआती नींव देता है। आगे बढ़ने पर यही सूचना ज्ञान का रूप ले लेती है, जहां हम केवल 'क्यों' के उत्तर ही नहीं पाते बल्कि काम आने वाली गहरी समझ और सीख भी हासिल करते हैं। इसके बाद, जब यह ज्ञान अनुभव से मिलकर पैटर्न बनाने लगता है, तो हम उन्हीं पैटर्न के आधार पर फ़ैसले लेने लगते हैं, और यहीं से बुद्धि का आरंभ होता है।

Wisdom and Gut in a data-first world

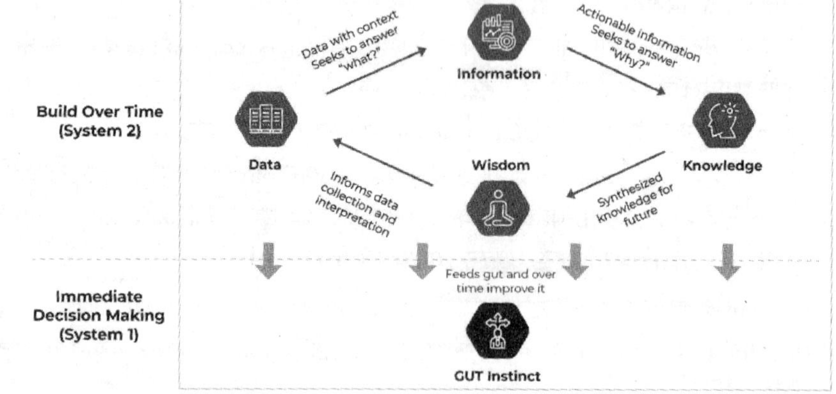

बुद्धि एक दिन में नहीं आती। यह धीरे-धीरे, समय और अनुभव के साथ बनती है। जैसे-जैसे हम इस चक्र में आगे बढ़ते हैं, बुद्धि हमारे लिए किसी रोशनी की तरह काम करती है। यह हमें डिजिटल दुनिया के विशाल डेटा-सैलाब में से बेमतलब की चीज़ें छांटकर असली मायनों पर ध्यान केंद्रित करने की ताक़त देती है। जब यह क्षमता विकसित हो जाती है, तो हम शोर-शराबे से ऊपर उठकर ऐसे फ़ैसले ले पाते हैं जो हमारे लंबे समय के लक्ष्यों, हमारे मूल्यों और ख़ुद के साथ-साथ दुनिया की भलाई से मेल खाते हों।

'बुद्धिमान' अंतर्ज्ञान का विकास

हालांकि बुद्धि और सहज प्रवृत्ति के मूल तत्व डेटा, सूचना और ज्ञान (डीआईके) ही हैं, लेकिन बुद्धिमत्ता इन तत्वों के गहन तालमेल से निर्मित होती है। इसमें सोच-समझकर की गई प्रोसेसिंग और व्यक्ति के अनुभव तथा समझ का सहारा लिया जाता है। यह एक व्यापक दृष्टिकोण को समेटे हुए होती है, जो इसे गहन और सुविचारित बनाती है।

इसके विपरीत, सहज प्रवृत्ति किसी स्थिति या समस्या पर तात्कालिक और तुरंत प्रतिक्रिया को दर्शाती है। यह स्वाभाविक और तेज़ प्रतिक्रिया होती है। सहज प्रवृत्ति और बुद्धिमत्ता के मूल तत्व तो समान हैं, लेकिन सहज प्रवृत्ति में डीआईके का गहराई से प्रसंस्करण नहीं होता। यह अक्सर पहली छाप या त्वरित प्रतिक्रियाओं पर आधारित होती है।

पिछले अध्याय में, मैंने पहले ही निर्णय-लेने के लिए सिस्टम 1 और सिस्टम 2 के विचारों पर चर्चा की है। अब देखते हैं कि ये दोनों प्रणालियां किस तरह एक-दूसरे के साथ मिलकर सहज प्रवृत्ति और बुद्धि के रिश्ते को प्रभावित करती हैं।

शुरुआत में, किसी भी जटिल निर्णय के लिए कोई विचारशील और सोच-समझकर किया गया तरीक़ा ज़रूरी होता है, जिसे सिस्टम 2 सोच कहा जाता है। इसमें पूरे डीआईके चक्र से गुज़रना होता है, यानी डेटा से शुरुआत करना, फिर उसका विश्लेषण करना, विभिन्न पहलुओं पर विचार करना और तर्क तथा कारण के आधार पर निर्णय लेना। यह निर्णय-निर्माण की जागरूक और व्यवस्थित प्रक्रिया है, जो लंबे समय में बुद्धि विकसित करने में मदद करती है।

हालांकि, समय और अनुभव के साथ हमारे निर्णय लेने का तरीक़ा बदलता है। समान परिस्थितियों के लगातार अनुभव से यह पहले जो जागरूक प्रक्रिया थी, वह धीरे-धीरे स्वचालित और अवचेतन बन जाती है। यह हमारे निर्णय-निर्माण का सहज हिस्सा बन जाती है, जिसे सिस्टम 1 या सहज प्रवृत्ति कहा जाता है। हमारी सहज प्रवृत्ति, जो हमारी सीख, अनुभव और बुद्धि से परिपक्व होती है, अत्यंत मूल्यवान साबित होती है। ऐसा लगता है मानो हमारा अंतर्ज्ञान बारीक़ी से तराशा गया हो, जो हमें तेज़, फिर भी सुविचारित निर्णय लेने में सक्षम बनाता है।

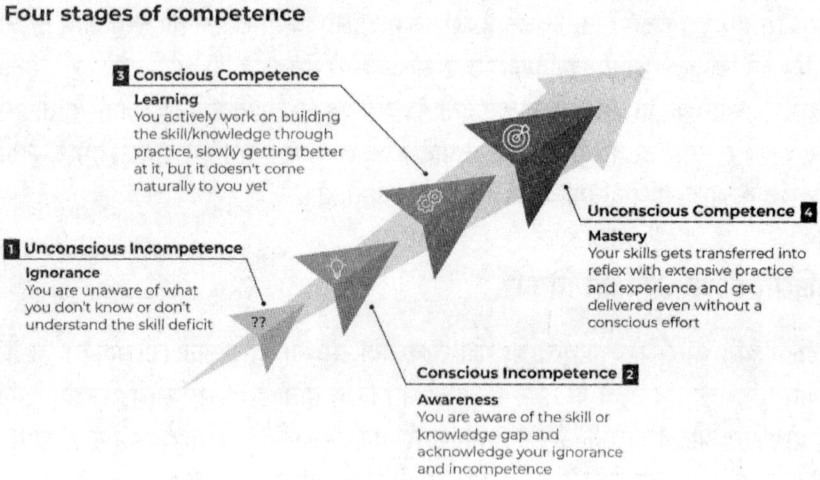

यह ध्यान रखना बेहद ज़रूरी है कि सहज प्रवृत्ति हमेशा सही नहीं होती है। यह व्यक्ति से व्यक्ति और ज्ञान के अलग-अलग क्षेत्रों तथा परिस्थितियों के आधार पर भिन्न हो सकती है। उदाहरण के लिए, मैं आत्मविश्वास से कह सकता हूं कि लोगों से जुड़ी बातों, समस्याओं को सुलझाने और मुद्दों की गहराई तक पहुंचने में मैंने प्रभावी सहज प्रवृत्ति विकसित की है, क्योंकि इन क्षेत्रों में मैंने वर्षों तक अभ्यास किया है और सीखने में समय लगाया है। दूसरी ओर, अगर बात शेयर बाज़ार में निवेश की हो, तो मैं अपनी सहज प्रवृत्ति पर भरोसा नहीं करना चाहूंगा, क्योंकि इस क्षेत्र में मेरे पास व्यावहारिक अनुभव नहीं है।

कुछ सहज प्रवृत्तियां क्यों बिलकुल सटीक होती हैं जबकि कुछ में ग़लतियों और पूर्वाग्रहों की संभावना बहुत अधिक होती है? इस पर बात करने के लिए मैं क्षमता रूपरेखा का ज़िक्र करूंगा, जहां इसके चार चरण हमें यह समझने में मदद करते हैं कि अनुभव, सीख और बुद्धि के आधार पर सहज प्रवृत्ति कैसे बनती है।

सबसे पहले आता है **अचेतन अयोग्यता का चरण,** जिसमें हमें यह भी नहीं पता होता कि हम क्या नहीं जानते। इस समय हमें लग सकता है कि हमारी सहज प्रवृत्ति सही है, लेकिन वास्तव में वह भरोसेमंद नहीं होती है और उस पर आधारित फ़ैसले अक्सर ग़लत हो सकते हैं। इसके बाद आता है **सचेतन अयोग्यता का चरण,** जिसमें हम यह स्वीकार करते हैं कि किसी क्षेत्र में हमारी विशेषज्ञता नहीं है और वहां अपनी सहज प्रवृत्ति पर भरोसा नहीं करना चाहिए। ऐसे में हम डेटा और ज्ञान पर निर्भर होते हैं। तीसरा चरण है **सचेतन योग्यता।** इस स्तर पर हमने कौशल और समझ विकसित कर ली होती है। हम सूझबूझ से फ़ैसले कर सकते हैं, लेकिन इसमें प्रयास और सोच की ज़रूरत होती है। जब हम इस प्रक्रिया को बार-बार दोहराते हैं तो यह हमें पैटर्न पहचानने और अपनी सीख पर विचार करने में मदद करता है। अंततः

हम पहुंचते हैं **अचेतन योग्यता** पर, जहां हमारी क्षमताएं सहज स्वभाव का हिस्सा बन जाती हैं। इस स्तर पर हमारी परिष्कृत सहज प्रवृत्ति बेहद प्रभावी और भरोसेमंद बन जाती है, जो सीख, अनुभव और बुद्धि से गढ़ी गई होती है । यह बाहर से देखने पर लगता है कि व्यक्ति के पास मजबूत सहज प्रवृत्ति है और वह ज़्यादातर सही निकलती है, लेकिन असल में यह वर्षों के अभ्यास और संचित बुद्धि का नतीजा होती है।

अचेतन योग्यता का एक बेहतरीन उदाहरण खेल जगत में देखा जा सकता है। जैसे टेनिस के दिग्गज रोज़र फ़ेडरर और नोवाक जोकोविच। क्या हम सभी यह देखकर चकित नहीं होते कि वे गेंद की चाल को कैसे भांप लेते हैं और चुटकी भर समय में प्रतिक्रिया दे देते हैं? यह कुछ और नहीं बल्कि उनकी सहज प्रवृत्ति है, जो अचेतन योग्यता के चरण पर काम कर रही होती है। वर्षों के अभ्यास से उनके कौशल इतने गहरे बैठ चुके हैं कि वे बिना सोचे-समझे अद्भुत प्रदर्शन कर पाते हैं।

यहां दो महत्त्वपूर्ण अंतःक्रियाएं देखने को मिलती हैं, एक जानकारी और बुद्धि के बीच, और दूसरी सहज प्रवृत्ति और बुद्धि के बीच। जानकारी, बुद्धि बनाने का एक अहम आधार है। जानकारी और अनुभवों पर गहराई से चिंतन करने से हम बुद्धि विकसित करते हैं। साथ ही, बुद्धि हमें विशाल डेटा जगत से सही जानकारी छांटने में मदद करती है, जो आगे चलकर और अधिक बुद्धि बनाने में सहायक होती है।

सहज प्रवृत्ति और बुद्धिमत्ता की अंतःक्रिया भी गहरी है। दोनों ही डेटा, जानकारी और ज्ञान पर आधारित होते हैं, लेकिन इनके नतीजे अलग-अलग होते हैं। बुद्धि अधिक चिंतनशील और दीर्घकालिक होती है, जबकि सहज प्रवृत्ति तात्कालिक और तुरंत प्रतिक्रिया देने वाली होती है। सहज प्रवृत्ति भी बेहद अप्रभावी अचेतन अयोग्यता से लेकर बेहद प्रभावी अचेतन योग्यता तक, कई चरणों से गुज़रती है। ये अंतःक्रियाएं हमें याद दिलाती हैं कि बुद्धि कोई स्थिर चीज़ नहीं है; यह लगातार विकसित होती रहती है। जैसे-जैसे हम सीखते हैं, अनुभव पाते हैं और भरोसेमंद प्रवृत्तियां विकसित करते हैं, वैसे-वैसे हमारी बुद्धि और मजबूत होती जाती है, जिससे हम डेटा-फ़र्स्ट दुनिया में और भी बेहतर फ़ैसले ले पाते हैं।

क्या डेटा-फ़र्स्ट दुनिया में बुद्धि मर रही है?

आज की दुनिया में, जहां हमें हर पल त्वरित संतुष्टि चाहिए और सूचनाओं की बाढ़ चारों तरफ़ फैली है, हम लगातार डेटा से घिरे रहते हैं। जानकारी का उपभोग पहले कभी ना देखी गई गति से हो रहा है, लेकिन विवेक का आधार गहन चिंतन है। और यही चीज़ आज सबसे मुश्किल लगती है, यानी रुककर सोचना और आत्ममंथन करना। मैं अक्सर सोचता हूं : क्या सचमुच बुद्धि मर रही है?

हालांकि मन तो कहता है कि ऐसा ना हो, लेकिन जब मैं अपने आसपास बदलती दुनिया को देखता हूं, तो लगता है कि इस डेटा-समृद्ध युग में बुद्धि सचमुच फीकी पड़ रही है। वजह

यही है कि हमने रुककर विचार करना, आत्मचिंतन करना भुला दिया है। सूचना की इस बाढ़ और अनगिनत डिजिटल स्रोतों के बीच हम ख़ुद को लगातार व्यस्त रखते हैं, लेकिन बुद्धि को पोषण देने वाला ठहराव और गहराई से सोचने का अवसर खोते जा रहे हैं।

हम अक्सर गुणवत्ता से ज़्यादा संख्या को, गहराई से ज़्यादा गति को और चिंतन से ज़्यादा शोरगुल को प्राथमिकता देने लगते हैं। लगातार आने वाली नोटिफ़िकेशन, सोशल मीडिया अपडेट और वायरल सामग्री का आकर्षण हमारा ध्यान अर्थपूर्ण चीज़ों से भटकाकर तुच्छ बातों की ओर खींच लेता है। इन डिजिटल विचलनों में उलझकर हम अनजाने ही उस गहन दृष्टि और समझ से दूर होते जाते हैं, जो बुद्धि हमें मुहैया कराती है।

जैसे-जैसे डेटा तेज़ी से बढ़ता जा रहा है, वैसे-वैसे लोगों में फ़ोमो- (फ़ियर ऑफ़ मिसिंग आउट-कुछ छूट जाने का डर) भी बढ़ रहा है और लोग लगातार अधिक से अधिक जानकारी की खपत कर रहे हैं। हर व्यक्ति अपने लिए प्रासंगिक लगी जानकारी को सहेज तो लेता है, लेकिन वास्तव में उसे पढ़ता नहीं। वह जानकारी बस सूची में शामिल जाती है, ज्ञान या बुद्धि में नहीं बदलती। नतीजा यह होता है कि विषयों की जानकारी की गहराई घटती रही है, बातचीत की गुणवत्ता घटती जा रही है, लेकिन मात्रा बढ़ रही है। लोग बुद्धि को जानकारी या अपने अंदाज़ से गड़बड़ाने लगे हैं।

बुद्धि मात्र जानकारी नहीं है; यह डेटा और जानकारी से पोषित होती है। बुद्धि केवल अंदाज़ भी नहीं है, बल्कि उससे कहीं अधिक है; यह केवल तत्काल प्रतिक्रिया नहीं बल्कि चिंतनशील भी होती है। यह अंतर्दृष्टि, ज्ञान और अनुभव का संगम होती है। केवल वही लोग 'बुद्धिमान महिला-पुरुष' बन सकते हैं जो ठहरने, चिंतन करने और ज्ञान को वास्तव में आत्मसात करने का समय निकालते हैं।

आज की परिस्थिति में बुद्धि क्षीण होती जा रही है। तो क्या इस विलुप्तप्राय, लेकिन मानवीय समझ के इस बेहद अहम पहलू को बचाने का कोई उपाय है?

बुद्धि निर्माण के पांच सिद्धांत

क्या बुद्धि को विकसित किया जा सकता है? मुझे विश्वास है कि इस सवाल का जवाब ज़ोरदार हां है। बिलकुल! बुद्धि को पोषित और विकसित किया जा सकता है। हालांकि यह समझना ज़रूरी है कि यह कोई एक बार के प्रयास से नहीं होगा, बल्कि यह तो सीखने और अनुभवों पर विचार करने की सतत यात्रा है, जो जीवन के हर पहलू में बेहतर निर्णय लेने में मदद करती है।

जब मैं बुद्धि के बारे में सोचता हूं, तो मेरे लिए यह केवल सरल अंतर्दृष्टि से कहीं ज़्यादा है। इसमें गहरी और संतुलित समझ शामिल है, जो अलग-अलग कोणों से जांचे जाने पर भी टिक सके। इस तरह की स्पष्टता गहन अध्ययन और समझ से मिलती है। उदाहरण के लिए वॉरेन बफ़ेट को देखिए। वो एक बुद्धिमान निवेशक हैं क्योंकि वे गहन अध्ययन और अनुभवों

से बनाए अपने सिद्धांतों पर भरोसा करते हैं। वे लंबे समय के लिए निवेश करते हैं और जिन कंपनियों में निवेश करते हैं, उनमें अक्सर जाकर अपनी समझ को मजबूत करते हैं।

वॉरेन बफ़ेट के विश्वास सामान्य धारणा से अलग हो सकते हैं, लेकिन वे उनके अनोखे दृष्टिकोण, अनुभव और पिछले फ़ैसलों से बने हैं। अलग-अलग तथ्यों को जोड़ना, पैटर्न पहचानना और समय के साथ अपनी पद्धति को परिष्कृत करना उनकी बुद्धिमानी का उदाहरण है।

मैं ख़ुद को बुद्धि की राह का विद्यार्थी ही मानता हूं। यह तो ऐसी यात्रा है जो निरंतर सीखने और आत्मचिंतन की मांग करती है। विशेषज्ञों की अंतर्दृष्टियों पर विचार करते हुए मैंने महसूस किया है कि बुद्धि अक्सर आत्ममंथन के शांत क्षणों से शुरू होती है। वहीं से धीरे-धीरे पांच सिद्धांत उभरते हैं, जिनके बारे में मैं आगे बात करूंगा। समय के साथ ये सिद्धांत आदत का रूप भी ले लेते हैं।

ये आपस में जुड़े पांचों सिद्धांत बुद्धि के विकास में योगदान करते हैं। बुद्धि के ये घटक आपस में जुड़कर किसी सुंदर पहेली की तरह मिलते हैं। आइए, मैं संक्षेप में इन सिद्धांतों को समझाता हूं और यह भी बताता हूं कि इन्हें मैंने अपने पेशेवर और व्यक्तिगत जीवन में कैसे अपनाया है।

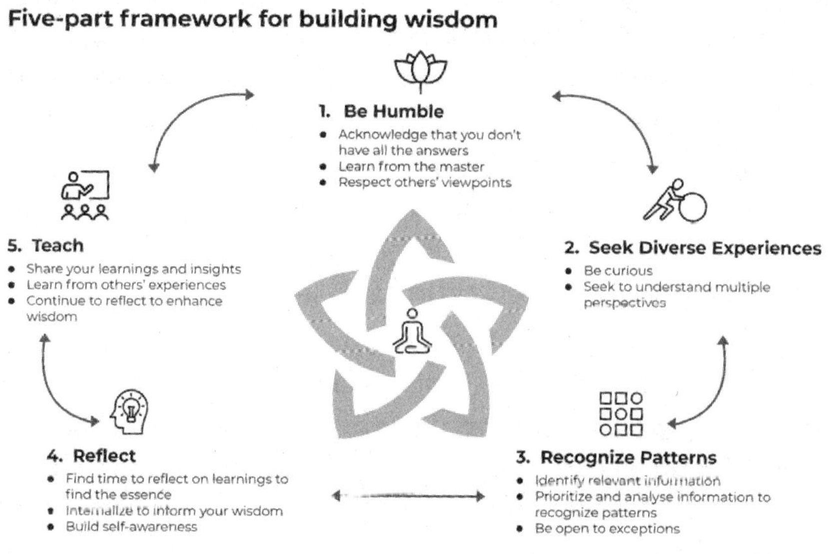

सबसे पहले है **विनम्रता या नम्र बने रहना**। इसका अर्थ है आत्म-जागरूक होना, यह स्वीकार करना कि आप सब कुछ नहीं जानते, बिना फ़ैसला किए सुनना और दूसरों के विचारों के प्रति खुले रहना। असल में इसका मतलब है अलग-अलग दृष्टिकोणों को स्वीकार करना

और उन्हें खुले मन से परख़ना। जब इंसान बढ़ता है और सफल होता है तो वही सफलता उसे आत्ममुग्ध और अहंकारी बना सकती है। ऐसे में वह सुनना बंद कर देता है और दूसरों के विचारों को नकार देता है। इसलिए मैं जानबूझकर अपनी बातचीत और कामकाज में ज़्यादा समावेशी बनने की कोशिश करता हूं और जितना संभव हो सके, विविध दृष्टिकोणों की तलाश करता हूं। यही मुझे ज़मीन से जोड़े रखता है।

इसके बाद आता है विविध अनुभवों की तलाश करना। इसे बच्चों जैसी जिज्ञासा समझिए। अपने आरामदायक दायरे से बाहर निकलने और दूसरों से सीखने की तरह समझिए। जब आप ऐसा करते हैं तो आपको दुनिया की व्यापक समझ मिलती है और आप ज़्यादा बुद्धिमानी भरे फ़ैसले ले पाते हैं क्योंकि आपके पास अनुभवों का विशाल भंडार होता है। मैं अलग-अलग तरह की गतिविधियां करता हूं ताकि खुद को लगातार नई चुनौतियां दे सकूं। कभी खेल खेलता हूं, कभी ध्यान करता हूं, कभी यात्रा करता हूं और नए लोगों से भी मिलता हूं। हर नया अनुभव मुझे ताजा ज्ञान देता है और अलग-अलग विषयों की गहरी समझ भी बढ़त है। मैं जितना हो सके, माहिर लोगों से सीखने की कोशिश करता हूं। यह सीख मुझे विनम्र बनाती है और जीवन को गहरे और समृद्ध अनुभवों से भर देती है।

जब हम ढेर सारी जानकारी इकट्ठा कर लेते हैं और उसे सही तरीक़े से व्यवस्थित करने लगते हैं, तब हम **पैटर्न पहचानना** शुरू करते हैं। मतलब यह कि हम अलग-अलग जानकारियों के बीच संबंध और समानताएं देखने लगते हैं। यह ठीक वैसा ही है जैसे पहेली सुलझाते समय धीरे-धीरे समझ में आने लगता है कि कौन-सा टुकड़ा किस जगह फ़िट होगा। पैटर्न पहचानना बहुत ज़रूरी है, क्योंकि यह हमें चीज़ों को गहराई से समझने और बेहतर फ़ैसले लेने में मदद करता है। केवल अलग-अलग अनुभव जुटा लेना काफ़ी नहीं होता है। उनका महत्त्व तभी है जब हम उनसे यह निष्कर्ष निकाल सकें कि अब इसका मतलब क्या है। यही प्रक्रिया हमें बिंदुओं को जोड़ने और दोहराए जाने वाले पैटर्न पहचानने में मदद करती है। ऐसे पैटर्न पहचानकर हम ढांचे और दृष्टिकोण बना पाते हैं, जो हमें बार-बार आने वाली परिस्थितियों से अधिक प्रभावी ढंग से निपटने में सक्षम बनाते हैं।

हालांकि बुद्धि **चिंतन** के बिना पूरी नहीं होती। यह एक और बेहद ज़रूरी तत्व है। हमारी व्यस्त ज़िंदगी में हम अक्सर ठहरकर आत्ममंथन करना भूल जाते हैं। चिंतन हमें अपने अनुभवों को समझने और उनसे क़ीमती सीख निकालने का मौक़ा देता है। यही सीख पैटर्न पहचानने और बुद्धि विकसित करने के लिए ज़रूरी होती है। गहराई से सोचने और चिंतन करने के लिए समय निकालना बेहद ज़रूरी होता है। लगातार भागदौड़ में हमारे चारों तरफ़ अव्यवस्था फैली रहती है। इसलिए मैं नियमित अंतराल पर थोड़ा समय अलग निकालकर चिंतन ज़रूर करता हूं। चिंतन से सोच और कर्म में स्पष्टता आती है। इसी वजह से मैंने इस अध्याय में आगे इसके लिए एक अलग हिस्सा भी रखा है, क्योंकि इसका महत्त्व कम करके नहीं आंका जा सकता।

आख़िर में, बुद्धि का मतलब यह नहीं है कि जो आप जानते हैं उसे अपने तक सीमित रखें। असली मायने यह हैं कि जो सीखा है, उसे **दूसरों तक पहुंचाएं** और **साझा करें**। ज्ञान को अपने पास जमा करने की बजाय उसे फैलाइए। मुझे तो सिखाना और अपना ज्ञान बांटना बहुत पसंद है। मैंने सालों में जो भी सीखा है, उसे साझा करने के लिए ही तो यह किताब लिख रहा हूं। मेरा तो मानना है कि ज्ञान वह चीज़ है जो बांटने से और बढ़ती है। जब मैं साझा करता हूं, तो मुझे अपना ज्ञान परख़ने का अवसर मिलता है। इससे एक फ़ीडबैक चक्र बनता है, जो सीखते रहने और आगे बढ़ने के लिए बेहद ज़रूरी होता है।

तो बुद्धि के पांच सिद्धांत - विनम्रता, विविध अनुभवों की खोज, पैटर्न पहचानना, चिंतन और साझा करना - आपस में जुड़े हुए धागों की तरह हैं। ये एक-दूसरे को प्रभावित करते हैं और समृद्ध बनाते हैं। उदाहरण के लिए, जब आप जीवन को विनम्रता से जीते हैं, तो आप नए अनुभवों के लिए तैयार होते हैं। यही अनुभव आपको पैटर्न पहचानने में मदद करते हैं। जब आप इन पैटर्नों पर चिंतन करते हैं तो आपकी समझ और गहरी होती जाती है। और यही ज्ञान जब आप दूसरों से साझा करते हैं तो उनका भी भला होता है। दूसरों को सिखाने का अनुभव भी विनम्र होता है, क्योंकि इससे अक्सर पता चलता है कि कहां आपकी जानकारी अधूरी है और कहां और सीखने की ज़रूरत है। यह अहसास आपको विनम्र बनाए रखता है और याद दिलाता है कि सीखने और खोजने के लिए हमेशा और भी कुछ बाक़ी है। इसी तरह, इन सिद्धांतों में से किसी एक से शुरुआत करने पर भी आप बुद्धि के विकास की निरंतर प्रक्रिया में शामिल हो जाते हैं।

बुद्धि कोई मंज़िल नहीं है, बल्कि यह सीखने और बढ़ने की निरंतर यात्रा है। मेरे फ़्रेमवर्क में बताए गए तरीक़े की तरह, यह किसी भी कौशल की तरह ही है, जिसके लगातार अभ्यास से आप समय के साथ-साथ बेहतर बनते जाते हैं। बुद्धि कोई एक बार की उपलब्धि नहीं है, बल्कि सही निर्णय लेने और जीवन की जटिलताओं को समझकर आगे बढ़ने की क्षमता का लगातार निखार है।

चिंतन के लिए समय निकालिए

बुद्धि हासिल करने के लिए चिंतन अहम तत्व है। आज की तेज़ रफ़्तार ज़िंदगी में हमारे पास अक्सर चिंतन या आत्मचिंतन का समय ही नहीं होता। हालांकि सच्ची बुद्धिमानी, ख़ासकर नेतृत्व में, तब आती है जब व्यक्ति अपने अंदर झांकता है, अपने कामों की ज़िम्मेदारी लेता है और व्यक्तिगत विकास को अपनाता है। बुद्धिमान नेता ना सिर्फ़ ख़ुद का विश्लेषण करते हैं, बल्कि अपने विश्वासों और व्यवहारों को बदलने के लिए भी तैयार रहते हैं। अगर कोई व्यक्ति सीनियर पॉजिशन पर है और उसके संगठन में समस्याएं हैं, तो संभव है कि उन समस्याओं को पैदा करने में उसकी भी भूमिका रही हो। इसे स्वीकार करना उन समस्याओं को हल करने की दिशा में पहला क़दम होता है, ताकि सभी के लिए स्थिति बेहतर बनाई जा सके। यही

बात आत्म-जागरूकता की अहमियत को साफ़ करती है। असल में, समझदारी वहीं से शुरू होती है जब आप यह पहचानते हैं कि मौजूदा हालात में आपका अपना क्या योगदान है और सभी के भले के लिए सोच-समझकर बदलाव करने को तैयार रहते हैं। आत्म-जागरूकता का मतलब है, अपने मूल्यों को पहचानना, अपनी प्रेरणाओं को समझना और यह जानना कि आपके व्यवहार का दूसरों पर क्या असर पड़ता है। बुद्धि की कई अकादमिक परिभाषाएं भी इसी आत्म-जागरूकता और आत्मचिंतन पर आधारित हैं।

डेटा-फ़र्स्ट दुनिया में भी व्यक्तिगत समझ, अंतर्ज्ञान और निर्णय की भूमिका बनी रहती है। इन गुणों को पोषित करने का रास्ता ख़ुद से गहरा जुड़ाव बनाने से शुरू होता है। इससे आपकी पैटर्न पहचानने की क्षमता तेज़ होती है, जो बुद्धिमानी का मूल है। आज की दुनिया में, जहां केवल डेटा ही काफ़ी नहीं है, वहां आपकी बुद्धि ही आपको अलग पहचान देती है।

जब चिंतन आत्मचेतना पर आधारित होता है, तो बुद्धि को बढ़ावा देता है। मेरे लिए ध्यान ऐसा शक्तिशाली साधन है, जो आपको अपने अंदर से जोड़ता है। यह अभ्यास आत्म-अन्वेषण और चेतना में गहराई तक जाता है, ताकि आप अपने विचारों और भावनाओं से जुड़ सकें। यह बाहरी व्यवधानों को शांत करके आपको आपके मूल्यों, प्रेरणाओं और अंदर की प्रक्रियाओं की समझ देता है, और आपकी आत्म-जागरूकता को मजबूत करता है। यह बढ़ी हुई आत्म-जागरूकता, मौजूदा हालात में अपनी भूमिका स्वीकार करने के साथ मिलकर, बुद्धिमानी की दिशा में एक अहम क़दम है। मैं इस विषय पर अध्याय 25, डिजिटल एंगेजमेंट बनाम डिजिटल डिटॉक्स में विस्तार से बताऊंगा।

बुद्धि का संकलन – व्यक्ति से लेकर टीम और संगठनों तक

टीम की बुद्धि व्यक्तिगत बुद्धि से कहीं ज़्यादा होती है। टीम में विविधता से टीम की समझ को आकार मिलता है। प्रत्येक सदस्य अपने 'क्या' को लेकर आता है - जो मिलकर 'क्यों' और 'कैसे' में बदलता है - और इसी से टीम की बुद्धि बनती है। अध्याय 20 में हमने 'भीड़ की बुद्धिमत्ता' के विचार पर चर्चा की थी, जिसने दुनिया के कुछ बेहतरीन उत्पाद और सेवाएं विकसित करने में मदद की, जैसे कि गूगल का रैंकिंग एल्गोरिदम।

बुद्धि विकसित करना एक दोहराई जाने वाली प्रक्रिया है और इसके लिए काफ़ी संवाद की ज़रूरत होती है। इसमें समय लगता है। व्यक्तिगत स्तर पर यह आंतरिक संवाद हो सकता है। टीम स्तर पर यह टीम संवाद होता है, जिसमें सभी दृष्टिकोणों को सुना जाता है, उन्हें मिलाया जाता है, अंतर्दृष्टि विकसित की जाती है और फिर लक्ष्यों के लिए सामंजस्य बैठाया जाता है। जब कुछ लोग टीम में बातचीत करते हैं, तो वे अपने विचार साझा करते हैं, जो कभी-कभी भिन्न भी हो सकते हैं। किसी और की बात को सम्मानपूर्वक सुनना, स्वस्थ चुनौती देना और फिर सहमति पर आना बेहतर निर्णय लेने में मदद करता है और इसका अहम

प्रभाव पड़ता है। मेरे हिसाब से, इस प्रक्रिया और संवाद के जरिए टीम ज्ञान का विकास ही टीम बुद्धि है।

विविधता बुद्धि को सक्षम बनाती है, क्योंकि यह दूसरों के अनुभवों से सीखने का अवसर देती है। इसी कारण प्रगतिशील संगठन विविध टीम बनाने पर ध्यान देते हैं, जिसमें लिंग, जातीयता और उम्र का प्रतिनिधित्व भी शामिल हो सकता है। विभिन्न दृष्टिकोणों वाले लोगों को एक साथ लाने से टीम की बुद्धि विकसित होती है। व्यक्तिगत स्तर पर, ऐसे लोगों के साथ संबंध विकसित कीजिए जो आपके विचारों की जांच कर सकें। मेरे लिए यह अनुभव बेहद मूल्यवान रहा है। और निश्चित रूप से, मेरी सबसे बड़ी वैचारिक साझीदार मेरी पत्नी हैं, जिससे मुझे बहुत विविध और चुनौतीपूर्ण दृष्टिकोण मिलते हैं।

जब यह सामूहिक और सहयोगात्मक बुद्धि का विचार व्यक्तियों और टीमों से संगठन तक फैलता है, तो इसे संगठनात्मक बुद्धि कहा जाता है। यह ऐसे परिवेश का निर्माण करता है जो विश्वास को बढ़ावा देता है, खुले संवाद को प्रोत्साहित करता है और विविध दृष्टिकोणों को महत्त्व देता है, और यह संगठन की संस्कृति का अभिन्न हिस्सा बन जाता है।

जो संगठन संगठनात्मक बुद्धि पर ध्यान देते हैं, उनके लीडर आत्म-चिंतन करते हैं, रोल मॉडल के रूप में काम करते हैं, सहानुभूति दिखाते हैं, ज़िम्मेदारी लेते हैं और अपने कार्यों के लिए जवाबदेह होते हैं। ये संगठन समझते हैं कि बुद्धि केवल उपलब्धियों की बात नहीं है, बल्कि इससे भी संबंधित होती है कि लोग इसे कैसे हासिल करते हैं और समाज पर उसका सकारात्मक प्रभाव क्या होता है।

बुद्धि तो समयहीन और मूलभूत मानव क्षमता रही है और 21वीं सदी के डेटा-फ़र्स्ट और एआई युग में यह और भी अहम हो गई है। अनुभव और ज्ञान के जरिए बुद्धि विकसित होने में सालों लगते हैं। यह सूचना के असीम प्रवाह के बीच मार्गदर्शन करती है, यह तय करने में मदद करती है कि वास्तव में क्या अहम है और प्रभावी निर्णय लेने में मदद करती है। यह शायद हमारे आपस में जुड़े वैश्विक समाज के भविष्य की कुंजी है।

प्रमुख निष्कर्ष

- बिग डेटा की दुनिया में, बुद्धि का महत्त्व कम नहीं हुआ है; बल्कि यह और भी आवश्यक हो गया है। यह एक प्रकार का प्रोप्राइटरी नॉलेज है, जो व्यक्तियों को अलग पहचान देता है और उन्हें बुद्धिमानी से और अधिक प्रभावी निर्णय लेने में सक्षम बनाता है।
- बुद्धि को परिभाषित करना जटिल है, क्योंकि यह बहुआयामी है। इसमें तीन मुख्य तत्व शामिल हैं: गहराई से सोचना, मजबूत मूल्यों को बनाए रखना, और व्यक्तियों को ऐसे सही और अच्छी तरह से सूचित निर्णय लेने में सशक्त बनाना, जिनका दीर्घकालिक और स्थायी प्रभाव हो।

- सहज अंतर्ज्ञान और बुद्धि की मूल सामग्री समान है, लेकिन बुद्धि अधिक चिंतनशील होती है जबकि सहज अंतर्ज्ञान अधिक तात्कालिक और स्वतःस्फूर्त होता है। जब सहज अंतर्ज्ञान अवचेतन अयोग्यता से जागरूक कौशल में बदल जाता है, तो बेहद विश्वसनीय बन सकता है।
- बुद्धि का निर्माण आपस में जुड़े पांच मुख्य सिद्धांतों पर आधारित है - विनम्रता, विविध अनुभव हासिल करना, पैटर्न पहचानना, चिंतन करना, और ज्ञान सिखाना तथा साझा करना। ये सिद्धांत एक-दूसरे को प्रभावित और समृद्ध करते हैं, जिससे बुद्धि विकसित करने का एक सकारात्मक चक्र बनता है। चिंतन और आत्म-जागरूकता जैसी प्रक्रियाओं को ध्यान जैसे अभ्यास से विकसित किया जा सकता है।
- टीम की बुद्धि व्यक्तिगत बुद्धि से अधिक होती है, क्योंकि टीम की बुद्धि में विभिन्न दृष्टिकोणों शामिल होते हैं। संगठनों में, यह संगठनात्मक बुद्धिमत्ता में विकसित होती है, जो विश्वास, खुले संवाद और विविध दृष्टिकोणों को बढ़ावा देती है, और अंततः संगठन की संस्कृति को आकार देती है।
- टीम की बुद्धि व्यक्तिगत बुद्धि से ज़्यादा होती है क्योंकि इसमें अलग-अलग लोगों के अनोखे नज़रिए मिलकर सामूहिक बुद्धि बनाते हैं। संगठनों में यह संगठनात्मक बुद्धिमत्ता में बदल जाती है, जो विश्वास, खुले संवाद और विविध दृष्टिकोणों को बढ़ावा देती है और आख़िरकार संगठन की संस्कृति को आकार देती है।

24

डेटा शेयरिंग बनाम डेटा प्राइवेसी

सही संतुलन बनाना

'शोषण डेटा का नहीं, लोगों का हो रहा है।'

~ एडवर्ड स्नोडेन,
पूर्व सीआईए कर्मचारी, तथा नैशनल
सिक्योरिटी एजेंसी (एनएसए) कॉन्ट्रैक्टर

हमने पिछले खंड में देखा कि डेटा सिक्योरिटी डेटा-फ़र्स्ट दुनिया में उद्यमों के लिए सबसे बड़ी चुनौतियों में से एक है। हमने यह भी देखा कि उद्यमों के लिए डेटा लोकतंत्रीकरण और डेटा सिक्योरिटी के बीच संतुलन और समझौता करना पड़ता है। इसी तरह, व्यक्तियों के लिए डेटा गोपनीयता भी बड़ी चिंता है और डेटा साझा करने और डेटा गोपनीयता के बीच संतुलन बनाना पड़ता है।

इंटरनेट के शुरू होने के समय से ही डेटा गोपनीयता का विषय गहन बहस का हिस्सा रहा है। जहां डेटा बेहद व्यक्तिगत सेवाएं मुहैया कराने का आधार बनता है, जैसा कि अध्याय 21 में चर्चा की गई थी, वहीं यह गोपनीयता संबंधी चिंताएं भी उत्पन्न करता है। कई परिस्थितियों में यह बेहद लाभकारी हो सकता है, लेकिन कुछ मामलों में यह चिंता का कारण भी बन सकता है। यह सोचकर ही डर लगता है कि कोई है (भले ही वह कहीं सर्वर पर हो) जो जानता है कि आप कौन हैं, आपको क्या करना पसंद है और आप कैसे व्यवहार करते हैं। इन समस्याओं को हल करना आसान नहीं है क्योंकि व्यक्तियों, संगठनों और सरकार के बीच जटिल संबंध होते हैं, जिनके हित और उद्देश्य अक्सर मेल नहीं खाते।

हालांकि इस मामले में वैश्विक स्तर पर कोई साझा सहमति नहीं बन पाई है, लेकिन अक्सर यह व्यक्तिगत विकल्प और ज़िम्मेदारी पर निर्भर करता है कि डिजिटल युग में कोई व्यक्ति कितना डेटा शेयर करने को तैयार है। लोग हमेशा कहते हैं कि अगर कोई चीज़ निजी

है, तो उसे फ़ेसबुक जैसे सार्वजनिक प्लेटफ़ॉर्म पर मत डालिए। यह सलाह प्राचीन बुद्धि को दोहराती है जो व्यक्तिगत जानकारी शेयर करने से बचने की चेतावनी देती है, यहां तक कि अपने सबसे क़रीबी लोगों के साथ भी इससे बचना चाहिए। हालांकि, जिस अत्यधिक जुड़ी हुई दुनिया में हम रहते हैं, वहां यह तय करना कठिन होता जा रहा है कि कब, कैसे और कौन सा डेटा एकत्र किया जा रहा है और सबसे महत्त्वपूर्ण, उसका इस्तेमाल कैसे किया जा रहा है।

जब आप केवल किसी संगठन के साथ नहीं बल्कि सरकार के साथ डेटा साझा कर रहे हों तो गोपनीयता के मुद्दे और जटिल हो जाते हैं। हम अपनी सरकारों पर कई निर्णय लेने के लिए भरोसा करते हैं, लेकिन कभी-कभी उन निर्णयों में अंतर्निहित गोपनीयता चिंताएं भी होती हैं। चीन के उदाहरण में डेटा शेयर करने और गोपनीयता बहस के दोनों पहलू यानी लाभ और चिंताएं देखने को मिलती हैं। चीन के शीर्ष पुलिस संगठन, सार्वज़निक सुरक्षा मंत्रालय ने चीनी समाज में विश्वास बढ़ाने के लिए एक सामाजिक क्रेडिट सिस्टम शुरू किया। इस सिस्टम की शुरुआत वित्तीय क्रेडिट योग्यता पर केंद्रित थी ताकि व्यक्तियों और व्यवसायों को पूरी तरह से सूचित निर्णय लेने में मदद मिल सके। हालांकि हाल के सालों में, यह सिस्टम वित्तीय क्रेडिट योग्यता से आगे बढ़कर नागरिकों के व्यवहार और विश्वसनीयता को आंकने पर भी काम करने लगा। सामाजिक क्रेडिट रैंकिंग नागरिकों को पुरस्कार देने या दंडित करने के लिए आधार बन गई। उदाहरण के लिए, अगर आप कोर्ट का बिल नहीं चुकाते, या बहुत ज़्यादा ज़ोर से संगीत बजाते हैं, तो ट्रेन टिकट बुक करने के लिए मेट्रा के इस्तेमाल जैसे आप के कुछ अधिकार छिन सकते हैं। चीन में निगरानी स्टेट लगातार बढ़ रहा है। अधिकारी फ़ोन ट्रैकर्स, डीएनए नमूने, आईरिस स्कैन और वॉइस प्रिंट का इस्तेमाल करके नागरिकों के व्यापक प्रोफ़ाइल तैयार कर रहे हैं ताकि संदिग्ध अपराधियों को पकड़ने में मदद मिल सके। दुनिया के किसी भी अन्य हिस्से में इस पैमाने पर और इतनी व्यापक डेटा प्रणालियों का उपयोग व्यक्तिगत व्यवहार को नियंत्रित करने के लिए नहीं किया जाता।

तुलनात्मक रूप से कम दख़ल देने वाले लेकिन व्यापक प्रयास के रूप में भारत में आधार प्रणाली लागू की गई, ताकि सरकारी सेवाओं को सरल बनाया जा सके और भारतीय नागरिकों के लिए पहुंच बेहतर हो। आधार में नागरिकों को एक विशिष्ट पहचान संख्या मिलती है, जो कई सेवाओं से जुड़ी होती है, जैसे पैन कार्ड के जरिए कराधान और निजी संस्थाओं की बैंकिंग सेवाएं। अमेरिका में, सोशल सिक्योरिटी कार्ड लंबे समय से पहचान और सरकारी लाभों तक पहुंच के लिए इस्तेमाल होता रहा है।

हालांकि इस तरह की सरकारी पहलें जीवन को आसान बनाती हैं या पारदर्शिता लाती हैं, लेकिन इनसे व्यक्तिगत जानकारी संगठनों और सरकारों के हाथों में भी चली जाती है। यही वजह है कि गोपनीयता और सुरक्षा पर बहस छिड़ी रहती है। इसके अलावा, यह आपकी जानकारी को आपके निजी नियंत्रण से बाहर कर देती हैं और इससे हैकिंग का भी ख़तराहो जाता है, जिससे निर्दोष व्यक्तियों को भी नुक़सान झेलना पड़ सकता है।

ये उदाहरण बताते हैं कि लगातार डिजिटल होती दुनिया में सेवाओं को बेहतर बनाने और लोगों के निजी डेटा की सिक्योरिटी के बीच संतुलन बनाए रखना काफ़ी ज़रूरी है। स्पष्ट है कि ये आसान फ़ैसले नहीं हैं और इनमें कई पक्ष शामिल होते हैं, जिससे इसे हासिल करना और भी कठिन हो जाता है।

डेटा गोपनीयता की जटिल स्थिति : व्यक्ति, संगठन और सरकार

ज़्यादातर समय तो लोग गोपनीयता के मुद्दों की गंभीरता से अनजान ही रहते हैं। इसका बड़ा कारण तो यह है कि बहुत से लोगों को डेटा के ग़लत इस्तेमाल से जुड़े ख़तरों और नतीजों के बारे में पर्याप्त जानकारी नहीं होती।

अक्सर लोग यह पूरी तरह समझ नहीं पाते कि उनका व्यक्तिगत डेटा कितना मूल्यवान है या इसे किस हद तक इकट्ठा किया जाता है, शेयर किया जाता है और अलग-अलग संस्थाएं इसका ग़लत तरीक़े से इस्तेमाल कर सकती हैं। ज़्यादातर लोग अपने डेटा गोपनीयता अधिकारों से भी अनजान रहते हैं। इनमें यह अधिकार शामिल है कि वे अपने निजी डेटा पर नियंत्रण रख सकें और समझ सकें कि उसका इस्तेमाल कैसे हो रहा है।

सही जानकारी ना होने पर लोग अक्सर उन शर्तों को मान लेते हैं जिनके तहत उनका डेटा इकट्ठा और साझा किया जाता है। अगर उन्हें पूरी जानकारी हो, तो वे इसका विरोध करते। इसी तरह, लोग डेटा लीक या ग़लत इस्तेमाल से जुड़े ख़तरों को कम आंकते हैं, इसलिए अपने डेटा की सिक्योरिटी के लिए सक्रिय क़दम नहीं उठाते। ज़्यादातर मामलों में लोग डेटा गोपनीयता की अहमियत तब समझते हैं जब वे डेटा लीक या पहचान चोरी जैसी घटनाओं का सामना करते हैं, लेकिन तब तक बड़ा नुक़सान हो चुका होता है।

यही असमान जानकारी संगठनों के लिए फ़ायदे का कारण बनती है। इसका एक अच्छा उदाहरण 2018 में कैंब्रिज एनालिटिका मामले पर अमेरिकी कांग्रेस में मार्क जुकरबर्ग की गवाही का है। उस दौरान सीनेटर डर्बिन ने उनसे पूछा, "मिस्टर जुकरबर्ग, क्या आप हमें बता सकते हैं कि आप कल रात किस होटल में ठहरे थे?"

जुकरबर्ग ने जवाब दिया, "नहीं, मैं यह बताना ठीक नहीं समझता हूं, सीनेटर।"

इसके बाद डर्बिन ने पूछा, "क्या आप बता सकते हैं कि आपने कल रात किस-किसको मैसेज किए?"

जुकरबर्ग ने फिर कहा, "नहीं।"

इस पर डर्बिन ने कहा, "यही तो गोपनीयता का मुद्दा है। फ़ेसबुक क्यों यह बताता है कि उसके किसी यूजर ने कहां चेक-इन किया या उसके पास ये जानकारी क्यों होती है?"

जुकरबर्ग ने जवाब दिया, "क्योंकि... लोग ख़ुद चुनते हैं।"

लेकिन असलियत यह है कि हम सभी जानते हैं कि सहमति देने वाले यूजर वास्तव में नहीं जानते थे कि वे किस चीज़ की इजाजत दे रहे हैं, यानी यह उसकी सचमुच की "चॉइस" नहीं थी।

हम सभी जानते हैं कि कई संगठनों को लोगों के डेटा के इस्तेमाल में पारदर्शिता ना रखने पर भारी जुर्माने भरने पड़े हैं। 2020 में फ्रांस की डेटा सिक्योरिटी एजेंसी ने गूगल पर लगभग 57 मिलियन डॉलर का जुर्माना लगाया क्योंकि उसने साफ़-साफ़ नहीं बताया था कि यूजर्स का निजी डेटा कैसे इस्तेमाल किया जा रहा था। 2019 में ट्विटर ने स्वीकार किया था कि उसने विज्ञापनदाताओं को यूजर्स का व्यक्तिगत डेटा उपलब्ध कराया ताकि वे मार्केटिंग अभियानों को ज़्यादा प्रभावी बना सकें।

हालांकि ऐसी घटनाएं दुनिया भर में हलचल पैदा करती हैं, लेकिन लंबे समय में शायद ही कभी कंपनियों के कामकाज में कोई बदलाव आता है। हम इन खुलासों को जानते हैं, थोड़ा संदेह से देखते हैं लेकिन जानते हैं कि यह सब हो रहा है। हमारे पास विकल्प है कि हम इन एप या प्रोडक्ट का इस्तेमाल बंद कर दें, लेकिन हममें से कितने लोग सचमुच ऐसा करते हैं?

लोग भी इस डेटा ग़लत इस्तेमाल की व्यवस्था का हिस्सा बने हैं। 2015 में, मॉर्गन स्टैनली के एक वित्तीय सलाहकार ने लगभग 7,30,000 खातों का डेटा सेव करने और उसे प्रतियोगी कंपनी में ले जाने की कोशिश करने की बात स्वीकार की। हैकर्स ने उस कर्मचारी के कंप्यूटर में सेंध लगाई और लगभग 900 खातों का निजी डेटा ऑनलाइन पोस्ट कर दिया था। हालांकि जब लोग अपने कामों के नतीजों को समझने लगेंगे, तो इस तरह की घटनाओं को रोका जा सकता है।

सबसे बड़ी समस्या तब होती है जब सरकार डेटा का इस्तेमाल व्यक्तियों को निशाना बनाने के लिए करती है। 2014 में शिकागो पुलिस ने कंप्यूटर से तैयार सूची के आधार पर उन लोगों के घर वर्दीधारी अधिकारी भेज दिए थे जिन्हें संभावित अपराधी माना गया था और उन्हें 'कस्टम नोटिफ़िकेशन' दिया था। अमेरिका में रेस्ट्रिक्ट एक्ट का मक़सद भले ही टिकटॉक पर प्रतिबंध लगाना था, लेकिन इसके तहत सरकार को हमारे उपकरणों, सुरक्षा कैमरों, इंटरनेट हिस्ट्री, पेमेंट एप्स और बहुत कुछ तक असीमित एक्सेस देने का अधिकार भी शामिल था। ऐसी घटनाएं और चीन की कहानी हॉलीवुड फ़िल्म जैसी लगती हैं, जैसे टॉम क्रूज की फ़िल्म *माइनॉरिटी रिपोर्ट* में पुलिस अपराध की भविष्यवाणी कर पहले ही लोगों को पकड़ लेती है। फ़िल्म की तरह की यह स्थिति निजता और नागरिक स्वतंत्रता के लिए बेहद ख़तरनाक है।

इसका असर गंभीर है, क्योंकि यह सूचना स्वतंत्रता क़ानून को कमज़ोर करती है और सरकार को चिकित्सा रिकॉर्ड, वित्तीय डेटा और निजी बातचीत जैसी संवेदनशील निजी जानकारी तक बिना रोक-टोक पहुंचने की अनुमति देती है।

नीति निर्माण में काम करने के दौरान, ख़ासकर 2011 से 2016 तक नैसकॉम के साथ निकट सहयोग के समय, मुझे यह समझने का मौक़ा मिला कि नीति निर्माताओं को कितनी जटिल दुविधाओं का सामना करना पड़ता है। ऐसी नीतियां बनाना बड़ी चुनौती होती है जो व्यापक जनहित के लिए बेहतर हों या व्यक्तियों के हितों को प्राथमिकता दें। इससे एक गंभीर सवाल खड़ा होता है: डेटा का मालिक किसे होना चाहिए? वे संगठन, जिनके प्लेटफ़ॉर्म पर यह साझा किया गया है, या फिर स्वयं व्यक्ति को, जिसका यह डेटा है?

जब कोई नीति-निर्माता समाज के व्यापक हित की ओर देखता है और ऐसा रास्ता चुनता है जो ज़्यादातर लोगों की मदद करे, तो वह अक्सर दोराहे पर खड़ा हो जाता है। उदाहरण के तौर पर, अमेरिका में नीति-निर्माताओं ने चिकित्सा ज्ञान को आगे बढ़ाने के लिए शोधकर्ताओं को क्लीनिकल डेटा तक मुफ़्त एक्सेस देने का निर्णय लिया। यह निर्णय सराहनीय था, लेकिन इससे नैतिक प्रश्न भी खड़े हुए। कुछ लोग शायद नहीं चाहते कि उनका संवेदनशील डेटा उजागर हो। अगर वे आपत्ति करते, तो क्या उन्हें क्लीनिकल ट्रायल से बाहर कर दिया जाता? दूसरी ओर, कंपनियों ने इन ट्रायल्स में भारी निवेश किया था और वे चाहती थीं कि डेटा उन्हें प्रतिस्पर्धी बढ़त दिलाए। हालांकि व्यक्तियों के ऐसे डेटा का इस्तेमाल करना कितना नैतिक होगा?

इस स्थिति में नीति निर्माताओं की भूमिका क्या है? यहां तीनों पक्षों, यानी, सरकार, संगठन और व्यक्ति की अलग-अलग प्राथमिकताएं और प्रोत्साहन हैं। ये हित शायद ही कभी एकसमान होते हैं, जिससे डेटा गोपनीयता पर मानकीकृत नीति बनाना या स्पष्ट दिशा तय करना मुश्किल हो जाता है।

जब नीति-निर्माता असमंजस में रहते हैं कि क्या किया जाना चाहिए या किया जा सकता है, तब लोग अक्सर अपने स्तर पर डेटा गोपनीयता की जटिलताओं से जूझने पर मजबूर होते हैं और अपनी निजी जानकारी की रक्षा के लिए व्यक्तिगत फ़ैसले लेने पड़ते हैं। इस जटिल संबंध से यह बात सामने आती है कि एकीकृत डेटा गोपनीयता नियम बनाना और डेटा के ज़िम्मेदार तथा नैतिक इस्तेमाल पर सहमति हासिल करना बहुत कठिन है।

डेटा गोपानीयता के लिए वैश्विक मानकों का आह्वान

मेरे लिए इस बहस का सबसे बड़ा सवाल यह है कि डेटा पर अधिकार किसका होना चाहिए, उस व्यक्ति का जिसका यह डेटा है, उस संगठन का जिसने इसे पैदा करने और बनाने का तरीक़ा विकसित किया और मेहनत की, या फिर समाज (सरकार) का, जो व्यापक भलाई के लिए काम कर रही है। अगर हम डेटा स्वामित्व स्पष्ट कर लें, तो इसके उपयोग और दुरुपयोग की सीमाएं भी स्पष्ट हो जाएंगी।

अध्याय 17, संगठनात्मक सामंजस्य में, हमने संगठनात्मक दृष्टिकोण से डेटा स्वामित्व पर विस्तार से चर्चा की थी। व्यक्तिगत दृष्टिकोण से देखें तो यह शायद सबसे कठिन सवाल

है, और संभवतः यही वजह है कि दुनिया भर में डेटा गोपनीयता पर कोई एक समान नियम मौजूद नहीं है। हर समाज, संगठन और सरकार ने इस विषय पर अपनी-अपनी अलग राह चुनी है और यह डेटा के प्रकार के आधार पर भी निर्भर करता है। उदाहरण के लिए, अमेरिका में चिकित्सा डेटा की गोपनीयता के लिए हिप्पा (हेल्थ इंश्योरेंस पोर्टेबिलिटी ऐंड एकाउंटबिलिटी एक्ट) है, यूरोपीय संघ में डेटा संरक्षण और गोपनीयता के लिए जीडीपीआर (जनरल डेटा प्रोटेक्शन रेगुलेशन), और अमेरिका के कैलिफ़ोर्निया प्रांत में सीसीपीए (कैलिफ़ोर्निया कंज्यूमर प्राइवेसी एक्ट) लागू है। 1981 में काउंसिल ऑफ़ यूरोप्स कन्वेंशन फ़ॉर द प्रोटेक्शन ऑफ़ इंडिविजुअल्स के तहत एक संधि के जरिए व्यक्तिगत डेटा की सुरक्षा के लिए एक समान फ्रेमवर्क लाने की कोशिश की गई थी, जिस पर 55 देशों ने हस्ताक्षर किए थे। लेकिन लागू करने वाले तंत्र की कमी, तमाम देशों के बीच दृष्टिकोण में मतभेद, राष्ट्रीय हित और अन्य कारणों से यह संधि प्रभावी साबित नहीं हो सकी।

मेरा मानना है कि गोपनीयता के लिए एक वैश्विक मानक की सख़्त ज़रूरत है। हम सबने यह अनुभव किया है कि जब किसी प्लेटफ़ॉर्म पर साइन अप करते हैं तो कई पृष्ठों की जानकारी सामने आती है और हम बिना पढ़े ही 'एक्सेप्ट' पर क्लिक कर देते हैं। सोशल मीडिया कंपनियां हर कुछ महीनों में अपनी प्राइवेसी सेटिंग बदल देती हैं और हम उसे स्वीकार कर लेते हैं। हमें विश्वास होता है कि कोई तो है जो मेरी गोपनीयता और मेरी सुरक्षा पर ध्यान दे रहा होगा, लेकिन सच्चाई यह है कि ऐसा कोई नहीं है। वर्तमान में कोई वैश्विक गोपनीयता क़ानून नहीं है और इसका असर दुनिया भर में लोगों पर नकारात्मक हो सकता है। हमें ऐसे वैश्विक मानक चाहिए जो आसान हों, जिन्हें उपयोगकर्ता समझ सके और जान सके कि वह किस पर सहमति दे रहा है।

हालांकि जीडीपीआर डेटा-गोपनीयता मानकों में अग्रणी बनकर उभर रहा है और यूरोपीय संघ के 28 देशों के साथ-साथ उत्तरी अमेरिका और जापान भी जीडीपीआर को मान रहे हैं, फिर भी यह वैश्विक मानक नहीं है। मुझे लगता है कि हमें आइसलैंड जैसे देशों के प्राइवेसी क़ानूनों पर ध्यान देना चाहिए, जिसे 'डेटा का स्विट्ज़रलैंड' कहा जाता है। इसने कड़े डेटा गोपनीयता क़ानून बनाने के लिए बड़े क़दम उठाए। इसके 2000 डेटा प्रोटेक्शन एक्ट को 2010 में आर्थिक संकट के बाद संशोधित किया गया। इसके तहत डेटा केवल उन्हीं मक़सदों के लिए इकट्ठा किया जा सकता है, जिनके लिए विषय से स्पष्ट और सूचित सहमति ली गई हो। लोगों को यह जानकारी दी जानी चाहिए कि कौन-सा डेटा एकत्र होगा, किस उद्देश्य के लिए होगा, कैसे प्रोसेस किया जाएगा, सुरक्षा कैसे होगी और वे किसी भी समय अपनी सहमति वापस ले सकते हैं।

इस सबके बाद भी, आज ज़्यादातर डेटा-गोपनीयता क़ानून जटिल हैं और इन्हें समझना अक्सर मुश्किल होता है। ये तकनीकी हैं और हर संगठन अपनी सुविधा के अनुसार इनकी व्याख्या करता है। क़ानून अब भी अस्पष्ट और कठिन बने हुए हैं। ये व्यापक तो हैं, लेकिन इन्हें लागू करना शायद कठिन है।

मेरा मानना है कि चूंकि ये क़ानून आम जनता को प्रभावित करते हैं, इसलिए इन्हें सरल होना चाहिए और नागरिकों की सुरक्षा करने वाला होना चाहिए। 1979 से ग्लोबल प्राइवेसी असेंबली अंतरराष्ट्रीय स्तर पर डेटा संरक्षण और गोपनीयता क़ानूनों के मानकीकरण की वक़ालत कर रही है। यह एक अंतरराष्ट्रीय मंच है और दुनिया भर की डेटा संरक्षण व गोपनीयता से जुड़ी प्राधिकरणों को एक साथ लाकर डेटा सुरक्षा, गोपनीयता और सूचना अधिकारों पर चर्चा और सहयोग कराती है। आज इसके 130 सदस्य हैं। हालांकि ये प्रयास अब भी बिखरे हुए हैं और विशेषज्ञों के समूहों तक ही सीमित हैं। कोई गैर-तकनीकी व्यक्ति (और यहां तक कि तकनीकी व्यक्ति भी) बारीक़ियों को पढ़ने और समझने में कठिनाई महसूस करते हैं।

मेरे विचार में, डेटा सिक्योरिटी की चर्चाओं को वैश्विक स्तर के उच्चतम मंचों तक ले जाना चाहिए। दुनिया के नेताओं को इस विषय पर सामंजस्य बनाने के लिए एक साथ आना होगा। ठीक वैसे ही जैसे सीमाओं की लड़ाई और हथियारों की लड़ाई हुई, उसी तरह से डेटा की लड़ाई भी उभरती हुई लड़ाई है। यह एक ऐसा क्षेत्र है जिसे हर राष्ट्र अपने नागरिकों की सुरक्षा के लिए संरक्षित करना चाहेगा। यह वैश्वीकृत दुनिया में और कठिन होता जाएगा, क्योंकि इंटरनेट ने सभी को जोड़ दिया है। इसके शुरुआती संकेत पहले ही दिखने लगे हैं, जैसे कि कई देशों ने टिकटॉक जैसी एप्स पर रोक लगाई, जो दुनिया भर में उपयोगकर्ताओं का डेटा एकत्र कर रही थीं। फ़ेसबुक और गूगल जैसी कंपनियों के पास मौजूद डेटा की कल्पना कीजिए। दुनिया भर में फ़ेसबुक के ख़िलाफ़ डेटा उल्लंघन के मुक़दमों की संख्या बढ़ रही है, जो तमाम सरकारी प्राधिकरणों के बढ़ते असंतोष का प्रतीक है।

कैंब्रिज एनालिटिका कांड में, डेटा तमाम राष्ट्रों के महत्त्वपूर्ण निर्णयों को प्रभावित करने के लिए इस्तेमाल किया ही जा चुका है। फ़ेसबुक के 50 मिलियन उपयोगकर्ताओं के डेटा का इस्तेमाल मतदाताओं की प्रोफ़ाइल बनाने के लिए किया गया है। बेहद व्यक्तिगत संदेशों के माध्यम से मतदान निर्णय प्रभावित किए गए। दुनिया की सबसे बड़ी अर्थव्यवस्था में संभवतः निष्पक्ष चुनाव नहीं हुए, क्योंकि डेटा का इस्तेमाल निर्णय लेने को प्रभावित करने के लिए किया गया। डेटा की शक्ति और डेटा गोपनीयता क़ानूनों की अनुपस्थिति से उत्पन्न संभावित गंभीर प्रभाव कुछ ऐसा ही है।

मुझे लगता है कि जैसे-जैसे यह स्पष्ट होगा कि डेटा के जरिए कितना नियंत्रण किया जा सकता है, वैसे-वैसे डेटा युद्ध आधुनिक युद्ध का हिस्सा बन जाएगा। बड़े पैमाने पर डेटा का इस्तेमाल में निर्णय लेने की प्रक्रिया को प्रभावित करने की क्षमता होती है। इसलिए इन चर्चाओं को शासन के सर्वोच्च स्तरों पर ले जाना और एक साझा समझ पर पहुंचना ज़रूरी है।

डेटा साझा करने और डेटा गोपनीयता के बारे में व्यक्ति के विकल्प

जैसा कि स्पष्ट है, वैश्विक मानकों की स्थापना करना ज़रूरी तो है, लेकिन यह काम जटिल और कठिन है और इस कारण यह अब भी अधूरा है। इसमें शामिल जटिलताएं और अलग-अलग राष्ट्रीय हित इसे चुनौतीपूर्ण बनाते हैं। इस बीच, हम एक ऐसी दुनिया में जी रहे हैं जहां व्यक्ति का डेटा विभिन्न उद्देश्यों के लिए इस्तेमाल किया जा रहा है। जैसा कि मैंने ऊपर बताया, इस विषय पर बहस करने के लिए पर्याप्त सामग्री है, लेकिन व्यक्ति के पास विकल्प सीमित ही हैं। अगर कोई व्यक्ति डेटा-समृद्ध दुनिया के लाभ उठाना चाहता है और उसका हिस्सा बनना चाहता है, तो उसे अपना डेटा उपलब्ध कराना होगा। क्या कोई यह रोक सकता है कि उसका डेटा कैसे इस्तेमाल किया जाए? ज़रूरी नहीं। अवसर तो सीमित ही हैं।

मुझे विश्वास है कि आप सभी ने भी ऐसा अनुभव किया है। हर बार जब आप किसी वेबसाइट पर जाते हैं, तो आप शर्तों और नियमों के पृष्ठों का सामना करते हैं, और अगर आप किसी सामग्री को एक्सेस करना चाहते हैं तो इन नियमों और शर्तों को आपको अनिवार्य रूप से स्वीकार करना ही होता है। आपने कितनी बार महसूस किया कि उन पन्नों को पढ़ना असंभव या कठिन है? 2019 के एक सर्वेक्षण में अनुमान लगाया गया कि 78 प्रतिशत अमेरिकियों ने शर्तों और नियमों को पढ़े बिना ही एक्सेप्ट कर दिया। जो लोग पढ़ते हैं, उनके पास इन शर्तों को चुनौती देने या बिना स्वीकार किए सामग्री एक्सेस करने का विकल्प नहीं होता। अपना डेटा उपलब्ध कराना इस डेटा-समृद्ध दुनिया में भाग लेने की क़ीमत है।

मेरा व्यक्तिगत पसंदीदा उदाहरण ट्रूकॉलर है। ट्रूकॉलर एक एप है जिसे आप अपने फ़ोन पर इंस्टॉल करते हैं ताकि जब कोई आपको कॉल करे, तो आप उसका नाम देख सकें, भले ही वह आपके फ़ोनबुक में हो या ना हो। अद्भुत है, है ना? क्या आप सोचते हैं कि यह कैसे होता है? जब आप उनका एप डाउनलोड करते हैं, तो आपकी सभी जानकारी जैसे नाम, फ़ोनबुक कॉन्टेक्ट्स, ऑपरेटिंग सिस्टम और डिवाइस आईडी तुरंत ट्रूकॉलर के सर्वर पर भेज दी जाती है। यही आपके स्क्रीन पर तब दिखाई देती है जब कोई आपको कॉल करता है या आप ट्रूकॉलर सर्च से नंबर देखना चाहते हैं। हालांकि उनकी नीति के अनुसार, वे आपके फ़ोन से अतिरिक्त जानकारी भी इकट्ठा करते हैं, जैसे आपकी संपर्क सूची, भौगोलिक स्थान, आईपी एड्रेस, डिवाइस आईडी या यूनिक पहचानकर्ता, डिवाइस निर्माता और प्रकार, डिवाइस और हार्डवेयर सेटिंग्स, सिम कार्ड का इस्तेमाल, आपके डिवाइस पर इंस्टॉल किए गए एप, विज्ञापन के लिए आईडी, वेब ब्राउजर और भी बहुत सी अन्य जानकारी। इस बात का पूरा पता नहीं है कि वे आपके डेटा का करते क्या हैं।

आपमें से कई लोग शायद यह भी नहीं जानते कि जब आप एप डाउनलोड करते हैं तो आपका इतना सारा डेटा तब किसी स्वतंत्र निजी संस्था की संपत्ति बन जाता है। कंपनी आपके डेटा तक पहुंच है, लेकिन आपको यह पता नहीं है कि इसका इस्तेमाल कैसे किया जा रहा है और यह हैकिंग और चोरी से कितना सुरक्षित है। मई 2019 में यह आरोप लगाया गया कि

भारत में 300 मिलियन से अधिक ट्रूकॉलर उपयोगकर्ताओं का डेटा बेचा जा रहा था, जो कि ट्रूकॉलर के वैश्विक ग्राहक आधार का कम से कम 60 प्रतिशत है। हालांकि सुरक्षा उल्लंघन को अस्वीकार किया गया, लेकिन यह हमारे व्यक्तिगत डेटा की सिक्योरिटी के बारे में गंभीर चिंता को सामने लाता है।

मैं ट्रूकॉलर हटाने के लिए नहीं कह रहा हूं। मैं ख़ुद इसका इस्तेमाल करता हूं, और इसे बेहद मददगार मानता हूं, लेकिन आप सावधान रहिए कि डेटा शेयरिंग और डेटा गोपनीयता आपकी च्वाइस है।

तो व्यक्ति करे तो क्या करे?

हालांकि व्यक्तियों के लिए डेटा एक्सेस के हर पहलू पर नज़र रखना कठिन हो सकता है, फिर भी सतर्क रहना तो ज़रूरी है। उन महत्त्वपूर्ण डेटा पॉइंट्स की पहचान कीजिए जो आपके लिए सबसे महत्त्वपूर्ण हैं और जिनका ग़लत इस्तेमाल आसानी से हो सकता है। ध्यान में रखने योग्य कुछ मुख्य सिद्धांत निम्नानुसार हैं :

- **ओवरशेयरिग से बचिए :** ऑनलाइन महत्त्वपूर्ण जानकारी साझा करते समय बेहद सावधानी बरतें। केवल ज़रूरी व्यक्तिगत जानकारी (पर्सनल इन्फ़ॉर्मेशन आईडेंटिफ़ायर - पीआईआई) ही लेन-देन के लिए मुहैया कराएं।
- **विश्वसनीय ब्रांड और प्लेटफ़ॉर्म के साथ ही डेटा शेयर करें :** अपने व्यक्तिगत डेटा के ग़लत इस्तेमाल के जोख़िम को कम करने के लिए इसे केवल भरोसेमंद संस्थाओं के साथ ही साझा करें।
- **ऑनलाइन पोस्ट की गई चीज़ें हमेशा वहीं रहती हैं :** सोशल मीडिया पर साझा की गई कोई भी जानकारी सार्वजनिक संपत्ति बन जाती है और आपके पास यह नियंत्रित करने का कोई साधन नहीं होता कि कौन इसे देख सकता है और इसे किसी बुरी मंशा से कैसे इस्तेमाल किया जा सकता है।
- **बैंकिंग और वित्तीय धोखाधड़ी से सावधान रहें :** जब तक आप उद्देश्य के बारे में पूरी तरह से निश्चित ना हो, तब तक बैंक डिटेल्स कभी भी शेयर ना करें और इंटरनेट बैंकिंग के लिए सुरक्षित ब्राउजिंग का इस्तेमाल कीजिए। पासवर्ड, क्रेडिट कार्ड पिन जैसी संवेदनशील जानकारी कभी शेयर ना करें।

डेटा उपयोग और डेटा स्वामित्व के नैतिक पहलू : मेरा विचार

इस मामले में मेरा दृष्टिकोण एक बुनियादी सच्चाई पर आधारित है : डेटा शेयर करना डेटा-फ़र्स्ट दुनिया में अनिवार्य और ज़रूरी है। इसलिए इसे टालने के बजाय, व्यक्ति को समझदारी और विवेक के साथ डेटा शेयर करना सीखना चाहिए।

डेटा उपयोग के हर पहलू को पूरी तरह नियंत्रित करना हमेशा संभव नहीं हो सकता, लेकिन यह जानना ज़रूरी है कि सीमा कहां खींचनी है। यह तय करना ज़रूरी है कि क्या शेयर करना है और क्या आपके लिए पवित्र है।

व्यक्तिगत स्तर पर जानकारी शेयर करते समय सतर्क रहना ज़रूरी है, क्योंकि एक बार डेटा बाहर चला गया, तो यह हमेशा के लिए उपलब्ध रह सकता है। मुख्य बात यह पहचानना है कि क्या वास्तव में निजी है। इसे सोशल मीडिया जैसे सार्वज़निक प्लेटफ़ॉर्म पर साझा करने से बचना ज़रूरी है। महत्त्वपूर्ण जानकारी साझा करने में समझदारी बरतें और डेटा की भरमार से मिलने वाले मौक़ों का फ़ायदा उठाएं।

मेरा मजबूत विश्वास है कि जो जानकारी को नियंत्रित करता है, वही उसका मालिक होता है। यहां नियंत्रण केवल डेटा संग्रह तक सीमित नहीं है बल्कि इसमें डेटा तक पहुंच और उपयोग भी शामिल है। दुनिया भर की सरकारें डेटा गवर्नेंस में तेज़ी से शामिल हो रही हैं, और यह सुनिश्चित कर रही हैं कि नागरिकों के डेटा तक पहुंच और उसका उपयोग नियंत्रित और विनियमित हो।

अपने डेटा के लिए :

- आपके व्यक्तिगत डिवाइस/सर्वर पर संग्रहीत डेटा : आपका है।
- हार्डवेयर/सॉफ़्टवेयर प्रदाताओं के साथ (अनुमति के साथ) साझा किया गया डेटा : प्रदाता का है।
- इंटरनेट पर अपलोड किया गया और सार्वज़निक रूप से उपलब्ध डेटा : आपका डेटा अब सार्वज़निक है और कोई भी इसे एक्सेस कर सकता है।

डेटा साझा करने और डेटा गोपनीयता के बीच सही संतुलन बनाना आसान नहीं है। आपको यह तय करना होता है कि क्या आप डेटा-प्रेरित दुनिया के अवसरों का लाभ उठाएंगे, जिसके लिए डेटा साझा करना ज़रूरी हो सकता है, यह जानते हुए भी कि साझा किया गया डेटा अब केवल आपका नहीं रहेगा। इस डेटा-प्रेरित दुनिया के फ़ायदे व्यक्तिगत डेटा पर आपका नियंत्रण कम होने के साथ आते हैं। यह एक रोज़मर्रा का विरोधाभास है। आख़िर में, निर्णय आपका ही है।

मुख्य निष्कर्ष

- हम जिस डिजिटल युग में हैं, उसमें हम पहले से कहीं ज़्यादा डेटा साझा कर रहे हैं। इसका स्पष्ट विरोधाभास यह है कि डेटा साझा करना अवश्यंभावी और ज़रूरी है, लेकिन इसके साथ ही यह गंभीर गोपनीयता संबंधी चिंताएं और चुनौतियां भी उत्पन्न करता है।

- डेटा गोपनीयता के मुद्दे जटिल हैं क्योंकि इनमें व्यक्तियों, संगठनों और सरकारों के बीच अंतःक्रियाएं और टकराव शामिल होते हैं, जिनके अपने हित और उद्देश्य होते हैं, जो अक्सर एक-दूसरे से मेल नहीं खाते। इन हितों के अंतर को सुलझाने के लिए ऐसे नियमों की आवश्यकता है जो सभी पक्षों के हितों का संतुलन बनाएं।
- डेटा गोपनीयता नियमों में काफ़ी जटिलता और भिन्नता है, जिससे किसी व्यक्ति के लिए उन्हें समझना और पालन करना मुश्किल हो जाता है। इसलिए वैश्विक गोपनीयता मानकों की तीव्र आवश्यकता है, जिसके लिए दुनिया भर के नेताओं को इस विषय पर उच्चतम स्तर पर चर्चा करके सहमति बनानी होगी।
- वैश्विक मानक स्थापित करने की प्रक्रिया अब भी जारी है। इस बीच, व्यक्तियों को अपने डेटा के उपयोग को नियंत्रित करने के लिए अपने फ़ैसले ख़ुद लेने होंगे। इसलिए व्यक्तियों को व्यक्तिगत डेटा साझा करते समय सतर्क रहना चाहिए, अनावश्यक जानकारी साझा करने से बचना चाहिए, और केवल भरोसेमंद ब्रांड और प्लेटफ़ॉर्म के साथ ही डेटा साझा करना चाहिए।

25

डिजिटल जुड़ाव बनाम मानसिक स्वास्थ्य

अपने अंदर से जुड़िए

'प्रौद्योगिकी उन लोगों के जीवन को बेहतर बनाती है जो इससे नियंत्रित होने या इसकी लत में फंसने से बच सकते हैं।

~ फ्रैंक कॉफ़मैन,
स्कॉलर, एज्यूकेटर, इनोवेटर और एक्टिविस्ट

डिजिटल दुनिया ने व्यक्तियों के लिए कई अवसर पेश किए हैं, जो विभिन्न तरीक़ों से बेहतर जीवन की संभावना देते हैं। डिजिटल दुनिया में जुड़कर हम ऐसे तरीक़ों से सीख सकते हैं, जुड़ सकते हैं और काम कर सकते हैं, जो पहले असंभव लगते थे। हालांकि, जीवन के किसी भी पहलू की तरह, इसमें भी सकारात्मक और नकारात्मक दोनों पहलू हैं। एक तरफ़, डिजिटल जुड़ाव से अनगिनत लाभ हैं, वहीं दूसरी तरफ़, यह लगातार उत्तेज़नाओं और जानकारी से हमें ओवरलोड कर देता है, जिससे आधुनिक जीवन की जटिलता और तेज़ गति और बढ़ जाती है।

यह डिजिटल युग का एक और विरोधाभास उजागर करता है। डिजिटल जुड़ाव के लाभ नकारे नहीं जा सकते। नि:संदेह, प्रौद्योगिकी ने हमारे जीवन को समृद्ध किया है, जिससे सुविधाएं और कार्यक्षमता बढ़ी हैं। हालांकि अगर यह जुड़ाव बहुत ज़्यादा और लगातार हो, तो इससे थकान, तनाव और बोझिल होने का अनुभव हो सकता है, जिससे समय-समय पर डिजिटल दुनिया से अलग होना और डिजिटल डिटॉक्स करना ज़रूरी हो जाता है, क्योंकि अगर हम प्रौद्योगिकी को अपने जीवन पर हावी होने देंगे, तो हम अपनी मानसिक भलाई को ख़तरे में डाल सकते हैं।

ब्रिटेन में एक अध्ययन में, लगभग आधे उत्तरदाताओं (45 प्रतिशत) ने कहा कि डेटा ओवरलोडिंग का तनाव उनके नींद या परिवार या सहकर्मियों के साथ संबंधों को प्रभावित करता है, और तीन में से एक उत्तरदाता ने कहा कि इससे उन्हें चिंता, बेचैनी और आराम नाकर पाने का अनुभव होता है। डिजिटल से बहुत ज़्यादा जुड़ाव के प्रभाव कितने व्यापक और विविध हैं, यह इसी से पता चलता है। इसलिए मानसिक स्वास्थ्य और स्पष्टता बहाल करने के लिए डिजिटल डिटॉक्स और अलग होने के क्षणों की आवश्यकता बढ़ रही है।

इस अध्याय में, मैं 'शैतान का वक़ील' बनकर डिजिटल के हमारे जीवन पर नकारात्मक प्रभाव को उजागर करूंगा। वैसे भी इस किताब के विषय पर न्याय करने के लिए यह ज़रूरी है कि हम स्वीकार करें कि जिस डिजिटल दुनिया में हम हैं, उसका एक विपरीत पक्ष भी है। और जहां मैं कुछ मुख्य मुद्दों को उजागर करूंगा, वहीं मैं इसके साथ ही आपको व्यावहारिक सुझाव और प्राचीन ज्ञान दूंगा कि इनसे कैसे प्रभावी ढंग से निपटा जाए, ताकि हर व्यक्ति डेटा-फ़र्स्ट दुनिया और एआई युग के लाभों को पूरी तरह से हासिल कर सके।

आपको बांधे रखने के लिए तैयार किया गया, बढ़ता डिजिटल जुड़ाव

ब्रांड और संगठन डिजिटल जुड़ाव का इस्तेमाल कर रहे हैं और कई तरीक़ों से व्यक्तियों तक पहुंच रहे हैं। अध्याय 21 में जिस हाइपर-पर्सनलाइजेशन की बात की गई है, वह इसी बढ़ते प्रयास को दर्शाती है, जिसमें ब्रांड और व्यक्ति दोनों डिजिटल जुड़ाव बढ़ाने की कोशिश कर रहे हैं। औसतन, एक सामान्य इंटरनेट उपयोगकर्ता 2021 में अपनी जागने की 40 प्रतिशत अवधि यानी लगभग 7 घंटे प्रतिदिन इंटरनेट पर विभिन्न उपकरणों पर बिताता है, जबकि 2013 में यह अवधि 6 घंटे थी। अमेरिका में स्क्रीन का औसत उपयोग, ख़ासकर बच्चों और किशोरों में, 2020 से 2022 के बीच 17 प्रतिशत बढ़ गया। सोशल मीडिया दुनिया से जुड़ने का एक अनिवार्य हिस्सा बन गया है। 2021 में लगभग 56 प्रतिशत वैश्विक आबादी सोशल मीडिया उपयोगकर्ता थी। यह हिस्सा 2026 तक 74 प्रतिशत तक बढ़ने का अनुमान है। मनोरंजन भी डिजिटल हो गया है, और यह ओटीटी वीडियो से स्पष्ट है, जिसमें 2027 तक उपयोगकर्ताओं की संख्या 4.2 अरब होने की संभावना है। ऑनलाइन शॉपिंग नई तरह की ख़रीदारी बन गई है: 2025 में ई-कॉमर्स बिक्री कुल वैश्विक ख़ुदरा बिक्री का लगभग एक चौथाई (24 प्रतिशत) होने का अनुमान है, जो 2022 में 19 प्रतिशत ही थी।

जैसे-जैसे व्यक्तिगत जीवन ऑफ़लाइन से डिजिटल दुनिया में बदल रहा है, वैसे-वैसे ब्रांड भी सक्रिय रूप से उनके स्क्रीन टाइम का हिस्सा पाने के लिए प्रतिस्पर्धा कर रहे हैं। यह सुनियोजित जुड़ाव इस तरह डिज़ाइन किया जाता है कि व्यक्ति की रुचि बनी रहे। यूज़र फ्रैंडली डिज़ाइन, व्यक्तिगत सामग्री, नोटिफ़िकेशन और गेमिफ़िकेशन सभी इसी उद्देश्य से बनाए जाते हैं कि उपयोगकर्ता सक्रिय रहें और अधिक समय ऑनलाइन बिताएं। ब्रांड इन प्लेटफ़ॉर्म्स का इस्तेमाल अपने संदेश पहुंचाने, उत्पाद और सेवाएं बेचने और उपयोगकर्ता

इंटरैक्शन के जरिए मुनाफ़ा कमाने के लिए कर सकते हैं। इसके अलावा, ज़्यादा से ज़्यादा ग्राहक डेटा हासिल करना संगठनों के लिए बेहद प्रभावी अनुभव देने के लिए महत्त्वपूर्ण है। हालांकि यह तभी संभव है जब लोग पोर्टल्स से जुड़े रहें और वहीं बने रहें। इसलिए, सामग्री को तत्काल संतुष्टि देने के लिए तैयार किया जाता है, जो हमारी इंद्रियों को आकर्षित करे।

अत्यधिक डिजिटल जुड़ाव की बढ़ती जटिलता और नकारात्मक प्रभाव

आज जिस दुनिया में हम रहते हैं, उसकी जटिलता लगातार बढ़ रही है। जब मैंने अपने करियर की शुरुआत की थी, तब मेरे पास केवल ईमेल आते थे और वही एकमात्र आधिकारिक चैनल था। अब मुझे ईमेल, वाट्सएप, फ़ोन कॉल, स्लैक संदेश और बहुत कुछ मिलता है, जिससे अक्सर मुझे हर मैसेज का जवाब देने के लिए पर्याप्त समय नहीं मिल पाता। यह सुनिश्चित करने के लिए मैं हमेशा सतर्क रहता हूं कि मैं कई चैनलों पर सभी मैसेजेज पर नज़र रख सकूं।

मूवी *ही'ज जस्ट नॉट दैट इनटू यू* में ड्रू बैरीमोर का किरदार कहता है, 'यह बहुत भ्रमित करने वाला है। मैं किसी डेटिंग एप पर मिली, हमने पहली डेट एसएमएस से तय की, उसने प्लान के लिए मुझे वॉइसमेल किया और ईमेल से ब्रेकअप कर दिया। मुझे सच में समझ नहीं आता। पहले जीवन सरल था, अब मुझे हर संभव जगह पर मैसेज मिलने की संभावना को ट्रैक करना पड़ता है। मुझे एसएमएस, वाट्सएप , ईमेल और वॉइसमेल चेक करना पड़ता है। पहले लोग बस मिल जाते थे। प्यार तब सरल था।'

एक ओर, यात्रा की योजना ऑनलाइन बनाना बेहद आसान हो गया है, लेकिन कभी-कभी स्मार्टफ़ोन एप और कई वेबसाइट्स से जानकारी का ओवरलोड हो जाता है, जिससे पूरा अनुभव बोझिल लगने लगता है। पहले, छुट्टी की प्लानिंग आसान थी। आप फ़्लाइट बुक करते, होटल एजेंट के जरिए रिजर्व करते और शायद गाइडबुक ख़रीदते। अब, कई स्रोतों से जानकारी मिलती है! आप पिनटेरेस्ट पर डेस्टिनेशन रिसर्च करते हैं, एयरबीएनबी पर ठहरने की जगह देखते हैं, होस्ट से वाट्सएप पर चैट करते हैं, ईमेल से यात्रा कार्यक्रम आपको मिलता है, येल्प पर आप रेस्टोरेंट सुझाव देखते हैं और इंस्टाग्राम पर दोस्तों की यात्रा की तसवीरें देखते हैं। ऐसा लगता है कि मैं अपनी यात्रा दर्जनों एप्स और प्लेटफ़ॉर्म्स के माध्यम से समन्वित कर रहा हूं। कभी-कभी छुट्टी शुरू होने से पहले ही मैं थक जाता हूं।

बेशक, इस समस्या को हल करने वाले एप्स भी हैं, जैसे एग्रीगेटर एप्स जो मेरी सभी यात्रा ज़रूरतों का एक ही स्थान पर समाधान देने का प्रयास करते हैं, लेकिन समस्या वास्तविक है। हमारे जीवन में जटिलता इन कई डिजिटल चैनलों के कारण बढ़ रही है। और जैसे-जैसे ये जटिलताएं बढ़ती हैं, वैसे-वैसे कई नकारात्मक प्रभाव उभर रहे हैं, जो हमारे जीवन की गुणवत्ता पर गंभीर असर डाल रहे हैं।

सबसे पहले शारीरिक स्वास्थ्य संबंधी समस्याएं हैं, जो लगातार आम होती जा रही हैं। लंबे समय तक स्क्रीन पर रहने से आंखों में तनाव, ख़राब मुद्रा जैसी समस्याएं हो सकती हैं। अत्यधिक स्क्रीन टाइम नींद की अवधि घटा सकता है, अनिद्रा, नींद की ख़राब गुणवत्ता और दिन में उनींदापन और चिड़चिड़ापन जैसी समस्याएं पैदा कर सकता है। अत्यधिक स्क्रीन टाइम से वह समय भी कम हो जाता है, जो शारीरिक गतिविधि में लगाया जा सकता था, जिससे लंबे समय में व्यक्ति के स्वास्थ्य पर नकारात्मक प्रभाव पड़ता है। अत्यधिक डिजिटल जुड़ाव का एक और प्रमुख नकारात्मक प्रभाव यह है कि व्यक्ति धीरे-धीरे भौतिक दुनिया से अलग होता जाता है।

डिजिटल प्लेटफ़ॉर्म और सोशल मीडिया पर ज़्यादा समय बिताने से असली दुनिया में बातचीत कम होने लगती है। आमने-सामने की सामाजिक बातचीत की कमी व्यक्ति की वास्तविक, व्यक्तिगत संबंध बनाने की क्षमता को कमज़ोर कर देती है। डिजिटल जुड़ाव में बेहद व्यस्त रहने से समय और ध्यान शौक, खेल और आउटडोर गतिविधियों जैसी वास्तविक गतिविधियों से हट जाता है।

इस मल्टी-चैनल जुड़ाव के साथ नए ख़तरे भी जुड़ गए हैं, जैसे साइबर-बुलिंग और साइबर-स्टॉकिंग। अगर इस बढ़ती जटिलता को सही तरीक़े से नियंत्रित ना किया जाए, तो यह हमारे मानसिक स्वास्थ्य पर असर डालने लगेगी। यह अनावश्यक चीज़ों के लिए तनाव भी बढ़ाती है।

मुझे विश्वास है कि आप में से कई लोग कभी न कभी वाट्सएप जैसे डिजिटल चैनल पर मैसेज भेजकर 'सीन टिक' देख चुके होंगे और फिर तनाव महसूस किया होगा कि रिसीवर जवाब क्यों नहीं दे रहा। हम इसके बारे में अक्सर नहीं बात करते, लेकिन हम सभी इसे महसूस करते हैं। कुछ लोग इससे प्रभावित होते हैं, कुछ नहीं, लेकिन यह जानकारी लोगों को प्रभावित कर सकती है।

हममें से कई लोग कभी न कभी अपने पेशेवर और व्यक्तिगत जीवन को सोशल मीडिया की लोकप्रियता के पैमाने से आंकते हैं। सोशल मीडिया युग का एक लोकप्रिय मंत्र है, 'अगर यह सोशल मीडिया पर नहीं है, तो वास्तव में हुआ ही नहीं।' और अगर इसे बहुत लोगों ने लाइक नहीं किया, तो इसका कोई महत्त्व नहीं माना जाता। यह बेहद डिजिटल जुड़ाव के कारण मानसिक स्वास्थ्य समस्याओं जैसे चिंता, अवसाद, आत्म-महत्त्व की कमी और ध्यान क्षमता घटने का एक तरीक़ा है।

ये सभी डिजिटल प्लेटफ़ॉर्म उपयोग में आसान बनाने के लिए ही डिज़ाइन किए गए हैं, इसलिए उच्च जुड़ाव स्वाभाविक रूप से होता ही है। डिजिटल चैनलों और मीडिया पर यह उच्च जुड़ाव अक्सर आकांक्षात्मक और कभी-कभी असंभव छवियों और कहानियों से भरा होता है। यह अवसाद, नींद की गड़बड़ी और विकृत शरीर की छवि जैसी समस्याओं को जन्म देता है। अत्यधिक डिजिटल उपयोग के कुछ सामान्य नकारात्मक मानसिक प्रभाव हैं, अवसाद और चिंता, अलगाव, फ़ोमो (फ़ियर ऑफ़ मिसिंग आउट), आत्म-महत्त्व की कमी।

डिजिटल का अत्यधिक उपयोग मानसिक स्वास्थ्य को प्रभावित कर सकता है, ख़ासकर ध्यान की कमी (एडीएचडी) जैसी समस्या को बढ़ा देता है। जो कुछ आप देखते हैं उससे तुरंत संतोष और डोपामिन की बढ़ोतरी, और फिर लगातार कंटेंट बदलना, ध्यान अवधि को घटा देता है। यह बड़ी बात है, क्योंकि जैसे कि मैंने अध्याय 23 में बताया है कि, बुद्धि मर रही है, और इसका एक मुख्य कारण यह है कि हम आत्म-चिंतन के लिए पर्याप्त समय नहीं दे रहे हैं। आत्म-चिंतन के लिए ध्यान और किसी समस्या के साथ रहना ज़रूरी है। ध्यान की कमी बढ़ने से बुद्धिमानी का स्तर गिरने लगता है। 2018 में किए गए एक लोंगिट्यूडिनल सर्वेक्षण में पाया गया कि 15 और 16 साल के किशोरों में डिजिटल मीडिया का बार-बार उपयोग एडीएचडी के लक्षणों का जोख़िम लगभग 10 प्रतिशत बढ़ा सकता है।

मैं कुछ भयावह तसवीर तो पेश कर ही रहा हूं ना? जहां हम में से ज़्यादातर लोग मानसिक स्वास्थ्य की सीमा पर उतने चरम पर नहीं हैं, फिर भी तनाव एक सामान्य दुष्प्रभाव तो है। फिर यह भी अवश्य स्वीकार करना होगा कि क्षति की सीमा हर पीढ़ी के साथ, और वास्तव में हर दिन बढ़ रही है। इसलिए अब यह जानने, समस्या को स्वीकार करने और सक्रिय रूप से कुछ करने का सही समय है। इसे कहना आसान है, करना मुश्किल है, यह मैं भी मानता हूं। हालांकि मेरा यह भी मानना है कि अनुशासन, प्रयास और थोड़ी बुद्धिमानी के साथ इसे हासिल किया जा सकता है।

डेटा-समृद्ध दुनिया में सरलता : डिजिटल डिटॉक्स

अत्यधिक जुड़ाव भी एक तरह की लत है। किसी और नशे की आदत की तरह व्यक्ति इसमें भी यह समझ नहीं पाता कि कब और कैसे कोई गतिविधि बाध्यता में बदल जाती है जबकि वह उसे मनोरंजन या शौक के लिए करता था। हालत यह हो जाती है कि यह उसके मानसिक स्वास्थ्य को प्रभावित करने लगती है। और हममें से कई लोग, अनजाने में या आधुनिक जीवन की प्रकृति के कारण, इस लत का शिकार हो रहे हैं। इसलिए स्वस्थ संतुलन बनाए रखने के लिए सचेत रूप से डिटॉक्स करना आवश्यक है।

हालांकि डिजिटल दुनिया के नकारात्मक प्रभावों पर काफ़ी कुछ लिखा जा चुका है, पर नियंत्रण का बड़ा हिस्सा व्यक्ति के अपने हाथों में ही होता है। हर व्यक्ति तय कर सकता है कि वह डिजिटल दुनिया से किस हद तक जुड़ना चाहता है। कितना डेटा लेना है ताकि यह लत ना बने, यह व्यक्ति के अनुशासन पर निर्भर करता है। माना कि यह कठिन है, और अक्सर व्यक्ति को पता भी नहीं चलता कि कब उसकी डेटा खपत बढ़ रही है, इसी कारण अनुशासन बनाए रखना बेहद ज़रूरी है। डेटा को लेने और उससे जुड़ने की प्रक्रिया को सरल व नियंत्रित करने में मदद करने वाले कुछ व्यावहारिक तरीक़े, नीचे दिए जा रहे हैं, जिन्हें मैंने परखा है :

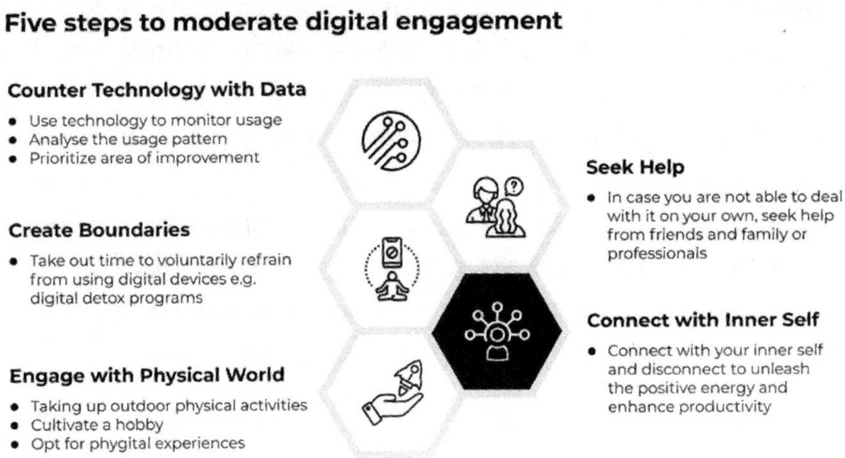

तकनीक से मुक़ाबला

किसी भी लक्ष्य को पाने का पहला क़दम यह समझना है कि आप अभी कहां खड़े हैं। इसमें डेटा आपकी मदद कर सकता है ताकि आप सही फ़ैसले ले सकें। उपलब्ध तकनीक का इस्तेमाल करके आप अपने डिजिटल जुड़ाव के पैटर्न को समझ सकते हैं। इसके लिए आप एमएपी - मॉनिटर (निगरानी), एनालिसिस (विश्लेषण) और प्रायोरिटाइज (प्राथमिकता तय करना) - का तरीक़ा अपना सकते हैं और यह तय कर सकते हैं कि इसे कैसे संभालना है :

आत्म-मूल्यांकन की मॉनिटरिंग : अपनी मौजूदा डिजिटल आदतों और इस्तेमाल के पैटर्न को परख़ने से शुरुआत कीजिए। ख़ुद से पूछिए कि आप स्क्रीन पर कितना समय बिताते हैं और क्या यह आपके स्वास्थ्य और जीवन शैली लक्ष्यों से मेल खाता है। आज कई ऐसे एप्स उपलब्ध हैं जो स्क्रीन टाइम और सोशल मीडिया इस्तेमाल को ट्रैक करते हैं। ये एप्स आपकी डिजिटल आदतों की झलक दिखाते हैं। इस निगरानी को नींद, व्यायाम और ध्यान जैसी अन्य ज़रूरी गतिविधियों तक भी बढ़ाइए। इसके लिए विशेष एप्स या पहनने योग्य डिवाइस का इस्तेमाल कीजिए, ताकि आप अपनी प्रगति दर्ज कर सकें और उसे समझ सकें।

अपने डिजिटल फुटप्रिंट का एनालिसिस : ज़्यादातर समय हमें यह पता ही नहीं चलता कि हम स्क्रीन पर बहुत ज़्यादा समय बिता रहे हैं। कितनी बार ऐसा हुआ है कि आपने डिजिटल कंटेंट स्क्रॉल करना शुरू किया और फिर महसूस किया कि आप एक घंटे या उससे ज़्यादा समय तक उसमें डूबे रहे? इसीलिए, मॉनिटरिंग एप्स से जुटाए डेटा का विश्लेषण करना आपके डिजिटल फुटप्रिंट की पूरी तसवीर समझने में मदद कर सकता है।

सुधार के क्षेत्रों को प्रायोरिटी दें : आपके डिजिटल जुड़ाव की समग्र तसवीर यह पहचानने में मदद कर सकती है कि आप किन क्षेत्रों में आवश्यकता से अधिक समय बिता रहे हैं और इनमें से कौन से क्षेत्र आपके समग्र स्वास्थ्य और सुख-समृद्धि पर सबसे ज़्यादा असर डाल रहे हैं। इस पहचान से आप अपने प्रयास उन क्षेत्रों पर केंद्रित कर सकते हैं, जहां सकारात्मक बदलाव सबसे ज़्यादा मायने रखते हैं।

एक बार जब आप अपने डिजिटल जुड़ाव को प्रभावी ढंग से मैप (मॉनिटर, एनालिसिस, प्रायोरिटाइज) कर लेते हैं, तो आप कुछ व्यावहारिक क़दम उठाकर सकारात्मक बदलाव ला सकते हैं। कई बार केवल मोबाइल या कंप्यूटर से जानबूझकर छोटे-छोटे ब्रेक लेना भी मददगार साबित होता है। मैं कुछ व्यावहारिक तरीक़ों की कल्पना कर सकता हूं :

- **डिजिटल संयम का अभ्यास करें :** एक दिन से पूरे सप्ताह तक ख़ुद को एक निश्चित अवधि के लिए पूरी तरह डिजिटल संयम की चुनौती दें। या फिर हर हफ़्ते का एक दिन बिना किसी डिवाइस के बिताने की आदत डालें।
- **विशेष डिटॉक्स:** अगर कोई ख़ास एप, साइट, गेम या डिजिटल टूल आपका बहुत ज़्यादा समय ले रहा है, तो उसके इस्तेमाल पर सीमा तय करें।
- **सोशल मीडिया डिटॉक्स :** एक निश्चित अवधि के लिए सोशल मीडिया पर अपनी मौजूदगी कम करने या पूरी तरह से रोकने पर ध्यान दें।

सीमाएं तय कीजिए

कभी-कभी डिजिटल से अत्यधिक जुड़ाव या डिजिटल ओवर-एंगेजमेंट मजबूरी भी हो सकती है। उदाहरण के लिए, कोई आईटी एक्सपर्ट या कोडर अपने काम के कारण दिन का बड़ा हिस्सा स्क्रीन पर बिताने के लिए बाध्य होता है। ऐसे हालात में स्क्रीन उपयोग के लिए व्यक्तिगत नियम और सीमाएं तय करना और एक संरचित दृष्टिकोण अपनाना बेहद ज़रूरी हो जाता है, ताकि डिजिटल जुड़ाव और जीवन के बीच संतुलन बना रहे।

मैंने महसूस किया है कि अपने लिए सीमाएं तय करना, उन्हें स्पष्ट रूप से बताना और फिर उन पर टिके रहना बहुत ज़रूरी है। मेरे लिए व्यक्तिगत तौर पर एक संरचित डिजिटल डिटॉक्स प्रोग्राम बेहद असरदार साबित हुआ है। मैं बीस से ज़्यादा सालों से हर साल कम से कम एक बार आर्ट ऑफ़ लिविंग*" के साइलेंस रिट्रीट्स में शामिल होता हूं। हर बार पांच दिन तक पूरी तरह से अपने काम से कट जाता हूं। यह मेरा पवित्र "मी" टाइम होता है, जो

---

* आर्ट ऑफ़ लिविंग साइलेंस रिट्रीट एक चार से पांच दिनों का आवासीय साधना शिविर है, जहां प्रतिभागियों को बाहरी दुनिया से पूर्णतः अलग होने के लिए प्रेरित किया जाता है। इसी कारण यहां मोबाइल फ़ोन की अनुमति नहीं होती। इस रिट्रीट में ध्यान, मौन, आत्मचिंतन तथा सरल और अनुशासित जीवन-पद्धति को अपनाने पर विशेष ज़ोर दिया जाता है।

मनन और आत्म-चिंतन के लिए होता है। यही वो समय है जब मैं सीमाएं तय करता हूं और बाहरी शोर से पूरी तरह मुक्त हो जाता हूं। क्या मेरी गैरमौजूदगी में मेरा काम रुक जाता है? बिलकुल नहीं। बल्कि यह ब्रेक मुझे हमेशा नई ऊर्जा और ताजगी के साथ लौटने में मदद करता है।

मेरे कुछ दोस्त ऐसे भी हैं जिन्होंने स्मार्टफ़ोन की दौड़ में शामिल होने के बजाय फ़ीचर फ़ोन का ही चुनाव किया है। हां, उन्हें डिजिटल और डेटा की दुनिया से मिलने वाले 100 प्रतिशत लाभ नहीं मिलते, लेकिन उनके पास यह आज़ादी होती है कि कब उसका हिस्सा बनना है और कब उससे दूर हो जाना है।

भौतिक जगत से ज़्यादा जुड़ाव रखिए

असली दुनिया से जुड़े रहना मानसिक सेहत के लिए बेहद ज़रूरी है। शारीरिक गतिविधियों और डिजिटल जुड़ाव के बीच संतुलन बनाना एक संतुलित और संतोषजनक जीवन के लिए ज़रूरी है। वास्तविक दुनिया से जुड़ाव बढ़ाने के कई तरीक़े हैं :

बाहरी गतिविधियां अपनाना : प्रकृति की सैर, ट्रैकिंग, नए स्थानों की यात्रा या बागवानी जैसी साधारण गतिविधियां आपको प्रकृति और प्राकृतिक वातावरण से जोड़ती हैं और स्क्रीन के सामने बिताया जाने वाला समय कम करती हैं। मेरे घर पर एक ख़ूबसूरत बगीचा है जिसे मैंने ख़ुद लगाया और संजोया है। हर सुबह व्यस्त दिनचर्या शुरू होने से पहले मैं उसमें काम करता हूं। इससे ना केवल प्रकृति से जुड़ाव होता है बल्कि अपने प्रिय पौधों को बढ़ते और खिलते देखना गर्व और संतोष देता है।

शारीरिक गतिविधियों को अपनाना : चाहे किसी भी प्रकार का व्यायाम हो, खेल हो, वर्कआउट हो या डांस हो, इन्हें अपनाना डिजिटल दुनिया से अस्थायी दूरी बनाने का बड़ा प्रेरक बन सकता है। मेरा डिजिटल नेटिव बेटा कभी कंप्यूटर से चिपका रहता था और वीडियो गेम खेलने में बहुत अच्छा था। डिजिटल लत का डर देखते हुए मैंने उसे असली खेलों की ओर प्रोत्साहित किया। पिछले कुछ सालों से उसने गंभीरता से स्क्वैश खेलना शुरू किया और उसका कंप्यूटर टाइम कोर्ट की कड़ी ट्रेनिंग में लगने लगा। उसका निष्क्रिय जीवन सक्रिय हो गया। वह अब ना केवल खेल कौशल विकसित कर रहा है बल्कि फ़िट, मजबूत और ख़ुशहाल भी हो गया है और उसकी डिजिटल ख़पत भी काफ़ी घट गई है।

कोई शौक विकसित करना : किसी व्यक्ति के लिए तनाव कम करने का एक कारगर तरीक़ा है अपनी रचनात्मक क्षमताओं को जगाना। पेंटिंग, खाना बनाना या कोई वाद्य यंत्र बजाना जैसे शौक अपनाने से रचनात्मक प्रवृत्तियां विकसित होती हैं और आत्म-अभिव्यक्ति का अवसर मिलता है। यह डिजिटल दुनिया की निष्क्रियता से दूर होने का प्रभावी उपाय है।

जहां डिजिटल से अत्यधिक जुड़ाव एक समस्या है, वहीं शारीरिक और डिजिटल दुनिया को मिलाकर 'फ़िजिटल' अनुभव लेना इसका समाधान हो सकता है। ऐसे डिजिटल एप्स का इस्तेमाल करें जो आपकी शारीरिक गतिविधियों को और समृद्ध बनाएं, आपकी प्रगति को ट्रैक करें, लक्ष्य तय करें और उन्हें हासिल करने में मदद करें।

निस्संदेह, और भी बहुत सी गतिविधियां हो सकती हैं, लेकिन सार यही है कि अत्यधिक डिजिटल जुड़ाव से बचने के लिए समय-समय पर डिस्कनेक्ट होना और ख़ुद को डिटॉक्स करना ज़रूरी होता है।

ज़रूरत पड़े तो मदद लें

जब डिजिटल से अत्यधिक जुड़ाव लत का रूप ले लेता है, तब अक्सर किसी दूसरे व्यक्ति की मदद की ज़रूरत पड़ती है। प्यू रिसर्च सेंटर की एक रिपोर्ट के अनुसार, 46 प्रतिशत अमेरिकियों ने कहा कि वे अपने फ़ोन के बिना नहीं रह सकते। यह गंभीर लत का संकेत है, जिसके लिए प्रोफ़ेशनल मदद की ज़रूरत होती है।

कभी-कभी प्रोफ़ेशनल या बाहरी मदद लेना ही समाधान होता है। विशेषज्ञ उन पहलुओं की पहचान कर सकते हैं, जिन्हें हम ख़ुद महसूस तो करते हैं लेकिन साफ़ देख नहीं पाते। उनका अनुभव उन्हें यह समझने में सक्षम बनाता है कि हमारी आदतें किस हद तक सामान्य पैटर्न से अलग हो चुकी हैं। किसी ऐसे व्यक्ति का मार्गदर्शन काफ़ी कारगर हो सकता है, जिसने पहले भी ऐसी परिस्थितियों को देखा और समझा हो। काउंसलिंग से इसमें मदद मिलती है, क्योंकि यह व्यक्ति को उन लोगों से दोबारा जोड़ती है, जिनसे वह अनजाने में दूर होता जा रहा था। यह सहायक समुदाय का हिस्सा बनने का अवसर देती है, जो समझता है कि आप किस दौर से गुज़र रहे हैं। इस तरह की मदद पाने के कई तरीक़े हो सकते हैं :

सपोर्ट ग्रुप या समुदायों में शामिल होना, जिनमें समान समस्याओं का सामना कर रहे लोग हों, साझा अनुभव और सामना करने के तरीक़े मुहैया करा सकते हैं। परिवार और मित्र भावनात्मक समर्थन और प्रोत्साहन देकर डिजिटल जुड़ाव कम करने में मदद कर सकते हैं। डिजिटल लत से उबारने वाले स्व-सहायता साधन जैसे किताबें, लेख और ऑनलाइन संसाधन भी उपयोगी हो सकते हैं। कुछ लोग ऐसे लाइफ़-कोच से भी लाभ उठा सकते हैं, जो डिजिटल वैल-बीइंग और उत्पादकता के विशेषज्ञ हों।

कभी-कभी, जब आपका मन ही आपका दुश्मन बन जाता है, तो अपने मन को नियंत्रित करने के लिए बाहरी मदद लेना केवल सहायक ही नहीं बल्कि आवश्यक भी हो जाता है।

अपने अंदर से जुड़िए

हम आज अत्यधिक उपभोक्तावाद के युग में जी रहे हैं, जहां हम धन, संपत्ति, शक्ति और स्थिति जैसे सफलता के बाहरी प्रतीकों के पीछे लगातार भाग रहे हैं, और यह हमें इच्छाओं

तथा अपेक्षाओं के अंतहीन चक्र में फंसा देता है। इसके साथ ही डिजिटल युग की अत्यधिक उत्तेज़नाएं और जानकारी का भार और भी गंभीर नतीजे पैदा करता है। तनाव का स्तर बढ़ रहा है, सहनशीलता और सहानुभूति कम हो रही है, रिश्ते प्रभावित हो रहे हैं, और नैतिकता और ईमानदारी कमज़ोर पड़ रही है।

डिजिटल युग ने लगातार बाहरी उत्तेज़नाओं और जानकारी के अत्यधिक बोझ के साथ जटिलताएं बढ़ा दी हैं। बहुत शोर है, बहुत सारी बातें हैं, बहुत सारी जानकारी को समझना और उस पर प्रतिक्रिया देना मुश्किल हो गया है। इस शोर के बीच, जब कोई अपने अंदर झांकता है, तो यह शोर शांत हो जाता है। आप शोर में से संकेतों को पहचानने में सक्षम हो जाते हैं। एक तरह की शांति मिलती है। बाहरी दुनिया की लगातार उत्तेज़नाओं से जटिलता मिलती है और हमें बेचैन कर देती हैं, जबकि आत्म-निरीक्षण से मिलने वाली शांति से सरलता मिलती है, सोच, निर्णय, रिश्तों में सरलता आती है। व्यक्ति अपने अंदर की आत्मा में स्थिर होकर बाहरी शोर को काट सकता है।

हालांकि हम इस तरह के आत्म-संपर्क को कैसे हासिल कर सकते हैं? हम वास्तव में अपने अंदर कैसे गहराई में जाएं और अपने अंदर से कैसे जुड़ें, ताकि जीवन को स्थिर और सरल बनाया जा सके?

समाधान आध्यात्मिकता में है

मैं स्पष्ट कर दूं कि, मैं आपसे यह नहीं कह रहा हूं कि आप किसी चरम संकल्प के तहत अपनी सारी सांसारिक संपत्ति त्याग दें और कहीं जंगलों में या ऊंचे पहाड़ों पर साधु की तरह रहने लगें! मेरा मानना है कि अध्यात्म ऐसी अवधारणा है जिसे अक्सर ग़लत समझा जाता है, जबकि उसे अगर नियमित रूप से अपनाया जाए, तो यह हमारे जीवन में आंतरिक शांति, स्पष्टता और उद्देश्य की भावना लाने की एक प्रभावी साधन हो सकती है।

अध्यात्म अलग-अलग लोगों के लिए अलग मायने रखता है। कुछ लोगों के लिए यह मुख्यतः भगवान में विश्वास रखने और संगठित धार्मिक अभ्यासों में शामिल होने की बात हो सकती है। मेरे पिता को पवित्र ग्रंथ से मंत्रों का जाप स्थिरता का अनुभव देता है, और जब वे यह नहीं कर पाते, तो अक्सर वे बेचैनी महसूस करते हैं। उनका कहना है कि यह उन्हें जटिल और अनिश्चित दुनिया में शांति और आशा खोजने में मदद करता है। कुछ लोगों के लिए, यह गैर-धार्मिक अनुभवों के जरिए अपने आंतरिक स्वयं से जुड़ने का तरीक़ा हो सकता है, जैसे एकांत में चिंतन करना, प्रकृति की शांति में डूब जाना, या योग और ध्यान जैसी पद्धतियों को अपनाना। यह आपके पसंदीदा खेल या गतिविधि के नियमित अभ्यास के जरिए भी हो सकता है। इसमें केवल कोई रुचि का कार्य करने की क्रिया आत्म-अनुभूति और स्पष्टता के क्षण मुहैया कराती है। यहां समान सूत्र यह है कि यह गहरी और शांतिपूर्ण गतिविधि को अपनाना

है, अपने अंदर जाने की प्रक्रिया है, जो आत्म-चिंतन और स्वयं तथा दुनिया की गहरी समझ का मौक़ा देती है, चाहे मार्ग कोई भी चुना गया हो।

अपने आंतरिक स्वयं से जुड़ने का मेरा पसंदीदा तरीक़ा ध्यान का है, जिसे मैं पैंतीस वर्षों से अधिक समय से कर रहा हूं। हालांकि मैं खेलों के लिए भी उतना ही उत्साहित रहता हूं और महसूस करता हूं कि एक तीव्र स्क्वैश खेल के बाद जो शांति और केंद्रित अनुभव मिलता है, वह ध्यान के बाद अनुभव होने वाले अनुभव जैसा ही होता है।

अपने आंतरिक स्व से जुड़ना केवल सोफ़े पर बैठकर हर दिन आंखें बंद करने और अनुशासन के साथ ध्यान करना नहीं है, बल्कि जो कुछ भी आप करना पसंद करते हैं, उसे पूरी तसल्ली और देखभाल के साथ अभ्यास करना है, हर क़दम में सुधार करना है, जैसे कि खिलाड़ी करते हैं। मैं आपको अपनी ख़ुद की राह खोजने की सलाह देता हूं। एक ऐसा मार्ग जहां आप अपने आप के साथ एक होने का अनुभव करें और अपने आप से गहरे स्तर पर जुड़ा महसूस करें। आपका तरीक़ा व्यक्तिगत हो सकता है, लेकिन लक्ष्य तो सार्वभौमिक है, जो अपने आप से गहरे स्तर पर जुड़ने का है।

संक्षेप में कहें तो, आज की तेज़-तर्रार भौतिक दुनिया में सच्ची शांति और ख़ुशी पाने के लिए, यह ज़रूरी है कि हम अध्यात्म की खोज करें और अपने आंतरिक स्व से जुड़ें। हम सभी के अंदर एक महान शक्ति छिपी है। यह शक्ति एक सार्वभौमिक बल भी है जो हम सभी को जोड़ती है। हम अपनी समस्याओं के समाधान बाहर ढूंढ़ते हैं, जबकि सभी समाधान हमारे अंदर हैं। एक अत्यधिक डिजिटल युग की 21वीं सदी की समस्या का उत्तर शायद हमारे पूर्वजों की शाश्वत बुद्धिमानी में ही निहित हो!

छोटे-छोटे बदलावों से आदतें बनाना

किसी भी महत्त्वपूर्ण बदलाव की तरह, संतुलित डिजिटल जुड़ाव हासिल करना भी एक प्रक्रिया है। यह तुरंत या कुछ ही दिनों में नहीं होगा। महत्त्वपूर्ण और टिकाऊ बदलाव लाने के लिए, आपको इसे अपने जीवन का हिस्सा बनाना होगा। इसका मतलब है कि जो कुछ भी प्रयास किया जाए, उसे लगातार और लंबे समय तक करना होगा ताकि ठोस नतीजा दिखाई दें। आख़िरकार, 'रोम एक दिन में नहीं बन गया था'।

जैसे कि मैंने अध्याय 14 - फुर्ती : टू-स्पीड वाली निष्पादन क्षमता पर, में टू-स्पीड अप्रोच सुझाया है कि एक संगठन को दीर्घकालिक क्षमताएं विकसित करनी होती हैं और साथ ही अल्पकालिक लक्ष्य भी हासिल करने होते हैं, वैसे ही किसी व्यक्ति के लिए भी मुख्य बात यह है कि **छोटे-छोटे बदलावों** से शुरुआत करे। आसान और सुलभ लक्ष्य लें, जिन्हें पूरा करना आपको तत्काल लाभ देगा, और धीरे-धीरे इसे **आदत** में बदलते हुए दीर्घकालिक दृष्टिकोण की ओर बढ़ें, जो स्वस्थ और संतुलित जीवन के लिए हो। अगर आप बड़े लक्ष्य लेंगे, तो शायद आप उनमें से कुछ भी पूरा ना कर पाएं। जैसे हर साल हम नए साल के संकल्प

लेते हैं। उदाहरण के लिए, अगर आप चिंता और तनाव से जूझ रहे हैं, तो एक घंटे तक ध्यान करने का प्रयास करना भारी और असंभव लग सकता है। एक अधिक प्रभावी तरीक़ा होगा कि छोटे-छोटे माइंडफुलनेस अभ्यास से शुरुआत करें, जैसे हर दिन केवल 5 मिनट गहरी सांस लेने के अभ्यास या छोटे ध्यान सत्र करना, जो शांतिप्रद प्रभाव डाल सकते हैं। जैसे-जैसे आप प्रगति करेंगे, आप अभ्यास की अवधि और गहनता धीरे-धीरे बढ़ा सकते हैं। फिर समय के साथ-साथ आप अतिरिक्त मुक़ाबला करने के तरीक़ों का भी पता लगा सकते हैं, जैसे नियमित रूप से किसी शारीरिक गतिविधि में शामिल होना या संरचित कार्यक्रमों में शामिल होना, ताकि ये अभ्यास आपकी दिनचर्या का हिस्सा बन जाएं।

प्रमुख निष्कर्ष

- डिजिटल युग की एक विडंबना यह है कि डिजिटल जुड़ाव से कई लाभ होते हैं, लेकिन अत्यधिक और लगातार डिजिटल जुड़ाव से मानसिक थकान, तनाव और भारीपन की भावना पैदा हो सकती है, जिसके लिए डिजिटल डिस्कनेक्ट और डिटॉक्स की ज़रूरत होती है।
- अत्यधिक डिजिटल जुड़ाव के नकारात्मक प्रभावों से निपटने के लिए, पहले अपनी डिजिटल आदतों की निगरानी करें, डेटा का इस्तेमाल करके उन्हें विश्लेषित करें और सुधार के क्षेत्रों को प्राथमिकता दें। डिजिटल संयम और सोशल मीडिया उपयोग कम करने जैसे व्यावहारिक क़दम स्वस्थ संतुलन हासिल करने में मदद कर सकते हैं। कई परिस्थितियों में, संरचित दृष्टिकोण जैसे डिजिटल डिटॉक्स कार्यक्रम अपनाना ज़रूरी हो सकता है।
- भौतिक दुनिया में अधिक शामिल होना आवश्यक है, जैसे बाहरी और शारीरिक गतिविधियों, खेल और शौक अपनाए जा सकते हैं, जिससे समग्र कल्याण बढ़े और स्क्रीन टाइम घटे।
- जब डिजिटल जुड़ाव आदत में बदल जाए, तो पेशेवर मदद लेना, सपोर्ट ग्रुप्स में शामिल होना, परिवार और मित्रों को शामिल करना, या स्व-सहायता संसाधनों का उपयोग करना प्रभावी रणनीतियां हो सकती हैं जिनसे व्यक्ति अपनी डिजिटल आदतों पर नियंत्रण वापस पा सकता है और वास्तविक दुनिया से जुड़ सकता है।
- आध्यात्मिकता के जरिए, विशेषकर ध्यान के जरिए, अपने अंदर के स्व से जुड़ना, हमारे पूर्वजों के शाश्वत बुद्धि से मार्गदर्शन हासिल करना, आंतरिक शांति, स्पष्टता और सरलता लाकर बाहरी अराजकता में संतुलन बनाने में मदद कर सकता है, जिससे व्यक्तिगत विकास और कल्याण को बढ़ावा मिलता है।

समाज और राष्ट्र

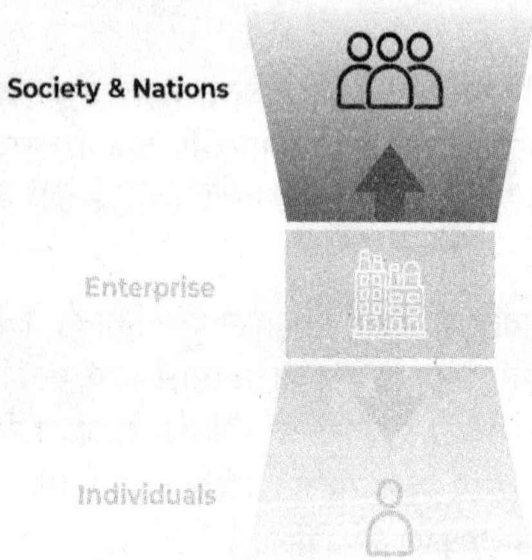

'डेटा दुनिया को रूपांतरित कर रहा है'

26

बेहतर विश्व के लिए डेटा सहयोग

वैश्विक सहयोग के लिए नया विज़न

'डेटा शेयरिंग एक सशक्त साधन है जिसका इस्तेमाल दुनिया की सबसे बड़ी समस्याओं को हल करने में किया जा सकता है।'

~ बिल गेट्स,
माइक्रोसॉफ़्ट के सह-संस्थापक और पूर्व सीईओ

इस खंड में अब तक हमने यह चर्चा की है कि डेटा व्यक्तियों के जीवन को बेहतर बनाने और उनके फ़ैसले लेने में कैसे बदलाव ला सकता है। हमने यह भी बात की कि डेटा की दुनिया में व्यक्ति किन विरोधाभासों का सामना करते हैं और उनसे कैसे निपटा जा सकता है। अब, आइए अपने दृष्टिकोण को व्यापक बनाते हैं और देखते हैं कि डेटा हमारे वैश्विक समाज के लिए कैसे लाभकारी हो सकता है। आज की आपस में जुड़ी दुनिया बिग डेटा और डिजिटल तकनीकों से संचालित है। इसने वैश्विक स्तर पर विशाल मात्रा में डेटा उत्पन्न किया है और हम लगातार ये करते जा रहे हैं। इस डेटा में दुनिया भर में सकारात्मक बदलाव लाने की शक्ति है। इस डेटा का इस्तेमाल करके हम मिलकर वैश्विक चुनौतियों का समाधान कर सकते हैं और साझा अवसरों का अधिकतम लाभ उठा सकते हैं।

डेटा से हासिल अंतर्दृष्टि और ज्ञान का इस्तेमाल करके, हम सीमाओं के पार एकजुट हो सकते हैं, समझ के अंतर को पाट सकते हैं और मानवता के सामने मौजूद कुछ जटिल समस्याओं के समाधान में नवाचार कर सकते हैं। डेटा की रूपांतरकारी शक्ति केवल व्यक्तियों या देशों तक सीमित नहीं है, यह भौगोलिक सीमाओं को पार करती है और हमारे विश्व की भलाई के लिए साझा ज़िम्मेदारी की भावना को बढ़ावा देती है। डेटा-प्रेरित वैश्विक समाज की इस यात्रा में हमारे सामने रोमांचक संभावनाएं मौजूद हैं।

हमने ऐसे पर्याप्त उदाहरण देखे हैं जिनमें डेटा शेयर करना और सहयोग करना दुनिया की सबसे आवश्यक और गंभीर समस्याओं को हल करने में मददगार साबित हुआ है। अगर वैज्ञानिकों और सरकारों के वैश्विक समुदाय ने सहयोग नहीं किया होता, तो कोविड महामारी बहुत लंबी चलती और इससे भी बहुत ज़्यादा विनाशकारी होती। वैश्विक डेटा शेयरिंग और सहयोग महामारी के प्रभाव को सीमित करने में सामूहिक रूप से महत्त्वपूर्ण साबित हुआ। इसी तरह का सहयोग वैश्विक आतंकवाद, मनी लॉन्ड्रिंग, मानव तस्करी और अन्य मुद्दों के समाधान में भी देखा गया है। द्विपक्षीय समझौतों या अंतरराष्ट्रीय संगठनों के माध्यम से, राष्ट्र उन समस्याओं को हल करने के लिए सहयोग करते रहे हैं जो सभी के लिए महत्त्वपूर्ण हैं।

रूपांतरकारी वैश्विक प्रभाव के लिए सहयोग आवश्यक है

मुख्य वैश्विक चुनौतियों का समाधान करने के लिए इन मुद्दों की जटिलता को समझना होगा जिसके लिए बहुआयामी दृष्टिकोण की ज़रूरत होती है। मानवता के सामने मौजूद सबसे बड़ी चुनौतियों को किसी एक राष्ट्र के लिए अकेले हल करना असंभव है। सहयोग से बेहतर नतीजा पाने में सहायता मिलती है, और वैश्विक डेटा सहयोग इसे संभव बनाने की कुंजी है। यह हमें वैश्विक सामूहिक बुद्धि और डेटा का इस्तेमाल करके इन चुनौतियों के लिए प्रभावी समाधान तैयार करने में सक्षम बनाता है।

कोविड-19 के दौरान, सभी हितधारकों के हित सामंजस्य में थे और सभी हितधारकों की समाधान खोजने में महत्त्वपूर्ण भूमिका थी, इसलिए हमने वैश्विक स्तर पर प्रभावी सहयोग देखा। विश्व इतिहास के कुछ अन्य उदाहरण भी हैं जहां सहयोग ने मानवता के भविष्य को आकार देने में आधार बनाया। इनमें ह्यूमन जीनोम प्रोजेक्ट (एचजीपी) भी शामिल है, जिसने हमारी प्रजाति को बेहतर जानने के प्रयास में मानव जाति के डीएनए की सीक्वेंसिंग की। एक और महत्त्वपूर्ण उदाहरण है वर्ल्ड वाइड वेब (www) का प्रसार।

वर्ल्ड वाइड वेब, जो सीईआरएन* के एक प्रयोग के रूप में शुरू हुआ और वैश्विक डिजिटलीकरण की नींव बन गया। यह कुछ वैश्विक विचारकों के सहयोगी प्रयासों का ही नतीजा था।1990 के दशक की शुरुआत में सीईआरएन की विकसित, इस पहल के लीडरों ने इसे सभी के लिए सुलभ बनाने का निर्णय लिया और इसके लिए एक ग्लोबल गवर्नेंस संस्था, डब्ल्यू3सी की स्थापना की। आज, डबल्यू3सी के 400 से अधिक सदस्य हैं, जो सुनिश्चित करते हैं कि इंटरनेट सभी के लिए सुलभ हो और इसके इस्तेमाल में कोई भेदभाव ना हो। यह दुनिया को बेहतर बनाने के लिए अहम है। यह समझौता हुआ कि www सभी के लिए सुलभ होगा और केवल कुछ संस्थानों तक सीमित नहीं रहेगा। इस समझौते ने दुनिया को बदलकर आज की दुनिया बना दिया। यह ऐसी तकनीक थी जिसे कुछ लैब्स में विकसित किया गया

* सर्न (CERN) - Conseil Européen pour la Recherche Nucléaire- एक फ्रेंच नाम है, जिसका अर्थ है यूरोपीय परमाणु अनुसंधान परिषद

और विश्वविद्यालयों के संचार के लिए इस्तेमाल किया गया, लेकिन जब यह आम लोगों तक पहुंची, तो इसने डिजिटल क्रांति को जन्म दिया।

इन दोनों पहलों के लिए वैश्विक सहयोग की आवश्यकता थी, जहां दूरदर्शी विचारकों ने मिलकर रूपांतरकारी बदलाव लाने का प्रयास किया। और ये केवल संकटों के प्रतिक्रियात्मक समाधान नहीं थे।

जैसी कि ऊपर चर्चा की गई है, वैश्विक डेटा सहयोग के कई उदाहरण मौजूद हैं, जिन्हें मैं आगे के एक अलग खंड में विस्तार से बताऊंगा, ताकि यह दिखाया जा सके कि उन्होंने महत्त्वपूर्ण वैश्विक समस्याओं के समाधान में कैसे मदद की और मानवता को किस तरह से अत्यधिक लाभ पहुंचाया। हालांकि, मेरा मानना है कि यह केवल शुरुआत है। जैसे-जैसे डेटा का विस्फोट होगा, वैश्विक डेटा सहयोग के अवसर भी बढ़ते रहेंगे। वैश्विक डेटा सहयोग शोधकर्ताओं, वैज्ञानिकों और नीति-निर्माताओं को दुनिया भर से उनके डेटा संसाधनों, विशेषज्ञता और अंतर्दृष्टियों को साझा करने का मौक़ा दे सकता है, ताकि अनुसंधान को तेज़ किया जा सके और नवाचार को बढ़ावा देकर उन महत्त्वपूर्ण वैश्विक समस्याओं का समाधान किया जा सके, जिन्हें कोई एक संस्था या राष्ट्र अकेले हल नहीं कर सकता।

इम्तहां और भी हैं

इन उपलब्धियों और डेटा-प्रेरित दुनिया में वैश्विक अवसरों के महत्त्व के बावजूद, वैश्विक स्तर पर डेटा सहयोग के व्यापक पैमाने पर फैलने में कई चुनौतियां सामने आती हैं। मेरा मानना है कि वैश्विक सहयोग के मामले में अक्सर संशय और संरक्षणवाद की समस्या आती है। यह डर कि जिस जानकारी या डेटा को मैं साझा कर रहा हूं, जो मेरे लिए विशेष है, उसका दूसरा पक्ष मेरे ही ख़िलाफ़ इस्तेमाल कर सकता है। इसमें बुनियादी तौर पर विश्वास की कमी होती है।

यह मुझे सोचने पर मजबूर करता है कि क्या हमारी दुनिया वास्तव में ऐसे महत्त्वपूर्ण मुद्दों पर सहयोग करेगी जैसे कि जलवायु परिवर्तन हुआ, जिसमें वर्तमान में कोई स्पष्ट आर्थिक लाभ नहीं है? जलवायु परिवर्तन जैसे मुद्दों के प्रति जागरूकता तो बढ़ रही है; संयुक्त राष्ट्र ने पृथ्वी की सुरक्षा के लिए दुनिया को आगे बढ़ाने हेतु सतत विकास लक्ष्यों (एसडीजी) का चार्टर अपनाया है। इसके बावजूद, इसने अभी तक पर्याप्त रफ़्तार हासिल नहीं की है। वैश्विक संस्थाएं इस मुद्दे की वकालत कर रही हैं, लेकिन वे ज़्यादातर प्रभावहीन हैं। मुझे यह सोचकर आश्चर्य होता है कि हम उनकी प्रभावशीलता कैसे बढ़ा सकते हैं। ये आवश्यक मुद्दे हैं, लेकिन इन पर सभी हितधारक समान रूप से तत्पर नहीं दिखते।

बेहतर दुनिया के लिए वैश्विक डेटा सहयोग को सक्षम बनाने का फ़्रेमवर्क

किसी भी वैश्विक प्रभावकारी पहल में, सरकार और व्यक्ति मुख्य हितधारक होते हैं और उद्यम इसमें शामिल हो भी सकते हैं या नहीं भी हो सकते हैं। व्यक्ति की भूमिका अक्सर इस डेटा इको सिस्टम में योगदान देने की होती है, यानी अपने डेटा को साझा करने की होती है। वे नीतियों और सेवाओं से लाभ उठाते हैं और अपने डेटा शेयर करके उन्हें सह-निर्मित करते हैं। वे अपनी आवाज साझा करते हैं, प्रदर्शन को ट्रैक करते हैं और सरकारों तथा संगठनों को प्रभावित करते हैं। वहीं, सरकारों की ज़िम्मेदारी होती है कि वे इस डेटा इको सिस्टम का निर्माण करें। वे प्रगति की निगरानी करती हैं और नीतियों तथा कार्यक्रमों की प्रभावशीलता का मूल्यांकन करती हैं।

वैश्विक डेटा सहयोग के लाभ निर्विवाद भले ही हों, लेकिन इसे सफलतापूर्वक लागू करना उतना आसान नहीं है। कई चुनौतियां हैं जिन्हें पार करना ज़रूरी है, जैसे डेटा गोपनीयता और सिक्योरिटी, डेटा गवर्नेंस और स्वामित्व, डेटा की गुणवत्ता और मानकीकरण, तकनीकी अवसंरचना और इंटरऑपरेबिलिटी, क़ानूनी और नियामक जटिलताएं। यह तो केवल कुछ ही उदाहरण हैं।

सफल वैश्विक डेटा सहयोग को सुविधाजनक बनाने के लिए एक संरचित फ़्रेमवर्क की आवश्यकता है, और मेरा मानना है कि इसमें निम्नलिखित आठ-चरणों की प्रक्रिया होनी चाहिए :

Framework for global data collaboration

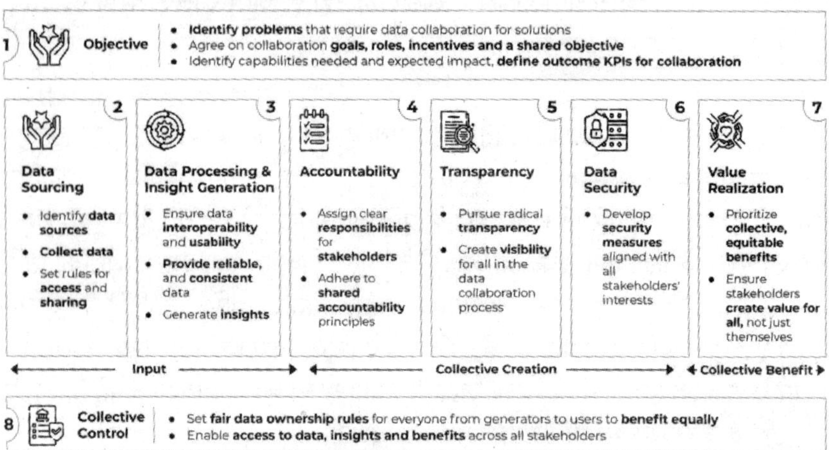

यह प्रक्रिया सबसे पहले **उद्देश्यों** की स्पष्ट पहचान और संरेखण से शुरू होती है। सहयोग का मक़सद ऐसी बड़ी और गहन समस्याओं का समाधान करना है, जो पूरी दुनिया को प्रभावित करती हैं। जब उद्देश्यों पर सहमति बन जाती है, तब यह आवश्यक हो जाता है कि **डेटा के स्रोतों** पर ध्यानपूर्वक विचार किया जाए - स्रोत कौन-से होंगे, उन्हें कैसे जुटाया जाएगा, किस प्रारूप, चैनल और संरचना में लिया जाएगा। हर क़दम सहयोग की मजबूत नींव रखने में अहम भूमिका निभाता है। अब डेटा को उपयोगी अंतर्दृष्टियों में बदलने के लिए **संसाधित** करना ज़रूरी है। इसके लिए डेटा में पारस्परिक संगतता (इंटरऑपरेबिलिटी) होनी चाहिए, यानी वह बिना रुकावट एक साथ काम करे, साथ ही विश्वसनीय भी हो। प्रत्येक हितधारक को अपने बनाए डेटा की **ज़िम्मेदारी** लेनी चाहिए, उसकी गुणवत्ता सुनिश्चित करनी चाहिए और उसे लगातार अपडेट रखना चाहिए। दूसरी ओर, प्रणाली को हितधारकों के सामने पूरी **पारदर्शिता** रखनी होगी कि डेटा का इस्तेमाल किस प्रकार हो रहा है, कौन कर रहा है और उससे कौन-सी अंतर्दृष्टियां निकल रही हैं।

डेटा तो कई स्रोतों से आता है, इसलिए उसकी **सुरक्षा** तो बड़ी चुनौती बनी ही रहती है। इसीलिए नीतियां, प्रक्रियाएं और एक्सेस से जुड़ी गाइडलाइन शुरुआत से ही स्पष्ट रूप से तय की जानी चाहिए।

डेटा का **असली मूल्य** तब सामने आता है जब उससे सभी को सामूहिक लाभ मिलता है और हर हितधारक को बराबरी के अवसर मिलते हैं। सभी के लिए समानता और समृद्धि सुनिश्चित करने के लिए, यह समझना ज़रूरी है कि डेटा का मालिक कौन है और उसका फ़ायदा किसे मिल रहा है। डेटा के स्वामित्व, उसके गवर्निंग सिद्धांतों, सामूहिक ज़िम्मेदारी और **सामूहिक नियंत्रण** पर पूरी स्पष्टता होनी चाहिए। इसका उद्देश्य यही है कि जो लोग अपना डेटा साझा करते हैं, वे भी उससे लाभ उठा सकें और यह तय करने में उनकी भी भूमिका हो कि डेटा का इस्तेमाल कैसे किया जाए। इस दृष्टिकोण से डेटा साझा करने को लेकर मौजूद 'भय' दूर होगा और हम उस स्थिति से बच पाएंगे जिसे 'डेटा उपनिवेशवाद' कहा जाता है, जहां किसी देश या क्षेत्र की ताक़तवर संस्थाएं या संगठन दूसरे देशों या क्षेत्रों के डेटा संसाधनों पर क़ब्ज़ा या शोषण करते हैं।

किसी भी सहयोग को सफल बनाने का सबसे अहम सिद्धांत है 'देने और पाने' का। मतलब यह कि अगर आप डेटा से लाभ लेना चाहते हैं तो आपको भी डेटा साझा करने के लिए तैयार रहना होगा। सीधी भाषा में कहें तो सोच व्यक्तिगत फ़ायदे की बजाय सामूहिक फ़ायदे की होनी चाहिए। मेरे लिए सहयोग का मतलब है सामूहिक ज़िम्मेदारी निभाते हुए सामूहिक नियंत्रण के साथ सबको फ़ायदा पहुंचाना। इसका उद्देश्य यह है कि कोई पीछे ना छूटे और डेटा देने वाले को भी उतना ही लाभ मिले जितना डेटा का इस्तेमाल करने या उसे संसाधित करने वालों को मिलता है।

वैश्विक सहयोग के लिए एक शासकीय संस्था मुख्य साधन

हमने बार बार देखा है कि हमेशा एक वैश्विक संस्था होती है जो सहयोग को संभव बनाने में अहम भूमिका निभाती है। सीईआरएन और डब्ल्यू3सी (डब्ल्यूडब्ल्यूडब्ल्यू के लिए), जीनबैंक (ह्यूमैन जीनोम प्रोज़ेक्ट के लिए) और जीपीएआई (एआई के लिए) इसके उदाहरण हैं। (इन पर मैं आगे अध्याय में विस्तार से चर्चा करूंगा)। हर सहयोग पहल के लिए कोई न कोई ऐसी संस्था ज़रूरी रही है, जिसमें सभी का प्रतिनिधित्व हो और जो शासन की ज़िम्मेदारी निभा सके। मेरा मानना है कि आगे भी इसकी ज़रूरत बनी रहेगी। यह और भी बढ़ सकती है क्योंकि डेटा सहयोग लगातार बढ़ेगा। मैं भविष्य को सहयोग पर आधारित देखता हूं। इसमें डेटा उत्पन्न करने वाले अपनी जगह मांगेंगे। वे नियंत्रण भी चाहेंगे। अपने योगदान के बदले लाभ भी चाहेंगे।

जैसे डब्ल्यूडब्ल्यूडब्ल्यू ने दुनिया को बदल दिया, वैसे ही डेटा भी एक बड़ा समताकारी साधन बनेगा। यह लोकतंत्रीकरण को बढ़ावा देगा। संभव है कि यह नई विश्व व्यवस्था की शुरुआत कर दे। इस पूरी प्रक्रिया में शासकीय संस्थाओं की भूमिका बेहद अहम होने वाली है।

प्रभावी होने के लिए इन संस्थाओं को कुछ सिद्धांतों पर चलना होगा। इनमें सामूहिक लाभ को प्राथमिकता देना, **सामूहिक सृजन करना, सामूहिक ज़िम्मेदारी लेना** और **सामूहिक नियंत्रण** रखना शामिल है।

कुछ क्षेत्रों में डेटा सहयोग को आगे बढ़ाने वाली संस्थाएं मौजूद हैं। हालांकि मेरा मानना है कि एक ऐसी साझा संस्था होनी चाहिए जो व्यापक ढांचा तय करे। यह वैश्विक डेटा सहयोग के लिए सार्वभौमिक दिशानिर्देश बना सके। वर्ल्ड इकोनॉमिक फ़ोरम (डब्ल्यूईएफ़) की डेटा गवर्नेंस पहल इस दिशा में सकारात्मक क़दम है, लेकिन वैश्विक डेटा सहयोग की संभावनाओं और इसके विस्तार को देखते हुए और भी बहुत कुछ करना बाक़ी है।

बेहतर दुनिया की ओर वैश्विक सहयोग : कुछ उदाहरण

कोविड-19, ह्यूमन जीनोम प्रोजेक्ट और मैसिव ओपन ऑनलाइन कोर्सेज (एमओओसी) ऐसे उदाहरण हैं, जिन्होंने वैश्विक सहयोग के जरिए रूपांतरकारी प्रभाव डाला है। जब हम इनकी बारीक़ियों पर गौर करते हैं, तो यह समझना ज़रूरी हो जाता है कि इनकी सफलता का कारण साझा भलाई के उद्देश्य पर स्पष्ट सहमति थी। इनमें से किसी भी पहल को किसी एक के लाभ के लिए नहीं बनाया गया था। यही वजह है कि ये पहलें चर्चा के योग्य उदाहरण बन गई हैं।

कोविड–19 : वैश्विक सहयोग

हमारे जीवन काल में कोविड-19 शायद ऐसी पहली महामारी थी जिसने पूरी दुनिया को एकजुट कर दिया था। सबने मिलकर एक साझा दुश्मन, एक वायरस के ख़िलाफ़ लड़ाई

लड़ी। वैज्ञानिक, डॉक्टर, सरकारें और आम नागरिक, सब अचानक इस संकट से घिर गए थे। हालांकि इसके बावजूद, पहली बार इतने बड़ी स्तर पर सबने मिलकर खुले तौर पर सहयोग किया और एक साझा उद्देश्य के लिए काम किया। कोविड-19 के दौरान डेटा शेयर किया गया और उसका अध्ययन किया गया। इसके लिए ओक्सकोविड19 डेटाबेस जैसी साझा डेटा रिपॉजिटरी का इस्तेमाल किया गया जिसमें महामारी से जुड़ी जानकारी मौजूद थी।

वैश्विक डेटा सहयोग का बेहतरीन उदाहरण था वायरस के बीटा वेरिएंट की पहचान। जैसा कि आपको याद होगा, कोविड-19 दिसंबर 2019 में सामने आया और मार्च 2020 में इसे विश्व स्वास्थ्य संगठन (डब्ल्यूएचओ) ने वैश्विक महामारी घोषित कर दिया। मई 2020 में कोविड-19 का पहला वेरिएंट, बीटा दक्षिण अफ्रीका में पाया गया। यह बहुत महत्त्वपूर्ण था क्योंकि पहली बार वैश्विक वैज्ञानिक समुदाय ने समझा कि वायरस बदल रहा है। यह पहला अवसर था जब किसी देश ने आगे बढ़कर पूरी दुनिया के साथ जानकारी, डेटा और निष्कर्ष साझा किए।

दक्षिण अफ्रीका शुरू से ही सार्स-कोव-2 के जीनोम को सीक्वेंस कर रहा था। इसी कारण वह नया वेरिएंट दुनिया के किसी भी देश की तुलना में तेज़ी से पहचान सका। ऐसा इसलिए हुआ क्योंकि दक्षिण अफ्रीका ने ब्रिटेन या अन्य देशों की तरह जनगणना पद्धति की बजाय सैंपल आधारित पद्धति अपनाई। वे स्मार्ट तरीक़े से नमूनों और पैटर्न का अध्ययन कर रहे थे। जैसे ही कुछ बदलाव दिखे, डॉक्टरों और शोधकर्ताओं ने गहराई से डेटा का विश्लेषण किया। दक्षिण अफ्रीका ने केवल 0.8 प्रतिशत मामलों को सीक्वेंस किया जबकि ब्रिटेन में यह 13 प्रतिशत और अमेरिका में 4 प्रतिशत था। फिर भी दक्षिण अफ्रीका ने इस असामान्यता को पकड़ लिया क्योंकि वे केवल अपने देश का ही नहीं बल्कि वैश्विक समुदाय के साझा डेटा को भी पढ़ रहे थे और पैटर्न पहचानने के लिए तैयार थे। उन्होंने यह डेटा ब्रिटेन और अन्य देशों के साथ साझा किया। नवंबर 2021 में दक्षिण अफ्रीका में यह वेरिएंट मिला और इसे 'वेरिएंट ऑफ़ कन्सर्न' घोषित किया गया। इस शुरुआती चेतावनी ने वैज्ञानिकों को जीन आधारित वैक्सीन तेज़ी से विकसित करने में मदद दी।

कोविड-19 के पहले आधिकारिक मामले दिसंबर 2019 में दर्ज हुए थे और दिसंबर 2020 में अमेरिका की एफ़डीए ने पहली वैक्सीन को इमरजेंसी उपयोग की मंजूरी दी। यानी वायरस की पहचान के एक साल के भीतर वैक्सीन तैयार हो गई। यह कोई छोटी उपलब्धि नहीं थी। इस महामारी ने वैक्सीन रिसर्च और डेवलपमेंट में वैश्विक सहयोग को जन्म दिया। जहां इबोला की वैक्सीन भी तेज़ गति से विकसित की गई थी, फिर भी उसे व्यापक परीक्षणों तक पहुंचने में पांच साल लग गए थे। तो आख़िर कोविड-19 में ऐसा क्या अलग हुआ?

वैज्ञानिकों ने वायरस के जीनोम डेटा का इस्तेमाल कर एंटीजेन का नक़्शा तैयार किया। यह नक़्शा डीएनए या आरएनए से बना था, जिनमें जेनेटिक निर्देश होते हैं। शोधकर्ताओं ने डीएनए या आरएनए को मानव कोशिकाओं में डाला, जिससे मानव कोशिकाएं एंटीजेन बनाने

लगीं। जेनेटिक्स में प्रगति, वैश्विक सहयोग और वैक्सीन विकास की नई तकनीकों की वजह से इतिहास की सबसे तेज़ वैक्सीन तैयार हो सकी, जिसने लाखों जानें बचाईं।

एक और ख़ास पहलू, दवाओं से संबंधित डेटा का देशों के बीच साझा होने का था। कोविड-19 के दौरान शोध की तात्कालिकता के कारण प्री-प्रिंट शोध पत्र सामने आने लगे, जिन्हें पीयर-रिव्यू नहीं किया गया था। यह भरोसे पर आधारित था कि शोध समुदाय साझा भलाई के लिए काम कर रहा है। महामारी के पहले चार महीनों में कोविड-19 पर 19,389 लेख साझा किए गए, जिनमें से एक-तिहाई प्री-प्रिंट थे, जिन्हें जांचा या छाना नहीं गया था, और सभी के देखने के लिए उपलब्ध थे, जिससे वैक्सीन के विकास में योगदान मिला।

यूरोपीय संघ के एक संगठन ईक्रिन ने एक क्लीनिकल रिसर्च मेटाडेटा रिपॉजिटरी बनाई। इसने शोध डेटा को इस तरह संग्रहीत और प्रस्तुत किया कि उसे आसानी से खोजा और इस्तेमाल किया जा सके। इसमें प्रकाशन, अध्ययन प्रोटोकॉल, प्रतिभागियों का डेटा, डेटा प्रबंधन योजना, सांख्यिकीय विश्लेषण योजना, वेब पेज और सोशल मीडिया तक की जानकारी उपलब्ध कराई गई। ईक्रिन ने डेटा साझा करने के लिए एक टूलबॉक्स भी बनाया जिसमें एसओपी और डेटा शेयरिंग एग्रीमेंट के नमूने शामिल थे।

कोविड-19 ने वैज्ञानिकों, सरकारों और व्यक्तियों को एक साथ आने की ज़रूरत पैदा की। उन्हें खुले तौर पर जानकारी साझा करनी थी, साझा किए गए डेटा की गुणवत्ता के लिए ज़िम्मेदार होना था, यह सुनिश्चित करना था कि डेटा सुरक्षित रहे और उन तक ना पहुंचे जिन्हें इसकी जानकारी नहीं हो। साथ ही, ऐसा ढांचा बनाना था जो तेज़ी से प्रभाव पैदा कर सके। यह एक बेहतर दुनिया के लिए सहयोग का बेहतरीन उदाहरण है।

कोविड–19 : व्यक्तिगत नवाचार

एक व्यक्ति की भूमिका अक्सर डेटा साझा करने और बड़े पैमाने पर प्रभाव पैदा करने के लिए प्रणाली के साथ सहयोग करने की होती है। कोविड के दौरान, लोगों द्वारा स्मार्टवॉच से साझा किया गया डेटा बहुत मददगार साबित हुआ। शोधकर्ताओं ने हृदय की धड़कन, सांस की गति और अन्य शारीरिक संकेतों को ट्रैक करके कोविड-19 के शुरुआती लक्षण और बीमारी के प्रसार का पता लगाया। इन जानकारियों का इस्तेमाल कोविड-19 के लिए शुरुआती चेतावनी सिस्टम बनाने में किया गया। ये मॉडल दुनिया भर में साझा किए गए। स्मार्टवॉच पहनने वाले लोग ख़ुद की निगरानी कर रहे थे। यह उदाहरण साफ़ दिखाता है कि कैसे एक व्यक्ति का डेटा साझा करना और सहयोग करना बड़ी समस्याओं को हल करने में मदद कर सकता है।

शिक्षा – वैश्विक सहयोग का उदाहरण, एमओओसी– एमआईटी

पहला एमओओसी 2008 में स्टीफ़न डाउनस और जॉर्ज सिमेंस ने बनाया था। उनका मक़सद ऑनलाइन टूल्स के जरिए अलग-अलग लोगों के बीच बातचीत के मौक़े पैदा करना

था। इससे पारंपरिक तरीक़ों से ज़्यादा समृद्ध सीखने का माहौल मिलता। जहां मैनिटोबा यूनिवर्सिटी में सिर्फ़ पच्चीस छात्र इस कोर्स में व्यक्तिगत रूप से शामिल हुए, वहीं दुनिया भर से 2300 लोग ऑनलाइन जुड़े।

एमआईटी ने एमआईटीएक्स प्लेटफ़ॉर्म बनाया ताकि एमओओसी ऑनलाइन दिए जा सकें। बाद में जब एमआईटी ने हार्वर्ड के साथ साझेदारी की, तो इसे ईडीएक्स नाम दिया गया। गैर-लाभकारी ईडीएक्स कंसोर्टियम अब एमओओसी विकसित करता और उपलब्ध कराता है, और इसमें तीस से ज़्यादा विश्वविद्यालय साझेदार हैं। इस कंसोर्टियम ने प्लेटफ़ॉर्म का एक ओपन-सोर्स संस्करण भी जारी किया, जिसे अन्य संस्थान और व्यक्ति इस्तेमाल और विकसित कर सकते हैं। आज एमओओसी ऑनलाइन शिक्षा का एक अलग और मजबूत प्लेटफ़ॉर्म बन चुके हैं। कोर्सेरा पर 1 करोड़ से अधिक छात्रों ने पंजीकरण कराया है, कई एमओओसी में शामिल हुए हैं, और दुनिया भर के कई प्लेटफ़ॉर्म लाखों छात्रों का डेटा इकट्ठा करके उनकी पढ़ाई में इस्तेमाल कर रहे हैं।

एमआईटी ईडीएक्स के पास 40 लाख से ज़्यादा छात्रों का शिक्षा डेटा है, जो दुनिया भर से इकट्ठा किया गया है। इसका इस्तेमाल शिक्षा की गुणवत्ता समझने और सुधारने में होता है। आज जो प्रिडिक्टिव लर्निंग जैसी तकनीकें लागू हो रही हैं, उनकी जड़ एमओओसी में हैं, जो सहयोग के विचार से शुरू हुई। सोचिए, अगर सभी निजी प्लेटफ़ॉर्म - जैसे कोर्सेरा, ख़ान अकादमी, यूडेमी, यूडेसिटी, अनअकादमी, बायजूस, मास्टरक्लास, एडमोडो और अन्य - अपना डेटा साझा करें और साथ मिलकर काम करें, तो दुनिया भर के छात्रों के लिए सीखने का अनुभव कितना अधिक प्रभावशाली और उपयोगी बनाया जा सकता है।

ह्यूमैन जीनोम प्रोजेक्ट (एचजीपी)

सार्वज़निक रूप से वित्तपोषित पहल ह्यूमन जीनोम प्रोजेक्ट की शुरुआत 20,000 से 25,000 मानव जीनों की पहचान और सूचीबद्ध करने के महत्त्वाकांक्षी लक्ष्य के साथ हुई थी। इस प्रोजेक्ट का उद्देश्य इस आनुवंशिक जानकारी को यूजर-फ्रैंडली डेटाबेस जैसे जेनबैंक के माध्यम से आसानी से उपलब्ध कराना था, ताकि आगे के जैविक शोध को बढ़ावा दिया जा सके। इस प्रोजेक्ट ने 1990 के दशक में बहुत सारा मानव जीनोम डेटा उत्पन्न किया, लेकिन स्वामित्व और सहयोग को लेकर अस्पष्टता ने इसके व्यापक प्रभाव डालने की क्षमता को रोक दिया।

हालांकि, 13 जून 2013 को अमेरिकी सुप्रीम कोर्ट ने एसोसिएशन फ़ॉर मॉलिक्यूलर पैथोलॉजी बनाम मायिड जेनेटिक्स, इंक. मामले में ऐतिहासिक फ़ैसला सुनाया कि प्राकृतिक रूप से पाए जाने वाले डीएनए सीक्वेंस का पेटेंट नहीं लिया जा सकता। इस फ़ैसले ने मानवता के सामूहिक लाभ को मायिड जेनेटिक्स के व्यक्तिगत हितों पर प्राथमिकता दी। इस महत्त्वपूर्ण फ़ैसले ने जीनोम जानकारी को गैर-पेटेंट योग्य बना दिया और ह्यूमन जीनोम प्रोजेक्ट के डेटा

की व्यापक पहुंच के रास्ते खोल दिए। इसका प्रभाव दुनिया के कई देशों और संस्थानों पर पड़ा, जिसमें भारत भी शामिल है, साथ ही स्तन तथा अंडाशय के कैंसर का पता लगाने वाले लोकप्रिय बीआरसीए टेस्ट जैसे कई परीक्षणों पर भी इसका असर हुआ। जब डीएनए सीक्वेंस खुले रूप में उपलब्ध हुए, तो कई देशों ने म्यूटेशन की जानकारी मिलते ही किफ़ायती परीक्षण उपलब्ध कराना शुरू कर दिया।

दिलचस्प बात यह है कि जैसे-जैसे ये परीक्षण लोकप्रिय हुए, और डेटा इकट्ठा हुआ, जैविक नवाचार और ज्ञान उत्पादन में वृद्धि भी हुई। इससे अगली पीढ़ी के सीक्वेंसिंग और सैंपल प्रोसेसिंग की तकनीकी प्रगति पर व्यावसायिक मूल्य भी बढ़ा। इसने मल्टी-ओमिक्स डेटा से एआई आधारित कम्पोजिट भविष्यवाणी उपकरण बनाने के अवसर भी खोले।

एक और महत्त्वपूर्ण निर्णय जेनबैंक और उसके स्वामित्व के बारे में अमेरिकी सुप्रीम कोर्ट ने दिया। इसमें कहा गया कि केवल डेटाबेस बनाने का मतलब यह नहीं कि आप डेटा के मालिक हैं। डेटा लोगों का है। प्रमुख सीक्वेंसिंग समूहों के बीच हुए अंतरराष्ट्रीय समझौते, बरमूडा एग्रीमेंट ने तय किया कि सीक्वेंस डेटा 24 घंटे के अंदर सार्वजनिक डेटाबेस में साझा किया जाए। इसने डेटा को गैर-पेटेंट योग्य बनाया और मानवता के लाभ के लिए वैज्ञानिक प्रगति को बढ़ावा दिया, साथ ही निष्पक्षता को भी सुनिश्चित किया।

कोविड-19 सहयोग और ह्यूमन जीनोम प्रोजेक्ट का सहयोग डेटा साझा करने के महत्त्व को उजागर करते हैं। ये दिखाते हैं कि यदि प्रोत्साहन सामूहिक लाभ पर केंद्रित हों, तो सभी के लिए समान अवसर बनाने और समृद्धि बढ़ाने में मदद मिल सकती है। इसमें डेटा की एकजुटता यानी सामूहिक ज़िम्मेदारी और सामूहिक नियंत्रण भी शामिल है।

वैश्विक डेटा सहयोग के महत्त्व और उदाहरणों पर चर्चा करने के बाद यह ध्यान रखना ज़रूरी है कि डेटा दुनिया भर में समान रूप से वितरित नहीं है। कुछ देशों के पास बहुत सारा डेटा है, जबकि कुछ देश तकनीक और ज्ञान में माहिर हैं और उस डेटा का प्रभावी इस्तेमाल कर सकते हैं। इन डेटा-समृद्ध देशों और तकनीकी नवाचारियों के मिलकर काम करने से डेटा-फ़र्स्ट दुनिया और एआई के युग में डेटा सहयोग के लाभ मिलने की बड़ी संभावना है। आइए इसे आगे विस्तार से देखते हैं।

डेटा उत्पादकों और तकनीक सृजकों का सहयोग : नई विश्व व्यवस्था का उदय

हमने देखा है कि वैश्विक सहयोग ने हमारी दुनिया को कितनी गहराई से बदल दिया है। अब एआई के माध्यम से हम सहयोगी बुद्धिमत्ता और सामूहिक प्रयासों पर आधारित नई प्रकार की साझेदारी देखेंगे। यह बिलकुल ब्लॉकचेन की तरह काम करेगा। ठीक किसी वितरित प्रणाली की तरह होगा जिसमें हर एजेंट, चाहे वह मानव हो या मशीन, अपनी स्वतंत्र भूमिका निभाते हुए समस्या समाधान के नेटवर्क में योगदान देगा। हर एजेंट की अपनी विशेष स्थिति और

क्षमता होगी, जिससे नेटवर्क अधिक शक्तिशाली और प्रभावी बनेगा।डिज़ाइन, डेटा और नवाचार अब अलग-थलग नहीं रहेंगे और तमाम हितधारकों के बीच साझा किए जा सकेंगे। हालांकि एआई को प्रशिक्षित करने के लिए ऐसे डेटा की आवश्यकता होगी, जो वितरित होगा। दुनिया में कुछ स्थान ऐसे होंगे जो डेटा बनाएंगे और कुछ ऐसे होंगे जो तकनीक विकसित करेंगे। अगर असली प्रभाव पैदा करना है, तो इन दोनों के बीच सहयोग बेहद ज़रूरी होगा।

उदाहरण के लिए, आज अमेरिका एआई विकास का प्रमुख केंद्र बन चुका है, जहां गूगल और माइक्रोसॉफ़्ट जैसी कंपनियां एआई के मूल मॉडल बनाने में अग्रणी हैं। चीन 2026 तक एआई में 27 अरब डॉलर का निवेश कर रहा है। जापान सोसायटी 5.0 पहल पर काम कर रहा है ताकि एआई के लिए तैयार हो सके। कोरिया एआई विकास में 20 ट्रिलियन वोन (लगभग 16.4 अरब डॉलर) का निवेश कर रहा है।

इसके बावजूद, भारत, जो विश्व की आबादी के लगभग पांचवें हिस्से का घर है, दुनिया के डेटा निर्माण में एक प्रमुख शक्ति बनने की क्षमता रखता है। भारत के आधार डेटाबेस में वर्तमान में 1.35 अरब लोगों की बुनियादी व्यक्तिगत जानकारी यानी पीआईआई मौजूद है।

भारत और चीन की, दुनिया के सबसे अधिक जनसंख्या वाले देश होने के नाते, एआई विकास में एक अनोखी स्थिति है और यह देखना मज़ेदार होगा कि वे एआई के विकास में किस तरह की भूमिका निभाते हैं। चीन अक्सर वैश्विक सहयोग में सीमित या चयनात्मक दृष्टिकोण अपनाता रहा है। इसके विपरीत, भारत के पास एक बड़ा अवसर है कि वह एक बिग डेटा निर्माण करने वाली अर्थव्यवस्था बने, जिसकी आवश्यकता तकनीक के अग्रणी देश अपने एआई मॉडल को प्रशिक्षित करने और उन्हें सफल बनाने के लिए करेंगे। यह मान्यता भारत की ग्लोबल पार्टनरशिप ऑन आर्टिफ़िशियल इंटेलिजेंस (जीपीएआई) में नेतृत्व की भूमिका में स्पष्ट है। इस वैश्विक पहल का लक्ष्य तैंतीस देशों के साथ ज़िम्मेदार और मानव-केंद्रित एआई विकास और उपयोग को बढ़ावा देना है। इससे भारत की भूमिका की अहमियत का पता चलता है।

ऊपर दिया गया उदाहरण एक तरह का डेजा वू जैसा महसूस होता है - जिस तरह वर्ल्ड वाइड वेब ने नई विश्व व्यवस्था स्थापित की, उसी तरह एआई भारत जैसे देशों के लिए भी महत्त्वपूर्ण भूमिका बनाने की जगह तैयार कर रहा है। अब सहयोग मुख्य बात हो चुकी है ताकि डेटा के माध्यम से बेहतर दुनिया बनाई जा सके।

मुख्य निष्कर्ष

- जब मानवता के सामने बड़े संकट आते हैं, जैसे कोविड-19 या जलवायु परिवर्तन, तो कोई एक देश अकेले उन्हें हल नहीं कर सकता। इन चुनौतियों को हल करने के लिए सभी देशों का सहयोग ज़रूरी है। डेटा में तेज़ी से बढ़ोतरी इस सहयोग को आसान बनाने का मौक़ा देती है।

- हालांकि वैश्विक अवसर बहुत हैं, फिर भी डेटा सहयोग को बड़े स्तर पर लागू करना आसान नहीं है। इसमें मुख्य समस्याएं हैं : संशय, संरक्षणवाद, भरोसे की कमी और सहयोग के उद्देश्य पर सहमति ना होना।
- प्रभावी वैश्विक सहयोग के लिए 'देने-लेने' (पारस्परिकता) का सिद्धांत ज़रूरी है। इसमें व्यक्तिगत लाभ से ज़्यादा सामूहिक लाभ को महत्त्व दिया जाता है और 'सामूहिक नियंत्रण' भी सुनिश्चित किया जाता है। यह सभी हितधारकों के लिए समान रूप से फ़ायदा पहुंचाता है।
- सफल वैश्विक डेटा सहयोग के लिए एक ठोस योजना चाहिए। यह योजना यह सुनिश्चित करती है कि कोई शक्तिशाली संस्था दूसरों के डेटा का शोषण ना करे। साथ ही यह भरोसा बनाए रखती है और डेटा साझा करने में आसानी होती है।
- हालांकि कुछ विशेष क्षेत्रों में डेटा सहयोग को सुगम बनाने के लिए शासी निकाय मौजूद हैं, लेकिन यदि एक ऐसा एकीकृत शासी निकाय हो जो सभी क्षेत्रों में वैश्विक डेटा सहयोग के लिए एक व्यापक ढांचा और सार्वभौमिक दिशानिर्देश स्थापित कर सके, तो यह अधिक उपयोगी होगा।
- डेटा-समृद्ध देशों जैसे भारत और तकनीक के नवाचारी जैसे अमेरिका का सहयोग बहुत संभावनाएं रखता है। यह डेटा-फ़र्स्ट दुनिया और आर्टिफ़िशियल इंटेलिजेंस के युग में बड़े लाभ दे सकता है।

27

राष्ट्रीय प्रतिस्पर्धी बढ़त के स्रोत के रूप में डेटा

21वीं शताब्दी की राष्ट्रीय संपत्ति

'यह राष्ट्र कभी खत्म नहीं होता, हर पीढ़ी इसका पुनर्निर्माण करती है'

~ ली हैमिल्टन,
अमेरिकी राजनीतिज्ञ और वक़ील

हर नई पीढ़ी के साथ दुनिया बदलती है और विश्व व्यवस्था बदलती है। हर पीढ़ी अपनी ताक़त और बढ़त बनाती है। इतिहास में देखें तो राष्ट्रीय प्रतिस्पर्धात्मक लाभ के स्रोत समय के साथ बदलते रहे हैं। प्राचीन सभ्यताओं में व्यापारिक केंद्र और ज्ञान के हब ताक़त का स्रोत थे और उन्होंने सभ्यताओं को आगे बढ़ाया। रोम साम्राज्य में उनकी ताक़त उनकी सेनाएं और हथियार जैसे कैटापल्ट थे, जिसने उन्हें बड़े क्षेत्र जीतने और साम्राज्य पर क़ाबू पाने में मदद की। जब भारी तोप और हथियार आए, तो शक्ति संतुलन बदल गया। खोज और बहु-महाद्वीपीय साम्राज्यों के समय, ब्रिटिश साम्राज्य प्रमुख बनकर उभरा था। उसकी ताक़त बारूद और नौसैनिक शक्ति से आई थी। संयुक्त राष्ट्र के समय, दुनिया में कुछ स्थिरता दिखी, लेकिन शक्ति दिखाने के लिए परमाणु और जैविक हथियार जैसे नए ख़तरनाक हथियार बने। अब हम डिजिटल युग में हैं। डिजिटल पीढ़ी राष्ट्रीय प्रतिस्पर्धात्मक लाभ के नए स्रोत बना रही है। देश अपनी भूमिकाओं को फिर से देख रहे हैं और नए स्रोत खोज रहे हैं।

अपनी ज़िंदगी में मैंने वह दौर देखा है जब अमेरिका और सोवियत रूस दुनिया की सबसे बड़ी महाशक्तियां थे। वे आपस में कड़ी प्रतिस्पर्धा कर रहे थे, अपनी सैन्य ताक़त बढ़ा रहे थे, परमाणु हथियार बना रहे थे और बाहरी अंतरिक्ष पर क़ब्ज़ा करके अपनी श्रेष्ठता साबित करने की दौड़ में लगे थे। मैंने सोवियत रूस का पतन देखा, चीन और कुछ हद तक भारत को तेज़ी से उभरते देखा, और अब डिजिटल और डेटा-प्रेरित दुनिया के युग में, इज़राइल, दक्षिण

कोरिया और एस्टोनिया जैसे देशों का उत्कृष्ट केंद्र बनने की प्रक्रिया देख रहा हूं। ये देश वैश्विक महाशक्ति नहीं माने जाते, लेकिन निश्चित रूप से डेटा-प्रेरित दुनिया में वे प्रतिस्पर्धात्मक बढ़त हासिल कर रहे हैं, जिसमें कई अन्य देश अब भी जूझ रहे हैं।

पिछले अध्याय में मैंने वैश्विक डेटा सहयोग के महत्त्व पर ज़ोर दिया था, जो समाज के सामने आने वाली जटिल समस्याओं को हल करने में मदद कर सकता है। हालांकि इसके साथ ही, डेटा देशों के लिए वैश्विक स्तर पर शक्तिशाली प्रतिस्पर्धात्मक अलगाव का स्रोत भी बन सकता है। यह उस विचार से मिलता-जुलता है जो मैंने खंड 2 में मल्टीपल सोर्स और स्वामित्व वाले डेटा के रूप में बताया था। कई देशों के डेटा से गहरी अंतर्दृष्टि और ऐसे समाधान मिल सकते हैं जो कोई अकेला देश नहीं निकाल सकता। साथ ही, डेटा स्वामित्व वाली जानकारी के रूप में भी काम कर सकता है, जिससे अलग क्षमताओं का निर्माण होता है और अन्य देशों के मुक़ाबले प्रतिस्पर्धात्मक बढ़त मिलती है।

जैसा कि पिछले खंड में बताया गया, समय के साथ-साथ संगठनों के लिए प्रतिस्पर्धात्मक बढ़त का तरीक़ा बदल गया है। पहले के औद्योगिक युग में मशीनें, ज़मीन और फ़ैक्ट्रियां ही मुख्य ताक़त मानी जाती थीं। धीरे-धीरे ध्यान इस ओर बढ़ा कि तकनीक का सही इस्तेमाल कर कैसे बढ़त हासिल की जाए। डिजिटल युग में हर कंपनी तकनीकी कंपनी बनने पर ध्यान देने लगी। अब डेटा-फ़र्स्ट दुनिया में, कंपनियां डेटा-फ़र्स्ट संगठन बनने पर ज़ोर दे रही हैं। डेटा अब मुख्य ताक़त बन गया है, जो किसी भी संगठन को अलग बना सकता है। यह असर सिर्फ़ कारोबार तक सीमित नहीं है, बल्कि देशों के लिए भी बहुत मायने रखता है। डेटा के जरिए राष्ट्र अपनी रणनीतियों में ताक़त ला सकते हैं और ख़ुद को दुनिया में अलग पहचान दिला सकते हैं। डेटा का सही इस्तेमाल कर देश अपनी सॉफ़्ट पावर बढ़ा सकते हैं। नागरिकों के व्यवहार और पसंद को समझकर उन्हें बेहतर सेवाएं दे सकते हैं और वैश्विक मंच पर अपनी ताक़त दिखा सकते हैं। यही नहीं, इससे नागरिकों की समृद्धि भी बढ़ती है। अब यह साफ़ है

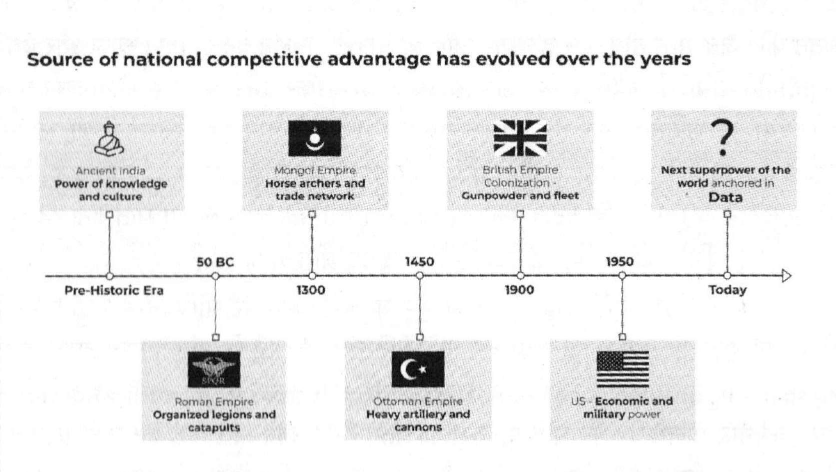

कि डेटा भविष्य में देशों के लिए सबसे बड़ा प्रतिस्पर्धात्मक लाभ होगा और यही तय करेगा कि अगली वैश्विक महाशक्ति कौन होगी।

समृद्धि, हार्ड पावर और सॉफ़्ट पावर का साधन डेटा

डेटा किसी देश को समृद्धि, हार्ड पावर और सॉफ़्ट पावर देने की क्षमता देता है। यह देश को दूसरों से अलग और प्रतिस्पर्धात्मक बढ़त दे सकता है। इसे मैं विस्तार से समझाता हूं :

1. **समृद्धि :** समृद्धि किसी देश की संपन्नता और जीवन गुणवत्ता का पैमाना है। डेटा सरकार और नागरिकों के बीच बेहतर सेवाओं जैसे ई-सेवाओं को संभव बनाकर दक्षता बढ़ाता है। देश डेटा का इस्तेमाल स्मार्ट सिटी, बुनियादी ढांचे की रियल टाइम मॉनिटरिंग और रख-रखाव, स्मार्ट मोबिलिटी, ऊर्जा प्रबंधन और सुरक्षा उपायों को सुधारने में कर सकते हैं। डेटा-प्रेरित निर्णय स्वास्थ्य और शिक्षा जैसे नागरिक सेवाओं को भी मजबूत बनाते हैं। यह नीति-निर्माताओं को आर्थिक नतीजा हासिल करने, संपत्ति सृजन करने और नागरिकों के जीवन स्तर को सुधारने में मदद करता है। उदाहरण के लिए, सिंगापुर डेटा की शक्ति का इस्तेमाल करते हुए छह दशकों में एक व्यापारिक बंदरगाह से दुनिया के प्रमुख व्यावसायिक केंद्रों में बदल गया। यहां तक कि सरल उपाय, जैसे शिक्षा मंत्रालय द्वारा छात्रों की अंग्रेज़ी भाषा दक्षता की निगरानी, भी सिंगापुर को वैश्विक रूप से प्रतिस्पर्धी और कुशल कार्यबल बनाने में मददगार रहे। शिक्षा में कौशल प्राथमिकताओं का चयन, अनुकूलन सीखने की विधियों को अपनाना और प्रगति को ट्रैक करना, यह सब डेटा पर आधारित है। यही दिखाता है कि सिंगापुर की सफलता में डेटा की भूमिका कितनी अहम रही।

2. **हार्ड (सैन्य) पावर :** ऐतिहासिक रूप से सैन्य शक्ति हथियारों जैसे परमाणु हथियार, वायु और नौसैनिक हमला क्षमता पर निर्भर रही है। डेटा सैन्य उपकरणों के विकास में महत्त्वपूर्ण है। यह डिज़ाइन को बेहतर बनाने, विभिन्न परिस्थितियों में प्रदर्शन का मूल्यांकन करने और सैन्य कर्मियों के प्रशिक्षण कार्यक्रमों को सुधारने में मदद करता है। उदाहरण के लिए, चीन स्वायत्त हथियारों में नेतृत्व स्थापित करने के लिए तकनीक विकसित करने और सुरक्षा में भारी निवेश कर रहा है। यूक्रेन और रूस के युद्ध में तुर्किए के स्वायत्त बेयरकतर ड्रोन का इस्तेमाल हो रहा है। ड्रोन की लोकप्रियता इतनी है कि यूक्रेनी सेना ने इसे लेकर एक गीत भी बनाया है। भविष्य में साइबर युद्ध भी राष्ट्र की रक्षा क्षमता का महत्त्वपूर्ण पैमाना बनने वाला है। मशीन लर्निंग और एआई जैसी तकनीकें बड़े पैमाने पर डेटा का विश्लेषण कर पैटर्न पहचान, असामान्य घटनाओं का पता लगाने और पूर्वानुमान लगाने में मदद करती हैं। साइबर युद्ध में इन तकनीकों से ख़तरे की पहचान, हमले का जवाब और रक्षा उपायों की प्रभावशीलता बढ़ती है। डेटा

का इस्तेमाल कर सुरक्षा प्रणाली नेटवर्क और सिस्टम डेटा को इकट्ठा और विश्लेषण करके संभावित ख़तरों का तुरंत सामना कर सकती है।

3. **सॉफ़्ट पावर :** जो मीडिया पर नियंत्रण रखता है, वह लोगों की राय और सोच को प्रभावित कर सकता है। डोनाल्ड ट्रंप, जेफ़ बेजोस और एलन मस्क जैसे लोग मीडिया में शामिल हैं और इसे अपनी पहुंच बढ़ाने के लिए इस्तेमाल करते हैं। जिम मॉरिसन की बात याद आती है, 'जो मीडिया पर नियंत्रण रखता है, वह मन पर नियंत्रण रखता है'। पहले प्रिंट मीडिया था, अब सोशल मीडिया है और डेटा की मदद से यह वैश्विक संस्कृतियों और लोगों के व्यवहार को आकार दे सकता है। सरकारें दूसरे देशों में लोगों की सांस्कृतिक प्राथमिकताओं और व्यवहार का डेटा देखकर सामान्य रुचियों को समझ सकती हैं और अपनी संस्कृति का प्रभाव बढ़ा सकती हैं। कल्पना कीजिए उस ताक़त की जब कोई देश अपने सांस्कृतिक प्रभाव के जरिए दूसरे देश में कथा और दृष्टिकोण नियंत्रित करने लगे। के-पॉप और के-ड्रामा अब पूरी दुनिया में फैल रहे हैं। लोकप्रिय के-पॉप बैंड बीटीएस और इसके विश्वभर में फैले 'आर्मी' शायद दुनिया के सबसे प्रभावशाली समूहों में से एक हैं, और यह सब डेटा पर निर्भर हैं। वे अपने एक्स (पूर्व में ट्विटर) और यूट्यूब फ़ॉलोअर्स का डेटा इस्तेमाल करके अपने कंटेंट की योजना बनाते हैं और लोगों की सोच को समझते हैं। यह डेटा उन्हें यह जानने में मदद करता है कि उनके दुनिया भर के फ़ॉलोअर्स क्या पसंद करते हैं और क्या सोचते हैं। इसके आधार पर वे नया कंटेंट बनाते हैं और लोगों के व्यवहार और निर्णयों को प्रभावित करते हैं। मेरे लिए यह स्पष्ट रूप से दिखाता है कि डेटा सॉफ़्ट पावर के रूप में दुनिया को नियंत्रित करने की ताक़त रखता है।

डेटा की होड़ असली है और यह अभी सिर्फ़ शुरुआत है। फ़लहाल कोई स्पष्ट विजेता नहीं है, लेकिन कुछ शुरुआती अगुवा दिखाई दे रहे हैं जैसे चीन, दक्षिण कोरिया, एस्टोनिया और इज़राइल, जिन्होंने रूस जैसे देशों को इस डेटा प्रभुत्व की दौड़ में पीछे छोड़ दिया है। दक्षिण कोरिया अपने स्मार्ट शहरों के लिए (जिसका उदाहरण बाद में विस्तार से दिया जाएगा) और एस्टोनिया अपने राष्ट्रीय पहचान प्रणाली के लिए जाना जाता है, जो कर, बैंकिंग, स्वास्थ्य और मतदान जैसी नागरिक सेवाओं के मुख्य स्तंभों को एकीकृत करती है। इन उदाहरणों ने यह साबित किया है कि डेटा को कुशलता से इस्तेमाल करके देश समृद्धि, सैन्य शक्ति और सॉफ़्ट पावर सभी हासिल कर सकते हैं।

इन देशों ने रणनीतिक रूप से डेटा इकोसिस्टम विकसित किए और उनका इस्तेमाल बेहतर नागरिक सेवाओं के लिए किया। और यह तो केवल शुरुआत है। उन्होंने आधार तैयार किया है, जिससे उन्हें भविष्य में प्रतिस्पर्धात्मक बढ़त मिल सकती है और जीवन स्तर तथा सफलता के वैश्विक मानक स्थापित किए जा सकते हैं। आइए कुछ ऐसे उदाहरणों पर नज़र डालते हैं।

आर्थिक और प्रतिस्पर्धात्मक लाभ के लिए डेटा की शक्ति का इस्तेमाल : उदाहरण

जब भारत का कोई ग्रामीण अपने ज़मीन के रिकॉर्ड इंटरनेट पर सरकारी पोर्टल पर देख पाता है, तो हमें पता चलता है कि देश विकास की दिशा में आगे बढ़ रहा है। एक 24x7 उपलब्ध डेटाबेस, जिसमें हर नागरिक और हर ज़मीन मालिक का विवरण हो, सूचना और डेटा की शक्ति का प्रमाण है। सोचिए, इस डेटा का इस्तेमाल करके कितनी संभावनाएं और लाभ पैदा किए जा सकते हैं।

जैसे-जैसे तकनीक अधिक उन्नत होती जा रही है, देशों की डेटा उत्पन्न करने और उसका विश्लेषण करने की क्षमता भी काफ़ी बढ़ती जा रही है। देशों को अपने नागरिकों को लाभ देने के लिए डेटा को समझने और उसका इस्तेमाल करने की क्षमता विकसित करने में निवेश करना चाहिए, जिसे नीतिगत समर्थन भी मिलना चाहिए। जो देश डेटा का सफलतापूर्वक उपयोग करने में सक्षम रहे हैं, उन्होंने इसे प्रतिस्पर्धात्मक लाभ और मूल्यवान व्यापारिक संसाधन में बदल दिया है और वैश्विक स्तर पर क्षेत्रीय नेताओं के रूप में अपनी पहचान बनाई है।

1994 में एस्टोनिया बना दुनिया का पहला डिजिटल मॉडल देश

1994 में एस्टोनिया में सरकारी अधिकारियों, आईटी विशेषज्ञों और शिक्षाविदों के एक छोटे समूह ने 'द एस्टोनियन वे टु द इंफ़ॉर्मेशन सोसाइटी' नामक रणनीति पत्र तैयार किया। इसका उद्देश्य आधुनिक और कुशल सरकारी सूचना प्रणालियों के प्रबंधन के सिद्धांत स्थापित करना था।

लक्ष्य यह था कि राजनीतिक अनिश्चितता से उपजी सामाजिक चुनौतियों को आईटी समाधानों से दूर किया जाए। सफलता के लिए उन्होंने एक ऐसा मॉडल विकसित किया जिसमें उद्योग जगत के साथ सहयोग किया गया, नागरिकों से सुझाव लिए गए और समाधानों में लगातार सुधार किया गया। इसके लिए कार्यबल गठित किए गए जिन्हें सीधे मंत्रिमंडल तक पहुंच हासिल थी। यह मॉडल इतना सफल साबित हुआ कि आज एस्टोनिया पूरी दुनिया की अगुवाई कर रहा है और इच्छुक किसी भी देश के साथ अपना अनुभव साझा करने को तैयार है।

2001 तक, जब देश इंटरनेट के इस्तेमाल में अधिक सक्षम हो रहा था और डेटा तेज़ी से बढ़ रहा था, तब एस्टोनिया ने 'एक्स-रोड्स' पहल शुरू की, जिसने विभिन्न डेटा प्लेटफ़ॉर्म को आपस में जोड़ा। इसका उद्देश्य डेटा आदान-प्रदान की लागत कम करना और असुरक्षित प्लेटफ़ॉर्म से डेटा लीक होने से रोकना था। इसके परिणामस्वरूप आज 99 प्रतिशत सार्वज़निक सेवाएं 24 घंटे ऑनलाइन उपलब्ध हैं। 2002 में सभी सेवाओं में ई-आईडी और

ई-सिग्नेचर लागू किए गए, जिससे देश को जीडीपी की 2 प्रतिशत बचत हुई और दक्षता भी बढ़ी। 2005 में आई-वोटिंग की शुरुआत की गई। 2008 में एस्टोनिया के क्रिप्टोग्राफ़रों ने सरकारी रजिस्ट्रियों के लिए ब्लॉकचेन तकनीक विकसित की और लागू की, जो 2023 तक कई देशों में अब भी प्रयोग की स्थिति में ही है। इसका उद्देश्य साइबर हमलों से अतिरिक्त सुरक्षा सुनिश्चित करना था। 2010 तक 99 प्रतिशत नागरिकों के पास ई-प्रिस्क्रिप्शन उपलब्ध हो चुके थे। 2015 में एस्टोनिया ने पहली "डेटा एंबेसी" स्थापित की, जो देश के बाहर एक उच्च सुरक्षा वाला डेटा सेंटर था और आपदा प्रबंधन के लिए बनाया गया था।

2019 में एस्टोनिया ने सरकारी सेवाओं और एआई नीति पर काम शुरू किया। इसका लक्ष्य एआई विकास को तेज़ करने के लिए क़ानूनी और रणनीतिक ढांचा तैयार करना था। इसी का घोषित परिणाम रहा- सार्वज़निक और निजी क्षेत्रों में एआई समाधानों के अमल को बढ़ावा देने की एक विस्तृत रणनीतिक योजना। आज एस्टोनिया, नागरिकों से संबंधित सभी डेटा होने की वजह से, उन्हें सक्रिय रूप से सहायता मुहैया कराता है। जैसे नवजात शिशु के माता-पिता को लाभ पाने के लिए अब आवेदन करने की ज़रूरत नहीं होती क्योंकि सरकार के पास यह जानकारी पहले से मौजूद होती है।

एस्टोनिया के नागरिकों का कहना है कि उनकी राज्य व्यवस्था इतनी उन्नत है कि लगभग हर काम ऑनलाइन किया जा सकता है। केवल शादी और तलाक़ ऐसे अवसर हैं जब लोगों को आमने-सामने मिलना पड़ता है। यहां तक कि रियल एस्टेट की ख़रीद-बिक्री भी ऑनलाइन संभव है। इतनी गहराई वाला डिजिटलीकरण शायद ही किसी अन्य सार्वजनिक सेवा में देखने को मिलता है।

मैंने इस उदाहरण के बारे में इसलिए बताया क्योंकि एक दशक पहले तक एस्टोनिया को कोई नहीं जानता था, और आज दुनिया भर के विशेषज्ञ वहां सीखने पहुंच रहे हैं। एस्टोनिया ने वैश्विक मानचित्र पर अपनी अलग पहचान बनाई है। उसने प्रतिस्पर्धात्मक बढ़त विकसित की है और उभरती हुई डेटा-प्रेरित दुनिया में संभावित अग्रणी स्थान हासिल कर लिया है। यह बढ़त वह कितने समय तक बनाए रखता है, यह इस पर निर्भर करेगा कि वह नीति, अमल, क़ानून और साझेदारों को किस हद तक जोड़ पाता है और अपनी दृष्टि को व्यवहार में उतार पाता है। हालांकि यह स्पष्ट है कि शुरुआत उसने बिलकुल सही ढंग से की थी।

इज़राइल ने आर्टिफ़िशियल इंटेलीजेंस की क्षमता का इस्तेमाल कर विश्व-स्तरीय साइबर सुरक्षा प्लेटफ़ॉर्म तैयार किए, जिससे सरकार की दूरदृष्टि ने निभाई अहम भूमिका

इज़राइल ने डेटा और एआई की ताक़त का इस्तेमाल कर ख़ुद को दुनिया की साइबर सुरक्षा राजधानी के रूप में विकसित किया। इसकी असाधारण क्षमताओं का अंदाज़ इस बात से लगाया जा सकता है कि इसके प्रतिद्वंद्वी सऊदी अरब और यूएई भी इसके प्रमुख साइबर

सुरक्षा व्यापार साझेदार बन गए। केवल 2021 में ही इज़राइल में साइबर सुरक्षा स्टार्टअप्स में 8.8 अरब डॉलर का निवेश हुआ। दो बड़ी कंपनियों-चेक प्वाइंट सॉफ़्टवेयर टेक्नोलॉजीज और साइबरआर्क के पास 11 अक्टूबर 2023 तक कुल मिलाकर लगभग 22 अरब डॉलर का बाज़ार पूंजीकरण था। आज तेल अवीव उभर रहा है और साइबर सुरक्षा स्टार्टअप्स के मामले में सिलिकॉन वैली के बाद दूसरे स्थान पर है।

इज़राइल ने यह उपलब्धि सरकारी नीतियों, सहयोग और दूरदृष्टि के कारण हासिल की। ज़रा सोचिए, वहां साइबर सुरक्षा की शिक्षा मिडिल स्कूल से ही शुरू हो जाती है और यह दुनिया का इकलौता देश है, जहां हाई स्कूल मैट्रिकुलेशन परीक्षा में साइबर सुरक्षा वैकल्पिक विषय है। इज़राइल पहला देश बना, जहां साइबर सुरक्षा में पीएचडी करना संभव हुआ, और वह भी कंप्यूटर साइंस के हिस्से के तौर पर नहीं, बल्कि स्वतंत्र विषय के रूप में। ये सारी सफलताएं इसलिए संभव हुईं क्योंकि सरकार ने इन पहलों को पूरा सहयोग दिया और इज़राइल को साइबर सुरक्षा की राजधानी बनाने का स्पष्ट विज़न रखा।

सरकार ने सेना के साथ साझेदारी को भी बढ़ावा दिया, जिसने साइबर सुरक्षा के लिए इनक्यूबेटर का काम किया। सरकारी और सैन्य डेटा समूह ने निजी क्षेत्र की तकनीक के साथ मिलकर, इज़राइल की साइबर सुरक्षा में अग्रणी बनने की प्रक्रिया को तेज़ कर दिया।

लंबे समय से ख़ुफ़िया जानकारी जुटाने और साइबर सुरक्षा अभ्यास के अनुभव के साथ, इज़राइल डिफ़ेंस फ़ोर्सेज (आईडीएफ़) की यूनिट 8200 एक इनक्यूबेटर और एक्सेलरेटर के रूप में विकसित हुई, जिसने साइबर सुरक्षा ही नहीं बल्कि अन्य क्षेत्रों में भी इज़राइल के स्टार्टअप्स को बढ़ावा दिया। यूनिट 8200* के पूर्व कमांडर नदाव ज़ाफ़्रिर कहते हैं, "पहले सैन्य सेवा को समय की बर्बादी माना जाता था, लेकिन अब स्थिति बदल गई है। हमने इसे योजना बनाकर नहीं किया था। किसी ने यह नहीं सोचा था कि आईडीएफ़ इज़राइली अर्थव्यवस्था के लिए उत्प्रेरक बनेगी, लेकिन यही हुआ।"

इज़राइल की सरकार ने डेटा की ताक़त को साधने में निर्णायक भूमिका निभाई। उसने संसाधन उपलब्ध कराए, टैलेंट का विकास किया, अत्याधुनिक तकनीक का इस्तेमाल किया, जिसमें वह तकनीक भी शामिल थी जिसे सेना इस्तेमाल करती थी। सरकार ने नवाचार को बढ़ावा दिया और सबसे महत्त्वपूर्ण यह कि बेहतर अंतरराष्ट्रीय संबंधों के जरिए एक सशक्त बाज़ार तैयार किया, जिसने इस प्रगति को और तेज़ कर दिया।

---

* जैसे-जैसे यह पुस्तक प्रकाशन की ओर बढ़ रही है, हम उस घटना के साक्षी बनते हैं जिसे व्यापक रूप से इज़राइली ख़ुफ़िया तंत्र की सबसे बड़ी चूकों में से एक माना जा रहा है - जहां वह जारी हमास हमले का पूर्वानुमान लगाने में असफल रहा। यह स्पष्ट हो गया है कि सबसे अत्याधुनिक और परिष्कृत ख़ुफ़िया नेटवर्क भी इस चुनौती के सामने अपर्याप्त सिद्ध हुआ।

दक्षिण कोरिया में नागरिक सेवाओं की बेहतरी के लिए एआई की ताक़त का इस्तेमाल

2019 में दक्षिण कोरिया को डिजिटल गवर्नमेंट इंडेक्स में 29 ओईसीडी देशों में पहला स्थान मिला। ओईसीडी सरकारी सेवाओं की डिजिटल परिपक्वता का आकलन करता है। यह उपलब्धि केंद्रित और बहुवर्षीय प्रयास का नतीजा है। उदाहरण के लिए, सियोल ने अपने स्मार्ट सिटी विकास को चरणबद्ध तरीक़े से लागू किया, जिनमें 1999 से 2007 के बीच पूरी तरह ऑनलाइन ई-गवर्नेंस सेवाएं, 2007 से 2011 के बीच सार्वज़निक सूचना और भागीदारी के लिए खुले डिजिटल प्लेटफ़ॉर्म, और 2011 से अब तक नागरिकों की ज़रूरतों और आंकड़ों पर आधारित निर्णयों से तैयार की गई विशेष सेवाएं शामिल हैं।

सियोल शहर ने चार-चरणीय प्रक्रिया अपनाई : संग्रह करना, विश्लेषण करना, समझना और समस्या का समाधान करना। इसी क्रम में कई सेवाएं शुरू की गईं। एक प्रमुख उदाहरण है नाइट-बस सेवा। टैक्सी उपयोग और रात में घूमने वाली आबादी के आंकड़े जुटाकर उनका विश्लेषण किया गया। इन्हीं निष्कर्षों के आधार पर मार्ग और समय तय किए गए, जिससे सियोल की 42 प्रतिशत आबादी को यह सेवा मिल सकी। इस पहल से बस सवारियों में 10 प्रतिशत की वृद्धि हुई और रोज़ाना लगभग 10 हज़ार लोग इसका इस्तेमाल करने लगे। इसके अतिरिक्त, इस सेवा ने रात में महिलाओं की गतिविधियों में 11 प्रतिशत की बढ़ोतरी भी सुनिश्चित की।

इसके अतिरिक्त, सियोल नगर प्रशासन ने परिवहन इंफ्रास्ट्रक्चर की कमियों का विश्लेषण करके सड़क दुर्घटनाओं को भी कम किया। इसमें यातायात दुर्घटनाओं का इतिहास, रात में घूमने वाली आबादी का डेटा, मौसम संबंधी आंकड़े और वाहनों की गति का डेटा शामिल किया गया। इस विश्लेषण से दुर्घटना की आशंका वाले स्थलों की पहचान हुई, स्पीड ब्रेकर और पैदल यात्रियों के लिए इंफ्रास्ट्रक्चर बनाया गया, जिससे दर्ज दुर्घटनाओं में उल्लेखनीय कमी आई।

इसके लिए मुख्य रूप से सार्वजनिक डेटा का उपयोग किया गया, जिसमें केंद्रीय सरकारी एजेंसियों के आंकड़े, आईटी सिस्टम, शहर के इंफ्रास्ट्रकचर से जुड़े डेटा जैसे सीसीटीवी और सार्वजनिक परिवहन डेटाबेस शामिल थे। इसके अलावा, निजी संस्थानों से भी मोबाइल फ़ोन रिकॉर्ड, क्रेडिट कार्ड डेटा और आबादी की आवाजाही/स्थान संबंधी आंकड़ों जैसी जानकारी ली गई।

दक्षिण कोरिया ने डेटा और तकनीक के इस्तेमाल से सार्वजनिक सेवाओं को बेहतर बनाने के लिए दूरदर्शी तरीक़ा अपनाया। उसका 'डिजिटल ट्विन सियोल एस-मैप' प्रोजेक्ट इस दिशा में अनूठा वैश्विक उदाहरण है। इसमें सियोल का 3डी वर्चुअल मॉडल तैयार किया गया, जिससे शहरी चुनौतियों के समाधान के लिए डेटा आधारित विश्लेषण और सिमुलेशन की सुविधा मिलती है। हालांकि 3डी मैप पहले भी मौजूद थे, लेकिन यह दक्षिण कोरिया में

पहली बार ऐसा डिजिटल ट्विन बनाया गया था, जो योजना बनाने, रियल टाइम में आग की निगरानी करने और हवा के रुख का अनुकूलन करने जैसी गतिविधियों सरीखी शहर-स्तरीय समस्याओं का आकलन कर सकता है।

भारत में आधार के जरिए नागरिकों तक सीधा लाभ पहुंचाने में डेटा की शक्ति का प्रभावी इस्तेमाल

भारत ने राष्ट्र-निर्माण में डेटा को साधन के रूप में अपनाने में बड़ी छलांग लगाई है। 2009 में सरकार ने आधार परियोजना की शुरुआत की। यह परियोजना भारत के डिजिटल रूपांतरण की बुनियाद बनी और लगभग 140 करोड़ लोगों के लिए सबसे अनूठी और अग्रणी पहलों में से एक साबित हुई। आधार भारत के लिए एक गेम-चेंजर रहा है। यह ऐसी पहचान संख्या है जो व्यक्ति के बायोमेट्रिक डेटा, व्यक्तिगत जानकारी और पते से जुड़ी होती है। दिसंबर 2022 तक आधार प्रमाणीकरण लेनदेन की कुल संख्या लगभग 88 अरब से अधिक हो चुकी थी और औसतन 7 करोड़ लेनदेन प्रतिदिन हो रहे थे। इनमें से ज़्यादातर फ़िंगरप्रिंट आधारित प्रमाणीकरण थे।

आधार का एक बड़ा असर है "नो योर कस्टमर" (केवाईसी) का "जैम" से लिंक । जैम का अर्थ है जन-धन, आधार और मोबाइल। सरकारी सब्सिडी के रिसाव को रोकने के लिए सरकार ने भारतीय नागरिकों के जन-धन खातों, आधार कार्ड और मोबाइल नंबरों को आपस में जोड़ दिया और इसे "जैम ट्रिनिटी" नाम दिया। असल में जैम इन तीन साधनों का मेल है जिसके जरिये सरकार योग्य लाभार्थियों के बैंक खातों में सीधे नक़द राशि पहुंचाती है। इससे भारत की एक बड़ी समस्या का समाधान हुआ, क्योंकि प्रत्यक्ष लाभ हस्तांतरण योजनाएं पहले काफ़ी जटिल थीं और ज़्यादातर मामलों में लाभ नागरिकों तक पूरी तरह नहीं पहुंच पाता था।

आधार जहां बायोमेट्रिक डेटा के माध्यम से लाभार्थियों की पहचान सुनिश्चित करता है, वहीं जन-धन खाते और मोबाइल फ़ोन से सरकार को यह सुविधा मिलती हैं कि वह राशि सीधे लाभार्थियों के बैंक खातों में डाल सके।

डेटा का इस्तेमाल राष्ट्रीय प्रतिस्पर्धात्मक बढ़त के लिए करने की क्षमता का विकास

मेरा मजबूत विश्वास है कि कोई भी सफल रूपांतरण केवल संगठन के शीर्ष या निचले स्तर से ही नहीं आता। यह एक ऐसी प्रक्रिया है जिसमें शीर्ष स्तर पर एजेंडा तय किया जाता है और इसे संगठन के सभी स्तरों पर लागू किया जाता है। प्रभावी रूपांतरण के लिए शीर्ष, मध्य और निचले स्तर के बीच सहयोग और सह-निर्माण आवश्यक है। यह बताता है कि रूपांतरण

केवल अवसर की बात नहीं है, बल्कि इसे सावधानीपूर्वक योजनाबद्ध करना पड़ता है। इसमें समय के साथ-साथ क्षमताओं का विकास करना होता है और उन्हें ठोस नतीजों में बदलना होता है। डेटा-संचालित रूपांतरण और इसे राष्ट्रीय प्रतिस्पर्धात्मक बढ़त के रूप में उपयोग करने के क्षेत्र में, मैं चार-चरणीय प्रक्रिया का सुझाव देता हूं।

1. राष्ट्रीय डेटा नीति

किसी भी बड़े पैमाने पर रूपांतरण की शुरुआत राष्ट्रीय डेटा नीति से होती है। नेताओं को यह सोचने की ज़रूरत होती है कि उनका देश डेटा का इस्तेमाल से सबसे गंभीर राष्ट्रीय चुनौतियों का समाधान कैसे कर सकता है। डेटा की प्राथमिकताओं को राष्ट्रीय प्राथमिकताओं के मुताबिक़ रखना चाहिए, साथ ही तकनीक के विकास के अनुसार सुधार करने के लिए पर्याप्त लचीलापन भी देना चाहिए।

एक स्पष्ट और केंद्रित डेटा नीति तब अधिक सफल होती है, जब सरकार ने इसके लिए ख़ास अवसर और क्षेत्र तय कर लिए हों, जैसे स्वास्थ्य, शिक्षा, नागरिक सेवाएं या अन्य। उदाहरण के लिए, एस्टोनिया ने स्वास्थ्य, शिक्षा और नागरिक सेवाओं में डिजिटल बदलाव लाकर समृद्धि बढ़ाने पर ध्यान केंद्रित किया। भारत में आधार ने समावेशी विकास और समृद्धि को बढ़ावा देने का लक्ष्य रखा, और इसमें नागरिक सेवाओं पर पहला और सबसे स्पष्ट बड़ा प्रभाव पड़ा।

राष्ट्रीय डेटा नीति एक विज़न डाक्यूमेंट है, जो समय के साथ विकसित हो सकता है और जिसमें नागरिकों के लिए दीर्घकालिक मूल्य देने की क्षमता होती है। इसे राष्ट्रीय एजेंडा की गहरी समझ और उद्योग तथा अकादमिक विशेषज्ञता के साथ तैयार करना आवश्यक है, ताकि यह प्रासंगिक बने। भारत में आधार इसका बेहतरीन उदाहरण है, जहां इंफ़ोसिस के सह-संस्थापक नंदन नीलेकणी को यूनिक आइडेंटिफ़िकेशन अथॉरिटी ऑफ़ इंडिया

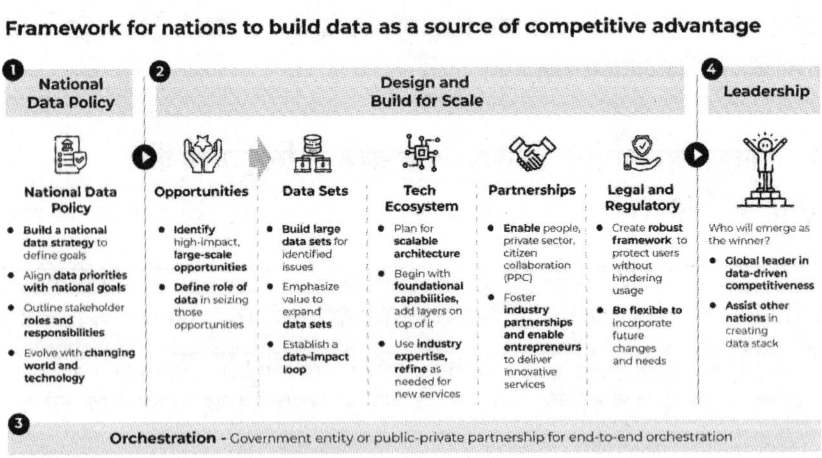

(यूआईडीएआई) का नेतृत्व करने के लिए लाया गया, साथ ही दो आईएएस अधिकारियों के सहयोग से यूआईडीएआई को सूचना और प्रौद्योगिकी मंत्रालय के अधीन एक वैधानिक निकाय बनाया गया। जब देश राष्ट्रीय डेटा नीति और इसके प्रभाव पर काम करने का विचार करें, तो इसी तरह का स्पष्ट और केंद्रित दृष्टिकोण ज़रूरी होता है।

2. बड़े पैमाने पर प्रभाव के लिए डिज़ाइन और निर्माण

नीति तय होने के बाद अगला क़दम होता है उन अवसरों की पहचान और प्राथमिकता तय करना, जहां डेटा एक प्रमुख साधन के रूप में काम आए। यह काम उन विशेषज्ञों की समझ और अनुभव पर निर्भर करता है, जिनके पास राष्ट्रीय प्राथमिकताओं पर काम करने का गहरा अनुभव है। आमतौर पर ऐसे अवसर ग़रीबी कम करने, सबके लिए स्वास्थ्य सेवाएं, सबक लिए शिक्षा या बेहतर नागरिक सेवाएं उपलब्ध कराने जैसे क्षेत्रों में होते हैं। इसका अंतिम उद्देश्य बड़ी संख्या में लोगों के लिए समृद्धि मुहैया कराना होता है।

इसका निष्पादन ऐसा होना चाहिए कि वह बड़े पैमाने पर काम कर सके। इसमें तय करना पड़ता है कि कौन से डेटा सेट इकट्ठे किए जाएं, तकनीकी आधार कैसे बनाया जाए, कौन से साझेदार सहयोग के लिए ज़रूरी होंगे, और गवर्नेंस, क़ानूनी तथा नियामक फ्रेमवर्क कैसा होगा। बिना लोगों की भागीदारी के कोई भी नीति कामयाब नहीं हो सकती। इसलिए शुरुआती चरण में नागरिक समूहों को शामिल करना फ़ायदेमंद होता है। इसके अलावा, बड़े डेटा सेट और आवश्यक तकनीक तैयार करने के लिए सरकार को उद्योग और अकादमिक क्षेत्र से विशेषज्ञता भी लेनी पड़ सकती है। ऐसे सहयोग और साझेदारी डिज़ाइन और निष्पादन के लिए एक मजबूत मॉडल तैयार करने में मदद करती हैं।

मैं मानता हूं कि जब किसी राष्ट्र का लक्ष्य बड़े पैमाने पर रूपांतरण का हो, तो इसकी आधारभूत क्षमताएं बेहद अहम होती हैं। डेटा-प्रेरित रूपांतरण के मामले में, बुनियाद ऐसी होनी चाहिए कि शुरू से ही वह बड़े पैमाने पर काम कर सके और जैसे-जैसे सिस्टम परिपक्व होता जाए, नए स्तर जोड़े जा सकें। इसके लिए संसाधन, धन और टैलेंट, निश्चित करने की ज़रूरत होती है, कभी-कभी यह सरकार के बजट से आता है, लेकिन दीर्घकाल में इसे आत्मनिर्भर बनाने का ढांचा होना चाहिए।

यह भी समझना ज़रूरी है कि कोई भी राष्ट्र पूरा इकोसिस्टम पूरी तरह से तुरंत नहीं बना सकता। यह हमेशा चरणबद्ध तरीक़े से लागू होता है। भारत में आधार का पहला पायलट जनवरी 2009 में हुआ था। इसमें ईकेवायसी था और यह जैम से जुड़ा था। बाद में इसे नैशनल पेमेंट्स कॉरपोरेशन ऑफ़ इंडिया (एनपीसीआई) के भुगतान सिस्टम से जोड़ा गया। अब, 2023 में, इसमें ओपन नेटवर्क डिजिटल कॉमर्स (ओएनडीसी) का स्तर जुड़ने की उम्मीद है, जो डेटा क्षमताओं के निर्माण में स्टैकिंग और लेयर्ड दृष्टिकोण को दर्शाता है।

परिवर्तनों के लिए खुले रहना और चरणबद्ध रूप से बड़े पैमाने पर काम करने की धैर्य रखना अहम होता है। सक्रिय नागरिक भागीदारी से मदद मिलती है। बुनियादी ढांचे में बदलाव लागू करते समय जागरूकता अभियान चलाना चाहिए ताकि जनता ज़्यादा शामिल हो और विकास की प्रक्रिया तेज़ हो। हालांकि यह अक्सर बाद में सोचा जाता है कि इसके लिए एक मजबूत क़ानूनी फ्रेमवर्क होना ज़रूरी है, जो तैयार किए जा रहे संसाधनों की सुरक्षा सुनिश्चित करे, लेकिन इसका ध्यान शुरुआत में ही रखा जाना चाहिए।

3. व्यवस्थापन

जब कोई डेटा नीति बनाए और बड़े पैमाने पर डिज़ाइन और निर्माण की योजना तैयार करे, तब भी एक राष्ट्र के संदर्भ में यह प्रयास कई हितधारकों और विभागों के बीच समन्वित होना चाहिए। सभी को एक दिशा में जोड़ना और एजेंडा को आगे बढ़ाना मजबूत सार्वजनिक-निजी और नागरिक भागीदारी पर निर्भर करता है। ये भागीदारी स्पष्ट उद्देश्य आधारित होनी चाहिए और इसे संचालित करने के लिए एक निगरानी संस्था की भी ज़रूरत होती है जो निष्पादन सुनिश्चित करे। भारत में आधार के मामले में यूआईडीएआई इसका एक उदाहरण है। ऐसी संस्थाएं फ़ीडबैक के लिए खुली हों, संभावित चुनौतियों को पहले से पहचानें, भविष्य के लिए सक्रिय योजना बनाएं और लगातार सुधार के लिए तैयार रहें। यह सब हासिल करने के लिए पूरी तरह से ध्यान और समर्पण की ज़रूरत होती है। मैं दृढ़ता से मानता हूं कि किसी भी राष्ट्र के लिए डेटा-आधारित समृद्धि पहलों को आगे बढ़ाने के लिए एक सार्वज़निक-निजी साझेदारी संस्था स्थापित करना ज़रूरी है।

4. नेतृत्व

आख़िरकार, नेतृत्व की स्थिति तब हासिल होती है जब कोई राष्ट्र डेटा का इस्तेमाल सहज, स्वचालित और पूर्वानुमानित तरीक़े से करने लगे (जैसा कि एस्टोनिया ने किया) और लक्षित प्रभाव को महसूस करे। किसी राष्ट्र के लिए सच्चा नेतृत्व इसका मतलब है कि डेटा की रूपांतरकारी शक्ति का इस्तेमाल करके नागरिकों के जीवन में सकारात्मक बदलाव लाना और राष्ट्र की समग्र भलाई को बढ़ाना। नेतृत्व में यह भी शामिल है कि डेटा से संभव हुए सकारात्मक बदलाव और प्रगति का इस्तेमाल करके देश की वैश्विक स्तर पर स्थिति और प्रतिष्ठा को मजबूत किया जाए।

भारत में भुगतान सेवाओं का डिजिटलीकरण इसका एक बेहतरीन उदाहरण है। एनपीसीआई अपने लोकप्रिय डिजिटल भुगतान सिस्टम, यूनिफ़ाइड पेमेंट्स इंटरफ़ेस (यूपीआई), का विस्तार अन्य देशों तक कर रहा है। वित्त वर्ष 2022 में यूपीआई ने भारत के कुल डिजिटल लेनदेन का 52 प्रतिशत हिस्सा संभाला। केवल सितंबर 2023 में ही एनपीसीआई ने लगभग 10 बिलियन यूपीआई लेनदेन किए, जिनकी कुल राशि $180

बिलियन से ज़्यादा थी। भारत इस क्षेत्र में नेतृत्व कर रहा है और अब इस पहल की सफलता को अन्य देशों के साथ साझा कर रहा है, यूपीआई अपनाने को लेकर तीस देशों से चर्चा कर रहा है। फ्रांस, यूएई और सिंगापुर ने पहले ही इस खुले डिजिटल प्लेटफ़ॉर्म को अपना लिया है, जबकि नेपाल, जापान और चीन विभिन्न चरणों में बातचीत कर रहे हैं। एनपीसीआई यूपीआई का इस्तेमाल सीमा पार धन हस्तांतरण के लिए करने की योजना बना रहा है। जून 2022 में एनपीसीआई इंटरनैशनल ने फ्रांस के लाइरा नेटवर्क के साथ समझौता किया, ताकि वहां यूपीआई और रुपे कार्ड स्वीकार किए जा सकें।

कई देशों को प्रारंभिक रूप से नेतृत्व की स्थिति हासिल करने में सफलता मिलती है, लेकिन चुनौती अक्सर इस स्थिति को बनाए रखने की होती है। क्या कोई अन्य देश इसे थाम सकता है? यह नेतृत्व की स्थिति अहम क्यों है? नेतृत्व हासिल करने से अन्य देशों पर प्रभाव डालने की क्षमता जैसे कई फ़ायदे मिलते हैं। इसके अलावा, इससे देश को वैश्विक मंच पर प्रमुख स्थान मिलता है, रणनीतिक और व्यावसायिक साझेदारियों को मजबूत करता है, और विभिन्न औद्योगिक तथा आर्थिक अवसरों के रास्ते खोलता है। मेरा मानना है कि देशों के पास यह मौक़ा है कि वे अपने डेटा के महत्त्व को पहचानें और इसे इस्तेमाल में लाने के लिए स्पष्ट विज़न और क्षमता विकसित करें।

विजेता कौन बनेगा? इसे अभी तय करना जल्दी होगा, क्योंकि स्थिति अभी खुली है और कोई स्पष्ट विजेता नहीं है। फ़िलहाल तो अमेरिका आगे है, जो कि दुनिया की सबसे बड़ी और प्रभावशाली तकनीकी कंपनियों, मजबूत शैक्षिक आधार और सक्रिय नवाचार प्रणाली के कारण है। हालांकि क्या वह अपनी नेतृत्व की स्थिति बनाए रख पाएगा, या चीन इसे पीछे छोड़ देगा क्योंकि चीन भी एआई में भारी निवेश कर रहा है? या चीन को डेटा लोकतंत्रीकरण जैसी चुनौतियों के कारण पिछड़ना पड़ेगा, जो डिजिटल युग की एक अहम आवश्यकता है? क्या भारत इस नए डेटा-प्रेरित विश्व में छिपा रुस्तम यानी आश्चर्यजनक खिलाड़ी बन सकता है? मेरा मानना है कि भारत के पास क्षमता और अवसर दोनों ही हैं कि वह डेटा-प्रेरित दुनिया में नेतृत्व हासिल कर सके। इसका मजबूत आईटी उद्योग पहले ही इसे वैश्विक तकनीकी शक्ति के रूप में स्थापित कर चुकी है। आधार जैसी अनूठी पहल को दुनिया में सबसे सक्षम डिजिटल ढांचों में से एक माना जाता है। इससे भारत ने डिजिटल अर्थव्यवस्था और वित्तीय समावेशन की दिशा में महत्त्वपूर्ण क़दम उठाए हैं। जैसा कि पिछले अध्याय में बताया गया, भारत संभावित रूप से दुनिया के लिए डेटा जनरेटर बन सकता है और तकनीकी रूप से समृद्ध देशों के साथ साझेदारी कर सकता है।

हालांकि यह केवल भारत तक सीमित नहीं है। क्या हम अफ्रीका और लैटिन अमेरिका के कुछ देशों को भी इस खेल में आगे बढ़ते देख सकते हैं? तकनीकी और डेटा के बदलाव अब अवसरों को समान रूप से वितरित कर रहे हैं, जिससे कई देशों को तेज़ी से उन्नति करने का मौक़ा मिल रहा है। आने वाले बीस साल में वैश्विक शक्ति संतुलन किस तरह विकसित होगा, यह देखना काफ़ी मज़ेदार होगा।

मुख्य निष्कर्ष

- राष्ट्रों के लिए प्रतिस्पर्धात्मक लाभ का स्रोत समय के साथ बदलता रहा है। 21वीं सदी में हम देख रहे हैं कि डेटा तमाम राष्ट्रों के लिए प्रतिस्पर्धात्मक भेदभाव का मुख्य स्रोत बनता जा रहा है।
- जब डेटा का प्रभावी इस्तेमाल किया जाए, तो यह राष्ट्रों को समृद्धि हासिल करने और वैश्विक मंच पर हार्ड और सॉफ़्ट पावर दोनों का इस्तेमाल करने की अपार क्षमता देता है।
- हम पहले ही इज़राइल, भारत, दक्षिण कोरिया और एस्टोनिया जैसे कई देशों को देख चुके हैं, जिन्होंने डेटा का इस्तेमाल कर अपनी प्रतिस्पर्धात्मक शक्ति बनाने में मिसाल कायम की है।
- राष्ट्रीय डेटा नीति का निर्माण, उच्च प्रभाव वाले क्षेत्रों की पहचान, बड़े डेटा सेट का निर्माण और इकोसिस्टम सहयोग का लाभ उठाना किसी भी राष्ट्र के लिए डेटा का सही ढंग से इस्तेमाल करने की क्षमता विकसित करने के प्रमुख तत्व हैं।
- साफ़ लक्ष्य के साथ मजबूत सार्वज़निक-निजी-नागरिक भागीदारी पर आधारित समन्वय और इसके लिए समर्पित नियंत्रण निकाय की निगरानी डेटा आधारित पहलों की सफलता सुनिश्चित करने के लिए अत्यंत ज़रूरी है।

उपसंहार

एआई युग में डेटा पैराडॉक्स पर महारत हासिल करना

'डेटा जीवन है, जीवन डेटा है'

इस किताब की शुरुआत में मैंने तीन सवाल रखे थे, जिनके उत्तर मुझे खोजने थे :

1. *डेटा से संचालित एआई क्यों और कैसे संगठनों और व्यक्तियों के लिए रूपांतरकारी मूल्य पैदा कर सकता है?*
2. *दुनिया विरोधाभासों से भरी है, और डेटा की दुनिया भी। व्यक्तियों और संगठनों को इन विरोधाभासों से कैसे निपटना चाहिए ताकि डेटा और एआई का असली रूपांतरकारी मूल्य सामने आ सके?*
3. *क्या जीवन से कुछ सिद्धांत सीखकर उन्हें डेटा में लागू किया जा सकता है, और डेटा से कुछ सिद्धांत सीखकर जीवन में लागू किए जा सकते हैं?*

इन अध्यायों के जरिए मैंने इन सवालों के जवाब देने की कोशिश की है। अब मैं इस पुस्तक का निष्कर्ष पेश करते हुए सभी विचारों को एक साथ ला रहा हूं।

मेरे पाठको, अब तक आप मेरे 'डेटा' के प्रति जुनून से परिचित हो गए होंगे और यह समझ चुके होंगे कि मैं किस तरह मानता हूं कि डेटा डिजिटल युग की रीढ़ है और हमारे जीवन को आकार देने में मूल भूमिका निभाता है। डिजिटल युग ने डेटा की वृद्धि को नई ऊंचाइयों तक पहुंचाया है और डेटा तथा जीवन को इतनी गहराई से जोड़ा है कि डिजिटल और वास्तविक दुनिया के बीच की सीमाएं धुंधली हो गई हैं। मेरा मानना है कि आज हम हाइब्रिड वास्तविकता की दुनिया में जी रहे हैं, जो डिजिटल और वास्तविकता का मिश्रण है। हम लगातार डेटा उत्पन्न कर रहे हैं, इसके लाभ उठा रहे हैं और इसी प्रक्रिया में और डेटा पैदा करते जा रहे हैं। एक तरह से, हमारा जीवन डेटा बन गया है और डेटा जीवन बन गया है। जीवन हमेशा डेटा से संचालित रहा है, और आज की डेटा-फ़र्स्ट दुनिया में यह और भी सच है। साथ ही, डेटा का स्वभाव जीवन के समान है। और जैसे जीवन में कई विरोधाभास हैं, वैसे ही डेटा भी कई उलझनों और प्रतीत होने वाले असंभव समस्याओं से भरा है। लेकिन

अगर आप गहराई से देखें, तो समस्याएं और उन्हें हल करने के सिद्धांत जीवन से मिलने वाले सिद्धांतों से अलग नहीं हैं।

मेरी पिछली किताब में, मैंने डिजिटल युग पर गहराई से ध्यान केंद्रित किया था। वहां मैंने विशेष रूप से आर्टिफ़िशियल इंटेलिजेंस (एआई) के आगमन पर बात की थी। एआई बिना डेटा के संभव नहीं है। इस किताब में डिजिटल, डेटा और एआई के बीच की पारस्परिक कड़ी को सामने लाया गया है। यह त्रिमूर्ति लगातार बढ़ रही है, विकसित हो रही है और हमारे जीवन की दुनिया को बदल रही है। मैं इन विषयों को लेकर बहुत उत्साहित हूं, क्योंकि ये केवल भविष्य की बातें नहीं हैं, बल्कि आज की वास्तविकता हैं और आने वाले भविष्य को भी आकार दे रही हैं। एआई सिर्फ़ एक तकनीकी सुधार नहीं है, बल्कि यह डेटा की शक्ति पर आधारित एक क्रांति है, और यह इस समय हो रही है। और इस प्रक्रिया को तेज़ करने में हम सभी की भूमिका है।

1. डेटा संचालित एआई उद्यमों और लोगों के लिए रूपांतरकारी मूल्य कैसे और क्यों पैदा कर सकता है?

एआई कई सालों से कई तकनीकी दिग्गज कंपनियों और विश्वविद्यालयों के शोध प्रयोगशालाओं में विकसित हो रहा है। हालांकि किसी भी क्रांति के लिए सही समय बहुत ज़रूरी होता है, और वो तब होता है, जब कई चीज़ें एक साथ मिलती हैं। मेरे मुताबिक़, इस सबसे महत्त्वपूर्ण विकास ने इसे संभव बनाया है : भीड़ की बुद्धि यानी क्राउड की ज्ञान क्षमता का इस्तेमाल करने की क्षमता।

डिजिटल युग और डेटा की प्रचुरता के साथ, यह खुलासा अभी हो रहा है। हम उस सौभाग्यशाली पीढ़ी से हैं, जो एआई युग के उदय को प्रत्यक्ष देख रही है। हमारे पास इसमें भाग लेने, इसे आकार देने और इससे लाभ उठाने का अवसर है। एआई अब अकेले नहीं हो रहा है। यह हर कंप्यूटर पर हो रहा है, हर क्लिक के साथ बढ़ रहा है। जनरेटिव एआई (जेन एआई) विशाल इंटरनेट डेटा पर आधारित है। यह हमें अब विभिन्न व्यक्तियों के ज्ञान का विशाल भंडार उपलब्ध कराता है। उनकी सामूहिक राय, अंतर्दृष्टि और विशेषज्ञता का इस्तेमाल करके हम ऐसे निर्णय या समाधान निकाल सकते हैं, जो किसी एक व्यक्ति से संभव नहीं हैं। न्यूरल नेटवर्क का आधार बनने वाली यह स्मार्ट डेटा की विशाल परत, उस सार्वभौमिक चेतना की रूपक अवधारणा जैसी है, जिसमें सृष्टि में सभी होने और बनने की मूल प्रवृत्ति होती है। ये न्यूरल नेटवर्क अब इतने परिष्कृत, व्यापक और आपस में जुड़े हुए हो रहे हैं कि ये बड़े पैमाने पर ज्ञान और समस्या समाधान का आधार बन गए हैं। जनरेटिव AI लगातार अधिक डेटा उत्पन्न करता है, जिससे सीखने और सुधारने का एक अनंत चक्र बनता है और डिजिटल, डेटा और एआई के बीच एक सशक्त और सकारात्मक परस्पर संबंध मजबूत होता है।

संभावनाएं बेहद चौंकाने वाली हैं। मानव इतिहास में पहली बार तकनीक ने दुनिया को एक रूप में जोड़ा है। हां, इंटरनेट के साथ हमारे पास डेटा तक पहुंच थी, लेकिन उसे खोजने, समझने और उससे अंतर्दृष्टि निकालने की ज़िम्मेदारी व्यक्ति पर थी। पारंपरिक एआई में उपकरण डेटा के बीच संबंध जोड़ते थे, लेकिन डेटा की सीमाओं के कारण उनका प्रभाव सीमित था। हालांकि जनरेटिव एआई के साथ, ये सीमाएं अचानक हट गई हैं। अब एआई एल्गोरिदम के पास सीखने, सुधारने और अपनी सटीकता बढ़ाने के लिए पर्याप्त और अधिक डेटा है। इसके अलावा, यह नए और मौलिक कंटेंट को भी उत्पन्न करता है, जिससे डेटा का भंडार और समृद्ध होता है। जैसे-जैसे डेटा बढ़ेगा, एआई युग का सकारात्मक चक्र और मजबूत होगा। एआई क्रांति तो अभी शुरू हुई है और यह औद्योगिक क्रांति से काफ़ी अलग होगी। आइए देखें कैसे।

एआई कई स्तरों पर मूल्य सामने ला रहा है, जो गहराई से जुड़े हुए हैं

जहां एआई एक अभूतपूर्व अवसर है, लेकिन असली बदलाव तब होगा, जब बड़े पैमाने का डेटा, जो वर्तमान में इंटरनेट से एकत्र किया जा रहा है, संगठनों के विशेष और गहरे डेटा के साथ काम करने लगे और यह व्यक्तिगत डेटा के साथ भी तालमेल बिठाए। तब हम देखेंगे कि व्यक्तियों के लिए अत्यंत व्यक्तिगत और प्रभावशाली समाधान तैयार होंगे, और उद्यमों में एआई बड़े पैमाने पर कुशलतापूर्वक काम करेगा, विशिष्ट समस्याओं को प्रभावी ढंग से हल करने में सक्षम होगा।

मैक्रो

चैटजीपीटी और बार्ड जैसे जेन एआई मॉडल बड़े भाषा मॉडल (एलएलएम) पर आधारित हैं। ये अत्यंत उन्नत एआई सिस्टम हैं, जिन्हें व्यापक डेटा सेट, यानी इंटरनेट के विशाल डेटा पर प्रशिक्षित किया गया है। ये मॉडल जटिल समस्याओं को हल करने के लिए आवश्यक मूलभूत ढांचा मुहैया कराते हैं और इसके लिए सामूहिक बुद्धिमत्ता का लाभ उठाते हैं। हमारा साझा डेटा उन न्यूरल नेटवर्कों की आधारशिला तैयार करता है, जो लगातार विकसित और एकीकृत हो रहे हैं। यह विशाल आधारभूत स्तर हमें वैश्विक रूप से उत्पन्न और साझा किए गए ज्ञान तक पहुंचने में सक्षम बनाता है।

इसमें क्रांतिकारी बदलाव यह है कि एलएलएम सूचनाओं को प्रोसेस कर सकते हैं और उन कठिन समस्याओं के लिए पर्याप्त सटीक और उपयोगी समाधान दे सकते हैं, जिनके लिए पहले बहुत समय, मेहनत और विशेषज्ञता की ज़रूरत पड़ती थी। ये समाधान पूरी तरह से पूर्ण नहीं होते और न ही हमेशा विशिष्ट समस्या के हिसाब से पूरी तरह कस्टमाइज होते हैं, लेकिन ये हमें क़रीब 80 प्रतिशत तक सही दिशा में ले जाते हैं।

एक उदाहरण लेते हैं। मान लीजिए आप कोई नया सॉफ़्टवेयर प्रोडक्ट बनाने जा रहे हैं। सामान्यत: आप विशेषज्ञों से राय लेंगे, दूसरे प्रोडक्ट देखेंगे, तुलना करेंगे और फिर फ़ीचर सेट तैयार करेंगे। हालांकि इसमें सीमाएं हैं। आपकी पहुंच सीमित होगी, प्रोसेसिंग और समझने की क्षमता सीमित होगी और निश्चित रूप से समय भी सीमित होगा। जेन एआई टूल यह सब कुछ आपके लिए कुछ ही सेकंड में कर सकते हैं। अब आपका काम बस इतना है कि एआई के दिए फ़ीचर सेट को और निखारें और सत्यापित करें, ताकि वह आपके लक्षित उपभोक्ताओं की ज़रूरतों और पसंद के अनुरूप बिलकुल सटीक हो।

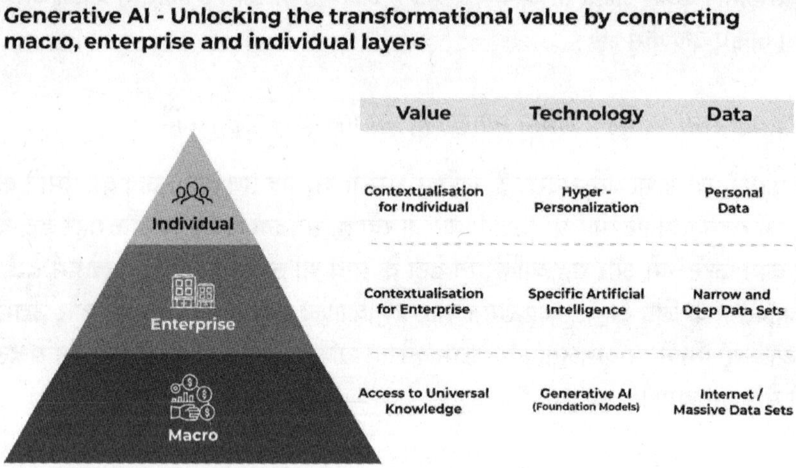

आज बेहतरीन दिमाग़, श्रेष्ठ उत्पाद और ज्ञान इन टूल्स के पीछे मौजूद हैं। यह तकनीक इतनी सक्षम हो चुकी है कि आपकी पूछी गई बात को समझकर उसका उत्तर मिलाना और प्रोसेसिंग के जरिए सटीकता से देती है। अब ज़िम्मेदारी आप पर है कि आप कितना स्मार्ट सवाल पूछ सकते हैं। पहले यह सवाल था कि मनुष्य बनाम मशीन, लेकिन अब यह बदलकर मनुष्य और मशीन हो गया है। मशीन आपकी सोचने की गति को बढ़ाएगी, क्योंकि उसने बेहद तेज़ और उच्च गुणवत्ता की प्रोसेसिंग की क्षमता विकसित कर ली है, जो पूरी दुनिया के डेटा पर आधारित है।

उद्यम

एआई अपनी बुनियादी अवस्था में सार्वजनिक डोमेन के सभी डेटा को समझता है। यानी जैसा पहले कहा गया, यह काम का लगभग 80 प्रतिशत हिस्सा पूरा कर देता है। अब जो शेष 20 प्रतिशत है, वही किसी संगठन की विशिष्ट पहचान बनाता है। यह तभी संभव है, जब बुनियादी एलएलएम मॉडल को संगठन-विशेष के निजी डेटा से जोड़ा जाए। इससे संगठन

अपनी विशिष्ट समस्याओं को और व्यापक रूप से हल कर पाएगा और समाधान को केवल विचारों से आगे ले जाकर व्यावहारिक एप्लिकेशंस में बदल सकेगा, ताकि संगठन की विशिष्ट कारोबारी ज़रूरतों को सटीक तरीक़े से पूरा किया जा सके।

इसके लिए उन ख़ास एआई मॉडलों की ज़रूरत होगी, जो संगठन के अपने डेटा के लिए प्रशिक्षित हों। हालांकि वर्तमान में एआई की दक्षता और कुशलता बढ़ाने पर ध्यान दिया जा रहा है, लेकिन मेरा मानना है कि जल्द ही एआई केवल दक्षता और कुशलता तक सीमित नहीं रहने वाला है, बल्कि बड़े पैमाने पर समाधान-उन्मुख नवाचार की दिशा में बढ़ेगा। इससे संगठन तेज़ी से रचनात्मक समाधान खोज पाएंगे। इस बदलाव के लिए उन्हें अपनी कार्यसंस्कृति और प्रतिभा को ढालना होगा। डेटा और उससे पैदा होने वाला मूल्य संगठनों का मुख्य फ़ोकस बनना चाहिए, ताकि एआई से अधिकतम फ़ायदा लिया जा सके। एआई में उच्च गुणवत्ता वाले और व्यक्तिगत ग्राहक अनुभव देने की क्षमता होती है। इससे स्वचालन और एआई कार्यप्रवाह के जरिए व्यापार परिचालन में बुनियादी बदलाव होता है और नए एआई-प्रेरित बिज़नेस मॉडल के उभरने का रास्ता साफ़ होता है।

जेन एआई और इंटरनेट डेटा पर आधारित बुनियादी मॉडलों की मेटा-लेयर मिलकर डेटा-आधारित परिदृश्य को लोकतांत्रिक बना रहे हैं। विनिर्माण और स्वास्थ्य जैसी परंपरागत इंडस्ट्री, जो मूल रूप से डेटा-फ़र्स्ट नहीं थीं, लेकिन अब वह भी इस मेटा-डेटा लेयर का इस्तेमाल करके अंतर्दृष्टि हासिल कर सकती हैं और अपने बिज़नेस मॉडल को बदलने की दिशा में आगे बढ़ सकती हैं। डेटा की इस समृद्ध उपलब्धता से अधिक भागीदारी और नवाचार को बढ़ावा मिलेगा और तकनीकी रूप से कम उन्नत संगठन भी डेटा की सीमाओं से मुक्त होकर आगे बढ़ सकेंगे।

व्यक्तिगत

खंड तीन में, अध्याय 21 से 25 तक, मैंने डेटा और एआई के व्यक्तिगत प्रभावों पर ध्यान दिया है। व्यक्तिगत स्तर पर हाइपर-पर्सनलाइजेशन की यह प्रवृत्ति आगे भी जारी रहेगी, क्योंकि लगातार बड़ी मात्रा में गहराई से व्यक्तिगत डेटा पैदा हो रहा है। अभी लोग जेन एआई का इस्तेमाल केवल जिज्ञासा और प्रयोग के तौर पर कर रहे हैं। इसका प्रभाव फ़िलहाल बहुत छोटा है, लेकिन इसके पीछे की प्रक्रियाएं काफ़ी बुद्धिमानी से काम करती हैं। उदाहरण के लिए, यदि कोई व्यक्ति किसी विज्ञापन अभियान के लिए कॉपी बनाने में जेन एआई टूल का उपयोग करता है, तो यह टूल कई अन्य कॉपियों से डेटा लेता है, रुझानों को पहचानता है और फिर उस व्यक्ति से मिले निर्देशों के आधार पर नई कॉपी तैयार करता है। अगला चरण तब होगा जब एआई को और अधिक व्यक्तिगत संदर्भ में ढाला जाएगा, ताकि वह विशिष्ट व्यक्तिगत समस्याओं का समाधान दे सके और सटीक असर डाल सके। स्वास्थ्य सेवाओं से लेकर वित्त और संबंधों तक, एआई प्रत्येक व्यक्ति की ज़रूरतों को समझकर, उनके साझा

किए गए व्यक्तिगत डेटा से सीखकर और परिस्थितियों में उपलब्ध सबसे सफल समाधान का इस्तेमाल करके, व्यक्तिगत स्तर पर समाधान मुहैया कराने में सक्षम हो सकता है।

गहन सच्चाई दिखाने वाली तीन परतें!

मैंने ऊपर जिन तीन परतों, मैक्रो, उद्यम और व्यक्तिगत, की चर्चा की है, उनका आपसी जुड़ाव बेहद शक्तिशाली है और उसमें अभूतपूर्व मूल्य पैदा करने की क्षमता होती है। डेटा और एआई की जिन परतों को हम उभरते हुए देख रहे हैं, उनका रोचक समानांतर हमें भारतीय ग्रंथ पतंजलि योगसूत्र में बताए गए मन/स्व की संरचना में मिलता है। योगसूत्र में चार परतों के बारे में बताया गया है - मनस् (सोचने वाला मन), अहंकार (अहं या पहचान), बुद्धि (विवेक) और चित्त (सार्वभौमिक चेतना)। अधिकतर समय हम मनस् या 'छोटे मन' से संचालित होते हैं। हालांकि अगर हम स्वयं की गहरी परतों से जुड़ पाएं, तो नाटकीय रूप से श्रेष्ठ अंतर्दृष्टि और बुद्धि तक पहुंच सकते हैं। ठीक ऐसा ही जेन एआई के साथ हो रहा है। अब व्यक्तियों और संगठनों में जेन एआई की मदद से 'जन-ज्ञान' या 'सार्वभौमिक चेतना' तक पहुंचने की क्षमता होती हैं, जिससे प्रभाव की संभावनाएं बेहद बढ़ जाती हैं। मेरा मानना है कि यह मानव सभ्यता के लिए एक क्रांतिकारी खुलासा है।

एआई की तीव्र प्रगति का श्रेय डेटा प्रचुरता को

हाल ही में ऐसा क्या बदल गया, जिसने एआई के क्षेत्र में इतनी बड़ी क्रांति को जन्म दिया? इसका उत्तर है, डेटा।

एआई को प्रभावी बनाने के लिए तीन तत्वों की ज़रूरत होती है, डेटा, कंप्यूटेशनल पावर और एल्गोरिदम। इनमें से बाद के दो तत्वों को तो काफ़ी हद तक संभाल लिया गया था, लेकिन सबसे कठिन और सबसे अलग करने वाली चुनौती थी मॉडलों को प्रशिक्षित करने के लिए बड़े पैमाने पर डेटा के मिलने की। और अब देखिए, हम वहां पहुंच ही चुके हैं। डेटा की प्रचुरता ने जेन एआई को संभव बना दिया है। एआई अब केवल एक सक्षम और प्रभावी तकनीक से बदलकर एक रूपांतरकारी शक्ति बन गई है।

हालांकि डेटा की दुनिया की अपनी चुनौतियों और अपने विरोधाभास होते हैं। जैसा कि मैंने प्रस्तावना में कहा है, एआई युग किस तरह विकसित होगा, यह इस पर निर्भर करता है कि हम डेटा से जुड़ी चुनौतियों और विरोधाभासों से कितनी अच्छी तरह से निपट पाते हैं। हमें इन विरोधाभासों को समझना होगा और उनसे निपटने के उपाय खोजने होंगे। इसी संदर्भ में मैंने डेटा के इन विरोधाभासों और उन्हें हल करने के लिए अपने दस सिद्धांत पेश किए।

2. संसार ही विरोधाभासों से भरा है, तो डेटा की दुनिया भी अछूती नहीं है। व्यक्ति और संस्थाएं इन विरोधाभासों से कैसे निपटें कि डेटा और एआई का रूपांतरकारी मूल्य उजागर हो सके?

ज़िंदगी की तरह डेटा की दुनिया भी विरोधाभासों से भरी हुई है। खंड एक, दो और तीन में मैंने उन अनेक विरोधाभासों के बारे में बताया है, जो डेटा-फ़र्स्ट दुनिया में जीने और काम करने के कारण सामने आते हैं, और उनमें गहराई से उतरकर यह समझाने की कोशिश की है कि वे क्या हैं और उनसे निपटने के व्यावहारिक तरीक़े क्या हो सकते हैं। अब मैं संक्षेप में प्रत्येक विरोधाभास का सार प्रस्तुत करता हूं।

Mastering 10 paradoxes to maximize value from data

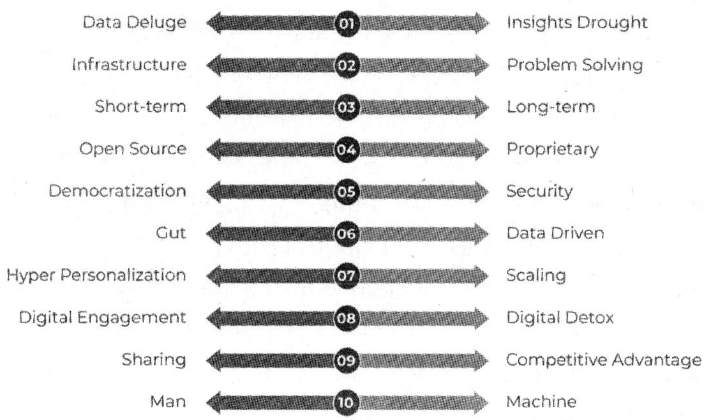

व्यापक **'डेटा की बाढ़ बनाम अंतर्दृष्टि की कमी'** का विरोधाभास इस चुनौती को दर्शाता है कि हमारे पास विशाल डेटा संसाधन तो हैं, लेकिन सूचित निर्णय लेने के लिए हमारे पास प्रासंगिक अंतर्दृष्टि नहीं है। इसमें इस बात पर ज़ोर दिया जाता है कि डेटा का केवल संचय करने के बजाय उससे उपयोगी और लागू की जा सकने वाली अंतर्दृष्टि निकाली जाए। नीचे बताए गए अनेक सिद्धांत इसी विरोधाभास को हल करने के मक़सद से है, ताकि डेटा अब हताशा का कारण बनने के बजाय रूपांतरणकारी मूल्य का स्रोत बन सके। **'इंफ्रास्ट्रक्चर बनाम समस्या-समाधान'** का विरोधाभास इसी ज़रूरत को रेखांकित करता है कि हमें स्केलेबल डेटा इंफ्रास्ट्रक्चर में निवेश और तार्किक समस्या-समाधान तकनीकों के प्रयोग के बीच संतुलन स्थापित करना होगा। दोनों ही डेटा की पूरी क्षमता को साकार करने और उससे मूल्य निकालने के लिए बेहद अहम हैं, इसलिए सही संतुलन खोजना ही कुंजी है।

इसके बाद **'अल्पकालिक बनाम दीर्घकालिक'** विरोधाभास आता है, जो इस चुनौती को सामने लाता है कि तत्काल व्यावसायिक आवश्यकताओं को पूरा करते हुए दीर्घकालिक क्षमताओं का निर्माण कैसे किया जाए। यह टू-स्पीड दृष्टिकोण अपनाने पर ज़ोर देता है, ताकि त्वरित और अल्पकालिक समस्या-समाधान और दीर्घकालिक क्षमता-निर्माण के बीच संतुलन बनाकर इस गतिशील और तेज़ी से बदलती दुनिया में काम करने के लिए ज़रूरी फुर्ती विकसित की जा सके। **'ओपन-सोर्स बनाम प्रोपाइटरी'** डेटा विरोधाभास यह दिखाता है कि व्यापक और खुले डेटा स्रोतों का इस्तेमाल करके गहरी और व्यापक अंतर्दृष्टि पैदा करना कितना महत्त्वपूर्ण है। साथ ही, यह भी आवश्यक है कि विशिष्ट ज्ञान का निर्माण किया जाए, जो भिन्नता और प्रतिस्पर्धात्मक बढ़त दिलाने में सहायक हो। **डेटा लोकतंत्रीकरण और सिक्योरिटी** का विरोधाभास इस आवश्यकता को बताता है कि विकास और सहयोग के लिए आवश्यक व्यापक डेटा पहुंच सुनिश्चित की जाए, और साथ ही सशक्त सुरक्षा उपाय अपनाए जाएं ताकि डेटा सुरक्षित रहे। यही डिजिटल युग की सबसे बड़ी चुनौतियों में से एक है।

और आगे बढ़ें तो, **'अंतर्ज्ञान बनाम डेटा-प्रेरित निर्णय-निर्माण'** का विरोधाभास उस तनाव के इर्द-गिर्द रहता है, जिसमें एक ओर परंपरागत रूप से अंतर्ज्ञान और सहज बुद्धि पर आधारित फ़ैसले लेने का तरीक़ा है, और दूसरी ओर डेटा तथा विश्लेषण पर आधारित अधिक वस्तुनिष्ठ फ़ैसले लेने का तरीक़ा है। यह इस चुनौती को बताता है कि निर्णय लेने में इन दोनों दृष्टिकोणों के बीच सही संतुलन कैसे बनाया जाए। **हाइपर-पर्सनलाइजेशन बनाम स्केलिंग** का विरोधाभास इस ऐतिहासिक संघर्ष को सामने लाता है कि व्यक्ति-विशेष की ज़रूरतों और बड़े पैमाने पर विस्तार के बीच कैसे चुनाव किया जाए। या तो व्यक्तिगत समाधान मांगे जाएं, जो बड़े स्तर पर संभव नहीं थे, या फिर मानकीकृत, सभी के लिए समान उत्पाद और सेवाओं के साथ काम चलाया जाए। हालांकि अब एआई के साथ बड़े पैमाने पर पर्सनलाइजेशन हासिल करना संभव हो गया है।

डिजिटल जुड़ाव बनाम डिजिटल डिटॉक्स यह दिखाता है कि हमें अनेक लाभ देने वाला वही डिजिटल जुड़ाव अगर अत्यधिक और निरंतर हो जाए तो थकान, तनाव और बोझिलपन का कारण भी बन सकता है। ऐसे में डिजिटल डिटॉक्स ज़रूरी हो जाता है। एक और विरोधाभास है, **शेयरिंग बनाम प्रतिस्पर्धात्मक बढ़त**। यह इस तथ्य को दिखाता है कि डेटा सहयोगी विकास के लिए भी ज़रूरी है और प्रतिस्पर्धात्मक बढ़त स्थापित करने के लिए भी। इससे एक स्थायी दुविधा पैदा होती है कि प्रगति के लिए डेटा को स्वतंत्र रूप से साझा किया जाए या फिर प्रतिस्पर्धात्मक बढ़त बनाए रखने के लिए प्रोप्राइटरी डेटा की रक्षा की जाए। और अंत में, लंबे समय से चल रही **मनुष्य बनाम मशीन** की बहस है। इसमें यह सवाल उठता है कि क्या एआई और ऑटोमेशन मनुष्यों को अप्रासंगिक बना देंगे, या फिर वे मनुष्यों की क्षमताओं को बढ़ाने वाले सहायक उपकरण साबित होंगे। यह इस आवश्यकता को दिखाता है कि कथा को सहयोगात्मक दिशा में मोड़ा जाए, जिसमें एआई मानव क्षमताओं को और सशक्त बनाए। इसके लिए ज़रूरी होगा कि मूलभूत डेटा कौशल से आगे बढ़कर समस्या-समाधान,

व्यवसाय क्षेत्र की विशेषज्ञता और प्रभावशाली कहानी कहने जैसी क्षमताओं पर ध्यान दिया जाए।

इन विरोधाभासों से निपटने का मतलब अपने लिए संतुलन खोजना और दिए गए संदर्भ में सही चुनाव करना है। कभी भी ऐसा कोई समाधान नहीं होगा, जो सभी पर लागू हो सके। इस पुस्तक में मैंने बार-बार इन विरोधाभासों को सामने रखा और समझाया है। मैं चाहता हूं कि आप यह भी समझें कि अंतिम लक्ष्य अपना संतुलन पाना है। असली बात यह है कि यह शायद ही कभी 'या तो/या फिर' का मामला होता है। ज़्यादातर तो यह **दोनों साथ** का मामला होता है। हर विरोधाभास के पीछे छिपी धारणाओं को समझना और उनका आलोचनात्मक परीक्षण करना ज़रूरी है। ऐसा करने से एकीकृत उद्देश्यों की स्पष्टता मिलती है, और यही सही संतुलन खोजने की नींव है। और इसे हासिल करने के लिए व्यक्ति को अपने अंदर झांकना होगा, ख़ुद को अंदर से स्थिर करना होगा।

जैसे जीवन में विरोधाभास मौजूद हैं, वैसे ही डेटा में भी हैं, और हमेशा रहेंगे। हमारा उद्देश्य इन्हें साधने का होना चाहिए, इनके बंधन में फंस जाने का नहीं। मेरा मानना है कि कुछ बुनियादी सिद्धांत हैं, जिन्हें अगर हम अपनी सोच और काम में उतारें, तो डेटा से रूपांतरकारी मूल्य हासिल कर सकते हैं। आगे दिए गए दस सिद्धांत इन्हीं विरोधाभासों को तोड़ने और एआई युग में आपकी डेटा यात्रा के लिए व्यावहारिक दिशा-निर्देश देने के लिए बनाए गए हैं :

1. **डेटा को केवल इनपुट नहीं, बल्कि मूल्य का स्रोत मानिए :** इस पुस्तक के जरिए मेरी कोशिश रही है कि मैं आपका डेटा के प्रति दृष्टिकोण बदलने में मदद कर सकूं। अब आपको यह सोचने में सक्षम हो जाना चाहिए कि आप अपने संगठन और अपने जीवन में डेटा को कैसे देखते हैं। यह केवल एक इनपुट नहीं है या कुछ ऐसा जो संग्रहीत होकर किसी सिस्टम या प्रक्रिया में डाला जाए, बल्कि यह गतिशील मूल्य का स्रोत है। डेटा आपके पूरे डीआईएआई ढांचे में मूल्य पैदा करता है, जो डेटा से शुरू होकर, उससे निकाली गई अंतर्दृष्टि तक, उन अंतर्दृष्टियों के आधार पर लिए गए कार्यों तक, और आख़िरकार उनके प्रभाव तक होता है। इसलिए यह बेहद अहम है कि आप अपने मनोवृत्ति में सचेत बदलाव लाएं और डेटा को अपना सबसे मूल्यवान संसाधन मानें।

2. **नतीजा ध्यान में रखते हुए शुरू कीजिए :** डेटा से रूपांतरकारी मूल्य हासिल करने के लिए आपको हमेशा अंतिम नतीजे को ध्यान में रखकर शुरुआत करनी चाहिए। आपको स्पष्ट रूप से यह परिभाषित करना होगा कि आप किस नतीजे की अपेक्षा रखते हैं। एक स्पष्ट लक्ष्य निर्धारित करने से आपके डेटा-संबंधी प्रयासों के लिए उद्देश्य और दिशा तय होती है। अपेक्षित नतीजों पर ध्यान रखना आपको मार्गदर्शन देता है। इससे आप सही दिशा में बने रहते हैं और डेटा की विशाल बाढ़ में भटकते नहीं हैं।

Ten principles to unlock the transformational value of data

01 **Treat data as a source of value, not just input**

02 **Start with the outcome in mind** to drive value from data

03 **Adopt a product thinking,** the key to drive **end to end focus**

04 **Take an agile two-speed approach** for short term focus while building long term capabilities

05 **Be AI first** in solving for any data problem you are dealing with

06 **Democratize access to data** to unleash its power

07 **Balance data democratization and data security/privacy**

08 **Leverage AI to deliver hyper-personalization at scale**

09 **Collaborate to win** by solving complex problems

10 **Seek to gain competitive advantage with data**

3. **उत्पाद के रूप में सोचें :** डेटा प्रवाहमान है, इसलिए इसे उत्पादों के रूप में संरचित करना ज़रूरी है, ताकि डेटा से अंतर्दृष्टि और एक्शन के चक्र में मूल्य का नुक़सान न्यूनतम हो। उत्पाद सोच या प्रोडक्ट थिंकिंग का मतलब है, अंत से अंत तक ध्यान रखना और डेटा स्टैक के विभिन्न तत्वों को इस तरह जोड़ना कि मूल्य लगातार और दोहराने योग्य तरीक़े से दिया जा सके। और एआई युग में डेटा की सर्वव्यापकता को देखते हुए, मेरा मानना है कि सभी डेटा उत्पादों में तकनीक, डोमेन, डेटा और एआई के तत्व शामिल होने चाहिए।

4. **फुर्तीला टू स्पीड दृष्टिकोण अपनाइए :** डेटा पहलों को प्रभावी ढंग से लागू करने के लिए, संगठनों को टू-स्पीड दृष्टिकोण अपनाना चाहिए। इसके तहत संगठन अपनी तात्कालिक ज़रूरतों को स्पीड वन से पूरा करते हैं और स्पीड वन पहलों को जोड़कर लंबी अवधि की स्पीड टू क्षमताओं का निर्माण हैं।

5. **AI-प्रथम बनें :** एआई और डेटा का आपसी संबंध काफ़ी गहरा है। यह मेरे खंड 2 में प्रस्तुत किए गए एकीकृत समाधान फ्रेमवर्क के तेरह तत्वों में प्रमुख विषय रहा है। उच्च गुणवत्ता वाला डेटा रूपांतरकारी एआई को सक्षम बनाता है। और इस उच्च गुणवत्ता वाले डेटा से प्रेरित होने वाला एआई डेटा प्रबंधन जीवन चक्र में डेटा की गुणवत्ता और सिक्योरिटी जैसी अनेक चुनौतियों को हल करने में मदद करता है।

6. **डेटा तक लोकतांत्रिक पहुंच :** सही डेटा को सही समय पर सही लोगों तक पहुंचाकर, डेटा की शक्ति को सभी के लिए सामने लाया जा सकता है। सूचना तक पहुंच का लोकतंत्रीकरण डिजिटल युग की बुनियादी विशेषता है। यह समान और व्यापक पहुंच मुहैया कराके सभी के लिए समान अवसर बनाता है और संगठन के सभी स्तरों पर बेहतर निर्णय लेने में सक्षम बनाता है। डेटा की पूरी क्षमता को सामने लाने के लिए विभागीय बाधाओं को तोड़ना ज़रूरी है।

7. **डेटा लोकतंत्रीकरण का सुरक्षा/गोपनीयता के साथ संतुलन :** डेटा गोपनीयता और सुरक्षा अब सबसे बड़े ख़तरे के रूप में उभर रहे हैं, जो कि संगठन स्तर पर भी है, और व्यक्तिगत या व्यापक स्तर पर भी। इससे डेटा लोकतंत्रीकरण और साझा करने से मिलने वाले सहयोग और विकास के अवसरों को हासिल करना कठिन हो रहा है। जीवन की तरह यहां भी कोई एक ही तरीक़ा सभी के लिए लागू नहीं होता है। महत्त्वपूर्ण यह है कि सही संदर्भ के आधार पर संतुलन ढूंढ़ा जाए, जिससे सुरक्षा उपायों को प्रभावी ढंग से व्यवस्थित और अनुकूलित किया जा सके।

8. **एआई के इस्तेमाल से बड़े पैमाने पर बेहद व्यक्तिगत अनुभव मुहैया कराएं :** हम अब व्यक्तिगत अनुभवों के युग में हैं, जिसमें हर इंटरैक्शन प्रत्येक व्यक्ति की अनूठी

प्राथमिकताओं और ज़रूरतों के अनुसार ढाला जा सकता है, फिर चाहे वह ग्राहक हों या कर्मचारी। यह नई सोच है। एआई का इस्तेमाल करके इन व्यक्तिगत ज़रूरतों को गहराई से समझिए और व्यक्तिगत समाधान मुहैया कराइए।

9. **जीतने के लिए साझेदारी करें :** वह व्यक्तिगत स्तर हो, संगठन स्तर हो या व्यापक स्तर, सहयोग बेहद ज़रूरी होता है। डेटा शेयर करने से उन जानकारियों तक पहुंच मिलती है, जिन्हें व्यक्ति या संगठन अकेले पैदा नहीं कर सकते, जिससे उपलब्ध डेटा की गहराई और गुणवत्ता बढ़ती है। इससे जटिल समस्याओं को हल करने और नवाचार को बढ़ावा देने में मदद मिलती है, जिसे कोई भी व्यक्ति, संगठन या राष्ट्र अकेले हासिल नहीं कर सकता। हम एक परस्पर निर्भर दुनिया में हैं, सहयोग ही जीतने का मार्ग है, और यह सबके लिए है।

10. **डेटा के साथ प्रतिस्पर्धात्मक लाभ हासिल करने की कोशिश कीजिए :** व्यक्तिगत, संगठनात्मक और राष्ट्रीय स्तर पर नवाचार और रूपांतरण के लिए डेटा की विशाल संभावनाओं का लाभ उठाइए। हम डेटा क्रांति के दौर में हैं और एआई युग के साथ तेज़ी और तीव्रता से बदलते चरण में प्रवेश कर रहे हैं। डेटा प्रतिस्पर्धात्मक लाभ का स्रोत बनेगा, जो कि इसकी नींव है। इस अवसर को पूरी तरह समझने के लिए सभी के लिए रणनीतिक दृष्टिकोण अपनाना, खुले दिमाग़ से सोचना, सीखने की प्रतिबद्धता और अमल पर ध्यान देना ज़रूरी है।

इनमें से कुछ सिद्धांत जीवन के सबक़ की तरह लग सकते हैं, और वास्तव में वे सबक़ हैं भी। डेटा केवल एआई युग का एक साधन नहीं है, यह जीवन की सुंदरता, चुनौतियों और इसके विरोधाभासों को भी दर्शाता है। अब आइए देखें कि डेटा-फ़र्स्ट दुनिया की हमारी यात्रा से हम जीवन के कौन से सबक़ सीख सकते हैं।

3. डेटा समृद्ध ज़िंदगियों की नई दुनिया में क्या कुछ ऐसे सिद्धांत हैं जिन्हें हम जीवन से सीखकर डेटा में लागू कर सकते हैं, या फिर इसके विपरीत भी है?

मैंने इस अध्याय की शुरुआत में ही कहा था कि जीवन ही डेटा है और डेटा ही जीवन है। आइए मैं इसे समझाता हूं।

मेरा मानना है कि जीवन और डेटा आपस में गहराई से जुड़े हुए हैं। ज़्यादातर लोग जीवन और डेटा के इस गहन संबंध से अनजान हैं। डिजिटल के आने से पहले भी, हमारे अस्तित्व का मूल सार हमेशा डेटा का जटिल रूप रहा है। हमारा डीएनए भी जैविक डेटा-संग्रह प्रणाली है, जो एनकोडेड जेनेटिक ब्लूप्रिंट के जरिए किसी जीव की विशेषताओं और कार्यों

को निर्धारित करती है। हमारी अंतर्निहित संज्ञानात्मक प्रक्रिया में डेटा का संग्रह और भंडारण शामिल होता है, जिसमें हमारी संवेदनाओं से हासिल जानकारी को स्मृतियों और अनुभवों में बदल दिया जाता है। इसके विपरीत, डेटा हमारे लिए जीवन को समझने, संरक्षित करने और सुधारने में भी अहम भूमिका निभाता है। इस डेटा में हमारा व्यक्तिगत डेटा, तापमान, आर्द्रता जैसा पर्यावरण से संबंधित डेटा, हमारी इतिहास संबंधी जानकारी, स्वास्थ्य डेटा, स्थान डेटा, वित्तीय डेटा और इस तरह की अनगिनत जानकारी होती है।

डेटा हमेशा से प्रकृति का हिस्सा रहा है। शास्त्रीय गोल्डन रेशो या प्रवासी पक्षियों की यात्रा तय करने की प्रणाली हो, प्रकृति में हर जगह डेटा मौजूद है, जो हमें मानव होने का अहसास देता है। पेड़ की पत्ती, इंसान का कान, मोर के पंख का आकार, बिच्छू का डंक, इनमें सभी में लगभग 1:1.61 का अनुपात देखा जाता है। इसी तरह, लियोनार्दो द विंची के चित्र विट्रुवियन मानव में भी इसी अनुपात पर आधारित फ़िबोनाच्ची सीरीज दिखाई गई है।* प्रकृति और हमारी पृथ्वी पूरी तरह से अव्यवस्थित नहीं हैं। हालांकि हम बिग बैंग के नतीजे में बने हैं, फिर भी इसमें एक व्यवस्था तो है। यह सब डेटा और गणित से भरा हुआ है। इसलिए कहा जा सकता है कि इस पुस्तक में डेटा के जिन सिद्धांतों को हमने समझा है, वे वास्तव में जीवन के मूल सिद्धांत ही हैं।

Five principles for life and data

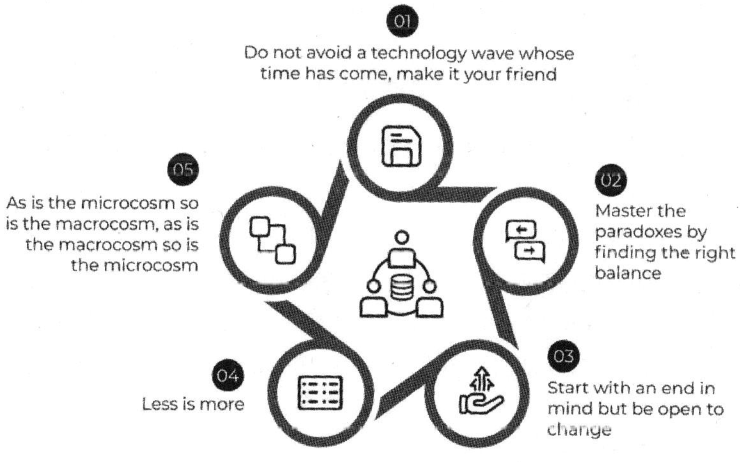

---

* गोल्डन रेशियो) का मान 1.618 होता है, जिसे यूनानी अक्षर 'फ़ाई' द्वारा दर्शाया जाता है। माना जाता है कि यह किसी वस्तु के दो पहलुओं के बीच एक गणितीय संबंध को दर्शाता है। इसे फ़िबोनाची अनुक्रम से भी जोड़ा जाता है और यह प्रकृति में सर्वत्र पाया जाता है– पौधों में, जानवरों में, मौसम की संरचनाओं में, तारकीय प्रणालियों में– यह पूरे ब्रह्मांड में सर्वव्यापी है।

मेरे अनुसार, कुछ जीवन के सिद्धांत ऐसे हैं, जिन्हें डेटा के विरोधाभासों से निपटने में लागू किया जा सकता है, और इसके विपरीत भी हो सकता है। जीवन और डेटा दोनों मिलकर एक यात्रा बनाते हैं, जिसका उद्देश्य किसी गंतव्य तक पहुंचना है। जो एक पर लागू होता है, वही दूसरे पर भी लागू होता है। दोनों में कोई बुनियादी अंतर नहीं है, केवल संदर्भ, पैमाना और प्रभाव अलग होंगे। जीवन से सीखकर डेटा पर लागू किए जा सकने वाले कुछ सिद्धांत हैं :

तकनीक की लहर आ चुकी है, उसे टालिए मत, अपना मित्र बनाइए

आज डिजिटल तकनीक ने ऐसा स्तर बना दिया है, जिसमें डेटा दिखाई देता है, डेटा उपलब्ध है और ऐसे रूपों में है, जिन्हें हम नियंत्रित कर सकते हैं। एआई इन क्षमताओं को और बढ़ा रहा है। डेटा हमेशा से हमारे जीवन को बेहतर बनाता आया है और आगे भी बनाता रहेगा। और जीवन की पहली सीख यही है कि **सामने की वास्तविकता को स्वीकार कीजिए**। तकनीक और डेटा से दूर मत हटिए। **यह लहर अभी आई है, इसे अपनाइए**। इस संदर्भ में, बेहतर यही है कि हर कोई ख़ुद को डेटा का स्वागत करे, **इसे अपना मित्र बनाएं,** ताकि इसे समझ सकें, इसका लाभ उठा सकें, इस क्रांति में योगदान दे सकें और इसे और बेहतर बना सकें। यह चक्र शुरू हो चुका है, और हम वही ख़ुशक़िस्मत पीढ़ी हैं, जो इसके शुरुआती चरणों को जी रही है। यह बहुत ज़रूरी है कि हम योग्यताएं, क्षमता और मानसिकता विकसित करें ताकि इस नई लहर के लिए ख़ुद को बाहर ला सकें, और इनकार करके छिपे ना रहें। मानव सभ्यता का रास्ता हमेशा बदलाव का रहा है, और ऐसा ही चलता रहेगा!

सही संतुलन बनाकर विरोधाभारों पर महारत हासिल करें

द्वैत या विरोधाभास, डेटा और जीवन दोनों की ही अंतर्निहित प्रकृति है। अनेक विरोधाभासों को साधना, डेटा से रूपांतरकारी मूल्य हासिल करने की कुंजी है। यही बात जीवन पर भी लागू होती है। विरोधाभासों को अपरिहार्य मानकर स्वीकार मत कीजिए। **इन्हें साधने के लिए तो सही संतुलन खोजना होगा**। विरोधाभासों को एक मौक़ा मानिए, किसी समस्या में गहराई से उतरने और उसके मूल को समझने का अवसर मानिए। जब आप गहराई में जाएंगे, तो आपको साझा उद्देश्य साफ़ दिखने लगेंगे और आप समस्या को नए दृष्टिकोण से देख सकेंगे, जिससे विरोधाभास टूट सकते हैं। जो विरोधाभासों पर अधिकार पा लेते हैं, वे सीमाओं को तोड़ देते हैं और जीतते हैं!

अंत को ध्यान में रखकर शुरू कीजिए, लेकिन बदलाव को अपनाने के लिए तैयार भी रहिए

हमने पहले समझा कि डेटा से सही मायने में फ़ायदा उठाने के लिए ज़रूरी है कि आप शुरुआत से ही अपने लक्ष्य स्पष्ट रखें। इससे आप डेटा की बाढ़ में भटकेंगे नहीं और आपके प्रयास

केंद्रित रहेंगे। जीवन में भी यही सत्य है। जब तक आपको मंज़िल का पता नहीं होगा, आप भटकते ही रहेंगे और शायद भटकते-भटकते थक भी जाएंगे। यह जानना तो बेहद ही ज़रूरी है कि आप जा कहां रहे हैं। बीच रास्ते में आप अपना मार्ग बदल सकते हैं, लेकिन **शुरुआत तो हमेशा अंत को ध्यान में रखकर ही करनी चाहिए।** इससे आपको उद्देश्य मिलेगा और निर्णयहीनता या लगातार सोचते रहने की स्थिति से आप बाहर निकलेंगे। और जब आप आगे बढ़ेंगे, तो नए रास्ते सामने आएंगे। यह ज़रूरी है कि आप सीखने और उन नए रास्तों को खोजने के लिए खुले रहें, लेकिन साथ ही अपनी मंज़िल पर केंद्रित भी बने रहें। यह भी एक और विरोधाभास है!

जो कम है, वही ज़्यादा है

बिग डेटा की दुनिया का वादा लगभग असीमित पैमाने का है। हालांकि प्रगति करने के लिए अक्सर पहले समस्या को संकीर्ण करना पड़ता है और डेटा को 'थिन स्लाइस' करना पड़ता है। जीवन में भी तो यही सिद्धांत लागू होता है, **जो कम है, वह अक्सर ज़्यादा होता है।** जीवन में अक्सर सरलता और अनावश्यक चीज़ों को छोड़ दिया जाता है, जिसे मिनिमलिज्म या अल्पवाद कहते हैं! जैसे-जैसे इंसान बुद्धिमान होता जाता है, वैसे-वैसे उसके लिए वस्तुओं का महत्त्व कम होता जाता है और उसकी समझ गहरी होती जाती है। 'जो कम है, वही ज़्यादा है', यह जीवन का एक मूल सिद्धांत है, जिसे कई आध्यात्मिक परंपराओं में माना जाता है। दक्षिण अफ़्रीकी वैज्ञानिकों ने बहुत कम डेटा के आधार पर बीटा वेरिएंट खोजा, जिससे पता चलता है कि कम भी कितना अहम हो सकता है। मितव्ययिता से उत्पन्न नवाचार ज़्यादा प्रभावी हो सकता है। इतना लालची मत बनिए कि और ज़्यादा और ज़्यादा इकट्ठा करते जाएं, बल्कि जो आपके सामने है, उसी पर ध्यान केंद्रित करना और उसकी क़द्र करना सीखिए।

जैसा सूक्ष्म जगत है, वैसा ही विशाल जगत है, और जैसा विशाल जगत है, वैसा ही सूक्ष्म जगत है

मैं जीवन की फ़्रैक्टल या आवर्तीमूलक प्रकृति में विश्वास करता हूं, जिसमें सिद्धांत हर स्तर पर एक जैसे दिखाई देते हैं, चाहे वह व्यक्ति के स्तर पर हो, संगठन के स्तर पर हो, समाज के या उससे भी आगे के स्तर पर हो। संदर्भ बदल सकता है, पैमाना बदल सकता है, लेकिन सिद्धांत तो वही रहते हैं। यह समझ ना केवल हमें नई अंतर्दृष्टि और दूरदृष्टि देती है, बल्कि जब ये अलग-अलग स्तर आपस में तालमेल बिठा लेते हैं तो उसका असर रूपांतरणीय हो जाता है। हमारा काम इन पैटर्न्स और समानताओं को पहचानना है। चाहे जीवन हो या डेटा, हर जगह हमें यह सूक्ष्म और विशाल स्तरों का जुड़ाव मिलता है। इस पुस्तक में मैंने व्यक्ति, संगठन और समाज, इन अलग-अलग स्तरों को सामने रखकर कुछ पैटर्न दिखाए हैं। बाक़ी आपकी

कल्पना पर है कि प्राचीन यजुर्वेद के सिद्धांत *यथा पिंडे तथा ब्रह्मांडे* (जैसा व्यक्ति, वैसा ब्रह्मांड; जैसा ब्रह्मांड, वैसा व्यक्ति) को और किन-किन जगहों पर लागू किया जा सकता है।

डेटा और जीवन दोनों पर विचार करते हुए, मैं चाहता हूं कि हम सब इन पांच सिद्धांतों को अपने साथ लेकर आगे बढ़ें।

मौजूदा पल को जियो

अब मेरी इस किताब की यात्रा पूरी हो रही है, तो मेरे अंदर अद्भुत उत्साह भर गया है। किताब लिखने के इन अठारह महीनों में हमारे चारों ओर की दुनिया असाधारण ढंग से बदल चुकी है। अठारह महीने पहले भी "डेटा-फ़र्स्ट" दुनिया हक़ीक़त थी, लेकिन इसी अवधि में जनरेटिव एआई के विस्फोट ने सचमुच एआई युग को स्थापित कर दिया है। आगे की संभावनाएं इतनी व्यापक हैं कि मन चकित रह जाता है। डिजिटल, डेटा और एआई, यह तिकड़ी अब रुकने वाली नहीं है और इसका असर जीवन और व्यवसाय के हर पहलू पर तेज़ी से बढ़ता ही जाएगा।

जब दुनिया में इतने बड़े बदलाव हो रहे हों, तो किनारे बैठकर मत देखिए। डेटा-फ़र्स्ट दुनिया और एआई युग को गले लगाइए। हां, चुनौतियां और अनिश्चितताएं तो बहुत हैं, और साथ ही कई विरोधाभास भी हैं, लेकिन इन्हें बोझ मत बनने दीजिए। यही विरोधाभास तो हमें सोच को आगे बढ़ाने, नवाचार करने, बदलाव लाने और, व्यक्ति, संगठन और दुनिया जैसे हर स्तर पर बेहतर भविष्य गढ़ने के अवसर देते हैं। तो आइए, साहस के साथ आगे बढ़िए, और डेटा को अपना साथी बनाइए!

आभार

मास्टरिंग द डेटा पैराडॉक्स (एमडीपी) लिखने की यात्रा मेरी पहली पुस्तक *विनिंग इन द डिजिटल एज* (डब्ल्यूआईटीडीए) से काफ़ी अलग रही है। डब्ल्यूआईटीडीए का केंद्र बिंदु डिजिटल ट्रांसफ़ॉर्मेशन था, जो चल रहा है और जिस पर मैं लगभग दस सालों से लिखता और बोलता रहा हूं। वहीं, एमडीपी के विषय–डेटा और एआई, तेज़ी से विकसित हो रहे क्षेत्र हैं, जिनमें अभी भी बहुत कुछ अनछुआ है। इसलिए जहां डब्ल्यूआईटीडीए लिखना मेरे पूर्व लेखन और अनुभवों को समेटने के समान था, वहीं एमडीपी मेरी पिछले दो-तीन सालों की गहन शोध-आधारित मेहनत का नतीजा है। इस पुस्तक यात्रा में इन्सीडो इनसाइट इंस्टीट्यूट की मुख्य टीम –राहुल कुमार, इड़ा नायर शर्मा, विक्रम टी, सुरभि मेहता और कनिका सिंघल– का मैं विशेष रूप से आभार व्यक्त करता हूं। यह टीम मेरे साथ लगातार अथक मेहनत करती रही है। इस टीम ने हर विषय पर गहन शोध किया और यह सुनिश्चित किया कि विषयवस्तु का विस्तृत तथा समग्र अन्वेषण किया जाए। आपकी टीम के रूप में सहज सहयोग और आपके सामूहिक समर्पण ने यह सुनिश्चित किया कि हम एक ऐसी रचना तैयार कर पाए, जो गहराई और उच्च गुणवत्ता से परिपूर्ण है।

मैं इन्सीडो की नेतृत्व टीम के कई सहयोगियों की भी भूमिका को स्वीकार करना चाहता हूं, जिन्होंने अपने उद्योग और ग्राहक अनुभव साझा किए, जिससे विषयों को वास्तविक दृष्टिकोण मिल सका। धन्यवाद आशीष गुप्ता, मानित सेठ, निहाल बाघचंदानी, यतीन भाटिया और आर्ची जैक्सन– आपके योगदान ने कई विषयों को और अधिक गहराई दी।

इन्सीडो से परे, मैं अपने प्रिय मित्र डॉ. अनुराग अग्रवाल (डीन, बायोसाइंसेज और हेल्थ रिसर्च, अशोका यूनिवर्सिटी) का धन्यवाद करता हूं, जिन्होंने वैश्विक डेटा सहयोग की महत्ता पर अमूल्य जानकारी और व्यावहारिक उदाहरण मुहैया कराए। साथ ही, डॉ. सूर्य ताहोरा (प्रोफ़ेसर, एसपी जैन इंस्टीट्यूट ऑफ़ मैनेजमेंट ऐंड रिसर्च) को भी धन्यवाद, जिन्होंने लीडरशिप और बुद्धिमत्ता पर गहन विचार साझा किए, जो पुस्तक के तीसरे खंड के विभिन्न हिस्सों के लिए बेहद महत्त्वपूर्ण रहे।

मैं इन्सीडो के अपने ग्राहकों का भी आभार व्यक्त करता हूं, जिन्होंने हमें अपनी डेटा ट्रांसफ़ॉर्मेशन यात्रा में रणनीति से निष्पादन तक का भागीदार बनने का अवसर दिया। इन अनुभवों से मिले सबक़ों ने इस पुस्तक में प्रस्तुत विचारों को आकार और गहराई दी।

साथ ही, मैं अपने पूर्व सहयोगियों-मैकिंजी, फ़डेलिटी, फ़्लिपकार्ट और एक्टिवकर्मा- का भी आभार व्यक्त करता हूं, जिनके साथ बिताए गए समय ने डिजिटल और डेटा जगत के साथ-साथ जीवन को समझने में मेरी सोच को समृद्ध किया।

इन्सीडो की मार्केटिंग और क्रिएटिव टीम को भी धन्यवाद, जिसने विशेष रूप से रजत श्रीमाल के नेतृत्व में पुस्तक के व्यावसायिक पक्षों में मेरी सहायता की। और अंत में, राधिका मारवाह और सबा नेहल को भी विशेष धन्यवाद, जिनकी संपादकीय समझ और स्पष्ट संवाद ने इस प्रयास को मूल्यवान साझेदारी में बदल दिया।